O ESPÍRITO DA
FILOSOFIA MEDIEVAL

O ESPÍRITO DA FILOSOFIA MEDIEVAL
Étienne Gilson

Tradução
EDUARDO BRANDÃO

wmf **martinsfontes**

Esta obra foi publicada originalmente em francês com o título
L'ESPRIT DE LA PHILOSOPHIE MÉDIÉVALE
por Librairie Philosophique J. Vrin, Paris.
Copyright © Librairie Philosophique J. Vrin, Paris, 1989.
Copyright © 2006, Livraria Martins Fontes Editora Ltda.,
São Paulo, para a presente edição.

1ª edição 2006
2ª edição 2020

Tradução
EDUARDO BRANDÃO
a partir da 2ª edição francesa revista

Revisão técnica
Tessa Moura Lacerda
Acompanhamento editorial
Luzia Aparecida dos Santos
Revisões
Mauro de Barros
Maria Luiza Favret
Dinarte Zorzanelli da Silva
Produção gráfica
Geraldo Alves
Paginação
Studio 3 Desenvolvimento Editorial
Capa
Adriana Maria Porto Translatti

Dados Internacionais de Catalogação na Publicação (CIP)
(Câmara Brasileira do Livro, SP, Brasil)

Gilson, Étienne, 1884-1978.
  O espírito da filosofia medieval / Étienne Gilson ; tradução Eduardo Brandão. – 2ª ed. – São Paulo : Editora WMF Martins Fontes, 2020. – (Clássicos WMF)

Título original: L'esprit de la philosophie médiévale.
Bibliografia.
ISBN 978-85-469-0317-7

1. Cristianismo – Filosofia 2. Escolástica 3. Filosofia medieval 4. Religião – Filosofia I. Título.

20-33859   CDD-189

Índices para catálogo sistemático:
1. Filosofia medieval ocidental   189

Cibele Maria Dias – Bibliotecária – CRB-8/9427

Todos os direitos desta edição reservados à
Editora WMF Martins Fontes Ltda.
Rua Prof. Laerte Ramos de Carvalho, 133 01325-030 São Paulo SP Brasil
Tel. (11) 3293-8150 e-mail: info@wmfmartinsfontes.com.br
http://www.wmfmartinsfontes.com.br

ÍNDICE

Prefácio 1
Nota à segunda edição francesa 2

I. O problema da filosofia cristã 5
II. A noção de filosofia cristã 25
III. O ser e sua necessidade 53
IV. Os seres e sua contingência 85
V. Analogia, causalidade e finalidade 114
VI. O otimismo cristão 146
VII. A glória de Deus 175
VIII. A providência cristã 202
IX. A antropologia cristã 229
X. O personalismo cristão 253
XI. O conhecimento de si e o socratismo cristão . 278
XII. O conhecimento das coisas 304
XIII. O intelecto e seu objeto 323
XIV. O amor e seu objeto 345
XV. Livre-arbítrio e liberdade cristã 367
XVI. Lei e moralidade cristã 394
XVII. Intenção, consciência e obrigação 419
XVIII. A Idade Média e a natureza 445
XIX. A Idade Média e a história 471
XX. A Idade Média e a filosofia 495

Apêndice ao capítulo XIV – Nota sobre a coerência
   da mística cisterciense 521
Notas bibliográficas – Para servir à história da noção
   de filosofia cristã 537
Índice dos nomes próprios 583

A John Laird
professor de filosofia
da Universidade de Aberdeen

Παρὰ Θεοῦ περὶ Θεοῦ μαθεῖν

Atenágoras, *Legatio pro Christianis*, VII

PREFÁCIO

As dez aulas que compõem este volume foram dadas na Universidade de Aberdeen com o título de *Gifford Lectures*, em 1931. Convidado para a difícil tarefa de definir o espírito da filosofia medieval, aceitei-a, por causa da opinião bastante difundida de que, embora a Idade Média tenha uma literatura e uma arte, não tem uma filosofia que lhe seja própria. Tentar trazer a lume o espírito dessa filosofia era condenar-se a fornecer a prova da sua existência ou a confessar que ela nunca existiu. Foi procurando defini-la em sua essência específica que me vi levado a apresentá-la como a "filosofia cristã" por excelência. Mas, nesse ponto, a mesma dificuldade me aguardava em outro plano, porque, se por um lado se negou a filosofia medieval como fato, negou-se também a possibilidade de uma filosofia cristã como idéia. Ocorre assim que as duas séries de aulas, das quais esta é a primeira, convergem para a conclusão de que a Idade Média produziu, além de uma literatura cristã e de uma arte cristã, o que já era mais do que sabido, uma filosofia cristã, o que é objeto de controvérsia. Não se trata de sustentar que ela criou essa filosofia a partir do nada, nem que tirou do nada sua arte e sua literatura. Não se trata tampouco de pretender que não houve, na Idade Média, outra filosofia que não a cristã, como tampouco se poderia pretender que toda a literatura medieval é cristã e toda a arte medieval, cristã. A única questão que se trata de examinar é saber se a noção de filosofia cristã tem sentido e se a filosofia medieval, considerada em seus representantes mais conceituados, não seria precisamente sua expressão histórica mais adequada. O espírito da filosofia medieval, tal como o entendemos aqui, é portanto o espírito cristão, que penetra a tradição grega, trabalhando-a por dentro e fazendo-a produzir uma visão do mundo, uma *Weltanschauung* especificamente cristã. Foram necessários os templos gregos e as basílicas romanas para que houvesse catedrais; no entanto, qualquer que seja a dívida dos nossos arquitetos medievais para com seus predecessores, eles se distinguem destes, e o espírito novo que lhes possibilitou criar talvez seja o mesmo que aquele em que se inspiraram, com eles, os filósofos do seu tempo. Para saber o que pode haver de verdadeiro nessa hipótese, o único método a seguir era mostrar o pensamento medieval no estado nascente, no ponto preciso em que o enxerto judaico-cristão se insere na tradição helênica. A demonstração tentada é, portanto, puramente histórica; se, muito raramente, uma atitude mais teórica foi provisoriamente adotada, é que o historiador deve pelo menos tornar inteligíveis as noções que expõe; tratava-se de sugerir como ainda podem ser concebíveis hoje aquelas doutrinas com que durante séculos o pensamento dos que nos precederam se satisfez. A segunda série dessas lições será realizada em 1932, na Universidade de Aberdeen. Pareceu-me preferível publicá-las à parte, pois a discussão que se seguirá à publicação dos princípios poderá ajudar a precisar as conclusões previstas e, se necessário, retificá-las.

NOTA À SEGUNDA EDIÇÃO FRANCESA

O corpo da obra reproduz o texto da edição de 1932, mas os dois volumes foram reunidos num só, e as notas, que haviam sido deixadas para o fim, foram trazidas para o rodapé. As "Notas bibliográficas", mantidas no fim do volume, foram completadas.

Paris, 7 de abril de 1943.

CAPÍTULO I

O problema da filosofia cristã

Não há expressão que venha mais naturalmente ao pensamento de um historiador da filosofia medieval do que filosofia cristã[1]; nenhuma, parece, que possa levantar menos dificuldades, portanto não há por que se espantar de vê-la empregada com tanta freqüência. Mas há poucas que, refletindo melhor, se revelam mais obscuras e incômodas de definir. Com efeito, a questão não está em saber se um historiador do pensamento medieval tem o direito de considerar as filosofias elaboradas pelos cristãos durante a Idade Média à parte das que foram concebidas por judeus ou muçulmanos. Posto dessa forma, o problema é de ordem puramente histórica e pode ser facilmente resolvido. De direito, não se poderia isolar, na história, o que foi unido na realidade. Como se sabe que o pensamento cristão, o pensamento judaico e o pensamento muçulmano agiram uns sobre os outros, seria um método ruim estudá-los como sistemas fechados e isolados. Na verdade, a pesquisa histórica vive de abstrações e cada um de nós estabelece nela um domínio cujas fronteiras são as da sua competência; o importante é não acreditar que as limitações do nosso método sejam limites da realidade.

---

1. Sobre a noção de "filosofia cristã" e sua história, ver no fim deste volume as "Notas bibliográficas para servir à história da noção de 'filosofia cristã'".

O verdadeiro problema não está aí, é de ordem filosófica e muito mais grave. Reduzido à sua fórmula mais simples, consiste em perguntar se a própria noção de *filosofia cristã* tem sentido e, subsidiariamente, se corresponde a uma realidade. Naturalmente, trata-se não de saber se houve cristãos filósofos, mas de saber se pode haver filósofos cristãos. Nesse sentido, o problema se colocaria da mesma maneira a propósito dos muçulmanos e dos judeus. Todos sabem que a civilização medieval se caracteriza pela extraordinária importância que o elemento religioso nela adquire. Tampouco se ignora que o judaísmo, o islamismo e o cristianismo produziram então corpos de doutrinas em que a filosofia se combinava de uma forma mais ou menos feliz com o dogma religioso, designado pelo nome, aliás muito vago, de escolástica. A questão está precisamente em saber se essas escolásticas, sejam elas judaicas, muçulmanas ou mais especialmente cristãs, merecem o nome de filosofias. Ora, a partir do momento em que o problema é colocado nesses termos, longe de parecer evidente, a existência e a própria possibilidade de uma filosofia cristã se tornam problemáticas, a tal ponto que partidos filosóficos opostos parecem estar de acordo para recusar a essa expressão qualquer significado positivo.

Ela esbarra, em primeiro lugar, na crítica dos historiadores que, sem discutir *a priori* a questão de saber se pode ou não haver uma "filosofia cristã", constatam como fato que, mesmo na Idade Média, nunca houve uma[2]. Retalhos de doutrinas gregas mais ou menos canhestramente costurados a uma teologia, é quase tudo o que os pensadores cristãos nos deixaram. Ora tomam emprestado de Platão, ora de Aristóteles, a não ser que, pior ainda, tentem uni-los numa impossível síntese e, como já dizia João de Salisbury no século XII, reconciliar mortos que divergiam incessantemente quando vivos. Nunca se assiste ao desabrochar de

---

2. Ver "Bibliografia", textos de M. Scheler e É. Bréhier.

um pensamento que seja ao mesmo tempo radicalmente cristão e verdadeiramente criativo; portanto, o cristianismo não contribuiu em nada para enriquecer o patrimônio filosófico da humanidade.

Do fato que os historiadores crêem constatar os filósofos nos dão a razão. Se nunca houve filosofia cristã historicamente observável, é porque a própria noção é contraditória e impossível. À frente dos que compartilham essa opinião, cumpre colocar os que poderíamos chamar de racionalistas puros. Sua posição é tão conhecida que nem seria útil descrevê-la, se sua influência não se houvesse estendido muito além do que comumente se supõe. Para eles, existe entre a religião e a filosofia uma diferença de essência, que torna impossível, ulteriormente, qualquer colaboração entre elas. Nem todos estão de acordo quanto à essência da religião, longe disso, mas todos estão para afirmar que ela não é da ordem da razão e que, por sua vez, a razão não poderia pertencer à ordem da religião. Ora, a ordem da razão é precisamente a da filosofia. Há pois uma independência essencial da filosofia em relação a tudo o que não é ela e em particular a esse irracional que é a Revelação. Ninguém pensaria hoje em dia em falar de uma matemática cristã, de uma biologia cristã ou de uma medicina cristã. Por quê? Porque a matemática, a biologia e a medicina são ciências e porque a ciência é radicalmente independente da religião, tanto em suas conclusões como em seus princípios. A expressão "filosofia cristã", tão usada, é porém nada menos que absurda[3] e a única coisa a fazer portanto é abandoná-la.

Nem é preciso dizer que não encontraríamos hoje em dia um só filósofo neo-escolástico que admita que não há nenhuma relação entre a filosofia e a religião; mas nós nos enganaríamos se acreditássemos que uma oposição absoluta separa todos eles do racionalismo, tal como acaba de

---

3. Ver "Bibliografia", L. Feuerbach.

ser descrito. Muito pelo contrário, embora mantenham expressamente em outro plano relações necessárias, alguns deles admitem as premissas da argumentação racionalista e alguns têm até a coragem de aceitar a conclusão desta. O que esses neo-escolásticos negam é que nenhum pensador cristão tenha conseguido constituir uma filosofia, porque sustentam que são Tomás de Aquino fundou uma; mas não seria necessário pressioná-los muito para fazê-los dizer que ela é a única[4] e que, se é a única, é justamente porque se constituiu num plano puramente racional. Portanto é muito mais uma discordância sobre os fatos que os separa dos racionalistas do que uma discordância sobre os princípios, ou, se há entre eles uma discordância sobre os princípios, ela não diz respeito à noção mesma de filosofia, mas ao lugar que lhe pertence na hierarquia das ciências. Enquanto o racionalista puro coloca a filosofia no topo e identifica-a à sabedoria, o neo-escolástico torna-a subalterna da teologia, que fica sendo a única a merecer plenamente o nome de sabedoria; mas por que certos neo-escolásticos pensam que, mesmo subalternada à teologia, sua filosofia permanece idêntica em natureza àquela que não reconhece nenhuma Sabedoria acima dela? Como explicar essa atitude?

Se pudéssemos perguntar aos pensadores da Idade Média que direito eles reconhecem para si a título de filósofos, obteríamos respostas bem diferentes. Primeiro, alguns deles sem dúvida responderiam que esse é um título com que não se preocupam nem um pouco, porque têm outro, o de cristãos, que os dispensa daquele. Poderíamos citar em abono adversários resolutos da dialética como são Bernardo ou são Pedro Damião[5], mas, mesmo fora desses ca-

---

4. Ver "Bibliografia", P. Mandonnet e M.-D. Chenu.
5. O teologismo puro de são Pedro Damião equivale a uma negação radical da filosofia cristã, pois sua essência é eliminar a filosofia em benefício da teologia. A vida do cristão tem uma só finalidade: obter sua salvação. Obtém-se a salvação pela fé. Aplicar a razão à fé é dissolvê-la. Portanto só resta

sos extremos, não encontraríamos além dos averroístas outros que admitissem a legitimidade de um exercício da razão que fosse puramente filosófico e sistematicamente subtraído da influência da fé. Tal como se exprimiu por exemplo nos séculos XII e XIII, a opinião média é muito bem representada por santo Anselmo e são Boaventura, que aliás se remetem a justo título a santo Agostinho. O exercício da razão pura lhes parece seguramente possível, e como duvidar disso depois de Platão e Aristóteles? Mas eles sempre se atêm ao plano das condições de fato nas quais se exerce a razão, não ao da sua definição. Ora, é um fato que houve, entre os filósofos gregos e nós, a Revelação cristã e que ela modificou profundamente as condições nas quais a razão se exerce. De que maneira os que têm essa revelação poderiam filosofar como se não a tivessem? Os erros de Platão e de Aristóteles são precisamente os erros da razão pura; toda filosofia que pretender se bastar a si mesma incorrerá neles ou em outros que serão piores, de sorte que o único método seguro consiste hoje, para nós, em tomar a revelação como guia a fim de alcançar alguma inteligência do seu conteúdo, e é essa inteligência da revelação que é a própria filosofia. *Fides quaerens intellectum*, eis o princípio de toda especulação medieval; mas não seria também uma confusão da filosofia com a teologia, que arruinaria a própria filosofia?[6]

---

proibir ao cristão a busca do conhecimento racional, como sendo uma empreitada perigosa para a obra da sua salvação. Em suma, foi o diabo que inspirou aos homens o desejo da ciência, e foi esse desejo que causou o pecado original, fonte de todos os nossos males: "Porro, qui vitiorum omnium catervas moliebatur inducere, cupiditatem scientiae quasi ducem exercitus posuit, sicque per eam infelici mundo cunctas iniquitatum turmas invexit", Pedro Damião, *De sancta simplicitate*, I, *Patr. lat.*, t. 145, col. 695-696. Outros textos estão coligidos em *Études de philosophie médiévale*, Estrasburgo, 1921, pp. 30-8.

6. De Wulf, *Histoire de la philosophie médiévale*, 4ª ed., 1912, p. 186, nota 2. – Reconheçamos aliás que a expressão "racionalismo cristão", que foi proposta para designar a atitude de santo Anselmo (Bouchitté, *Le rationalisme chrétien*, Paris, 1842), é equívoca, a não ser que seu sentido seja pre-

Foi para escapar desse perigo que certos neo-escolásticos acharam por bem adotar parcialmente a posição de seus adversários. Concedendo o princípio, tentam provar que nunca houve outra filosofia digna desse nome na Idade Média além da de são Tomás[7]. Santo Anselmo e são Boaventura partem da fé, logo se encerram na teologia. Os averroístas encerram-se na razão, mas renunciam a aceitar como verdadeiras as conclusões racionais mais necessárias, logo se excluem da filosofia. Somente o tomismo se oferece como um sistema cujas conclusões filosóficas são deduzidas de premissas puramente racionais. Nele, a teologia está em casa e em seu lugar, isto é, no topo da escala das ciências; fundada na revelação divina, que lhe fornece seus princípios, ela é uma ciência distinta, que parte da fé e só usa a razão para expor o conteúdo da fé ou protegê-la contra o erro. Quanto à filosofia, se é verdade que ela se subalterna à teologia, ela só depende entretanto, como tal, do método que lhe é próprio. Fundada na razão humana, devendo sua verdade unicamente à evidência dos seus princípios e à exatidão das suas deduções, ela realiza espontaneamente sua concordância com a fé, sem ter de se falsear; se ela se acha em concordância com a fé é simplesmente porque é verdadeira e porque a verdade não poderia contradizer a verdade[8].

---

cisado com exatidão. Para o racionalismo puro a razão deve ser juíza de tudo, inclusive da revelação; o simples fato de admitir um dogma, que é do âmbito exclusivo da fé, basta portanto para situar o pensador cristão num plano bem diferente. Aliás, procurei mostrar que nem Scotus Erigena, nem santo Anselmo, nem mesmo Abelardo admitiram a legitimidade de um exercício da razão, não apenas hostil, mas inclusive simplesmente indiferente ao conteúdo da revelação. Ver "Le sens du rationalisme chrétien", em *Études de philosophie médiévale*, Estrasburgo, 1921, pp. 1-29.

7. Assim é que, segundo P. Mandonnet, a acusação tantas vezes feitas contra os escolásticos, de terem absorvido o objeto da filosofia no da teologia, "tem um fundamento real nas teologias agostinianas", mas, é claro, não tem razão de ser em relação à escola tomista. P. Mandonnet, *Siger de Brabant et l'averroïsme latin au XIIIe siècle*, parte II, 2ª ed., Louvain, 1911, pp. 55-6.

8. Sobre a obra escrita por são Tomás acerca desse assunto, ver o magistral estudo do p[e] M.-D. Chenu, "La théologie comme science au XIIIe siècle", em *Archives d'histoire doctrinale et littéraire du Moyen Âge*, t. II (1927), pp. 31-71.

Sem dúvida, entre um neo-escolástico como esse e um puro racionalista resta uma diferença fundamental. Para o neo-escolástico, a fé permanece, e toda discordância entre sua fé e sua filosofia é um sinal certo de erro filosófico. Num caso assim, ele tem de refazer o exame das suas conclusões e dos seus princípios, até a descoberta do erro que os torna viciosos. Mas, mesmo então, se ele não se entende com o racionalista, não é por não falar a mesma linguagem. Não será ele quem cometerá o erro imperdoável de um santo Agostinho ou de um santo Anselmo e, quando lhe pedirem para provar Deus, ele nos convidará antes de tudo a crer em Deus. Se sua filosofia é verdadeira, isso se deve apenas à sua evidência racional; se ele não consegue convencer seu adversário, não seria, de sua parte, jogo limpo apelar para a fé a fim de se justificar, não só porque essa fé não é admitida por seus adversários, mas também porque a verdade da sua filosofia não se baseia de forma alguma na da sua fé.

Quando se lê nesse sentido a filosofia de são Tomás de Aquino, não tardam a aparecer conseqüências tão surpreendentes quanto inelutáveis. Recordem-se antes de mais nada dos protestos veementes feitos pelos agostinianos de todos os tempos contra a paganização do cristianismo pelo tomismo. Se alguns tomistas modernos negam que o agostinismo seja uma filosofia, os agostinianos da Idade Média tomaram-lhes a dianteira negando que o tomismo fosse fiel à tradição cristã. Cada vez que tiveram de lutar contra uma tese tomista cuja verdade lhes parecia contestável, eles reforçaram sua crítica dialética por objeções de ordem muito mais geral que crêem atingir o próprio espírito da doutrina. Se o tomismo se equivocou em relação ao problema da iluminação, das razões seminais ou da eternidade do mundo, não será porque se enganou antes disso sobre o problema fundamental das relações entre a razão e a fé? Porque, a partir do momento em que alguém se recusa a seguir santo Agostinho, que faz ele próprio profissão de seguir a fé, para seguir os princípios de algum filósofo pagão ou dos seus comentadores árabes, a razão se torna incapaz de discernir a verdade do erro; reduzida à sua própria luz, ela se deixa cegar por doutrinas cuja falsidade lhe escapa em razão da sua cegueira mesma[9].

O mais curioso porém não é isso. Assim como certos agostinianos acusam o tomismo de ser uma falsa filosofia, por não ser cristã, certos tomistas replicam que, se essa filosofia é verdadeira, isso não se deve de modo algum ao fato de ela ser cristã. Com efeito, eles não podem adotar essa posição, porque, a partir do momento em que se separa a razão da fé em seu exercício, toda relação profunda entre o cristianismo e a filosofia se torna contraditória. Se uma filosofia é verdadeira, isso só pode se dever ao fato de ela ser racional; mas, se ela merece o título de racional, isso não pode se dever ao fato de ela ser cristã. É preciso escolher, portanto. Nunca um tomista admitirá que existe na doutrina de são Tomás o que quer que seja de contrário ao espírito ou à letra da fé, porque ele professa expressamente a concordância da revelação e da razão como sendo a concordância da verdade consigo mesma; mas que ninguém fique excessivamente surpreso ao ver alguns deles aceitar sem pestanejar a crítica clássica dos agostinianos: a filosofia de vocês não tem mais um caráter intrinsecamente cristão. E como ela poderia ter esse caráter sem deixar de existir? Os princípios filosóficos de são Tomás são os de Aristó-

---

9. Bastará recordar, a título de exemplo, o texto clássico de John Peckham no século XIII: "Hec idcirco vobis scribimus, sancte pater, ut si forsan aliqua de hac materia insonuerint sapientiae vestre auribus, facti noveritis infallibilem veritatem, et ut sacrosancta Romana ecclesia attendere dignaretur, quod cum doctrina duorum Ordinum [*scil.* s. Francisci et s. Dominici] in omnibus dubitabilibus sibi pene penitus hodie adversetur, cumque doctrina alterius eorundem [*scil.* s. Dominici], abjectis et ex parte vilipensis Sanctorum sententiis, philosophicis dogmatibus quasi totaliter innitatur, ut plena sit ydolis domus Dei et langore, quem predixit apostolus, pugnantium questionum: quantum inde futuris temporibus poterit ecclesie periculum imminere", Denifle e Chatelain, *Chartul. universit. Parisiensis*, t. I, p. 627.

teles, isto é, de um homem para o qual nem a revelação cristã nem a revelação divina existiam; se o tomismo precisou, completou, depurou o aristotelismo, nunca o fez apelando para a fé, mas deduzindo de uma maneira mais correta ou mais completa do que o próprio Aristóteles as conseqüências implicadas em seus próprios princípios. Em suma, enquanto se fica no plano da especulação filosófica, o tomismo não passa de um aristotelismo racionalmente corrigido e judiciosamente completado, mas são Tomás não tinha de batizar o aristotelismo para torná-lo verdadeiro, assim como tampouco teria tido de batizar Aristóteles para se entender com ele: as conversações filosóficas são feitas entre homem e homem, e não entre homem e cristão.

A conseqüência lógica de tal atitude é a negação pura e simples da própria noção de filosofia cristã e, por mais surpreendente que isso possa ser, é fato que se chegou a esse ponto. Não apenas apareceram historiadores para negar que o cristianismo tenha afetado seriamente o curso da especulação filosófica[10], como apareceram filósofos neoescolásticos para afirmar com uma evidência indiscutível que a noção de filosofia cristã não tem sentido[11]. Ou, de fato, vão querer servir-se da filosofia para facilitar a ação dos dogmas religiosos, confundindo assim a filosofia com a apologética; ou vão subordinar o valor das conclusões obtidas pela razão à sua concordância com o dogma, caindo assim na teologia; ou ainda, para evitar essas dificuldades, tomarão decididamente o partido de dizer que "filosofia cristã" significa pura e simplesmente "filosofia verdadeira", não se vendo nesse caso por que essa filosofia deveria ser descoberta e professada por cristãos e não por incrédulos ou por adversários do cristianismo; ou, enfim, acrescentarão

---

10. Ver "Bibliografia", É. Bréhier.
11. "No fundo, não há filosofia cristã, mas apenas uma filosofia verdadeira que se harmoniza plenamente com a religião cristã, de que é perfeitamente distinta", C. Sierp, em Kleugten, *La philosophie scolastique*, t. I, p. VIII.

que, para ser cristã, basta que essa filosofia verdadeira seja compatível com o cristianismo. Mas se essa compatibilidade é apenas um estado de fato devido ao desenvolvimento puramente racional dos seus princípios primeiros, a relação entre a filosofia e o cristianismo permanece não menos extrínseca do que era no caso precedente, e se essa compatibilidade resulta de um esforço especial para alcançá-lo, voltamos à teologia ou à apologética. Ficamos contra a parede. Tudo acontece como se tentássemos definir em termos distintos uma noção contraditória: a de uma filosofia, isto é, de uma disciplina racional, mas que seria ao mesmo tempo religiosa, isto é, cuja essência ou cujo exercício dependeria de condições não racionais. Por que não renunciar a uma noção que não satisfaz a ninguém? O agostinismo aceita uma filosofia cristã, contanto que ela se contente de ser cristã e renuncie a ser uma filosofia; o neotomismo aceita uma filosofia cristã, contanto que se contente de ser uma filosofia e renuncie a ser cristã; o mais simples não seria dissociar completamente as duas noções e, deixando a filosofia à razão, restituir o cristianismo à religião?

Diante de tal concordância entre a observação dos fatos e a análise das noções, pareceria absurdo querer ir mais além, se não nos lembrássemos da complexidade das relações que unem as idéias aos fatos. É bem verdade que, simples coleção de fatos, a história nunca resolve nenhuma questão de direito, porque a decisão sempre pertence às idéias; mas é igualmente verdade que os conceitos se induzem a partir dos fatos de que, uma vez induzidos, se tornarão juízes. Ora, é um fato que, se muito se deduziu, muito pouco se induziu quando se tratou de definir a noção de filosofia cristã; acrescentemos que muito pouco se induziu postando-se do ponto de vista cristão. Como o pensamento filosófico e a fé cristã foram concebidos em suas relações? O que tinham consciência respectivamente de dar e de receber nas trocas que se procediam entre si? Questões imensas, a que não faltam respostas taxativas e cuja investigação metódica desafia as forças do pensamento, não somente por causa da multiplicidade dos problemas particulares que seria necessário resolver para levá-la a bom termo, mas também porque a solução de cada um desses problemas depende em parte da atitude que se adota em relação aos próprios fatos. Trata-se no entanto de problemas que, pelo menos, é importante formular, se quisermos preparar uma discussão da noção de filosofia cristã que repouse em bases sérias e, caso exista uma realidade histórica correspondente, tornar possível a sua definição.

Mas essa realidade histórica existe? É concebível, inclusive, que ela tenha existido? Bons historiadores negaram, baseando-se no caráter exclusivamente prático, e estranho a qualquer especulação, do cristianismo primitivo. Harnack contribuiu muito para difundir essa idéia e, depois dele, ela é encontrada com freqüência em autores bem diferentes. A seqüência destas lições mostrará suficientemente o que penso a esse respeito; por enquanto, quero apenas eliminar a questão prévia que ela coloca e levantar a espécie de proibição que ela impõe a todo empreendimento do gênero deste que vou tentar.

O que se pretende dizer ao afirmar que o cristianismo não é "especulativo", quando considerado em seu início? Se se entender com isso que o cristianismo não é uma filosofia, nada é mais evidente; mas se se pretender sustentar que, mesmo no terreno propriamente religioso, o cristianismo não comportava nenhum elemento "especulativo" e se reduzia a um esforço de ajuda mútua, espiritual e material ao mesmo tempo, nas comunidades[12], talvez se vá além do que a observação histórica permite afirmar. Onde se encontraria esse cristianismo prático, alheio a toda e qualquer especulação? Para encontrá-lo, seria preciso remontar além de são Justino, eliminar da literatura cristã primitiva muitas páginas dos Padres Apostólicos; suprimir a primeira

---

12. Ver "Bibliografia", É. Bréhier.

Epístola de João com toda a mística especulativa da Idade Média, cujos princípios ela estabelece; rejeitar a pregação paulina da graça, da qual logo nasceria o agostinismo; excluir o Evangelho de João, com a doutrina do Verbo contida no Prólogo; seria preciso remontar além dos Sinópticos e negar que o próprio Jesus tenha ensinado a doutrina do Pai Celeste, pregado a fé num Deus providência, anunciado aos homens a vida eterna no Reino que não terá fim; seria preciso esquecer, sobretudo, que o cristianismo primitivo estava tanto mais ligado ao judaísmo quanto mais primitivo era; ora, a Bíblia continha uma multidão de noções sobre Deus e o governo divino, que, sem ter um caráter propriamente filosófico, estavam apenas à espera de um terreno favorável para se explicitar em conseqüências filosóficas. Portanto, o fato de que não há filosofia na Escritura não autoriza a sustentar que a Escritura não possa ter exercido alguma influência sobre a evolução da filosofia; para que a possibilidade dessa influência seja concebível, basta que a vida cristã tenha contido desde as suas origens elementos especulativos, tanto como elementos práticos, e que esses elementos especulativos só o fossem num sentido propriamente religioso.

Se nada, do ponto de vista da história, proíbe experimentar um estudo assim, podemos acrescentar que nada o torna absurdo *a priori* do ponto de vista da filosofia. Nada, nem mesmo a querela secular que põe em liça certos agostinianos e certos tomistas. O que faz que eles não se entendam é que eles trabalham para resolver dois problemas diferentes, a que dão o mesmo nome. Os tomistas aceitarão a solução agostiniana do problema no dia em que os agostinianos reconhecerem que, mesmo num cristão, a razão é essencialmente distinta da fé e a filosofia, da religião; ora, o próprio santo Agostinho reconhece isso; portanto não há nada de agostiniano em admitir uma distinção tão necessária. Inversamente, os agostinianos aceitarão a solução tomista do problema, quando os tomistas reconhecerem que, num cristão, a razão é inseparável da fé em seu exercício; ora, o próprio são Tomás reconhece isso; portanto não há nada que impeça um tomista de abraçar essa posição. Se assim for, embora ainda não saibamos em que consiste a filosofia cristã, ela aparece como não sendo teoricamente contraditória. Há pelo menos um plano no qual ela não é impossível, o das condições de fato em que a razão do cristão se exerce. Não há razão cristã, mas pode haver um exercício cristão da razão. Por que recusar *a priori* admitir que o cristianismo pôde alterar o curso da história da filosofia, abrindo à razão humana, por intermédio da fé, perspectivas que ela ainda não havia descoberto? Esse é um fato que pode não ter se produzido, mas nada autoriza a decretar que ele não pode ter se produzido. Podemos até ir mais longe, até dizer que é esse um fato que um simples olhar para a história da filosofia moderna leva a crer que de fato se produziu.

Tem-se razão ao relacionar o desenvolvimento da filosofia clássica do século XVII ao desenvolvimento das ciências positivas em geral e da física matemática em particular. É mesmo por aí que o cartesianismo se opõe às metafísicas da Idade Média. Mas por que não se indaga com maior freqüência em que o cartesianismo se opõe às metafísicas gregas? Não se trataria de fazer de Descartes um "filósofo cristão", mas quem ousará sustentar que a filosofia moderna seria exatamente o que ela foi, de Descartes a Kant, se não tivessem existido as "filosofias cristãs" interpostas entre o fim da época helenística e o início da era moderna? Em outras palavras, a Idade Média talvez não tenha sido, do ponto de vista filosófico, tão estéril como se diz, e talvez seja à influência preponderante exercida pelo cristianismo no decurso desse período que a filosofia moderna deva alguns dos princípios diretores em que se inspirou. Basta examinar sumariamente a produção filosófica dos séculos XVII, XVIII e até XIX para discernir imediatamente características que parece difícil explicar sem levar em conta o trabalho de reflexão racional realizado pelo pensamento cristão entre o fim da época helenística e o início da Renascença.

Abramos por exemplo as obras de René Descartes, o reformador filosófico por excelência, aquele sobre o qual Hamelin ousava escrever que "vem depois dos antigos quase como se não houvesse nada entre eles e ele, salvo os físicos". O que devemos entender por esse *quase*? Poderíamos recordar primeiro o título das suas *Méditations sur la métaphysique* [Meditações sobre a metafísica], "em que a existência de Deus e a imortalidade da alma são demonstradas". Poderíamos recordar mais uma vez o parentesco das suas provas da existência de Deus com a de santo Anselmo e até as de são Tomás. Não seria impossível mostrar o que sua doutrina da liberdade deve às especulações medievais sobre as relações entre a graça e o livre-arbítrio, problema cristão por excelência[13]. Mas bastará talvez indicar que todo o sistema cartesiano está suspenso à idéia de um Deus onipotente que, de certo modo, cria a si mesmo, cria com maior razão as verdades eternas, inclusive as da matemática, cria o universo *ex nihilo* e o conserva no ser por uma criação contínua de todos os instantes, sem a qual todas as coisas cairiam de volta no nada de onde sua vontade as tirou. Logo iremos nos perguntar se os gregos conheceram a idéia de criação, mas o simples fato de ser pertinente tal indagação sugere irresistivelmente a hipótese de que Descartes depende diretamente aqui da tradição bíblica e cristã e de que, em sua essência mesma, sua cosmogonia apenas aprofunda o ensino dos seus mestres no que atine à origem do universo. O que é aliás, em suma, esse Deus de Descartes, ser infinito, perfeito, onipotente, criador do céu e da terra, que fez o homem à sua imagem

---

13. É. Gilson, *Études sur le rôle de la pensée médiévale dans la formation du système cartésien*, Paris, J. Vrin, 1930. Cf. *La liberté chez Descartes et la théologie*, Paris, F. Alcan, 1913.

e semelhança e conserva todas as coisas pela mesma ação que as criou, o que é ele, senão o Deus do cristianismo, cuja natureza e atributos tradicionais são facilmente reconhecidos aqui? Descartes afirma que sua filosofia não depende em nada da teologia nem da revelação, que todas as idéias de que ele parte são idéias claras e distintas, as quais a razão natural descobre em si mesma, bastando que analise um pouco seu conteúdo; mas como é que essas idéias de origem puramente racional são exatamente as mesmas, no essencial, que o cristianismo havia ensinado em nome da fé e da revelação durante dezesseis séculos? Essa concordância, em si mesma sugestiva, torna-se ainda mais sugestiva quando aproximamos o caso de Descartes de todos os casos análogos que o rodeiam.

Comparada à do seu mestre, a personalidade de Malebranche fica num segundo plano; mas não se poderia desprezá-la sem tornar ininteligível a história da metafísica moderna. Sua doutrina da indemonstrabilidade da existência do mundo exterior, combinada com a da visão em Deus, prepara imediatamente o idealismo de Berkeley; seu ocasionalismo, que supõe a impossibilidade de provar qualquer ação transitiva de uma substância sobre outra, prepara imediatamente a crítica dirigida por Hume ao princípio de causalidade, e aliás basta ler Hume para constatar que ele tem consciência de seguir, aqui, os passos de Malebranche. Trata-se pois de um momento importante, talvez até mesmo decisivo, na história da filosofia moderna. Ora, que influências Malebranche reivindica? De santo Agostinho tanto quanto de Descartes. Claro, ele protesta contra a filosofia escolástica com maior veemência do que o próprio Descartes fizera, mas em vez de criticá-la por ter confundido filosofia e religião, como se poderia imaginar, esse filósofo moderno critica-a por não ter sido suficientemente cristã. O erro de são Tomás de Aquino é ter seguido Aristóteles e Averróis, um pagão e seu "miserável comentador", em vez de seguir o perfeito representante da tradição cristã, que foi santo Agostinho. E não se trata aqui de uma crítica acidental ou exterior ao sistema, mas de uma censura que visa o cerne deste. Se a escolástica houvesse sido mais agostiniana, teria sido mais religiosa e, por conseguinte, mais verdadeira[14].

De fato, o que deveria ser uma filosofia cristã digna desse nome? Primeiramente e antes de mais nada, a exaltação da glória e da potência de Deus. Ele é o Ser e o Eficiente, no sentido de que tudo o que é só é por ele e tudo o que se faz é feito por ele. O que são, ao contrário, o aristotelismo e o tomismo? São filosofias da natureza, isto é, sistemas nos quais se supõe existam formas substanciais, ou naturezas, que são como entidades dotadas de eficiência e produtoras de todos os efeitos que atribuímos à atividade dos corpos. Que uma filosofia pagã, como a de Aristóteles, atribua aos seres finitos essa subsistência, essa independência e essa eficácia, nada mais natural. Que ela faça depender da existência e da ação dos corpos sobre nossa alma o conhecimento que temos dela, é evidente. Mas um cristão deveria ser mais inspirado. Sabendo que causar é criar e que criar é a operação própria do ser divino, são Tomás deveria ter negado a existência das naturezas ou das formas substanciais, relacionando unicamente a Deus toda a eficiência e, com isso, situar nele a origem tanto dos nossos conhecimentos como das nossas ações. Numa palavra, é como peças essenciais de uma filosofia verdadeiramente cristã e fundada na idéia de onipotência que Malebranche sustenta a verdade do ocasionalismo e da visão em Deus.

Poderíamos facilmente multiplicar os exemplos e mostrar que verdadeira obsessão o Deus criador da Bíblia exerceu sobre a imaginação dos metafísicos clássicos. Citar Pas-

---

14. Malebranche, *Recherche de la verité par la raison naturelle*, "prefácio". Sobre os elementos religiosos da filosofia de Malebranche, ver as excelentes obras de H. Gouhier, citadas na "Bibliografia".

cal seria facilitar demais as coisas, pois seria em larga medida citar santo Agostinho; mas nos esquecemos, demais talvez, de perguntar o que restaria do sistema de Leibniz se se suprimissem, imaginariamente, os elementos propriamente cristãos. Não restaria nem sequer a colocação do seu problema fundamental, o da origem radical das coisas e da criação do universo por um Deus perfeito e livre. É com essa noção do ser perfeito que se abre o *Discours de métaphysique* [Discurso de metafísica] e é com uma justificação da providência divina, inclusive com um apelo ao Evangelho, que se conclui esse tratado, cuja importância capital na obra de Leibniz não poderia ser contestada: "Os antigos filósofos conheceram muito pouco essas importantes verdades; somente Jesus Cristo as exprimiu divinamente bem, e de uma maneira tão clara e tão familiar que os espíritos mais grosseiros as compreenderam; por isso seu Evangelho mudou inteiramente a face das coisas humanas."[15] Não são palavras de um homem que crê vir depois dos gregos como se nada houvesse existido entre eles e ele. O mesmo poderia ser dito de Kant, se a gente não se esquecesse com tanta freqüência de completar sua *Crítica da razão pura* com sua *Crítica da razão prática*. O mesmo poderia ser dito também de alguns dos nossos contemporâneos[16].

Porque é um fato curioso e digno de nota que, embora tenham cessado de remeter-se à *Cidade de Deus* e ao Evangelho, como Leibniz não hesitava em fazer, nossos contemporâneos não cessaram porém de sofrer sua influência. Muitos deles vivem do que não conhecem mais. Citarei como exemplo apenas um caso, mas característico

---

15. Sobre os elementos religiosos da filosofia de Leibniz, ver J. Baruzi, *Leibniz et l'organisation religieuse de la terre*, Paris, Alcan, 1907.
16. Kant, *Die Metaphysik der Sitten*, Methodenlehre. Sobre a continuidade profunda entre a filosofia moderna e o pensamento cristão, patrístico e medieval, ver as páginas penetrantes de H. Ritter, *Histoire de la philosophie chrétienne*, Paris, Ladrange, 1843, t. I, pp. 20-2.

de todos, o de W. P. Montague, cujo *Belief Unbound* acaba de ser publicado[17]. Depois de notar o fato de que hipóteses grosseiras surgem espontaneamente na consciência dos homens nas épocas primitivas da história, W. P. Montague acrescenta que se dá então um fenômeno estranho, "talvez o mais estranho e o mais retrógrado em toda a cultura humana, que consiste em transpor essas hipóteses grosseiras dos nossos ignorantes ancestrais para dogmas proclamados pela onisciência divina". Assim, a Bíblia cristã, que se apresenta e pretende se impor como uma revelação divina, nada mais é que um corpo de crenças populares, uma amostra de folclore indevidamente divinizada. Eis a crença reduzida à escravidão que o senhor Montague nos pede para e se esforça por libertar. Ele precisa de um novo Deus prometéico, como ele o chama, "e o que essa concepção prometéica de Deus significa é que o santo espírito de Deus, se fosse dado a alguém senti-lo, não seria apenas coragem para nos fortalecer em nossa fraqueza e consolação para nos reconfortar na tristeza... mas força e luz, e glória além do que tínhamos e quanto tenhamos tido".

Melhor não se poderia pregar, e não é por acaso. Se é isso que nos reservava a nova fé enfim libertada do folclore da Bíblia cristã, a Universidade de Yale poderia substituir uma leitura pública de são João e de são Paulo pelas *D. H. Terry Lectures*; e se, como crê W. P. Montague, o novo Deus difere do antigo na medida em que afirma a vida em vez de negá-la, somos obrigados a nos perguntar que sentido a noção de cristianismo pode ter guardado no espírito dos nossos contemporâneos. Na realidade, a nova religião do senhor Montague é um bonito caso de folclore bíblico complicado com folclore grego; ele toma por novas idéias filosóficas vagas lembranças do Evangelho, que leu

---

17. W. P. Montague, *Belief Unbound*, New Haven, Yale University Press, 1930, pp. 9-10 e 97.

na infância e que alguma coisa nele, sem que ele perceba, lhe impede que esqueça.

Há portanto algumas razões históricas para pôr em dúvida a separação radical entre a filosofia e a religião nos séculos posteriores à Idade Média; é legítimo, em todo caso, perguntar se a metafísica clássica não se alimentou da substância da revelação cristã muito mais profundamente do que se diz. Colocar a questão dessa forma é simplesmente colocar em outro terreno o mesmo problema da filosofia cristã. Se houve idéias filosóficas introduzidas na filosofia pura pela revelação cristã; se algo da Bíblia e do Evangelho passou para a metafísica; numa palavra, se não se pode conceber que os sistemas de Descartes, de Malebranche ou de Leibniz teriam podido se constituir tais como são sem que a religião cristã houvesse exercido sua influência sobre eles, torna-se infinitamente provável que a noção de filosofia cristã tenha sim um sentido, porque a influência do cristianismo sobre a filosofia é uma realidade.

Para quem está convencido dessa realidade, duas atitudes em relação a ela são possíveis. Pode-se admitir com A. Comte que a metafísica cairá em desuso, tal como as teologias, das quais ela não é mais que uma sombra. Ou pode-se constatar que, assim como a teologia sobreviveu à sua oração fúnebre, a metafísica continuará ainda por muito tempo a se inspirar nela. É essa, acreditamos, uma perspectiva mais verdadeira porque concorda melhor com a vitalidade persistente do cristianismo, e não vemos em que ela poderia contristar os que crêem no futuro da metafísica. Seja o futuro como for, é essa a lição que se desprende do passado. "Sem dúvida", dizia profundamente Lessing, "quando foram reveladas, as verdades religiosas não eram racionais, mas foram reveladas para assim se tornarem."[18]

---

18. Lessing, *Über die Erziehung des Menschengeschlechtes*, cit. por M. Guéroult, *L'évolution et la structure de la doctrine de la science chez Fichte*, Estrasburgo, 1930, t. I, p. 15.

Não todas, talvez, mas algumas pelo menos, e é esse o sentido da questão cuja resposta as lições que seguem tentarão encontrar. No começo de uma pesquisa como esta, nosso primeiro dever será interrogar os próprios filósofos cristãos sobre o sentido da filosofia cristã; é o que vamos fazer, perguntando-lhes que benefício a razão deles encontrava em se inspirar na Bíblia e no Evangelho.

CAPÍTULO II

A noção de filosofia cristã

Quando se coloca o problema nos termos que acabam de ser definidos, o método mais simples para resolvê-lo é procurar saber por que homens cultos, versados no conhecimento dos sistemas da Antiguidade, puderam se decidir subitamente a tornar-se cristãos. Tal fato não parou de se produzir, e também poderíamos perguntar por que, ainda em nossos dias, tantos filósofos crêem encontrar no cristianismo uma resposta mais satisfatória para os problemas filosóficos do que as da própria filosofia. Mas, se quisermos examinar a questão de uma maneira objetiva e sob formas que não façam intervir nossos interesses pessoais, ou que não os façam intervir de uma maneira tão imediata, o mais simples será remontar às origens. Se o cristianismo proporcionou verdadeiramente aos filósofos mais verdade racional do que eles encontravam na filosofia, nunca a realidade dessa contribuição deve ter sido tão sensível quanto no momento em que ela se produziu. Vamos perguntar portanto aos primeiros filósofos que se tornaram cristãos que interesse eles tinham, como filósofos, em se fazer cristãos.

De fato, para discutir convenientemente o problema, é preciso remontar a antes dos primeiros filósofos cristãos. A testemunha mais antiga que se pode invocar aqui não é um filósofo, mas seu pensamento domina mesmo assim toda a evolução posterior do pensamento cristão: trata-se de são Paulo. Pode-se dizer que, com ele, o princípio da solução definitiva do problema é colocado e que as gerações posteriores de filósofos cristãos não farão mais que desenvolver suas conseqüências. Segundo o apóstolo, o cristianismo não é em absoluto uma filosofia, mas uma religião. Ele não sabe nada, não prega nada, salvo Jesus crucificado e a redenção do homem pecador pela graça. Seria portanto um rematado absurdo procurar definir uma filosofia de são Paulo e, ainda que encontremos em seus escritos fragmentos de filosofia grega, eles são ou elementos advent́ícios, ou, no mais das vezes, elementos integrados a uma síntese religiosa que transforma completamente seu sentido. O cristianismo de são Paulo não é uma filosofia que se soma a outras filosofias, nem mesmo que as substitui, é uma religião que torna inútil o que se costuma chamar de filosofia e nos dispensa dela. Porque o cristianismo é um método de salvação, ou seja, ele é outra coisa, e mais do que um método de conhecimento, e podemos acrescentar que ninguém, mais do que são Paulo, teve a clara consciência dessa verdade.

Tal como ela se define na *I Epístola aos Coríntios*, a nova revelação está posta como uma pedra de escândalo entre o judaísmo e o helenismo. Os judeus querem a salvação pela observância literal de uma lei e a obediência às ordens de um Deus cuja potência se manifesta em milagres de glória; os gregos querem uma salvação conquistada pela retidão da vontade e uma certeza obtida pela luz natural da razão. A uns e outros, o que o cristianismo traz? A salvação pela fé no Cristo crucificado; ou seja, um escândalo para os judeus, que reclamam um milagre de glória e a quem se oferece a infâmia de um Deus humilhado; uma loucura para os gregos, que reclamam o inteligível e a quem se propõe o absurdo de um Deus-Homem, morto na cruz e ressuscitado dos mortos para nos salvar. O que o cristianismo opõe à sabedoria do mundo é, portanto, o impenetrável, escandaloso mistério de Jesus: "Pois está escrito: destruirei a sabedoria dos sábios e rejeitarei a inteligência dos inteligentes. Onde está o sábio? Onde está o homem culto? Onde está o argumentador deste século? Porventura Deus não tornou louca a sabedoria deste século? Com efeito visto, o mundo por meio da sabedoria não reconheceu a Deus na sabedoria de Deus, aprouve a Deus pela loucura da pregação salvar aqueles que crêem. Os judeus pedem sinais, e os gregos andam em busca de sabedoria; nós, porém, anunciamos Cristo crucificado, que para os judeus é escândalo, para os gentios loucura; mas para aqueles que são chamados, tanto judeus como gregos, é Cristo, poder de Deus e sabedoria de Deus. Pois o que é loucura de Deus é mais sábio do que os homens; e o que é fraqueza de Deus é mais forte do que os homens."[1]

Nada mais categórico e definitivo, à primeira vista, do que essas declarações, pois elas parecem eliminar pura e simplesmente a filosofia grega em benefício da nova fé. Aliás, é por isso que não é equivocado resumir o pensamento de são Paulo sobre esse ponto central dizendo que, segundo ele, o Evangelho é uma salvação, e não uma sabedoria[2]. Mas é preciso acrescentar que, num outro sentido, essa interpretação não é completamente exata, porque no mesmo momento em que são Paulo proclama a bancarrota da sabedoria grega, ele propõe substituí-la por outra, que é a pessoa de Jesus Cristo. O que ele pretende fazer é eliminar a aparente sabedoria grega, que na realidade não passa de lou-

---

1. São Paulo, *1 Cor.*, I 19-25. Cf. *op. cit.*, II, 5 e 8. *Cl.*, II 8. Foi a esses textos que se referiram todos os adversários cristãos da filosofia, cujo protótipo Tertuliano encarna à perfeição: "Quid ergo Athenis et Hierosolymis? Quid Academiae et Ecclesiae? Quid haerectis et Christianis? Nostra institutio de Porticu Salomonis est (cf. *At.*, I, 12, *Sb.*, I, 1) qui et ipse tradiderat Dominum in simplicitate cordis esse quaerendum. Viderint qui stoicum et platonicum et dialecticum Christianismus protulerunt. Nobis curiositate opus non est post Jesum Christum, nec inquisitione post evangelium. Cum credimus, nihil desideramus ultra credere. Hoc enim prius credimus, non esse quod ultra credere debeamus", Tertuliano, *De praescript. haereticorum*, VII.
2. C. Toussaint, *Épîtres de saint Paul*, Paris, G. Beauchesne, 1910, t. I, p. 253.

cura, em nome da aparente loucura cristã, que na realidade é sabedoria. Por isso, em vez de dizer que, segundo são Paulo, o Evangelho é uma salvação, e não uma sabedoria, seria melhor dizer que a salvação que ele prega é, a seu ver, a verdadeira sabedoria, e isso precisamente por ser uma salvação.

Admitindo-se essa interpretação, e ela parece bem inscrita no texto, fica claro que, resolvido em seu princípio, o problema da filosofia cristã permanece inteiramente aberto quanto às conseqüências que dela decorrem. O que são Paulo afirmava, e que ninguém nunca deveria discutir no interior do cristianismo, é que possuir a fé em Jesus Cristo é, com maior razão, possuir a sabedoria, pelo menos no sentido de que, do ponto de vista da salvação, a fé nos dispensa realmente e totalmente da filosofia. Poder-se-ia dizer ainda que são Paulo define uma posição cuja antítese exata será formulada no provérbio 136 de Goethe:

> *Wer Wissenschaft und Kunst besitzt*
> *Hat auch Religion;*
> *Wer jene beide nicht besitzt*
> *Der habe Religion.**

Aqui, é exatamente o contrário que é verdade, porque quem possui a religião também possui, em sua verdade essencial, a ciência, a arte e a filosofia, disciplinas estimáveis, mas que não podem ser mais que um magro consolo para quem não possui a religião. No entanto, se é verdade que possuir a religião é ter todo o resto, é preciso mostrá-lo. Um apóstolo como são Paulo pode se contentar com pregar isso, mas um filósofo vai querer certificar-se. Não basta dizer que o crente pode dispensar a filosofia, porque todo o conteúdo da filosofia, e mais do que ele, está implicitamente dado em sua crença, é preciso dar prova disso; ora,

---

* Quem possui ciência e arte, / também tem religião; / quem não possui nenhum dos dois / esse tem religião. (Tradução Karina Jannini.)

prová-lo é certamente uma certa maneira de suprimir a filosofia, mas, se esse empreendimento tiver sucesso, podemos dizer que, num outro sentido, talvez seja a melhor maneira de filosofar. Que vantagens filosóficas as mais antigas testemunhas que se converteram ao cristianismo tinham então em se converter?

Aquele cujo testemunho é ao mesmo tempo o mais antigo e o mais típico é são Justino, cujo *Diálogo com Trífon* nos conta a conversão de uma forma viva e pitoresca. O objeto da filosofia, tal como ele o concebe desde o início, é nos levar a Deus e nos unir a ele. O primeiro sistema experimentado por Justino foi o estoicismo, mas parece que ele encontrou um estóico mais preocupado com a prática moral do que com a teoria, porque esse professor confessou que não considerava necessária a ciência de Deus. O peripatético que sucedeu a ele insistiu logo em que combinassem o preço das suas aulas, o que Justino considerou pouco filosófico. Seu terceiro professor foi um pitagórico, que, por sua vez, o recusou porque ele ainda não havia aprendido música, astronomia e geometria, ciências indispensáveis ao estudo da filosofia. Um platônico que veio em seguida foi mais feliz: "Freqüentei-o o mais que pude", escreve Justino, "e assim fiz muitos progressos; cada dia, eu progredia o máximo possível. A inteligência das coisas incorpóreas me cativava ao mais alto ponto; a contemplação das idéias dava asas ao meu espírito, tanto que, após bem pouco tempo, acreditei ter-me tornado um sábio; fui inclusive bastante tolo para esperar que veria Deus, pois é esse o objetivo da filosofia de Platão."[3] Tudo ia muito bem quando Justino encontrou um velhinho que, interrogando-o sobre Deus e sobre a alma, provou-lhe que ele estava enredado em estranhas contradições; e, tendo Justino lhe perguntado onde havia adquirido seus conhecimentos nessas matérias, o velho respondeu: "Houve nos tempos

---

3. Justino, *Dialogue avec Tryphon*, II, 6, trad. fr. G. Archambault, Paris, Picard, 1909, pp. 11-2.

remotos, e mais antigos do que todos esses pretensos filósofos, homens felizes, justos e queridos por Deus, que falavam pelo Espírito Santo e proferiam sobre o futuro oráculos que hoje estão consumados. Eles se chamam profetas... Seus escritos ainda subsistem em nossos dias, e os que os lêem podem, se tiverem fé neles, deles tirar toda sorte de proveitos, tanto no que concerne aos princípios como ao fim e a tudo o que um filósofo deve conhecer. Não foi de demonstrações que eles falaram; acima de toda demonstração, eram eles as dignas testemunhas da verdade."[4] Ouvindo isso, um súbito fogo se acendeu no coração de Justino e, diz ele, "refletindo comigo mesmo sobre todas essas palavras, cheguei à conclusão de que essa era a única filosofia segura e proveitosa. Eis como e por que sou filósofo"[5].

---

4. Op. cit., VII, p. 37
5. Justino, *Dialogue avec Tryphon*, II, 6, trad. fr. G. Archambault, Paris, Picard, 1909, pp. 11-2. Essa reivindicação do título de filósofo por um cristão não é um fato isolado na Antiguidade. No texto de que a epígrafe desse trabalho foi tirada, Atenágoras definiu claramente o direito de os cristãos proporem uma explicação filosófica do universo, elaborada pela razão sob a conduta da revelação: "Como quase todos, mesmo se a contragosto, reconhecem a existência de uma realidade divina quando chegam aos princípios do universo e como nós chamamos de Deus aquele que ordenou o universo, por que essa gente tem de ter o direito de dizer e escrever impunemente sobre o divino o que bem lhes parece, enquanto uma lei nos proíbe de demonstrar por argumentos e raciocínios verdadeiros que existe um Deus, o que reconhecemos tanto pela razão como pela fé? Porque os poetas e os filósofos, aqui como em qualquer parte, animados pelo sopro de Deus, experimentaram pela conjetura e seguindo cada qual unicamente sua alma se não lhes era possível descobrir e conceber a verdade. Mas não encontraram em si com o que apreender seu objeto, porque não pensavam ter de se instruir com Deus sobre Deus, mas cada um deles consigo mesmo. É por isso que todos chegaram a conclusões diferentes sobre Deus, a matéria, as idéias e o universo. Nós, ao contrário, trate-se do que sabemos ou do que cremos, apelamos para o testemunho dos profetas que, inspirados pelo Espírito, se pronunciaram sobre Deus e o que se relaciona a Deus", Atenágoras, *Legatio pro christianis*, VII. O método que ele reivindica é o que ele chama claramente de τὸν λογισμὸν ἡμῶν τῆς πίστεως (op. cit., VIII). A data desse escrito é 177. A iluminação da razão pela revelação é igualmente invocada, a propósito da criação e da unidade de Deus, por Irineu, *Adversus haereses*, I, 3, 6 e II, 27, 2.

Οὕτως δὴ καὶ διὰ ταῦτα φιλόσοφος ἐγώ. É quase impossível exagerar a importância dessa afirmação, e, se citei com alguns detalhes a experiência pessoal de Justino, é porque, já no século II, ela põe em evidência todos os elementos sem os quais não há solução para o problema da filosofia cristã. Um homem busca a verdade apenas pela razão, e fracassa; a verdade lhe é oferecida pela fé, ele a aceita e, tendo-a aceitado, acha-a satisfatória para a razão. Mas a experiência de Justino não é menos instrutiva por outro aspecto, porque levanta um problema a que o próprio Justino não pôde recusar sua atenção. O que ele encontra no cristianismo é, com muitas outras coisas, a chegada de verdades filosóficas por caminhos não filosóficos. Onde reina a desordem da razão, a revelação faz a ordem reinar; mas, precisamente porque experimentaram tudo sem temer contradizer-se, os filósofos tinham dito, junto com muitas coisas falsas, um grande número de coisas verdadeiras. Como explicar que eles tenham tido conhecimento dessas verdades, mesmo se sob a forma fragmentária em que as conheceram?

Uma primeira solução desse problema, proposto por Fílon, o Judeu, tentou imediatamente a imaginação dos cristãos e seduziu-a por um bom tempo. Era uma solução preguiçosa, cuja facilidade fez sua fortuna. Por que não se prevalecer da anterioridade cronológica da Bíblia em rela-

---

Quanto a Clemente de Alexandria (150-215), sua concepção da gnose cristã repousa na idéia de que a filosofia é coisa boa em si e necessária (*Stromates*, I, 1 e I, 18, em que luta contra os cristãos inimigos da filosofia); mas a filosofia grega, espécie de revelação incompleta fundada na razão, deve ser completada pela revelação. Há dois Antigos Testamentos – a Bíblia e a filosofia grega (*Stromates*, VI, 42, 44, 106) – e um Novo que, como uma fonte, traz ao seu leito águas que vêm de mais longe (*Stromates*, I, 5). Segundo outra imagem, a fé se enxerta na árvore da filosofia e, quando o enxerto é perfeito, o rebento da fé substitui o da árvore, cresce nele, vive nele e lhe faz dar frutos (*Stromates*, VI, 15). A sabedoria cristã, segundo Clemente, nasce pois da enxertia da fé na razão. Teófilo de Antióquia, *Ad Autolycum*, II, 33, opõe os erros dos filósofos às certezas que os cristãos receberam do Espírito Santo no que concerne à unidade de Deus e à criação (cf. op. cit., II, 4; II, 12; III, 2; III, 9).

ção aos sistemas filosóficos? Sustentou-se então, de início com certa timidez, mas a partir de Taciano com mais decisão, que os filósofos gregos tinham se aproveitado mais ou menos diretamente dos livros revelados e lhes deviam o pouco de verdades que haviam ensinado, não sem misturar a elas muitos erros, aliás. No entanto, a ausência das provas diretas desse empréstimo se opunha ao completo sucesso dessa solução simplista e, embora ela tenha tido uma vida longa, a ponto de provavelmente ainda não estar morta, se apagaria progressivamente diante de outra, muito mais profunda e, de resto, quase tão antiga quanto ela, pois já a encontramos em Justino.

Já a encontramos inclusive em são Paulo, pelo menos em germe e como que pré-formada. Apesar da sua condenação, carregada de desprezo, da falsa sabedoria dos filósofos gregos, o apóstolo não condena a razão, porque faz questão de reconhecer aos gentios certo conhecimento natural de Deus. Ao afirmar na *Epístola aos Romanos* (1, 19-20) que a potência eterna e a divindade de Deus podem ser diretamente conhecidas pelo espetáculo da criação, são Paulo afirmava implicitamente a possibilidade de um conhecimento puramente racional de Deus entre os gregos e, com isso, estabelecia o fundamento de todas as teologias naturais que deviam se constituir mais tarde no seio do próprio cristianismo[6]. De santo Agostinho a Descartes, não há um só filósofo que não tenha feito sua essa afirmação. Por outro lado, ao declarar na mesma epístola (2, 14-15) que os gentios, embora estejam excluídos da Lei judaica, são eles próprios sua lei, porque a consciência deles os acusará ou os desculpará no dia do juízo, são Paulo admite implicitamente a existência de uma moral natural ou, antes, de um conhecimento natural da lei moral. Ora, se bem que o próprio apóstolo não tenha levantado a seguinte questão, pu-

---

6. A mesma idéia se encontra no *Livro da sabedoria* 13, 1, e será citada por Leão XIII na encíclica *Aeterni patris*.

ramente especulativa, tornara-se impossível que ela não viesse a se colocar: que relações existem entre o conhecimento racional do verdadeiro ou do bem concedido por Deus ao homem e o conhecimento revelado que o Evangelho veio acrescentar ao primeiro? Foi precisamente esse problema que são Justino formulou e resolveu.

Como Jesus Cristo nasceu há cento e cinqüenta anos da data em que escrevo, devo considerar, ele se pergunta, culpados ou inocentes todos os homens que, vivendo antes de Cristo, foram privados do socorro da revelação? O prólogo do Evangelho de são João sugere a resposta que convém dar a essa questão. Jesus Cristo é o Verbo, e o Verbo é Deus; ora, está dito no Evangelho que o Verbo ilumina todo homem que vem ao mundo, do que resulta que cumpre admitir, em conformidade com Deus mesmo, uma revelação natural do Verbo, universal e anterior à que se produziu quando, fazendo-se carne, ele veio habitar entre nós. Por outro lado, como o Verbo é Cristo, todos os homens participaram da luz de Cristo ao participarem da luz do Verbo. Os que viveram segundo o Verbo, tenham sido pagãos ou judeus, foram portanto cristãos por definição, ao passo que os que viveram no erro e no vício, isto é, contrariamente ao que lhes ensinava a luz do Verbo, foram verdadeiros inimigos de Cristo, desde antes do tempo da sua vinda. Se assim é, a posição de são Paulo, embora permaneça materialmente a mesma, é espiritualmente transformada, porque onde o apóstolo invocava contra os pagãos uma revelação natural que os condena, são Justino admite em favor deles uma revelação natural que os salva. Sócrates torna-se um cristão tão fiel que não é de espantar que o demônio tenha feito dele um mártir da verdade, e Justino não está longe de dizer com Erasmo: são Sócrates, orai por nós!

A partir desse momento decisivo, o cristianismo aceita a responsabilidade de toda a história anterior da humanidade, mas também reivindica o seu benefício. Tudo o que se fez de mal se fez contra o Verbo, mas como, inversamente, tudo o que se fez de bem se fez pelo Verbo, que é o Cristo, toda verdade é cristã por definição. Tudo o que se disse de bom é nosso: ὅσα οὖν παρὰ πᾶσι καλῶς εἴρηται, ἥμων χριστιανῶν ἔστιν[7]. Aí está, formulada desde o século II em termos definitivos, a carta eterna do humanismo cristão. Heráclito é dos nossos; Sócrates nos pertence, pois conheceu Cristo por um conhecimento parcial, graças ao esforço de uma razão de que o Verbo é a origem; nossos também os estóicos e, com eles, todos os verdadeiros filósofos em que já brilhavam as sementes dessa verdade que a revelação hoje nos descobre em sua plenitude[8].

---

7. Justino, *IIe Apologie*, cap. XIII, Paris, Picard, 1904, p. 177. Sobre o fundamento da doutrina, ver *I^e Apologie*, cap. LXVI, pp. 94-7. Cf.: "Quisquis bonus verusque Christianus est, Domini sui esse intelligat ubicumque invenerit veritatem", Santo Agostinho, *De doctr. christiana*, II, 18, 28; *Patr. lat.*, t. 34, col. 49.
8. Justino, *IIe Apologie*, cap. X, p. 169, e cap. XIII, pp. 177-9. Podemos aproximar dessas declarações de Justino a fórmula de santo Ambrósio, várias vezes citada por são Tomás de Aquino: "Omne verum, a quocumque dicatur, a Spiritu sancto est"; cf. P. Rousselot, *L'intellectualisme de saint Thomas d'Aquin*, 2ª ed., Paris. G. Beauchesne, 1924, p. 228. Temos aí um traço constante do espírito cristão, que escapa a muitos dos seus intérpretes e cujo desconhecimento causou mais de um equívoco. Esse desconhecimento torna particularmente difícil compreender os vínculos profundos da Renascença com o cristianismo medieval e antigo. Foi dada como uma prova manifesta do paganismo de Erasmo sua célebre invocação: "São Sócrates, orai por nós." No entanto, se é verdade que Sócrates foi cristão e foi morto por instigação do demônio, por causa da sua participação no Verbo, não é ele um mártir? E se é um mártir, não é um santo? Encontraremos curiosos exemplos dos estragos causados na história por esse esquecimento das verdadeiras tradições cristãs no livro de J.-B. Pineau, *Érasme, sa pensée religieuse*, Paris, 1923. Fazendo constantemente Erasmo dizer o que não disse, esse historiador nem sempre compreende o que Erasmo disse. A fórmula de Erasmo: "Christi esse puta quicquid usquam veri offenderis" (op. cit., p. 116) nada tem que não seja tradicional. Dizer que "fortassis latius se fundit spiritus Christi quam nos interpretamur" (p. 269) seria para são Justino timidez, e não ousadia. Não se trata de negar que o humanismo de Erasmo tenha um caráter novo, mas seria preciso conhecer o velho para saber em que o dele é novo. Seria necessário também não interpretar seus textos ao revés. J.-B. Pineau faz Erasmo

Para quem resolve adotar essa perspectiva da história, é válido dizer com são Paulo que a fé em Cristo dispensa da filosofia e que a revelação a suplanta, mas a revelação somente suplanta a filosofia porque a consuma. Donde uma inversão do problema, tão curiosa quanto inevitável. Se tudo o que havia de verdadeiro na filosofia era um pressentimento e como que um esboço do cristianismo, quem possui o cristianismo deve possuir por isso mesmo tudo o que havia de verdadeiro e tudo o que poderá haver de verdadeiro na filosofia. Em outras palavras, e por mais estranho que possa parecer, a posição racional mais favorável não é a do racionalismo, mas a do crente; a posição filosófica mais favorável não é a do filósofo, mas a do cristão. De resto, para certificar-se disso bastará enumerar as vantagens que ela apresenta.

Poderíamos observar, primeiramente, que a grande superioridade do cristianismo não está em ser um simples conhecimento abstrato da verdade, mas um método eficaz de salvação. Esse ponto pode parecer, hoje, sem nenhuma relação direta com a noção de filosofia, porque nós a confundimos mais ou menos com a de ciência; mas para o Platão do *Fédon*, assim como para o Aristóteles da *Ética a Nicômaco*, embora essencialmente ciência, a filosofia não era apenas isso, ela ainda era uma vida, e assim tinha se tornado a tal ponto com os estóicos e seus sucessores, que esses filósofos se distinguiam dos outros homens por sua roupa, tal como, hoje, um padre se distingue pela sua dos homens que o rodeiam. Ora, é um fato que os sistemas gregos se apresentavam aos cristãos do século II como es-

---

dizer, a propósito de Cristo: "O que ele nos ensina, que não se encontre equivalentemente nos filósofos?" (op. cit., p. 117), isso para introduzir um texto de Erasmo que pretende dizer: "A autoridade dos filósofos deve contar pouco, a não ser que tudo o que eles dizem, embora em termos diferentes, não seja prescrito pelas santas Letras" (ibid., nota 96). Exatamente o contrário da idéia que lhe prestam. Tais métodos não contribuem em nada para esclarecer a história.

peculações interessantes, às vezes até mesmo verdadeiras, mas sem eficácia para a conduta da vida. Ao contrário, por prolongar a ordem natural com uma ordem sobrenatural e apelar para a graça como fonte inesgotável de energia para a apreensão do verdadeiro e a realização do bem, o cristianismo se oferecia ao mesmo tempo como uma doutrina e uma prática, ou, mais exatamente, como uma doutrina que proporcionava ao mesmo tempo os meios da sua passagem à prática.

Seria fácil demais acumular exemplos históricos em apoio a essa interpretação do cristianismo, mas bastará sem dúvida recordar que é o essencial da doutrina de são Paulo sobre o pecado, a redenção e a graça. O que o homem gostaria de fazer, não faz; o que gostaria de não fazer, faz. Uma coisa é *querer* fazer o bem, outra é *poder* fazê-lo; uma coisa é a lei de Deus, que reina no homem interior, outra é a lei do pecado, que reina em seus membros. Quem então fará reinar a lei de Deus sobre o homem exterior, senão Deus mesmo, pela graça de Jesus Cristo?[9] Nada mais conhecido do que essa doutrina. O que às vezes parecem esquecer é que ela está no próprio cerne da obra de santo Agostinho e, com isso, de todo o pensamento cristão. Discutiu-se demoradamente sobre o sentido do depoimento das *Confissões*, alguns estimando que Agostinho se converteu muito mais ao neoplatonismo do que ao cristianismo, outros sustentando ao contrário que sua conversão foi a de um verdadeiro cristão. Pessoalmente, não duvido que a segunda hipótese seja a verdadeira, mas, se se imaginou possível sustentar a primeira com grande reforço de textos e argumentos, foi precisamente por não se ter compreendido que o cristianismo é essencialmente um método de salvação e que, por conseguinte, converter-se ao cristianismo é essencialmente aderir a esse método de salvação. Ora, se há um ponto evidente dentre todos os que o relato das

---

9. São Paulo, *Epístola aos Romanos*, 7, 14-25.

Confissões aborda, é justamente que, ao ver de Agostinho, o vício radical do neoplatonismo era a ignorância, em que ele nos mantém, da dupla doutrina do pecado e da graça que dele nos liberta. Pode-se demonstrar que a evolução *intelectual* de santo Agostinho se conclui com a sua adesão ao neoplatonismo[10], se bem que haveria muitas restrições a fazer, com o próprio santo Agostinho, a essa interpretação, mas o que toda a sua doutrina nega é que essa adesão possa ser confundida com a sua conversão. Se Plotino nos aconselha a nos livrar dos sentidos, a dominar nossas paixões e aderir a Deus, ótimo; mas é Plotino quem nos vai dar a força para fazê-lo? E de que adianta saber sem poder? Que médico é esse que nos aconselha a saúde sem conhecer nem a natureza da doença nem a do remédio? A conversão de santo Agostinho só se conclui verdadeiramente com a leitura de são Paulo e a revelação da graça: "Porque a lei do Espírito de vida em Jesus Cristo me libertou da lei do pecado e da morte." Não era um intelecto que sofria na noite do jardim de Cassiciacum, mas um homem.

Desçamos novamente, entretanto, ao plano da filosofia puramente especulativa e do conhecimento abstrato; nele deveremos reconhecer que, para os primeiros pensadores cristãos, muitas das vantagens estavam do lado da religião. Um dos argumentos que eles mais costumam invocar a favor da sua fé é o que se funda nas contradições dos filósofos. O fato é bem conhecido, mas seu significado talvez não seja o que normalmente se imagina. O que parece ter impressionado Justino e seus sucessores não é apenas a incoerência das especulações filosóficas, mas principalmente a coerência das respostas dadas aos problemas filosóficos por uma doutrina que, em vez de se oferecer como uma filosofia entre tantas outras, se apresentava como a única religião verdadeira.

---

10. P. Alfaric, *L'évolution intellectuelle de saint Augustin*, Paris, E. Nourry, 1918.

Encarada sob seu aspecto polêmico, essa constatação engendra o argumento clássico "pelas contradições dos filósofos". Nós o encontramos em toda parte nos primeiros séculos do pensamento cristão: em Justino, de quem lembrei, foi o ponto de partida; no *Discurso aos gregos* de Taciano, em que recebeu seu pleno desenvolvimento[11]; no anônimo *Irrisão dos filósofos*[12]; em Arnóbio, cujo ceticismo filosófico e cujo fideísmo ele justifica; mas talvez deva-se dizer principalmente em Lactâncio, porque esse homem de bom senso avaliou seu alcance exato e assinalou-o em termos definitivos. Apesar das injúrias que ele não se priva de eventualmente dirigir-lhes, Lactâncio freqüenta os filósofos. Persuadido de que há muita coisa boa em Sócrates, em Platão, em Sêneca, esse cristão chega a reconhecer que, no fundo, cada um deles apreende uma parte da verdade total e que, se essas partes fossem reunidas, acabar-se-ia reconstituindo a verdade inteira: *particulatim veritas ab iis tota comprehensa est*[13]. Suponhamos pois que alguém recolhesse esses fragmentos dispersos pelos escritos dos filósofos e os reunisse num corpo de doutrina; o que obteria por esse método seria um equivalente da verdade total. Mas, e é esse o ponto essencial, ninguém pode realizar essa triagem do verdadeiro e do falso nos sistemas dos filósofos, a não ser que conheça de antemão a verdade, e ninguém a conhece de antemão, se Deus não a ensinar pela revelação, isto é, se não a aceitar pela fé.

Lactâncio concebeu então a possibilidade de uma filosofia verdadeira, mas ele a concebeu como um ecletismo

---

11. Taciano, *Adversus graecos*, XXV.
12. Hermias, *Gentilium philosophorum irrisio*, II-X. Note-se que Hermias se intitula *filósofo*.
13. Lactâncio, *Institutiones*, VII, 7, 7. Cf. VII, 7, 4: "Quod si existisset aliquis qui veritatem sparsam per singulos per sectasque diffusam colligeret in unum ac redigeret in corpus, is profecto non dissentiret a nobis... Sed hoc nemo facere nisi veri peritus ac sciens potest; verum autem scire non nisi eius est qui sit doctus a Deo."

à base de fé. De um lado, o filósofo puro e simples, que dispõe apenas da sua razão e quer descobrir a verdade por suas próprias forças: todo o seu trabalho leva apenas a apreender um minúsculo fragmento da verdade total, imersa numa massa de erros contraditórios de que ele é incapaz de separá-la. De outro lado, o filósofo cristão: sua fé lhe dá a posse de um critério, de uma regra de juízo, de um princípio de discernimento e de seleção, que lhe possibilitam tornar a verdade racional a si mesma, libertando-a do erro em que ela se embaraça. *Solus potest scire qui fecit*, diz Lactâncio. Deus, que tudo faz, tudo sabe. Sigamo-lo, se ele nos ensinar. Entre a incerteza de uma razão sem guia e a certeza de uma razão dirigida, ele não hesita um instante, como tampouco hesitará, depois dele, santo Agostinho.

Porque na verdade é a mesma experiência que continua, até terminar por encontrar sua fórmula abstrata nos escritos dos pensadores da Idade Média e ser redescoberta por mais de um pensador moderno. Quando o jovem Agostinho adere à seita de Manés, é precisamente porque os maniqueístas alardeiam tudo explicar sem nunca apelar para a fé. Apesar das estranhezas e das puerilidades da cosmogonia deles, são racionalistas que pretendem introduzir o espírito na fé dando-lhe primeiro a inteligência. Se, cansado de uma igreja em que a inteligência prometida nunca vem, Agostinho finalmente se desliga da seita, é para se abandonar ao amável ceticismo de Cícero; e, quando emerge desse ceticismo graças a Plotino, é para descobrir que tudo o que há de verdadeiro no neoplatonismo já estava contido no Evangelho de são João e no Livro da Sabedoria, além de muitas verdades que Plotino nunca conheceu. Assim, enquanto ele a buscava em vão pela razão, a filosofia estava ali, esperando e se oferecendo a ele pela fé. Essas verdades instáveis, que a especulação grega reservava a uma elite de espíritos escolhidos, estavam reunidas de antemão, purificadas, fundadas, completadas por uma revelação que as põe ao alcance de todos os homens[14]. Nesse sentido, seria possível resumir sem inexatidão toda a experiência de Agostinho no título que ele próprio deu a uma das suas obras: *De utilitate credendi*. Da utilidade de crer, mesmo para garantir a racionalidade da razão. Se ele repete sem cessar a palavra de Isaías, tal como a encontra na tradução latina que utiliza – *nisi credideritis, non intelligetis* –, é porque ela é a fórmula exata da sua experiência pessoal, e santo Anselmo não terá nada a lhe acrescentar quando quiser definir por sua vez o efeito benéfico da fé sobre a razão do filósofo.

---

14. Afirmou-se que "o cristianismo, em seus primórdios, não é em absoluto especulativo; ele é um esforço de ajuda mútua, ao mesmo tempo espiritual e material nas comunidades" (É. Bréhier, *Histoire de la philosophie*, t. I, p. 493). Mas não é preciso considerá-lo "depois de transcorridos muitos séculos" para duvidar da verdade dessa asserção. A conversão de Justino, segundo o *Diálogo com Trífon*, se coloca abertamente no plano da filosofia. Mas, sobretudo, é interessante observar que, desde o fim do século II, o que se critica nos cristãos é aspirar a conhecimentos filosóficos que os gregos não teriam tido. Esses ignorantes posam de gente que sabe mais que Platão e Aristóteles. Não só, portanto, essas antigas comunidades cristãs se atribuíram uma nova interpretação do mundo, mas foram criticadas por fazê-lo. Citemos, de uma das "belas infiéis" de Perraut d'Ablancourt, essa reivindicação dos direitos da razão que se encontra em M. Felix, *Octavius* (fim do século II): "Ora, visto que ele [Cecilius, o pagão] não pode admitir que gente iletrada e pobres ignorantes, como ele nos chama, discutam de coisas divinas, ele precisa saber que todos os homens nasceram racionais, sem distinção de idade, de qualidade, nem de sexo, e que eles não devem sua sabedoria à sua fortuna, mas à natureza; que mesmo os filósofos e os outros célebres inventores das artes e das ciências foram considerados a escória do povo e uns ignorantes, antes de terem feito seu espírito aparecer em suas obras; tanto é verdade que os ricos, idólatras dos seus tesouros, consideram mais o ouro que o céu, *e que foram pobres como nós que descobriram a sabedoria e que a mostraram aos outros*" (Paris, 1677, pp. 56-7). Temos aí uma espécie de reivindicação da democracia na filosofia e de apelo à universalidade da razão, que mostra que, nessas antigas comunidades cristãs, o espírito especulativo era intensamente vivo. A pretensão, insuportável para os filósofos, de que uma humilde *vetula* saiba mais sobre o mundo do que Platão e Aristóteles foi expressa de novo com são Francisco de Assis e seus discípulos; ela é parte integrante da tradição cristã. O título do tratado perdido de Hipólito (falecido por volta de 236-237), *Contra os gregos e Platão, ou do Universo*, parece indicar que esse bispo romano não se desinteressava da especulação.

A atitude de santo Anselmo nessa matéria foi apresentada como um racionalismo cristão. A expressão dá margem a equívocos, mas pelo menos tem o mérito de pôr em evidência o fato de que, quando apela para a razão, santo Anselmo pretende somente lidar com a razão. Não apenas ele, seus ouvintes também exigem que nada se interponha entre os princípios racionais de que ele parte e as conclusões racionais que deduz deles. Lembrem-se apenas do célebre prefácio do *Monologium*, em que, cedendo à insistência dos alunos, ele empreende não provar nada do que está na Escritura pela autoridade da Escritura, mas a estabelecer pela evidência da razão e unicamente pela luz natural da verdade tudo o que uma investigação independente da revelação poderá exibir como verdadeiro. E, no entanto, foi santo Anselmo que deu a fórmula definitiva da primazia da fé sobre a razão, porque se a razão quer ser plenamente racional, se ela quer se satisfazer como razão, o único método seguro, para ela, consiste em escrutar a racionalidade da fé. Como tal, a fé se basta, mas aspira a se transmudar numa inteligência do seu próprio conteúdo; ela não depende da evidência da razão, ao contrário, é ela que a engendra. Sabe-se, pelo próprio santo Anselmo, que o título primitivo do seu *Monologium* era *Meditação sobre a racionalidade da fé*, e que o título do seu *Proslogion* era nada menos que sua famosa fórmula: *Uma fé que busca a inteligência*. Nada exprime com maior fidelidade seu pensamento, pois ele não procura compreender para crer, mas crer para compreender; a tal ponto que ele crê nessa primazia mesma da fé sobre a razão antes de compreendê-la e para compreendê-la, pois que ela lhe é proposta pela autoridade da Escritura: *nisi credideritis, non intelligetis*.

São Justino, Lactâncio, santo Agostinho e santo Anselmo são apenas quatro testemunhas. Mas que testemunhas! A autoridade deles e a concordância perfeita das suas experiências me dispensarão, assim espero, de invocar os incontáveis testemunhos que poderíamos acrescentar aos deles.

Antes de deixar esse ponto, gostaria de fazer ouvir mais uma voz que responde a eles através dos séculos, para atestar a perenidade da questão e a necessidade da resposta. Alegar as derradeiras conclusões de Maine de Biran é pôr na balança a experiência de toda uma vida. Ele também, como santo Agostinho, como tantos outros, tentou resolver os enigmas da filosofia apenas por sua razão, e as últimas palavras que escreveu em seu *Diário íntimo* foram o *Vae soli* da Escritura: "É impossível negar ao verdadeiro crente, que sente em si mesmo o que chama de efeitos da graça, que encontra seu descanso e toda a paz da sua alma na intervenção de certas idéias ou atos intelectuais de fé, esperança e amor, *e que a partir daí chega até a satisfazer seu espírito sobre problemas insolúveis em todos os sistemas*, é impossível, digo, contestar-lhe o que ele sente e, por conseguinte, não reconhecer o fundamento verdadeiro que têm nele, ou em suas crenças religiosas, os estados de alma que fazem o seu consolo e a sua felicidade."[15] É um fato, portanto, para um cristão, que a razão apenas não basta à razão, e não foi apenas no século II que filósofos se converteram ao cristianismo no interesse da sua filosofia mesma. Ao *fides quaerens intellectum* de santo Anselmo e de santo Agostinho corresponde o *intellectus quaerens intellectum per fidem* de Maine de Biran. *Optavi et datus est mihi sensus, invocavi et venit in me spiritus sapientiae*[16]; esse esforço da verdade acreditada para se transformar em verdade sabida é, verdadeiramente, a vida da sabedoria cristã, e o corpo das verdades racionais que esse esforço nos proporciona é a própria filosofia cristã. O conteúdo da filosofia cristã é, portanto, o corpo das verdades racionais

---

15. Maine de Biran, *Sa vie et ses pensées*, publicadas por E. Naville, Paris, 1857, p. 405. Entre o século XIX e a Idade Média, estaria naturalmente Malebranche, que é uma fonte inesgotável de textos desse gênero. Ver sobre esse ponto as excelentes análises de H. Gouhier, *La vocation de Malebranche*, Paris, J. Vrin, 1926, pp. 129-56.

16. *Sb.*, VII, 7, citado por Maine de Biran, op. cit., p. 385.

que foram descobertas, aprofundadas ou simplesmente salvaguardadas, graças à ajuda que a revelação deu à razão. Se essa filosofia realmente existiu ou se não passa de um mito, é uma questão de fato que pediremos à história para resolver, mas antes de abordar esse ponto gostaria de dissipar um mal-entendido que, obscurecendo o sentido do *fides quaerens intellectum*, torna ininteligível a própria noção de filosofia cristã.

A não ser que se esvazie essa expressão de qualquer conteúdo positivo, há que convir francamente que somente uma relação profunda da revelação com a razão lhe dá sentido. Além disso, esse sentido precisa ser exatamente definido. Não se trata, de maneira nenhuma, de sustentar que a fé é um tipo de conhecimento superior ao conhecimento racional. Ninguém jamais pretendeu tal coisa. Ao contrário, é evidente que o acreditar é um simples sucedâneo do saber e que, onde for possível, substituir a crença pela ciência é sempre um ganho positivo para o entendimento. A hierarquia tradicional dos modos de conhecimento, para os pensadores cristãos, é sempre a fé, a inteligência, a visão de Deus face a face: "Inter fidem et speciem", escreve santo Anselmo, "intellectum quem in hac vita capimus esse medium intelligo."[17]

Não se trata tampouco de sustentar o absurdo de que podemos aceitar pela fé a maior de um silogismo e ter a ciência da sua conclusão. Se partirmos de uma crença para deduzir seu conteúdo, nunca obteremos outra coisa que não a crença. Quando se critica os que definem o método da filosofia cristã com o *fides quaerens intellectum*, dizendo que confundem teologia e filosofia, mostra-se simplesmente que não se entende em absoluto a posição deles e até se dá margem a pensar que não se entende direito o que é a teologia. Porque, embora a teologia seja uma ciência, ela não se dá por fim, de maneira nenhuma, transformar em

---

17. Santo Anselmo, *De fide Trinitatis*, pref.; *Patr. lat.*, t. 158, col. 61.

inteligência a crença pela qual adere a seus princípios, o que equivaleria, para ela, a destruir seu próprio objeto. Por outro lado, tanto quanto o teólogo, o filósofo cristão não tentará transformar a fé em ciência por uma estranha química que pretendesse combinar essências contraditórias. O que o filósofo cristão se pergunta é simplesmente se, entre as proposições que ele crê verdadeiras, não há um certo número que sua razão poderia saber verdadeiras. Enquanto funda suas asserções na convicção íntima que sua fé lhe confere, o crente continua sendo um simples crente e ainda não ingressou no domínio da filosofia; mas, assim que encontra entre as suas crenças verdades que podem se tornar objetos de ciência, ele se torna filósofo, e, se é à fé cristã que ele deve essas novas luzes filosóficas, ele se torna um filósofo cristão.

A discordância presente, que divide os filósofos quanto ao sentido dessa noção, fica por isso mesmo mais fácil de explicar. Alguns consideram a filosofia em si mesma, em sua essência formal e fazendo abstração das condições que presidem tanto a sua constituição como a sua inteligibilidade. Nesse sentido, é claro que uma filosofia não poderia ser cristã, tampouco judaica ou muçulmana, e que a noção de filosofia cristã tem tanto sentido quanto a de física ou de matemática cristã[18].

---

18. De nada adianta objetar que uma razão que se põe a reboque de uma fé cega-se voluntariamente e que é muito fácil ter a ilusão de provar o que se crê. Se as demonstrações do crente não convencem o incrédulo, ele não deve se achar autorizado a apelar, a fim de convencer seu adversário, para uma fé que esse adversário não aceita. Tudo o que o crente poderá fazer, no que lhe diz respeito, será descobrir se ele não terá sido vítima de uma evidência ilusória e criticar-se severamente. Por outro lado, no que diz respeito ao seu adversário, ele não poderia evitar de lhe desejar a graça da fé, com a iluminação que daí resulta para a inteligência. Esse ponto não poderia ser honestamente deixado na sombra. O problema da filosofia cristã não se limita ao da sua constituição, ele abrange o da sua intelecção, assim que ela é constituída. O paradoxo contemporâneo de uma filosofia cristã, evidente para seus defensores e de nenhum valor ao ver dos seus adversários,

Outros, levando em conta o fato evidente de que, para um cristão, a fé faz o papel de princípio regulador extrínseco, admitem a possibilidade de uma filosofia cristã, mas, preocupados em conservar para a filosofia a pureza formal da sua essência, consideram cristã toda filosofia verdadeira, que apresente "uma concepção da natureza e da razão aberta ao sobrenatural"[19]. Não é duvidoso que seja essa uma das características essenciais da filosofia cristã, mas não é a única, nem talvez a mais profunda. Uma filosofia aberta ao sobrenatural seria, certamente, uma filosofia compatível com o cristianismo, mas não seria necessariamente uma filosofia cristã. Para que uma filosofia mereça verdadeiramente esse título, o sobrenatural tem de baixar, a título de elemento constitutivo, não em sua textura, o que seria contraditório, mas na obra da sua constituição. Chamo pois de filosofia cristã *toda filosofia que, embora distinga formalmente as duas ordens, considere a revelação cristã uma auxiliar indispensável da razão.* Para quem a entende assim, essa noção não corresponde a uma essência simples capaz de receber uma definição abstrata; corresponde muito mais a uma realidade histórica concreta, cuja descrição ela pede. Ela não é mais que uma das espécies do gênero filosofia e contém em sua extensão os sistemas de filosofia que só foram o que foram porque existiu uma religião cristã e porque sofreram voluntariamente

---

não implica necessariamente que seus defensores estejam enganados por sua fé no valor racional das suas conclusões, e pode se explicar pelo fato de que a ausência de fé em seus adversários torna opacas para eles verdades que, de outro modo, lhes seriam transparentes. Isso, bem entendido, não autoriza de forma alguma o filósofo cristão a argumentar em nome da sua fé, mas convida-o a redobrar seu esforço racional até que a luz daí resultante convide outros espíritos a se indagar sobre a sua fonte, a fim de nela beber por sua vez.

19. Ver, na "Bibliografia", a tese do pe M.-D. Chenu, em *Bulletin thomiste*, 1928, p. 244. Cf. as observações tão justamente equilibradas de J. Maritain, *De la sagesse augustinienne*, em *Revue de philosophie* (XXX), 1930, pp. 739-41. Nós as subscrevemos inteiramente.

a influência dela[20]. Enquanto realidades históricas concretas, esses sistemas se distinguem uns dos outros por suas diferenças individuais; enquanto formam uma espécie, eles apresentam características comuns que autorizam seu agrupamento sob uma mesma denominação.

Em primeiro lugar, e talvez seja esse o traço mais aparente da sua atitude, o filósofo cristão é um homem que realiza uma escolha entre os problemas filosóficos. De direito, ele é capaz de se interessar pela totalidade desses problemas, tanto quanto qualquer outro filósofo; de fato, ele se interessa unicamente, ou principalmente, por aqueles cuja solução é importante para a conduta da sua vida religiosa. O resto, indiferente em si, se torna objeto do que santo Agostinho, são Bernardo e são Boaventura estigmatizavam com o nome de curiosidade: *vana curiositas, turpis curiositas*[21]. Mesmo os filósofos cristãos, como são Tomás, cujo interesse se estendia ao conjunto da filosofia, só fizeram obra criadora num domínio relativamente restrito. Nada mais natural. Como a revelação cristã nos ensina somente as verdades necessárias à salvação, sua influência só pôde se estender às partes da filosofia que concernem à existência de Deus e sua natureza, à origem da nossa alma, sua natureza e seu destino. No próprio título e nas primeiras linhas do seu tratado *Do conhecimento de Deus e de si*, Bossuet faz caber o ensinamento de uma tradição de dezesseis séculos: "A sabedoria consiste em conhecer Deus e conhecer a si mesmo. O conhecimento de nós mesmos deve nos elevar ao conhecimento de Deus." Não há quem não reconheça nessas fórmulas o *noverim me, noverim te*

---

20. A história da filosofia cristã não se confunde portanto com a da influência exercida pelo cristianismo sobre a filosofia. A. Comte sofreu a influência do cristianismo, mas seu positivismo não é uma filosofia cristã.

21. Sobre santo Agostinho, cf. É. Gilson, *Introduction à l'étude de saint Augustin*, Paris, J. Vrin, 1929, pp. 151 ss. Sobre são Bernardo, *In Cant. cantic.*, Sermo XXXVI, art. 2-3; *Patr. lat.*, t. 183, col. 967.

A NOÇÃO DE FILOSOFIA CRISTÃ 47

de santo Agostinho[22], e, muito embora são Tomás não o tenha feito expressamente seu, colocou-o em prática. Não se trata de diminuir seus méritos como intérprete e comentador de Aristóteles, mas não é aí que ele é o maior, e sim nas visões geniais pelas quais, prolongando o esforço de Aristóteles, ele o supera. Essas visões, é quase sempre a propósito de Deus, da alma ou da relação da alma com Deus que vamos encontrá-las. Muitas vezes até será preciso extrair as mais profundas dentre elas de contextos teológicos em que se enveredaram, porque foi no âmbito de problemas teológicos que elas efetivamente nasceram. Numa palavra, em todos os filósofos cristãos dignos desse nome, a fé exerce uma influência simplificadora e sua originalidade se manifesta sobretudo na zona diretamente submetida à influência da fé: doutrina de Deus, do homem e das suas relações com Deus.

Pelo próprio fato de eliminar a vã curiosidade, a influência da revelação sobre a filosofia lhe permite completar-se. Considerado do ponto de vista cristão, o curioso enceta um empreendimento interminável. De fato, todo conhecimento racional de toda realidade, qualquer que seja, é da sua competência; de direito, não há nenhum sobre o qual esteja autorizado a dizer que, se ele tivesse esse conhecimento, este não transformaria completamente o conhecimento que ele tem de todo o resto. Ora, o real é inesgotável e, por conseguinte, a tentativa de sintetizá-lo em princípios é um empreendimento praticamente impossível. Pode se dar até, como Comte observará mais tarde, que a realidade natural não seja sintética e que só seja possível

---

22. Santo Agostinho, *Soliloq.*, II, 1, 1. Cf. "Cujus (philosophiae) duplex quaestio est: una de anima, altera de Deo", *De ordine*, II, 18, 47. São Bernardo segue a tradição agostiniana em seu sermão *In Cant. cantic.*, XXXVII, 1; *Patr. lat.*, t. 183, col. 971-974. Um dos textos mais característicos de santo Agostinho sobre essa restrição voluntária da zona de interesse do pensador cristão se encontra em *Enchiridion*, IX, 3; *Patr. lat.*, t. 40, col. 235-236.

encontrar-lhe uma unidade considerando-a do ponto de vista de um sujeito[23]. Ao escolher o homem em sua relação com Deus como centro de perspectiva, o filósofo cristão se proporciona um centro de referência fixo, que lhe possibilita introduzir em seu pensamento a ordem e a unidade. É por isso que a tendência sistemática é sempre forte numa filosofia cristã: ela tem menos a sistematizar do que teria uma outra e tem como sistematizá-lo.

Ela também tem com que completá-lo, antes de tudo no próprio terreno da filosofia natural. Às vezes parecem supor que somente os agostinianos estavam convencidos disso. Com efeito, em sua Suma *Contra gentiles*, liv. I, cap. IV, são Tomás deixou-nos um resumo luminoso de todo o ensinamento dos Padres da Igreja sobre essa questão fundamental. Tendo-se indagado se convém que Deus revele aos homens verdades filosóficas acessíveis à razão, ele responde que sim, contanto que essas verdades sejam aquelas cujo conhecimento é necessário à salvação. Se fosse de outro modo, essas verdades e a salvação que delas depende estariam reservadas a um pequeno número de homens, enquanto os demais estariam privados delas por falta de luz intelectual, ou de tempo para a busca, ou de coragem para o estudo. Acrescenta que os que fossem capazes de alcançar essas verdades só o conseguiriam com grande dificuldade, depois de ter longamente pensado e passado a maior parte da vida numa ignorância perigosa a

---

23. Sobre esse ponto, ver É. Gilson, *La philosophie de saint Bonaventure*, Paris, J. Vrin, 1924, pp. 116-7. Mesmo o assentimento da fé a verdades indemonstráveis pela razão pode ajudar o filósofo como tal. O dogma revelado unifica o conhecimento racional completando-o, mais ou menos como, em Kant, as idéias da razão unificam os conceitos do entendimento, ou antes, como, em Platão, o mito completa a filosofia. E visto que a fé é uma certeza absoluta em sua ordem, a unidade do pensamento no filósofo cristão é muito mais perfeita do que em Platão ou em Kant. É nesse sentido que é válido dizer com os Padres e repetir com o racionalista Tomás de Aquino que a teologia supera em dignidade a filosofia, que é apenas sua servidora: *Sum. theol.*, I, 1, 5, ad 2[m].

seu respeito. Em que estado estaria então o gênero humano, segundo são Tomás, se dispusesse apenas da razão pura para conhecer Deus? *In maximis ignorantiae tenebris*. E confirma isso por uma terceira razão, não menos grave que as outras duas. A fraqueza do entendimento humano, em sua condição presente, é tal que, sem a fé, o que pareceria para uns evidentemente demonstrado seria tido como duvidoso pelos outros, e, por sinal, o espetáculo dessas contradições entre filósofos muito contribuiria para gerar o ceticismo no espírito dos que consideram essas questões do exterior[24]. Para remediar essa *debilitas rationis*, o homem necessita

---

24. Ver o notável estudo do p[e] Synave, *La révélation des vérités divines naturelles d'après saint Thomas d'Aquin*, em *Mélanges Mandonnet*, Paris, J. Vrin, 1930, t. I, pp. 327-65. Contentamo-nos com remeter a esse trabalho, porque parece-nos difícil acrescentar alguma coisa a ele; mas os textos e as conclusões merecem ser estudados em detalhe. São Tomás diz que "veritas de Deo, per rationem investigata, a paucis, et per longum tempus, *et cum adjunctione multorum errorum*, homini proveniret", *Sum. theol.*, I, 1, 1 (cf. II[a]-II[ae], 11, 4). Na citação (p. 330) do texto do *Comp. theologiae*, cap. XXXVI, restabeleceremos a palavra *vix* que desapareceu por descuido, pois ela tem sua importância. São Tomás se pergunta então o que os filósofos gregos descobriram do que se pode saber de Deus pela razão natural, isto é, sua existência e seus atributos, e responde: "Haec autem quae in superioribus de Deo tradita sunt, a pluribus quidem gentilium philosophis subtiliter considerata sunt, quamvis nonnulli eorum circa praedicta erraverint. Et qui in iis verum dixerunt, post longam et laboriosam inquisitionem ad veritatem praedictam *vix* pervenire poterunt", *Comp. theol.*, cap. XXXVI. Esse *vix* lembra o do *Cont. gentes*, I, 4: "... vix post longum tempus pertingerent..." É verdade que, neste último texto, ele é de certo modo acidental, porque a idéia central do parágrafo é a duração do tempo requerido para alcançar a verdade, muito mais que a dificuldade intrínseca do empreendimento. É sem dúvida por isso que, em seu comentário clássico do *Contra gentiles*, Silvestre de Ferrara não diz nada a esse respeito. No entanto, mesmo nesse texto, parece difícil traduzir *vix* por *tantum*. Dizer que a razão alcançaria a verdade somente após um longo tempo não equivale a dizer *no máximo* a alcançaria, ou ela *mal* a alcançaria, mesmo após um longo tempo. Acrescentemos que, da pesquisa feita pelo p[e] Synave sobre as fontes da doutrina, resulta que a contribuição pessoal de são Tomás, o que ele acrescenta a Maimônides, em particular em sua investigação sobre os riscos do erro em filosofia, é o *cum adjunctione multorum errorum* (art. cit., p. 351). Esse "achado" de são Tomás é continuado pela metodologia clássica da filosofia cristã.

portanto de um socorro divino, e é a fé que o oferece. Como santo Agostinho e santo Anselmo, são Tomás vê a razão do filósofo cristão entre a fé, que guia seus primeiros passos, e o conhecimento pleno da visão beatífica por vir[25]; como Atenágoras, ele pensa que o homem não poderia aspirar a um perfeito conhecimento de Deus sem se matricular na escola de Deus, *qui est sui perfectus cognitor*. É a fé que, levando-o de certo modo pela mão, o coloca no bom caminho[26] e nele o acompanha o tempo que for necessário para protegê-lo contra o erro.

Como se pode ver, esse quadro dos resultados obtidos pela razão humana sozinha em matéria de teologia natural não é dos mais brilhantes, embora tenha sido esboçado pelo mais intelectualista dos filósofos cristãos[27]. Por que, então,

---

25. São Tomás de Aquino, *In Boeth. de Trinitate*, III, 1, Resp., *Cum igitur finis humanae*.

26. "Ultima autem perfectio ad quam homo ordinatur, consistit in perfecta Dei cognitione: ad quam quidem pervenire non potest nisi operatione et instructione Dei, qui est sui perfectus cognitor. Perfecta autem cognitionis statim homo in sui principio capax non est; unde oportet quod accipiat per viam credendi aliqua, per quae manuducatur ad perveniendum in perfectam cognitionem", São Tomás de Aquino, *De veritate*, XIV, 10, Resp. Sobre esse texto e aquele a que a nota precedente remete, ver o comentário do p⸢e⸣ Synave, art. cit., pp. 334 ss.

27. Nem é preciso dizer que seria fácil fazer uma coleção de textos mais severos do que os de são Tomás sobre os recursos naturais da razão. Sobre são Boaventura, ver *La philosophie de saint Bonaventure*, cap. II, "La critique de la philosophie naturelle". O protagonista da ciência experimental na Idade Média, Roger Bacon, é mais duro ainda. Para ele, toda a ciência foi revelada aos homens por Deus; encontrar a verdade é reencontrar uma revelação original hoje perdida; é por isso que, sem a fé, toda a sabedoria filosófica é impotente: "... nos credimus quod omnis sapientia inutilis est nisi reguletur per fidem Christi...", R. Bacon, *Opera inedita*, ed. I. S. Brewer. *Opus tertium*, XV, p. 53. Cf. "... ut ostendam quod philosophia inutilis sit et vana, nisi prout ad sapientiam Dei elevatur...", op. cit., cap. XXIV, p. 82 (note-se, aliás, que ele declara ter querido provar essa tese por ordem do papa). "Sed videmus ipsum vulgus humani generis fere in omnibus errare, non solum in sacra sapientia, sed in philosophia...", *Compend. studii*, III, ed. cit., p. 415. Em Duns Scot, encontraríamos sem dificuldade uma longa lista de verdades filosóficas que escaparam aos filósofos e ainda lhes escapariam, sem o so-

não seguir tantas indicações concordantes, principalmente se é possível fazê-lo sem suprimir as distinções necessárias, que um longo esforço de reflexão conquistou penosamente e que a razão impõe? Que, tomada em si e em absoluto, uma filosofia verdadeira deva sua verdade unicamente à sua racionalidade, é indiscutível; santo Anselmo e até santo Agostinho foram os primeiros a dizê-lo. Mas que a constituição dessa filosofia verdadeira só tenha podido completar-se com ajuda da revelação, agindo como um socorro moral indispensável à razão, é igualmente certo do ponto de vista dos filósofos cristãos, e acabamos de ver que o próprio são Tomás de Aquino afirma isso. Ora, se ele teve razão de afirmá-lo, ou mesmo se se reconhece simplesmente que ele pode ter tido razão de afirmá-lo, o problema da filosofia cristã adquire um sentido positivo. Pode ser que, falando abstratamente, a filosofia não tenha religião, mas tem-se o direito de perguntar se é indiferente que os filósofos tenham ou não uma. Pode-se perguntar, mais particularmente, se é indiferente à história da filosofia como tal ter havido filósofos que eram cristãos e se, apesar da textura puramente racional dos seus sistemas, não se poderia ler neles, ainda hoje, a marca da influência exercida por sua fé na conduta do seu pensamento?

A hipótese, pois se trata de uma, não tem em si nada de contraditório e de impossível. Suponhamos pois que

---

corro da fé. O fundamento desses erros é sua ignorância do fim sobrenatural do homem: "Sed homo non potest scire ex naturalibus finem suum distincte; ergo necessaria est sibi de hoc tradi aliqua cognitio supernaturalis", *Op. Oxon.*, Prol., qu. 1, art. 2; ed. Quaracchi, n. 7, t. I, p. 7. Sem a fé, sequer se sabe claramente que o ser enquanto ser é o objeto primeiro do intelecto (ibid., n. 11, p. 12), nem se conhece sua distinção radical em relação aos outros seres (ibid., n. 13, pp. 14-5). A filosofia medieval clássica manteve-se assim entre o racionalismo puro dos averroístas e o fideísmo de Ockham, que se desencanta quase completamente do poder metafísico da razão. As conseqüências extremas desse fideísmo podem ser observadas nos céticos do século XIV; ver, por exemplo, P. Vignaux, *Nicolas d'Autrecourt*, no *Dict. de théologie catholique*, t. XI, col. 561-587.

santo Agostinho, santo Anselmo e são Tomás de Aquino tenham tido o sentimento justo do que faziam. Admitamos provisoriamente que, quando falam do que a razão deve à revelação, guardem a lembrança emocionante daqueles instantes em que, pelo encontro das duas luzes que vão uma em direção à outra, a opacidade da fé cedia neles à transparência da inteligência. Vamos ainda mais longe. Perguntemo-nos se eles não foram às vezes mais originais do que imaginaram ser, inovando com uma inconsciente ousadia, graças à fé que os movia sem se fazer sentir, quando acreditavam não fazer nada mais do que seguir fielmente Platão e Aristóteles. Discernir na história a presença de uma ação exercida sobre o desenvolvimento da metafísica pela revelação cristã seria dar uma demonstração de certo modo experimental da realidade da filosofia cristã. Que a tarefa é imensa e cheia de ciladas, ninguém duvida, mas quem não arrisca, não petisca, e outra coisa não poderíamos fazer senão esboçá-la.

CAPÍTULO III

O ser e sua necessidade

Se perguntassem qual foi o juiz mais severo da Idade Média e da sua cultura, Condorcet é certamente um daqueles em quem seria natural pensar. No entanto, mesmo esse irreconciliável adversário dos padres houve por bem reconhecer que a obra filosófica deles não era totalmente desprovida de méritos. No quadro que esboça da sétima época dos progressos do espírito humano, podemos ler estas declarações, notáveis para quem sabe do seu ódio vivaz contra toda religião estabelecida: "Devemos a esses escolásticos noções mais precisas sobre as idéias que podemos formar do Ser supremo e dos seus atributos; sobre a distinção entre a causa primeira e o universo que ela supostamente governa; sobre a distinção entre o espírito e a matéria; sobre os diferentes sentidos que podemos dar à palavra *liberdade*; sobre o que se entende por *criação*; sobre a maneira de distinguir entre si as diversas operações do espírito humano e classificar as idéias que ele tem dos objetos reais e das suas propriedades."[1] Em suma, mau humor à parte, Condorcet reconhece que os escolásticos precisaram todas as noções essenciais da metafísica e da epistemologia; é uma bela homenagem, que seria fácil trans-

---

1. Condorcet, *Tableau historique des progrès de l'esprit humain*, Paris, G. Steinheil, 1900, p. 87.

formar numa apologia decidida. Por enquanto, contentemo-nos de examinar o que o pensamento cristão fez da idéia de Deus, pedra angular de toda a metafísica.

Empregando a expressão, de resto imprecisa, de Ser supremo, Condorcet fala a língua do seu tempo, mas essa língua nada mais faz do que condensar em duas palavras um trabalho secular de reflexão sobre o ensinamento do cristianismo. Falar de um ser supremo, no sentido próprio dos termos, é antes de mais nada admitir que só existe um ser que merece verdadeiramente o nome de Deus e, ademais, é admitir que o nome próprio desse Deus é o Ser, de sorte que esse nome pertença a esse ser único num sentido que só a ele convém. Pode-se porventura dizer que o monoteísmo foi transmitido aos pensadores cristãos pela tradição helênica?

Não é muito fácil saber até onde os gregos avançaram nessa direção e os historiadores nem sempre se entendem, quando se trata de resolver esse problema. No entanto, podemos observar primeiramente que, onde o monoteísmo foi francamente reconhecido, isto é, no mundo cristão, ele ocupou de imediato uma posição central e se impôs como o princípio dos princípios. É a própria natureza dessa noção que exige isso, porque, se há um Deus, e só um, é sempre a ele que se deve referir tudo o mais. Ora, não se vê nenhum sistema filosófico grego que tenha reservado o nome de Deus a um ser único e tenha suspendido à idéia desse Deus todo o sistema do universo. Portanto, é pouco provável *a priori* que a especulação helênica tenha verdadeiramente conseguido apreender o que, não podendo ser por natureza mais que um princípio – *o princípio* –, nunca teve nela esse papel de princípio. Vejamos se os fatos confirmam essa suposição.

Quando nos atemos às evidências mais imediatas, constatamos que, se os poetas e os pensadores gregos travaram com sucesso sua luta contra o antropomorfismo em matéria de teologia natural, nunca eliminaram nem mesmo pensaram em eliminar o politeísmo. Xenófanes ensina que há um deus muito grande, mas isso significa apenas que ele é supremo entre os deuses e os homens[2]; nem Empédocles nem Filolau vão além e, quanto a Plutarco, é bem sabido que a pluralidade dos deuses é um dos seus dogmas[3]. Nunca, ao que parece, o pensamento grego conseguiu superar esse nível, porque não o conseguiu nem sequer nas teologias naturais de Platão e de Aristóteles.

Se nos ativermos ao problema preciso que se trata de resolver aqui, sem confundi-lo com outros mais ou menos intimamente aparentados, a resposta não daria margem a dúvida. A questão não está em saber se a doutrina de Platão não transmitiu à especulação cristã elementos importantes e numerosos, que ajudaram mais tarde a elucidar a noção filosófica do Deus cristão; foi o que aconteceu notadamente com a idéia do Bem, tal como é descrita na *República*; mas o problema é outro, pois se trata apenas de saber o que Platão pensa de Deus e se admite ou não a pluralidade dos deuses. Ora, a noção de Deus está longe de corresponder ao tipo superior e perfeito da existência, e é por isso que a divindade pertence a uma classe de seres múltiplos, talvez até a todo ser, qualquer que seja, na medida exata em que é. O *Timeu* (28 C) representa um esforço considerável para se elevar à noção de um deus que seja causa e pai do universo; mas esse deus mesmo, por maior que seja, não apenas está em concorrência com a ordem inteligível das Idéias, como além disso é comparável a todos os membros da vasta família dos deuses platônicos. Ele não elimina os deuses siderais de que é autor (*Timeu*, 41 A-C), nem o caráter divino do mundo que molda; primeiro dentre esses deuses, continua a ser um deles e, se

---

2. H. Diels, *Die Fragmente der Vorsokratiker*, 3ª ed., Berlim, 1912, t. I, p. 62, fr. 23, e p. 63, fr. 25.

3. P. Decharme, *La critique des traditions religieuses chez les grecs*, Paris, 1904, p. 47.

se pôde dizer que em virtude da sua primazia o Demiurgo do *Timeu* é "quase análogo ao Deus cristão"[4], há que acrescentar imediatamente que nesses assuntos não cabem nuances: ou há um só Deus, ou há vários, e um deus "quase análogo" ao Deus cristão não é o Deus cristão.

O mesmo se dá no que concerne a Aristóteles, e essa afirmação só pode surpreender porque o cristianismo invadiu a história da filosofia ao mesmo tempo que a própria filosofia. Certos detalhes da vida de Aristóteles deviam entretanto chamar a atenção sobre esse aspecto da sua doutrina. O homem que dispôs por testamento que a imagem da sua mãe seria consagrada a Deméter e que se deveriam erigir em Estagira, como ele próprio prometera aos deuses, duas estátuas de mármore de quatro côvados de altura, uma a Zeus Sóter, a outra a Atena Sotéria[5], certamente jamais saiu dos marcos do politeísmo tradicional. Aqui também, note-se, a questão não é saber se Aristóteles não contribuiu em grande parte para preparar a noção filosófica do Deus cristão. O que é surpreendente, ao contrário, é que, tendo ido tão longe no bom caminho, ele não o tenha seguido até o fim, mas é um fato, e eu o constato como tal, que parou no meio do caminho.

Quando se fala do deus de Aristóteles para compará-lo ao Deus cristão, pretende-se falar do motor imóvel, separado, ato puro, pensamento do pensamento, que ele descreveu num texto célebre da *Física* (VIII, 6). Teremos de voltar mais tarde ao sentido que convém lhe atribuir. Por enquanto, quero apenas lembrar que o primeiro motor imóvel está longe de ocupar no mundo de Aristóteles o lugar único reservado ao Deus da Bíblia no mundo judaico-cristão. Tornando ao problema da causa dos movimentos na *Metafísica* (XII, 8), Aristóteles começa por evocar a lem-

---

4. P. Decharme, op. cit., p. 217.
5. P. Decharme, op. cit., pp. 233-4.

brança das conclusões anteriormente estabelecidas pela *Física*: "Pelo que foi dito, está claro que há uma substância eterna, imóvel e separada das coisas sensíveis. Mostrou-se igualmente que essa substância não pode ter nenhuma extensão, não tem partes e é indivisível... É igualmente claro que ela é impassível e imutável, pois todas as outras espécies de mudança são impossíveis sem mudança de lugar. Portanto vê-se claramente por que o primeiro motor possui esses atributos." Nada melhor, parece. Uma substância imaterial, separada, eterna, imóvel não é exatamente o Deus do cristianismo? Pode ser, mas leiamos a frase seguinte: "Não devemos desprezar a questão de saber se convém supor uma substância desse gênero, ou mais de uma, e, na segunda hipótese, quantas há." Nisso, eis que ele começa seus cálculos para estabelecer por razões astronômicas que deve haver, sob o primeiro motor, quarenta e nove ou, quem sabe, até cinqüenta e cinco motores que são todos separados, eternos e imóveis. Assim, embora o primeiro motor imóvel seja o único a ser primeiro, não é o único a ser um motor imóvel, isto é, uma divindade. Se houvesse apenas dois, já seria o bastante para provar que, "apesar da supremacia do Pensamento primeiro, o politeísmo ainda impregna profundamente o espírito do filósofo"[6]. Numa palavra, mesmo considerado em seus represen-

---

6. M.-D. Roland-Gosselin, *Aristote*, Paris, 1928, p. 97. São Tomás assimilou habilmente esse texto difícil em seu comentário: *In Metaph.*, XII, 10, ed. Cathala, n. 2586. Num sentido contrário à nossa interpretação, ver M.-J. Lagrange, *Comment s'est transformée la religion d'Aristote*, em *Revue thomiste*, 1926, pp. 285-329. Esse artigo põe em clara evidência os progressos realizados por Aristóteles na interpretação filosófica da idéia de Deus, mas seu autor, incomodado com certos exageros de Jaeger, revela-se um pouco menos generoso com Aristóteles do que tinha sido com Platão. Mostrando claramente, e esse é um ponto sobre o qual voltaremos, que esse deus de Aristóteles não é criador (op. cit., p. 302), constata em seguida que a *Metafísica* admite, não um motor imóvel, mas quarenta e sete ou cinqüenta e cinco (art. cit., pp. 310-3); ainda que só houvesse dois, seria o suficiente para que estivéssemos num plano estranho ao da Bíblia e do pensamento judai-

tantes mais eminentes, o pensamento grego não alcançou essa verdade essencial que a palavra da Bíblia comunica sem rodeios e sem sombra de dúvida: "Audi Israel, Dominus Deus noster, Dominus unus est" (Dt 6, 4).

Pode ser que essa palavra não tenha tido imediatamente, no espírito dos que a ouviam, o sentido pleno e nítido que oferece hoje a um filósofo cristão. O povo de Israel talvez só tenha alcançado progressivamente a clara consciência do monoteísmo e da sua verdade profunda[7]. O que

---

co-cristão. Quanto a supor que, depois de ter ensinado a existência de um motor imóvel, Aristóteles evoluiu e reconheceu em seguida vários, é levantar uma questão insolúvel. Jaeger e o p.e Lagrange inclinam-se para essa solução (art. cit., p. 312). A hipótese repousa neste princípio, constantemente aplicado pela crítica, mas radicalmente falso a nosso ver, de que, no momento em que escreve, um homem só pensa o que escreve. Só quem nunca pensou pode acreditar numa coisa dessas. Há coisas em que pensamos, que consideramos mais importantes do que as que escrevemos, mas cuja expressão adiamos provisoriamente, em razão dessa importância mesma. O que o historiador toma pela evolução de uma filosofia às vezes não é mais que o desenvolvimento da expressão de uma filosofia, e as primeiras coisas que um filósofo pensou muitas vezes são as que ele dirá por último. Quando o p.e Lagrange escreve: "Depois de eliminada toda fábula, Aristóteles conserva a crença nos deuses com toda sinceridade, pois ela coincide com sua demonstração dos motores imóveis; mas que fim leva seu hino ao pensamento único?" (art. cit., p. 313), a resposta mais razoável é provavelmente a seguinte: não acontece nada com esse hino, porque Aristóteles nunca o cantou. A primeira descrição de um motor imóvel não excluía, de maneira nenhuma, a existência dos outros, senão, quando surgiu a oportunidade de falar dos outros, ele os teria eliminado.

7. Sobre essas "veleidades do politeísmo nos hebreus antigos", ver A. Lods, *Israël*, Paris, Renaissance du Livre, 1930, p. 292. Quanto ao suposto monoteísmo dos gregos (G. Murray, *Five Stages of Greek Religion*, Nova York, Columbia Univ. Press, 1925, p. 92), podemos dizer que seu único defeito é nunca ter existido. Os cristãos foram, com freqüência, demasiado generosos com os gregos neste ponto. É verdade que eles tinham interesse em sê-lo. Eram acusados de impiedade, porque se recusavam a venerar os deuses do Panteão romano; os apologistas se defenderam tentando provar que Platão estava com eles e que ele também havia admitido um só princípio divino. No entanto, mesmo nesse ponto em que sua vida estava em jogo, os apologistas mantiveram a distância que os separava dos gregos. Um observa que Moisés falava do Ser, ao passo que Platão fala de "o que é": Ὁ μὲν

O SER E SUA NECESSIDADE 59

não dá margem a nenhuma dúvida é que, se houve progresso do pensamento judaico sobre esse ponto, ele já tinha se encerrado havia muito quando o cristianismo herdou a Bíblia. A quem pergunta qual é o maior mandamento da Lei, Jesus responde imediatamente com a afirmação fundamental do monoteísmo bíblico, como se tudo o mais decorresse disso: "O primeiro de todos os mandamentos é este: Escuta, Israel, o Senhor teu Deus é o único Deus" (Mc 12, 29). Ora, esse *Credo in unum Deum* dos cristãos, artigo primeiro da sua fé, apareceu ao mesmo tempo como uma evidência racional irrefutável. Que, se há um Deus, esse Deus é único, é algo que a partir do século XVII ninguém mais se dará ao trabalho de demonstrar, como se se tratasse de um princípio imediatamente evidente. No entanto, os gregos nunca pensaram assim. O que os Padres nunca cessaram de afirmar como crença fundamental, porque Deus mesmo lhes disse, é uma dessas verdades racionais, e a primeira de todas em importância a não entrar na filosofia pelo canal da razão. Talvez eu tornasse mais compreensível a natureza desse fenômeno, cuja influência sobre o desenvolvimento da especulação filosófica foi deci-

---

γὰρ Μωϋσῆς, ὁ ὤν ἔφη · ὁ δέ Πλάτων, τὸ ὄν. *Cohort. ad graecos*, cap. XXII, *Patr. gr.*, t. VI, col. 281. Esse escrito, falsamente atribuído a Justino, é datado por A. Puech de 260-300: *Litt. grecque chrétienne*, t. II, p. 216. Do mesmo modo, Atenágoras declara: o que os gregos chamam de princípio divino, ἕν τὸ Θεῖον, nós chamamos de Deus: τὸν Θεόν; onde eles falam em divino, περί τοῦ Θείου, nós dizemos que há um deus: ἕνα Θεὸν. Atenágoras, *Legatio pro christianis*, cap. VII, *Patr. gr.*, t. VI, col. 904.

Convém acrescentar, porém, que essa interpretação tem contra ela a autoridade de A. E. Taylor, *Platonism* (G. Harrap, Londres, s.d., p. 103), para o qual o monoteísmo de Platão não dá margem a dúvida porque, quando ele fala com todo o seu fervor religioso, Platão não diz mais "os deuses", mas Deus. É verdade, mas talvez não seja decisivo, porque um politeísta pode dizer o *deus*, mas um monoteísta nunca pode dizer *os deuses*. O que A. E. Taylor nos lembra muito oportunamente ao interpretar Platão desse modo é que, de fato, sente-se nele uma forte tendência ao monoteísmo, embora essa tendência não se tenha consumado. E poderíamos dizer o mesmo de Aristóteles.

siva, ligando o problema da natureza de Deus ao da sua unicidade.

De fato, as duas questões são conexas. Se os filósofos gregos nunca sabem direito quantos deuses há, é que não têm de Deus aquela idéia precisa que torna impossível admitir mais de um. Os melhores deles se libertam, por um esforço admirável, do que o politeísmo grego carregava consigo em termos de materialismo; eles até hierarquizam os deuses e subordinam os da fábula a deuses metafísicos, que por sua vez se ordenam sob um deus supremo. Mas por que não reservam a esse deus supremo a divindade exclusiva? É na concepção que têm da sua essência que devemos buscar a resposta para essa questão.

É verdade que a interpretação da teologia natural de Platão levanta problemas difíceis. Excelentes helenistas que são ao mesmo tempo filósofos sustentaram com força que o platonismo se elevou a uma idéia de Deus praticamente indiscernível da idéia do cristianismo. Segundo o mais vigoroso defensor dessa tese, o verdadeiro pensamento de Platão é que "o grau de divindade é proporcional ao grau de ser; o ser mais divino é portanto o ser mais ser; ou o ser mais ser é o Ser universal ou o Todo do ser". Como, depois disso, não compreender que τὸ παντελῶς ὄν, em Platão, é o ser universal, isto é, Deus, esse mesmo Deus de que Fénelon dirá, em seu *Recherche de la verité* (II, 52), que encerra em si "a plenitude e a totalidade do ser" e de que Malebranche dirá, em sua *Traité de l'existence de Dieu* (IV, 11), que sua idéia é "a idéia do ser em geral, do ser sem restrição, do ser infinito"?

Nada mais literalmente exato do que essas aproximações de textos, mas nada mais decepcionante também. O παντελῶς ὄν do *Sofista* (248 E) é, de fato, a totalidade do ser no que ele tem de inteligível e, por conseguinte, de real; o que ele indica é a recusa a acompanhar Parmênides de Eléia em seu esforço para negar a realidade do movimento, do devir e da vida. Nesse sentido, é verdade dizer que

Platão restitui ao ser tudo o que, possuindo um grau qualquer de inteligibilidade, possui um grau qualquer de realidade[8]. Mas, primeiramente, Platão não nos diz nem sequer que seu "ser universal" é Deus[9], e, supondo-se que este ser seja identificado a Deus, apesar do silêncio de Platão a esse respeito, tudo o que se pode tirar dessa fórmula é que o deus platônico reúne em si a totalidade do divino, assim como reúne em si a totalidade do ser. Basta aproximar os dois pensamentos comparados para ver surgir uma diver-

---

8. Parece ser esse, de fato, o sentido da célebre argumentação do *Sofista* (loc. cit.). É bom não se deixar enganar pela aparente individualidade do ser de que fala Platão, e é um pouco perigoso citar Fénelon e Malebranche em relação a esse texto (ver A. Diès, *Le Sophiste*, texto e tradução em *Platon, Oeuvres complètes*, Paris, 1925, t. VIII, 3ª parte, p. 357). A própria conclusão do desenvolvimento prova que, em toda essa passagem, os termos *ser* e *todo* são equivalentes (*Sofista*, 249 d). Em vez de demonstrar, como um cristão, que, como Deus é o ser, ele é necessariamente intelecto, vida e alma, Platão demonstra que o intelecto, a vida e a alma são ser. Compreende-se claramente o que ele quer dizer quando afirma no mesmo lugar (249 b) "que é preciso admitir que o que é movido e o movimento são seres". Tal proposição é bem diferente da que consistiria em dizer que o ser em si é movimento, coisa que Platão nunca disse, tampouco Malebranche, aliás, cujo texto juntado em nota (A. Diès, *Le Sophiste*, p. 357, n. 2) atribui a Deus a atividade, mas não o movimento: "Parece-me evidente que é uma perfeição não estar sujeito à mudança" (Malebranche, *Entr. Métaphysiques*, VIII, 2).

9. A tradução dessa fórmula por "ser universal" é certamente correta; é a única fórmula que, literalmente correta, pode além disso se prestar ao comentário do abade Diès. Mas não é seguro que o abade Diès interprete corretamente essa fórmula correta. Ele a explica em outra oportunidade (*Autour de Platon*, t. II, p. 557), não como significando simplesmente *ser perfeito*, o que lhe pareceria fraco, mas como *ser que é totalmente ser*. Ora, para substantificar assim o ser, seria necessário que todo o desenvolvimento fosse diferente do que é. O τῷ παντελῶς ὄντι só significa o ser universal no sentido da ordem do ser tomado em sua totalidade completa e acabada. Vai se incluir aí, sem que se possa considerá-lo pura e simplesmente como ente, tudo o que merece entretanto, por algum motivo, o nome de ser: o intelecto (embora ele implique ação e paixão: ibid., 248 e), o movimento, a vida, etc. Numa palavra, o ser universal não parece significar aqui nada mais que a universalidade do ser ou, no máximo, a soma do ser. Cf. R. Jolivet, *Le Dieu de Platon*, em *Revue apologétique*, janeiro de 1929, p. 57.

gência profunda de sentido sob a comunidade das fórmulas. De acordo com Platão, "o grau de divindade é proporcional ao grau de ser", mas não há grau de divindade para um cristão, porque somente Deus a possui. Para Platão, acrescente-se, "o ser mais divino é o ser mais ser"; mas, para um cristão, só pode haver seres mais ou menos divinos por analogia ou metáfora; falando propriamente, só há um Deus, que é o Ser, e seres, que não são Deus. O que separa radicalmente as duas tradições é que não encontramos em Platão sentido da palavra ser que seja reservado exclusivamente a Deus. É por isso que, nele, a divindade só existe em seu grau supremo, mas não como um privilégio único; o divino está onde quer que esteja o ser, porque não há ser que não reivindique a plenitude e o privilégio da divindade.

É aí que reside, por sinal, a causa das dificuldades em que se chocam os intérpretes de Platão, em seu esforço para aproximar do Deus cristão sua noção de divino. Despenderam-se tesouros de engenhosidade nessa empreitada[10].

---

10. Os próprios cristãos se esforçaram, nesse ponto como em tantos outros, por encontrar precursores entre os gregos. Ver Eusébio, *Praeparatio evangelica*, lib. XI, cap. IX, "Do ser, segundo Moisés e Platão". Eusébio cita primeiro a Bíblia (Ex 3,14) e declara em seguida que Platão copiou literalmente Moisés no início do seu *Timeu*. É evidente portanto que Eusébio lê Platão através da Bíblia. Em vez de compreender que o inteligível platônico é o ser por excelência, que escapa do devir, ele compreende com Moisés que a definição de Deus é o Ser (cf. *Patr. gr.-lat.*, t. XXI, col. 867-872). Eusébio cita em seguida, para abonar sua tese, Numênio, *De bono*, lib. II (apud Eusébio, op. cit., cap. X, *Patr. gr.-lat.*, t. XXI, col. 871-876). Os textos desse autor, que Eusébio qualifica de pitagórico, são de fato impressionantes, mas não há neles nada além do platonismo clássico, com sua oposição entre o ser inteligível e o quase não-ser do sensível. Quando Eusébio conclui que isso é Platão e que Platão não é senão um Moisés que fala grego (col. 873 c), ele nos mostra involuntariamente seu jogo. O cap. XI do mesmo tratado de Eusébio reproduz um admirável texto de Plutarco (ibid., col. 875-880), que comenta uma antiga inscrição do templo de Delfos: *Ei*, ou seja, *Tu és*. E a afirmação do ser divino, da unidade divina, é seguramente notável no desenvolvimento que interpreta essa inscrição. Aqui, supera Platão. Mas o próprio Plutarco permaneceu fiel ao politeísmo grego, de sorte que nunca realizou a identificação entre Deus e o ser.

O SER E SUA NECESSIDADE

Ora identifica-se o Demiurgo do *Timeu* com a idéia do Bem da *República*, o que, mais uma vez, só leva a fazer desse Demiurgo o Bem e não o Ser[11], coisa que, de resto, Platão mesmo nunca fez[12]. Ora pretende-se reunir num ser único, que

---

11. O célebre texto da *República* (509 b), que situa o bem acima e para além da essência, bastaria para provar que Platão, mesmo se houvesse identificado Deus com o bem, teria com isso se recusado a identificá-lo com o ser, ainda mais com o ser infinito; porque situar o bem acima do ser é submeter o ser a uma determinação que o limita. Vide estas justas observações de um excelente intérprete de Plotino: "Mas a unidade de medida é necessariamente transcendente às coisas medidas, que ela serve para avaliar e estabelecer. É provavelmente nesse sentido que se deve entender o texto da *República* (509 b), que Plotino tanto cita: 'O Bem está acima e para além da essência, pela sua dignidade e poder.' Em todo caso, é nesse sentido que Plotino o entende, como já veremos. Uma essência só pode ser o que ela é graças à medida que estabelece exatamente seus limites e que é chamada, aqui, de Bem", É. Bréhier, *La philosophie de Plotin*, Paris, Boivin, 1928, p. 138.

12. Nem é preciso dizer que longas e, talvez, intermináveis discussões poderiam ser levantadas sobre esse ponto. Uma das melhores apologias de Platão que conhecemos, e que nós mesmos invocamos contra nossa tese, é a do p$^{\underline{e}}$ M.-J. Lagrange, O.P., *Platon théologien*, na *Revue thomiste*, 1926, pp. 189-218. De acordo com esse excelente exegeta, deve-se admitir que a Idéia do Bem, de que fala a *República* (VI, 509b) e sobre a qual Platão afirma que ela proporciona às coisas não apenas sua inteligibilidade mas seu próprio ser, é idêntica ao Demiurgo do *Timeu*. O p$^{\underline{e}}$ Lagrange reconhece que Platão "não disse isso expressamente", mas acrescenta que "deu no entanto a entender muito claramente" (art. cit., p. 196). Podemos, de início, ficar espantados ao ouvir dizer que um filósofo não se deu ao trabalho de dizer expressamente, numa frase, que o Demiurgo é a Idéia do Bem, quando essa afirmação, se ele a tivesse em seu pensamento, transformaria integralmente o sentido de toda a sua filosofia. Na realidade, se "em nenhum ponto dos seus textos Platão coordenou a Idéia do Bem ao artesão ou demiurgo" (art. cit., p. 197), é provavelmente porque não coordenou aquela a este no seu pensamento. E não podia. Porque, se o Demiurgo é a Idéia do Bem, por que trabalha com os olhos fixos nas Idéias, logo ele, de quem todas elas dependem? Admitamos que ele seja a Idéia do Bem e que proporcione ser às coisas; o que entenderemos com Platão por *ser*: a existência, como no cristianismo, ou uma inteligibilidade que impede o ser em devir de se confundir com um puro não-ser? É esse, parece-me, o verdadeiro ponto de vista platônico. Que o mundo sensível do *Timeu* tenha sido feito inteligível, não há dúvida, mas isso não significa que ele tenha recebido a existência. Temos portanto três dificuldades fundamentais a superar antes de aceitar a identificação proposta pelo p$^{\underline{e}}$ Lagrange: 1º não se sabe se Platão fez essa identificação e sabe-se que ele não disse que a fez; 2º sabe-se que esse Bem, ainda que seja o deus

não existe em Platão, a soma da divindade, e então não se sabe o que fazer com sua divindade difusa que se encontra em toda parte nos seres, mais particularmente nas Idéias, como se, nessa doutrina, os deuses não fossem o que há de mais divino. Mas uma dificuldade do mesmo gênero espera os intérpretes de Aristóteles, e é ela que convém examinar agora. Teve Aristóteles êxito nessa operação difícil que consiste em abrir espaço, no âmbito do politeísmo grego, ao Ser único do Deus cristão?

Certamente, não faltam textos para apoiar uma resposta afirmativa a essa pergunta. Aristóteles porventura não fala de uma essência soberanamente real, transcendente à ordem das coisas físicas, situada por conseguinte além da natureza, que seria Deus? Parece portanto que estamos fi-

---

supremo, é apenas o mais elevado dentre os outros deuses (art. cit., p. 204); 3º compreende-se com isso que, não sendo ele próprio o Ser, esse deus não pode proporcioná-lo aos outros, de sorte que, como quer que seja, permanecemos num sistema de idéias diferente do sistema do pensamento cristão. Contra a identificação do deus platônico com as idéias, ver P. E. More, *The religion of Plato*, Princeton University Press, pp. 119-20 (o que segue mostrará o suficiente que não aceitamos as últimas linhas desse texto) e P. Shorey, *The Unity of Plato's Thought*, Decennial publications, VI, University of Chicago Press, 1903, p. 65.

Mas a defesa mais completa da identificação entre Deus e o ser em Platão é a de A. Diès, *Autour de Platon*, Paris, Beauchesne, 1927, vol. II, pp. 566 ss. ("Bibliografia", p. 573). Se esse excelente helenista tem razão no que diz na p. 556, se é possível comentar legitimamente Platão com Fénelon e Malebranche, reconheçamos sem dificuldade que a tese central dessas lições é falsa. No entanto, até prova em contrário, parece que A. Diès leu como cristão fórmulas que não são cristãs e que, se sua análise histórica permanece exatamente o que ela é e as conclusões que dela se extraem continuam formuladas exatamente como são, elas significam menos do que ele imagina. Em todo caso, a análise dos textos platônicos que ele propõe é de uma firmeza magistral e indispensável para quem quiser ver a objeção colocar-se em todo o seu rigor. As conclusões de A. Diès estão em op. cit., pp. 556-61.

Consultar sobre essa questão Eust. Ugarte de Ercilla, S.J., *Anepifania del Platonismo*, Barcelona, 1929 (discute a tese de A. Diès, pp. 278-86); A. E. Taylor, *A Commentary on Plato's Timaeus*, Oxford, Clarendon Press, 1928, pp. 80-2; R. Mugnier, *Le sens du mot* ΘΕΙΟΣ *chez Platon*, Paris, J. Vrin, 1930; J. Baudry, *Le problème de l'origine et de l'eternité du monde dans la philosophie grecque de Platon à l'ère chrétienne*, Paris, Les Belles-Lettres, 1931.

nalmente diante de uma teologia natural cujo objeto próprio seria, como ele mesmo diz, o "ser enquanto ser" (*Metafísica*, Γ, 1, 1003a 31), o ser por excelência (A², 2, 994 b 18), a substância sempre em ato e necessária (Λ, 1071b 19 e 1072b 10), em poucas palavras, esse Deus que são Tomás encontrará tão facilmente nas fórmulas de Aristóteles sem nunca ter de modificá-las em nada. E, claro, se nada do Deus cristão se encontrasse nas fórmulas de Aristóteles, são Tomás nunca o teria encontrado aí. Poder-se-ia dizer que, em certo sentido, é difícil chegar bem perto dele sem alcançá-lo, mas não é essa uma razão suficiente para dizer que ele o alcançou. O que é verdade é que Aristóteles compreendeu claramente que Deus é, dentre todos os seres, aquele que merece por excelência o nome de ser; mas seu politeísmo o impedia de conceber o divino como outra coisa que não o atributo de uma classe de seres. Não se pode mais dizer que, em Aristóteles, como em Platão, tudo o que é, é divino, porque ele reserva a divindade à ordem do necessário e da atualidade pura; mas, se seu Primeiro Motor imóvel é o mais divino e o mais ser dos seres, mesmo assim continua sendo um dos "seres enquanto seres". Nunca ninguém fará que sua teologia natural não tenha por objeto próprio uma pluralidade de seres divinos, e isso bastaria para distingui-la radicalmente da teologia natural cristã. Nele, o ser necessário é sempre um coletivo; nos cristãos, é sempre um singular[13]. Vamos mais longe. Ainda que

---

13. O deus de Aristóteles concebido como um indivíduo "soberanamente real" foi objeto de estudos aprofundados em O. Hamelin, *Le système d'Aristote*, Paris, Alcan, 1920, pp. 404-5; L. Robin, *La pensée grecque et les origines de l'esprit scientifique*, Paris, 1923, pp. 368-9; J. Chevalier, *La notion du nécessaire chez Aristote et ses prédécesseurs*, Paris, Alcan, 1915, p. 144.

O epíteto de "sobrenatural", aplicado por L. Robin à ordem aristotélica do ser enquanto ser, só lhe convém com certas reservas. O sentido da palavra sobrenatural depende do sentido que se dá à palavra natureza. Em Aristóteles, essa palavra designa tudo o que é composto de matéria e de forma; basta portanto que um ser seja imaterial para ser sobrenatural. Nesse sentido, todas as substâncias aristotélicas "separadas" são sobrenaturais. Para um

se concedesse, contra todos os textos, que o ser enquanto ser de Aristóteles é um ser único, ainda assim esse ser não seria nada mais que o ato puro do pensamento que se pensa. Ele seria isso tudo, porém nada mais que isso, e é aliás esse o motivo pelo qual os atributos do deus de Aris-

---

cristão, uma substância pode ser imaterial sem deixar de pertencer à ordem dos naturais; os anjos, por exemplo, são substâncias intelectuais naturais: "substantiae perfectae intellectuales in natura intellectuali" (são Tomás de Aquino, *Sum. theol.*, I, 51, 1, Resp.). Para sair da ordem natural, no cristianismo, não basta não ser composto de matéria e forma, como os anjos, é necessário além disso não ser composto de essência e de existência, o que equivale a dizer que é preciso ser Deus. Somos levados com isso à noção cristã do ser enquanto ser, *Ego sum qui sum*, o único em quem a essência é idêntica à existência, mas falta saber se Aristóteles a concebeu.

O texto mais forte a favor da afirmativa é aquele a que L. Robin remete: *Metafísica*, E, 1, 1026a 27-32. Aristóteles pretende definir aí o objeto da teologia: "Se, pois, não existem outras substâncias fora das que consistem em naturezas, a Física será a ciência primeira e universal na medida em que é primeira. E ela tem a considerar o ser enquanto ser, isto é, o que ele é e o que lhe pertence a título de ser." Nada mais claro, aparentemente. Mas o que quer dizer essa fórmula do ponto de vista de Aristóteles? É do Primeiro Motor que se trata, mas não apenas dele. O problema posto é saber se há por que superpor à Física outra ciência, que seria a teologia. Para sabê-lo, é preciso, como sempre, pesquisar se há um objeto específico que possa ser atribuído a essa ciência. Admitamos que a Física tenha por objeto as "naturezas", compostas de matéria e de forma; haverá espaço para uma teologia se existirem substâncias superiores às naturezas, na medida em que são imateriais e causas dessas naturezas mesmas. Ora, é sabido que há várias, aliás Aristóteles lembra disso no mesmo capítulo: "Todas as causas devem ser eternas, principalmente as que são separadas e imóveis, porque elas são as causas do que há de divino nas coisas visíveis" (loc. cit., 1026a 16-18). Assim, pois, a substância que é objeto da metafísica não é a substância de *um* ser, mas a substância da pluralidade dos motores imóveis. Eles é que são o οὐσία ἀκίνητος, e o ser enquanto ser, embora pertença mais eminentemente ao primeiro motor a título de primeiro, não pertence entretanto a ele exclusivamente.

Se houver dificuldade para interpretar nesse sentido o termo οὐσία, bastará lembrar que, no mesmo capítulo, Aristóteles utiliza-o para designar a classe, muito mais numerosa ainda, dos seres físicos: ἡ φυσικὴ ἐπιστήμη τυγχάνει οὖσα περὶ γένος τι τοῦ ὄντος, περὶ γάρ τὴν τοιαύτην ἐστὶν οὐσίαν ἐν ᾗ ἡ ἀρχὴ τῆς κινήσεως καὶ στάσεως ἐν αὐτῇ (*Metafísica*, E, 1, 1025a 18-21). Trata-se portanto de opor uma classe a outra classe, e não uma classe a um ser. É o que vemos em numerosas outras expressões. Nele, o τὸ δ'ὡς ἀληθὲς ὄν

tóteles se limitam estritamente aos do pensamento. Na boa doutrina aristotélica, o primeiro nome de Deus é pensamento, e o ser puro se reduz ao pensamento puro; na boa doutrina cristã, o primeiro nome de Deus é ser, e é porque não se pode recusar ao Ser nem o pensamento, nem a vontade, nem a potência, que os atributos do Deus cristão excederão em todos os sentidos os do deus de Aristóteles. Não se alcançará a noção cristã do Ser enquanto se erguerem estátuas a Zeus ou a Deméter.

Em presença desses laboriosos tateios do pensamento filosófico, quão direto parece em seu método e surpreendente em seus resultados o caminho seguido pela revelação bíblica!

Para saber o que é Deus, é a Deus mesmo que Moisés se dirige. Querendo conhecer seu nome, pergunta-o a ele, e eis a resposta: *Ego sum qui sum. Ait: sic dices filiis Israel: qui est misit me ad vos* (Ex 3, 14). Aqui também nem uma palavra de metafísica, mas Deus falou, a causa está entendida, e é o Êxodo que coloca o princípio a que a filosofia cristã por inteiro se prenderá. A partir desse momento, está entendido de uma vez por todas que ser é o nome próprio de Deus e que, de acordo com a palavra de santo Efrém, retomada mais tarde por são Boaventura, esse nome designa sua essência mesma[14]. Ora, dizer que a palavra ser

---

(*Metafísica*, E, 4, 1027b 18; cf. K. 8, 1065a 21) se opõe ao ser por acidente, o qual é uma classe, como ele também é uma, a classe dos seres por excelência: τῶν κυρίως (*Metafísica*, E, 4, 1027b 31). O objeto próprio da teologia natural não é, para ele, o Deus cristão, mas a ordem divina: τὸ Θεῖον (1026a 20), o gênero dos seres metafísicos: ἐν τῇ τοιαύτῃ φύσει ὑπάρχει, καὶ τὴν τιμιωτάτην δεῖ περὶ τὸ τιμιώτατον γένος εἶναι (1026a 20-22).

14. Não se trata naturalmente de sustentar que o texto do Êxodo oferecia aos homens uma definição metafísica de Deus; mas se não há metafísica *no* Êxodo, há uma metafísica *do* Êxodo, que se constitui bem cedo entre os Padres da Igreja, cujas diretrizes sobre esse ponto os filósofos da Idade Média apenas seguiram e exploraram. Ver os textos de santo Efrém de Nisíbis (c. 363), em Rouët de Journel, *Enchiridion patristicum*, 4ª ed., Herder, 1922, t. 729, p. 254; são Gregório de Nazianzo, *op. cit.*, t. 993, p. 370, e t. 1015, p. 379; são Gregório de Nissa, op. cit., t. 1046, p. 393; são Cirilo de Alexandria, op. cit.,

designa a essência de Deus e que Deus é o único cuja essência essa palavra designa, é dizer que em Deus a essência é idêntica à existência e que ele é o único em que essência e existência são idênticas. É por isso que, referindo-se expressamente ao texto do Êxodo, são Tomás de Aquino declarará que, entre todos os nomes divinos, há um que é eminentemente próprio de Deus – *Qui est* –, justamente porque não significa nada além do próprio ser: *non*

---

t. 2098, pp. 657-8. Esse texto do Êxodo foi para Hilário de Poitiers o clarão decisivo no meio das suas dúvidas. Ver o relato inicial do seu *De Trinitate* (c. 356): "Haec igitur, multaque alia ejusmodi cum animo reputans, incidi in eos libros, quos a Moyse atque a prophetis scriptos esse Hebreorum religio tradebat: in quibus ipso creatore Deo testante de se, haec ita continebantur: *Ego sum, qui sum* (Ex 3, 14); et rursum: *Haec dices filiis Israël: misit me ad vos is qui est* (ibid.). Admiratus sum plane tam absolutam de Deo significationem, quae naturae divinae incomprehensibilem cognitionem aptissimo ad intelligentiam humanam sermone loqueretur. Non enim aliud proprium magis Deo, quam esse, intelligitur; quia id ipsum quod est, neque desinentis est aliquando, neque coepti", *De Trinitate*, I, 5, *Patr. lat.*, t. X, col. 28. Santo Hilário de Poitiers deduz dessa definição a eternidade de Deus, sua infinidade, sua beleza perfeita e sua incompreensibilidade. Cf. "Illud nomen *qui est* et *Ego sum qui sum*, est nomen essentiae proprie; hoc enim est quaedam circumlocutio, significans entitatem in omnimoda perfectione et absolutione, et hoc est nomen proprium ae substantiae", são Boaventura, *In Sent.*, I, 2, dub. 4, ed. Quaracchi, t. I, p. 60.

Sobre o sentido primitivo do texto mosaico, A. Lods estima que a fórmula queria dizer simplesmente que Jeová "é o que é, o Ser que o homem não seria capaz de definir". Já seria uma explicação "que não carece de grandeza, mas aparentemente bem teológica, bem pouco espontânea para exprimir o sentido original do deus madianita" (A. Lods, *Israël*, Paris, Renaissance du Livre, 1930, pp. 373-4). É essa uma questão reservada aos hebraizantes. No entanto, a análise que o próprio Lods faz desse texto e a que ele propõe tornam difícil não admitir que Jeová tenha realmente querido desvendar seu nome a Moisés. Admitindo, com Lods, que "Ego sum qui sum" equivalha a uma recusa a dizer seu nome, que sentido dar à continuação do texto tal como ele próprio o traduz: "Depois acrescentou: responderás aos filhos de Israel: foi o EU SOU que me enviou a vós." *Eu sou* é, aqui, o nome de Jeová, como aliás fica claro no versículo seguinte, em que Jeová substitui pura e simplesmente *Eu sou*: "E Deus diz também a Moisés: falarás assim aos filhos de Israel: foi Jeová, o senhor Deus dos vossos pais... que me enviou a vós." Ex 3, 15 (A. Lods, op. cit., p. 373 e n. 2). Parece mesmo que a filosofia patrística medieval se situa na continuação exata do texto bíblico.

enim significat formam aliquam, sed ipsum esse[15]. Princípio de uma fecundidade metafísica inesgotável e de que os estudos subseqüentes se contentarão em considerar as conseqüências. Só há um Deus e esse Deus é o ser; é essa a pedra angular de toda a filosofia cristã, e não foi Platão, não foi nem mesmo Aristóteles, foi Moisés quem a colocou.

Para se dar conta da sua importância, o caminho mais curto talvez seja ler as primeiras linhas do *De primo rerum omnium principio* de Duns Scot: "Senhor nosso Deus, quando Moisés vos perguntou, como ao Doutor mui verídico, que nome ele deveria vos dar diante dos filhos de Israel; sabendo o que pode conceber de Vós o entendimento dos mortais e desvendando-lhe vosso abençoado nome, respondestes: *Ego sum qui sum*: sois portanto o Ser verdadeiro;

---

15. "Sed contra est quod dicitur, Ex 3, 14, quod Moysi quaerenti: si dixerint mihi: quod est nomen ejus? quid dicam eis? respondit ei Dominus: sic dices eis: qui est, misit me ad vos. Ergo hoc nomen *Qui est* est maxime proprium nomen Dei", são Tomás de Aquino, *Sum. theol.*, I, 13, 11, Sed contra. Nesse sentido, é válido dizer que o ser é anterior ao bem, mesmo na perspectiva cristã: "hoc nomen *bonum* est principale nomen Dei inquantum est causa; non tamen simpliciter: nam esse absolute praeintelligitur causae", ibid., ad 3ᵐ. Sobre o primado platônico do bem em relação ao ser, cf. são Tomás de Aquino, *De malo*, I, 2, Resp. É interessante ver o pensamento grego opor o primado do bem ao do ser, tal como a Bíblia ensina, no tratado de Salústio que Gilbert Murray traduziu, em *Five Stages of Greek Religion*, sob o título de Sallustius, *On the Gods and the World*: "Se a primeira causa fosse Alma, todas as coisas possuiriam alma. Se fosse Pensamento, todas as coisas participariam do pensamento. Se fosse Ser, todas as coisas participariam do ser e, vendo essa qualidade em todas as coisas, alguns acreditaram que ela era o Ser. Ora, se as coisas simplesmente *fossem*, sem ser boas, esse argumento seria válido; mas, se as coisas que são só *são* em virtude da sua bondade e por participarem do Bem, a primeira causa deve necessariamente estar além de um e outro, isto é, do Ser e do Bem. A prova é que as almas nobres desprezam a existência por amor ao bem, quando enfrentam a morte por seu país, ou por seus amigos, ou por amor à virtude. Depois desse poder inefável vêm as ordens dos deuses", op. cit., pp. 247-8. Esse neoplatônico, falecido por volta de 370 da era cristã, visa manifestamente a concepção judaico-cristã, quando se recusa a identificar a primeira causa com o ser. Seu tratado *Acerca dos deuses e do mundo* foi traduzido em francês por M. Meunier, Paris, les éditions Vega, 1931. A melhor edição é a de A. D. Nock, *Sallustius, Concerning the Gods and the Universe*, Cambridge, University Press.

sois o Ser total. Nisso eu creio; mas é também o que gostaria de saber, se possível fosse. Ajudai-me, Senhor, a descobrir que conhecimento do ser verdadeiro que vós sois minha razão natural alcançará, começando pelo ser que vós mesmos vos atribuístes."[16] Nada pode superar a plenitude de um texto assim, pois ele nos fornece ao mesmo tempo o método da filosofia cristã e a verdade primeira de que todas as demais decorrem. Aplicando o princípio agostiniano e anselmiano do *Credo ut intelligam*, Duns Scot coloca no início da sua especulação metafísica um ato de fé na verdade da palavra divina. Como Atenágoras, é com Deus que ele quer se instruir sobre Deus. Nenhum filósofo é invocado como intermediário entre a razão e o Mestre supremo; mas logo depois da fé, começa a filosofia. Quem crê que Deus é o ser, vê imediatamente pela razão que ele só pode ser o ser total e o ser verdadeiro. Vejamos por nossa vez como essas conseqüências são implicadas nesse princípio.

Quando Deus diz que ele é o ser, se o que ele diz tem para nós um sentido racional qualquer, é em primeiro lugar o de que o nome que ele se deu significa o ato puro de existir. Ora, esse ato puro exclui *a priori* todo não-ser. Assim como o não-ser não possui absolutamente nada do ser nem das suas condições, assim também o Ser não é afetado por nenhum não-ser, nem atual nem virtualmente, nem em si nem do nosso ponto de vista[17]. Embora tenha na nossa linguagem o mesmo nome do mais geral e mais abstrato dos nossos conceitos, a idéia do Ser significa portanto algo radicalmente diferente. É possível – e é esse um ponto sobre o qual vamos em breve tornar – que nossa aptidão mesma

---

16. Duns Scot, *De primo rerum omnium principio*, cap. I, art. 1. Cf. H. de Montefortino, *J. Duns Scoti Summa theologica*, I, 13, 11. Será proveitoso compará-lo com são Bernardo, *De consideratione*, livro V, cap. VI, que apresenta um comentário penetrante do mesmo texto do Êxodo.

17. São Boaventura, *Itinerarium mentis in Deum*, V, 3.

em conceber o ser abstrato tenha a ver com a relação ontológica que nos prende a Deus, mas não é como um conceito que Deus nos convida a colocá-lo, nem mesmo como um ser cujo conteúdo seria o de um conceito. Para além de todas as imagens sensíveis e de todas as determinações conceituais, Deus se apresenta como o ato absoluto do ser em sua pura atualidade. O conceito que temos dele, fraco análogo de uma realidade que o excede por todos os lados, só pode se explicitar neste juízo: o Ser é o Ser, posição absoluta do que, existindo para além de todo objeto, contém em si a razão suficiente dos objetos. É por isso que se pode dizer com razão que o próprio excesso de positividade que oculta o ser divino aos nossos olhos é, entretanto, a luz que ilumina todo o resto: *ipsa caligo summa est mentis illuminatio*[18].

A partir desse ponto, de fato, nosso pensamento conceitual vai se mover em torno da simplicidade divina para imitar sua inesgotável riqueza por uma multiplicidade de visões complementares. Enquanto procuramos exprimir Deus tal como ele é em si, não podemos fazer mais que repetir com santo Agostinho o nome divino que Deus mesmo nos ensinou: *non aliquo modo est, sed est, est*[19]. Para ir

---

18. Ibid., V, 4.
19. Santo Agostinho, *Confissões*, XIII, 31, 46: "per quem videmus, quia bonum est, quidquid aliquo modo est: ab illo enim est, qui non aliquo modo est, sed est, est", ed. P. Knöll, Leipzig, Teubner, 1919, p. 329. A lição "*quod* est, est", às vezes aceita, parece-me harmonizar-se menos com o sentido geral do trecho. Juntemos a esse texto dois outros, citados por J. Maritain, *La sagesse augustinienne*, em *Mélanges augustiniens*, Paris, Rivière, 1931, p. 405, n. 1. "Deum ergo diligere debemus trinam quamdam unitatem, Patrem et Filium et Spiritum sanctum, quod nihil aliud dicam esse, nisi idipsum esse", *De moribus ecclesiae catholicae*, XIV, 24, *Patr. lat.*, t. 32, col. 1321. "Quae vero proprie de Deo dicuntur, quaeque in nulla creatura inveniuntur, raro ponit scriptura divina; sicut illud quod dictum est ad Moysen: *Ego sum qui sum*; et, *Qui est, misit me ad vos* (Ex 3, 14)", *De Trinitate*, I, 1, 2, *Patr. lat.*, t. 42, col. 821. Mesma remissão ao texto do Êxodo em *De Trinitate*, V, 2, 3, col. 912. J. Maritain observa com toda razão: "Esses textos contêm virtualmente toda a doutrina tomista dos nomes divinos e da analogia" (op. cit., p. 405). É esse, aliás,

mais longe, é preciso resignar-se a explicitar em juízos, nenhum dos quais seria suficiente, que conteúdo esse *est*, duas vezes afirmado, pode ter para nós. Ora, aparentemente a especulação cristã levou adiante esse trabalho em duas direções convergentes, uma das quais nos leva a colocar Deus como perfeito, a outra a colocá-lo como infinito. De resto, sua perfeição e sua infinitude se implicam reciprocamente como dois aspectos igualmente necessários do Ser que qualificam.

Considerado do primeiro ponto de vista, o ser puro é dotado de uma suficiência absoluta em virtude da sua atualidade mesma. A idéia de que o que é o ser por definição possa receber o que quer que seja de fora é contraditória, porque o que ele teria a receber faltaria à sua atualidade. Assim, dizer que Deus é o ser equivale a postular sua asseidade. Mas é preciso entender-se sobre o sentido dessa expressão. Deus é por si num sentido absoluto, isto é, a título de Ser ele desfruta de uma completa independência tanto em relação ao interno quanto ao externo. Do mesmo modo que não extrai sua existência de outra coisa senão si mesmo, ele não poderia depender em seu ser de sabe lá que essência interna que teria em si o poder de gerar-se para a existência. Se é *essentia*, é porque essa palavra significa o ato próprio positivo pelo qual o Ser é, como se *esse* fosse capaz de gerar o particípio presente ativo *es-*

---

o princípio reconhecido da filosofia cristã. Nós o encontraremos confirmado pelas autoridades de santo Agostinho e de são João Damasceno em A. Halensis, *Summa theologica*, P. II, inq. II, tract. I, qu. I, cap. II, art. 1-2 (ed. Quaracchi, t. I, pp. 521-3). A contradição entre o primado do bem afirmado por Dionísio, o Areopagita, seguindo Platão, e o primado do ser afirmado por João Damasceno (*De fide orthodoxa*, I, 9, *Patr. gr.*, t. 94, col. 835), é apontada e resolvida pela seguinte solução: "*Qui est* simpliciter est primum nomen, quoad nos vero primum nomen est bonum" (op. cit., p. 523). A questão Damasceno-Dionísio já havia sido discutida por Guilherme de Auxerre, *Summa aurea*, cap. III, qu. 7. Ver adiante p. 55, n. 22. Mesma doutrina em são Boaventura, *Comment. in Sap.*, XIII, v. 1: "*eum qui est*, id est Deum, cui esse est substantiale", ed. Quaracchi, t. VI, p. 192.

sens, de que derivaria *essentia*[20]. Quando são Jerônimo diz que Deus é sua própria origem e a causa da sua própria substância, não quer dizer, como fará Descartes, que, de certo modo, Deus se coloca no ser por sua onipotência, como se fosse colocado por uma causa, mas que não há que buscar fora de Deus a causa da existência de Deus[21]. Ora, essa asseidade completa de Deus acarreta como corolário imediato sua absoluta perfeição.

Como, de fato, Deus é o ser por si e como a noção que dele temos exclui radicalmente o não-ser com a dependência que daí decorre, a plenitude da existência tem de se encontrar nele completamente realizada. Deus é, portanto, o ser puro em seu estado de completo acabamento, como pode ser aquilo a que nada poderia se acrescentar, nem de dentro nem de fora. Mais ainda, ele não é perfeito de uma perfeição recebida, mas de uma perfeição, se assim

---

20. Nesse sentido, podemos dizer que o nome *essentia* pertence propriamente a Deus, e somente a ele, e todo o resto entra na categoria das *substantiae*: "Nefas est autem dicere ut subsistat et subsit Deus bonitati suae, atque illa bonitas non substantia sit vel potius essentia, neque ipse Deus sit bonitas sua, sed in illo sit tanquam in subjecto: unde manifestum est Deum abusive substantiam vocari, ut nomine usitatiore intellegatur essentia, quod vere ac proprie dicitur; ita ut fortasse solum Deum dici oporteat essentiam. Est enim vere solus, quia incommutabilis est, idque nomen suum famulo suo Moysi enuntiavit, cum ait: *Ego sum qui sum*; et: *Dices ad eos:* qui est, *misit me ad vos*", santo Agostinho, *De Trinitate*, VII, 5, 10, *Patr. lat.*, t. 42, col. 942.

21. Sobre a posição de Descartes, ver *Études sur le rôle de la pensée médiévale dans la formation du système cartésien*, Paris, J. Vrin, 1930, pp. 224-33. A verdade que Descartes compromete, forçando-a, é que o ser divino é ato, e até mesmo ato puro. Nesse sentido, é correto concluir com são Jerônimo do texto do Êxodo que Deus não tem outro princípio senão ele mesmo: "Loquitur in Exodo Dominus: *Ego sum qui sum...* Numquid solus Deus erat, et cetera non erant?... Cetera, ut sint, Dei sumpsere beneficio. Deus vero, qui semper est, nec habet aliunde principium, et ipse sui origo est suaeque causa substantiae, non potest intelligi aliunde habere quod subsistit", *In epist. ad Ephesios*, II, 3, 14; citado por Rouët de Journel, *Enchiridion patristicum*, t. 1367, p. 498. As expressões bastante fortes que são Jerônimo usa aqui pretendem, antes de mais nada, garantir a asseidade divina, opondo-a à existência criada de todo o resto.

podemos dizer, *existida*, e é nisso que a filosofia cristã sempre se distinguirá do platonismo, independentemente do esforço que muitos façam para identificar uma e outro. Mesmo admitindo-se que o verdadeiro deus de Platão é a Idéia do Bem, tal como ele a descreve na *República* (509 B), mesmo assim só se atingiria com isso, como termo supremo, um inteligível, fonte de todo ser porque fonte de toda inteligibilidade. Ora, o primado do Bem, tal como o pensamento grego o concebeu, obriga a que se subordine a ele a existência, ao passo que o primado do ser, tal como o pensamento cristão o concebeu sob a inspiração do Êxodo, obriga a que se subordine o bem a ele[22]. Portanto a perfeição do Deus cristão é a que convém ao ser como ser e na medida em que o ser coloca, colocando-se; ele não é porque é perfeito, mas é perfeito porque é, e é justamente essa diferença fundamental que, quase imperceptível na sua origem, vai irromper em suas conseqüências, quando fará sair da própria perfeição de Deus sua ausência total de limites e sua infinitude.

De fato, o que é por si, e não feito, se oferece ao pensamento como o tipo mesmo do imóvel e do acabado. O ser divino é necessariamente eterno, pois a existência é sua essência mesma; ele é não menos necessariamente imutável, pois nada poderia se acrescentar a ele ou ser retirado dele, sem destruir sua essência, ao mesmo tempo que sua perfeição; ele é, por fim, repouso, como um oceano de substância integralmente presente a si e para quem a própria noção de acontecimento seria desprovida de sentido[23].

---

22. São Boaventura, *In Hexaemeron*, X, 10, ed. Quaracchi, t. V, p. 378. Cf. op. cit., XI, 1; t. V, p. 380. São Boaventura tentou conciliar o primado platônico do Bem, afirmado por Dionísio, com o primado cristão do Ser, afirmado por João Damasceno acompanhando o Êxodo (ver *Itinerarium mentis in Deum*, V, 2), mas mantém integralmente o primado do ser, como se pode ver nos textos do *In Hexaemeron*.

23. A eternidade de Deus é diretamente deduzida do texto do Êxodo por santo Ambrósio: texto em Rouët de Journel, *Enchiridion patristicum*, ed. cit., texto 1262, p. 478. A imutabilidade é deduzida por santo Agostinho:

Mas, ao mesmo tempo, porque é própria do ser que é Deus a perfeição, ele não é apenas a completação e o acabamento desse ser, ele é também sua expansão absoluta, isto é, sua infinitude. Enquanto nos ativermos ao primado do bem, a noção de perfeição implica a de limite, e é por isso que os gregos anteriores à era cristã nunca deixaram de conceber a infinitude como uma imperfeição. Quando, ao contrário, se postula o primado do ser, é verdade que nada pode faltar ao Ser e que, por conseguinte, ele é perfeito; mas, como se trata agora de perfeição na ordem do ser, as exigências internas da noção de bem se subordinam às da noção de ser, de que ela é apenas um aspecto. A perfeição do ser não requer apenas todos os acabamentos, ela exclui todos os limites, gerando assim uma infinitude positiva que nega toda e qualquer determinação.

Visto sob esse aspecto, o Ser divino desafia mais que nunca a abrangência dos nossos conceitos. Não há uma só das noções de que dispomos que, de certo modo, não falhe quando tentamos aplicá-la a ele. Toda denominação é limitação; ora, Deus está além de qualquer limitação, logo está além de qualquer denominação, por mais elevada que seja. Em outras palavras, uma expressão adequada de Deus seria Deus. É por isso que, quando a teologia cristã postula uma, postula somente uma, que é o Verbo; mas nossos verbos, por mais amplos e abrangentes que sejam, só dizem uma parte do que não tem partes e se esforçam para fazer caber numa essência o que, conforme a expressão de Dionísio, é superessencial. Mesmo as idéias divinas só exprimem Deus *quatenus*, como participações possíveis, logo parciais e limitadas, do que não participa de nada

---

textos em Rouët de Journel, op. cit., t. 1489, p. 523, e t. 1493, p. 524. A comparação de Deus com um "oceano infinito de substância" parece ter sido sugerida pela primeira vez pelo texto do Êxodo a são Gregório de Nazianzo, *Orat.*, XLV, 3 (Rouët de Journel, op. cit., t. 1015, p. 379), mas foi retomada e popularizada por são João Damasceno, *De fide ortodhoxa*, I, 9, op. cit., texto 2345, p. 736.

e excede qualquer limite. Nesse sentido, a infinitude se torna uma das características principais do Deus cristão e, depois do Ser, a que o distingue de todas as outras concepções de Deus da forma mais nítida.

Nada é mais notável do que a concordância dos pensadores da Idade Média sobre esse ponto. É talvez na doutrina de Duns Scot que esse aspecto do Deus cristão é mais facilmente reconhecível. De fato, para ele é uma só e mesma coisa provar a existência de Deus e provar a existência de um ser infinito, o que significa sem dúvida nenhuma que, enquanto não se estabeleceu a existência de um ser infinito, não é de Deus que se provou a existência. Ele se pergunta então: *utrum in entibus sit aliquid actu existens infinitum*, no que não encontramos nada que não combine com o pensamento de são Tomás de Aquino e dos outros filósofos cristãos da Idade Média, embora essa maneira muito especial de formular o problema dê ao aspecto que estudamos um caráter de evidência muito nítido. De fato, Duns Scot parte da idéia de ser para provar que se deve postular necessariamente um ser primeiro; de sua qualidade de primeiro, ele deduz que esse ser é incausado; do fato de que esse ser é incausado, ele deduz que esse primeiro ser existe necessariamente. Passando em seguida às propriedades do ser primeiro e necessário, Duns Scot prova que ele é causa eficiente, dotado de inteligência e de vontade, que sua inteligência abraça o infinito e que, como ela se confunde com sua essência, sua essência envolve o infinito: *Primum est infinitum in cognoscibilitate, sic ergo et in entitate*. Demonstrar tal conclusão é, segundo o doutor franciscano, estabelecer o conceito mais perfeito que possamos conceber, isto é, o mais perfeito que nos é possível ter acerca de Deus: *conceptum perfectissimum conceptibilem, vel possibilem a nobis haberi, de Deo*[24].

---

24. Duns Scot, *Opus Oxoniense*, lib. I, dist. 2, qu. 1 e 2, sect. 2, art. 2, n. 2. Essa relação íntima entre a idéia de ser e a idéia de infinito foi exposta

Convém acrescentar entretanto que são Boaventura e são Tomás se entendem perfeitamente com Duns Scot para afirmar que a subsistência de um ser em relação ao qual o eleatismo e o heraclitismo absolutos são igualmente vãos, porque ele transcende simultaneamente o dinamismo atual mais intenso e o estatismo formal mais acabado. Mesmo neles, cujo pensamento parece se comprazer com o aspecto de acabamento e de perfeição que caracteriza o Ser puro, desvenda-se facilmente a presença do elemento "energia", que é sabidamente inseparável da noção de ato. Nesse sentido, o próprio são Tomás, que fala de Deus na pura linguagem de Aristóteles, está no entanto bem longe do pensamento de Aristóteles. O "ato puro" do peripatetismo só é puro na ordem do pensamento; o de são Tomás o é na ordem do ser, e é por isso que vimos que ele é ao mesmo tempo infinito e perfeito. Seja, de fato, pela recusa a recuar a realidade desse ato aquém de todo limite, seja pela recusa a encerrar a perfeição do seu acabamento em si mesma, reintroduz-se nele a virtualidade e destrói-se com isso

---

com grande clareza no século XVII por Fénelon, como uma conseqüência direta do texto fundamental do Êxodo: "Ser uma certa coisa precisa é ser apenas essa coisa em particular. Quando digo do ser infinito que ele é o Ser simplesmente, sem nada acrescentar, disse tudo. Sua diferença é não ter diferença. A palavra infinito, que acrescentei, não lhe dá nada de efetivo; é um termo quase supérfluo, que atribuo ao costume e à imaginação dos homens. As palavras só devem ser acrescentadas para acrescentar algo ao sentido das coisas. Aqui, quem acrescenta à palavra diminui o sentido, em vez de aumentá-lo: quanto mais se acrescenta, mais se diminui, porque o que se acrescenta apenas limita o que era em sua simplicidade sem restrição original. Quem diz o Ser sem restrição implica o infinito, e é inútil dizer o infinito quando não se acrescentou nenhuma diferença ao gênero universal, para restringi-lo a uma espécie ou a um gênero inferior. Deus é portanto o Ser, e entendo enfim esta grande palavra de Moisés: *Aquele que é me enviou a vós.* O Ser é seu nome essencial, glorioso, incomunicável, inefável, inaudito à multidão", Fénelon, *Traité de l'existence de Dieu*, parte 2, cap. V. É notável que o mesmo texto do Êxodo tenha permanecido no Grande Catecismo das Igrejas da Inglaterra e da Escócia como justificação escritural da infinitude de Deus: *The Larger Catechism*, qu. 7.

sua essência. "O infinito", diz Aristóteles, "não é aquilo fora de que não há nada, mas, ao contrário, aquilo fora de que sempre haverá alguma coisa."[25] O infinito do Deus tomista é precisamente aquilo fora de que não há nada, e é por isso que, depois de nos ter dito que o verdadeiro nome de Deus é *ser*, porque esse nome não significa nenhuma forma determinada – *non significat formam aliquam* –, são Tomás escreve tranqüilamente em fórmulas aristotélicas esta declaração, que podemos nos perguntar se Aristóteles teria compreendido: é porque Deus é forma que ele é o ser infinito – *cum igitur Deus ex hoc infinitus sit, quod tantum forma vel actus est*[26]. São Tomás não ignora que a forma como tal é princípio de perfeição e de acabamento: *perfectio autem omnis ex forma est*, e é justamente por isso que ele acaba de dizer que Deus se chama ser porque esse nome não designa nenhuma forma; mas ele sabe também que, no caso único em que o ato puro que consideramos é o do ser mesmo, a plenitude da sua atualidade de ser lhe confere de pleno direito a infinitude positiva, desconhecida de Aristóteles, daquilo fora de que não há nada, por um paradoxo que só tem sentido em Deus: *sua infinitas ad summam perfectionem ipsius pertinet*[27]. Para são Tomás de Aquino como para Duns Scot, ser infinito é da essência mesma de Deus, enquanto forma pura do ser.

Quando pensamos no sentido dessa noção, torna-se claro que ela devia gerar, mais cedo ou mais tarde, uma

---

25. Aristóteles, *Física*, III, 6, 206b 23. Uma contraprova histórica interessante está no fato de que Orígenes, o mais grego dos Padres gregos, hesita longamente diante do problema da infinitude divina: "Com efeito, se a potência divina fosse ilimitada, ela necessariamente não poderia ter consciência de si mesma; o que é por natureza ilimitado não pode ser apreendido", *De principiis*, II, 9. 1. Cf. E. de Faye, *Orígène, sa vie, son oeuvre*, t. III, pp. 34-5.

26. São Tomás de Aquino, *Compendium theologiae*, I, cap. XX.

27. Op. cit., I, cap. XX.

nova prova da existência de Deus, a que desde Kant é designada pelo nome de argumento ontológico e a que santo Anselmo tem a honra de ser o primeiro a dar uma fórmula definida. Os mesmos que recusam ao pensamento cristão qualquer originalidade criadora fazem em geral algumas reservas em favor do argumento de santo Anselmo, que, desde a Idade Média, não cessou de reaparecer sob as mais diversas formas nos sistemas de Descartes, Malebranche, Leibniz, Espinosa e até no de Hegel. Ninguém contesta que não haja vestígios dele nos gregos, mas ninguém parece ter se perguntado por que os gregos nunca pensaram nele[28], nem por que, ao contrário, é natural terem sido os cristãos os primeiros a concebê-lo.

A resposta a essa questão aparece com evidência mal é formulada. Para filósofos como Platão e Aristóteles, que não identificam Deus com o ser, é inconcebível que se possa deduzir da idéia de Deus a prova do seu ser; para um filósofo cristão como santo Anselmo, perguntar-se se Deus existe é perguntar-se se o Ser existe, e negar que ele exista é afirmar que o Ser não existe. É por isso que seu pensamento esteve por muito tempo obcecado pelo desejo de encontrar uma prova direta da existência de Deus, que se baseasse unicamente no princípio de contradição. O argumento é conhecido o suficiente para que nos dispensemos de reproduzi-lo em detalhe, mas seu sentido nem sempre fica claro nem mesmo no espírito dos que o referem: a inconceptibilidade da não-existência de Deus só tem sentido na perspectiva cristã, na qual Deus se identifica com o ser e na qual, por conseguinte, torna-se contraditório pretender que ele seja pensado e que seja pensado como não existente.

---

28. W. D. Ross, *Aristotle*, p. 179, fala de uma antecipação do argumento ontológico num escrito de juventude de Aristóteles, mas, se percorremos o texto, vemos que é de uma antecipação da *quarta via* de são Tomás que se trata.

De fato, se deixarmos de lado o mecanismo técnico da prova do *Proslogion*, pelo qual não professo nenhuma admiração excessiva, ela se reduzirá essencialmente ao seguinte: existe um ser cuja necessidade profunda é tal que se reflete na idéia mesma que temos dele. Deus existe em si, tão necessariamente que, mesmo em nosso pensamento, não pode não existir: *quod qui bene intelligit, utique intelligit idipsum sic esse, ut nec cogitatione queat non esse*[29]. O erro de santo Anselmo, que seus sucessores perceberam muito bem, foi não se dar conta de que a necessidade de afirmar Deus, em vez de constituir em si uma prova dedutiva da sua existência, não é mais que um ponto de apoio que permite induzi-la. Em outras palavras, o desenvolvimento analítico mediante o qual ele extrai da idéia de Deus a necessidade da sua existência não é a prova de que Deus existe, mas pode ser o dado inicial dessa prova, porque pode-se tentar demonstrar que a necessidade mesma de afirmar Deus postula, como sua única razão suficiente, a existência de Deus. O que santo Anselmo apenas pressentiu, outros deviam necessariamente pôr em evidência. São Boaventura, por exemplo, viu muito bem que a necessidade do ser de Deus *quoad se* é a única razão suficiente concebível da necessidade da sua existência *quoad nos*. Que

---

29. Santo Anselmo, *Proslogion*, cap. IV. Essa, aliás, é a primeira frase do capítulo que segue o argumento ontológico: "E ele existe tão verdadeiramente que não se pode nem sequer pensar que ele não existe" (cap. III). Cf. "Assim, pois, esse ser tal que não se pode conceber maior existe de uma maneira tão verdadeira que não se pode pensar que ele não exista" (op. cit., cap. III, trad. A. Koyré, Paris, J. Vrin, p. 15). A maneira de ser de Deus, que torna sua não-existência inconcebível, é a "grandeza" absoluta do seu ser, em outras palavras, sua infinitude na ordem do ser. É por isso que santo Anselmo chega à fórmula que Malebranche fará sua mais tarde: "Si ergo potest cogitari esse, ex necessitate est. Amplius, si utique vel cogitari potest, necesse est illud esse." "Por conseguinte, se ele pode ser concebido como existente, necessariamente existe. Mais ainda, se pode ser somente pensado, existe necessariamente", *Liber apologeticus*, cap. I, trad. A. Koyré, p. 73. É a fonte direta da fórmula: "Se pensamos nele, ele tem de existir", Malebranche, *Recherche de la verité*, lib. IV, cap. II, art. 3. Ver adiante nota 32.

aquele que quer contemplar a unidade da essência divina, diz ele, fixe antes o olhar no próprio ser, *in ipsum esse*, e veja que o ser mesmo é, em si, tão absolutamente certo que não pode ser pensado como não existente: *et videat ipsum esse adeo in se certissimum, quod non potest cogitari non esse*[30]. Toda a metafísica boaventuriana da iluminação está por trás desse texto, pronta para explicar por uma irradiação do ser divino sobre nosso pensamento a certeza que temos da sua existência. É mais uma teoria do conhecimento, mas não menos cuidadosamente elaborada, que justifica a mesma conclusão em Duns Scot. Para este, o objeto próprio do intelecto é o *ser*; como poderíamos duvidar do que o intelecto afirma do ser com uma evidência plena, a saber, a infinitude e a existência?[31] Enfim, se sairmos da

---

30. São Boaventura, *Itinerarium mentis in Deum*, cap. V, n. 3. O mesmo teólogo formulou muito claramente esse caráter próprio da noção cristã de Deus: ela designa um objeto cuja não-existência é impensável. É um desses casos nos quais a própria negação de uma proposição implica sua afirmação. Se digo: não há verdade, pelo menos essa verdade é verdadeira; logo não posso negar validamente a verdade sem afirmá-la. Se digo: Deus não existe, como aquilo de que afirmo a não-existência é o próprio ser, afirmo que o Ser existe. É por isso que são Boaventura pôs em evidência melhor que ninguém a conexão historicamente necessária da identificação entre Deus e o ser com o argumento dito ontológico: "Est etiam illud verum certissimum secundum se, pro eo quod est verum primum et immediatissimum, in quo non tantum causa praedicati clauditur in subjecto, sed id ipsum est omnino esse, quod praedicatur, et subjectum quod subjicitur. Unde sicut unio summe distantium est omnino repugnans nostro intellectui, quia nullus intellectus potest cogitare aliquid unum simul esse et non esse; sic divisio omnino unius et indivisi est omnino repugnans eidem, ac per hoc sicut idem esse et non esse, simul summe esse et nullo modo esse est evidentissimum in sua falsitate; sic primum et summum ens esse est evidentissimum in sua veritate", são Boaventura, *De mysterio Trinitatis*, qu. 1, art. 1, Resp., ed. Quaracchi, t. V, p. 49. "Hoc autem quod primo manifestum est de Deo, scilicet ipsius entitas, et quantum ad hoc non latet, sed patet; et ideo non est dubitabile, sed indubitabile", *loc. cit.*, ad 9m, p. 51.

31. Duns Scot, *Opus Oxoniense*, lib. I, dist. 2, qu. 1 e 2, sect. 2, art. 2, n. 2. Duns Scot nega, em certo sentido, que a existência de Deus seja uma verdade imediatamente evidente, um *per se notum*; mas acrescenta que o próprio santo Anselmo não acreditou que ela o fosse, tanto que dela dá uma

Idade Média e chegarmos à origem da filosofia moderna, com Descartes e Malebranche, constataremos que a descoberta de santo Anselmo continua a manifestar sua fecundidade. Particularmente em Descartes pode-se observar com interesse que as duas maneiras possíveis de provar Deus a partir da sua idéia são sucessivamente experimentadas. Na Quinta Meditação, ele tenta de novo, seguindo santo Anselmo, a passagem direta da idéia de Deus à afirmação da sua existência, mas a Terceira Meditação já havia tentado provar a existência de Deus como causa necessária da idéia que dele temos. É esse também o caminho que segue Malebranche, para quem a idéia de Deus é, em nós, como um vestígio deixado por Deus mesmo em nossa alma. Nos textos notáveis em que, ao analisar nossa idéia geral, abstrata e confusa do ser, mostra que ela é sinal da presença do próprio Ser em nosso pensamento, o filósofo do Oratório prolonga autenticamente um dos caminhos seguidos pela tradição filosófica cristã para alcançar Deus: se Deus é possível, ele é real; se pensamos em Deus, ele tem de existir[32].

---

demonstração. Acrescentemos que, se Duns Scot abre espaço em seu sistema para o argumento de santo Anselmo, só o faz modificando profundamente seu sentido e relacionando-o à sua própria metafísica do ser; ele não o aceitaria sob a forma que santo Anselmo lhe deu. Quanto às provas da existência de Deus em Duns Scot, elas deveriam ocupar um dos primeiríssimos lugares numa história da filosofia cristã, porque são imediatamente fundadas na idéia de ser e suas propriedades essenciais: a causalidade e a eminência. *Op. Oxon.*, loc. cit., ed. Quaracchi, n. 244, t. I, p. 201 ss.

32. Vê-se a continuidade da tradição cristã em Malebranche: "ARISTE – Parece-me que percebo seu pensamento. O senhor define Deus como ele mesmo se definiu falando a Moisés: *Deus é aquele que é* (Ex 3, 14)... numa palavra, o ser sem restrição. O Ser é a idéia de Deus; é o que o representa ao nosso espírito tal como nós o vemos nesta vida. THÉODORE – Muito bem... Mas o infinito só se pode ver nele mesmo, porque nada do finito pode representar o infinito. Se pensamos em Deus, ele tem de existir. *Certo* ser, conhecido embora, pode não existir. Podemos ver sua essência sem sua existência, sua idéia sem ele. Mas não se pode ver a essência do infinito sem sua existência, a idéia do Ser sem o ser", Malebranche, *Entretiens méta-*

Sejam como forem seus prolongamentos modernos, o pensamento cristão e medieval deve ser considerado uno em sua afirmação do primado metafísico do ser e na afirmação da identidade em Deus da essência e da existência que daí decorre. Essa unidade, cuja importância é capital, não se afirma apenas sobre o princípio, mas também sobre todas as conseqüências que necessariamente se seguem no domínio da ontologia. Já veremos se desenvolverem algumas das mais importantes, especialmente no que concerne às relações do mundo com Deus. Ao invés disso, até hoje não houve concordância sobre a legitimidade de uma prova do Ser pela idéia que dele temos. Entre os filósofos cristãos, os que seguem a tradição de santo Anselmo sempre tendem a considerar essa prova como a melhor, às vezes até como a única possível. Mas eles próprios parecem atormentados por uma dupla preocupação e, por assim dizer, solicitados por uma dupla virtualidade: ou confiar no valor ontológico da evidência racional, e nesse caso sustenta-se, como o santo Anselmo do *Proslogion* ou o Descartes da Quinta Meditação, que uma existência real corresponde necessariamente à afirmação necessária de uma existência; ou construir uma ontologia sobre o conteúdo objetivo das idéias, e nesse caso induz-se a existência de Deus como única causa concebível da sua idéia. Caminho que santo Agostinho e o santo Anselmo do *De veritate* abriram e que tomaram, na sua esteira, são Boaventura, Descartes e Malebranche. Não cabe aqui discutir

---

physiques, II, 5. Nem é preciso dizer que a visão em Deus não é deduzida da Bíblia, mas mesmo a interpretação pessoal que Malebranche dá do argumento de santo Anselmo se prende ao texto do Êxodo. Fénelon, sem se solidarizar com a metafísica de Malebranche, ao contrário, fazendo sua a Meditação V de Descartes, liga não menos fortemente a prova à idéia de ser: "É necessário portanto ou negar absolutamente que tenhamos qualquer idéia de um ser necessário e infinitamente perfeito, ou reconhecer que nunca seríamos capazes de concebê-lo *senão na existência atual que faz sua essência*", Fénelon, *Traité de l'existence de Dieu*, parte 2, cap. II, prova 3.

o valor respectivo desses dois métodos, tanto mais que logo vamos precisar compará-los com um terceiro; mas talvez me permitam indicar que, por razões que mais tarde ficarão claras, o caminho de santo Agostinho e de são Boaventura é o que me parece de longe o melhor. Provar que a afirmação da existência necessária está analiticamente implicada na idéia de Deus é, conforme a observação de Gaunilon, provar que Deus é necessário, se ele existe, mas não é provar que ele existe[33]. Ao contrário, a questão de saber qual é a razão suficiente de um ser capaz de conceber a idéia de ser e nela ler a inclusão necessária da existência na essência é uma questão que permanece aberta em toda epistemologia, qualquer que seja. Construir uma metafísica com base na presença em nós da idéia de Deus é, portanto, uma empresa sempre legítima, contanto que não se coloque como uma dedução *a priori* a partir de Deus, e sim como uma indução *a posteriori* a partir do conteúdo da idéia que dele temos. Talvez não seja impossível mostrar que, nesse sentido, o método tomista é necessário para levar o método agostiniano à plena consciência do seu caráter próprio e das condições legítimas do seu exercício, mas esse é um ponto que surgirá por si só quando considerarmos à parte o caminho até Deus seguido por são Tomás de Aquino.

---

33. Gaunilon, *Liber pro insipiente*, 7, *Patr. lat.*, t. 158, c. 247-248.

CAPÍTULO IV

Os seres e sua contingência

Se o que dissemos for exato, a revelação cristã exerceu uma influência decisiva sobre o desenvolvimento da metafísica, nela introduzindo a identificação entre Deus e o Ser. Ora, essa primeira decisão implicava uma modificação correlativa da nossa concepção do universo. Se Deus é o Ser, ele não é apenas o ser total, *totum esse*, como acabamos de ver, ele também é o ser verdadeiro, *verum esse*, o que significa que o resto não é mais que ser parcial nem merece verdadeiramente o nome de ser[1]. Eis, pois, tudo o que nos parece à primeira vista constituir a realidade por excelência: o mundo da extensão e do movimento que nos rodeia, rejeitado na penumbra da aparência e relegado à zona inferior de uma quase irrealidade. Nunca se insis-

---

1. "... cum ad sanctum Moysen ita verba Dei per angelum perferantur, ut quaerenti quod sit nomen ejus, qui eum pergere praecipiebat ad populum Hebraeum ex Aegypto liberandum, respondeatur: *Ego sum qui sum*; et *dices filiis Israel, qui est misit me ad vos* (*Ex.*, III, 14); tanquam in ejus comparatione qui vere est quia incommutabilis est, ea quae mutabilia facta sunt non sint. Vehementer hoc Plato tenuit, et diligentissime commendavit. Et nescio utrum hoc uspiam reperiatur in libris eorum qui ante Platonem fuerunt, nisi ubi dictum est, *Ego sum qui sum; et dices eis, Qui est misit me ad vos*", Santo Agostinho, *De civ. Dei*, VIII, 11, *Patr. lat.*, t. 41, col. 236. Por uma singular ilusão de perspectiva, Agostinho atribui essa doutrina a Platão que, para ele, a teria encontrado na Bíblia. A mutabilidade é tão inseparável da contingência ontológica em seu pensamento, que ele não consegue imaginar que, tendo tido a primeira idéia, Platão não tenha tido também a segunda.

tirá o bastante sobre a importância desse corolário, e gostaria hoje de assinalar pelo menos seu significado essencial.

O fato de a realidade não ser a realidade verdadeira certamente não é uma revelação trazida pelo cristianismo. Todo o mundo se lembra de Platão e da maneira como ele subordina os seres às suas Idéias. Imutáveis, eternas, necessárias, as idéias existem, ao passo que, mutáveis, perecíveis, contingentes, as coisas existem como se não existissem. Tudo o que elas possuem de ser lhes vem do fato de participarem das idéias; mas não é só das idéias que elas participam, pois suas formas transitórias não são mais que reflexos projetados pelas idéias num receptáculo passivo, espécie de indeterminação presa entre o ser e o não-ser, que vive uma vida miserável e precária, e cujos fluxos e refluxos, como os de um imenso euripo, comunicam aos reflexos das idéias que eles arrastam sua própria indeterminação. Tudo o que Platão disse a esse respeito é verdadeiro para um cristão, mas de uma verdade muito mais profunda do que o próprio Platão jamais pensou e, em certo sentido, de uma verdade diferente. O que distingue as filosofias cristãs do helenismo é precisamente que elas se baseiam numa idéia do ser divino, à qual nem Platão nem Aristóteles nunca se elevaram.

A partir do momento em que se diz que Deus é o Ser, fica claro que, em certo sentido, somente Deus existe. Admitir o contrário é empenhar-se em sustentar que tudo é Deus, coisa que o pensamento cristão não poderia fazer, não apenas por razões religiosas, mas também por razões filosóficas, sendo a principal delas que, se tudo é Deus, não há Deus. De fato, nada do que nos é diretamente conhecido possui as características do ser. Primeiro, os corpos não são infinitos, pois cada um deles é determinado por uma essência que o limita, definindo-o. O que conhecemos é sempre este ou aquele ser, nunca o Ser, e mesmo supondo-se efetuada a soma do real e do possível, nenhuma soma de seres particulares poderia reconstituir a unidade do que é, pura e simplesmente. Há mais, porém. Ao *Ego sum qui sum* do Êxodo corresponde exatamente esta outra afirmação da Bíblia: *Ego Dominus et non mutor* (Ml 3, 6). E, de fato, todos os seres nossos conhecidos são submetidos ao devir, isto é, à mudança; não são portanto seres perfeitos e imutáveis, como é necessariamente o Ser[2]. Nesse sentido, não há fato nem problema mais importante para o pensamento cristão do que o do movimento, e é porque a filosofia de Aristóteles é essencialmente uma análise do devir e das suas condições metafísicas que ela se tornou e continuará sendo sempre parte integrante da metafísica cristã.

Muita gente às vezes se surpreende ao ver são Tomás de Aquino comentar até mesmo a letra da física de Aristóteles e sutilizar a respeito das noções de ato e de potência como se a sorte da teologia natural estivesse presa a isso. É que, em certo sentido, está mesmo. A língua de Aristóteles é uma língua bem-feita, e é por isso que os conceitos que ela exprime formam uma ciência; mas é sempre possível encontrar sob as expressões técnicas que ele usa a própria realidade de que fala, e essa realidade é quase sempre a do movimento. Ninguém discerniu mais claramente do que ele o caráter misterioso dessa realidade sob a sua familiaridade mesma. Todo movimento implica ser, porque, se não houvesse nada, nada poderia se mover, pois o movimento é sempre movimento de alguma coisa que

---

2. A imutabilidade de Deus se deduz imediatamente do texto do Êxodo: "*Dixit ergo eis Jesus: Amen, amen dico vobis*, id est, in veritate assero; *antequam Abraham fieret*, sicut creatura in esse producitur; *ego sum*. Non dicit: ego factus sum, quia esse non coepit; non dicit; ego fui, quia esse ejus non transit in praeteritum. Ideo dicitur Exodi tertio: '*Ego sum, qui sum*', quia esse ejus est increatum et intransibile", são Boaventura, *Com. in Joan.*, VIII, 82, ed. Quaracchi, t. VI, p. 371. "Sum, hoc enim proprie potest dicere solus Deus, cujus essentia non mutatur; Malachiae tertio: *Ego enim Dominus et non mutor*; et Exodi tertio: *Ego sum, qui sum. Ait: sic dices filiis Israel: Qui est misit me ad vos*, quasi dicat: ego sum qui solus proprie sum, nec habens de vanitate annexum", são Boaventura, *Dominica III adventus*, Sermo XIV, ed. Quaracchi, t. IX, p. 73.

se move. Por outro lado, se o que se move existisse plenamente, não estaria em movimento, porque mudar é adquirir ser ou perder ser. Para se tornar alguma coisa, é preciso antes de mais nada não a ter sido, e às vezes é preciso deixar de ser outra coisa, de modo que mover-se é o estado do que, sem ser nada, não é porém plenamente ser. Bergson acusa Aristóteles e seus sucessores de ter *reificado* o movimento e de tê-lo fragmentado numa série de imobilidades sucessivas. Nada mais equivocado: é confundir Aristóteles com Descartes que, neste ponto preciso, é a própria negação dele. Todo o aristotelismo medieval, passando além da própria seqüência dos estados do móvel, enxerga no movimento um certo *modo de ser*, isto é, no sentido forte, uma certa maneira de existir, metafisicamente inerente à essência do que existe assim e, por conseguinte, inseparável da sua natureza. Para que as coisas mudem, o que as vemos fazer, não basta que, estáveis em si, elas passem de um estado a outro, como o corpo se desloca de um lugar a outro sem deixar de ser o que é, na física de Descartes; ao contrário, é preciso que, na física de Aristóteles, mesmo a movimentação local de um corpo assinale a mutabilidade intrínseca do corpo que se movimenta, de sorte que, sob certo ponto de vista, a possibilidade de deixar de estar onde ele está ateste a possibilidade de deixar de ser o que ele é.

É essa experiência fundamental que Aristóteles se esforça por formular, dizendo que o movimento é o ato do que existe em potência enquanto é potência. É uma definição de que, admite-se desde Descartes, tem-se o direito de zombar; e a de Descartes parece certamente muito mais clara, mas talvez porque, como Leibniz notou tão bem, ela não define em absoluto o movimento. Não é a definição de Aristóteles que é obscura, mas o próprio movimento que ela define: o que é ato, já que existe, mas que não é atualidade pura, já que vem a ser, e cuja potencialidade entretanto tende a se atualizar progressivamente, já que muda.

Quando se superam assim as palavras para alcançar as coisas, não se pode deixar de ver que a presença do movimento num ser é reveladora de certa falta de atualidade.

Já se percebe, sem dúvida, em que essa análise do devir podia interessar aos pensadores cristãos e por que os filósofos da Idade Média lhe atribuíram tamanha importância. No entanto, coisa digna de nota, é também um dos pontos em que melhor se vê como o pensamento cristão superou o pensamento grego, aprofundando as próprias noções que lhes são comuns. Lendo na Bíblia a identidade entre a essência e a existência em Deus, os filósofos cristãos não podiam deixar de ver que a existência não é idêntica à essência em nada, salvo em Deus. Ora, a partir desse momento, o movimento deixava de significar somente a contingência dos modos de ser, ou mesmo a contingência da substancialidade dos seres que se fazem ou se desfazem conforme as suas participações mutáveis no inteligível da forma ou da idéia; ele significava a contingência radical da existência mesma dos seres em devir. A filosofia cristã introduz, no mundo eterno de Aristóteles, que dura fora de Deus e sem Deus, a distinção entre essência e existência. Não apenas continua sendo verdade dizer que, salvo Deus, tudo o que existe poderia não ser o que é, como passa a ser verdade dizer que, fora Deus, tudo o que existe poderia não existir[3]. Essa contingência radical imprime ao

---

3. De fato, é a contingência radical da existência do que não é Deus que a distinção tomista entre essência e existência exprime. Era inevitável que essa intuição fundamental, contemporânea das próprias origens do pensamento cristão em sua substância, acabasse encontrando sua fórmula técnica. Essa fórmula aparece com clareza pela primeira vez em Guilherme de Auvergne: "Quoniam autem ens potentiale est non ens per essentiam, tunc ipsum et ejus esse quod non est ei per essentiam duo sunt revera, et alterum accidit alteri, nec cadit in rationem nec quidditatem ipsius. Ens igitur secundum hunc modum compositum est et resolubile in suam possibilitatem et suum esse." Citado por M.-D. Roland-Gosselin, *Le "de ente et essentia" de saint Thomas d'Aquin*, Paris, J. Vrin, 1926, p. 161 (essa obra é fundamental para o estudo da questão e da sua história). Como a noção que essa distinção ex-

mundo que ela marca um caráter de novidade metafísica importantíssimo, cuja natureza aparece plenamente quando se coloca o problema da sua origem. Nada mais conhecido que o primeiro versículo da Bíblia: "No começo, Deus criou o Céu e a Terra" (Gn 1, 1).

---

prime está intimamente ligada ao cristianismo, que por sua vez aprofunda a tradição judaica, não há que se espantar com que, apesar de todos os seus esforços, são Tomás não tenha conseguido encontrar a distinção entre essência e existência em Aristóteles (ver a esse respeito as excelentes páginas de A. Forest, *La structure métaphysique du concret selon saint Thomas d'Aquin*, Paris, J. Vrin, 1931, cap. V, art. 2, pp. 133-47). Num mundo eterno e incriado, como o do filósofo grego, a essência é eternamente realizada e só poderia ser concebida como realizada. Portanto é importante compreender que a distinção real entre essência e existência, embora ela só se formule nitidamente a partir do século XIII, é então uma novidade filosófica, a qual, pode-se dizer, estava virtualmente presente desde o primeiro versículo do Gênese. Num ser criado, por mais simples que seja, mesmo se fosse uma forma separada e subsistente, como o Anjo, a essência não contém em si a razão suficiente da sua existência, mas precisa recebê-la; logo, sua essência é realmente distinta da sua existência. Essa composição radical, inerente ao estado de criatura, basta para distinguir todo ser contingente do Ser mesmo (cf. são Tomás de Aquino, *Quodlibet*, II, art. 4, ad 1m: "Sed quiam non est suum esse, accidit ei aliquid praeter rationem speciei, scilicet ipsum esse..."). A expressão *accidit*, que poderia levar a confundir o pensamento de são Tomás com o de Avicena, deve ser entendida no sentido que lhe dá o próprio são Tomás. Ela não significa que a essência é uma coisa que, sem a existência, não existiria, pois o que seria essa *coisa que não existiria*? Ela significa que a existência atual do possível realizado só pertence a esse possível em virtude da ação criadora que lhe confere a existência. A. Forest mostrou com muita exatidão onde está o cerne da questão e, com isso, o que confere à solução tomista seu verdadeiro sentido: "A essência não designa, em são Tomás, à maneira de Avicena, uma natureza que poderia ser apreendida como tal, independentemente da sua relação com a existência; o que separa aqui as duas filosofias é a doutrina grega da necessidade, de um lado, e da liberdade cristã, de outro" (op. cit., p. 154. Cf. p. 161). Em outras palavras, a composição real de essência e existência não implica que Deus possa fazer subsistir essências que não existiriam ou retirar dos seres que ele criou sua existência, deixando-lhes apenas sua essência – hipóteses absurdas, de fato –, mas que teria podido não criá-los e que não lhe seria impossível aniquilá-los. Assim, "de uma maneira geral, a distinção entre essência e existência está relacionada com a doutrina da criação" (op. cit., p. 162). Essa fórmula é a própria verdade, e não vejo nada a acrescentar à demonstração que A. Forest dá, a não ser ligar tudo ao Êxodo.

Aqui ainda não há sinal de filosofia. Deus não justifica metafisicamente a afirmação do que faz, assim como não o faz com a definição do que ele é. E, no entanto, que concordância metafísica profunda, necessária, entre essas duas afirmações sem provas! Se Deus é o Ser, e o único Ser, tudo o que não é Deus só dele pode receber sua existência. Por uma espécie de salto súbito, toda a contingência grega é superada e reunida, sem filosofia, à sua raiz metafísica última[4]. Dando a conhecer com essa fórmula tão simples o segredo da sua ação criadora, Deus parece fornecer aos homens uma dessas chaves de enigma por muito tempo procuradas, que se tem prévia convicção de que existem mas que nunca serão encontradas, a não ser que nos

---

4. Sobre o sentido do plural *Elohim*, ver A. Lods, *Israel*, pp. 290-3. Os hebraizantes não se põem inteiramente de acordo quanto ao caráter primitivo do monoteísmo judaico, nem quanto ao sentido exato que a noção de criação pode ter tido na narrativa bíblica (ver. M.-J. Lagrange, *Études sur les religions sémitiques*, 2ª ed., Paris, Gabalda, 1905; P. W. Schmidt, *Der Ursprung der Gottesidee*, Münster i. West., Aschendorff, 2ª ed., 1926). Em todo caso, é certo que a idéia de criação exerceu uma influência profunda sobre o pensamento de Israel a partir do século VI, e daremos as provas disso na seqüência deste estudo, em particular acerca da idéia de providência. Os cristãos encontraram-na, não apenas afirmada, mas definida no livro II dos Macabeus (7, 28). Portanto o que os filósofos cristãos fizeram foi elaborar filosoficamente um dado religioso cuja interpretação, na época em que a receberam, estava desde havia muito estabelecida. Ver a utilização do texto dos Macabeus em Orígenes, *In Joan. Comm.*, I, 17, 103; em Rouët de Journel, *Enchiridion patristicum*, t. 478, p. 174. Pode-se observar, por assim dizer *in vivo*, a passagem da ordem da revelação à ordem do conhecimento neste texto comovente de santo Agostinho: "Audiam et intellegam, quomodo *in principio* fecisti *coelum et terram*. Scripsit hoc Moyses, scripsit et abiit, transiit hinc a te ad te neque nunc ante me est. Nam si esset, tenerem eum et rogarem eum et per te obsecrarem, ut mihi ista panderet... Sed unde scirem, an verum diceret? Quod et si et hoc scirem, num ab illo scirem? Intus utique mihi, intus in domicilio cogitationis nec graeca, nec latina, nec barbara veritas sine oris et linguae organis, sine strepitu syllabarum diceret: 'verum dicit' et ego statim certus confidenter illi homini tuo: 'verum dicis'", santo Agostinho, *Confissões*, XI, 3, 5. À verdade promulgada de fora pela revelação corresponde, do lado de dentro, a luz da verdade racional. A fé *ex auditu* desperta imediatamente uma ressonância consoante na razão.

sejam comunicadas, e cuja evidência se impõe entretanto com uma força invencível, mal nos são comunicadas. O Demiurgo do *Timeu* está tão próximo do Deus cristão que toda a Idade Média verá na sua atividade como que um esboço da obra criadora; no entanto, ele dá tudo ao universo, salvo a existência[5]. O Primeiro Motor imóvel de Aristó-

---

5. São Boaventura não hesita sobre esse ponto: "Nisi tu sentias, quod totalitas rerum ab ipsa (essentia divina) procedit, non sentis de Deo piissime. Plato commendavit animam suam *factori*, sed Petrus commendavit animam suam *Creatori*", *In Hexaem.*, IX, 24, Quaracchi, t. V, p. 376.
São Boaventura teria contra si a opinião de A. E. Taylor (*Plato*, pp. 442-4), que sustenta, ao contrário, que o Demiurgo "é um criador no sentido pleno do termo". Com isso, parece entender principalmente, nas páginas a que remetemos, que o mundo platônico não é um universo eterno como o de Aristóteles, mas começou com o tempo, como o mundo cristão. A. E. Taylor não nos diz se chegaria ao ponto de atribuir a Platão a criação do mundo no sentido cristão de doação do ser pelo Ser. Provavelmente faria isso, porque, segundo ele, o Demiurgo não trabalha sobre uma matéria preexistente, pois o que chamamos de matéria não passa de um não-ser aos olhos de Platão (A. E. Taylor, *A Commentary on Plato's Timaeus*, Oxford, Clarendon Press, 1928, pp. 79 e 493). Num outro sentido, Jowett emprega constantemente a palavra criação em sua tradução do *Timeu*, mas, ao dizer que "os elementos se movem de maneira desordenada antes da obra de criação começar" (op. cit., p. 391), ele mostra que sua criação é uma pseudocriação, pois a existência dos elementos a precede. Já de acordo com P. E. More, "a criação não podia ser, para um filósofo grego, o que ela devia ser para os cristãos: a evocação de algo fora do nada pela simples palavra *fiat*. Na realidade, no sentido em que a compreendemos, criação é muito mais uma expressão enganadora do que seria, mais propriamente, o ato de moldar ou de formar. Para Platão, o pensamento de um criador e de uma criatura implicava necessariamente a presença de uma substância de que a criatura seria tirada" (P. E. More, *The Religion of Plato*, p. 203). Cumpre confessar que se simplifica em demasia o pensamento de Platão ao lhe atribuir sem mais nem menos a admissão de uma matéria incriada, cujo nome não se encontra em suas obras. No entanto, é difícil explicar a atividade ordenadora do Demiurgo sem admitir que o que ele molda com base no modelo das Idéias é alguma coisa, não obstante, aliás, o que essa coisa possa ser. Qual a origem desse elemento que não é a Idéia? Em lugar algum Platão diz que o Demiurgo o cria, nem mesmo que o concria juntamente com a forma. Seja ele um dado anterior à sua atividade formadora – o que Platão diz, mas que não somos obrigados a levar ao pé da letra, ainda mais num mito –, ou um dado contemporâneo dessa atividade criadora, é sempre um dado. Parece difícil, por

teles também é, em certo sentido, o pai e a causa de tudo o que existe, e é por isso que são Tomás chegará ao ponto de escrever: *Plato et Aristoteles pervenerunt ad cognoscendum principium totius esse*. Nunca, porém, são Tomás atribui a noção de criação ao Filósofo e, se não usou uma só vez essa expressão para qualificar sua doutrina da origem do mundo, é que na realidade o primeiro princípio de todo ser, tal como Platão e Aristóteles o conceberam, explica integralmente por que o universo é o que é, mas não por que existe[6].

---

conseguinte, escapar da conclusão de que há no universo platônico um elemento que não cai sob a influência da ação do Demiurgo. Mesmo não levando em conta a relação entre o Demiurgo e as Idéias, sua atividade parece muito mais formadora do que criadora, portanto. Ver as conclusões taxativas de A. Rivaud, *Timée* (em Platon, *Oeuvres complètes*, t. X) Paris, 1925, p. 36. A influência de Platão foi tão profunda que Fílon, o Judeu, que deveria ser o primeiro a desenvolver uma filosofia da criação *ex nihilo*, nunca concebeu tal idéia. Ver sobre esse ponto as penetrantes observações de É. Bréhier, *Les idées philosohiques et religieuses de Philon d'Alexandrie*, 2ª ed., Paris, J. Vrin, 1925, pp. 78-82. Parece, pois, que a tradição religiosa judaica só deu seus frutos filosóficos depois que foi enxertada no tronco cristão. Os primeiros pensadores cristãos tiveram a sensação exata da diferença que os separava de Platão nesse ponto. Partindo do Êxodo, um deles define Deus como o Ser, Ἐγώ εἰμι ὁ ὤν, depois observa que o artesão do *Timeu* não é o criador da Bíblia, porque necessita de um dado sobre o qual possa exercer sua atividade: ver *Cohortatio ad graecos*, XXI-XXII. Mesma reserva no que diz respeito a Platão em Teófilo de Antióquia, *Ad Autolycum*, II, 4. Irineu também combate a tese platônica, mas tal como a encontrou, deformada, entre os gnósticos: *Adversus haereses*, II, 1-3.

6. São Tomás de Aquino, *In Phys.*, lib. VIII, lect. 2, n. 5. Estava fora de cogitação levantar numa lição o problema da interpretação desse texto, como também dos textos análogos que se encontram em são Tomás (ver R. Jolivet, *Essai sur le rapport entre la pensée grecque et la pensée chrétienne*, Paris, J. Vrin, 1931, pp. 54 ss.). Dizem às vezes que são Tomás atribuiu a Platão e Aristóteles a idéia de criação, o que causa espanto. Na verdade, são Tomás nunca teve essa ilusão.

No que concerne a Platão, não há dúvida possível. Num texto claríssimo, ele opõe os platônicos a Aristóteles e ao cristianismo, por terem admitido uma pluralidade de princípios do ser universal (Deus, matéria, idéias), em vez de admitir um princípio único. Vê-se no mesmo texto que ele discerniu a diferença entre a ação *informadora* das idéias platônicas e a ação criadora do Deus cristão: *Super lib. de causis*, XVIII, fim. Além disso, são To-

Menos conciliadores na forma do que são Tomás, os agostinianos da Idade Média se deleitaram em assinalar essa lacuna da filosofia grega e, às vezes, até em criticá-la com

---

más nota várias vezes que, de acordo com certos intérpretes, Platão considerava a matéria como incriada, donde resulta que ele não teria idéia dela, como tampouco dos indivíduos que dela dependem: *Sum. theol.*, I, 15, 3, ad 4ᵐ. Enfim, ele sabe muito bem, nem seria preciso dizer, que Aristóteles criticou Platão por considerar as idéias como subsistindo à parte: *Sum. theol.*, I, 15, 1, ad 1ᵐ. Nessas condições, são Tomás não pode passar por ter ignorado que, no mundo de Platão, há seres que não vêm do ser de Deus.

Ele tampouco se engana no caso de Aristóteles. Se houve quem não percebeu isso, foi por não ter observado que a fonte de tudo o que ele diz a esse respeito se encontra em santo Agostinho, *De civ. Dei*, VIII, 4: "Fortassis enim qui Platonem, caeteris philosophis gentium longe recteque praelatum, acutius intellexisse atque secuti esse fama celebriore laudantur, aliquid tale de Deo sentiunt, ut in illo inveniatur et causa subsistendi, et ratio intelligendi et ordo vivendi", *Patr. lat.*, t. 41, col. 228-229. Santo Agostinho diz portanto que, talvez, certos intérpretes de Platão tenham se elevado a esse nível. Provavelmente pensa, como sempre, em Plotino, Proclo e, talvez, Porfírio. Armado desse texto, a que se refere, são Tomás reconstrói toda a história do problema, dividindo-a em três etapas. 1º Os antigos pré-socráticos, que buscam apenas as causas das transmutações acidentais dos corpos e supõem que sua substância mesma não tem causa. 2º Platão e Aristóteles, que colocam o problema da causa da substância dos corpos. Eles admitem uma matéria, que não tem causa ("distinxerunt, per intellectum, inter formam substantialem et materiam, *quam ponebant incausatam*"), e uma causa formal universal (Aristóteles), ou várias (as Idéias de Platão). Ambos (utrique) se elevaram portanto à consideração do princípio universal que faz com que cada ser particular seja não só *determinada* substância, mas *esta* substância; eles alcançaram "principium totius esse", e não se pode dizer que o Deus de Aristóteles não seja "causa substantiae coeli". Mas deveriam ter notado que são Tomás nunca emprega a palavra *creatio* a propósito de Platão ou de Aristóteles, porque essa causa universal da substância dos seres não é sua causa criadora. 3º De fato, depois de Platão e Aristóteles, *outros* se elevaram à consideração da causa da *existência* mesma dessas substâncias: "Utrique igitur (*sc*. Platão e Aristóteles) consideraverunt ens particulari quadam consideratione (*sc*. uma consideração que alcança apenas um aspecto do ser), vel inquantum est *hoc ens*, vel inquantum est *tale ens*. Et sic rebus causas agentes particulares assignaverunt. Sed *ulterius aliqui erexerunt se ad considerandum ens inquantum est ens*; et consideraverunt causam rerum non solum secundum quod sunt *haec* vel *talia*, sed secundum quod sunt *entia*. Hoc igitur quod est causa rerum, inquantum sunt entia, oportet esse causam rerum, non solum secundum quod sunt *talia*, per formas accidentales; nec

amargor[7]. Outros intérpretes, principalmente entre os modernos, sem chegar ao ponto de ver nessa lacuna o sinal de um vício congênito do aristotelismo, constatando que

---

secundum quod sunt *haec*, per formas substantiales; sed etiam secundum omne illud quod pertinet ad esse illorum quocumque modo. Et sic oportet ponere etiam materiam primam causatam ab universali causa entium", *Sum. theol.*, I, 44, 2, Resp.

Se resumíssemos esse texto decisivo, ver-se-ia que são Tomás atribui a Platão e Aristóteles o conhecimento da causa universal da substancialidade dos seres, mas não admite que eles tenham conhecido a causa da existência dessas substâncias. O claríssimo texto da Suma permite interpretar o do *De potentia*, III, 5, Resp., que nos remete precisamente a santo Agostinho, *De civ. Dei*, VIII, 4. Nele são Tomás não altera sua história do problema. Ele nota como etapas percorridas pela reflexão filosófica: 1º a explicação das mutações acidentais; 2º começo de explicação das formas substanciais: "Posteriores vero philosophi..."; 3º consideração do ser em geral: "Posteriores vero Philosophi ut Plato, Aristoteles et *eorum sequaces*, pervenerunt ad considerationem ipsius esse universalis; et ideo ipsi soli posuerunt aliquam universalem causam rerum, a qua omnia alia in esse prodirent, ut patet per Augustinum (*De civ. Dei*, VIII, 4, non procula fine). Cui quidem sententiae etiam catholica fides consentit." São Tomás atribui portanto a Platão, Aristóteles *e seus sucessores* a posição de causa universal das coisas, mas não diz que todos tenham alcançado a noção de uma causa criadora. Como ele se refere ao texto de santo Agostinho, cumpre entender sua conclusão em função desse texto, o que nos leva à doutrina da Suma: não há criação em Platão nem em Aristóteles; criação, *fortassis*, diz santo Agostinho, em certos neoplatônicos. São Tomás suprime o *fortassis*, porque, escrevendo no século XIII, pensa em Avicena, que certamente concebeu Deus como o Deus bíblico: "Est autem ponere aliquod ens quod est ipsum suum esse... Unde oportet quod ab uno illo ente omnia alia sint, quaecumque non sunt suum esse, sed habent esse per modum participationis. Haec est ratio Avicennae (*Metaph.*, VIII, 7, e IX, 4)..." *De potentia*, ibid. É somente então que se chega à noção de criação propriamente dita, que se vincula diretamente à distinção entre a essência e a existência no que não é Deus. A verdadeira posição de são Tomás na Suma foi claramente notada por J. Maritain, *La philosophie bergsonienne*, 2ª ed., Paris. M. Rivière, 1930, p. 426.

7. São Boaventura, por exemplo, estima que Aristóteles "non pervenit ad hoc". Ver É. Gilson, *La philosophie de saint Bonaventure*, Paris, J. Vrin, 1924, pp. 181-2. Dentre os historiadores modernos, cujo método é naturalmente mais rigoroso do que o dos pensadores medievais, encontraremos o mesmo ponto de vista no trabalho de J. Chevalier, *La notion du nécessaire chez Aristote et ses prédécesseurs*, Paris. F. Alcan, 1915, pp. 183-9. Em sentido contrário, ver Alex. Halensis, *Summa theologica*, ed. Quaracchi, t. II, n. 26, p. 37.

Aristóteles permaneceu completamente alheio à noção de criação[8], vêem nesse esquecimento um grave ilogismo, que o põe em contradição com seus próprios princípios[9]. A verdade talvez seja mais simples ainda, porque o que faltava a Aristóteles para conceber a criação era precisamente o princípio. Se ele tivesse sabido que Deus é o Ser e que somente nele a existência é idêntica à essência, seria de fato indesculpável não ter pensado na criação. Seria evidentemente absurda uma causa primeira que fosse o Ser e que não fosse causa do ser para todo o resto. Não era necessário o gênio metafísico de Platão ou de Aristóteles para percebê-lo, e por menos especulativos que possamos supor os primeiros cristãos, eles o foram suficientemente para se dar conta disso. Desde a Epístola de Clemente, isto é, desde o primeiro século depois de Jesus Cristo, vemos surgir o universo cristão, com a existência contingente que lhe é própria, porque Deus "constituiu tudo pelo verbo da sua majestade e pode subverter tudo por seu verbo" (*Epist. ad Corinth.* 27, 4). Por mais modesto metafísico que o autor do *Pastor de Hermas* seja, ele é suficientemente especulativo para compreender que o primeiro mandamento da Lei implica também a noção de criação: "Antes de tudo, crê que existe um Deus único, que criou tudo e completou tudo, e faz tudo passar do nada à existência; ele abrange tudo, e nada pode abrangê-lo" (*Mand.*, I, 1). E ainda estamos apenas no início do século II. Na mesma época, a *Apologia* de Aristides deduz uma prova da criação da simples constatação do movimento, es-

---

8. R. Jolivet, *Aristote et la notion de création*, em *Revue des sciences philosophiques et théologiques*, XIX (1930), p. 218.

9. "Algo tão surpreendente que são Tomás e tantos outros depois dele se recusaram a crer nesse formidável ilogismo. E no entanto ele existe: nenhum texto formal, nem mesmo uma fugidia alusão concernente ao ato criador. Aristóteles ignorou a criação", R. Jolivet, art. cit., p. 233. Esse trabalho é, de longe, o mais denso que podemos recomendar sobre essa questão. Suas conclusões, firmes em sua moderação, parecem dificilmente discutíveis.

boçando assim o que o tomismo desenvolverá no século XIII, com uma técnica mais rigorosa, porém exatamente no mesmo espírito[10]. E, se me for consentido descer até o fim do século II, encontraremos na *Cohortatio ad graecos* (XXII-XXIII) uma crítica direta do platonismo, com seu deus artesão, mas não criador, a cuja potência o próprio ser do princípio material escapa. Nada mais simples para esses cristãos, mas se eles souberam o que os filósofos ignoraram, é simplesmente porque, como reconhece sem dificuldade Teófilo de Antióquia (*Ad Autolyc.*, II, 10), eles leram a primeira linha do Gênese. Nem Platão nem Aristóteles a leram, e toda a história da filosofia talvez tenha sido mudada por causa disso. Seguramente, pode-se acumular à vontade os textos em que Platão coloca o Uno na origem do múltiplo, e Aristóteles, o necessário na origem do contingente[11]. Mas em nenhum caso a contingência metafísica de que eles falam poderia exceder a unidade e o ser em que pensam. Que a multiplicidade do mundo de Platão seja contingente em relação à unidade da Idéia, nem é preciso dizer; que os seres do mundo de Aristóteles, arrastados da geração à corrupção pelo fluxo incessante do devir, sejam contingentes em relação à necessidade do primeiro motor imóvel, também é natural; mas que a contingência grega na ordem da inteligibilidade e do devir tenha alcançado um dia a profundidade da contingência cristã na ordem da existência, está aí uma coisa de que não se tem nenhum sinal e que nem se podia sonhar conceber antes de ter concebido o Deus cristão. Produzir o ser, pura e simplesmente, é a ação própria do próprio Ser[12]. Não era possível alcançar a noção de criação nem a distinção real entre a essência e a existência no que não é Deus, enquanto se admitiam qua-

---

10. Texto em Rouët de Journel, *Enchiridion patristicum*, t. 110, 111, p. 40.
    11. Textos citados por são Tomás de Aquino, *Sum. theol.*, I, 44, 1, Resp.
    12. São Tomás de Aquino, ibid.

renta e quatro seres como seres. O que falta a Platão como a Aristóteles é o *Ego sum qui sum*.

Essa conquista metafísica representava evidentemente um progresso considerável para a noção de Deus, mas modificava correlativamente, e de maneira não menos profunda, a noção do universo tal como havia sido concebida até então. A partir do momento em que o mundo sensível é considerado o resultado de um ato criador, que não apenas lhe deu como conserva sua existência em cada um dos momentos sucessivos da sua duração, ele se encontra em tal dependência que ela o torna contingente até à raiz do seu ser. Em vez de estar suspenso à necessidade de um pensamento que se pensa, o universo está suspenso à liberdade de uma vontade que o quer. Essa visão metafísica nos é familiar hoje, porque o mundo cristão não é apenas o de são Tomás, de são Boaventura e de Duns Scot, é também o de Descartes, de Leibniz e de Malebranche. Só muito dificilmente nos damos conta da mudança de perspectiva que ela supõe em relação à concepção grega da natureza. No entanto, é impossível pensar seriamente nela sem sentir uma espécie de tremor. Para lá das formas, das harmonias e dos números, agora são as próprias existências que não se bastam mais; esse universo criado, do qual santo Agostinho dizia que ele se inclina por si mesmo incessantemente para o nada, só é salvo a cada instante do não-ser pelo dom permanente de um ser que ele não pode nem se dar nem conservar. Não há nada que seja, nada que se faça, nada que faça, sem que sua existência, seu devir e sua eficiência sejam tomados de empréstimo à subsistência imóvel do Ser infinito. O mundo cristão não se limita a expor a glória de Deus pelo espetáculo da sua magnificência, ele atesta essa glória pelo próprio fato de existir: "Eu disse a todas as coisas que rodeiam meus sentidos: falai-me do meu Deus, vós que não o sois, dizei-me algo sobre Ele. E todas elas exclamaram em voz forte: *foi Ele que nos fez!* Para interrogá-las, olho para elas e só preciso vê-las para ouvir sua resposta."[13] *Ipse fecit nos*; a velha palavra do Salmo nunca soou nos ouvidos de Aristóteles, mas santo Agostinho ouviu-a, e as provas cosmológicas da existência de Deus se transformaram.

Já que, de fato, a relação do mundo com Deus reveste um novo aspecto na filosofia cristã, as provas da existência de Deus têm necessariamente de revestir um novo significado. Ninguém ignora que toda a especulação dos Padres da Igreja e dos pensadores da Idade Média sobre a possibilidade de provar Deus a partir das suas obras se prende diretamente à célebre palavra de são Paulo na Epístola aos Romanos (1, 20): *invisibilia Dei per ea quae facta sunt, intellecta conspiciuntur*. Em compensação, não parece que se tenha prestado suficiente atenção num fato cuja importância no entanto é capital: ao se ligarem a são Paulo, todos os filósofos cristãos se desprendiam da filosofia grega. Provar a existência de Deus *per ea quae facta sunt* é comprometer-se de antemão a provar sua existência como criador do universo; em outras palavras, é admitir desde o início da busca que a causa eficiente que se trata de provar pelo mundo só pode ser sua causa criadora e, por conseguinte também, que a noção de criação estará necessariamente implicada em toda demonstração da existência do Deus cristão.

Que seja esse o pensamento de santo Agostinho, não há como duvidar, pois a célebre ascensão da alma a Deus, no Livro X das *Confissões*, supõe que a alma supere sucessivamente todas as coisas que não são feitas para se elevar ao criador que as fez. Em compensação, a linguagem aristotélica que são Tomás usa, aqui como em outros es-

---

13. Santo Agostinho, *Confissões*, livro X, 6, 9. A resposta que santo Agostinho atribui à natureza é tirada do Salmo 99, 3. O capítulo seguinte (*Confissões*, X, 7, 10) relaciona imediatamente a busca de Deus na natureza à palavra de são Paulo que vamos citar (Rm 1, 20). Assim se assinala, nos próprios textos e sem que necessitemos imaginá-la, a unidade interna da revelação e da filosofia cristãs.

critos, parece ter enganado excelentes historiadores sobre o verdadeiro sentido das provas cosmológicas ou, como ele próprio se exprime, dos "caminhos" que ele segue para estabelecer a existência de Deus.

Note-se primeiro que, para ele como para todo pensador cristão, a relação de efeito a causa que une a natureza a Deus se coloca na ordem e no plano da própria existência. Não há dúvida possível sobre esse ponto: "Tudo o que existe, num sentido qualquer, deve necessariamente a Deus seu ser. De uma maneira geral, de fato, para tudo o que depende de uma ordem, constata-se que o que é primeiro e perfeito numa ordem qualquer é causa do que lhe é posterior na mesma ordem. Por exemplo, o fogo, que é o mais quente dos corpos, é causa do calor dos outros corpos quentes, porque o imperfeito sempre deve sua origem ao perfeito, assim como a semente vem dos animais ou das plantas. Ora, mostramos precedentemente que Deus é o ser primeiro e absolutamente perfeito; ele deve portanto ser necessariamente a causa que faz ser tudo o que existe."[14] Os exemplos sensíveis que são Tomás usa aqui não podem causar dificuldade, porque é claro que, longe de requerer uma matéria preexistente para se exercer sobre ela, a ação criadora exclui toda suposição desse gênero. É como ato primeiro do ser que Deus é causa dos seres; a matéria nada mais é que ser em potência: como condicionaria a atividade do ato puro?[15] Na realidade, tudo fica na esfera do ato criador, até a própria matéria; cumpre admitir por-

---

14. São Tomás de Aquino, *Compendium theologiae*, I, cap. LXVIII.

15. São Tomás de Aquino, op. cit., cap. LXIX. "Probat enim (Aristoteles) in II *Metaphys.*, quod id quod est maxime verum et maxime ens, est causa essendi omnibus existentibus: unde hoc ipsum esse in potentia, quod habet materia prima, sequitur derivatum esse a primo essendi principio, quod est maxime ens. Non igitur necesse est praesupponi aliquid ejus actioni, quod non sit ab eo productum", *In Phys.*, lib. VIII, lect. 2, art. 4. Não se poderia superar mais claramente as conclusões de Aristóteles em nome de um princípio aristotélico.

tanto, antes de qualquer causalidade exercida por Deus na natureza, aquela pela qual ele causa o próprio ser da natureza, e é por isso que todas as demonstrações cristãs da existência de Deus pela causa eficiente são na realidade provas da criação. Podemos não percebê-lo à primeira vista, mas a própria prova pelo primeiro motor, a mais aristotélica de todas, não poderia receber outra interpretação. *Movere praesupponit esse*[16]. O que se torna a prova de Aristóteles à luz desse princípio?

Há movimento no mundo, nossos sentidos atestam. Ora, nada se move a não ser na medida em que exista em potência, nada se move a não ser na medida em que exista em ato, e como não se pode existir em potência e em ato ao mesmo tempo e sob o mesmo aspecto, necessariamente tudo o que está em movimento tem de ser movido por outra coisa. Mas não é possível remontar infinitamente na série das causas motoras e das coisas movidas, porque então não haveria primeiro motor, nem, por conseguinte, movimento. Tem de haver portanto um primeiro motor que não seja, ele próprio, movido por outro, e este é Deus[17]. Nada mais puramente grego, à primeira vista, do que essa argumentação: um universo em movimento, uma série hierárquica de móveis e motores, um motor primeiro que, ele próprio imóvel, comunica o movimento à série inteira, não é porventura esse o mundo de Aristóteles, de quem aliás se sabe que a prova foi tomada de empréstimo?

Sem dúvida, é a própria cosmografia de Aristóteles, pois a estrutura do mundo de são Tomás é fisicamente indiscernível da do mundo grego; mas, sob essa analogia fí-

---

16. "Ad cujus intellectum est sciendum quod prius est aliquod esse in se quam moveri in alterum. Unde movere praesupponit esse. Quod si ipsum sit subjacens motui, iterum oportebit praesupponi aliquod principium motus, et sic quousque deveniatur ad aliquod ens immobile, quod est principium movendi seipsum omnibus", são Tomás de Aquino, *Sup. libr. de causis*, lect. XVIII.

17. São Tomás de Aquino, *Sum. theol.*, I, 2, 3, Resp.

sica, que diferença metafísica! Poderíamos ter adivinhado isso pelo simples fato de que os cinco caminhos tomistas filiam-se expressamente ao texto do Êxodo[18]. Somos transportados logo de início ao plano do Ser. Em Aristóteles, o Pensamento que se pensa põe em movimento todos os seres a título de causa final. Que em certo sentido o Ato puro é a origem de toda a causalidade eficiente e motora que encontramos no mundo, é certo, pois se as causas motoras segundas não tivessem finalidade última, nenhuma delas teria razão de mover nem de ser movida, isto é, de exercer sua motricidade[19]. No entanto, se o Primeiro Motor dá causas às causas do ser, não é por uma espécie de ação transitiva que permitiria às causas segundas ao mesmo tempo existirem e serem causas. Ele só move pelo amor que suscita, e esse amor mesmo ele provoca sem inspirá-lo. Quando lemos, nos comentários da *Divina comédia*, que o último verso do grande poema traduz o pensamento de Aristóteles, estamos longe da verdade, porque o *amor che muove il Sole e l'altre stelle* só tem em comum com o primeiro motor imóvel o nome. O Deus de são Tomás e de Dante é um Deus que ama, o de Aristóteles é um Deus que se deixa amar; o amor que move o céu e os astros, em Aristóteles, é o amor do céu e dos astros por Deus, ao passo que o amor que os move em são Tomás e Dante é o amor de Deus pelo mundo. Entre as duas causas motoras, há toda a diferença que separa a causa final da causa eficiente. E há que ir mais longe ainda.

---

18. "Sed contra est quod dicitur, *Exod.*, III, 14, ex persona Dei: Ego sum, qui sum", são Tomás de Aquino, *Sum. theol.*, I, 2, 3.

19. Alguns sustentaram que o Deus de Aristóteles move o universo como causa eficiente: F. Ravaisson, *Essais sur la métaphysique d'Aristote*, t. I, pp. 576-7 (cf. R. Mugnier, *La théorie du premier moteur et l'évolution de la pensée aristotélicienne*, Paris, J. Vrin, 1930, pp. 113-4). Ver também nesse sentido a discussão de J. Maritain, *La philosophie bergsonienne*, 2ª ed., pp. 422-6. Parece difícil entretanto encontrar um texto de Aristóteles que atribua explicitamente a Deus uma causalidade eficiente transitiva propriamente dita.

Supondo-se que o Deus de Aristóteles fosse uma causa motora e eficiente propriamente dita, o que não é seguro, sua causalidade cairia sobre um universo que não lhe deve a existência, sobre seres cujo ser não depende do seu. Nesse sentido, ele seria tão-somente o primeiro motor imóvel, isto é, o ponto de origem da comunicação dos movimentos, mas não seria o criador do próprio movimento. Para apreender o alcance do problema, basta lembrar que o movimento está na origem da geração dos seres e que, por conseguinte, a causa do movimento gerador é a causa dos seres gerados. Num mundo como o de Aristóteles, tudo é dado, tanto o Primeiro Motor, como os motores intermediários, o movimento e os seres que esse movimento engendra. Portanto, mesmo se se admitisse que o Primeiro Motor é a primeira das causas motoras que movem por causalidade transitiva, ainda assim o próprio ser do movimento escaparia da sua causalidade. É bem diferente o que ocorre numa filosofia cristã, e é por isso que, quando quer demonstrar a criação, são Tomás não tem outra coisa a fazer senão lembrar a conclusão da sua prova de Deus pelo movimento. "Foi mostrado por argumentos de Aristóteles que existe um primeiro motor imóvel, a que chamamos Deus. Ora, numa ordem qualquer, o primeiro motor é causa de todos os movimentos dessa ordem. Portanto, como vemos um grande número de seres vir à existência em conseqüência do movimento do céu e como Deus foi provado como motor primeiro nessa ordem de movimentos, Deus tem de ser para todos esses seres a causa da sua existência."[20] É evidente que, se Deus criou as coisas pelo simples fato de que move as causas que produzem essas coisas pelo movimento delas, Deus tem de ser motor enquanto criador do movimento. Em outras palavras, se a prova pelo primeiro motor basta para provar a criação, necessariamente a prova pelo primeiro motor tem de implicar

---

20. São Tomás de Aquino, *Cont. gent.*, II, 6.

a idéia de criação. Ora, a idéia de criação é estranha à filosofia de Aristóteles; a prova tomista da existência de Deus, ainda que reproduza literalmente uma argumentação de Aristóteles, tem um sentido que só pertence a ela e que o filósofo grego nunca lhe atribuiu.

O mesmo se pode dizer, com maior razão, da prova pela causa eficiente, na qual a mesma diferença separa o mundo grego do mundo cristão. Nos dois universos, encontramos a mesma hierarquia de causas segundas subordinadas a uma causa primeira, mas por não ter superado o plano da eficiência e alcançado o do ser, a filosofia grega não sai da ordem do devir. Aliás, é por isso que, se prestarmos bem atenção, Aristóteles pode subordinar à primeira causa uma pluralidade de causas segundas imóveis como a primeira, porque, se essas causas recebessem a eficiência que proporcionam, como poderiam ser imóveis? Mas elas podem e devem ser imóveis se, não dependendo de nenhum ser em seu ser, sua causalidade encontrar na primeira causa a causa do seu exercício, em vez de a causa da sua causalidade. Basta, ao contrário, abrir são Tomás para constatar que sua prova se estabelece num plano totalmente diferente, porque a prova de Deus pela causa eficiente é, nele, a prova-tipo da criação. "Estabelecemos por uma demonstração de Aristóteles que existe uma primeira causa eficiente a que chamamos Deus. Ora, a causa eficiente produz o ser com seus efeitos. Logo Deus é a causa eficiente de todo o resto."[21] Impossível dizer mais claramente que, quando se trata de Deus, causa eficiente significa causa criadora e que provar a existência de uma primeira causa eficiente é provar a existência de uma primeira causa criadora. São Tomás gosta de invocar Aristóteles nesse ponto. Nada melhor, mas como a eficiência de

---

21. São Tomás de Aquino, ibid. A prova direta da criação dada mais adiante por são Tomás, op. cit., II, 15, se apóia expressamente nesse capítulo VI, no qual estabelece "quod Deo competit esse aliis principium essendi".

que se trata não se refere ao mesmo aspecto do real nos dois sistemas, há que admitir que a prova tomista de Deus pela causa eficiente significa algo bem diferente da de Aristóteles[22]. O problema que se coloca doravante e que ficará colocado para toda a metafísica clássica é o problema, ininteligível para os gregos, *de rerum originatione radicali*. Por que, perguntará Leibniz, existe algo em vez de nada? É exatamente a mesma questão que ainda se coloca, para a filosofia cristã, no plano da finalidade.

É comumente admitido hoje em dia que a idéia de finalidade é definitivamente eliminada pela ciência do sistema das idéias racionais. É uma questão saber se a eliminação é tão definitiva quanto se imagina. Por enquanto, não

---

22. "Quanto mais universal um efeito, mais sua causa é elevada, porque quanto mais sua causa é elevada, maior o número dos efeitos a que ela se estende. Ora, ser é mais universal do que ser um... Resulta daí que, acima desse gênero de causas que agem apenas causando movimento e mudança, há essa causa que é o primeiro princípio do ser, e nós provamos que é Deus. Logo Deus não age apenas causando o movimento e a mudança...", são Tomás de Aquino, *Cont. gent.*, II, 16. Nem é preciso recordar que não só os agostinianos mas também seus adversários irreconciliáveis, os averroístas, tiveram clara consciência da diferença entre o pensamento grego e o pensamento cristão sobre esse ponto. Ver P. Mandonnet, *Siger de Brabant* (*Les philosophes belges*, VII), *De erroribus philosophorum*, p. 4, n. 4, e p. 8, n. 2. É inclusive, em parte, o mesmo contra-senso cometido sobre a relação histórica verdadeira entre são Tomás e Aristóteles que explica em certa medida a suspeita dos agostinianos em relação a ele. De tanto pôr em relevo o que ele tomava emprestado de Aristóteles e de apenas sugerir discretamente o que lhe dava, chegando às vezes inclusive a parecer tomar-lhe emprestado aquilo mesmo que lhe dava, são Tomás tornava difícil sua própria tarefa de mostrar que os princípios de Aristóteles não estavam ligados, nele, às conseqüências que deles decorrem em Aristóteles. É por isso que, não discernindo bem o novo sentido que ele conferia aos princípios, agostinianos e averroístas de início não viram em sua doutrina mais que um aristotelismo que não ousa levar até o fim suas conclusões e como que um averroísmo envergonhado. Percebe-se que se trata de algo bem diferente. Acrescentemos enfim que é natural que o pensamento cristão tenha sido precedido, nesse terreno, pelo pensamento judaico, pois têm a Bíblia em comum. Na doutrina de Maimônides, ver o importante cap. II de A. Forest, *La structure métaphysique du concret selon saint Thomas d'Aquin*, Paris, J. Vrin, 1931, pp. 50-1.

aspiramos a nada além de assinalar o ponto preciso em que repousam as provas de Deus que se baseiam nela. Supondo que há ordem no mundo, perguntamos qual a causa dessa ordem. Duas observações se impõem a esse respeito. Primeiro, não se pede para admitir que a ordem do mundo seja uma ordem perfeita. Longe disso. Ainda que a soma de desordem prevalecesse, e muito, sobre a soma da ordem, contanto que sobrasse pelo menos uma ínfima parcela de ordem, ainda assim seria necessário buscar sua causa. Depois, não se pede que o espectador se enterneça com a maravilhosa adaptação dos meios aos fins e detalhe as sutilezas com a ingenuidade de um Bernardin de Saint-Pierre. Que o finalismo tenha sido desconsiderado cientificamente pela boa vontade meio tola de alguns dos seus representantes, é coisa certa, mas a prova pela finalidade não é solidária com seus erros. Para que ela funcione, basta admitir que o mecanismo físico-biológico é um mecanismo orientado. Com base em que se pergunta de onde provém essa orientação do mecanismo? O equívoco dos filósofos que se colocam essa questão está em não discernir que ela encobre duas. Uma, que não leva a nada, consiste em procurar a causa das "maravilhas da natureza"; mas, supondo-se inclusive que não nos equivoquemos sobre essas maravilhas, o que acontece com freqüência, não podemos em hipótese nenhuma nos elevar com isso acima de um engenheiro-chefe do universo, cujo poder, tão surpreendente para nós quanto o do civilizado para o não-civilizado, continuaria sendo entretanto um poder da ordem humana. É a esse finalismo que se opõe o mecanismo de Descartes, e é ele que o justifica. Fabricar um animal pode ser difícil, mas nada prova *a priori* que é da natureza de um animal não poder ser fabricado. O próprio Descartes, esse profeta do maquinismo, estimava que um anjo seria necessário pelo menos para fabricar máquinas voadoras; ele constataria hoje que os homens as fabricam em série com uma facilidade e uma segurança crescentes. A questão não é essa, e a segunda é

que é verdadeira. Do mesmo modo que a prova pelo primeiro motor não considera Deus como a Central de energia da natureza, a prova pela finalidade não o considera como o engenheiro-chefe dessa vasta empresa. O que ela se pergunta exatamente é: se há ordem, qual a causa do ser dessa ordem? A célebre comparação do relojoeiro só tem sentido se transcendermos o plano do fazer para alcançar o do criar. Do mesmo modo que, todas as vezes que constatamos um arranjo devido à arte, induzimos a existência de um artesão, única razão suficiente concebível desse arranjo, também quando constatamos, além do ser das coisas, o ser de uma ordem entre as coisas, induzimos a existência de um ordenador supremo. Mas o que levamos em consideração, nesse ordenador, é a causalidade pela qual ele confere o ser à ordem, muito mais que a engenhosidade de um ordenamento cuja natureza muitas vezes, e quem sabe até mesmo sempre, nos escapa. Descartes não erra ao criticar os que, pretendendo introduzir-se no conselho de Deus, se metem a legislar em seu nome, mas não é preciso violar os segredos da sua legislação para conhecer sua existência: basta-nos que ele tenha uma, porque, se ela existe, ela é ser, isto é, ou é algo contingente, que não se explica por si mesmo, ou é algo necessário que, suficiente por si, basta ao mesmo tempo para explicar o contingente que dele decorre.

Para quem concebe nitidamente esse ponto, a interpretação das provas cosmológicas da existência de Deus se torna clara e compreende-se por que pudemos dizer que, mesmo quando recitavam a letra de Aristóteles, os filósofos cristãos se moviam num plano diferente do dele[23]. Para

---

23. "São Tomás não modificou a colocação dos problemas que se lhe apresentavam; podemos dizer inclusive, de certo modo, que a solução desses problemas continuou a mesma. Apesar disso, como nos esforçaremos para mostrar, há sobre essas questões uma verdadeira originalidade do pensamento tomista; essa originalidade consiste, a nosso ver, na afirmação de novos princípios que vêm comandar soluções quase universalmente adquiri-

entender melhor essa verdade, basta evocar a controvérsia, célebre na Idade Média, entre os que admitem a existência de provas puramente físicas da existência de Deus, como Averróis, e os que só admitem provas metafísicas da sua existência, como Avicena. Averróis representa, aqui, uma tradição muito mais próxima da tradição grega, porque em universos como os de Platão e Aristóteles, em que Deus e o mundo se enfrentam eternamente, Deus é a pedra angular do cosmos e seu animador; ele não se coloca portanto como o primeiro termo de uma série que seria ao mesmo tempo transcendente à série. Já Avicena representa a tradição judaica mais consciente de si, porque seu Deus, que ele chama estrita e absolutamente de o Primeiro, não é mais o primeiro do universo, é primeiro em relação ao ser do universo, anterior a esse ser e, por conseguinte também, fora dele. É por isso que, falando exatamente, convém dizer que a filosofia cristã exclui por essência toda prova unicamente física da existência de Deus, para admitir apenas provas físico-metafísicas, isto é, suspensas ao Ser enquanto ser. O fato de são Tomás utilizar nessas matérias a física de Aristóteles não prova nada, se, conforme acabamos de dizer, começando como físico, ele sempre termina como metafísico. Poderíamos mostrar em vez disso que mesmo sua interpretação geral da metafísica de Aristóteles transcende o aristotelismo autêntico, porque, elevando o pensamento à consideração Daquele que é, o cristianismo revelou à metafísica a verdadeira natureza de seu objeto próprio. Quando um cristão define com Aristóteles a metafísica como a ciência do ser enquanto ser, podemos garan-

---

das", A. Forest, *La structure métaphysique du concret selon saint Thomas d'Aquin*, Paris, J. Vrin, 1931, p. 46. É outra maneira de matizar a mesma resposta que nós damos. De nosso lado, vamos um pouco mais longe, porque, se houve introdução de novos princípios, ou mesmo simples aprofundamento de antigos princípios, as posições antigas estão por sua vez aprofundadas e não são mais exatamente as mesmas. Elas progrediram, assim como os princípios.

tir que ele sempre a entende como a ciência do Ser enquanto Ser: *id cujus actus esse,* isto é, Deus.

Parece pois que, para empregar uma expressão de W. James, o universo mental cristão se distingue do universo mental grego por diferenças de estrutura cada vez mais profundas. De um lado um deus que se define pela perfeição na ordem da qualidade – o Bem de Platão –, ou pela perfeição numa ordem do ser – o Pensamento de Aristóteles. De outro lado, o Deus cristão que é primeiro na ordem do ser e cuja transcendência é tal que, conforme a forte expressão de Duns Scot, quando se trata de um primeiro motor desse gênero, é necessário ser mais metafísico para provar que é o primeiro do que físico para provar que é motor. Do lado grego, um deus que pode ser causa de todo o ser, inclusive da sua inteligibilidade, da sua eficiência e da sua finalidade, salvo da sua existência mesma; do lado cristão, um Deus que causa a existência mesma do ser. Do lado grego, um universo eternamente não formado ou eternamente movido; do lado cristão, um universo que começa por uma criação. Do lado grego, um universo contingente na ordem da inteligibilidade ou do devir; do lado cristão, um universo contingente na ordem da existência. Do lado grego, a finalidade imanente de uma ordem interior aos seres; do lado cristão, a finalidade transcendente de uma Providência que cria o ser da ordem com o ser das coisas ordenadas[24].

---

24. Ver *Avicenne et le point de départ de Duns Scot*, em *Archives d'hist. doctr. et litt. du Moyen Âge*, II (1927), pp. 98-9. Tentamos provar a tese a propósito de são Tomás, porque é a propósito dele que ela é mais desconhecida. Seria uma brincadeira prová-la a propósito de Duns Scot. É sabida sua desconfiança a respeito das provas *físicas* da existência de Deus. Seu pouco apreço à prova pelo primeiro motor se deve precisamente ao fato de que ela se parece demais com uma prova física. Se se trata de um primeiro motor dentre os motores naturais, não é de Deus que se trata; se esse motor é primeiro, não apenas na ordem da motricidade, mas na do ser, é de Deus que se trata, mas então não cabe mais ao físico, e sim ao metafísico, ocupar-se dele. Como disse Duns Scot numa fórmula notável: "Como o físico prova-

110   O ESPÍRITO DA FILOSOFIA MEDIEVAL

Dito isso, podemos tentar responder a uma questão difícil que talvez não possamos nem elucidar completamente nem evitar. Será preciso dizer que, ao superar o pensamento grego, o pensamento cristão se opõe a ele ou simplesmente prolonga-o e completa-o? De minha parte, não vejo nenhuma contradição entre os princípios colocados pelos pensadores gregos da época clássica e as conclusões que os pensadores cristãos deles extraíram[25]. Parece ao con-

---

ria que um motor é primeiro, sem ser com isso mais metafísico para prová-lo primeiro do que físico para prová-lo motor?" (*In Metaph.*, livro VI, qu. 4, ed. Wadding, t. IV, p. 671). No dia em que escreveu essas linhas, Duns Scot foi ao fundo da filosofia cristã. E isso lhe aconteceu várias vezes. Convém acrescentar, aliás, que, quanto ao fundo, sua doutrina não contradiz em nada a de são Tomás. Dir-se-ia, ao invés, que uma filosofia cristã esclarece a outra. A prova que Aristóteles fornece da existência do primeiro motor está perfeitamente em seu lugar em sua *Física*, livro VII. Embora seu primeiro motor não seja um ser *físico*, ele pode ser diretamente alcançado como causa do movimento, que é *o* objeto da física. Em são Tomás, ao contrário, a prova se desenvolve no plano do ser, e é por conseguinte uma prova totalmente metafísica, em que a contingência do movimento é tão-somente um caso particular e notavelmente evidente da contingência radical do ser criado. Para se convencer disso, basta recordar que a prova de um primeiro motor imóvel, logo imutável, implica em são Tomás que esse ser seja eterno, necessário, *habens esse per seipsum*; donde se segue: *quod essentia divina, quae est actus purus et ultimus, sit ipsum esse*; e, enfim: *quod Deus est primum et perfectissimum ens, unde oportet quod sit causa essendi omnibus quae esse habent* (ver *Compend. Theologiae*, cap. LXVIII). Um motor assim é evidentemente mais metafísico como primeiro do que físico como motor.

25. O pe Laberthonnière sentiu vivamente o elemento de novidade radical introduzido na história da filosofia pela revelação cristã (L. Laberthonnière, *Le réalisme chrétien et l'idéalisme grec*, Paris, Lethielleux, 1904). Para ele, essa novidade chega ao ponto de ser uma "oposição radical" entre o helenismo e o cristianismo (op. cit., p. 9); essa oposição, que explode com os Padres, parece se atenuar na Idade Média com o esforço dos pensadores cristãos para paliá-la (op. cit., pp. 10-1). Que exista uma oposição entre o helenismo e o cristianismo no plano religioso, é a pura verdade. Na ordem religiosa, o cristianismo é um começo absoluto; mas não é seguro que essa revolução religiosa acarretou mais que um *progresso* filosófico; os cristãos nunca pensaram que completavam a religião grega, mas sempre pensaram que completavam a filosofia grega. Portanto pode ter havido novidade religiosa sem oposição filosófica, porque as oposições de conclusões, onde existem, se resolvem por aprofundamento dos princípios. Uma nota mais justa

trário que, assim que são tiradas, essas conclusões aparecem como evidentemente incluídas nesses princípios, de tal modo que o problema passa a ser então o de saber como os filósofos que descobriram esses princípios puderam desconhecer a tal ponto as conseqüências necessárias que estavam implicadas neles. Isso se deve, parece-me, ao fato de que Aristóteles e Platão não conseguiram discernir o sentido pleno das noções que eles foram os primeiros a definir, porque não aprofundaram o problema do ser até o ponto em que, superando o plano da inteligibilidade, alcança o da existência. Eles não erraram em suas questões, porque era o problema do ser que eles colocavam, e é por isso que suas fórmulas continuam sendo boas; a razão dos pensadores do século XIII se orientava nelas não só com facilidade, mas com alegria, porque podia ler as verdades que elas contêm, muito embora nem Platão nem mesmo Aristóteles as tivessem decifrado. É isso que explica ao mesmo tempo que a metafísica grega tenha feito então progressos decisivos e que esses progressos tenham sido realizados sob o impulso da revelação cristã: "O aspecto religioso do pensamento de Platão só foi revelado em toda a sua força na época de Plotino, no século III d.C.; o do pensamento de Aristóteles, poderíamos dizer sem paradoxo injustificado, só o foi no momento em que foi posto em evidência por Tomás de Aquino, no século XIII."[26]

---

parece ter sido dada por H. Ritter, *Histoire de la philosophie chrétienne*, t. I, p. 47: "Aristóteles influiu apenas sobre a forma externa das obras da escolástica que, pelo fundo íntimo de seu pensamento, se aproximava infinitamente dos Padres da Igreja." Mais adiante: "Donde decorre que podemos considerar a filosofia escolástica como a simples continuação da filosofia dos Padres" (op. cit., p. 52). Desta vez, porém, seria dizer muito pouco, porque Aristóteles forneceu aos pensadores da Idade Média toda uma técnica e princípios que, sem atingir a plena consciência de seu valor, já eram princípios verdadeiros. O pensamento cristão trazia vinho novo, mas os velhos odres ainda eram bons.

26. Gilbert Murray, *Five Stages of Greek Religion*, 2ª ed., Nova York, Columbia University Press, 1925, p. 7.

Digamos, quem sabe, santo Agostinho em vez de Plotino, levemos em conta em todo caso o fato de que Plotino não ignorou o cristianismo, e poderemos concluir que, se o pensamento medieval pôde levar o pensamento grego ao seu ponto de perfeição, é porque o pensamento grego já era verdadeiro e porque o pensamento cristão podia verificá-lo mais completamente ainda em virtude do seu próprio cristianismo. Ao colocarem o problema da origem do ser, Platão e Aristóteles estavam no bom caminho, e é justamente porque estavam que superá-los era um progresso. Em sua caminhada rumo à verdade, eles pararam no limiar da doutrina da essência e da existência, concebidas como realmente idênticas em Deus e realmente distintas em todo o resto. É a verdade fundamental da filosofia tomista e, podemos dizer, de toda a filosofia cristã, porque aqueles dos seus representantes que houveram por bem contestar a fórmula põem-se de acordo quanto ao fundo para reconhecer sua verdade[27]. Platão e Aristóteles construíram um

---

27. Entendida nesse sentido, a distinção real entre essência e existência é essencial, não apenas ao tomismo, mas a toda metafísica cristã. Ela está presente em toda parte em santo Agostinho (ver adiante, cap. VI), quanto ao sentido, embora sem a fórmula. A fórmula em si foi criticada, notadamente por Suárez. Mas, quando critica essa fórmula, Suárez não nega o que se afirma ao colocá-la, a saber, que somente Deus é por si e que nada mais deve a si sua própria existência. Para se iniciar no verdadeiro sentido dessa controvérsia, que deixa intacto o fundo da questão, consulte-se P. Descoqs, *Thomisme et suarézisme*, em *Archives de philosophie*, col. IV, Paris, G. Beauchesne, 1926, pp. 131-61, principalmente pp. 141 ss. (cf. *Thomisme et scolastique* [*Archives de philosophie*, vol. V], ibid., 1927, pp. 48-59 e 83-140). Se entendermos a "distinção real" como uma distinção *física* de elementos combináveis e separáveis, scotistas e suarezistas têm razão em negar não apenas uma distinção desse gênero entre essência e existência, mas até que ela tenha sido admitida por são Tomás (ver p. 100, nota 14). Se, ao contrário, ela é entendida num sentido *metafísico*, como é o caso aqui, nenhum filósofo cristão nega o que a fórmula afirma, ainda que se rejeite a fórmula propriamente dita. É o que indica com razão o p̃ Descoqs, art. cit. (*Archives de philosophie*, vol. IV), pp. 141-3, e o que estabeleceu o p̃ Del Prado, *De veritate fundamentali philosophiae christianae*, Friburgo, Suíça, 1911, principalmente cap. V, pp. 33-7.

arco magnífico cujas pedras sobem todas até essa chave de abóbada, mas ela foi posta em seu lugar graças à Bíblia, e os cristãos é que a assentaram. A história não deve esquecer nem o que a filosofia cristã deve à tradição grega, nem o que deve ao Pedagogo divino. Suas lições luminosas parecem de uma evidência tal que nem sempre nos lembramos que elas nos foram ensinadas.

CAPÍTULO V

Analogia, causalidade e finalidade

Como acaba de ser descrita, a relação dos seres contingentes com o ser necessário só adquire seu sentido pleno para o pensamento se se partir da idéia cristã de Deus concebido como Ser. Mas poder-se-ia objetar que essa idéia mesma, tomada em sua pureza, exclui a própria possibilidade de uma relação qualquer entre as coisas e Deus, pela simples razão de que torna a existência mesma das coisas impossível. Admitamos, como hipótese, que o universo da mudança tal como nos é dado não encontra em si sua razão suficiente e que sua existência postula a do Ser; colocado assim o próprio Ser em sua atualidade pura, não é absurdo imaginar a existência de algo que não seria ele? Se Deus não é o Ser, como explicar o mundo? Mas se Deus é o Ser, como pode haver outra coisa que não seja ele? Só há um Deus, diz Leibniz, e esse Deus basta. Sem dúvida. Mas esse Deus não somente basta, ele se basta. Pode-se sair desse dilema?

Notemos primeiramente que é um dilema cristão. Entendo com isso um dilema característico da metafísica cristã, que só existe em conseqüência de uma reflexão racional sobre o dado revelado. O universo grego e sua interpretação não provocavam nenhuma dificuldade desse gênero. Para Platão e para Aristóteles, o mundo era dado ao mesmo tempo que seus deuses. Como nem aquele nem estes

ANALOGIA, CAUSALIDADE E FINALIDADE 115

pretendiam a posse exclusiva do ser, nada impedia que fossem colocados uns no outro e o problema da sua compossibilidade não existia. Num universo cristão é bem diferente, e podemos dizer que o fato é reconhecido até por filósofos que julgam tal antinomia insolúvel. Que alguém possa hesitar entre a afirmação de um ser necessário, causa do mundo, e a negação desse ser, ou que se julgue obrigado a colocar ao mesmo tempo a afirmação e a negação desse ser[1], é um embaraço que os gregos nem imaginaram e que o pensamento moderno só experimenta porque se move num universo cristão.

Cabe em seguida observar o caráter abstrato, não realista e, por conseguinte, não-cristão de tal dificuldade. Por mais metafísicas que sejam as considerações desenvolvidas nas lições precedentes, elas não perdem porém o contato com o real. Quer se parta da idéia de Deus concebida pelo homem, como santo Anselmo, quer do homem e do mundo, como são Tomás, não é de Deus que se parte, mas a ele que se chega. Não se deve dizer portanto que a idéia dos seres postula a idéia do Ser e que a idéia do Ser exclui a dos seres, mas sim que os seres, que são dados como fatos, só encontram sua razão suficiente no Ser. Se a colocação simultânea daqueles e deste levanta uma dificuldade, pode-se ter certeza de antemão que esta dificuldade é tão-só aparente, pois não podemos evitar nem de constatar o fato, que é real, nem de afirmar sua razão suficiente, que é necessária. A quarta antinomia de Kant só é insolúvel num idealismo crítico; para um racionalismo realista, é evidente *a priori* que a solução existe e que deve ser possível encontrar na idéia de Deus a justificação da coexistência das criaturas com Deus. Essa justificação suporá primeiramente que seja possível encontrar uma razão concebível da produção dos seres pelo Ser e, em seguida, que a rela-

---

1. I. Kant, *Kritik der reinen Vernunft*, Transcendentale Elementarlehre, 4ª antinomia.

ção dos seres com o Ser possa ser apresentada sob um aspecto inteligível.

Para resolver a primeira dificuldade, temos necessariamente de voltar ao ponto central de todo o debate, a idéia cristã de Deus, e mostrar com que nova luz ela ilumina a noção de causa. Não é coisa fácil, porque a crítica da idéia de causalidade transitiva, tal como desenvolvida pelas filosofias de Malebranche e de Hume, a tornam quase ininteligível para nós. Que o mundo seja feito de uma série de conexões necessárias cujo como nos é dado, mas cujo porquê nos escapa, é uma colocação do problema hoje tão natural que adquiriu o aspecto da evidência. Para reaver o sentido da noção medieval de causa, é preciso ao contrário voltar a um realismo que pode parecer ingênuo e de que são Tomás deu uma fórmula perfeitamente clara: *causa importat influxum quemdam ad esse causati*[2]. Para que haja causalidade, no senso estrito do termo, é preciso haver dois seres e que algo do ser da causa passe ao ser do que sofre o efeito desta.

O sentido dessa concepção só pode ser entendido se antes compreendermos a relação profunda que os pensadores da Idade Média acreditaram descobrir entre o ser e a causalidade. Antes de poder fazer qualquer coisa, é preciso ser, porque, se a ação causal deve ser concebida como uma doação de si a um sujeito ou até como a invasão desse sujeito por uma causa, está claro que a causa só poderá dar o que ela tem e se estabelecer em outrem pelo que ela é. O ser é portanto a própria raiz da causalidade. Além disso, o ser não apenas torna possível a causalidade, mas de certa forma ele a requer, e a determinação da relação do ser com sua atividade causal é um dos problemas mais difíceis com que os metafísicos clássicos se defrontaram. Não tenho de modo algum a ambição de resolvê-lo, tampouco a pretensão de definir seus termos com rigor técnico; gosta-

---

2. São Tomás de Aquino, *In Metaphys.*, livro V, lect. 1, ed. Cathala, n. 751.

ria apenas de procurar sugerir o seu sentido com ajuda de uma comparação e à custa de uma breve digressão.

Costuma-se criticar os filósofos medievais por seu antropomorfismo ingênuo. Nada mais natural que tal abordagem, vinda de espíritos formados nas disciplinas científicas e desejosos de substituir em todos os campos a filosofia pela ciência; mas, muito embora os escolásticos não tenham sido todos tão ignorantes das ciências quanto se imagina, sua ambição primeira não era ser cientistas, mas sim teólogos e filósofos. O que eles se propunham era a descoberta dos primeiros princípios e a interpretação racional desses dados elementares do real que, aceitos pelo cientista como dados puros, exigem para o filósofo ser explicados. Nem o ser, nem o movimento como tal necessitam ser justificados do ponto de vista da ciência, mas devem sê-lo do ponto de vista da filosofia, e o mesmo se aplica à causalidade. Quando um cientista declara que essas questões não lhe interessam, ele tem razão como cientista. E se ele diz que elas não são questões, também tem razão, pelo menos no sentido de que não são questões científicas. E se ele acrescenta enfim que o antropomorfismo é fatal à ciência, mais uma vez tem razão, porque é um método ruinoso quando aplicado aos problemas científicos, mas não é uma razão suficiente para concluir que o antropomorfismo é um método fatal para a filosofia.

O contrário é que é verdade. Supor que todos os fenômenos da natureza existam em escala humana é uma grande ingenuidade. Crer que a finalidade possa ser reconstruída *a priori*, decretando que as coisas são o que nos pareceria que deveriam ser para garantir o que nos parece o maior bem para o homem, é pior ainda, não apenas porque a descoberta dessas relações é infinitamente venturosa, mas também, supondo-se que fosse possível, porque não constituiria uma explicação científica. É não obstante verdade que o universo é um sistema de seres e de relações entrelaçadas, de que o homem faz parte. Ora, se o homem faz parte da natureza, não vejo por que o filósofo não se dirigiria ao homem para melhor concebê-la. Não há razão *a priori* para que o que é verdade para o ser humano seja falso para os outros seres, sobretudo se o que se considera nuns e noutros é o próprio ser, ou as propriedades imediatas do ser. É assim e nesse sentido que esse antropomorfismo tão depreciado, de que a Idade Média tanto se serviu, readquire talvez o valor de um método indispensável. Como sou parte da natureza e como a experiência que tenho de mim mesmo é um caso privilegiado por causa da sua imediatidade mesma, em nome de que princípio racional eu me vedaria interpretar em função da única realidade que conheço de dentro aquela que só conheço de fora? O fundamento de todo antropomorfismo legítimo é que o homem é o único ser em que a natureza toma consciência de si mesma, e é também nesse princípio que a noção medieval de causalidade encontra sua justificativa última[3].

O homem pode ser causa em vários sentidos diferentes: a título de corpo físico, o que ele é; a título de corpo vivo e organizado, o que ele também é; ou, enfim, a título de ser racional, pois que ele é um ser vivo dotado de ra-

---

3. Os filósofos modernos não deixaram de perceber isso. A análise crítica da idéia de causa por Hume consistia precisamente em mostrar que ela resulta de uma extensão ao real da nossa experiência psicológica: acreditamos que um fenômeno produz outro, porque sentimos que nossa idéia de um fenômeno sugere em nós a idéia de outro; portanto, são nossos hábitos psicológicos subjetivos que erigimos indevidamente em relações causais objetivas. Esse antropomorfismo, que no pensamento de Hume justifica sua crítica da causalidade, é ao contrário o que, no pensamento de Maine de Biran, justifica sua doutrina positiva da causalidade. Segundo Maine de Biran, temos certeza de que há causalidade eficiente real na natureza, porque apreendemos em nós a força hiperorgânica da vontade e sua eficácia. Portanto é um fato reconhecido que a concepção clássica da causalidade repousa numa inferência do homem à natureza, e vê-se ao mesmo tempo que, até o século XIX, havia pelo menos um filósofo que admitia a legitimidade desse gênero de inferência. Poderíamos citar outros mais recentes – a filosofia bergsoniana seria um bom exemplo –, porque a evolução criadora supõe a extensão ao universo da experiência humana da liberdade.

zão. E como a racionalidade é a característica pela qual o homem se distingue especificamente dos outros animais, a única causalidade especificamente humana é a causalidade racional, isto é, esse gênero de atividade cujo princípio diretor é a razão. Ora, toda causalidade desse gênero se caracteriza pela presença, no espírito de quem age ou faz, de certa idéia preconcebida do ato que ele consuma ou do produto da sua ação. Isso equivale a dizer que nossas ações, ou os produtos das nossas ações, existem necessariamente em nós, antes de existir em si mesmos tais como serão depois de serem produzidos por nós. Em outras palavras, antes de existirem em si como efeitos, nossos efeitos existem em nós como causas e participam do ser da sua causa. A possibilidade da causalidade tipicamente humana, a do *homo faber*, repousa precisamente no fato de que o homem, por ser dotado de razão, é capaz de conter em si, por modo de representação, o ser de efeitos possíveis que sejam distintos dele. É também por isso que o que fazemos ou produzimos é nosso, porque se somos responsáveis pelos atos que consumamos e possuidores legítimos do produto do nosso trabalho, é porque, como esses efeitos não eram inicialmente senão nós mesmos como causas, somos de novo nós que existimos neles em seu ser de efeitos. Os dramas de Shakespeare, as comédias de Molière e as sinfonias de Beethoven não são apenas de Shakespeare, de Molière e de Beethoven, são Shakespeare, Molière e Beethoven mesmos, a tal ponto que podemos nos perguntar se não são a melhor parte e como que o auge da personalidade deles.

Para quem leva a análise um pouco mais longe nessa direção, logo fica claro que esse é apenas um resultado provisório. O homem só causa na medida em que ele é e, como nada é anterior ao ser, não se poderia tentar ir além dele. Mas o que significa o verbo *ser*? Quando digo que sou, meu pensamento geralmente não vai além da constatação empírica de um fato dado pela observação interna. Não era assim que os pensadores da Idade Média viam a coisa. Para eles, o verbo *ser* era essencialmente um verbo ativo, que significava o próprio ato de existir. Afirmar sua existência atual, no pensamento deles, era muito mais que afirmar sua existência presente, era afirmar a atualidade, isto é, a própria energia pela qual o ser deles existia. Para conceber exatamente a noção medieval de causalidade é até esse ato da existência que é necessário remontar, porque está claro que, se o ser é ato, o ato causal deverá necessariamente se arraigar no próprio ser da causa. Era essa a relação expressa pela distinção técnica, um tanto assustadora em sua aparência, mas tão clara no fundo, entre o *ato primeiro* e o *ato segundo*. O ato primeiro é o ser da coisa, do que se chama ser em virtude do próprio ato de existir que ele exerce, *ens dicitur ab actu essendi*; o ato segundo é a operação causal desse ser, a manifestação, intrínseca ou extrínseca, da sua atualidade primeira, pelos efeitos que ela produz dentro ou fora dela mesma[4]. É por isso que a ação causal, que nada mais é que

---

4. "Actus autem est duplex: primus et secundus. Actus quidem primus est forma et integritas rei; actus autem secundus est operatio", são Tomás de Aquino, *Sum. theol.*, I, 48, 5, Resp. A propósito da graça, são Tomás acentua fortemente a dependência da operação em relação à forma: "Si vero accipiatur gratia pro habituali dono, sic est duplex gratiae effectus, sicut et cujuslibet alterius formae; quorum primus est esse, secundus est operatio; sicut caloris operatio est facere calidum, et exterior calefatio", op. cit., I^a-II^ae, 111, 2, Resp.

Essa maneira de enraizar a causalidade na atualidade mesma do ser é comum a todos os grandes doutores medievais. Em compensação, eles se separam sobre a maneira de entender a relação entre a faculdade que opera e a substância a que ela pertence. O problema se coloca principalmente a propósito da alma.

a) Alguns se recusam a distinguir a alma das suas operações. A alma é uma substância espiritual simples, que participa da simplicidade de Deus, assim como participa da sua espiritualidade. De acordo com esses filósofos, a alma opera pois diretamente por sua essência, da mesma maneira que isso é dito de Deus. Poder-se-ia dizer também que é a atualidade da essência que produz diretamente a operação, de sorte que a conexão de que se trata aqui recebe nessas doutrinas seu máximo de evidência. Cf. Guilherme de Auvergne, *De anima*, cap. III, parte 6, reproduzido em *Archives d'hist. doctr. et litt. du Moyen Âge*, t. I, p. 55, nota 2.

um aspecto da atualidade do ser enquanto tal, deve finalmente se reduzir a uma transmissão ou comunicação de ser: *influxum quemdam ad esse causati.*

Quando se entende o sentido dessa doutrina, fica-se em condição de compreender que a noção de criação pode receber um sentido filosófico preciso. Criar é causar o ser. Se portanto cada coisa é capaz de ser causa, na exata medida em que é ser, Deus, que é o Ser, deve poder causar o ser e, inclusive, deve ser o único a poder fazê-lo. Todo ser contingente deve sua contingência ao fato de que não é

---

b) Outros consideram que a simplicidade de uma essência criada não pode ser tal. Para separar essas essências de Deus, admite-se que as faculdades da alma são distintas desta e que ela, alma, opera por intermédio de faculdades a que a sua atualidade se comunica, mas essa distinção é então reduzida ao seu mínimo. Alcher de Clairvaux em *De spiritu et anima* chama-as de funções: *officia* (*Patr. lat.*, t. 40, col. 788). Para Hugo de Saint-Victor, são acidentes (*De sacramentis*, I, 3, 25, *Patr. lat.*, t. 176, col. 297). Para são Boaventura, são instrumentos da substância, mas consubstanciais a essa substância mesma (*I Sent.*, 3, 2, 1, 3, concl., ed. Quaracchi, t. I, p. 86). A continuidade entre o ato da substância e o ato das suas faculdades, a comunidade radical entre a atualidade do ser e a atualidade da operação são evidentes aqui (cf. *La philosophie de saint Bonaventure*, pp. 331-2). De acordo com Duns Scot, a distinção entre as faculdades e a alma não é real, mas apenas formal – textos em H. de Montefortino, *J. D. Scoti Summa theologica*, I, 77, 1; t. III, p. 533.

c) Segundo são Tomás, há distinção *real* entre a substância e suas faculdades, e ele faz delas acidentes, não, como H. de Saint-Victor, para assinalar que mal se distinguem delas, mas ao contrário para realçar a realidade da distinção. No entanto, como vimos, para ele a operação não passa de um ato segundo que, tal como o ato primeiro do ser, se deve à mesma atualidade da forma. A continuidade real é mantida portanto, a despeito da distinção metafísica. É o que afirma, aliás, o próprio são Tomás, quando diz que: "ipsa anima, secundum quod subest suae potentiae, dicitur actus primus ordinatus ad actum secundum" (*Sum. theol.*, I, 77, 1, Resp.). Para ressaltar o caráter íntimo dessa relação, ele diz que as faculdades são "próprios", isto é, propriedades naturais da alma (loc. cit., ad 5^m); que elas estão todas na alma como em seu princípio, "sicut in principio" (loc. cit., art. 5, ad 2^m); que elas decorrem da essência da alma como se da sua causa: "fluunt ab essentia animae sicut a principio", "sicut a causa" (loc. cit., art. 6, Sed contra e Resp.); que elas resultam dela como a cor resulta da luz: "per aliquam naturalem resultationem, sicut ex uno naturaliter aliud resultat, ut ex luce color" (loc. cit., art. 6, ad 3^m, e art. 7, ad 1^m). A atualidade da alma é portanto o princípio das faculdades e das suas operações tanto em são Tomás como em seus predecessores.

mais que uma participação no ser; ele *tem* seu ser, mas não o *é* no sentido único em que Deus é o seu. É por isso que os seres contingentes não passam de causas segundas, assim como não passam de seres segundos. Toda a atividade causal deles se limita a transmitir modos de ser e a alterar as disposições dos sujeitos sobre os quais agem, nunca chega ao ponto de causar a existência do efeito que produzem. Numa palavra, o *homo faber* não pode de maneira nenhuma se tornar um *homo creator*, porque tendo apenas um ser recebido, não poderia produzir o que não é, nem superar na ordem da causalidade o nível que ocupa na ordem do ser. A criação é portanto a ação causal própria de Deus[5], ela lhe é possível e só é possível para ele[6]. Segue-se daí

---

5. É legítimo explicar a criação alegando a onipotência divina, mas a noção cristã da onipotência divina é uma conseqüência particular da identificação de Deus com o Ser; ela não exprime nada mais que a extensão infinita da causalidade própria do ser absoluto: "Est autem considerandum quod, cum unumquodque agnes agat sibi simile, unicuique potentiae activae correspondet possibile, ut objectum proprium, secundum rationem illius actus in quo fundatur potentia... Esse autem divinum, super quod ratio divinae potentiae fundatur, est esse infinitum, non limitatum ad aliquod genus entis, sed praehabens in se totius esse perfectionem. Unde quidquid habet vel potest habere rationem entis continetur sub possibilibus absolutis, respectu quorum Deus dicitur omnipotens", são Tomás de Aquino, *Sum. theol.*, I, 25, 3, Resp. H. de Montefortino, *J. D. Scoti Summa theologica*, I, 25, 3. A noção de onipotência não corresponde portanto a um atributo divino forjado para o caso especial da criação, porque, para lá do possível realizado, ela se estende ao possível como possível. Sabe-se aliás qual foi a influência dessa noção sobre o desenvolvimento da filosofia moderna; não se poderia conceber sem ela a existência de filosofias como as de Descartes e de Malebranche, em particular.

6. Podemos ler toda a síntese da metafísica criacionista, inclusive seu princípio, que é o ser e sua atualidade, nestas poucas linhas: "O que convém por si a um sujeito é necessariamente inerente a ele, assim como a racionalidade o é ao homem e o movimento para cima o é ao fogo. Ora, produzir por si um efeito qualquer convém ao ser em ato, porque todo agente age enquanto existe em ato. Logo todo ser em ato pode fazer alguma coisa atualmente existente. Mas Deus é o ser em ato, como foi mostrado (livro I, cap. XVI). Cabe-lhe portanto produzir ser em ato e ser a causa da existência deste", são Tomás de Aquino, *Cont. gent.*, II, 6. Em resumo, Deus é causa porque ele é o Ser e, como ele é o Ser que não pressupõe nenhum outro

que ela é concebível e que se podem apreender racionalmente sua natureza ou sua causa? Eis outras questões que é necessário abordar.

A primeira delas não levanta nenhuma dificuldade séria. Todos os filósofos cristãos reconhecem que, embora concebível, o ato criador não é representável. Nunca criamos, somos incapazes de criar, por isso somos incapazes de nos representar uma ação verdadeiramente criadora. Para seres que sempre fazem alguma coisa com alguma outra coisa, é impossível conceber um ato cujo resultado seria o próprio ser do efeito produzido. Nada mais fácil do que repetir que Deus criou e cria coisas *ex nihilo*, mas como não imaginar, no momento mesmo em que se nega, que esse nada é uma espécie de matéria de que o ato criador tira seus efeitos? Não pensamos senão a mudança, a transmutação, a alteração; para pensar a criação, teríamos de poder transcender, ao mesmo tempo que nosso grau de ser, nosso grau de causalidade[7].

---

ser, ele é a causa que não pressupõe nenhuma outra causa. Ora, a causa primeira produz o primeiro efeito; o primeiro efeito, aquele que todos os outros supõem, é a existência; cabe pois com exclusividade ao Ser causar a existência, e isso é criar. É por isso que a criação é o ato próprio de Deus: *Cont. gent.*, II, 21, e *Sum. theol.*, I, 45, 5, Resp. Sobre o papel central em são Tomás da idéia de ser, ver fr. Olgiati, *L'anima di san Tommaso*, Milão, s.d. No que concerne à criação, op. cit., pp. 80-2.

7. É o que explica em parte que, como viram com clareza os agostinianos da Idade Média, os filósofos gregos não alcançaram a idéia de criação. Estamos portanto num desses pontos em que uma noção que, por si, é racional pode escapar da razão na medida em que está privada do socorro da revelação: "Haec autem veritas, etsi nunc cuilibet fideli sit aperta et lucida, latuit tamen prudentiam philosophicam, quae in hujus quaestionis inquisitione longo tempore ambulavit per devia... Utrum autem posuerit (Aristoteles) materiam et formam factam de nihilo, hoc nescio; credo tamen quod non pervenit ad hoc, sicut melius videbitur in problemate secundo: ideo et ipse etiam defecit, licet minus quam alii. Ubi autem deficit Philosophorum peritia, subvenit nobis sacrosancta Scriptura, quae dicit, omnia esse creata et secundum omne quod sunt in esse producta. Et ratio etiam a fide non discordat, sicut supra in opponendo ostensum est", são Boaventura, *In II Sent.*, dist. 1, p. 1, a. 1, qu. 1, Resp., ed. Quaracchi, t. II, pp. 16-7.

É uma dificuldade do mesmo gênero, talvez não tão radical, que nos detém quando tentamos conceber o porquê da criação. Convém antes de mais nada dissipar uma primeira ilusão que falsearia o sentido do problema. Buscar a razão suficiente da criação não é buscar a causa do ato criador, porque o ato criador é Deus; ele não tem causa, ele é que é causa. Faz tempo que santo Agostinho havia determinado esse ponto à sua maneira, isto é, com uma justeza de intuição que nem sempre é acompanhada das justificações técnicas requeridas. Buscar a causa da vontade de Deus é supor implicitamente que possa haver algo anterior à sua vontade, quando ela é anterior a todo o resto[8]. Portanto santo Agostinho pensa manifestamente aqui na hipótese contraditória de uma causa da criação que faria parte da própria criação. Superando esse ponto de vista, que aliás adota ao mesmo tempo que o aprofunda, são Tomás demonstra a impossibilidade de toda e qualquer causa externa ou interna do ato criador. Para que houvesse em Deus mesmo uma causa qualquer da sua própria vontade, teria de haver nele uma distinção real de potências ou atributos. De fato, não se pode imaginar outra causa possível do seu querer que não seja o seu entendimento. Ora, postulamos precedentemente a unidade perfeita do Ser considerado em sua atualidade pura, e essa unidade exclui por definição toda separação interna que permita opor um atributo de Deus a outro, ou de conceder a um desses atributos uma ação qualquer sobre um outro. Sem dúvida, do nosso ponto de vista discursivo, que aliás é um ponto de vista bem fundamentado, é inevitável dizer que o entendimento de Deus age sobre a sua vontade; mas o entendimento de Deus é Deus, assim como a vontade de Deus é Deus, e como é evidente que *idem non est causa sui ipsius*, não vemos como poderiam se estabelecer relações de causalidade propriamente ditas no seio de Deus.

---

8. É. Gilson, *Introduction à l'étude de saint Augustin*, Paris, J. Vrin, 1929, p. 243.

ANALOGIA, CAUSALIDADE E FINALIDADE

É inevitável entretanto que nos perguntemos se, quando identificamos desse modo a noção de vontade com Deus, ela ainda conserva um significado qualquer, porque, seja o Ser puro como for, uma vontade sem fim nos é dificilmente concebível. Podemos supor uma vontade divina que aja visando um fim, sem que esse fim seja a causa final determinante dessa vontade? Podemos, se se tratar de Deus e contanto que nos lembremos que Deus é o Ser. Negar que a vontade de Deus tenha um fim seria submetê-la seja a uma necessidade cega, seja a uma contingência irracional e, em ambos os casos, admitir nele imperfeições incompatíveis com a atualidade do ser puro. Por outro lado, precisamente porque Deus é o ser mesmo, seria contraditório imaginar que ele possa ter outro fim que não si mesmo. A única finalidade concebível do querer divino é portanto seu próprio ser, e, como esse ser como fim da vontade é idêntico ao bem, podemos dizer que a única finalidade possível de Deus é sua própria perfeição. Em outras palavras, Deus se quer necessariamente, ele só quer necessariamente a si, e é em relação a si que ele pode querer todo o resto.

Podemos dizer portanto, e todos os filósofos cristãos repetiram isso, que a razão da criação é a bondade de Deus. Conforme a expressão de santo Agostinho, retomada mais tarde por são Tomás, é por Deus ser bom que existimos, *quia Deus bonus est, sumus*[9]; ou, como também diz são Tomás numa fórmula que ele deduziu de Dionísio e que a Idade Média não parou de comentar, *bonum est diffusivum sui et communicativum*[10]. A origem platônica dessa noção não é duvidosa. Já no *Timeu* é a liberalidade, a ausência de vontade do Demiurgo divino que é invocada para explicar sua atividade ordenadora[11]. Mas se o bem é a razão última da criação[12], qual a razão desse bem?

---

9. Santo Agostinho, *De doctrina christiana*, I, 32, cit. por são Tomás de Aquino, *Sum. theol.*, I, 19, 4, obj. 3 e ad 3ᵐ. Cf. *Cont. gent.*, I, 86.
10. J. Durantel, *Saint Thomas et le Pseudo-Denis*, Paris, 1919, p. 154.
11. Platão, *Timeu*, 29 E.
12. A. E. Taylor, *Plato*, Londres, 1926, pp. 441-2.

Fazer tal pergunta a Platão seria expor-se a ficar sem resposta, pois ele considera o Bem como a realidade suprema. Fazer a pergunta a Dionísio, o Areopagita, seria meter-se na mesma situação. Profundamente penetrado de platonismo, esse cristão não consegue superar o primado do Bem para se elevar ao primado do Ser. Vê-se claramente que assim é no texto capital dos *Nomes divinos* (V, 1), onde Dionísio desenvolve sua concepção da existência divina. Para ele, quando Deus nos ensina que ele é o Ser, devemos entender que, de todas as participações na bondade, que é sua essência, o ser é a primeira. Comentando por sua vez o comentário de Dionísio, são Tomás se declara de acordo com ele, mas notou-se com justeza que não está[13], porque, em vez de ver no ser uma participação no bem, o que o texto de Dionísio supõe, ele vê no bem um aspecto do ser. É por isso que a interpretação tomista de Dionísio apresenta um interesse filosófico considerável: vemos plenamente o pensamento cristão tomar nítida consciência dos seus princípios metafísicos e, superando o plano do helenismo, elaborar em sua forma definitiva o que poderíamos chamar de metafísica do Êxodo. Vejamos como ela procede.

Que o bem seja difusivo e comunicativo por si mesmo, são Tomás concede sem nenhuma restrição, nem mesmo mental. Mas a que deve o bem a posse dessa propriedade? Ao fato de que ele é apenas um aspecto transcendental do ser. O bem, se o considerarmos em sua raiz metafísica, é o próprio ser enquanto desejável, ou seja, enquanto objeto

---

13. São Tomás de Aquino, *In div. nom.*, V, 1. Em *Opuscul.*, ed. Mandonnet, t. II, p. 489, são Tomás se refere expressamente ao texto do Êxodo nessa passagem (J. Durantel, *Saint Thomas et le Pseudo-Denis*, p. 138). Aqui, temos praticamente a certeza de que são Tomás força conscientemente Dionísio em seu sentido, porque ele viu claramente a diferença que separa a primazia platônica do bem da primazia cristã do ser: "Causa autem prima secundum Platonicos quidem est supra ens, inquantum essentia bonitatis et unitatis, quae est causa prima, excedit ipsum ens separatum, sicut supra dictum est; sed secundum rei veritatem, causa prima est supra ens, inquantum est ipsum esse infinitum", *In lib. de causis*, lect. VI.

ANALOGIA, CAUSALIDADE E FINALIDADE

possível de uma vontade; portanto, se quisermos compreender por que ele tende espontaneamente a se difundir e a se comunicar, teremos necessariamente de voltar à atualidade imanente do ser. Dizer que o ser é ao mesmo tempo ato e bem não é apenas mostrar que ele pode agir como causa, é sugerir com isso que ele contém uma razão de exercer esse poder causal. A perfeição da sua atualidade, pensada como bem, convida-o a comunicá-la livremente ao ser de seus efeitos possíveis[14]. Para retomar o ponto de vista an-

---

14. J. Chevalier vem insistindo faz tempo sobre a diferença radical introduzida entre o pensamento grego e o pensamento cristão pela noção de criação (*La notion du nécessaire chez Aristote et chez ses prédécesseurs*, Paris, Alcan, 1915). Estamos plenamente de acordo com ele sobre esse ponto, e o melhor que podemos fazer é remeter o leitor a seu livro. O que está na origem do universo cristão é a contingência radical de um ser soberanamente livre. Mas talvez convenha acrescentar que, se os pensadores cristãos conseguiram conceber Deus como um ser ao mesmo tempo *necessário* e *livre*, é porque eles conseguiram primeiramente conceber Deus como idêntico ao Ser. Consumada essa identificação, Deus permanece como o ser necessário, mas num sentido bem diferente do de Aristóteles: por ser a integralidade do ser, e o único ser que é isso, *ele é o único a quem a necessidade pertence*. Portanto não pode haver efeito de Deus que seja necessário numa filosofia cristã, porque não pode haver efeito de Deus que seja Deus, nem ser que seja o Ser. É por isso que, como Deus existe absolutamente, e é bom absolutamente, deve haver nele essa inclinação que o convida a se comunicar criando análogos do seu ser; no entanto, por mais poderosa que seja e até, se quiserem, infinita, ela se encontra, logo de saída, num plano que exclui o da necessidade. Porque é uma contradição em termos que haja uma relação necessária entre o Ser e os seres. Fora de Deus, não há nada mais que o contingente: "Dicendum quod, sicut divinum esse in se est necessarium, ita et divinum velle, et divinum scire; sed divinum scire habet necessariam habitudinem ad scita, non autem divinum velle ad volita. Quod ideo est, quia scientia habetur de rebus secundum quod sunt in sciente, voluntas autem comparatur ad res secundum quod sunt in seipsis. Quia igitur omnia alia habent necessarium esse secundum quod sunt in Deo, non autem secundum quod sunt in seipsis habent necessitatem absolutam, ita quod sint per seipsa necessaria: propter hoc, Deus quaecumque scit, ex necessitate scit; non autem quaecumque vult, ex necessitate vult", são Tomás de Aquino, *Sum. theol.*, I, 19, 3, ad 6m. Assim, o ser necessário não quer necessariamente senão a si (ibid., Resp.). No que concerne ao contingente, ele é livre, *precisamente porque é contingente na ordem do ser*. Essa seqüência de idéias é fortemente acentuada em Duns Scot e na escola scotista: "Deus cum sit a se, est infinitae

tropomórfico, cuja defesa tentei fazer acima, direi que aqui também a analogia humana pode em certa medida nos servir de guia, porque o que admiramos no artista, no herói ou no sábio é a atualidade transbordante do seu ser, que, pelos atos e pelas obras que ela engendra, se comunica a um mundo de seres menores, surpresos por contemplá-los. Mesmo sem recorrer a esse caso extremo, cada um de nós porventura não experimenta pessoalmente a verdade do princípio metafísico *operatio sequitur esse*? Porque ser é agir, e agir é ser. A liberalidade pela qual o bem se oferece é, no caso de um ser inteligível, a livre manifestação da energia pela qual o ser existe.

Claro, o homem não é apenas liberalidade, mas isso porque ele não é todo o ser; ele tem de tomar o que ele não é antes de dar o que ele é. Muitas vezes ele quer o bem de outrem para diminuir suas próprias deficiências e conservar-se ou crescer no ser; mas, ávido do que lhe falta, é generoso do que é, porque, na medida em que ele é, ele é bom[15]: *ens est diffusivum sui et communicativum*. Só que quem chega até aí tem de ir mais longe.

---

necessitatis; ergo quocumque alio non existente, non sequitur non esse. Si autem necessario aliquid a se distinctum causaret, posset non esse, ex defectus minus necessarii; ergo cum id sit plane impossibile, oportet Primum esse causam non necessario, sed libere et contingenter causantem", H. de Montefortino, *J. D. Scoti Summa theologica*, I, 19, 3, Resp. Cf. Duns Scot, *De primo principio*, V, n. 71, *b*, ed. Quaracchi, p. 675. Assim, a liberdade do ato criador funda-se diretamente na metafísica do Êxodo e, para lá da idéia judaico-cristã da onipotência divina (ver p. 99, nota 1), é à idéia judaico-cristã do Ser que é necessário remontar. Numa palavra, a perfeição de *um* ser, mesmo se fosse ele o Pensamento puro de Aristóteles, sempre implica necessidade, mas a perfeição do Ser implica ao mesmo tempo necessidade, infinitude e liberdade.

15. "Res enim naturalis non solum habet inclinationem respectu proprii boni, ut acquirat ipsum, cum non habet, vel ut quiescat in illo, cum habet; sed etiam ut proprium bonum in alia diffundat secundum quod possibile est", são Tomás de Aquino, *Sum. theol.*, I, 19, 3, Resp. É imediatamente depois que são Tomás acrescenta: "Unde videmus quo omne agens, in quantum est actu et perfectum, agit sui simile." É ele portanto que nos fornece nossa transição: a analogia do efeito à causa se deve ao fato de que a atualidade própria do agente é que é a fonte da sua causalidade.

A partir do momento em que se interpreta a causalidade como uma doação do ser, é-se necessariamente levado a estabelecer uma nova relação entre o efeito e sua causa, a da analogia. Os filósofos medievais não sentiam a mesma necessidade de justificar tal conseqüência; ela lhes parecia um fato evidente, que basta ler na experiência sensível mais corriqueira. Que um animal ou uma planta gere um animal ou uma planta da mesma espécie, que até mesmo fora dos reinos animal e vegetal o fogo acende o fogo e o movimento gera movimento, é algo que constatamos a todo instante. Mas a razão metafísica desse fato se impõe ao espírito de forma tão necessária quanto o fato se impõe aos sentidos, porque se o ser que causa, ao fazê-lo, apenas se comunica ao seu efeito e se difunde até ele, é novamente a causa que se encontra nele sob um novo modo de ser, com as diferenças devidas às condições de existência que lhe impõe a matéria em que se exerce sua eficácia. Há poucas fórmulas que se repetem com maior freqüência em são Tomás do que aquela em que essa relação se expressa; como tudo o que causa age conforme esteja em ato, toda causa produz um efeito que se assemelha a ela: *Omne agens agit sibi simile*. A similitude não é aqui uma qualidade adicional, contingente, que sobreviria sabe-se lá como para coroar a eficácia, ela é coessencial à própria natureza da eficiência, de que não é mais que o sinal exterior e a manifestação sensível.

Portanto, se o universo cristão é um efeito de Deus, e a noção de criação implica isso, ele deve ser necessariamente um análogo de Deus. Nada mais que um análogo, porque, se compararmos o ser por si ao ser causado em sua existência mesma, obteremos duas ordens de seres que não são capazes nem de adição, nem de subtração: eles são, rigorosamente falando, incomensuráveis, e é também por isso que são compossíveis. Deus não acrescentou nada a si com a criação do mundo e não retiraria nada de si com sua aniquilação; esses dois acontecimentos são de uma importância capital para os seres com que ocorrem, mas de nenhuma importância para o Ser a que eles não concernem de forma alguma enquanto ser[16]. Mas um análogo, apesar

---

16. A noção de *analogia* é uma das que oferecem maiores dificuldades ao leitor moderno de um tratado medieval; aliás, os pensadores da Idade Média estavam longe de concordar quanto à sua definição, e são Tomás não parece ter procurado elucidá-la completamente. O que podemos dizer é que ela exerce duas funções, uma que é unificadora, outra que é separadora. O análogo está sempre ao mesmo tempo ligado a seu princípio, por ser um análogo deste, e separado, por não ser mais que um análogo deste. Quando se fala, em particular, da analogia do ser, o que se quer dizer?

1º Quer-se dizer em primeiro lugar que, de saída e como de pleno direito, o ser é e não pode deixar de ser análogo. De fato, tudo o que existe é, enquanto realmente existente, distinto de qualquer outro ser. Quando se vai além do caso da existência particular para se elevar aos elementos comuns a vários seres, como as essências das espécies e dos gêneros, passa-se do que existe ao que não existe. Não que as espécies ou os gêneros não sejam nada, mas eles não têm existência que lhes seja própria. Em outras palavras, a existência de um ser lhe é própria como por definição, já que, se ela não lhe fosse própria, não seria sua e, por conseguinte, ele não existiria. Resulta daí que, quando se diz de uma coisa que ela é, a palavra ser necessariamente designa o ato de existir que pertence precisamente a essa coisa. O que equivale a dizer que, como nunca significa duas vezes o mesmo ser quando se aplica a seres diferentes, a palavra ser não é portanto uma palavra *unívoca*.

2º Por outro lado, não é uma palavra *equívoca*, porque, muito embora as existências sejam irredutíveis umas às outras, todas elas coincidem na medida em que são atos de existir. É por isso que se diz que o ser é *análogo* de um ser ao outro. Em que consiste essa relação de analogia? É uma relação entre proporções ou, como também se diz, uma proporcionalidade. O que há de comum entre a idéia do ser aplicada a Deus e a idéia do ser aplicada ao homem é que, assim como o ser de Deus é aquilo pelo que ele é, assim também o ser do homem é aquilo pelo que ele é. Isso não quer dizer que a relação de Deus com seu ser é a mesma que a do homem com seu ser: eles são, ao contrário, infinitamente diferentes; mas em ambos os casos a relação existe, e o fato de existir no interior de cada ser estabelece entre todos os seres uma analogia. É isso que é a *analogia do ser*, e vê-se logo por que ela não é mais que uma analogia de proporcionalidade, porque pode se estabelecer entre seres que não têm entre si nenhuma proporção, contanto que cada um deles seja em relação a si o que os outros são em relação a eles. A analogia causal, que se baseia na relação entre o efeito e a causa, é uma relação diferente, que estudamos logo depois do texto da lição. Convém recordar sempre que a semelhança da criatura com Deus nada mais é que a semelhança de um efeito cujo ser é tão-somente análogo ao ser da

de tudo, isto é, muito mais que um efeito a que se somaria como que acidentalmente uma semelhança com sua causa. Como o efeito de que se trata aqui é aquele que todos os

---

sua causa e, muito embora análogo, é *infinitamente* diferente dela. Ver são Tomás de Aquino, *Sum. theol.*, I, 13, 5, *Quaest. disp. de veritate*, qu. II, art. 11 e qu. XXIII, art. 7, ad 9^m. Sabe-se aliás que Duns Scot sustentou a univocidade do ser, mas trata-se de uma sistematização e de uma terminologia diferentes que deixam intacto o caráter puramente analógico da relação real entre as criaturas e Deus. Ele chama de *unívoco* todo conceito cuja unidade é suficiente para fundar uma contradição. Nesse sentido, dizer que o conceito de ser é unívoco significa que é realmente o ser que se atribui a Deus, como é realmente o ser que se atribui às criaturas. Existe portanto *univocidade do conceito*, mas diversidade radical de natureza. Os textos estão comodamente agrupados em H. de Montefortino, *J. D. Scoti Summa theologica*, I, 13, 5, t. I, pp. 318-22.

3º Sem a doutrina da analogia, a identificação entre Deus e o ser dá origem ao panteísmo. Isso ocorreu várias vezes desde a Idade Média. Ver, por exemplo, David de Dinant, em G. Théry, *David de Dinant*, Bibl. Thomiste, VI, Paris, J. Vrin, 1925, em particular o texto citado na p. 132 e o texto 5, p. 135, em que Deus é identificado com o ser em potência, isto é, com a matéria, precisamente porque é o ser. As dificuldades em que Mestre Eckhart se meteu mais tarde não têm outra origem. "Esse est Deus... Deus igitur et esse idem." Ver G. Della Volpe, *Il misticismo speculativo di maestro Eckhart nei suoi rapporti storici*, Bolonha, 1930, pp. 151-2. Ele também adere ao *ego sum qui sum*, mas deduz daí conseqüências no mínimo imprudentes, que na verdade são contraditórias com o princípio, pois, se Deus é o Ser, nada mais poderia sê-lo no mesmo sentido. Para ele, ao contrário, a essência das coisas está para o ser de Deus assim como a potência está para o ato e, conseqüentemente, eles são um como é una a união da potência e do ato (op. cit., p. 179). Cf. "Deus enim est esse. Constat autem quod esse est indistinctum ab omni eo quod est, et quod nichil est nec esse potest distinctum et separatum ab esse", G. Théry, *Le commentaire de Maître Eckhart sur le livre de la Sagesse*, em *Archives d'hist. doctr. et litt. du Moyen Âge*, t. IV, 1929-1930, Paris, J. Vrin, 1930, p. 257, nota. "Rursus vero et hoc notandum quod nihil tam unum et indistinctum quam Deus et omne creatum... Primo quia nichil tam indistinctum quam ens et esse (a essência e a existência) potentia et actus ejusdem, forma et materia. Sic autem se habet Deus et omne creatum", ibid., p. 255. Consultar sobre esse ponto a importantíssima nota 3, p. 256, em que G. Théry analisa com precisão os diversos sentidos da indistinção eckhartiana. Ver também G. Théry, *Édition critique des pièces relatives au procès d'Eckhart*, em *Archives...*, t. I, p. 172, e o texto 5, p. 193, onde Eckhart faz seu o texto do Êxodo. Inversamente, poder-se-ia mostrar que, se a idéia de *imagem divina* está no centro de tantas místicas medievais, a de

outros pressupõem – o próprio ser –, é em sua existência e substancialmente que a criatura é um análogo do criador.

É por isso que toda metafísica cristã requer o uso das noções de similitude e de participação, mas dá a elas um sentido muito mais profundo do que o platonismo, do qual as toma emprestadas, porque a matéria de que faz uso o Demiurgo do *Timeu* é tão-só informada pelas idéias de que participa, ao passo que a matéria do mundo cristão recebe de Deus sua existência ao mesmo tempo que a existência das suas formas. Não ignoramos que dificuldades podem se acumular sobre esse ponto, mas talvez não haja nenhuma dificuldade que por sua vez não suscite outras. Que a noção de participação repugne ao pensamento lógico é bem possível, pois toda participação supõe que o que participa é e não é aquilo de que participa. Mas será mesmo que o pensamento lógico não pressupõe, para seu exercício, ligações reais que é seu trabalho analisar, de sorte que não teria nada mais a fazer se elas não lhe fossem dadas? O próprio enunciado do princípio de contradição porventura não implica a presença no espírito da noção de participação e, por conseguinte também, sua inteligibilidade relativa? Se digo que uma mesma coisa não pode, ao mesmo tempo e sob determinado aspecto, ser ela mesma e seu contrário, integro à definição da coisa a presença das suas relações e suponho que o que é tal sob determinado aspecto pode ser tal sob outro. Aliás, de que me servirá o pensamento discursivo onde ele constata uma realidade que despreza as suas fórmulas? É nas coisas que está inscrito o problema do mesmo e do outro, e se a célebre questão *de eodem et diverso* desencorajou mais de um lógico medieval, não é esse um motivo para que o metafísico a es-

---

são Bernardo, por exemplo, é justamente porque possibilita uma deificação mística sem confusão de substância, passando o homem a ser então, sob a ação assimiladora dessa graça, unicamente o sujeito informado pela semelhança com Deus.

quive. Ora, a semelhança é um fato. Ninguém ousará negar que estamos num mundo que se presta à classificação, ou que até a requer, e com esse simples fato é toda a doutrina da participação que se reintroduz inevitavelmente na filosofia. Não há nada que seja apenas si, e a μίξις εἰδων está inscrita na definição de qualquer essência. Analisando as sínteses que lhe são dadas assim, o pensamento lógico não poderia ter a pretensão de dissolvê-las, porque vive delas. E se as negasse, não só não teria mais nada a dizer, mas nem poderia negá-las sem se negar a si mesmo, pois dizer apenas que A é A é admitir que o mesmo, sem deixar de ser o mesmo, pode se tornar outro sob determinada relação.

Objetar-se-á ainda às metafísicas da analogia que elas supõem uma materialização ingênua da causalidade. Crer que o mundo deva representar Deus como um retrato representa o modelo ou como um animal representa os que o geraram não é cair num estado de espírito pré-científico e raciocinar à maneira dos primitivos? Na realidade, talvez se tenha dado demasiada importância à era das idéias e, ainda que se demonstrasse que tal concepção é primitiva, o problema da sua legitimidade permaneceria intacto. O que seria surpreendente, porém, é que os modos primitivos de explicação imaginados pelos homens não exprimissem certas necessidades imperiosas do pensamento humano. Pode ser, e ninguém sonha contestar isso, que as noções de participação e de analogia se desenvolvam com uma exuberância excessiva nas cosmogonias primitivas ou mesmo medievais, que ostentem nelas sua crueza, sem crítica, sem método, sem justificação racional; mas daí não resulta que elas não correspondam a um aspecto autêntico do real e não sejam, por conseguinte, indispensáveis para explicá-lo ou simplesmente descrevê-lo, tanto mais que a ingenuidade da idéia de analogia é muito menor do que se costuma imaginar.

Os filósofos cristãos sempre tiveram o cuidado de distinguir várias espécies ou graus de analogia. A semelhança é a forma de analogia que mais impressiona a imaginação, mas não é a única, e pode haver analogia ainda que a semelhança não esteja presente. Quando observamos um retrato, podemos nos interessar em examinar a semelhança da imagem com seu modelo, porque ela às vezes existe; mas, se comparamos entre si os diversos retratos executados por um mesmo pintor, principalmente quando foram pintados na mesma época de sua vida, constatamos infalivelmente que todos se assemelham entre si, e só se parecem porque todos se parecem com o artista. E não só as obras de um mesmo artista se parecem com ele, mas também as obras dos seus alunos ou, como se diz, da sua Escola, porque na verdade é ele a causa delas e, nesse caso como em todos os outros do mesmo gênero, é algo do seu ser que, diretamente ou não, se comunicou aos seus efeitos. Nesse sentido, é verdadeiro dizer que todos os quadros de Rembrandt são retratos de Rembrandt pintados por ele mesmo, embora possam representar o *Ecce Homo*, o *Filósofo em meditação* ou os *Peregrinos de Emaús*.

É nesse sentido, parece, que convém interpretar o tema tão familiar na Idade Média de um universo em que se lêem em todas as coisas os vestígios da divindade. Ninguém contestará que a imaginação dos pensadores cristãos tenha aqui se dado livre curso. Com uma abundância extraordinária e uma alegria de poetas, Hugo de São Vítor, são Boaventura e Raimundo Lúlio empenham-se em desvendar na estrutura das coisas a ordem ternária que simboliza para eles a trindade do Deus cristão. O *Itinerário da alma rumo a Deus* se inspira, do começo ao fim, nesse princípio, e afirmou-se até que os tercetos da *Divina comédia*, esse espelho do mundo medieval, foram escolhidos pelo poeta para que sua obra, assim como o universo que descreve, fosse marcada até em sua própria matéria à semelhança de Deus. É difícil julgar tal estado de espírito sem levar em conta o princípio que o inspira. Onde parar na busca das analogias, a partir do momento em que se admite que há analogias? Os espíritos mais sóbrios, como são Tomás de Aquino, se recusam a ver provas na maioria das semelhanças acumuladas pelos grandes meditativos, sem no entanto se impedir de encontrar na substância, na forma e na ordem coessenciais às coisas a marca do Deus uno e trino que dela é o autor[17].

Resulta daí o que poderíamos chamar, com Newman, de caráter sacramental do mundo cristão[18]. Qualquer que seja a explicação da sua natureza em que nos detenhamos, ela sempre supera o plano físico da ciência para alcançar o plano metafísico e preparar a passagem ao plano místico. Não quero dizer com isso que ela ignore ou despreze as explicações puramente científicas e filosóficas; ao contrário, ela as acolhe, convoca-as com insistência, pois tudo o que elas lhe ensinam lhe ensina algo sobre Deus. O que quero dizer é que um filósofo cristão, além do ponto de vista que todo o mundo adota sobre o universo, admite a necessidade de outro ponto de vista que só pertence a ele. Como é por bondade que Deus dá aos seres serem, é por bondade que ele dá às causas serem causas, delegando-lhes assim alguma participação na sua potência, ao mesmo tempo que na sua atualidade. Ou antes, já que a causalidade decorre da atualidade, ele lhes confere uma pelo fato mesmo de lhes conferir a outra, de modo que o mundo físico em que vivemos oferece ao pensamento do cristão, como se fosse um reverso do seu fisicismo, uma outra face em que tudo o que se lê, de um lado, em termos de forças, de energias e de leis, se lê em termos de participações no ser divino e de analogias. Para quem compreende o sentido dessa idéia, o mundo cristão assume então o aspecto de um mundo sagrado, cuja relação com Deus está

---

17. São Tomás de Aquino, *Sum. theol.*, I, 45, 7, Resp.
18. Card. Newman, *Apologia pro vita sua*, Introdução. A expressão é retomada aqui num sentido mais metafísico do que em Newman, onde tem um sentido principalmente histórico, mas a relação das coisas com Deus, que ela designa, é substancialmente a mesma.

inscrita em seu ser, como em cada uma das leis que regem seu funcionamento.

Talvez não seja despropositado dissipar aqui um equívoco recentemente nascido, que o crescente interesse que se consagra às pesquisas de filosofia medieval ameaça propagar. A primeira Idade Média a que se voltaram as pesquisas é a dos românticos: um mundo pitoresco, efervescente e colorido, em que os santos andavam misturados à canalha, e que exprimia suas aspirações mais profundas na arquitetura, na escultura e na poesia. É também a Idade Média dos símbolos, em que o real desaparece sob os significados místicos de que os artistas e os pensadores o carregam, a tal ponto que o livro da natureza não é mais que uma espécie de Bíblia cujas palavras seriam as coisas. Bestiários, espelhos do mundo, vitrais e pórticos de catedrais se congraçam para descrever, cada qual na sua linguagem própria, um universo simbólico cujos seres, tomados em sua essência, não são mais que expressões de Deus. Por uma reação totalmente natural, o estudo dos sistemas clássicos do século XIII levou os historiadores a erigirem, contra essa visão poética do mundo medieval, a concepção científica e racional elaborada por Roberto Grosseteste, Roger Bacon e são Tomás de Aquino. Nada mais justo, pelo menos no sentido de que a partir do século XIII o universo da ciência começa a se interpor entre nós e o universo simbólico da alta Idade Média; mas seria um equívoco acreditar que ele o tenha suprimido ou mesmo tendido a suprimi-lo. O que aconteceu então foi, primeiramente, que as coisas, em vez de não serem mais que símbolos, tornaram-se seres concretos que, além da sua natureza própria, também eram dotados de significados simbólicos; e foi depois disso que a analogia do mundo com Deus, em vez de se exprimir apenas no plano das imagens e do sentimento, formulou-se em leis precisas e em noções metafísicas definidas. De fato, Deus penetrava tanto mais profundamente no mundo quanto mais conhecida se tornava a profundidade do mundo.

Para um são Boaventura, por exemplo, não há alegria que valha a contemplação de Deus na estrutura analógica dos seres. Mais sóbrio, são Tomás de Aquino exprime entretanto a mesma filosofia da natureza quando reduz a eficiência das causas segundas a não ser mais que uma participação analógica na eficiência divina. A causalidade física está para a criação assim como os seres estão para o Ser e como o tempo está para a eternidade. Assim, qualquer que seja o aspecto sob o qual a consideremos, na realidade só existe uma visão medieval do mundo, embora ela se exprima ora em obras de arte, ora em conceitos filosóficos definidos: a que santo Agostinho havia magistralmente esboçado em seu *De Trinitate* e que se prende diretamente a esta fórmula da Sabedoria (XI, 21): *omnia in mensura, et numero, et pondere disposuisti*[19].

É verdade que, ao sair dessa dificuldade, encontramos outra que não é menos temível. Se admitirmos a compossi-

---

19. Na realidade, há dois erros complementares a evitar neste ponto. O primeiro é o que vem de ser indicado: crer que a imagética simbólica cara aos artistas da Idade Média não era mais que uma fantasia da imaginação sem justificação metafísica. O outro seria crer que essa imagética tenha sido considerada e possa sê-lo hoje em dia como a *ciência* medieval. Esse erro histórico insustentável levaria a crer que os Bestiários ou os Lapidários eram, para os homens do século XIII, o modelo do conhecimento racional tal como o concebiam. Nada mais decepcionante, nesse sentido, do que o próprio título do livro de Ch.-V. Langlois, *La connaissance de la nature et du monde au Moyen Âge d'après quelques écrits français à l'usage des laïcs* [O conhecimento da natureza e do mundo na Idade Média segundo alguns escritos franceses para uso dos leigos], Paris, 1911. Roberto Grosseteste, Roger Bacon, Thierry de Vrieberg e Witelo escreveram tratados científicos, tratados cuja matemática nossos filólogos modernos por vezes teriam dificuldade de acompanhar, e eram eles que representavam a ciência para os homens do seu tempo, assim como ainda a representam para o nosso. A verdade é que, depois de ter dominado do século IX ao século XII, o simbolismo imaginativo subordinou-se progressivamente à explicação racional a partir do século XIII; mas nunca desapareceu – pois que ainda existe – e até pediu à razão que lhe fornecesse ao mesmo tempo sua justificação e seus limites. De acordo com a fórmula de são Boaventura, "creaturae possunt considerari ut res vel ut signa" (*In I Sent.*, 3, 3, ad 2[m]); um desses dois pontos de vista não exclui o outro.

bilidade dos seres e do Ser, e mesmo a possibilidade metafísica da doação do ser pelo Ser, falta tornar inteligível a razão moral de tal doação. A criação, dizíamos, é um ato de liberalidade. Seja. Mas de liberalidade com relação a quem? Como Deus é o bem soberano, que poderia ele se dar? Como a criatura não é nada, que poderia ele lhe dar? Em outras palavras, ainda que admitíssemos que uma causa eficiente da ação criadora fosse concebível, pareceria difícil encontrar-lhe uma causa final; ao problema da relação entre os seres e o Ser se acrescenta o problema da relação entre os bens e o Bem.

No entanto, mesmo nessa temível dificuldade, o pensamento cristão não está desprovido de recursos. Mais uma vez, ele vai se voltar para a Escritura a fim de aí ler uma solução do problema, que a razão só precisará reconstruir, como um geômetra analisa as condições de possibilidade de um problema supostamente resolvido. *Universa propter semetipsum operatur est Dominus*, foi para si mesmo que Deus fez tudo, diz o livro dos Provérbios (16, 4), e basta ler essa palavra para lembrar que, de fato, no caso único de Deus, em que a causa e o fim são uma só coisa, aquele que fez tudo só pode ter feito para si. Mas, se ele fez para si, que se torna a liberalidade da ação criadora e em que plano transcendente poderíamos situar essa contradição em termos: uma generosidade interessada?

É verdade dizer que toda concepção cristã do universo, qualquer que seja, é teocêntrica. Uma doutrina pode ressaltar esse traço com mais insistência do que outra, mas nenhuma poderia suprimi-lo sem perder com isso seu caráter cristão e sem se tornar, além disso, metafisicamente contraditória por esse fato mesmo. De fato, para quem reduz o bem ao ser, é ao ser, através do bem, que se reduz a finalidade. Em outras palavras, o bem nada mais é que a desejabilidade do ser, de tal sorte que o soberano desejável, pelo próprio fato de ser o soberano bem, se confunde por definição com o soberano ser. Portanto, se colocarmos uma causa criadora como requerida para a inteligibilidade do universo, a causa final dessa causa criadora só poderá ser ela mesma. Supor que Deus possa encontrar fora de si o fim do seu ato é limitar sua atualidade e, como a criação é a ação própria do Ser puro, é tornar a criação impossível. Assim, o bem em vista do qual Deus criou só pode ser o Ser mesmo, que sua perfeita atualidade torna criador: *universa propter semetipsum operatus est Dominus*.

No entanto, é preciso tomar cuidado com o que a noção de um ato do bem supremo implica. Naturalmente situados no plano que é o nosso, sempre raciocinamos como se a finalidade do Bem pudesse ser a de um bem. Ora, para os bens limitados que somos, para os quais a perfeição está no termo da ação como uma finalidade a ser adquirida, a maioria das nossas operações se consumam sob o signo da utilidade. É o que torna a ação divina quase incompreensível para nós. Para um ser que sempre tem ser a adquirir, é um mistério o ato de um bem que não tem mais nenhum bem a adquirir. E no entanto bastaria refletir sobre a noção de Soberano Bem para ver a necessidade de colocar esse ato incompreensível na origem das coisas, porque o caso em que o que age é o soberano bem também é o único caso em que a única finalidade possível do ato pode ser comunicar-se. Os seres sempre se estendem mais ou menos para se realizar; o Ser, como não poderia se realizar, não pode agir para nada mais que não seja se dar. Assim, é por uma metáfora por demais deficiente que às vezes se pôde falar do egoísmo divino como sendo o único egoísmo legítimo, porque não há egoísmo concebível senão onde ainda resta alguma coisa a ganhar. Bem diferente é a ação do Ser soberano que, sabendo-se soberanamente desejável, quer que existam análogos do seu ser para que existam análogos do seu desejo. O que Deus criou não foram testemunhas que o assegurassem da sua própria glória, mas seres que desfrutassem dela como ele próprio desfruta e que, participando do seu ser, participam com isso da sua beatitude. Portanto não é para ele, mas para nós, que Deus busca sua glória[20]; não é para ganhá-la, já que ele a possui, nem para aumentá-la, já que ela já é perfeita, mas para comunicá-la a nós.

Essas considerações conduzem a conseqüências cuja importância metafísica não se poderia exagerar. Nascido de uma causa final, o universo é necessariamente impregnado de finalidade, isto é, não seria de modo algum possível dissociar a explicação dos seres da consideração da sua razão de ser. É por isso que, apesar da resistência e da oposição às vezes violentas da filosofia e da ciência modernas con-

---

20. É nesse sentido que santo Agostinho interpreta os louvores que Deus faz a si próprio na Escritura. Eles não lhe dão a saber nada de novo e não o tornam maior, porque ele está acima de tudo, mas nos servem para melhor conhecê-lo, e é a nós portanto que são úteis. Essas declarações são reproduzidas por são Tomás, que as fez suas e as resume numa fórmula notável: "Sicut Augustinus dicit super illud Joann. 13: *vos vocatis me Magister et bene dicitis* (tract. 58): 'periculosum est sibi placere cui cavendum est superbire: ille autem, qui super omnia est, quantumcumque se laudet, non extollit se: nobis namque expedit Deum nosse, non illi: nec eum quisque cognoscit, si non se indicet ipse qui novit'; unde patet, quod Deus suam gloriam non quaerit propter se, sed propter nos", são Tomás de Aquino, *Sum. theol.*, II^a-II^{ae}, 132, ad 1^m. É a mesma interpretação que são Tomás dá da palavra dos Provérbios (16, 4): "Sed primo agenti, qui est agens tantum, non convenit agere propter acquisitionem alicujus finis; sed intendit solum communicare suam perfectionem, quae est ejus bonitas", *Sum. theol.*, I, 44, 4, Resp. Eis em que sentido *universa propter semetipsum operatus est Dominus*, porque se ele só age para se dar, os seres que ele cria só agem para adquiri-lo. Em toda filosofia cristã autêntica, essa palavra quer portanto dizer: "quod divina bonitas est finis omnium corporalium" (*Sum. theol.*, I, 65, 2, Sed Contra e Resp.) e, com maior razão, "incorporalium". Cf. são Boaventura: "Finis conditionis rei sive rerum conditarum principalior est Dei gloria sive bonitas quam creaturae utilitas. Sicut enim patet Proverbiorum decimo sexto: *Universa propter semetipsum operatus est Dominus*; sed non propter suam utilitatem vel indigentiam, quia Psalmus (XV, 2): *Dixi Domino, Deus meus es tu, quoniam bonorum meorum non eges*: ergo propter suam gloriam; non, inquam, propter gloriam augendam, sed propter gloriam manifestandam et propter gloriam suam communicandam; in cujus manifestatione et participatione attenditur summa utilitas creaturae, videlicet ejus glorificatio sive beatificatio", *In II Sent.*, I, 2, 2, 1, Resp., ed, Quaracchi, t. II, p. 44. Comparar: *Westminster Confession of Faith*, cap. II, 2.

tra o finalismo, nunca o pensamento cristão renunciou nem renunciará à consideração das causas finais. Sem dúvida, pode-se sustentar com Bacon e Descartes que, mesmo se há causas finais, o ponto de vista da finalidade é cientificamente estéril: *causarum finalium inquisitio sterilis est et tanquam virgo Deo consecrata nihil parit*[21]. Mas antes, como veremos mais tarde, talvez haja uma dissensão fundamental entre Bacon e a Idade Média sobre a noção mesma de filosofia, e sobretudo é para Deus que o pensamento cristão conserva zelosamente essa virgem, cuja presença vela pela inteligibilidade do mundo, quando ela não gera para o homem nenhum desses resultados práticos que Bacon tanto aprecia. Criticar o finalismo por sua esterilidade científica, supondo-se inclusive que ela seja tão completa quanto se diz, é desconhecer o que chamaremos mais tarde de primado da contemplação e confundir planos que, a nosso ver, continua sendo absolutamente necessário distinguir.

Talvez seja até fazer pior que isso. Como já dissemos, ninguém pensa defender as incontáveis ingenuidades dos finalistas, tampouco sustentar que uma explicação pela causa final possa ser uma explicação científica[22]; em hipó-

---

21. F. Bacon, *De augmentis scientiarum*, III, 5.
22. Encontramos, de resto, nas filosofias medievais poucos desenvolvimentos sobre as "maravilhas da natureza". Tal idéia é anterior ao cristianismo e não foi ignorada pela Idade Média, mas foi principalmente no século XVII que ela se tornou um método filosófico para provar a existência de Deus. Fénelon contribuiu amplamente para popularizá-lo com seu *Traité de l'existence de Dieu*, parte 1, cap. II, "Provas da existência de Deus tiradas da consideração das principais maravilhas da natureza". A influência de Cícero, *De natura deorum*, lib. II, é sensível nessa obra. No século XVIII, o tema é ilustrado por Bernardin de Saint-Pierre, *Études de la nature*, Paris, 1784. Estimando que a descoberta das causas eficientes é impossível e que persegui-las é tão funesto para a ciência quanto para o sentimento religioso, ele declara que o Autor da natureza nos convida à busca das causas finais: "Não obstante o desprezo que os filósofos tenham pelas causas finais, elas são as únicas que ele nos dá a conhecer. Ele nos escondeu todo o resto", op. cit., 3ª ed., 1789, Étude IX, t. II, p. 18. Daí suas célebres "harmonias da na-

tese alguma, o conhecimento do porquê, mesmo se fosse possível, nos dispensaria do conhecimento do como, o único pelo qual a ciência se interessa. Descartes disse a esse respeito coisas bastante fortes, sobre as quais não há por que tornar. Em compensação, há e sempre haverá que tornar sobre a questão de saber se existe ou não um porquê na natureza. Ora, temos certeza de que existe um no homem, que é incontestavelmente uma parte da natureza, e, desse ponto de vista, tudo o que nos parecia verdadeiro no que concerne à analogia nos parece muito mais evidente ainda no que tange à finalidade. Em todas as suas ações, o homem é uma testemunha viva da presença da finalidade no universo, e se é uma ingenuidade raciocinar antropomorficamente, como se toda operação natural fosse obra de um super-homem desconhecido[23], talvez seja uma ingenuidade de outra ordem negar universalmente a causalidade dos fins em nome de um método que não se permite reconhecê-la onde ela existe. O porquê não dispensa o como, mas quem só busca o como pode se espantar por nunca encontrar o porquê? Pode, sobretudo, se espantar por não conseguir lhe dar o gênero de inteligibilidade que somente o como comporta, ali onde ele se encontra? Seja como for no que concerne a esse ponto, o pensamento cristão nunca variou em sua atitude em relação a esse problema. Fiel a seus princípios, ele sentiu-se à vontade no mundo de Platão e Aristóteles, que, por sua vez, recebia dele pela primeira vez sua racionalidade completa. Abaixo do ho-

---

tureza" e as ingenuidades que elas contêm. Esse gênero de argumentos está caduco. Mais ainda, mesmo onde é possível discernir uma finalidade, o conhecimento que dela temos não poderia interessar à ciência, a não ser como um auxiliar para a descoberta do como, descoberta essa que só permite a ação sobre a natureza onde esta ação é possível.

23. Sobre as razões de um retorno possível à finalidade como método científico de explicação, ver A. Reymond, em *Études sur la finalité*, Lausanne, La Concorde, 1931, pp. 79-107, e L. Plantefol, em *La méthode dans les sciences*, Paris, Alcan, 1930: *La biologie végétale*.

ANALOGIA, CAUSALIDADE E FINALIDADE

mem, que age tendo em vista fins conhecidos, a filosofia medieval sempre colocou o animal, que fins percebidos determinam, e o mineral, que seus fins agem, isto é, que os sofre sem conhecê-los[24]. Mas acima do homem sempre colo-

---

24. Para compreender o sentido exato do finalismo medieval, convém notar certo número de pontos importantes.

1º A filosofia não tem de ditar à ciência seus métodos, é à própria ciência que cabe julgar que procedimentos de pesquisa e que métodos de explicação são adequados ao tipo de conhecimento que ela busca. Assim, se os cientistas renunciam ao finalismo – e na verdade não renunciam tanto quanto proclamam –, eles têm todo o direito de fazê-lo e o filósofo não tem nada a dizer sobre esse ponto, que não é da sua competência. Inversamente, se há razões filosóficas para admitir a existência da finalidade no universo, o cientista não lhe poderia proibir de levá-la em conta a pretexto de que essa finalidade não se deixa analisar nem reconstruir cientificamente.

2º Na perspectiva do filósofo, há finalidade toda vez que, num todo dado, nem cada elemento tomado à parte, nem por conseguinte a soma deles bastam para explicar a existência do todo. A análise e a reconstituição do todo por métodos mecanicistas talvez bastem à explicação científica, mas, mesmo onde fosse possível, essa análise exaustiva deixaria em aberto duas questões: a existência de elementos aptos a entrar em sínteses e a ordem desses elementos na síntese. É por isso que são Tomás acreditou que podia provar a existência de Deus como causa da existência da ordem, e poderíamos inclusive acrescentar que ele é requerido como causa da aptidão dos elementos à ordem.

3º Se o antropomorfismo é inevitável em nossa concepção da finalidade, porque o que melhor conhecemos, e de dentro, é a finalidade que sintetiza os elementos do ato humano, não nos é vedado criticar nosso antropomorfismo. Nem científica nem filosoficamente, temos hoje motivos para admitir uma finalidade consciente nos seres inorgânicos, nem nos seres orgânicos não dotados de conhecimento. A finalidade só aparece onde há conhecimento, isto é, em forma embrionária nos animais e com plena nitidez no homem. É por isso que, quando o sujeito da finalidade consciente busca a causa da finalidade inconsciente, ele não pode evitar concebê-la como análoga à sua. Ora, é o caso de lembrar aqui o que é a analogia da proporcionalidade: Deus está para a sua finalidade assim como nós estamos para a nossa, mas nós não sabemos como ele está para a sua finalidade, só sabemos que está. Foi por ter esquecido essa ignorância que se acreditou ser possível encontrar sua finalidade e que se prestaram a Deus "desígnios" ora raciocinais, mas incertos, ora até irracionais ou absurdos do simples ponto de vista do homem. A concepção medieval da finalidade não seguiu desvios desse gênero, que supõem, ao contrário, o desconhecimento do seu verdadeiro sentido. (Sobre a noção de finalidade, ver R. Dalbiez, *Le transformis-*

cou Deus, cuja ação transcendente à nossa não se rege por fins, mas coloca simultaneamente no ser os fins e os meios, sem outra razão que a de comunicar sua beatitude ao mesmo tempo que sua inteligibilidade.

É por isso que, do mesmo modo que é um universo sacramental, o mundo cristão, tal como a Idade Média o concebe, é um universo *orientado*; e continuou sendo ambos, qualquer que seja a época da sua história que consideremos, cada vez que o pensamento cristão retomou consciência da sua verdadeira natureza. Consideradas em relação a essa estabilidade fundamental, as revoluções impostas pela ciência à nossa representação do universo aparecem como acidentes sem maior importância. Quer a terra gire ou não, quer ela esteja ou não no centro do mundo, quer as energias psicoquímicas de que ela é palco se revelem a nós sempre mais fecundas, nada pode fazer que, para o pensa-

---

me et la philosophie, em *Le transformisme*, Paris, J. Vrin, 1927, pp. 174-9, e R. Collin, *Réflexions sur le psychisme*, Paris, J. Vrin, 1929, pp. 192-8).

4º Seria outra questão, não desprovida de interesse, pesquisar se a explicação mecanicista não comporta tanto antropomorfismo quanto a explicação finalista. Porque, se o *homo faber* tem fins, ele aplica o mecanicismo à realização destes, e seu mecanicismo impregnou sua concepção da natureza tanto quanto seu finalismo. Langevin dizia recentemente: "Estamos neste momento diante de uma nova crise do mecanicismo. Gostaria antes de mais nada de ressaltar o que há de antropomórfico e de ancestral no mecanicismo em sentido generalizado e nas noções fundamentais que ele introduz, como a de ponto material concebido como limite, de objeto individualizado; como a de força, etc." (*Bulletin de la Société française de philosophie*, 30º ano, nº 2, abril-junho 1930, p. 58). Sem querer utilizar a idéia de P. Langevin para fins que não são os dele, porque ele pretende eliminar o que resta de antropomorfismo na ciência, e não acrescentar mais (ibid., pp. 61-2), podemos considerar que sua sugestão merece ser meditada. O que torna o problema obscuro é a imprevisibilidade atual do aspecto que a ciência adquirirá quando houver eliminado o antropomorfismo do mecanicismo, supondo-se que ela não substitua por um mais sutil o mais grosseiro de que ela se terá livrado. Quando o senhor Langevin acrescenta: "Não se deve abandonar a imagem, mas modificá-la" (p. 70), podemos nos perguntar se a presença necessária da imagem não implicará sempre a presença de um resíduo de antropomorfismo e, inclusive, se a noção de uma ciência não antropomórfica elaborada por um intelecto humano tem um sentido concebível.

mento cristão, as coisas não sejam vestígios de Deus e como que os rastros deixados pela ação criadora em sua passagem. Pascal não era completamente ignorante do que é uma explicação científica; no entanto, em pleno século XVII, e depois de Descartes, ele ainda ousava escrever que "todas as coisas encobrem algum mistério; todas as coisas são véus que cobrem Deus"[25]. Nesse sentido, o próprio finalismo cristão é um corolário imediato da noção de criação, a tal ponto que se pode dizer que a noção de causa final só adquire seu sentido pleno no universo suspenso à liberdade do Deus da Bíblia e do Evangelho. Porque só há finalidade verdadeira se a inteligência estiver na origem das coisas e se essa inteligência for a de uma pessoa criadora[26]. Mas a noção de pessoa só se oferecerá mais adiante à nossa consideração. Por ora, temos antes de examinar que natureza incumbe a um universo nascido da onipotência do Ser e, particularmente, a bondade essencial que lhe pertence de pleno direito.

---

25. B. Pascal, *Pensées et opuscules*, ed. L. Brunschvicg, ed. Min., 4ª ed., p. 215.
26. Maine de Biran, em *Maine de Biran, sa vie et ses pensées*, ed. E. Naville, Paris, 1857; Journal intime du 15 mars 1821, p. 349.

CAPÍTULO VI

O otimismo cristão

É uma opinião muito difundida a de que o cristianismo é um pessimismo radical, na medida em que nos ensina a desesperar do único mundo que temos certeza de que existe, convidando-nos a depositar nossas esperanças num outro, que nunca saberemos se existirá. Jesus Cristo não cessa de pregar a renúncia total aos bens deste mundo; são Paulo condena a carne e exalta o estado de virgindade; os Padres do Deserto, como que transtornados por seu ódio insano à natureza, vivem uma vida cuja simples descrição equivale à negação radical de todos os valores sociais ou simplesmente humanos; enfim, a Idade Média, codificando de certo modo as regras do *contemptus saeculi*, nos fornece sua justificação metafísica. O mundo, infectado que está pelo pecado, encontra-se corrompido até a medula; ruim por essência, ele é o que deve ser evitado, negado, destruído. São Pedro Damião e são Bernardo condenam tudo o que pretende se afirmar em nome da natureza; atendendo ao apelo deles, milhares de rapazes e moças fugiram para a solidão, salvo os que seguiram são Bruno aos ermos de Chartreuse; outras vezes são famílias já constituídas que se desfazem, e seus membros, entregues a si mesmos, usam da sua liberdade para mortificar seus corpos, embotar seus sentidos, refrear até o exercício da razão pela qual são homens. *Ubi solitudinem fecerunt, pacem appellant.* Essa aspiração insensata de gerações inteiras ao nada não é o fruto normal da pregação cristã? Mas a negação dessa negação, a recusa dessa recusa não é uma das afirmações essenciais da consciência moderna? A aceitação da natureza, a confiança no valor profundo de todas as suas manifestações, a esperança no seu progresso indefinido, se somos capazes de ver o que ela tem de bom para dela tirar o melhor, numa palavra, a afirmação da bondade radical do mundo e da vida – eis o otimismo moderno em sua oposição radical ao pessimismo cristão. A Renascença trouxe de volta os deuses gregos, ou pelo menos o espírito que lhes havia dado nascimento; contra Pascal, temos Voltaire[1], e contra são Bernardo, temos Condorcet.

Talvez houvesse algo a dizer sobre a perfeita serenidade do mundo grego, mas as limitações do seu otimismo

---

1. Voltaire estima que Pascal escreveu seus *Pensamentos* para "mostrar o homem numa luz odiosa" (*Primeiras observações sobre o pensamento do sr. Pascal*, 1728) e que ele "imputa à essência da nossa natureza o que só pertence a alguns homens". Voltaire teria razão, se Pascal não houvesse distinguido – o que talvez deveria ter feito com maior nitidez – entre a *essência* do homem, que é boa, e seu *estado*, que é mau em conseqüência do pecado original. Voltaire percebe-o muito bem, e é por isso que todo o peso da sua crítica recai sobre o pecado original. Aliás, seu otimismo é dos mais moderados, como podemos ver por sua descrição de um homem feliz: "Há muitos homens tão felizes quanto ele. Dá-se com os homens o mesmo que com os animais: este cachorro dorme e come com sua dona; aquele faz girar o espeto* e está igualmente satisfeito; aquele outro fica raivoso, e matam-no." Mais tarde, a conclusão do *Poema sobre o desastre de Lisboa* (1755) será um protesto contra o otimismo absoluto de Leibniz e se aproximará muito do otimismo cristão:

"O passado é para nós uma triste lembrança;
O presente é terrível, se não há futuro,
Se a noite do túmulo destrói o ser que pensa.
Um dia tudo ficará bem, eis nossa esperança:
Tudo vai bem hoje, eis a ilusão.
Os sábios se enganavam, só Deus tem razão."

É até fácil encontrar autênticos cristãos mais otimistas.

* Nos tempos de Voltaire, costumava-se usar um cachorro atrelado a uma roda para fazer girar o espeto da churrasqueira. (N. do T.)

sem dúvida aparecerão melhor num plano mais filosófico, mas não é este o momento de discuti-lo. Em compensação, é bom assinalar desde já que, quando se trata de determinar o eixo médio do pensamento cristão, não são unicamente os heróis da vida interior que convém consultar. Mais ainda, pode ser perigoso consultá-los sem referi-los ao dogma cristão com que eles se identificam e que permite situar numa perspectiva verdadeira a natureza da sua atividade. Por maior que seja um são Bernardo e por mais indispensável que seja o próprio Pascal, eles não poderiam substituir sozinhos a longa tradição dos Padres da Igreja e dos filósofos da Idade Média. Aqui como em outras oportunidades, as testemunhas por excelência são santo Agostinho, são Boaventura, são Tomás e Duns Scot, sem esquecer a própria Bíblia, em que todos se inspiraram.

De fato, basta ler o primeiro capítulo do Gênese para descobrir o princípio que será o ponto de apoio inabalável do que proponho chamar de *otimismo cristão*. Somos postos imediatamente diante do fato capital da criação, e é o próprio Criador que, olhando para a sua obra de cada dia, afirma não apenas que foi ele que a fez mas também que, por ter sido ele quem a fez, ela é boa: *et vidit Deus quod esset bonum*. Depois, abraçando num só olhar o conjunto dessa obra ao anoitecer do sexto dia, Deus pode prestar-se pela última vez esse mesmo testemunho e proclamar que sua criação é muito boa: *viditque Deus cuncta quae fecerat et erant valde bona* (Gn 1, 31). Eis aquela que é, desde o tempo de santo Ireneu, a pedra angular do otimismo cristão. Como em qualquer outra passagem, não encontramos aqui nenhuma metafísica, mas com que rejeitar muitas metafísicas, enquanto não se constrói uma. Todas as seitas gnósticas que atribuem a um demiurgo inferior a responsabilidade pela criação, para melhor absolver Deus da reprovação por ter criado um mundo ruim, são imediatamente condenadas como anticristãs. Obra de um Deus bom, o mundo não poderia ser explicado como resultado de um erro inicial, de uma queda, de uma ignorância ou de uma defecção quaisquer[2]. Mais ainda, Irineu compreende e diz claramente que o otimismo cristão é uma conseqüência necessária da idéia cristã de criação. Um Deus bom, que faz tudo de nada e confere gratuitamente aos seres que cria, não só sua existência, mas até sua ordem, não está exposto a nenhuma causa intermediária, e, por conseguinte, inferior, entre ele e sua obra[3]. Como ele é seu único autor, assume sua plena responsabilidade. E pode fazê-lo, porque ela é boa. Resta saber o que prova filosoficamente que ela o é.

É bem sabido que esse problema foi um dos que atormentaram mais cruelmente o pensamento do jovem Agostinho. Ele também encontrou de início o gnosticismo, sob a forma do dualismo maniqueísta, do qual se libertou no dia em que saiu da seita a que havia aderido por algum tempo[4].

---

2. "Hoc initium et causam fabricationis mundi constituens bonitatem Dei, sed non ignorantiam, nec Aeonem qui erravit, nec labis fructum, nec Matrem plorantem et lamentantem, nec alterum Deum vel Patrem", Irineu, *Adv. haereses*, III, 25, 5. "... neque per apostasiam, et defectionem et ignorantiam...", op. cit., V, 18, 2. Fílon, o Judeu, havia adotado uma atitude análoga à dos gnósticos vinculando ao Logos, princípio inferior a Deus, a origem do mal. Ver É. Bréhier, *Les idées philosophiques et religieuses de Philon d'Alexandrie*, 2ª ed., Paris, J. Vrin, 1925, pp. 99 e 130.

3. "... Deus omnipotens qui omnia condidit per Verbum suum et aptavit et fecit ex eo quod non erat ad hoc ut sint omnia", Irineu, *Adv. haereses*, I, 22, 1. "Quoniam homines quidem de nihilo non possunt aliquid facere, sed de materia subjacenti; Deus autem, quam homines hoc primo melior, eo quod materiam fabricationis suae, quum ante non esset, ipse adinvenit." Op. cit., II, 10, 4. "... est substantia omnium voluntas ejus." Op. cit., II, 30, 9. "... per illius providentiam unumquodque eorum, et habitum, et ordinem, et numerum, et quantitatem accipere et accepisse propriam, et nihil omnino neque vane, nec ut provenit factum aut fieri, sed cum magna aptatione et conscientia sublimi, et esse admirabilem rationem et vere divinam, quae possit hujusmodi et discernere et causas proprias enuntiare." Op. cit., II, 26, 3.

A posição de Irineu foi caracterizada como um "otimismo extremo" (P. Beuzart, *Essai sur la théologie d'Irénée*, Paris, E. Leroux, p. 41). Nada é mais justo.

4. Santo Agostinho, *Confissões*, IV, 15, 25-26; VII, 3, 4-5, e 5, 7. Sobre o dualismo maniqueísta e sua influência sobre santo Agostinho, ver P. Alfaric, *L'évolution intellectuelle de saint Augustin*, pp. 95-101 e 215-5. Encontra-

Mas, apesar de libertado do gnosticismo de Manés, ele não se via livre de toda dificuldade, porque continuava a se perguntar como explicar a presença do mal num universo criado por Deus. Se Deus não existe, de onde vem o bem? Mas se Deus existe, de onde vem o mal? Para essa questão, Plotino sugeria uma resposta cujas origens remontam a bem longe na tradição grega, mas que sem dúvida adquiria consistência em seu espírito sob a influência desse gnosticismo mesmo que ele tantas vezes combatera. Por que não admitir que o princípio do mal é a matéria? Como o ser é o bem, o que é o contrário do ser é necessariamente o mal. Em certo sentido, pois, a matéria é um não-ser, mas seu não-ser é precisamente um não-ser platônico, isto é, não exatamente uma não-existência, mas um não-bem. É isso que permite a Plotino sustentar simultaneamente que a matéria pertence ao âmbito do não-ser e que, no entanto, é o princípio real do mal[5]. Para o jovem Agostinho, tão cheio

---

mos um dualismo bem parecido ao dos maniqueístas em Plutarco, *De Iside et Osiride*, cap. XLV, ed. Teubner, t. II, pp. 517-9. Mesma incerteza em Fílon de Alexandria, cujo Deus abandona às "forças inferiores da criação" o cuidado de formar na alma racional o que a levará ao mal. Cf. J. Martin, *Philon*, Paris, 1907, pp. 82-3.

5. Plotino, *Enéadas*, I, 8 (trad. fr. É. Bréhier, t. I, p. 130); ver em particular os cap. X-XV (ed. cit., pp. 126-30). Sobre a autenticidade desses capítulos, ver a advertência de É. Bréhier, pp. 113-44. Sobre a doutrina do mal em Plotino, em sua oposição à de santo Agostinho, consultar R. Jolivet, *Essai sur les rapports entre la pensée grecque et la pensée chrétienne*, pp. 102-11.

Aqui só se levam em conta as doutrinas com as quais o pensamento cristão entrou em contato em seu período de formação. No que diz respeito às doutrinas anteriores, em cuja influência indireta poder-se-ia pensar, convém dizer que Platão não deixou nenhuma solução sistemática para o problema da origem do mal. Aristóteles atribui a seu mestre um franco dualismo, isto é, o reconhecimento de dois princípios das coisas, um bom, o outro mau, e coloca-o ao lado de Empédocles e de Anaxágoras nesse ponto (Aristóteles, *Metafísica*, A, 6, 988a 7-17). De acordo com esse testemunho, a matéria é que seria o princípio do mal no platonismo (loc. cit., 10). É difícil encontrar em Platão um texto claro para justificar essa asserção. O *Timeu* não contém nada de preciso sobre a matéria, que nem sequer menciona. No entanto, é grande a tentação de considerar o Caos que o Demiurgo ordena como seu equivalente, e talvez seja o que Aristóteles tenha em mente. O que leva a crer

O OTIMISMO CRISTÃO

de admiração por Plotino, que tentação uma doutrina como essa! Reduzir o mal à matéria, acrescentando que ela não é quase nada, não é porventura a maneira mais simples de explicar o que há de necessariamente defeituoso no mundo? E por que não aceitar uma solução tão elegante?

Simplesmente porque não é uma solução. A resposta de Plotino é perfeitamente coerente com o conjunto do seu sistema, porque seu Deus não é um Deus criador, no

---

nisso é um texto do *Político* (273b), em que, sem que a palavra matéria seja pronunciada, a idéia dela é sugerida (τὸ σωματοειδὲς τῆς συγκράσεως αἴτιον), aplicada a algo muito parecido com o Caos do *Timeu* e invocada para explicar a presença da desordem na natureza. Poderíamos citar ainda o texto da *República* (II, 379c), em que Platão diz que o Deus é causa dos bens que nos chegam em pequeno número, mas que para o grande número de males que nos ocorrem é preciso procurar outra causa; só que não diz qual e, como essa causa poderia ser os erros do homem, esse texto não é decisivo. Talvez a *Carta a Dionísio* (II, 313a), autêntica ou não, é que dê o tom justo, quando diz que Platão refletiu muito sobre o problema do mal em geral, mas nunca o resolveu.

O próprio Aristóteles às vezes se exprime em termos muito próximos dos que os pensadores cristãos adotarão. O mal, diz ele, não existe na natureza (*Metaf.*, 9, 1051a 17-18). De fato, o ato é ser e o ser é bom. No entanto, como introduz a noção de matéria e a define pela potencialidade que a opõe ao ato, Aristóteles se vê levado a vincular o mal à matéria. Ele não diz que ela seja má, mas ela é o princípio de mutabilidade e de contingência que se opõe à forma e à sua necessidade. É por causa da potencialidade da matéria em que ela se realiza que há corrupções, alterações, monstros da natureza etc. Pode-se dizer que, sem ser má por si, a matéria torna a desordem possível e, em certo sentido, inevitável; há portanto nela um elemento de maleficência (κακοποιόν, em *Física*, A, 9, 192a 15). O que separa Aristóteles do cristianismo nesse ponto é que, para santo Agostinho, a matéria não é nem mesmo a causa da possibilidade do mal, nem a razão da sua existência; ela não implica, por si, nenhum convite à desordem. Tal como Deus o criou, o mundo material era excelente, *valde bonum*, e teria continuado a sê-lo, se uma falta, nascida no reino do espírito e não no da matéria, não houvesse introduzido a desordem até na própria matéria. Em outras palavras, o universo eterno e incriado de Aristóteles, com sua matéria que opõe uma eterna resistência à diferença da forma, difere profundamente do universo criado dos filósofos cristãos, em que a matéria participa diretamente da perfeição do ser divino e, por mais modesta que seja, é a imagem deste.

O tratado de Salústio, Περὶ Θεῶν καὶ χόσμου (ver acima, p. 80, nota 29), exprime-se no capítulo XII de uma maneira bem cristã, mas é posterior ao cristianismo e pode ter sofrido a influência dele.

sentido bíblico e cristão da expressão. Ele não é responsável pela existência da matéria, logo não é tampouco responsável por sua natureza, e ela pode ser má sem que ele próprio seja mau. Mas como Agostinho desculparia um Deus criador por ter feito a matéria má ou até por tê-la deixado má, se foi assim que ele a encontrou?[6] É por isso que, refletindo sobre os princípios filosóficos de Plotino à luz da revelação bíblica, Agostinho consegue rapidamente superá-los[7]. Admitir que a matéria é ao mesmo tempo criada e má é um pessimismo impossível e literalmente contraditório em regime cristão. O que nos importa aqui, principalmente, é ver como esse otimismo religioso se transforma em otimismo metafísico e, para sabê-lo, basta pedir o segredo a santo Agostinho. Ora, mais uma vez, o segredo vamos encontrá-lo no Êxodo.

O que santo Agostinho discerniu e exprimiu maravilhosamente é que a matéria não poderia ser considerada ruim,

---

6. "Unde est malum? An unde fecit ea, materies aliqua mala erat, et formavit atque ordinavit eam, sed reliquit aliquid in illa, quod in bonum non converteret? Cur et hoc? An impotens erat totam vertere et commutare, ut nihil male remaneret, cum sit omnipotens? Postremo cur inde aliquid facere voluit ac non potius eadem omnipotentia fecit, ut nulla esset omnino?", santo Agostinho, *Confissões*, VII, 5, 7.

7. Santo Agostinho, *Confissões*, VII, 11, 17 a 16, 22. Costuma-se interpretar esse desenvolvimento como se Agostinho atribuísse à sua leitura dos livros platônicos a descoberta dessa verdade, que tudo o que é, é bom: "Ergo si omni bono privabuntur, omnino nulla erunt: ergo quandiu sunt, bona sunt. Ergo quaecumque sunt, bona sunt, malumque illud, quod quaerebam unde esset, non est substantia quia, si substantia esset, bonum esset." Op. cit., VII, 21, 18. No entanto, Agostinho não diz ter lido nesses livros platônicos que a matéria é boa, ou mesmo que ela não é má; ele não diz nem sequer ter lido o que descobriu então de verdade atinente ao problema do mal. O resumo do que ele deve às suas leituras pára nas *Confissões*, VII, 9, 15: "Inveni haec ibi et non manducavi." Depois, trata-se de conclusões obtidas após essa leitura, mas por reflexão pessoal e com a ajuda de Deus: "Et inde admonitus redire ad memetipsum, intravi in intima mea duce te et potui, quoniam *factus es adjutor meus.*" Portanto, é Deus, e não mais Plotino, que lhe serve de guia aqui. É por isso que o problema, aliás tão engenhosamente discutido e resolvido por R. Jolivet (*Essai sur les rapports entre la pensée grecque et la pensée chrétienne*, p. 113, n. 2), na realidade nem sequer se coloca.

mesmo se não víssemos nela mais que um simples princípio de possibilidade e de indeterminação. Suponhamo-la reduzida ao mínimo, inteiramente informe e sem nenhuma qualidade; ela continua a ser pelo menos certa capacidade da forma, uma aptidão a recebê-la. É pouco, sem dúvida, mas é mais que nada. Vamos mais longe. Ser capaz de tornar-se bom não é ser muito bom, mas já é sê-lo e, em todo caso, não é ser mau. É melhor ser sábio do que poder sê-lo, mas já é uma qualidade poder vir a sê-lo[8]. Tais razões dialéticas valem seguramente por si mesmas, mas só adquirem todo o seu peso ligadas ao princípio que as funda e as coloca em seu lugar no conjunto da filosofia cristã: se a matéria é boa, podemos ter certeza de que ela é obra de Deus, e é aí que os maniqueus se enganam; mas, inversamente, se ela é obra de Deus, podemos ter certeza de que é boa, e foi aí que Plotino se enganou: "Foi portanto de uma maneira magnífica e divina que nosso Deus disse a seu servidor: *Ego sum, qui sum*, e depois: *Dices filiis Israel:* Qui est *misit me ad vos* (Ex 3, 14). Porque ele é ele próprio verdadeiramente, pois é imutável. De fato, toda mudança tem como resultado que o que era não é mais; portanto é verdadeiramente aquele que é imutável; quanto às outras coisas, que foram feitas por ele, é dele que cada uma à sua maneira recebeu seu ser. Portanto, já que ele é o ser por excelência, ele só tem como contrário o que não é e, por

---

8. "Neque enim velilla materies, quam antiqui hylen dixerunt, malum dicenda est. Non eam dico, quam Manichaeus hylen appellat dementissima vanitate, nesciens quid loquatur, formatricem corporum... Sed hylen dico quamdam penitus informem et sine qualitate materiem... Nec ista ergo hyle malum dicenda est, quae non per aliquam speciem sentiri, sed per omnimodam speciei privationem cogitari vix potest. Habet enim et ipsa capacitatem formarum; nam si capere impositam ab artifice formam non posset, nec materies utique diceretur. Porro si bonum aliquod est forma... procul dubio bonum aliquod est etiam capacitas formae." Santo Agostinho, *De natura boni*, XVIII (*Patr. lat.*, t. 42, col. 556-557). Esse texto é reproduzido quase integralmente por R. Jolivet, op. cit., p. 112, nota. Há numerosos textos em abono dessa tese nesse excelente artigo. A afirmação da bondade da matéria se encontra naturalmente em são Tomás de Aquino, *Quaest. disp. de malo*, I, 2, Resp.

conseguinte, assim como tudo o que é bom existe graças a ele, assim também é graças a ele que tudo o que é na natureza existe, porque tudo o que é na natureza é bom. Numa palavra, toda natureza é boa; ora, tudo o que é bom vem de Deus, logo toda natureza vem de Deus."[9] Eis o princípio sobre o qual repousa a afirmação cristã da bondade intrínseca de tudo o que existe, e é esse mesmo princípio que vai explicar o que pode haver de mal na natureza, porque o cristianismo não nega o mal, mas mostra seu caráter negativo, acidental, e justifica com isso a esperança de eliminá-lo.

Que tudo o que Deus fez é bom, nada mais certo. Que tudo o que existe não é igualmente bom, não menos certo. Há o bom e o melhor; mas se há o melhor, há o menos bom; ora, o menos bom, em certo sentido, é mau. Além do mais, o universo é sede de gerações e de corrupções constantes, tanto na natureza inanimada como na natureza animada. Essas inferioridades relativas e essas destruições correspondem ao que se pode chamar de o mal físico. Como explicar sua presença no mundo?

No que concerne às desigualdades que se observam entre as criaturas, parece que não se pode considerá-las um mal, a não ser por abuso de linguagem. Se a matéria mesma é boa, tudo o que existe pode ser qualificado com razão de bem, porque não só o é em si mesmo, como sua qualidade de bem menor pode ser requerida para a maior perfeição do todo de que faz parte. O que importa notar, sobretudo, é que essas limitações e essa mutabilidade mesma de que se acusa a natureza são metafisicamente inerentes ao estado de coisa criada. Porque, mesmo supondo-se

---

9. Santo Agostinho, *De natura boni*, cap. XIX (*ibid.*, col. 557). No mesmo tratado, cap. XXXIV, Agostinho faz sua esta outra palavra da Escritura: "Omnis creatura Dei bona est", 1 Tm 4, 4. Nem é preciso dizer que essa doutrina tornou-se o bem comum da filosofia cristã. Por exemplo, são Tomás de Aquino, *De malo*, I, 1, Sed contra: "Praeterea, Joan. I, 3, dicitur: *omnia per ipsum facta sunt*. Sed malum non est factum per Verbum, ut Augustinus dicit (Tract. I in Joan., a med.). Ergo malum non est aliquid."

que todas as criaturas fossem iguais e imutáveis em sua maneira de ser, elas permaneceriam limitadas e radicalmente contingentes em seu ser. Numa palavra, criadas *ex nihilo*, as coisas são, e são boas porque são criadas, mas sua mutabilidade está inscrita em sua essência precisamente porque são *ex nihilo*. Portanto se nos obstinarmos a chamar de "mal" a mudança a que a natureza está submetida como a uma lei inelutável, deve-se ver que a possibilidade da mudança é uma necessidade que Deus mesmo não poderia eliminar do que ele cria, porque o fato de ser criado é a marca mais profunda dessa possibilidade mesma. Sem dúvida a onipotência divina pode anular seus efeitos: Deus pode manter no ser, e assim faz, aquilo a que deu o ser; poderia até, se quisesse, fazer que todas as coisas perseverassem infinitamente no mesmo estado, mas essa permanência e essa mutabilidade seriam provisórias, e nada mais, pois tudo o que existe em virtude da ação criadora e que dura por uma criação continuada guarda em si uma contingência radical que coloca o existente num perigo constante de retornar ao nada. Por sua aptidão a não ser, as criaturas tendem por assim dizer ao não-ser[10]. Tudo o que Deus faz, tomado à parte do ato que o faz, conserva a possibilidade de se desfazer; numa palavra, a contingência dos seres criados na ordem da existência deve ser considerada a raiz mesma da sua mutabilidade.

Aceitar essa conseqüência, e a filosofia cristã não poderia recusá-la, não é de forma alguma voltar à posição de Plotino, para quem a matéria é má, nem à de Aristóteles, para quem a matéria introduzia no mundo a desordem ao mesmo tempo que a contingência. Desde o início do cris-

---

10. "Omnes igitur naturae corruptibiles, nec omnino naturae essent, nisi a Deo essent; nec corruptibiles essent, si *de* illo essent [*scil.* em oposição a *ab* illo], quia hoc quod ipse est essent. Ideo ergo quocumque modo, quacumque specie, quocumque ordine sunt, quia Deus est a quo factae sunt: ideo autem non incommutabiles sunt, quia nihil est unde factae sunt." Santo Agostinho, *De natura boni*, cap. X, *Patr. lat.*, t. 42, col. 554-555. Cf. *Enchiridion*, cap. XI-XII, *Patr. lat.*, t. 40, col. 236-237.

tianismo, a metafísica do Êxodo supera o plano da qualidade para atingir o da existência. Se mudança há, não é em razão de uma certa classe de seres, os seres materiais, é simplesmente porque há *seres*. Nesse sentido, a forma e o ato de tudo o que existe permanecem abertos à mutabilidade, exatamente no mesmo sentido que a matéria; e, de fato, é por uma infeliz iniciativa do espírito que o mal propriamente dito se introduzirá no mundo. Não é o corpo que faz o espírito pecar, mas o espírito é que faz o corpo morrer. O verdadeiro sentido do problema agora é outro: é que tudo o que, para ser, necessita ser feito está sempre exposto a se desfazer, de modo que o perigo que ameaça em permanência a obra da criação é, a rigor e ao pé da letra, a possibilidade da sua *defecção*. Possibilidade, é favor notar, e nada mais; possibilidade sem perigo, enquanto se ficar no plano físico em que a natureza não se encarrega de si mesma, mas cujo perigo se tornará praticamente real no plano moral, isto é, com o anjo e o homem, pois que, ao associá-los ao governo divino, seu criador os convida a zelar com ele contra essa defecção.

Vincular tão fortemente assim a possibilidade do mal físico à contingência do criado[11] era, primeiramente, prepa-

---

11. "Quapropter cum abs te quaero, unde sit facta universa creatura, quamvis in suo genere bona, Creatore tamen inferior, atque illo incommutabili permanente ipsa mutabilis; non invenies quid respondeas, nisi de nihilo factam esse fatearis." Santo Agostinho, *Contra Secundinum manichaeum*, cap. VIII, *Patr. lat.*, t. 42, col. 584. Duns Scot organizou fortemente essa tese agostiniana e o fez em plena consciência da diferença que separa o aristotelismo do cristianismo. Segundo Aristóteles, diz ele, Deus é uma causa necessária; não é de espantar, por conseguinte, que ele postule ao mesmo tempo efeitos que são igualmente necessários (Duns Scot, *In I Sent.*, I, 8, 5, 2, *b*, ed. Quaracchi, t. I, p. 647). De fato, "si primum causans naturaliter causaret, causaret necessario, et tunc daret necessitatem suo causato" (ibid., 2, n. 688, p. 649). Mas se admitirmos, com os cristãos, que a causa primeira age livremente, a relação entre as criaturas e Deus se torna contingente, e não necessária. Assim, a necessidade do ser permanece um atributo próprio de Deus, e a mutabilidade se torna inseparável do estado de criatura: "nihil aliud a Deo est immutabile, loquendo de mutatione quae est versio, quia nihil aliud est formaliter necessarium... Sed nihil aliud a Deo propter perfectionem sui

O OTIMISMO CRISTÃO 157

rar com antecedência uma das conquistas metafísicas mais importantes da Idade Média. Mostrando que a composição que distingue radicalmente a criatura do criador não é a de matéria e de forma, mas a de essência e de existência, são Tomás não fará mais do que dar expressão definitiva ao pensamento de santo Agostinho. Mas Agostinho já tinha feito muito, pois sua metafísica do mal passou inteira, mais ou menos tal qual, para o tomismo e o scotismo. O que resulta, de fato, do princípio posto é que, se se quiser considerar o mal físico uma qualidade positiva inerente a um ser qualquer, ele estará excluído da natureza, rigorosamente e como que por definição. Seu conceito se reduz doravante ao de bem menor, isto é, ao de bem. Para que um bem seja menor, tem mesmo assim de ser um bem, por conseguinte um ser, porque se o bem desaparecesse inteiramente o próprio ser se desvaneceria[12]. Vamos mais longe. Mes-

---

est immutabile...", ibid., n. 696, p. 657. Cf. o texto das *Reportata Parisiensia*: "cum nulli creaturarum conveniat esse, secundum totam perfectionem possibilem (tunc enim creatura foret de se esse, et non acciperet esse ab alio, et subinde creatura non esset); necessario enti creato inest privatio alicujus gradus entitatis, qui non repugnare ei, quatenus ens est; ex quo fit, ut creature omnis possibilis sit...; ergo si omnis creatura est possibile esse, omnis creatura est mutabilis, eo genere mutationis, quod *versio* appellatur a Damasceno." Citado por H. de Montefortino, *J. D. Scoti Summa theologica*, I, 9, 2, Resp. Duns Scot se inspira diretamente em são João Damasceno, *De fide orthodoxa*, II, 27, *Patr. gr.*, t. 94, col. 960.

12. "Naturae igitur omnes, quoniam naturarum prorsus omnium Conditor summe bonus est, bonae sunt; sed quia non sicut earum Conditor summe atque incommutabiliter bonae sunt, ideo in eis et minui bonum et augeri potest. Sed bonum minui malum est; quamvis, quantumcumque minuatur, remaneat aliquid necesse est, si adhuc natura est, unde natura sit. Neque enim, si qualiscumque et quantulacumque natura est, consumi bonum quo natura est, nisi et ipsa consumatur, potest... Quocirca bonum consumere corruptio non potest, nisi consumendo naturam. Omnis ergo natura bonum est; magnum, si corrumpi non potest; parvum, si potest: negari tamen bonum esse, nisi stulte atque imperite prorsus non potest. Quae si corruptione consumitur, nec ipsa corruptio remanebit, nulla ubi esse possit subsistente natura", santo Agostinho, *Enchiridion*, cap. XII, 4; *Patr. lat.*, t. 40, col. 236-237 (esta última doutrina será retomada por são Tomás de Aquino, *Sum. theol.*, I, 48, 4, Resp., e *Cont. gent.*, III, 12). Cf. "Ac per hoc omnis natura quae corrumpi non potest, summum bonum est, sicut Deus est. Omnis autem natura

mo se o mal for definido como a privação de um bem que deveria existir, o fato é que essa privação só terá sentido em relação ao bem positivo a que falta sua perfeição própria[13]. Tudo se passa como se o mal fosse um ser de razão, uma negação que só tem sentido em relação a termos positivos, uma irrealidade intrínseca, determinada e como que cercada por todos os lados pelo bem que a limita. Portanto é verdade dizer que o bem é o sujeito do mal, a tal ponto que é grande a tentação de reduzir um ao outro, como se o não-ser do mal só tivesse subsistência e inteligência em relação ao ser do próprio bem[14]. Agostinho às vezes

---

quae corrumpi potest, etiam ipsa aliquod bonum est: nom enim posset ei nocere corruptio, nisi adimendo et minuendo quod bonum est." Santo Agostinho, *De natura boni*, cap. VI, col. 554. Note-se nesse texto a corruptibilidade essencial de tudo o que não é Deus.

13. Santo Agostinho define o mal como uma *corrupção* da medida, da ordem e da beleza das coisas criadas: *De natura boni*, cap. III, *Patr. lat.*, t. 42, col. 553. Um pouco mais adiante, ele chama as *corruptiones* de *privationes*: cap. XVI, col. 556. A terminologia se fixa definitivamente com são Tomás de Aquino, *Sum. theol.*, I, 48, 1, ad 1ᵐ, *De malo*, I, 1, Resp.

14. Santo Agostinho, *Enchiridion*, XIV, *Patr. lat.*, t. 40, col. 238, citado e seguido por são Tomás de Aquino, *Sum. theol.*, I, 48, 3, Resp., assim como por Duns Scot, *Reportata Parisiensia*, 1. II, dist. 34.

O princípio é estabelecido por santo Agostinho com uma espécie de ardor generoso que o leva ao paradoxo: ele chega a dizer que o que é bom é mau, e que o que é mau é bom: "Unde res mira conficitur, ut, quia omnis natura, inquantum natura est, bonum est, nihil aliud dici videatur, cum vitiosa natura mala esse natura dicitur, nisi malum esse quod bonum est; nec malum esse nisi quod bonum est; quoniam omnis natura bonum est, nec res aliqua mala esset, si res ipsa, quae mala est, natura non esset. Non igitur potest esse malum, nisi aliquod bonum", *Enchiridion*, XIII, col. 237. São Tomás aperfeiçoa essa terminologia em *Sum. theol.*, I, 48, 3, ad 3ᵐ. Quando acompanhadas no detalhe, as conseqüências dessa doutrina vão bem longe, porque, se tudo o que existe é bom, até mesmo o ato do pecado, na medida em que é ato e precisamente à parte sua deformidade, é bom e tem Deus por causa: "necesse est dicere quod actus peccati, inquantum est actus, sit a Deo". São Tomás de Aquino, *De malo*, III, 2, Resp. Não há nada, nem mesmo o demônio, que não seja bom, contanto que exista: "neque daemones sunt natura mali", Dionísio, o Areopagita, *De div. Nom.*, IV, citado por são Tomás de Aquino, *De malo*, XVI, 2, Sed contra. Scotus Erigena levou essa concepção cristã a seu extremo limite, ao sustentar que todos os seres serão finalmente restaurados na integralidade do seu bem natural.

chegava aí, e não se poderia ir mais longe no otimismo sem rejeitar qualquer sentido em geral à noção de mal, o que seria suprimir o problema, e não resolvê-lo. Ora, o problema está posto, e é principalmente quando ele se coloca na ordem moral que é impossível negá-lo.

Enquanto se trata da ordem dos seres que não são dotados de conhecimento, as noções de felicidade e de infelicidade não têm sentido. Pouco lhes importa, portanto, melhor dizendo, não lhes importa nem um pouco que alguns deles sejam mais ou menos perfeitos do que outros, nem mesmo que a maioria deles seja condenada a se corromper para dar lugar a outros. Importa muito menos ainda que assim seja ao universo tomado como tal, porque para cada bem perdido surge outro. Ou melhor, importa muito ao universo tomado em seu conjunto que possa ser assim, porque, longe de perder, ele ganha com isso em beleza e perfeição. A sucessão desses seres ordenados, os mais fracos dos quais cedem aos mais fortes, gera uma harmonia que nem mesmo a própria morte dos indivíduos que desaparecem poderia perturbar, mas para a qual, ao contrário, a morte contribui. Acontece com um universo desse gênero a mesma coisa que a um discurso bem ajustado, de que se diz que é belo justamente porque todas as sílabas e todos os sons que o compõem se sucedem como se a beleza fosse feita do seu nascimento e da sua morte. Assim, como dizia santo Agostinho, tudo o que se chama mal físico se reduz à harmonia de uma soma de bens positivos ou, como diria são Tomás de Aquino, a presença dos seres corruptíveis no universo, somando-se à dos seres incorruptíveis, somente aumenta a perfeição e a beleza do universo[15]. Por

---

15. "Caetera vero quae sunt facta de nihilo, quae ubique inferiora sunt quam spiritus rationalis, nec beata possunt esse, nec misera. Sed quia pro modo et specie sua etiam ipsa bona sunt, nec esse quamvis minora et minima bona, nisi a summo bono Deo potuerunt, sic ordinata sunt, ut cedant infirmiora firmioribus, et invalidiora fortioribus, et impotentiora potentioribus, atque ita coelestibus terrena concordent tanquam praecellentibus subdita. Fit autem decedentibus et succedentibus rebus temporalis quaedam in suo

outro lado, é preciso reconhecer que o problema parece se complicar quando se passa dos seres brutos aos seres racionais, porque estes conhecem seu destino e sofrem com isso: o que, no resto da natureza, não é mais que privação e corrupção, neles se torna miséria. É a questão do mal moral que se coloca então, isto é, a questão do sofrimento humano, inclusive as condições físicas a que esse sofrimento está ligado: a dor, a doença e a morte. Não há por que introduzir novos princípios para resolvê-la, mas é necessário precisar o sentido dos princípios para ver como eles prepararam sua solução.

Notemos primeiro que o homem, ser dotado de razão, não é um grande bem somente em si, mas também por todo o destino que o espera e, em particular, pela beatitude de que é capaz. Criado à imagem de Deus, ele é, para empregar uma expressão de são Bernardo, *celsa creatura in capacitate majestatis*[16]. Ora, para ser capaz de viver em sociedade com Deus, é necessária uma inteligência, mas para ser capaz de desfrutar dessa sociedade, é necessária uma vontade. Possuir um bem é aderir a ele e apoderar-se dele por um ato do querer. Assim, criar um ser capaz do mais elevado dos bens, isto é, participar da beatitude divina, é por isso mesmo criar um ser dotado de uma vontade, e, como querer o que a inteligência conhece é ser livre, pode-se dizer que era impossível chamar o homem à beatitude sem lhe conferir ao mesmo tempo a liberdade. Dom magnífico, sem dúvida[17], mas também temível, pois ser ca-

---

genere pulchritudo, ut nec ipsa quae moriuntur, vel quod erant esse desinunt, turpent aut turbent modum et speciem et ordinem universae creaturae: sicut sermo bene compositus ubique pulcher est, quamvis in eo syllabae atque omnes soni tanquam nascendo et moriendo transcurrant." Santo Agostinho, *De natura boni*, cap. VIII, *Patr. lat.*, t. 42, col. 554. Ver os argumentos paralelos de são Tomás de Aquino, *Cont. gent.*, III, 71, *Quod divina providentia non excludit totaliter malum a rebus*, e *Sum. theol.*, I, 48, 2, *Utrum malum inveniatur in rebus*.

16. São Bernardo, *In Cant. canticorum*, sermo 80, art. 5.

17. É por isso que são Bernardo faz um elogio à liberdade humana que a aproxima da liberdade de Deus mesmo: *De gratia et libero arbitrio*, IX, 28.

paz do maior dos bens é ser capaz de perdê-lo. Santo Agostinho descreveu várias vezes esse estado particular do livre-arbítrio humano, com as possibilidades indefinidas de grandeza e de miséria que o caracterizam. Num mundo em que tudo o que existe é bom, na medida em que existe, a liberdade é um grande bem; há bens menores, mas poderíamos conceber maiores. As virtudes, por exemplo, são bens superiores ao livre-arbítrio, porque não seria possível usar mal a temperança ou a justiça; já do livre-arbítrio é possível fazer um mau uso. A verdade, portanto, é que o livre-arbítrio é um bem, condição necessária do maior dos bens, mas não é uma condição suficiente: tudo depende do uso, ele próprio livre, que o homem faz dele[18].

Ora, acontece que, com o pecado original, o homem fez um mau uso dele. Mutável como toda criatura, dotado de uma vontade livre e, por conseguinte, capaz de fazer defecção, ele fez defecção[19]. Sua falta não consistiu em dese-

---

18. Santo Agostinho, *De lib. arbit.*, III, 19, 50, *Patr. lat.*, t. 32, col. 1267-1268. Cf. *Retract.*, I, 9, 6; t. 32, col. 598.

19. "Nequaquam dubitare debemus, rerum quae ad nos pertinent bonarum causam non esse nisi bonitatem Dei; malarum vero ab immutabili bono deficientem boni mutabilis voluntatem, prius angeli, hominis postea." Santo Agostinho, *Enchiridion*, XXIII, 8, *Patr. lat.*, t. 40, col. 244. A doutrina de santo Agostinho é muito bem resumida por um dos seus discípulos medievais no seguinte texto: "Corruptio peccati est ipsi bono contraria, nec tamen habet esse nisi in bono, nec ortum trahit nisi a bono, quod quidem est liberum voluntatis arbitrium: et ipsum nec est summe malum, cum possit velle bonum; nec summe bonum, cum possit declinare in malum. Ratio autem ad intelligentiam praedictorum haec est: quia primum principium, cum sit ens a se ipso, non ab alio, necesse est quod sit ens propter se ipsum, ac per hoc summe bonum, nullum prorsus habens defectum... Quia tamen omnipotens est, potest bonum de non esse deducere, etiam sine adminiculo alicujus materiae. Quod et fecit, cum creaturam finxit, cui dedit esse, vivere, intelligere et velle... Sed quia de nihilo fuit et defectiva, potuit deficere ab agendo propter Deum, ut aliquid faceret propter se, non propter Deum, ac per hoc nec a Deo nec secundum Deum nec propter Deum; et hoc est peccatum, quod est modi, speciei et ordinis corruptivum; quod, quia defectus est, non habet causam efficientem, sed deficientem, videlicet defectum voluntatis creatae", são Boaventura, *Breviloquium*, III, 1, ed. Minor, Quaracchi, 1911, pp. 96-7. Cf. santo Agostinho, *De civitate Dei*, XII, 7, *Patr. lat.*, t. 41, col. 355, no que concerne ao caráter de *defecção* do pecado.

jar um objeto mau em si, porque a noção de tal objeto é contraditória, mas em desertar o melhor pelo que era apenas o bem: *Iniquitas est desertio meliorum*[20]. Feito por Deus, o homem preferiu-se a Deus e, fazendo isso, introduziu o mal moral no mundo, ou antes, tê-lo-ia introduzido, se o mal já não tivesse sido feito pelo anjo. Esse mal logo se mostra de uma natureza bem particular, que o distingue profundamente até do mal moral da filosofia grega. Subvertendo a ordem, o homem faz muito mais do que faltar à racionalidade da natureza e diminuir sua humanidade, como é o caso da moral de Aristóteles; ele faz inclusive mais do que comprometer seu destino com um erro, como é o caso nos mitos de Platão; ele introduz a desordem na ordem divina e dá o doloroso espetáculo de um ser em revolta contra o Ser. É por isso que o primeiro mal moral recebe na filosofia cristã um nome especial, que se estende a todas as faltas geradas pela primeira: pecado. Usando essa palavra, um cristão sempre pretende significar que, tal como o entende, o mal moral introduzido por uma vontade livre, num universo criado, põe diretamente em jogo a relação fundamental de dependência que une a criatura a Deus. A interdição tão leve e, por assim dizer, gratuita, com que Deus havia punido o uso perfeitamente inútil ao homem de um só dos bens postos à sua disposição era o indício sensível dessa dependência radical da criatura. Aceitar a interdição era reconhecer essa dependência; infringir a interdição era negar essa dependência e proclamar que o que é bom para a criatura é melhor do que o próprio bem divino. Ora, cada vez que peca, o homem renova esse ato de revolta e se prefere a Deus; preferindo a si, ele se separa; separando-se, ele se priva do único fim em que se encontra sua beatitude e se condena por isso mesmo à miséria. É por isso que, se se trata do mal moral, pode-se dizer a justo título que todo mal

---

20. Santo Agostinho, *De natura boni*, cap XX, *Patr. lat.*, t. 42, col. 557. Cf. cap. XXXIV, col. 562.

é ou pecado, ou conseqüência do pecado[21]. Pervertido em sua alma, submetendo sua razão à concupiscência, fazendo o inferior predominar sobre o superior na ordem do espírito, o homem desarranjava com isso o corpo que a alma anima. O equilíbrio exato dos elementos constitutivos do seu ser físico se destruía, do mesmo modo que a desordem se introduz numa casa ao mesmo tempo que no coração do seu dono. A concupiscência, ou rebelião da carne contra o pensamento, as enfermidades, a doença, a morte, tudo isso são males que caíram sobre o homem em conseqüência natural da sua falta: *omne quod dicitur malum, aut*

---

21. "Ecce autem omnia quae fecit Deus, bona valde, mala vero non esse naturalia; sed omne quod dicitur malum, aut peccatum esse, aut poenam peccati. Nec esse peccatum nisi pravum liberae voluntatis assensum, cum inclinamur ad ea quae justitia vetat, et unde liberum est abstinere." Santo Agostinho, *De genesi ad litt.*, I, 3, *Patr. lat.*, t. 34, col. 221. A tese é retomada por são Tomás de Aquino, *Sum. theol.*, I, 48, 5, Resp. No entanto, ele introduz a importante precisão de que a fórmula de Agostinho só vale se aplicada ao mal moral e às conseqüências, morais ou físicas, do mal moral. Se chamamos de mal a simples desigualdade dos seres físicos, de que não resulta nem felicidade nem infelicidade para esses seres, ele existe independentemente do pecado. Assim: "Haec divisio non est mali nisi secundum quod in rationali natura invenitur, ut patet ex auctoritate Augustini inducta." São Tomás de Aquino, *De malo*, I, 4, Resp. Na realidade, é um ponto sobre o qual houve hesitações a respeito de detalhes no pensamento cristão, por não se conseguir chegar a um entendimento quanto ao que constitui o mal físico. Deve-se ou não incluir, por exemplo, a ferocidade de certos animais? Ela é natural ou uma desordem introduzida na natureza pela falta do homem? Alguns estimam que os animais se tornaram ferozes em conseqüência do pecado original (Teófilo de Antióquia, *Ad Autolycum*, II, 16, *Patr. gr.-lat.*, t. VI, col. 1077-1081). Mas são Tomás estima, ao contrário, que os animais ferozes por natureza devem ter sido sempre assim; Deus os havia submetido ao homem, mas não vê um leão ou os falcões comendo verdura; para ele, o regime alimentar de um animal é inseparável da sua natureza: "non enim per peccatum hominis natura animalium est immutata" (*Sum. theol.*, I, 96, 1, ad 2[m]). Portanto existe um desacordo de fato sobre a extensão do mal físico. Beda, o Venerável, e Duns Scot são da primeira opinião, embora não tenham certeza de ter com eles a autoridade de santo Agostinho: ver H. de Montefortino, *J. D. Scoti Summa theologica*, I, 96, 1, ad 2[m]. Os textos de santo Agostinho e de Beda, o Venerável, podem ser encontrados em Alex. Halensis, *Summa theologica*, ed. Quaracchi, t. II, pp. 781-2.

peccatum est, aut poena peccati, palavra de santo Agostinho que prolonga a de são Paulo: *per unum hominem peccatum in hunc mundum intravit, et per peccatum mors*[22], e que, por meio de são Paulo, faz eco ao relato do Gênese. Mais uma vez, revelando ao homem um fato que naturalmente lhe escapa, a revelação abre caminho para os procedimentos da razão.

Estamos portanto, aqui, bem no cerne da questão, e se o pensamento cristão pode se justificar sobre esse ponto, certamente terá estabelecido a interpretação mais otimista que se possa conceber de um universo em que o mal é um fato cuja realidade, como quer que seja, não poderia ser negada. Os ataques a essa solução do problema não demoraram; como era natural, eles vieram do pelagianismo e, como correspondem a uma dificuldade filosófica permanente, o mais simples é considerá-los sob a forma em que se produziram. De fato, trata-se de saber se não subsiste na própria posição cristã algo do maniqueísmo. Admitamos que o homem não seja obra de um demiurgo mais ou menos impotente, nem contaminado desde a origem pela presença de um princípio mau, mas que tenha pecado por obra exclusiva do seu livre-arbítrio. Se pecou, foi portanto porque quis; mas, se quis, é também porque sua vontade era má. E não adianta objetar que sua vontade tornou-se má porque ele quis, pois ela já tinha de ser má para querê-

---

22. São Paulo, Rm 5, 12; santo Agostinho, *Enchiridion*, cap.XXIV-XXV, *Patr. lat.*, t. 40, col. 244-245; são Tomás de Aquino, *Sum. theol.*, I^a-II^{ae}, 85, 5, Resp., *De malo*, V, 4. Para a escola scotista, H. de Montefortino, *J. D. Scoti Summa theologica*, [um erro de impressão da edição original francesa trunca aqui a referência – (N. do T.)]. Os pensadores cristãos geralmente admitem que Deus não criou o homem imortal de pleno direito, mas lhe conferiu sobrenaturalmente uma imortalidade de fato, subordinada à justiça da sua vontade. Perdendo essa justiça, o homem corrompeu a ordem e desorganizou todo o edifício da sua própria natureza. Ver Teófilo de Antióquia, *Ad Autolycum*, II, 27, *Patr. gr.-lat.*, t. VI, col. 1093-1096; são Tomás de Aquino, I^a-II^{ae}, 85, 5, Resp., *De malo*, V, 5. A imortalidade era natural para a alma, mas gratuitamente conferida ao corpo. É por isso que a alma ainda é imortal depois da falta, ao passo que o corpo tornou-se mortal.

lo. Estamos num círculo vicioso e nunca se explicará que um mundo, no qual uma vontade livre introduz por sua simples presença uma desordem universal, possa merecer o epíteto de bom[23]. Tudo se passa como se o pensamento cristão, otimista diante de Manés, fizesse figura de pessimista diante de Pelágio, e até como se, sem saber, ele houvesse conservado por santo Agostinho uma espécie de maniqueísmo remanescente.

Para esclarecer esse ponto, lembremos uma derradeira vez o princípio que domina todo o problema. Não se trata de saber se Deus poderia ter feito criaturas imutáveis, porque seria muito mais impossível do que criar círculos quadrados. Como vimos, a mutabilidade é tão coessencial à natureza de uma criatura contingente quanto a imutabilidade é coessencial à natureza do Ser necessário. Além do mais, quando se coloca o problema do mal moral, o princípio vem se aplicar à natureza de um ser livre criado por Deus do nada. Suponhamos, pois, que nem os anjos nem os homens jamais tenham feito uso dessa possibilidade de defecção que lhes é inerente; nem por isso eles seriam menos intrinsecamente mutáveis. Por não se ter atualizado e até, sendo o caso, por não ser mais moralmente atualizável por um efeito da graça divina, essa virtualidade continuaria sempre presente, como o estigma indelével de sua própria contingência[24]. A não ser que se negue pura e simplesmente a possibilidade de justificar toda criação, qualquer que pos-

---

23. A objeção foi formulada pelo pelagiano Juliano, com toda a sua força, e relatada por Agostinho, de tal maneira que não se pode acusá-lo de tê-la atenuado. Ver *Contra Julian. op. imperf.*, V, 60, *Patr. lat.*, t. 45, col. 1494.

24. "Omnia tamen, quae facta sunt, mutabilia sunt, quia de nihilo facta sunt, id est, non fuerunt, et Deo faciente sunt, et bona sunt: a bono enim facta sunt; nec omnino essent mutabilia bona ulla, in quantum sunt, nisi esset a quo crearentur, immutabile bonum. Mala igitur omnia, quae nihil sunt aliud quam privationes bonorum, ex bonis orta sunt, sed mutabilibus: et angelum quippe et hominem, ex quibus orta sunt mala (quae tamen et non oriri potuissent, si illi peccare noluissent, quia et nolle potuerunt), naturas bonas recte, immutabiles autem non recte possumus dicere." Santo Agostinho, *Cont. Julian. op. imperf.*, V, 60, *Patr. lat.*, t. 45, col. 1495.

sa ser, é necessário aceitar a possibilidade do mal moral como seu correlativo necessário, se admitirmos a presença, no seio dessa criação, de uma classe de seres livres[25]. Mas nesse caso por que criar seres livres?

---

25. São Boaventura permanece fiel a santo Agostinho, cuja doutrina ele precisa. Na origem primeira do mal, ele coloca um *defectus naturalis*, que outro não é senão a mutabilidade inerente ao estado de criatura, de que santo Agostinho fala. Esse *defectus* não é uma falta, mas a condição metafísica da possibilidade da falta: "Naturalem defectum voco ipsam defectibilitatem, quae inest voluntati hoc ipso, quod ex nihilo." Em outras palavras, a defectibilidade da vontade nada mais é que *praembula ad defectum culpae*. Quanto à falta mesma (defectus culpabilis), ela não decorre necessariamente do defeito natural: "voluntas enim non ex hoc peccat, quia ex nihilo, sed hoc ipso quod est ex nihilo, est potens deficere." Resta uma segunda questão: por que a vontade, que poderia não fazer defecção, faz defecção? Resposta: porque ela é livre. Se ela se submete livremente à regra, é boa; se a ela se subtrai livremente, é má (são Boaventura, *In II Sent.*, dist. 34, art. 1, qu. 2, ed. Quaracchi, t. II, pp. 806-7). São Tomás em geral se atém à segunda questão, a do *defectus culpae*; responde a ela como são Boaventura, dizendo que a origem do mal de culpa é um simples defeito; esclarece que esse defeito é a não-consideração pelo entendimento da regra a que a vontade deveria obedecer. Essa não-consideração é um puro não-ser. Em si, portanto, ela não é nem boa nem má. A falta começa com a decisão voluntária de agir sem consideração prévia da lei divina. Ora, acrescenta são Tomás, não há que remontar mais longe na determinação da causa do mal (*De malo*, I, 3, Resp., fim do artigo e sobretudo, ad 6^m). Parece pois que são Tomás evita em geral remontar até o *defectus naturalis* de são Boaventura e a *mutabilitas* de santo Agostinho. Ainda assim, aceita a posição agostiniana: mesmo se Deus houvesse criado um universo de seres *de facto* imutáveis, esses seres permaneceriam mutáveis *de jure* por sua contingência mesma. De fato, somente Deus é imutável, pela razão que santo Agostinho indica: "Solus Deus immutabilis est; quae autem fecit, quia ex nihilo sunt, mutabilia sunt" (*De natura boni*, I, cit. em *Sum. theol.*, I, 9, 2, Sed contra). Enfim, são Tomás admite que, fora dessa mutabilidade radical que faz que toda criatura possa virtualmente cessar de existir, há, em particular nas criaturas intelectuais, uma *mutabilitas secundum electionem de bono in malum* (*Sum. theol.*, loc. cit.). Assim, Deus tampouco poderia criar criaturas que fossem naturalmente impecáveis. Ver *De veritate*, 24, 7, Resp.: "Nulla creatura nec est, nec esse potest, cujus liberum arbitrium sit naturaliter confirmatum in bono, ut hoc ei ex puris naturalibus conveniat quod peccare non possit." Em Duns Scot, a sistematização é clássica. Cf. H. de Montefortino, *J. D. Scoti Summa theologica*, I, 9, 2, Resp. A questão é tratada *ex professo* por Duns Scot, *Op. Oxon.*, II, 23, 1: "non potest fieri talis natura sive voluntas quae sit impeccabilis per naturam". Ele remete a santo Agostinho, são Jerônimo e santo Anselmo.

Porque são não apenas o ornamento mais nobre, mas também, depois de Deus, a própria causa final da criação. O que Deus cria, como dissemos[26], são testemunhas da sua glória, que por isso mesmo são participações na sua beatitude. Para que essa beatitude seja verdadeiramente deles, eles têm de querê-la; mas, para que possam querê-la, têm de poder recusá-la. Todo o mundo físico existe tão-só para servir de morada aos espíritos, que Deus cria capazes de participar da sua vida divina e de formar com ele os vínculos de uma verdadeira sociedade. Se fossem submetidos à necessidade de pecar, tais seres seriam monstros absurdos, pois teriam sido dotados de uma natureza contraditória ao seu fim; mas se não tivessem a possibilidade de pecar, seriam rigorosamente impossíveis, pois seriam criaturas imutáveis, isto é, contradições metafísicas realizadas. Sem dúvida, é um bem muito maior ser capaz de beatitude sem poder pecar, o que é o bem exclusivo de Deus ou dos eleitos, cujo livre-arbítrio está confirmado em graça; mas já é um bem nada medíocre ser criado num estado tal que baste querer para escapar da miséria e conquistar a beatitude[27]. Não pretendo aqui fazer ninguém aceitar a solução cristã para o problema do mal, porque ela depende aliás de uma metafísica do ser com a qual ou cai, ou subsiste. O que

---

26. Cap. VI, pp. 149-50.
27. "Prorsus ita factus est [homo], ut peccandi possibilitatem haberet a necessario, peccatum vero a possibili. Verumtamen nec ipsam peccandi possibilitatem haberet, si Dei natura esset: immutabilis enim profecto esset, et peccare non posset. Non igitur ideo peccavit, sed ideo peccare potuit, quia de nihilo factus est. Interpeccavit et peccare potuit plurimum distat: illa culpa est, ista natura. Nec omne quod de nihilo factum est, peccare potuit; non enim ligna et lapides peccare possunt: sed tamen natura quae peccare potuit, de nihilo facta est. Nec magnum est peccare non posse: sed magnum es cum beatitudine peccare non posse. Sicut non est magnum, esse miserum non posse; quia omnia quae nec beatitudinem capiunt, misera esse non possunt: sed magnum est ita beatam esse naturam, ut misera esse non possit. Quod etsi majus est, nec illud parvum est, in ea beatitudine conditam hominis esse naturam, ut si vellet, posset esse non misera." Santo Agostinho, *Cont. Julian. op. imp.*, V, 60, *Patr. lat.*, t. 45, col. 1494-1495.

procuro pôr em evidência é seu caráter intrinsecamente otimista. Ora, parece difícil ir mais longe nesse sentido do que foram santo Agostinho e os filósofos que ele inspira. Porque todo mal vem de uma vontade; essa vontade não foi criada má, tampouco foi criada indiferente ao bem como ao mal: ela foi criada boa e tal que lhe bastava continuar a sê-lo sem esforço para alcançar uma beatitude perfeita. O único perigo que ameaça tal natureza é, portanto, a contingência metafísica inseparável do estado de ser criado, uma pura *possibilidade*, sem o menor rudimento de existência atual, que não apenas teria podido mas teria devido nunca se atualizar[28]. Assim, mesmo sem levar em conta a arte divina que saberá tirar o bem do mal e remediar as conseqüências do pecado pela graça, e considerando esse mal unicamente em sua raiz, parece correto dizer que o pensamento cristão fez tudo para reduzi-lo ao estado de um acidente evitável e pô-lo à margem do bem fundamental que é o universo.

O que é verdade para o problema da origem do mal também é para o valor do mundo, depois que o mal nele se introduziu com a falta original. A representação popular de um universo cristão cuja natureza é corrompida pelo pecado deve muito da sua aceitação à influência de Lutero, de Calvino ou de Jansênio; mas representar o cristianismo através deles é percebê-lo sob um prisma bem diferente daquele do tomismo ou mesmo do agostinismo autêntico. De fato, santo Agostinho está mais longe que ninguém de considerar sem valor o mundo em estado de natureza decaída. Em primeiro lugar, ele estaria impedido de fazê-lo por seus próprios princípios metafísicos. Como o mal nada

---

28. "Alioquin non scriptum esset: *fecit Deus hominem rectum* (*Eccle.*, VII, 30). Bonae igitur voluntatis factus est homo, paratus ad obediendum Deo, et praeceptum obedienter accipiens, quod sine ulla, quamdiu vellet, difficultate servaret, et sine ulla, cum vellet, necessitate desereret; necillud sane infructuose, nec istud impune facturus." Santo Agostinho, *Cont. Julian. op. imp.*, V, 61, *Patr. lat.*, t. 45, col. 1497.

mais é que a corrupção de um bem e só pode subsistir nesse bem, enquanto houver mal, haverá bem. Certamente, estamos longe do grau de ordem, de beleza e de medida que Deus havia conferido ao mundo ao criá-lo, mas se o pecado tivesse aniquilado todo o bem, teria aniquilado todo o ser, e o mundo teria cessado de existir. Nesse sentido, pode-se dizer que o mal não poderia eliminar a natureza sem eliminar a si mesmo, pois não haveria mais sujeito de que pudesse ser afirmado. Portanto ninguém deve se espantar ao ler nas obras de santo Agostinho verdadeiros elogios à natureza decaída. Ele deplora o que perdemos, mas nunca pensa em desprezar o que nos resta. A própria miséria do nosso estado presente não deixa de ter, a seu ver, sua magnificência. Uma raça humana cuja fecundidade continua sendo tal que cobre a terra inteira; o próprio homem, *opus ejus tam magnum et admirabile*, cuja inteligência, adormentada na criança, desperta progressivamente e se desenvolve, a ponto de gerar essas artes em que, na própria superfluidade, reluzem os esplendores da inteligência e da razão. Quanto bem deve restar nessa natureza, para que ela tenha inventado as técnicas da indumentária, da agricultura, da indústria e da navegação! Para que ela tenha constituído a arte da linguagem, a poesia, a música e, enfim, essa ciência da moral que a coloca de volta no caminho da sua ventura eterna! Até do corpo Agostinho detalha complacente as belezas, porque elas continuam deslumbrantes depois da queda. Se nos enganamos sobre o verdadeiro sentido do seu pensamento é que não ousamos mais nos elevar à sua esplêndida visão do universo, tal como era antes da falta e tal como será de novo no estado de glória. Quando ele qualifica de "consolações de miseráveis condenados" as magnificências deste mundo, não é que faça pouco caso delas, elas lhe são mais caras ainda do que podem ser para nós[29]; mas ele crê que o mundo conheceu e

---

29. Santo Agostinho, *De civitate Dei*, XXII, 24, 3-5, *Patr. lat.*, t. 41, col. 789-792.

espera outras mais belas ainda, de modo que aceitando tudo o que aceitamos, desfrutando de tudo o que desfrutamos, ele espera mais. Se essa esperança nos falta, não é ele que devemos tachar de pessimista, e sim nós.

Para encontrar a justificação técnica desse sentimento agostiniano e cristão, é mais uma vez aos filósofos da Idade Média, em particular são Tomás e Duns Scot, que temos de nos dirigir. O que faltava a santo Agostinho para encontrar a fórmula definitiva era uma noção precisa da natureza, considerada como uma essência estável, imutável e de contornos definidos. Ele tem certeza de que o mal não poderia destruir a natureza; o que nunca chegou a dizer claramente é que o mal não seria capaz nem sequer de alterá-la. A partir de são Tomás de Aquino, no entanto, nada é mais claro, e só mesmo quem não leu nenhum artigo que a Suma consagra a esse problema pode entender no sentido simplista, que tanta gente admite, a expressão "natureza corrompida". De fato, tomada literalmente, essa expressão se apresenta como uma contradição em termos, e basta acompanhar as análises de são Tomás para ver em que sentido totalmente relativo convém entendê-la com ele.

Quando nos perguntamos que efeitos o pecado original produziu sobre o bem da natureza humana, convém definir primeiramente o que é esse bem. Efetivamente, a expressão pode designar três coisas diferentes. Em primeiro lugar, a própria natureza humana, tal como resulta dos seus princípios constitutivos e que é definida como a de um vivente dotado de razão. Em segundo lugar, a propensão natural que tem o homem para o bem e sem a qual, aliás, ele não poderia subsistir, pois o bem em geral inclui seu bem próprio. Em terceiro lugar, também pode se chamar de bem da natureza humana o dom da justiça original, que lhe foi conferido por Deus quando da criação e que, por conseguinte, o homem recebeu como uma graça. Entendido nesse último sentido, o bem da natureza não faz parte da natureza: ele se acrescenta a ela, e é por isso que o pecado original suprimiu-o totalmente. Entendido no segundo sentido, o bem da natureza faz realmente parte da natureza, tanto que não foi suprimido, mas apenas diminuído. Todo ato gera um começo de costume, de modo que o primeiro ato mau geraria uma disposição a cometer outros, debilitando com isso a propensão natural do homem ao bem. No entanto, essa propensão subsiste, inclusive é ela que torna possível a aquisição de todas as virtudes[30]. Quanto à natureza entendida no sentido próprio, isto é, à própria essência do homem, ela não poderia ser nem suprimida nem mesmo diminuída pelo pecado: *primum igitur bonum naturae, nec tollitur nec diminuitur per peccatum*[31]. Supor o contrário seria admitir que o homem poderia continuar sendo homem deixando de ser homem. Assim, o pecado não poderia acrescentar nada à natureza humana, nem nada lhe retirar: *ea enim quae sunt naturalia homini, neque subtrahuntur neque dantur homini per peccatum*[32]. Seu estatuto metafísico é imutável e independente dos acidentes que podem lhe ocorrer.

É preciso, portanto, tomar cuidado com o que se quer dizer, quando se opõe a Renascença à Idade Média como a descoberta da natureza e do seu valor à sua injusta depreciação. Na medida em que tais expressões têm um sentido, elas não podem significar outra coisa senão que a Renascença marca o início da era em que o homem se declara satisfeito com o estado de natureza decaída. Pode ser que isso tenha ocorrido, se bem que numa medida muito menos ampla do que se diz, mas não seria justo concluir daí que, por ter comparado essa natureza decaída com uma

---

30. Ela subsiste até nos danados, e é ela que gera neles o remorso: são Tomás de Aquino, *Sum. theol.*, Iª-IIᵃᵉ, 85, 2, ad 3ᵐ.

31. São Tomás de Aquino, *Sum. theol.*, Iª-IIᵃᵉ, 85, 1, Resp. Sobre essa doutrina e sua comparação com a de santo Agostinho, ver o utilíssimo trabalho de J.-B. Kors, *La justice primitive et le péché originel d'après saint Thomas*, Bibl. Thomiste, II, Paris, J. Vrin, 1922.

32. São Tomás de Aquino, *Sum. theol.*, I, 98, 2, Resp.

natureza mais perfeita e por tê-la estimado inferior, a Idade Média não tenha tido o sentimento da sua realidade nem do seu valor. Em todo caso, se alguém negou uma coisa ou outra, certamente não foram nem são Tomás nem santo Agostinho, mas antes Lutero e Calvino. Nesse sentido, é verdade dizer que, se o espírito da filosofia medieval estava em consonância profunda com certas aspirações positivas da Renascença, é porque esse espírito era cristão.

A tradição remonta à mais alta Antiguidade. Ninguém fez mais que Tertuliano para defender a unidade da verdadeira Igreja, e no entanto ele saiu da Igreja no dia em que decidiu que o corpo é mau em si[33]. Santo Agostinho não cometeu esse erro. Ele sabe que, como o corpo é uma criatura de Deus, o corpo é bom; ele se recusa a crer, com Platão, que a alma fique encerrada nele como numa prisão em conseqüência de não se sabe que queda metafísica; ele não quer admitir que o dever da alma é fugir, mas o aconselharia antes a se prender a ele, como a um bem precioso de que ela tem a guarda, para lhe conferir a ordem, a unidade e a beleza[34]. Mas do mesmo modo que a fuga do

---

33. A decidida oposição de Tertuliano à filosofia – os filósofos são os patriarcas dos heréticos: *De anima*, 3 – combina com a sua desconfiança da natureza, com seu rigorismo excessivo. Eles é que o fizeram passar sucessivamente do catolicismo ao montanismo e do montanismo ao tertulianismo. Ver santo Agostinho, *De haeresibus*, cap. LXXXVI, *Patr. lat.*, t. 42, col. 46-47.

34. Ver a crítica do pessimismo de Porfírio por santo Agostinho: "Sed corpus est omne fugiendum... Omne dixit [Porphyrius], quasi omne corpus vinculum aerumnosum sit animae. Et prorsus si corpus qualecumque est fugiendum, non est ut laudes ei corpus, et dicas quomodo Deus docente fide nostra laudat corpus: quia et corpus quod modo habemus, quamvis habeamus hinc poenam de peccato, et corpus, quod corrumpitur, aggravat animam (*Sap.*, IX, 15); tamen habet corpus istud speciem suam, dispositionem membrorum, distinctionem sensuum, erectam staturam, et caetera quae bene considerantes stupent. Verumtamen illud omnino incorruptibile, omnino immortale, omnino ad movendum agile et facile erit. Sed ait Porphyrius: sine causa mihi laudas corpus; qualecumque sit corpus, si vult esse beata anima, corpus est omne fugiendum. Hoc dicunt philosophi; sed errant, sed delirant." Santo Agostinho, Sermo 242, VII, 7, *Patr. lat.*, t. 38, col. 1137. Esse texto importante foi citado por R. Jolivet, op. cit., p. 116, nota, que ressalta com

corpo não é cristã, tampouco é cristão o desprezo à natureza. Como se desprezariam esse céu e essa terra, que cantam loas a seu criador, prestam-lhe homenagem e trazem a marca da sua sabedoria e da sua bondade infinitas? O verdadeiro sentido cristão da natureza é o que se afirma em cada página dos Salmos e de que o Cântico dos três rapazes na fornalha é a mais magnífica expressão. A esse cântico, passados muitos séculos, fazem eco as *Laudes* de são Francisco de Assis e o canto do irmão Sol, em que já não é apenas a água, a terra e os astros, mas a própria morte corporal que recebe bênção e louvação. Se algum coração humano entrou alguma vez em comunhão fraterna com tudo o que vive e tudo o que existe, foi esse[35]. Para essa alma puramente cristã, era uma só e mesma coisa amar as obras de Deus e amar a Deus.

Talvez tenhamos chegado aqui ao ponto em que o mal-entendido que vela o sentido verdadeiro do otimismo cristão aparece em plena luz. A Idade Média não conheceu ascetismo mais rude que o de são Francisco, nem confiança mais absoluta na bondade da natureza. É que, longe de excluí-lo, o ascetismo do cristão é tão-só o reverso do seu otimismo. Sem dúvida, não há cristianismo sem o *contemptus saeculi*, mas o desprezo do século não é o ódio ao ser,

---

razão sua extrema importância. É esse o verdadeiro espírito cristão, bem diferente do sombrio ascetismo a que cederam certos autores medievais. Esses homens representam um aspecto importante do pensamento medieval, mas não o eixo médio do pensamento cristão. Ver, por exemplo, as *Meditationes piissimae de cognitione humanae conditionis* (equivocadamente impressas entre as obras de são Bernardo), III, 8.

35. O texto das *Laudes creaturarum* ou *Canticum fratris solis* de são Francisco se encontra em todas as edições dos seus opúsculos, notadamente em H. Boehmer, *Analekten zur Geschichte des Franciscum von Assisi*, Tübingen, 1904, pp. 65-6. Pode ser encontrado traduzido em J. Joergensen, *Saint François d'Assise*, pp. 468-9. O Cântico de Ananias, Misael e Azarias ainda fazia parte da liturgia católica; é tirado de Dn 3, 51-90. Será útil a comparação com o Sl 103, cujo sentido geral é resumido nos versículos 30-31: "Emittes spiritum tuum et creabuntur: et renovabis faciem terrae. Sit gloria Domini in saeculum: laetabitur Dominus in operibus suis."

é o ódio ao não-ser. Lutando contra a *carne*, o asceta medieval quer restabelecer o *corpo* em sua perfeição primitiva; se ele se veda gozar o mundo pelo mundo, é que sabe que a verdadeira maneira de usá-lo é restituí-lo a ele mesmo relacionando-o a Deus. O século que o pensador cristão detesta é justamente essa desordem, essa feiúra e esse mal que o homem introduziu na criação, por sua defecção voluntária. Rejeitando-os, ele adere de todo coração à ordem, à beleza, ao bem que Deus quis; ele trabalha para restaurá-los nele e nos outros. Por seu esforço heróico, limpa a face do universo para nele fazer resplandecer novamente a face de Deus. Nada mais positivo do que tal ascetismo, nada que suponha mais esperança, nada também que suponha um otimismo mais resoluto. O desacordo que persiste sobre esse ponto entre cristãos e não-cristãos é portanto de uma ordem diferente da que comumente se crê. Não se trata de saber se a natureza é boa ou má, mas de saber se ela se basta e se ela basta. O testemunho e, podemos acrescentar, a experiência secular do cristianismo é que a própria natureza não consegue se realizar nem se manter como tal quando pretende prescindir da graça. Nesse sentido, se o otimismo não consiste nem em negar o mal nem em aceitá-lo, mas em encará-lo e combatê-lo, podemos legitimamente falar de um otimismo cristão. A obra de criação se desfez, mas os pedaços são bons e, com a graça de Deus, ela pode se refazer. Para nos convencer disso, temos de procurar saber em que sentido filosófico é verdade dizer que a terra e o céu cantam a glória de Deus, mesmo numa natureza decaída; poderemos então restituir ao homem seu verdadeiro lugar nela e balizar o caminho que o conduz ao seu verdadeiro destino.

CAPÍTULO VII

A glória de Deus

Quando lemos nas Sumas do século XIII exposições coerentes do pensamento cristão, esquecemos facilmente a longa preparação que as tornou possíveis. Esses minuciosos ajustes de idéias não foram obtidos de primeira, muito pelo contrário. Séculos de esforços obstinados e muito engenho foram necessários para que os filósofos cristãos conseguissem tomar clara consciência do que seus próprios princípios implicavam e formulá-los com exatidão. É por isso que, aliás, longe de sofrer com o estado "escolar", que foi o seu durante a Idade Média, a filosofia cristã aproveitou-o largamente. Um contato pessoal constante, uma colaboração e uma crítica mútuas cotidianas, como as que se podem exercer no âmbito de uma escola, fizeram muito para amadurecer a solução dos problemas que eram discutidos em comum. Como quer que seja, é no terreno definido pela difícil questão das relações entre o mundo e Deus que o progresso do pensamento cristão é mais evidente. O universo é bom, pois é um ser, mas Deus é o Bem, pois é o Ser. Como fazer a partilha de suas perfeições respectivas? O que é preciso conceder às coisas para que elas verdadeiramente sejam? Mas o que não se deve lhes conceder, se não quisermos que elas atribuam a si mesmas uma suficiência incompatível com a justa preocupação da glória de Deus?

Estabeleçamos primeiro um princípio, que nunca havia sido posto em dúvida pelos filósofos cristãos e que continha virtualmente em si, desde o início, a solução final do problema que treze séculos de especulação deviam produzir. Como tudo é bom e tudo o que existe deve seu ser a uma liberalidade divina que se prolonga, nada do que existe é independente de Deus. Nesse sentido, é verdade dizer com Malebranche que a *independência* é, de todas as tentações que espreitam a criatura, a mais perigosa e a que deve ser mais energicamente combatida num universo cristão. Não creio que Malebranche sempre a tenha visto onde ela está, estou convencido de que ele muitas vezes a viu onde ela não está; mas foi por ter tido o vivo sentimento desse perigo que ele lhe deu um nome, e proponho-me a conservá-lo restituindo-lhe o sentido puramente metafísico em que ele encontra sua plena verdade. Num universo criado, tal como o mundo cristão, há uma dependência ontológica radical da existência de todos os seres em relação a Deus. E não só eles existem a cada instante graças a ele, mas é a ele que devem o fato de ser o que são, pois, do mesmo modo que sua existência, sua substância é um bem que Deus cria. Mas como seu poder causal nada mais é que uma conseqüência do seu ser, é também a Deus que se deve, necessariamente, relacionar a causalidade deles; e o próprio exercício dessa causalidade, pois todo ato é ser; e, enfim, a eficácia desse ato causal com o efeito que ela produz, porque tudo o que fazemos Deus criou[1]. Assim, a con-

---

1. São Tomás de Aquino, *Cont. gent.*, III, 66, *Quod nihil dat esse nisi in quantum agit in virtute divina*. Fundamento da doutrina: "Nihil enim dat esse nisi in quantum est ens actu. Deus autem conservat res in esse per suam providentiam... Ex virtute igitur divina est quod aliquid det esse", *Cont. gent.*, III, 67, *Quod Deus est causa operandi omnibus operantibus*. Fundamento da doutrina: "Omne enim operans est aliquo modo causa essendi vel secundum esse substantiale, vel accidentale. Nihil autem est causa essendi nisi in quantum agit in virtute Dei... Omne igitur operans, operatur per virtutem Dei." Cf. *De potentia*, III, 7. O fundamento escriturário principal é Is 26, 12 (*Domine, dabis pacem, omnia enim opera nostra operatur es nobis*) e

tingência radical do ser finito coloca-o numa dependência absoluta do Ser necessário, a quem tudo deve ser principalmente relacionado como sua fonte, não apenas na ordem da existência mas também da substancialidade e da causalidade. Para quem se esquece disso, o pecado original recomeça, ou antes, é porque o pecado original continua que é tão difícil não esquecer isso.

Mas há uma contrapartida dessa verdade fundamental, que certos pensadores cristãos às vezes tendem a esquecer em seu zelo de tudo relacionar a Deus e que não é menos necessária porém. Se é verdade que, metafisicamente falando, tudo existe por Deus e para Deus, não é menos verdade que, fisicamente falando, tudo o que existe é uno em si e uno para si. O que Deus cria depende integralmente da eficiência criadora, mas a eficiência criadora, a não ser que seja vã, sempre produz alguma coisa, isto é, produz ser. Mesmo assim é verdade dizer que o ser criado é radicalmente contingente; no entanto, como ele não é nem nada nem Deus, ele tem de ter um estatuto ontológico próprio. O ser recebido que lhe é conferido é, decerto, seu ser; a substância que o constitui é sua substância; a causalidade que ele exerce e a eficiência que ela exibe nesse exercício são, decerto, sua eficiência e sua causalidade[2]. Não há meio-termo entre sustentar que o ato criador é estéril, o que seria absurdo, e assegurar que a criação é o ato próprio pelo qual o Ser confere ser, o que supõe que, com sua dependência ontológica radical, a criatura possua uma existência própria e todas as atribuições que dela decorrem. O segredo que abre para o espírito a porta dessa dificuldade é, de

---

Jo 5, 17, citado mais adiante. É evidente que se essa doutrina é tomista, é com maior razão agostiniana, pois a dependência da criatura é um tema familiar a santo Agostinho. Ver, por exemplo, *De Genesi ad litteram*, V, 20, *Patr. lat.*, t. 34, col. 335. Ela se encontra também em João Crisóstomo, *In Joan. Homil.*, XXXVII, 2, *Patr. gr.*, t. 59, col. 214, e em são Gregório de Nissa, *Orat. cath.*, c. XXV, *Patr. gr.*, t. 45, col. 65.

2. São Tomás de Aquino, *Cont. gent.*, III, 69; *Sum. theol.*, I, 115, 1; *De potentia*, III, 7.

resto, o mesmo que a faz desaparecer. Não é a despeito da sua dependência ontológica que a criatura é verdadeiramente alguma coisa, porque, se ela é alguma coisa, é em virtude dessa dependência. *In eo vivimus, et movemur, et sumus*[3]; isto é, é somente em Deus que temos a vida, o movimento e o ser, mas, nele, nós os temos.

O vivíssimo sentimento desse duplo aspecto do problema manifestou-se bem cedo na história do pensamento cristão. Santo Agostinho, de quem talvez não se esperasse tal coisa, exprimiu-se sobre esse ponto com toda a nitidez desejável. O governo divino não consiste, nem para ele nem para são Tomás, em tomar o lugar das coisas, em agir por elas e produzir por elas. Muito pelo contrário, já que o ser das coisas não é o ser de Deus; Deus governa sempre as coisas de tal maneira que sejam elas que realizem suas próprias operações[4]. Tudo ocorre como se ele criasse continuamente centros originais de atividade e de eficiência, cuja perfeição natural se desenvolve em operações que decorrem e dependem realmente dela e devem, por conseguinte, ser relacionadas a ela como sua causa. Em são Tomás de Aquino, esse aspecto do pensamento cristão se desenvolve com uma amplitude magnífica, porque o centro metafísico de onde surge com evidência é sempre posto diante dos nossos olhos. Como, pergunta-se, um universo criado poderia ser povoado de causas efica-

---

3. São Paulo, At 17, 28.

4. É interessante observar que, como o próprio santo Agostinho percebeu claramente, a contingência radical do ser criado, ao mesmo tempo que o coloca numa dependência absoluta de Deus, lhe confere uma independência relativa. Porque, como o criado não é Deus e é diferente de nada, é alguma coisa, isto é, um ser a quem seu ser é atribuível e, por conseguinte, uma causa a que sua causalidade é atribuível: "Haec autem facit atque agit unus verus Deus; sed sicut Deus, id est ubique totus, nullis inclusus locis, nullis vinculis alligatus, in nullas partes sectilis, ex nulla parte mutabilis, implens coelum et terram praesente potentia, non indigente natura. *Sic itaque administrat omnia quae creavit, ut etiam ipsa proprios exercere et agere motus sinat*. Quamvis enim nihil esse possint sine ipso, non sunt quod ipse", santo Agostinho, *De civ. Dei*, VII, 30, *Patr. lat.*, t. 41, col. 220.

A GLÓRIA DE DEUS

zes? Como, responde são Tomás, um universo criado poderia ser povoado por outras coisas que não fossem causas eficientes? Como é criado, esse universo nasceu sob o signo da fecundidade e o efeito não tem como não ser aqui um análogo da sua causa. Cada um sente a íntima contradição de uma fecundidade suprema que gera a esterilidade; mas podemos fazer mais do que sentir essa contradição, podemos vê-la. Porque criar um ser é criar *actus essendi* e, como já sabemos que as causas eficientes se arraigam a título de atos segundos no ato primeiro da existência, as criaturas, pelo simples fato de existirem, têm de ser dotadas de eficiência[5]. Numa palavra, assim como o ser criado é um análogo do ser divino, a causalidade criada é um análogo da causalidade criadora; ser causa é exercer uma participação finita na fecundidade infinita do ato criador[6].

Até aqui, todos os filósofos cristãos da Idade Média estão de acordo, e todos estão de acordo com os Padres da Igreja. Decerto, é supérfluo insistir sobre até que ponto o mundo assim concebido difere do mundo grego. Entre o universo de Platão ou de Aristóteles e o do cristianismo, a idéia judaico-cristã do Ser, com a idéia de criação que dela decorre, introduz uma diferença fundamental. Integralmente dependente de Deus em sua existência mesma, o mundo cristão se encontra, com isso, limitado e fundado. Perdendo sua independência na ordem da existência, ele ganha em participar da semelhança com o Ser e em apoiar-se nele; depende dele, mas funda-se nele, e nele também se

---

5. Ver cap. V, pp. 131-2.

6. "Patet etiam quod, si res naturalis producet proprium effectum, non est superfluum quod Deus illum producat. Quia res naturalis non producit ipsum, nisi in virtute divina. Neque est superfluum, si Deus per seipsum potest omnes effectus naturales producere, quod per quasdam alias causas producantur. Non enim hoc est ex insufficientia divinae virtutis, sed ex immensitate bonitatis ipsius per quam suam similitudinem rebus communicare voluit, non solum quantum ad hoc quod essent, sed etiam quantum ad hoc quod aliorum causae essent", são Tomás de Aquino, *Cont. gent.*, II, 70. Veremos mais adiante até onde se estendem as conseqüências desse princípio.

funda sua causalidade. A questão não é, portanto, saber o que Deus faz no que a criatura é e faz, porque ele faz tudo o que a criatura faz e tudo o que ela é, salvo o mal, que precisamente não é. A verdadeira questão debatida entre filósofos cristãos é a de saber até onde se estendem a causalidade e a eficiência concedidas por Deus às criaturas em geral e ao homem em particular. Parece que, na discussão desse problema, as diferentes nuances do sentimento religioso tenham como que se refletido na metafísica cristã. É por isso que a noção da glória de Deus tem uma história cujos dois pontos críticos coincidem, outra vez, com as doutrinas de santo Agostinho e de são Tomás de Aquino. Imediatamente fixados, os princípios não têm história, mas o sentimento da glória de Deus tem uma e, enquanto tiver, terá uma história da sua idéia. Contá-la em detalhe seria um relato co-extensivo à história da própria filosofia cristã, mas pelo menos podemos tentar determinar os dois pólos entre os quais ela não cessou e talvez nunca vá cessar de oscilar.

Considerada em sua inspiração profunda e até nos detalhes da sua estrutura técnica, toda a doutrina de santo Agostinho é dominada por um fato: a experiência religiosa da sua própria conversão. Nesse sentido, acreditei poder escrever em outra oportunidade e creio que continua sendo válido dizer que sua filosofia é essencialmente uma "metafísica da conversão"[7]. A dificuldade, para Agostinho, sempre foi levar a seu ponto de coincidência sua metafísica da conversão e a metafísica do Êxodo, porque ele defendia ambas. Ele sabia, sentia inclusive, que elas são uma só, mas é muito mais fácil abrir caminho para a conversão partindo do Êxodo do que alcançar o Êxodo partindo da

---

7. *Introduction à l'étude de saint Augustin*, p. 299. Ver as observações precisas de J. Maritain, *La sagesse augustinienne*, em *Mélanges augustiniens*, Paris, M. Rivière, 1931, pp. 396-7. É óbvio que se trata da *metafísica* de santo Agostinho, porque ele tem uma, e não da sabedoria de que ela faz parte, caso em que a expressão seria, de fato, imprópria.

A GLÓRIA DE DEUS 181

conversão. O esforço de Agostinho para tentar essa difícil operação dá todo seu sentido e seu valor aos três últimos livros das *Confissões*. Negligenciados por muito tempo em benefício dos que os precedem e considerados às vezes como um apêndice quase supérfluo, ganham sem cessar valor e beleza à medida que os séculos passam. Como o Inferno de Dante, o relato dos erros de juventude de Agostinho será sempre a parte popular da sua obra; mas a jóia da *Divina comédia* é o Paraíso e, como aconteceu com o poema dantesco, é na conclusão das *Confissões* que os esplendores se acumularam. "Será pois, Senhor, a quem a eternidade pertence, que ignoras o que te digo ou que vês no tempo o que acontece no tempo? Por que então te contar tantas histórias? Não é, decerto, para fazer-te delas saber, mas para elevar até a ti meu coração e o dos que as lêem, de modo que todos digamos: *magnus Dominus et laudabilis valde*."[8] Eis, pois, claramente formulado, o tema fundamental da glória de Deus, que santo Agostinho vai justificar imediatamente por uma referência à idéia de criação e à metafísica do ser. É porque Deus é belo que as coisas são belas; é porque ele é bom que elas são boas; é porque ele É que elas são[9]. Mas, por outro lado, a conversão de santo Agostinho é a descoberta da impotência radical da criatura enquanto pretenda se bastar, constatação de uma

---

8. Santo Agostinho, *Confissões*, XI, 1, início. O texto citado por Agostinho se encontra no Sl 94, 4.

9. Toda a doutrina da contingência e da mutabilidade das coisas é lembrada neste texto tão completo: "Ecce sunt caelum et terra, clamant quod facta sint; mutantur enim atque variantur. Quidquid autem factum non est et tamen est, non est in eo quicquam quod ante non erat: quod est mutari atque variari. Clamant etiam, quod se ipsa non fecerint: 'ideo sumus, quia facta sumus; non ergo eramus, antequam essemus, ut fieri possemus a nobis.' Et vox dicentium est ipsa evidentia [*scil.* basta vê-los para ouvi-los dizer.] Tu ergo, Domine, fecisti ea, qui pulcher es: pulchra enim sunt; qui bonus es: bona sunt enim; qui es: sunt enim. Nec ita pulchra sunt nec ita bona sunt nec ita sunt, sicut tu conditor eorum, quo comparato nec pulchra sunt, nec bona sunt, nec sunt. Scimus haec, gratias tibi, et scientia nostra scientiae tuae comparata ignorantia est", santo Agostinho, *Confissões*, XI, 4, 6.

verdade absoluta no terreno em que ela se produziu, porque foi na ordem sobrenatural que ele a realizou e, nela, a vontade nada pode sem a graça; mas também uma constatação que, em santo Agostinho, tende sem cessar a refluir da ordem teológica à ordem metafísica e a diminuir a natureza, como natureza, em benefício da sobrenatureza. Para ele, confessar Deus é seguramente confessar a grandeza de Deus e a maravilhosa beleza das suas obras onde ela resplandece. Daria para fazer um livro com as páginas em que santo Agostinho canta loas à criação e até, como vimos, à criação decaída. No entanto, podemos sentir nele, ao mesmo tempo, uma espécie de reticência metafísica e como que uma hesitação em colocar a natureza numa perfeição tal que pareça bastar-se a si mesma. A dependência sobrenatural dos seres na ordem da graça e sua dependência natural na ordem da existência tendem, nele, a se prolongar por uma estrita limitação da sua eficiência. Com isso, santo Agostinho é o ancestral legítimo de todos esses filósofos cristãos que se empenham em desvelar na natureza os vazios que somente Deus pode preencher e cuja presença em nós atesta a necessidade que temos dele. Quanto menos nós nos bastarmos, mais ele será necessário. Nossa miséria celebra sua glória de uma maneira tão eloqüente quanto nossa grandeza, e até mesmo de maneira mais persuasiva, porque nossa grandeza nos sugere que nos bastemos, ao passo que nossa miséria nos urge a buscá-lo. Aliás, é o que vemos claramente, por pouco que examinemos três questões que são Tomás, com uma segurança de juízo infalível, escolheu como pontos críticos do problema: a causalidade na ordem física, ou doutrina das razões seminais; a causalidade na ordem do conhecimento, ou doutrina da verdade; a causalidade na ordem moral, ou doutrina da virtude[10].

---

10. São Tomás de Aquino, *De veritate*, XI, 1, Resp.: "Respondeo dicendum quod in tribus eadem opinionum diversitas invenitur: scilicet in eductione formarum in esse, in acquisitione virtutum, et in acquisitione scientia-

A GLÓRIA DE DEUS

Quando santo Agostinho procura representar-se o universo em sua dependência da ação criadora, a fórmula que lhe vem naturalmente ao espírito é a do Eclesiastes (18, 1): *qui manet in aeternum creavit omnia simul*. Em seu pensamento, a obra de criação foi um *fiat* instantâneo, o que não significa apenas que os seis dias de que fala o relato do Gênese são uma alegoria e se reduzem, na verdade, a um instante, mas também que a partir desse instante a obra de criação está realmente concluída. O repouso do sétimo dia ainda dura. Tudo o que nos parece produzir-se de novo, nascer, crescer e se desenvolver, seja no reino inorgânico, seja no dos seres organizados, já existia desde o primeiro momento da criação. Para sustentar o contrário, seria preciso admitir ou que Deus cria a cada instante uma infinidade de novos efeitos, caso em que não seria mais verdade dizer que ele criou tudo simultaneamente, ou que as causas segundas é que lhes dão o ser, e nesse caso seria condenar-se ao absurdo de admitir causas criadas que sejam ao mesmo tempo criadoras. Para sair desse impasse, Agostinho apela para a velha doutrina estóica das *razões seminais*, que aliás liga intimamente à noção cristã de criação. Além dos seres que Deus criou sob sua forma acabada, ele também criou os germes de todos os seres por vir, ao mesmo tempo que as leis numéricas que presidirão seu desenvolvimento ao longo do tempo: "Como as mães ficam grávidas dos seus filhos, assim o mundo está grávido das causas de tudo o que deve nascer, de sorte que seus acontecimentos são criados exclusivamente pela Essência suprema, onde nada

---

rum." A conexão dos três problemas na história da filosofia cristã é, pois, um fato historicamente estabelecido. Mesma ligação das três questões num outro texto de são Tomás: "Respondeo dicendum quod secundum quod diversificati sunt aliqui circa productionem formarum naturalium, ita diversificati sunt circa adeptionem scientiarum et virtutum." *De virtutibus in communi*, VIII, Resp. Em outras palavras, trata-se nos três casos do problema fundamental da eficiência das causas segundas e da sua relação com Deus. Cf. *De potentia*, III, 8, Resp.

nasce nem morre, não começa nem cessa de existir."¹¹ Estas últimas palavras nos revelam, de resto, a preocupação secreta de Agostinho. Para ele, trata-se de pôr em evidência que somente Deus cria e que admitir a produção de um efeito realmente novo por uma causa segunda equivaleria a transformar essa causa numa causa criadora. Na realidade,

---

11. Santo Agostinho, *De Trinitate*, III, 9, 16, *Patr. lat.*, t. 42, col. 877-878. Cf. Leibniz, *Princípios da natureza e da graça*, art. 15; Malebranche, *Conversações metafísicas*, XI, 1-2.

A doutrina das razões seminais volta a ser encontrada na Idade Média em são Boaventura, que teve a viva sensação da relação íntima dessa doutrina com o espírito geral do agostinismo. Vê-se nitidamente desde o início do texto seguinte que se trata, para ele, de explicar como uma causalidade das causas segundas é concebível sem lhes atribuir uma eficiência criadora que pertence exclusivamente a Deus: "Supponamus nunc quod natura aliquid agat, *et illud non agit de nihilo*, et cum agat in materiam, oportet quod producat formam. Et cum materia non sit pars formae, nec forma fiat pars materiae, necesse est aliquo modo formas esse in materia antequam producantur; et substantiae materiae est praegnans omnibus: ergo rationes seminales omnium formarum sunt in ipsa." São Boaventura, *In IV Sent.*, 43, 1, 4, Concl., ed. Quaracchi, t. IV, p. 888. Mesma preocupação neste texto: "Solus igitur ille potest seminales illas rationes facere, qui potest creare; quoniam ipsae non sunt ex aliis, sed ex nihilo, et ex ipsis fiunt omnia quae naturaliter producuntur. Igitur nec pater est creator filii, nec agricola segetum; quia licet pater operetur interius, sicut natura, tamen operatur exterius, et circa aliquid et ex aliquo, non ex nihilo, licet non operetur adeo exterius, sicut agricola." *In II Sent.* 7, dub. 3; t. II, p. 207. Ver *La philosophie de saint Bonaventure*, pp. 280 ss., em particular p. 290, nota 2, para os textos de santo Agostinho. A doutrina será veementemente defendida por John Peckham contra são Tomás: *Chartular. Univers. Parisiensis*, t. I, p. 186. No entanto, essa peça-mestra do agostinismo será abandonada pela própria escola franciscana, sem dúvida sob a influência da crítica tomista. A doutrina aparece em plena decomposição em P.-J. Olivi, *In II Sent.*, qu. 31, Resp., ed. Quaracchi, 1922, t. I, pp. 515-51. Desde o fim do século XIII, ela é abandonada por Ricardo de Middleton, como já havia sido por são Tomás de Aquino. Ver: E. Hocedez, *Richard de Middleton*, Louvain, 1925, pp. 197-9, e os textos já citados em D. E. Sharp, *Franciscan Philosophy at Oxford in the XIII Century*, Oxford University Press, 1930, p. 223. Duns Scot apenas acompanha o movimento, abandonando-a também por sua vez. Embora sua concepção da matéria seja a de uma potência positiva, ele se recusa a introduzir nela razões seminais. Ver: Duns Scot, *Opus Oxoniense*, II, 18, qu. unica, ed. Quaracchi, t. II, pp. 601-12. Cf. D. E. Sharp, op. cit., pp. 295-7.

as causas segundas não fazem nada, salvo despertar ou estimular as virtualidades latentes que Deus depositou na matéria ao criá-la. Cada vez que um ser nasce diante dos nossos olhos, é o próprio fato da criação que eclode em toda a sua evidência: *creationem rerum visibilium Deus interius operatur*. Os pais que geram não são nada, mas Deus é, e é ele que cria a criança; a mãe que carrega o filho em seu ventre não é nada, mas Deus é, e é ele que dá à criança o crescimento[12]. Assim, mesmo na ordem puramente física, a falta de eficiência da natureza assinala uma espécie de vazio que a eficiência divina vem preencher; às palavras do Eclesiastes respondem as de são João (5, 17): *Pater meus usque adeo operatur, et ego operor*. Tudo o que parece se produzir de novo atesta isso; basta abrir os olhos para constatá-lo.

Se passarmos da natureza em geral ao homem e, no homem, ao que há de propriamente humano – a razão –, a mesma conclusão se impõe. A obra própria da razão é o juízo verdadeiro. Há verdade no pensamento cada vez que, em vez de constatar empiricamente o que é, julgamos o que é em relação ao que deve ser. Em certo sentido, é exato dizer que o verdadeiro é o que é, mas o que é não é a aparência mutável das coisas, é sua norma, sua regra, isto é, a idéia divina da qual participam e que se esforçam por imitar. Assim, ou nossos juízos se apoiarão de maneira imediata na idéia divina, e estaremos de posse da regra da verdade; ou eles dependerão apenas do nosso intelecto, e todo juízo verdadeiro ser-nos-á impossível. Ora, é um fato que fazemos juízos verdadeiros. A definição da mais simples das figuras geométricas e até a da unidade aritmética são ricas de elementos que não podem nos ser fornecidos nem pela experiência nem por nosso pensamento. O matemático não diz o que os círculos são, ou o que são as unidades sensíveis, porque não são nem verdadeiros círculos nem verda-

---

12. Santo Agostinho, *De Gen. ad. litt.*, IX, 15, 26-27, *Patr. lat.*, t. 34, c. 403-404; *De Trinitate*, III, 8, 14, t. 42, c. 876-877.

deiras unidades, mas ele decide o que um círculo e uma unidade devem ser para satisfazer às definições que deles é dada. Essas definições transcendem portanto toda experiência humana geralmente possível. Enquanto o que nos é dado, e enquanto nosso pensamento mesmo a quem isso é dado, se situa na ordem do contingente, do mutável e do temporário, a verdade se situa naturalmente no plano do necessário, do imutável e do eterno. Como, aliás, poderia ser de outro modo, se ela implica uma referência à idéia divina?[13] É por isso que, na doutrina de santo Agostinho,

---

13. Aliás, é por isso que em santo Agostinho a descoberta da fonte da verdade equivale a uma prova da existência de Deus: *De libero arbitrio*, II, 12, 34, *Patr. lat.*, t. 32, col. 1259-1260, e II, 14, 38, col. 1261-1262. Sobre o conjunto da doutrina, ver *Introduction à l'étude de Saint Augustin*, pp. 103-37. Os grandes agostinianos da Idade Média ressaltaram vivamente o vínculo entre essa epistemologia e a metafísica do ser: "Unde cum res habeant esse in mente, in proprio genere [nelas mesmas] et in aeterna arte [nas idéias divinas], non sufficit ipsi animae ad certitudinalem scientiam veritas rerum secundum quod esse habent in se, vel secundum quod esse habent in proprio genere, *quia utrobique sunt mutabiles*, nisi aliquo modo attingat eas, in quantum sunt in arte aeterna." São Boaventura, *De scientia Christi*, IV, Concl., ed Quaracchi, t. V, p. 23. É por isso que, no fim das contas, conhecemos o contingente apenas por uma iluminação do ser necessário: "non venit intellectus noster ut plene resolvens intellectum alicujus entium creatorum, nisi juvetur ab intellectu entis purissimi, actualissimi, completissimi et absoluti; quod est ens simpliciter et aeternum, in quo sunt rationes omnium in sua puritate", *Itinerarium*, III, 3, ed. minor, p. 317. Cf. p. 319: "Hujusmodi igitur illationis necessitas non venit ab existentia rei in materia, *quia est contingens...*" Entre os sucessores de são Boaventura, a doutrina desenvolve suas conseqüências num sentido que, se o seguíssemos até o fim, conduziria ao idealismo. Como é em Deus que se funda a verdade, não é nem mesmo necessário que as coisas existam para conhecer a verdade delas, basta alcançar suas Idéias: Mateus de Aquasparta, *Quaest. disp. de cognitione*, qu. I, Resp., ed. Quaracchi, 1903, pp. 232-3. A doutrina da contingência do ser é utilizada como fundamento da iluminação, nos próprios termos do *Itinerarium*, na seguinte questão: II, Resp., pp. 256-7. Trata-se portanto, para esses filósofos, de saber se os atributos da verdade, que são os do próprio Ser, podem ser encontrados no que não é o Ser; é por concluírem negativamente que requerem uma iluminação especial da alma por Deus no conhecimento verdadeiro. O ponto de chegada do agostinismo, quando se violenta o pensamento do próprio santo Agostinho, a pretexto de extrair dele suas mais extremas conseqüências, é a visão em Deus de Malebranche.

todo juízo verdadeiro supõe uma iluminação natural do pensamento por Deus. Um intelecto criado de nada é muito menos capaz de dar ser ao necessário, isto é, a um ser verdadeiro, do que a mãe parir o corpo perecível do seu filho. Deus é que fecunda nosso pensamento com seu Verbo; ele não é apenas seu amo interior, como que uma voz que lhe falasse ao ouvido, mas uma luz que o faz ver; mais ainda, é um alimento nele, como o pão na boca; mais ainda, a semente viva que penetra no seio do pensamento, desposa-o e fecunda-o para fazê-lo conceber a verdade: *Deus lumen cordis mei, et panis oris intus animae meae, et virtus maritans mentem meam et sinum cogitationis meae*[14]. Mas esse abraço fecundante da alma por Deus faz mais do que gerar nela a verdade, gera também a virtude: *cujus unius anima intellectualis incorporeo, si dici potest, amplexu, veris impletur fecundaturque virtutibus*[15]. Examinemos brevemente este último ponto.

Nada mais fácil do que esclarecê-lo, porque é igual ao precedente. Todas as virtudes são hábitos estáveis de agir bem e, como tais, elas se fundam em juízos verdadeiros da razão. Ora, esses juízos são da mesma natureza, quer se refiram ao que as coisas devem ser, quer ao que os homens devem fazer. Quando digo que o melhor é preferível ao bom, que todo ato humano deve respeitar a ordem, que a vontade deve fazer reinar a justiça tanto quanto estiver a seu alcance, profiro verdades tão necessárias quanto a definição do círculo ou da unidade. Como eu poderia tirar essas necessidades eternas e imutáveis das coisas ou do meu

---

De acordo com esse filósofo, não só não seríamos capazes de produzir nossa verdade, como não seríamos capazes nem sequer de produzir nossas idéias, porque tirar o geral do particular seria criar. Ora, somente Deus possui a eficiência causal, porque só ele é o Ser; a justificação última da visão em Deus é que "é bom que os homens saibam muito distintamente como não podem nada sem Deus", Malebranche, *Da busca da verdade*, liv. III, parte 2, cap. VI.

14. Santo Agostinho, *Confissões*, I, 13, 21.
15. Santo Agostinho, *De civ. Dei*, X, 3, 2.

espírito, que são aqui como em qualquer outra parte do âmbito do mutável e do contingente? Na realidade, preciso receber do abraço divino as sementes das virtudes, do mesmo modo que recebo as das ciências. Deus não me ilumina apenas com a luz dos números, ele me esclarece também com a luz da sabedoria, de modo que minha vida moral, assim como meu conhecimento científico, atesta sua presença íntima em mim, no fundo dessa memória metafísica sobre a importância da qual teremos de voltar mais tarde[16]. Deus me rodeia portanto de todos os lados; ele me penetra de todos os lados; ele me é mais interior do que o mais íntimo do meu ser; ele está em mim como a única razão suficiente de tudo o que faço e que não sou; cada um dos meus vazios atesta sua plenitude, e minha miséria homenageia sua glória não menos eloqüentemente do que minha grandeza. Sentimento profundo, perdurável e, sem dúvida, coeterno ao próprio pensamento cristão, sentimento verdadeiro também, e necessário, quando se exprime na ordem da graça. Mas será ele necessário na ordem da natureza? É o que uma outra expressão do sentimento da glória de Deus nos convida a examinar.

O que importa notar antes de mais nada na crítica tomista das três teses que acabam de ser expostas é que, embora elas desenvolvam suas conseqüências em terrenos diferentes, são Tomás estima que elas dêem na mesma, porque ele as julga em nome de uma certa concepção da causalidade natural e, além disso, lhe parecem inconciliáveis com as justas exigências da glória de Deus. Claro, a doutrina das razões seminais salvaguarda zelosamente os direitos da eficiência divina, já que tudo já está realizado e que as causas segundas não têm maior papel. Por outro

---

16. Santo Agostinho, *De libero arbitrio*, II, 10, 29, *Patr. lat.*, t. 32, col. 1256. São Boaventura desenvolveu particularmente esse exemplarismo moral, remetendo-se a Plotino e Fílon nas *Collationes in Hexaemeron*, VI, 6-10, ed. Quaracchi, t. V, pp. 361-2. Note-se no artigo 10 como essas "luzes das virtudes" descem da nossa faculdade de conhecer até nossa faculdade de agir.

A GLÓRIA DE DEUS

lado, é verdade que a iluminação divina oferece a mesma vantagem, já que é de Deus que correm então, em direção aos seres dotados de razão, a verdade e a virtude. Mas as duas teses apresentam o mesmo inconveniente, porque ou tudo já está feito no interior da natureza, ou tudo é feito para ela de fora, e ela mesma nada faz. Ora, num universo criado como o universo cristão, é inconcebível que os seres não sejam verdadeiros seres e, por conseguinte, que as causas não sejam verdadeiras causas. A liberalidade e a bondade de Deus são tais que dão às coisas não apenas a existência, mas também a causalidade que dela decorre: *prima causa ex eminentia bonitatis suae rebus aliis confert non solum quod sint, sed etiam quod causae sint*[17]. É partindo

---

17. "Utraque autem istarum opinionum est absque ratione. Prima enim opinio excludit causas propinquas, dum effectus omnes in inferioribus provenientes, solis causis primis attribuit; in quo derogatur ordini universi, qui ordine et connexione causarum contexitur; dum prima causa ex eminentia bonitatis suae rebus aliis confert non solum quod sint, sed etiam quod causae sint. Secunda etiam opinio in idem quasi inconveniens redit...; si inferiora agentia nihil aliud faciunt quam producere de occulto in manifestum, removendo impedimenta, quibus formae et habitus virtutum et scientiarum occultabantur, sequitur quod omnia inferiora agentia non agant nisi per accidens." São Tomás de Aquino, *De veritate*, XI, 1, Resp.

As teses criticadas por são Tomás nesse artigo podem ser assim distribuídas:

I. Extrinsecismo radical (Avicena)
- Formas naturais: *Dator formarum*
- Ciências naturais: *Dator formarum*
- Virtudes naturais: *Dator formarum*

II. Intrinsecismo radical (Anaxágoras)
- Formas naturais: *razões seminais*
- Ciências naturais: *idéias inatas*
- Virtudes naturais: *virtudes inatas*

Das três teses que resumimos a partir de santo Agostinho, a das razões seminais pertenceria portanto ao intrincesismo, as duas outras ao extrinsecismo. Mas acrescente-se que, em santo Agostinho, mesmo as razões seminais podem pertencer ao extrinsecismo, pois se tudo existe na natureza é que tudo lhe foi dado de uma só vez por Deus. Mais uma razão para dizer que ambas as teses "in idem quasi inconveniens redit". Sobre a maneira como a crítica tomista de santo Agostinho se coordena com a de Avicena, ver *Pourquoi saint Thomas a critiqué saint Augustin*, em *Archives d'hist. doctr. et litt. du Moyen Âge*, t. I, 1926, pp. 5-127.

desse princípio que são Tomás vai sucessivamente retificar as três teses agostinianas, das razões seminais, da iluminação da verdade e das virtudes.

Admitir as razões seminais é sustentar que as formas dos seres por vir já estão latentes na matéria. Na realidade, elas não estão já realizadas nela, como tampouco a matéria as recebe prontas de fora. Aí estão, como diz Aristóteles, em potência, isto é, a matéria pode recebê-las. Para que as receba, é preciso que uma causa segunda, que é um ser em ato, faça alguma coisa da sua atualidade passar para a potência da matéria. Coincidindo neste ponto com a noção de causalidade, tal como a definimos precedentemente, vemos que a eficiência das causas segundas existe nelas como uma participação da causalidade divina. Seguramente elas não criam, mas causam; substâncias mesmas, elas geram, se não ser, em todo caso substancialidade[18].

---

18. São Tomás de Aquino, *Sum. theol.*, I, 115, 2, Resp. Esse artigo é um exemplo típico da maneira como são Tomás se apropria da terminologia de santo Agostinho, modificando ao mesmo tempo seu sentido. De fato, nesse texto ele sustenta que há razões seminais na matéria e vai ao extremo de sustentá-lo em nome da autoridade de santo Agostinho (loc. cit., sed contra). Na realidade, ele elimina uma doutrina de santo Agostinho em nome de santo Agostinho, porque, se examinarmos melhor o que ele diz, veremos que nada em seu texto afirma a criação *tota simul* de santo Agostinho. Ele acredita, ou finge acreditar, que essas *rationes seminales* não são, em santo Agostinho, "inchoatationes formarum" (*De veritate*, V, 9, ad 8^m). Talvez assim creia porque interpreta os *elementa* de santo Agostinho no sentido aristotélico: o ar, a água, o fogo e a terra. Mas, justamente, os *elementa* agostinianos são diferentes da água, por exemplo, no sentido aristotélico da palavra. A água de santo Agostinho não é apenas frio e umidade; ela é, além disso, carregada de *primordia seminum*, com as leis numéricas internas que desenvolverão suas potências latentes no correr do tempo. São portanto *insitae rationes, quas tanquam seminaliter sparsit Deus in ictu condendi* (ver *Introduction à l'étude de saint Augustin*, pp. 261-4); não se diria que Deus *sparsit elementa*. Na realidade, os agostinianos do século XIII não se equivocaram quanto ao sentido da doutrina, e é ela que são Tomás atinge, embora evite cuidadosamente nomear Agostinho em *De veritate*, XI, 1, Resp. "Quidam vero e contrario..." A única diferença é que um agostiniano rejeitaria admitir que as formas já estejam em ato na matéria; ele diria, com R. Bacon, que elas estão *in potentia activa materiae*, ou,

A GLÓRIA DE DEUS

Por uma aplicação natural do mesmo princípio, são Tomás altera a economia da iluminação agostiniana e lhe confere um novo significado. A tese fundamental da iluminação permanece intacta. No tomismo, tanto quanto no agostinismo, só conhecemos a verdade nas idéias divinas e à luz com que o Verbo nos ilumina, mas ele não nos ilumina da mesma maneira numa doutrina e noutra. De acordo com são Tomás, a iluminação consiste precisamente na doação, que Deus faz ao homem ao criá-lo, daquilo cuja negação constitui o próprio fundo da noética agostiniana: um intelecto capaz de produzir sua verdade. A partir de são Tomás de Aquino, estamos de posse de uma luz natural, a do intelecto agente, que não é nem o pensamento de santo Agostinho, nem o intelecto agente de Aristóteles. Como o intelecto aristotélico, ela é capaz de gerar, em contato com a experiência sensível, os princípios primeiros com ajuda dos quais construirá progressivamente o sistema das ciências; mas, como o pensamento agostiniano, é por ser uma participação na Verdade que ela é capaz de gerar suas verdades. Em vez de cair do alto num intelecto que seria naturalmente privado dela, a luz da verdade de certo modo incorporou-se a ele, ou antes, ele se tornou essa luz de verdade, num modo analógico e a título de participação[19]. E

---

com são Boaventura, que elas estão na matéria como a rosa no botão. É justamente a noção de *potentia activa materiae* entendida nesse sentido que são Tomás elimina, porque conserva apenas uma potência passiva da matéria; mas com isso torna impossíveis as razões seminais no sentido em que santo Agostinho as entende.

19. De fato, é a essa participação na luz divina pela posse de um intelecto agente que se reduz, em são Tomás, a doutrina da iluminação: "Alio modo dicitur aliquid cognosci in aliquo sicut in cognitionis principio: sicut si dicamus quod *in* sole videntur ea quae videntur *per* solem. Et sic necesse est dicere quod anima humana omnia cognoscat in rationibus aeternis, per quarum participationem omnia cognoscimus. Ipsum enim lumen intellectuale, quod est in nobis, nihil est aliud quam quaedam participata similitudo luminis increati, in quo continentur rationes aeternae", são Tomás de Aquino, *Sum. theol.*, I, 84, 5, Resp. Essa interpretação de santo Agostinho, que era na realidade a criação de uma nova doutrina da iluminação, será rejeitada pe-

o que vale para as verdades vale também para as virtudes. Elas são inatas em nós, no sentido de que somos aptos a adquiri-las; elas nos vêm de Deus, no sentido de que as adquirimos graças à aplicação dos princípios da razão prática, a qual, por sua vez, nada mais é que uma participação

---

los agostinianos do século XIII. Ela é diretamente visada por Mateus de Aquasparta, *Quaest. disp. de cognitione*, qu. II, Resp., ed. Quaracchi, p. 251: "Hanc positionem..." É também ela que é atacada por Roger Marston, *De humanae cognitionis ratione anecdota quaedam*, Quaracchi, 1883, p. 205. É certo que, parecendo querer dizer, por um concordismo sistemático, a mesma coisa que santo Agostinho e apelando para a autoridade deste, são Tomás só podia exasperar os agostinianos. Donde as invectivas de R. Marston: "Patet igitur, quod dicentes omnia videri in lumine aeterno, quia videntur a lumine ab ipso derivato, doctrinam Augustini pervertunt, truncatas ejus auctoritates ad proprium sensum non sine sancti injuria convertentes, antecedentibus et consequentibus praetermissis, in quibus Sancti intentio plenius in hac materia elucescit" (loc. cit.). É claro que é o texto da Suma citado no início dessa nota que R. Marston visa, como se pode ver pelo resumo que ele dá: "et, ut dicunt, ideo vult Augustinus, nos omnia videre in prima veritate, quia videmus in luce ab eadem veritate derivata, in naturali videlicet lumine mentis nostrae, quod est pars animae, sicut dicimur omnia videre in sole, quia videmus in lumine a sole derivato" (op. cit., p. 203). John Peckham, claro está, é contra são Tomás (ver *Quaest. disputata*, 1ª obj. e ad 1ᵐ, op. cit., pp. 179 e 181). Mas quando chegamos a P.-J. Olivi, a doutrina da iluminação especial está em plena decomposição, assim como a das razões seminais. Olivi diz que a abraça, mas confessa que não sabe direito por quê: *In II Sent.*, ed B. Jansen, Quaracchi, 1926, t. III, pp. 500-17, em particular: "Ista, quia plene exponere nescio, idcirco solum tanquam cavenda propono, quia licet praedicta positio in se sit solemnis et sana [*scil.* s. Augustini], istis tamen non diligenter observatis posset esse valde periculosa. Et ideo praedictam positionem secundum se teneo, quia virorum valde solemnium est. Praedictorum tamen expositionem eorum sapientiae derelinquo. Quia tamen altera opinio [*scil.* s. Thomae Aquinatis] etiam magnorum est, ideo ad argumenta utriusque partis respondeo", op. cit., pp. 512-3. Pode-se dizer que, a partir dessa data, depois de ter sobrevivido mais ou menos penosamente, a iluminação agostiniana só recobrará sua vitalidade no século XVII, com Malebranche. Mas esse novo avatar não será isento de riscos para ela. A doutrina é expressamente condenada desde o início do século XIV por Duns Scot, *Opus Oxoniense*, ed. Quaracchi, t. 3, n. 416-421, pp. 376-9. Podemos ver, n. 422-423 (pp. 379-81), que Duns Scot é tão hábil quanto são Tomás em conciliar-se com os textos de santo Agostinho; na realidade, ele está inteiramente de acordo com são Tomás quanto ao fundo da questão.

na luz divina[20]. Em ambos os casos, alcançamos as idéias de Deus por intermédio de um intelecto que é uma semelhança participada na luz incriada em que as Idéias estão contidas, e é nesse sentido que à questão formulada pelo homem: *Quis ostendit nobis bona?*, o salmista responde: *Signatum est super nos lumen vultus tui Domine*, como se quisesse dizer: é pela própria marca da luz divina em nós que conhecemos tudo[21].

Como Deus parece recuar para longe do mundo e do homem no tomismo! Os agostinianos do século XIII tiveram essa sensação, e é o que explica suas reações às vezes um pouco vivas contra a doutrina de são Tomás de Aquino. No entanto, não há nada que o Deus de santo Agostinho faça que o Deus de são Tomás não faça; não há nada que a criatura agostiniana não possa fazer sem Deus que a criatura tomista possa fazer sem Deus. Nas duas doutrinas, Deus faz tudo e as criaturas fazem o que fazem; a diferença é que o Deus tomista mostrou-se mais generoso do que o de santo Agostinho. Melhor dizendo, já que se trata do mesmo, por maior que seja no agostinismo a liberalidade de Deus em relação ao mundo, maior ainda ela é na filosofia de são Tomás de Aquino. Ele criou um intelecto a que não falta nada do que lhe é necessário, em particular do que é requerido para o exercício da sua função própria: conhecer a verdade[22].

---

20. São Tomás de Aquino, *De virtutibus in communi*, VIII, Resp.
21. São Tomás de Aquino, *Sum. theol.*, I, 84, 5, Resp.
22. Os agostinianos sentiram a força da objeção. A natureza nunca carece do necessário, pois de outro modo ela não existiria; o homem, criatura racional, deve ser ainda mais bem dotado que os outros, em razão da sua dignidade mesma. Como um ser racional seria incapaz de conhecer a verdade? À objeção assim formulada, Mateus de Aquasparta responde que é, ao contrário, uma grande dignidade para o homem ser iluminado por Deus: "Nec hoc derogat suae notabilitati, sed potius attestatur magnae dignitati", *Quaest. disp. de cognitione*, qu. II, ed. Quaracchi, p. 264, ad 11^m. Sem dúvida, é uma grande dignidade ser ajudado por Deus a conhecer, mas ser criado por Deus com capacidade para conhecer é uma dignidade maior ainda.

Reduzida ao essencial e sem levar em conta as razões psicológicas que podem em certa medida esclarecê-la[23], a diferença entre as duas doutrinas se explica simplesmente. Elas são duas expressões diferentes do mesmo sentimento da glória de Deus. Porque é o mesmo. Tanto para santo Agostinho como para são Tomás *coeli enarrant gloriam Dei*, e os céus contam a glória de Deus porque trazem a semelhança com ele; mas, com são Tomás, a noção de semelhança divina vai penetrar pela primeira vez até o seio da natureza, superar a ordem, o número e a beleza, atingir e impregnar inclusive sua estrutura física e anexar a si até mesmo a eficiência da causalidade. Não é possível que a obra do Todo-Poderoso seja um mundo inerte, porque nesse caso a obra não mais honraria o operário. Mais tarde, pervertendo os princípios do agostinismo, Malebranche vai querer que a glória de Deus seja cantada por um mundo sem natureza e sem eficiência, cuja impotência radical atestará a onipotência do seu autor[24]. Mais fiel ao verdadeiro espírito de santo Agostinho, são Tomás vai corrigir sua filosofia no sentido dos seus próprios princípios e restaurar a criação na plenitude dos seus direitos, porque é pela grandeza da obra que se conhece a do operário.

Antes de mais nada, voltemos ao princípio dos princípios; o efeito próprio da causalidade criadora é a doação do ser. No fundo de tudo o que o mundo recebeu de Deus, e mais íntima que todo o resto, se oculta a própria existência:

---

23. Ver *L'idée de philosophie chez saint Augustin et chez saint Thomas d'Aquin*, em *Acta hebdomadae augustiniae-thomisticae*, Taurini-Romae, Marietti, 1931, pp. 75-80.

24. H. Gouhier, *La philosophie de Malebranche et son expérience religieuse*, Paris, J. Vrin, 1926: "A glória de Deus é o tema essencial da filosofia de Malebranche, tema heróico que canta a potência infinita do criador, tema místico em que geme a humildade da criatura, tema redentor que salva o homem da sua humanidade", p. 17. Para são Tomás e Duns Scot, haveria que dizer: tema heróico que canta a potência infinita do criador, tema místico que se regozija de contemplar o vestígio do criador na grandeza da criatura, tema redentor que salva o homem em sua humanidade.

ipsum enim esse est communissimus effectus primus, et intimior omnibus aliis effectibus; et ideo soli Deo competit secundum virtutem propriam talis effectus[25]. Por outro lado, já que o efeito sempre traz consigo a semelhança da sua causa, os seres são análogos de Deus pelo simples fato de existirem; e, como é da sua própria natureza assemelhar-se a ele, quanto mais se assemelham, mais existem, e quanto mais existem, mais se assemelham a ele[26]. Mas, para ver até onde vão as conseqüências desse princípio, é preciso se dar conta do gênero de ser que convém às coisas criadas. A maioria das que nossos sentidos apreendem são substâncias concretas, compostas de matéria e de forma, isto é, parcialmente em potência e parcialmente em ato. Como tais, elas são fundamentalmente boas, porque a própria matéria, na medida em que está apta a receber a forma, deve ser considerada boa. Já dissemos isso, e agora vemos sua razão última. É que, se a matéria nada mais é que o ser em potência, ela só é boa em potência. O ser, absolutamente falando, pertence exclusivamente ao que subsiste, mas o bem se estende às relações. É por isso que a matéria, que só existe em função da forma e em relação a ela, sem ser um ser em ato, é no entanto um bem. É um efeito do primado do ser o fato de que até a simples possibilidade de ser seja boa[27]. No entanto, onde há possibilidade não realizada, há falta, privação e, por conseguinte, também há mal. As substâncias concretas de que o universo é feito são, portanto, ser incompleto, inacabado e em devir, e é por serem assim que têm necessariamente de agir. Elas operam

---

25. São Tomás de Aquino, *De potentia*, III, 7, Resp.
26. São Tomás de Aquino, *Cont. gent.*, III, 19, *Praetera*.
27. É por isso que, *quodammodo*, o bem excede o ser, mas não porque o bem prima sobre o ser; ao contrário, é porque a única relação com o ser já é *quodammodo* um ser que já é um bem. Em outras palavras, o ser pertence apenas ao que existe em ato; o que não existe em ato não existe propriamente falando. Logo, propriamente falando, a simples possibilidade de ser não é ser, mas, propriamente falando e como possibilidade de ser, ela é boa: São Tomás de Aquino, *Cont. gent.*, III, 20, *Inter partes.*

para se completar antes de poderem operar para se dar. Quanto mais incompletas, mais as operações que elas devem consumar são numerosas e diversas. De qualquer modo e qualquer que seja o grau delas na escala dos seres, não lhes basta ser para conquistar a perfeição. Um homem, mesmo se for vicioso, é bom na medida em que é homem, mas não é perfeitamente homem, pois sofre dessa privação das virtudes necessárias que é o vício. Para Deus, o ser basta, porque ser o Ser é ser perfeito; mas ser um ser e, particularmente, um ser envolvido na potencialidade da matéria é permanecer aberto a possibilidades de ser que cumpre adquirir agindo. Pode-se dizer portanto que, se o próprio ser das coisas consiste em se assemelhar a Deus, tudo o que lhes permitir realizar mais completamente seu ser lhes permitirá realizar mais completamente sua semelhança a Deus. Ora, as criaturas só poderiam alcançar a perfeição do seu ser exercendo as operações que lhes são próprias; elas carregam portanto a semelhança divina não apenas em sua existência, mas até mesmo em sua causalidade[28].

Essa constatação leva-nos a uma visão do universo que se parece, externamente, com a de Aristóteles, mas que dela difere profundamente quanto ao significado íntimo. No filósofo grego, as coisas também se movem para adquirir sua substancialidade própria e imitar nisso a perfeição divina dos motores imóveis. No filósofo cristão, as coisas se movem para adquirir a plenitude do ser, porque levar ao

---

28. "Non igitur cuilibet creaturarum idem est esse et bonum esse simpliciter, licet quaelibet earum bona sit in quantum est; Deo vero simpliciter idem est esse et bonum esse simpliciter. Si autem res quaelibet tendit in divinae bonitatis similitudinem sicut in finem: divinae autem bonitati assimilatur aliquid quantum ad omnia quae ad propriam pertinent bonitatem; bonitas autem rei non solum in esse suo consistit, sed in omnibus aliis quae ad suam perfectionem requirintur, ut ostensum est, manifestum est quod res ordinatur in Deum sicut in finem, non solum secundum esse substanciale, sed etiam secundum ea quae ei accidunt pertinentia ad perfectionem ipsius, et etiam secundum propriam operationem, quae etiam pertinet ad perfectionem rei." São Tomás de Aquino, *Cont. gent.*, III, 20, fim.

seu ponto de perfeição sua própria natureza é, ao mesmo tempo, aproximar sua semelhança com Deus do seu ponto de perfeição: *Unumquodque tendens in suam perfectionem tendit in divinam similitudinem*[29]. A diferença essencial que separa o ponto de vista grego da substancialidade do ponto de vista cristão do ser produz aqui uma das suas conseqüências mais secretas e, no entanto, mais importantes. Pelo fato mesmo de ser uma seqüência e um análogo da criação, a causalidade cristã de certo modo a prolonga e lhe dá seguimento. Claro, ela não é uma causalidade criadora, pois sua fonte é sempre o ser recebido, mas é, isso sim, produtora de ser, já que, na medida em que existe, todo ser pode proporcionar o ser que recebeu e transmiti-lo a outro a título de efeito: *causa importat influxum quemdam ad esse causati*[30]. É por isso que, de acordo com a bela palavra de Dionísio, o que há de mais divino no mundo é tornar-se cooperador de Deus, palavra que faz eco à de são Paulo: somos ajudantes de Deus. Ora, se somos, se cooperamos verdadeiramente com a obra criadora, é distribuindo ser à nossa volta e enriquecendo o nosso pela fecundidade da nossa atividade causal. Ser causa não é nem acrescentar à soma do ser criado, o que somente Deus pode fazer, nem deixar o ser criado no estado em que o encontramos, o que seria não fazer nada, mas é consumar as possibilidades do universo, substituir em toda parte o virtual pelo atual, conferir ao que já é toda a extensão de que é capaz e que lhe é possível; numa palavra, é servir de instrumento para a obra criadora, *Dei cooperatorem fieri*, e ajudar o universo do devir, que daí resulta, a se realizar, *Dei sumus adjutores*[31].

---

29. São Tomás de Aquino, *Cont. gent.*, III, 21, *Praetera.*
30. Ver cap. V, p. 119.
31. "Prius est unumquodque in se perfectum quam possit alterum causare, ut dictum est. Haec igitur perfectio ultimo accidit rei ut aliorum causa existat. Quum igitur per multa tendat res creata in divinam similitudinem, hoc ultimum ei restat ut divinam similitudinem quaerat per hoc quod sit

Concebe-se facilmente que, numa doutrina assim, longe de derrogar a glória de Deus insistindo na perfeição e na eficiência dos seres, o que se faz é celebrá-la, celebrando-os. Para os filósofos cristãos da época clássica, é sempre uma imprudência aviltar a natureza a pretexto de celebrar Deus. *Vilificare naturam* é, em si, um erro filosófico, porque não se pode conceber a natureza sem os meios de adquirir a perfeição que lhe é própria. Mas é também prejudicar Deus, porque Deus é a atualidade pura do ser e, como era criando-as que ele comunicava o ser às criaturas, convinha que, comunicando-lhes a semelhança do seu ser, ele lhes comunicasse a semelhança da sua causalidade[32]. Mas, assim como é o Ser, Deus também é a Causa perfeita; logo, as coisas que ele criou têm de participar da sua perfeição, de sorte que toda injustiça para com a perfeição delas é uma injustiça para com a perfeição da potência dele: *detrahere ergo perfectioni creaturarum est detrahere perfectioni divinae virtutis*. Um universo sem causalidade verdadeira, ou cuja causalidade não produziria seu pleno efeito, seria um universo indigno de Deus[33]. Enfim, como Deus

---

aliorum causa. Unde Dionysius dicit [*Coel. hier.*, c. 3] quod *omnium divinius est Dei cooperatorem fieri*; secundum quod Apostolus dicit: *Dei sumus adjutores* [1 Cor 3, 9]." São Tomás de Aquino, *Cont. gent.*, III, 21.

32. "Quod dat alicui aliquod principale, dat ei omnia quae consequuntur ad illud, sicut causa quae dat corpori elementari gravitatem, dat ei motum deorsum. Facere autem aliquid actu consequitur ad hoc quod est esse actu, ut patet in Deo. Ipse est enim actus purus, et est etiam prima causa essendi omnibus... Si igitur communicavit aliis similitudinem suam quantum ad esse, in quantum res in esse produxit, consequens est ut communicaverit eis similitudinem suam quantum ad agere, ut etiam res creatae habeant proprias actiones." São Tomás de Aquino, *Cont. gent.*, III, 69.

33. "Perfectio effectus determinat perfectionem causae. Major enim virtus perfectionem effectuum inducit. Deus autem est perfectissimum agens. Oportet igitur, quod res ab ipso creatae perfectionem ab ipso consequantur. Detrahere ergo perfectioni creaturarum est detrahere perfectioni divinae virtutis. Sed si nulla creatura habet aliquam actionem ad aliquem effectum producendum, multum detrahitur perfectioni creaturae. Ex abundantia enim perfectionis est, quod perfectionem quam aliquid habet, possit alteri communicare. Detrahit igitur haec positio divinae virtuti." Ibid.

A GLÓRIA DE DEUS

é o bem supremo, deve ter feito tudo da melhor maneira possível. Ora, é melhor que o bem que ele atribui a cada ser possa se difundir e se tornar o bem comum de todos. Mas, para que o bem de um se torne o bem dos outros, ele tem de se comunicar, e só pode se comunicar agindo. Portanto Deus comunicou sua bondade às coisas de tal modo que cada uma delas possa transmitir às outras a perfeição que recebeu: toda injustiça para com a causalidade dos seres se torna uma injustiça para com a bondade de Deus[34].

Chegando a esse ponto, começamos a ver as linhas mestras da filosofia cristã tenderem para sua convergência final. O Ser criou tudo, e criou tudo para a sua glória, no sentido que criou todos os seres para a glorificação deles próprios. Ora, nesse estado de glorificação, as criaturas se regozijarão mais com a honra e a glória de Deus do que com sua glorificação mesma[35]. Portanto é sua glória que, assim como está no princípio, está também no fim de tudo[36]. Como então um universo destinado ao estado de glória e

---

34. "Sicut est boni bonum facere, ita est summi boni aliquid optime facere. Deus autem est summum bonum... Igitur ejus est optime facere omnia. Melius autem est quod bonum alicui collatum sit multorum commune, quam quod sit proprium, quia bonum commune semper invenitur esse divinius quam bonum unius tantum. Sed bonum unius fit multis commune, si ab uno in alia derivatur, quod non potest esse, nisi in quantum diffundit ipsum in alia per propriam actionem. Si vero potestatem non habet illud in alia transfundendi, manet sibi ipsi proprium. Sic igitur Deus rebus creatis suam bonitatem communicavit, ut una res, quod accepit, possit in aliam transfundere. Detrahere ergo actiones proprias rebus est divinae bonitati derogare." Ibid.

35. "Anima magis laetatur in gloria et plus gaudebit de Dei gloria et honore quam de sua glorificatione, et plus jucundabitur in laudando quam in considerando proprium bonum. Et ideo patet quod ille finis est ulterior." São Boaventura, *In II Sent.*, I, 2, 2, 1, ad 4ᵐ, ed. Quaracchi, t. II, p. 45.

36. "Sed primo agenti, qui est agens tantum, non convenit agere propter acquisitionem alicujus finis; sed intendit solum communicare suam perfectionem, quae est ejus bonitas. Et unaquaeque creatura intendit consequi suam perfectionem, quae est similitudo perfectionis et bonitatis divinae. Sic ergo divina bonitas est finis rerum omnium." São Tomás de Aquino, *Sum. theol.*, I, 44, 4, Resp. Cf. Duns Scot, textos reunidos em H. de Montefortino, *J. D. Scoti Summa theologica*, I, 44, 4.

feito à semelhança do bem supremo não apareceria como fundamentalmente bom ao espírito que o contempla? Mas, para adquirir essa beatitude e realizar essa glorificação, não basta ser, é preciso agir. Ora, toda ação, seja ela consciente ou não, seja ela inclusive boa ou má, contribui para a glória de Deus, porque nossos atos podem ser privados do seu bem, mas nada pode privar Deus da sua glória[37]. O universo cristão é, pois, um mundo inteiramente bom no que é, mas incompleto e que tende, por conseguinte, a conquistar seu bem rematando seu ser. É por isso que as doutrinas de são Tomás e de Duns Scot sobre a eficiência das causas segundas e a retificação que impuseram à doutrina agostiniana sobre os problemas das razões seminais e da iluminação estão exatamente no eixo da tradição cristã. Ou melhor, já que é de santo Agostinho que eles tomam emprestados seus princípios, digamos que, se nos elevarmos acima da letra da história para atingir o espírito que a anima, será o próprio agostinismo que encontrará seu ponto de chegada nas doutrinas do conhecimento e da causalidade que contradizem a sua. Desse ponto de vista, tudo se torna significativo nos textos filosóficos da Idade Média, até mesmo a forma com que revestem o pensamento. Primeiro, os textos da Escritura de que estão semeados não fazem mais figura de ornamentos acidentais, de confirmações supérfluas e privadas de significado filosófico. Sua presença neles é em todos os casos necessária, porque são como guias que caminham à frente, ao lado ou atrás do pensamento, para conduzi-lo, aconselhá-lo e protegê-lo. Insígnias abertamente portadas da filosofia cristã, são os signos sensíveis da ajuda prestada pela revelação à razão. Mas também podemos compreender com isso os esforços incessantemente reiterados dos pensadores da Idade Média para proclamar sua filiação a santo Agostinho e aos outros Padres

---

37. São Tomás de Aquino, *Sum. theol.*, Iª-IIae, 114, 1, ad 2m. São Boaventura, *In II Sent.*, I, 2, 2, 1, 3m fund., ed. Quaracchi, t. II, p. 44.

da Igreja, não apenas quando os seguem, mas inclusive quando os abandonam. É que só os abandonam a fim de melhor continuá-los. Claro, o concordismo obstinado dos pensadores da Idade Média não facilita a tarefa da história. Não podemos deixar de hesitar com inquietação diante dos textos em que a concordância é às vezes afirmada em nome das próprias fórmulas que a contradizem. Mas, se muitas vezes os pensadores medievais deixam de lado as diferenças que os separam, é que sabem que, na realidade, as diferenças caem e somente as semelhanças se acumulam. É sobretudo porque eles têm consciência de ser operários de uma só obra, porque se sentem mais fiéis a seus precursores abandonando-os onde há que fazê-lo do que acompanhando-os e porque fazê-los dizer o que eles queriam dizer, o que eles deveriam ter dito, o que eles mesmos diriam se pudessem aproveitar o trabalho de reflexão sobre seus princípios que se desenvolveu ao longo dos séculos, não é traí-los, é salvar neles e para eles o que teriam feito tudo para salvar. Mas ainda estamos longe de ter alcançado as últimas conseqüências da metafísica do Êxodo e, por uma decorrência natural dos seus princípios, vamos ver nascer a noção cristã da Providência divina, nova etapa num caminho tão longo que não poderíamos deixar de balizá-lo.

CAPÍTULO VIII

A providência cristã

A noção de providência divina não é uma noção exclusivamente cristã, mas há uma noção propriamente cristã da providência divina. Se formos buscar os antecedentes históricos, é sem dúvida de Platão que convirá aproximá-la. Neste ponto, como tantas vezes, ele está mais próximo da filosofia do que todos os outros precursores da Antiguidade, e é fácil conceber por que os Padres da Igreja ou os filósofos da Idade Média se remetem com tanta freqüência a ele. Reduzida a seus elementos essenciais, a teologia natural que ele esboça nas *Leis* se resume aos três pontos seguintes: existem deuses; esses deuses se interessam pelos assuntos humanos; é impossível corromper os deuses comprando sua benevolência[1]. O segundo desses três pontos diz diretamente respeito à doutrina da providência divina, e é por isso que vamos examiná-lo com mais atenção.

A idéia que Platão procura ressaltar com o máximo de ênfase é que é contraditório admitir que os deuses existem e, no entanto, não se preocupam com os assuntos humanos. Porque, se há deuses, eles são bons e, se são bons, há que admitir que são virtuosos. Ora, a negligência, a pregui-

---

1. Sobre essa questão, consultar A. Diès, *La religion de Platon*, em *Autour de Platon*, t. II, pp. 575-603; L. Robin, *La pensée grecque*, pp. 266-83; A. E. Taylor, *Platonism*, pp. 103-6, e *Plato*, pp. 490-4. Ver Platão, *Leis*, X, 907b.

ça e a indolência são vícios contrários à virtude, e portanto não se poderia atribuí-los a eles; logo, há que admitir que os deuses são vigilantes, atentos, preocupados com as coisas humanas, e isso não só no que diz respeito às grandes coisas, mas também quando se trata das pequenas[2]. Para convencer-se um pouco mais, basta lembrar-se de que os deuses são imortais, que é impossível o que quer que seja lhes passar despercebido e que, por conseguinte, não se poderia admitir que o que quer que seja fique privado dos cuidados deles sem acusá-los com isso de negligência. Tanto quanto um bom médico ou um bom general, a divindade não poderia negligenciar os mais humildes detalhes a pretexto de cuidar melhor do conjunto; o operário imortal não pode ser mais imprevidente do que são os operários mortais[3]. Admitamos, pois, que tudo, no universo, é ordenado e dirigido tendo em vista o bem do conjunto, tudo, inclusive o homem: "Mesmo tu, reles mortal, pequeno como és, participas de algum modo da ordem geral e a ela te remetes sem cessar. Mas tu não fazes a reflexão de que toda geração particular se dá tendo em vista o todo, para que ele viva uma vida feliz; que nada se faz para ti e que tu mesmo és feito para o universo; que todo médico, todo artesão hábil dirige todas as suas operações para um fim, tendendo ao bem comum e referindo cada parte ao todo, e não o todo a uma das partes. E tu reclamas porque ignoras o que é melhor ao mesmo tempo para ti e para o todo, de acordo com as leis da existência universal."[4] Quais são essas leis?

No que concerne ao homem, é uma lei que rege a seqüência dos seus estados em função dos seus atos no de-

---

2. Platão, *Leis*, X, 899d-901c.
3. Platão, *Leis*, X, 902e. A evocação do demiurgo neste texto liga a teologia natural das *Leis* à do *Timeu*. Convém observar que o qualificativo de demiurgo se aplica aqui tanto aos homens como aos deuses, o que confirma a hipótese de que o demiurgo do *Timeu* nada mais é que um *artesão* divino, e não um *criador*. Cf. 903c, citado na nota seguinte.
4. Platão, *Leis*, X, 903b-c, trad. fr. Grou, revista e citada por A. Diès, *Autour de Platon*, t. II, p. 584.

correr das sucessivas gerações e das reencarnações por que ele terá de passar. Essa lei una e simples diz que o semelhante atrai naturalmente o semelhante e que, quando são assim reunidos, "os semelhantes dispensam aos seus semelhantes, e deles recebem, todos os tratamentos que devem naturalmente esperar". Em outras palavras, se formos bons, viveremos com os bons e seremos tratados por eles de acordo com a sua bondade; se formos maus, viveremos com os maus e sofreremos sua maldade do mesmo modo que eles sofrerão a nossa. Essa é a ordem de que nenhum homem poderia escapar, nem durante a vida, nem depois da morte[5]. Daí estas declarações, de que se pôde dizer que despertam ecos familiares num cristão: "Nem tu, nem quem quer que seja, independentemente da situação em que se encontre, jamais poderá se gabar de ter escapado dessa ordem, estabelecida pelos deuses para ser observada mais inviolavelmente do que qualquer outra, e que cumpre rigorosamente respeitar. Nunca escaparás dela, nem se fores pequeno o bastante para penetrar nas profundezas da terra, nem se fores grande o bastante para te elevares até o céu."[6] Ninguém poderia negar que tal texto teria naturalmente direito de cidadania em qualquer "Preparação para o Evangelho"; mas ele é conforme ao espírito do Evangelho, ou mesmo da Bíblia?

Quando se passa do platonismo à Escritura, o que chama imediatamente a atenção é que, em vez de se tratar de uma pluralidade de artesãos que a regraram de uma vez por todas o futuro da sua obra, estamos em presença de um Deus que, tendo criado o universo, o possui. E ele o possui ciumentamente. Jeová não pára de proclamar e de lembrar

---

5. A. E. Taylor, *Platonismo*, p. 105.
6. Platão, *Leis*, X, 905a. Citado por A. Diès, *Autour de Platon*, t. II, pp. 585-6, com esta observação: "Os escritores eclesiásticos não deixaram de frisar a notável semelhança dessa passagem com o Salmo 138, Setenta; 127, Hebr., 7-12. Cf. Eusébio, *Praeparatio evangelica*, XII, 52, 32", op. cit., p. 586, nota 1.

ao mundo seu direito autoral, e é nesse direito que sempre se funda, na Bíblia, o poder de conduzir de acordo com a sua vontade os assuntos humanos, que Deus reivindica. Se ele pode eleger o povo de Israel dentre todos os outros, é que a terra lhe pertence[7], e, se ela lhe pertence, é que ele a fez[8]. Esse direito de propriedade incessantemente afirmado não se limita ao conjunto do universo, nem ao povo eleito, nem aos outros povos que poderiam ter sido eleitos e não foram; ele se estende à totalidade dos seres, como se estende à ação criadora que o funda: homens, animais, plantas, solo, tudo é de Deus, porque tudo vem de Deus[9]. Essa relação fundamental da coisa feita com seu autor vai muito mais longe do que se imagina, primeiro porque explica os milagres de Deus, que são atestações públicas do seu poder criador e testemunhos da autoridade que lhe pertence para prescrever leis ao povo de Israel. É a onipotência de Deus, manifestada por suas obras, que o autoriza a promulgar o que será, no Evangelho, o primeiro e maior mandamento: amarás ao Senhor teu Deus e o servirás com todo o teu coração e com toda a tua alma[10]. Esse Deus ciumen-

---

7. "Si ergo audieritis vocem meam, et custodieritis pactum meum, eritis mihi in peculium de cunctis populis: mea enim est omnis terra." Ex 19, 5; Dt 10, 14-15.
8. "Domini est terra, et plenitudo ejus: orbis terrarum, et universi qui habitant in eo. Quia ipse super maria fundavit eum, et super flumina praeparavit eum", Sl 23, 1-2. "Meus est enim orbis terrae et plenitudo ejus", Sl, 49, 12. "Tui sunt coeli et tua est terra, orbem terrae et plenitudinem ejus tu fundasti; aquilonem et mare tu creasti", Sl 88, 12.
9. "Quoniam meae senit omnes foae sylvarum, jumenta in montibus et boves. Cognovi volatilia coeli et pulchritudo agri mecum est." Sl, 49, 9-10.
10. "Oculi vestri viderunt omnia opera Domini magna quae fecit, ut custodiatis universa mandata ejus quae ego hodie praecipio vobis... si ergo obedieritis mandatis meis, quae ego hodie praecipio vobis, ut diligatis Dominum Deum vestrum, et serviatis ei in toto corde vestro, et in tota anima vestra..." Dt 11, 7-8, 13. Mesmo no Evangelho, é ao monoteísmo judaico que Jesus liga os dois grandes mandamentos da lei, como sendo o princípio deles: "Jesus autem respondit ei: quia primum omnium mandatum est: Audi Israel, Dominus Dei tuus, Deus unus est; et diliges Dominum Deum tuum...", etc., Mc 12, 29-31. Sobre a onipotência de Deus no Evangelho, ver Mt 19, 26, e Lc 1, 37.

to, a que tudo pertence, também é o Deus a que nada escapa. Ele sonda os rins e os corações, e os pensamentos mais secretos dos homens são seus, tanto quanto essa *plenitudo universi*, de que fazem parte. Sem dúvida, ele é fiel, puro de toda iniqüidade, justo e reto[11]; quem reconhece seu poder e observa a sua lei não tem nada a temer e pode esperar tudo dele. Tal como suas obras, todos os seus caminhos são perfeitos: *Dei perfecta sunt opera, et omnes viae ejus judicia*; mas ai de quem pretende se revoltar contra ele, nem que apenas no mais recôndito do coração. Porque ele previu tudo de longe, o que somos, o que pensamos e o que fazemos; tudo, inclusive o passado, o presente e o futuro. Ora, se ele nos conhece assim, com uma ciência maravilhosa e temível, é precisamente porque ele nos fez. Ele nos criou, e sua mão permanece pousada em nós[12]. É por isso que, na perspectiva bíblica, o homem nunca escapará de Deus, nem se fosse pequeno o bastante para penetrar nas profundezas da terra, ou grande o bastante para se elevar ao céu. Não é de uma lei impessoal que ele depende, como na filosofia de Platão, mas de uma pessoa a cuja von-

---

11. Dt 32, 4.
12. "Domine probasti me, et cognovisti me... Intellexisti cogitationes meas de longe: semitas meas et funiculum meum investigasti. Et omnes vias meas praevidisti: quia non est sermo in lingua mea. Ecce, Domine, tu cognovisti omnia, novissima et antiqua: tu formasti me, et posuisti super me manum tuam. Mirabilis facta est scientia tua ex me; confortata est, et non potero ad eam. Quo ibo a spiritu tuo? Et quo a facie tua fugiam? Si ascendero in caelum, tu illic es: si descendero in infernum, ades." Sl 138, 1-8 (cf. Am 9, 2). As duas citações que seguem são tiradas do mesmo salmo, vv. 13-14. O tema da providência fundada na criação se amplia para o conjunto do universo num texto posterior, em que a sabedoria é apresentada como apanágio de Deus pela mesma razão: "sed qui scit universa, novit eam, et adinvenit eam prudentia sua: qui praeparavit terram in aeterno tempore, et replevit eam pecudibus et quadrupedibus...", Br 3, 22. Mas esse livro se aparenta aqui com os livros Sapienciais, em que a colheita seria mais abundante e fácil. Se os deixamos de lado, foi para nos atermos aos textos em que qualquer suspeita de influência grega é impossível. Sobre o conhecimento divino do futuro no Evangelho, ver Mt 24, 36; Mc 13, 32. Sobre o conhecimento que Deus tem dos segredos dos nossos corações: Mt 6, 4, 6, 18.

tade sua existência e seu destino estão presos: *quia tu possedisti renes meos: suscepisti me de utero matris meae.* Há uma grande distância entre o temor do salmista, que se sente em poder da potência divina, e a aceitação racional da ordem platônica: *Confitebor tibi, quia terribiliter magnificatus es: mirabilia opera tua, et anima mea cognoscit nimis.* Mas não é apenas outro sentimento que se manifesta, é outra idéia, o tema judaico-cristão fundamental de uma providência que, por ser uma criação, é uma eleição.

Eleição de um povo no Antigo Testamento, eleição de toda a humanidade no Evangelho. Com Jesus Cristo e são Paulo, é o gênero humano inteiro que se apodera da promessa feita por Deus ao povo de Israel e requer o benefício desta. O Deus criador está sempre presente, mas dissimula sua potência criadora sob a sua paternidade. "Pai Nosso que estás no céu", é aquele a quem devemos nosso ser, mas também é aquele que nutre pelas suas criaturas os sentimentos de um pai pelos filhos que gerou[13]. Por isso, ao mesmo tempo que conserva o fundamento sobre o qual já repousava na Bíblia, a noção cristã de providência se reveste de um novo aspecto. As relações pessoais que ligam cada criatura a seu criador se estendem ao conjunto da natureza, porque as obras de Deus são suas e ele ama até as mais humildes dentre elas. O Pai Celeste alimenta os pássaros do céu: os corvos não semeiam nem colhem, não têm celeiros de provisões, e no entanto vivem. Os lírios dos campos não colhem nem fiam, e no entanto o rei Salomão em toda a sua glória nunca se vestiu como um deles. Não há um só passarinho ao qual não se estenda a solicitude divina. Que dizer então do homem? Porque, aos olhos de Deus, ele é muito mais do que todos os passarinhos do mundo. Por que ele temeria? Todos os cabelos da sua cabeça são contados. Ele deve portanto entregar à Providên-

---

13. Essa transposição natural já se encontra na Bíblia: Sl 88, 27. Mas é rara aí e está longe de desempenhar o mesmo papel que no Evangelho. Mesma observação no que concerne a Platão: *Timeu,* 28c.

cia o cuidado com seu corpo; aquela que alimenta os pássaros e veste os lírios do campo saberá cuidar dele: *si autem foenum, quod hodie est in agro, et cras in clibanum mittitur, Deus sic vestit: quanto magis vos, pusillae fidei?* Para o cristão, a única coisa que importa é procurar o reino de Deus e sua justiça, porque, se ele os busca, todo o resto lhe será dado em acréscimo. É por isso que o *Pater noster*, prolongando o temor do Todo-Poderoso bíblico e dando-lhe enfim seu significado verdadeiro, é e será sempre a prece universal da cristandade. Que a vontade do Pai seja feita na terra como no céu; que o que ela quiser para nós, nós também queiramos, porque ela será feita, já que ele é o senhor. Mas é bom para nós que ela se consume, já que ele é o pai, é essa a mais profunda expressão da providência cristã: *nolite timere, pusillus grex, quia complacuit patri vestro dare vobis regnum*[14].

Pode-se explicar com isso por que os primeiros pensadores cristãos insistiram tanto na noção de providência como um dos traços característicos da nova concepção do universo. Eles se sentiam com razão num mundo novo. O Destino estóico era morte, e morte também a resignação estóica, passiva até em seus mais belos impulsos de generosidade. O universo mecânico de Lucrécio e Demócrito cedia lugar a um cosmos em que cada elemento tinha sido escolhido, criado, predestinado com amor. O pensamento puro de Aristóteles, coeterno de um universo que ele não criou, que ele ignora e que se esforça, esse universo, inutilmente em alcançá-lo sem dele esperar o menor socorro[15], era subs-

---

14. Os elementos dessa síntese são tomados de Mt 6, 25-34, e Lc 12, 6-9, 22-32.

15. A doutrina de Aristóteles sobre esse ponto ainda é interpretada diversamente e não há concordância quanto ao seu significado. A maioria dos comentadores, desde Zeller, se apóia na *Metaf.*, XII, 9 (1074b, 15 ss.) para recusar ao Deus de Aristóteles o conhecimento do mundo. Essa interpretação é claramente definida por W. D. Ross, *Aristotle*, p. 183: "Deus, tal como Aristóteles o concebe, tem um conhecimento que não é o conhecimento do universo, e uma influência sobre o mundo que não decorre do seu conhecimen-

tituído pelo Pai Celeste, cuja solicitude criadora se estende até o mais humilde raminho de relva que cresce em seus campos. A lei de justiça, que, no mundo de Platão, junta automaticamente os bons aos bons e os maus aos maus no decorrer do ciclo infinito das sucessivas existências deles, se transforma aqui numa solicitude paterna que tira os seres do nada para manifestar sua glória e associá-los a ela. Se

---

to." Já loutros intérpretes, seguindo Brentano, atribuem ao Deus de Aristóteles o conhecimento das coisas. Ver, por exemplo, E. Rolfes, *Aristoteles Metaphysik*, Leipzig, 1904, I, p. 186, n. 61, e J. Maritain, *La philosophie bergsonienne*, 2ª ed., Paris, Rivière, 1930, pp. 420-1. Parece difícil sustentar que Aristóteles tenha ou *negado*, ou *afirmado* que Deus conhece o universo. O que ele afirma é que o objeto do conhecimento divino é Deus; ele afirma igualmente, a propósito de Empédocles (*De anima*, I, 5, 410b, 4-7, *Metaf.*, III, 4, 1000b, 2-6, em J. Maritain, op. cit., p. 421), que Deus conhece tudo o que os mortais conhecem. Mas é difícil ir mais longe. Não se poderia citar dele um só texto em que o conhecimento do mundo seja atribuído a Deus, nem provar que Aristóteles o atribui porque são Tomás o atribui baseando-se em certos textos de Aristóteles, pois que se trata justamente de saber se ele não superou Aristóteles em seu próprio terreno. De fato, da afirmação de que o Deus de Aristóteles conhece tudo o que os mortais conhecem não se poderia deduzir que ele conheça os mortais e os objetos que esses mortais conhecem. São essas coisas que o Deus cristão conhece conhecendo-se, e ele as conhece conhecendo-se até mesmo na existência delas. O Deus de Aristóteles conhece tudo o que existe ou pode existir conhecendo-se, mas conhece ele a existência de seres correspondentes ao seu conhecimento? Os textos dirigidos contra Empédocles não esclarecem esse ponto. O máximo que se pode fazer é comparar o Deus de Aristóteles a um Deus cristão que não seria criador nem em potência nem em ato, e atribuir-lhe o conhecimento que convém ao ato puro de um pensamento que abrangeria tudo, salvo as existências reais ou possíveis fora dele. Nesse caso, se admitirmos com Aristóteles que existe fora dele um real que ele não criou, não há nada de real fora de Deus cuja essência não esteja implicada no conhecimento divino, e no entanto o conhecimento que Deus tem de si não implica que ele saiba da existência de outra coisa que não ele. Se o ato puro do pensamento é estendido ao plano do ato puro do ser, como faz são Tomás, a criação torna-se possível e o conhecimento divino supera a ordem das essências para atingir a ordem das existências. Mas Aristóteles não pensou na criação (J. Chevalier, *La notion du nécessaire*, pp. 186-7), e é por isso que ele nunca afirmou que Deus conhece o universo. Esse problema era discutido desde a Idade Média: ver *De erroribus philosophorum*, cap. II, n. 15 (em P. Mandonnet, *Siger de Brabant*, t. II, p. 7) e *De quindecim problematibus*, cap. XI (op. cit., pp. 48-9).

admitirmos que as melhores testemunhas históricas do pensamento cristão são os primeiros cristãos, bastará ouvi-los para se convencer disso. Mas a lista deles seria tão longa que é impossível ouvir a todos. O que nos importa, principalmente, é constatar como eles viram com clareza que a noção de criação é o fundamento último da providência cristã. É o que Atenágoras afirma com uma força notável, ao dizer que é contraditório admitir a criação e não admitir a providência. Já que Deus fez tudo, no céu e na terra, todos os seres, grandes ou pequenos, que são suas obras, estão necessariamente submetidos a seu governo e, por assim dizer, são impregnados por ele. Criadas individualmente, as coisas são objeto de uma providência individual que provê às necessidades da natureza própria de cada uma delas e conduz cada uma a seu fim particular[16]. A mesma doutrina é encontrada em Irineu. Os seres só subsistem pela vontade de Deus, que os cria; portanto eles dependem dele tanto em seu governo como em seu ser: *unum esse qui creaturam fecerit et regat*[17]. Quanto a Minúcio Félix, pode-se dizer que toda a sua apologética consiste em pôr em evidência o vínculo necessário que une a noção cristã de providência ao monoteísmo[18]. Mas por que insistir nesses esboços doutrinais, se santo Agostinho vai nos oferecer uma síntese completa?

Deus criou tudo porque ele é o Ser, mas criou tudo por meio do seu Verbo, e é por meio do seu Verbo que conserva tudo no ser: *portansque omnia verbo virtutis suae*[19]. Se

---

16. Atenágoras, *De ressurrectione mortuorum*, XVI. Sobre as contradições dos filósofos gregos no que concerne ao problema da providência, ver Teófilo de Antióquia, *Ad Autolycum*, IV.

17. São Irineu, *Adv. haereses*, II, 27, 2.

18. Quase todo o *Octavius* trata da noção de providência, e é com o reconhecimento dessa verdade que se inicia a conversão de Cecílio. Nesse diálogo encontramos páginas que anunciam as "harmonias da natureza". Lactâncio caiu em cheio nesse defeito: ver os textos citados em R. Pichon, *Lactance. Étude sur le mouvement philosophique et religieux sous le règne de Constantin*, Paris, 1901, pp. 67-9.

19. São Paulo, *Ad hebr.*, I, 3.

é correto dizer que no começo Deus criou o céu e a terra, é que no começo era o Verbo, que tudo o que foi feito, foi feito por ele e que nada do que foi feito não foi feito sem ele. Antes de o mundo ter sido feito, e por toda a eternidade, Deus mesmo se exprime em seu Verbo; ele se diz e, dizendo-se, exprime ao mesmo tempo a totalidade do seu ser e a totalidade das suas participações possíveis. Subsistindo eternamente no Verbo, as expressões das participações possíveis de Deus são incriadas como ele, imutáveis e necessárias da necessidade de seu ser. Dá-se a elas o nome de Idéias. Assim, as idéias platônicas que subsistiam em si mesmas, como um mundo inteligível independente do Demiurgo, são doravante reunidas em Deus, geradas por toda a eternidade pela fecundidade do seu ser, nascidas da sua vida íntima e, elas próprias vida, criadoras por sua vez de todo o resto. As idéias divinas são portanto as formas iniciais que se encontram no princípio das coisas, *formae principales*; as leis a que estão submetidas, *rationes rerum stabiles atque incommutabiles*; as regras que presidem à criação, *creandi rationes*; enfim, as causas das coisas a criar, *causa rei creandae*[20]. Se assim é, longe de ser o efeito de uma fatalidade cega, o mundo é obra de uma sabedoria suprema, que sabe tudo o que faz e que só pode fazê-lo porque eternamente o sabe.

Assim entendida, a criação não implica apenas o otimismo profundo que já notamos, porque tudo o que existe num grau qualquer é uma semelhança de Deus[21], mas

---

20. Ver os textos clássicos de santo Agostinho, *De diversis quaestionibus 83*, qu. 46, 1-2, *Patr. lat.*, t. 40, col. 29-30; *De Genesi ad litteram*, II, 6, 12, *Patr. lat.*, t. 34, col. 268. Cf. *Introduction à l'étude de saint Augustin*, pp. 109-10 e p. 259, n. 1.

21. "Rebus quas ex nihilo creavit esse dedit, sed non summum esse, sicut ipse est; et aliis dedit esse amplius, aliis minus; atque ita naturas essentiarum gradibus ordinavit." Santo Agostinho, *De civ. Dei*, XII, 2, *Patr. lat.*, t. 41, col. 350. É o fundamento da ordem universal: cf. *De ordine*, II, 19, 51, *Patr. lat.*, t. 32, col. 1019.

acarreta ao mesmo tempo a afirmação da providência[22], porque reger as coisas é criá-las, e criá-las é regê-las. Não se trata aqui de introduzir novos princípios para explicar a ordem universal; a constatação da contingência e da mutabilidade radical dos seres basta. O que é contingente e submetido ao devir não pode se dar o que ele próprio não tem; não pode portanto se dar nem sua forma, nem o lugar que ela lhe atribuiria na ordem universal. Há que admitir portanto que tudo o que é contingente recebe sua forma: *omnis enim res mutabilis, etiam formabilis sit necesse est*. Essa forma, o contingente recebe de Deus, que é a forma imutável e eterna sobre a qual lemos na Escritura: *mutabis ea et mutabuntur; tu autem idem ipse es, et anni tui non deficient* (Sl 101, 27-28). Ora, compreender esse ponto é compreender que o mundo está submetido ao governo providencial de Deus. Pois que, de fato, tudo o que é só existe por sua forma e que, fosse ela retirada, tudo cessaria inteiramente de existir; dizer que Deus é a forma imutável pela qual o contingente subsiste e se desenvolve de acordo com o ritmo e a lei da sua forma é dizer que Deus é sua providência. As coisas não existiriam se ela não existisse[23]. Resumindo em algumas fórmulas notáveis toda a cadeia do princípio e de suas conseqüências, Agostinho se pergunta em

---

22. Esse ponto foi muito bem esclarecido por Ch. Boyer, *L'idée de vérité dans la philosophie de saint Augustin*, Paris, Beauchesne, 1921: "Providência e criação são portanto a mesma coisa", p. 134. Ver, aliás, todo o capítulo, pp. 132-7.

23. "Omnis enim res mutabilis, etiam formabilis sit necesse est. Sicut autem mutabile dicimus quod mutari potest, ita formabile quod formari potest appellaverim. Nulla autem res formare seipsam potest, quia nulla res potest dare sibi quod non habet; et utique, ut habeat formam, formatur aliquid... Hinc etiam comprehenditur omnia providentia gubernari. Si enim omnia quae sunt, forma penitus subtracta, nulla erunt, forma ipsa incommutabilis, per quam mutabilia cuncta subsistunt, ut formarum suarum numeris impleantur et agantur, ipsa est eorum providentia: non enim ista essent, si illa non esset." Santo Agostinho, *De lib. arb.*, II, 17, 45, *Patr. lat.*, t. 32, col. 1265. O p^g Ch. Boyer insiste com razão sobre a importância desse *Hinc etiam comprehenditur* (op. cit., p. 136).

outra ocasião por que as coisas são sujeitas ao mal. Porque são mutáveis. Mas por que são mutáveis? Porque não são o Ser. E por que não são o Ser? Porque são inferiores àquele que as fez. Quem as fez? Aquele que É. E quem é aquele que É? É Deus, a Trindade imutável, que as fez por sua sabedoria soberana e as conserva por sua suprema bondade. Por que então ele as fez? Para que elas existam, porque o próprio ser, por menor que seja, é um bem, já que o Ser supremo é o bem supremo. De que Deus as fez? De nada, porque, sendo tudo o que existe bom na medida em que existe, sendo bens a menor das formas, a mais ínfima parcela de beleza, é necessariamente de Deus que vêm o ser, a beleza, a bondade e a ordem: *omne autem bonum, aut Deus aut ex Deo est*[24]. É portanto uma só e mesma coisa para Deus criar, formar e governar. Num universo que recebe de Deus seu ser, tudo é previsto, querido, ordenado, e nada se faz ao acaso[25].

O caráter pessoal da providência cristã passou portanto da Bíblia e do Evangelho à doutrina de santo Agostinho[26].

---

24. Santo Agostinho, *De vera religione*, XVIII, 35, *Patr. lat.*, t. 34, col. 137. É a esse texto que se liga imediatamente a doutrina da bondade da matéria: *ibid.*, 36.

25. "Quidquid casu fit, temere fit: quidquid temere fit, non fit providentia. Si ergo casu aliqua fiunt in mundo, non providentia universus mundus administratur. Si non providentia universus mundus administratur, est ergo aliqua natura atque substantia quae ad opus providentiae non pertineat. Omne autem quod est, in quantum est bonum est. Summe enim est, illud bonum cujus participatione sunt bona caetera. Et omne quod mutabile, non per se ipsum, sed boni immutabilis participatione, in quantum est, bonum est. Porro illud bonum, cujus participatione sunt bona caetera quaecumque sunt, non per aliud, sed per se ipsum bonum, est, quam divinam etiam providentiam vocamus." Santo Agostinho, *De div. quaest. 82*, XXIV, *Patr. lat.*, t. 40, col. 17. A síntese doutrinal é absolutamente completa nessas poucas linhas: o Ser, a contingência dos seres, a criação; o Bem, a contingência dos bens, a criação dos bens, isto é, a providência.

26. Plotino, embora tenha conhecido o cristianismo, conservou de Platão a idéia de uma providência impessoal. Deve-se dizer portanto que, ao aceitar as indicações doutrinais contidas na Bíblia e no Evangelho, santo Agostinho se separava de Plotino inclusive nesse ponto. O problema foi

Assim, não há que se espantar com que a Idade Média a tenha recolhido, dando-lhe sua interpretação técnica e sistemática. Para são Boaventura e para são Tomás de Aquino, não se tratará mais apenas de encontrar uma lei que assegure o bem de tudo pondo sempre cada uma das suas partes no lugar que ela merece; não se tratará sequer de conseguir que cada parte se resigne com seu lugar e o aceite como um bem, porque assim quer o bem do todo. O que eles procurarão definir é uma providência que queira o bem das partes como partes e governe o universo de tal sorte que, tomada como parte, a parte de cada um seja boa. Para chegar a essa conclusão, precisaram remontar até a fonte da dificuldade e aprofundar a doutrina agostiniana das idéias. Vejamos como os maiores deles o fizeram[27].

Todos concordam com santo Agostinho para afirmar a existência das idéias e dizer que o conhecimento delas está no centro da filosofia[28], mas não as entendem da mesma maneira, e suas divergências de detalhe têm seu interesse para a questão de que nos ocupamos. Para são Tomás de Aquino, as idéias são, em Deus, as formas a cuja semelhança as coisas foram feitas. Elas existem em Deus, e não fora de Deus, como Platão acreditava[29]. Nesse sentido, já que tudo o que existe em Deus é Deus, as idéias são idênticas a Deus: *idea in Deo nihil est aliud quam Dei essentia*. No entanto, elas são a essência de Deus tanto quanto esta é co-

---

muito bem estudado por R. Jolivet, *Études sur les rapports entre la pensée grecque et la pensée chrétienne*, Paris, J. Vrin, 1931, cap. III, 1, "La providence impersonnelle de Plotin", cap. III, 2, "La providence personnelle de saint Augustin", op. cit., pp. 123-51.

27. Sobre essa questão, consultar o notável escólio que devemos aos editores de Quaracchi (S. Bonaventurae, *Opera omnia*, t. I, pp. 602-4), acrescentando as *Quaest. disput. de scientia Christi*, qu. 2-3, ed. cit., t. V, pp. 6-16.

28. "Tanta vis in eis constituitur, ut nisi his intellectis, sapiens esse nemo possit." Santo Agostinho, *De div. quaest. 83*, qu. 46. Citado por são Tomás de Aquino, *Sum. theol.*, I, 15, 1, *Sed contra*. Cf. *La philosophie de saint Bonaventure*, pp. 142-3.

29. São Tomás de Aquino, *Sum. theol.*, I, 15, 1, ad 1^m.

nhecida sob certo aspecto. Porque Deus existe por si; ele não foi feito, logo não tem arquétipo, como dirá mais tarde Malebranche. Portanto não se poderia dizer que, enquanto ele se conhece em si e em relação a si, Deus se conhece como uma coisa a fazer. Sua essência é o princípio da produção de tudo, menos dele, e, como a idéia é o modelo de uma coisa a fazer, Deus não se conhece por modo de idéia. A idéia aparece onde Deus conhece sua essência como princípio das criaturas que seriam suas participações possíveis[30], e, nesse sentido, embora a essência de Deus seja una e por ele conhecida como tal, há nele tantas idéias quantas criaturas. Para usar as palavras de santo Agostinho, *singula propriis rationibus a Deo creata sunt*. Porque Deus conhece perfeitamente sua própria essência; portanto, ele a conhece de todas as maneiras pelas quais ela é cognoscível. Ora, essa essência pode ser conhecida não apenas no que ela é em si, mas também na medida em que é participável de uma maneira qualquer. Mas cada criatura é um certo modo de participação e semelhança à essência divina. Assim, pois, na medida em que Deus conhece sua própria essência como *imitável* por uma criatura, ele a conhece a título de modelo próprio e de idéia dessa criatura. Essa multiplicidade de idéias na unidade divina é justamente a arte divina, uma como Deus mesmo, não causada pelas coisas, mas causa delas[31].

É claro que, numa doutrina assim, a noção de idéia só tem sentido em relação a uma criação possível. Isso é tão verdadeiro que não há em Deus idéias do que não é capaz de existência própria. Assim, como os gêneros não existem à parte das espécies, eles não têm em Deus outra idéia que não a das espécies. Do mesmo modo, também, aqueles aci-

---

30. São Tomás de Aquino, *Sum. theol.*, I, 15, 1, ad 2^m.
31. São Tomás de Aquino, *Sum. theol.*, I, 15, 2. Note-se nesses textos a constância da terminologia agostiniana. Enquanto princípio em Deus do conhecimento dos seres, a idéia é *ratio*; enquanto princípio do seu ser, ela é *exemplar*. Cf. santo Agostinho, *De div. quaest. 83*, qu. 46, *Patr. lat.*, t. 40, col. 30; são Tomás de Aquino, *Sum. theol.*, I, 15, 3, Resp.

dentes que são inseparáveis das suas substâncias não têm outra idéia que não a dessas substâncias. Enfim, a matéria, já que nunca existe sem sua forma, está incluída na idéia da substância concreta pelo conhecimento que Deus tem dela[32]. Deus sabe todas essas coisas, mas ele as sabe como elas são, porque elas são como ele as sabe. É por isso que a doutrina cristã das idéias difere da de Platão muito mais profundamente do que se imagina. Não se trata apenas de se lembrar que as idéias, que subsistiam independentemente do Demiurgo, estão agora reunidas em seu pensamento; há que compreender que é porque o Demiurgo cedeu o lugar ao Criador que seu pensamento se tornou o lugar das idéias. Exista ou não um mundo real, as idéias platônicas continuariam a ser exatamente o que são; continuariam a sê-lo inclusive se, fora delas, nenhum universo fosse possível, porque, sendo a realidade suprema, essas puras essências inteligíveis se bastam, não têm relação que não seja com si mesmas e são elas próprias seu próprio fim. É bem diferente em santo Agostinho, são Tomás, são Boaventura e Duns Scot. O que só tem relação consigo, em suas filosofias, é a própria essência divina; quanto à idéia, ela só aparece com a possibilidade de uma criação e como expressão da relação das criaturas possíveis com a essência criadora. É o que explica que tudo o que existe, a qualquer título que seja, tem sua idéia no Ser a que deve sua existência, que há em Deus idéias dos próprios indivíduos e, podemos dizer, principalmente dos indivíduos, porque eles é que são verdadeiramente reais e é neles que subsistem os acidentes, as espécies e os gêneros[33]. A doutrina cristã da providência do singular repousará por inteiro nesse fundamento metafísico.

---

32. São Tomás de Aquino, *De veritate*, III, 5; *Sum. theol.*, I, 15, 3, ad 3ᵐ.

33. São Tomás se mostra aqui mais severo que de costume para com Platão: "Individua vero, secundum Platonem, non habebant aliam ideam quam ideam speciei: tum quia singularia individuantur per materiam, quam ponebant increatam, ut quidam dicunt, et concausam ideae; tum quia intentio naturae consistit in speciebus, nec particularia producit, nisi ut in eis species salventur. Sed providentia divina non solum se extendit ad species, sed

Pode-se dizer desses princípios que são comuns a todas as filosofias clássicas da Idade Média, mas, muito embora seja mantida em todas elas, a relação direta da doutrina das idéias com a noção de criação se exprime nos diferentes sistemas com fórmulas diferentes. Em são Tomás, ela é essencialmente o conhecimento que Deus tem da sua essência enquanto participável; esse conhecimento é uma emanação da essência divina que inclui a relação dos seres possíveis com Deus[34]. Na doutrina de são Boaventura, a

---

ad singularia, ut infra (qu. 22, a. 2) dicetur." São Tomás de Aquino, *Sum. theol.*, I, 15, 3, ad 4^m. Em outra passagem, ele declara que Platão não admitia que houvesse em Deus idéias dos acidentes e refuta essa doutrina, recordando que os próprios acidentes são criados por Deus e devem portanto ter nele suas idéias: *De veritate*, III, 7, Resp. Assim, a noção de criação aparece nele como sendo, em seu pensamento mesmo, uma linha demarcatória entre Platão e a filosofia cristã. Foi porque Platão não admitiu a criação da matéria que os cristãos e ele não concebem as idéias da mesma maneira: "Et eadem ratione Plato non ponebat ideas generum, quia intentio naturae non terminatur ad productionem formae generis, sed solum formae speciei. Nos autem ponimus Deum esse causam singularis et quantum ad formam et quantum ad materiam. Ponimus etiam, quod per divinam providentiam definiuntur omnia singularia; et ideo oportet nos singularium ponere ideas." *De veritate*, III, 8, Resp. As fontes das informações de são Tomás sobre esse ponto são indicadas em *Sum. theol.*, I, 22, 3, Resp. Em compensação, são Tomás nega que se possa encontrar nos textos de Aristóteles que a providência de Deus não se estende ao singular (*Cont. gent.* III, 75, fim). É literalmente verdade, porque Aristóteles permanece totalmente alheio ao problema da providência. São Tomás contesta aqui, aos averroístas, que a negação que eles fazem da providência se encontre em Aristóteles, mas teria dificuldade para provar que sua afirmação da providência se encontra. Seria interessante pesar exatamente as expressões sempre prudentes e matizadas de são Tomás e investigar se ele nunca atribuiu expressamente essa doutrina a Aristóteles. Para um trabalho desse gênero, seria necessário retomar o problema de conjunto. Todo filósofo cristão admite que Deus possui a ciência dos futuros contingentes; admite isso com fé na Escritura e como uma conseqüência filosófica da noção de criação (*Cont. gent.*, I, 67; *Sum. theol.*, I, 14, 13). São Tomás se volta preferencialmente contra Averróis neste ponto (*In Sent.*, I, 38, 1, 5, Resp.), mas podemos ver por seus comentários que não tem ilusões sobre o que Aristóteles pensava a esse respeito. Ora, como a providência do singular seria possível sem a ciência dos futuros contingentes?

34. Uma das mais claras definições tomistas da idéia é a seguinte: "Dico ergo, quod Deus per intellectum omnia operans, omnia ad similitudinem essentiae suae producit; unde essentia sua est idea rerum, non quidem ut es-

idéia é concebida muito mais como uma *expressão* da verdade divina, e se impregna com tudo o que a teologia do Verbo supõe em matéria de fecundidade no ato pelo qual Deus se diz eternamente. As idéias aparecem então como inclusas no ato pelo qual Deus, exprimindo-se no Verbo, exprime a totalidade dos possíveis. Claro, trata-se sempre, nesse caso, de uma similitude idêntica a Deus mesmo e, por conseguinte, de uma expressão muito mais *expressiva* do que exprimida[35]. No entanto, o expressionismo boaventu-

---

sentia, sed ut intellecta. Res autem creatae non perfecte imitantur divinam essentiam; unde essentia non accipitur absolute ab intellectu divino ut idea rerum, sed cum proportione creaturae fiendae ad ipsam divinam essentiam, secundum quod deficit ab ea, vel imitatur eam", *De veritate*, III, 2, Resp. A idéia portanto é de fato a própria essência divina concebida sob certo aspecto: aquele que mantém com ela suas participações possíveis. Cf. "ipsa divina essentia, cointellectis diversis proportionibus rerum ad eam, est idea uniuscujusque rei", ibid. Cf. ad 8ᵐ. Esse conhecimento divino das idéias, pelo próprio fato de que se refere às relações das criaturas possíveis com a essência divina, é um conhecimento prático. Se se trata das idéias das coisas que serão ou são efetivamente realizadas, seu conhecimento por idéias é atualmente prático; se se trata das idéias das coisas que poderiam ser realizadas mas não serão, seu conhecimento é virtualmente prático, porque Deus as conhece como objetos de uma ação *possível* (*De veritate*, III, 3; *Sum. theol.*, I, 15, 3). É por isso, aliás, que as únicas idéias que são absolutamente determinadas em Deus correspondem aos seres que a vontade dele decidiu criar; quanto aos outros, ele "quer poder produzi-los e ter a ciência necessária para produzi-los", ele inclusive os concebe como coisas factíveis, mas não como coisas feitas ou a fazer. Elas existem nele, portanto, "quodammodo indeterminatae" (*De veritate*, III, 6, Resp., e ad 3ᵐ). Descrevendo a posição de são Tomás sobre esse ponto, não se deve esquecer portanto que, se é verdade que as idéias não são nada mais que a essência divina conhecida como participável, é também verdade que esse gênero de conhecimento é orientado para a ação e se refere por inteiro ao *criável*. Cf. "Unde cum idea, proprie loquendo, sit forma rei operabilis hujusmodi...", *De veritate*, III, 7, Resp. "Ideae ordinantur ad esse rerum", *De veritate*, III, 8.

35. A geração das idéias divinas, em são Boaventura, pode ser esquematizada da seguinte maneira: Deus conhece a si mesmo, e o conhecimento adequado que ele tem de si é uma expressão perfeita do seu ser, consubstancial a seu ser; é o Verbo. Pelo Verbo, que é a Verdade subsistente, ele não se conhece apenas em seu ser, mas em todas as participações possíveis do seu ser. O que distingue as duas doutrinas, portanto, é a ênfase particular que são Boaventura dá ao papel desempenhado pelo Verbo, concebido como Expressão e Verdade, na geração das idéias. Em são Tomás, Deus possui as

A PROVIDÊNCIA CRISTÃ

riano acrescenta à doutrina tomista das idéias uma espécie de geração interna da noção dos seres realizáveis. Enquanto a Deus basta conhecer-se como participável para ter, em são Tomás, as idéias de todas as coisas, ele precisa além disso proferir em si, por seu Verbo eterno, as noções dessas participações possíveis à sua essência. Trata-se apenas de uma nuance, mas essa insistência particular em realçar o ato que gera eternamente em Deus as idéias evidencia ainda mais o caráter fundamental delas: elas são a expressão de uma criação possível. Em Duns Scot, enfim, a relação da noção de idéia com a noção de criação se torna ainda mais evidente ou, se assim podemos dizer, mais palpável. Enquanto em são Tomás as idéias se reduzem ao conhecimento que Deus tem da sua essência e, em são Boaventura, à expressão dessa essência considerada em suas participações possíveis, em Duns Scot elas são as próprias criaturas enquanto criáveis por Deus e existentes nele por seus conceitos a título de possíveis[36]. Nessa doutrina, embora ela tenha

---

idéias pelo fato de conhecer sua própria essência como participável; em são Boaventura, ele as possui pelo fato de que a Verdade dele as *exprime* tão integral e totalmente quanto sua potência é capaz de produzi-las. Cf. "Quia enim ipse intellectus divinus est summa lux et veritas plena et actus purus: sicut divina virtus in causando res sufficiens est se ipsa omnia producere, sic divina lux et veritas omnia exprimere; et quia exprimere est actus intrinsecus, ideo aeternus; et quia expressio est quaedam assimilatio, ideo divinus intellectus, sua summa veritate omnia aeternaliter exprimens, habet aeternaliter omnium rerum similitudines exemplares, quae non sunt aliud ab ipso, sed sunt quod est essentialiter." São Boaventura, *De scientia Christi*, qu. 2, Resp., ed. Quaracchi, t. V, p. 9, e qu. 3, p. 13. Esse papel da "Veritas exprimens" (ibid., p. 14) é tão importante que é ele que caracteriza a definição boaventuriana das idéias. De fato, estas podem ser definidas como "as expressões da verdade divina no que concerne às coisas", *ipsas expressiones divinae veritatis respectu rerum* (ibid., p. 14). Cf. *In I Sent.*, 35, un., 1, ed. Quaracchi, t. I, p. 601.

36. Há portanto em Duns Scot uma geração eterna do ser inteligível das coisas que serão um dia criadas, anteriormente à sua criação mesma. A produção divina da idéia é uma espécie de prelúdio eterno à criação temporal. Essa doutrina lembra muito a geração eterna da Sabedoria, princípio da criação do mundo, nos livros Sapienciais: "Verum in mente divina nihil esse potest nisi incommutabile; ergo quicquid fieri formarique potest, Deus efficere valet, ac reipsa producit juxta propriam cujusque rationem aeternam at-

sua fonte nas profundezas da essência divina, como em são Boaventura e são Tomás, a idéia não se refere mais a essa essência, portanto, nem mesmo como participável, mas diretamente às eventuais participações. É por sua essência que Deus conhece as criaturas possíveis, mas as idéias que ele tem dessas criaturas não são vistas da sua essência, nem mesmo da sua imitabilidade, mas antes das suas imitações. Assim, no scotismo, a essência de Deus tomada em si se encerra em seu esplendor; ela é pura da sombra que poderia projetar sobre ela a multiplicidade das suas imitações finitas, inclusive consideradas como simplesmente realizáveis. Deus concebe as idéias porque pensa as criaturas, embora só as pense em relação a si.

Através dessas divergências, a unidade fundamental do pensamento cristão subsiste; ela só varia em suas expressões para melhor se formular, e o que ela procura dar a compreender é por que o Pai Celeste, pelo próprio fato de haver tirado todas as coisas do nada, só pode ser concebi-

---

que incommutabilem, atque hanc Ideam appellamus; necessario igitur sunt ideae in mente divina admittenda. Nec aliud sane videntur, *quam ipsa objecta ab aeterno a Deo intellecta*, quaeve per actum intelligendi primum esse intelligibile acceperunt, ad quorum similitudinem alia effingi atque efformari potuerunt, uti rerum universitatem esse in effectu accepisse constat." H. de Montefortino, *J. D. Scoti Summa theologica*, I, 15, 1, Resp. É por isso que Duns Scot diz que a idéia de pedra é a própria pedra apreendida pelo intelecto: *lapis intellectus potest dici idea*. Sua doutrina supõe portanto um realismo da idéia mais acentuado do que o de são Tomás; Duns Scot sabe disso e é com conhecimento de causa que invoca Platão. Em são Tomás, o *mundo inteligível* platônico é reduzido a pouca coisa: há a essência de Deus, o conhecimento que Deus dela tem, e só. Em são Boaventura, poder-se-ia dizer a rigor que o mundo inteligível consiste nas "expressões" engendradas pelas quais Deus conhece os possíveis. Em Duns Scot, a expressão recupera peso, porque, se as idéias são as próprias coisas enquanto conhecidas no entendimento divino, existe verdadeiramente em Deus um mundo de seres inteligíveis. Como diz Duns Scot: "Istud videtur consonare cum dicto Platonis..."; de fato, se *ipsum objectum cognitum est idea*, podemos dizer que existe em Deus um universo das essências, que é povoado pelas *quidditates habentes esse cognitum in intellectu divino*. Cf. Duns Scot, *Opus Oxoniense*, I, 35, un., ed. Quaracchi, t. I, pp. 1160-1, n. 1072.

do como uma providência: *Tu autem, pater, omnia providentia gubernas* (Sb 14, 3). De fato, acabamos de colocar, na origem da sua ação criadora, as idéias, isto é, a ciência divina; é preciso portanto que sua ciência também se estenda tão longe quanto sua causalidade. Ora, sua virtude criadora merece esse nome precisamente por não se limitar a transmitir formas, mas proporcionar ser à própria matéria. Portanto quer se admita que a individuação se faça pela forma, como quer Duns Scot, quer pela união da matéria e da forma, como quer são Boaventura, ou apenas pela matéria, como quer são Tomás, há que conceder nos três casos que Deus possui a ciência dos seres singulares e que ele os conhece em sua singularidade mesma. Os deuses de Platão podem deixar a uma lei geral o cuidado de decidir a sorte dos indivíduos, os motores imóveis de Aristóteles podem se desinteressar do que acontece no universo; nada mais natural, pois nem um nem outros criaram a matéria e, por conseguinte, não têm de conhecê-la. Ora, ignorando-a, eles ignoram inevitavelmente os seres que ela individualiza. Mas num universo em que todo ser é criado, o material e o singular devem necessariamente cair sob o império do entendimento divino[37].

Se assim é, a providência não poderia se deter no universal e devemos dizer inclusive que, como as idéias divinas, é essencialmente do particular que elas tratam[38]. Mas

---

37. São Tomás de Aquino, *Sum. theol.*, I, 13, 2 e I, 14, 11; *De veritate*, II, 5 e III, 8. Comparar com são Boaventura, *In I Sent.*, 35, un., 4, concl., ed. Quaracchi, t. I, p. 610. Duns Scot, *Opus Oxoniense*, I, 2, 1 e 2, 2, 2, 1, ed. Quaracchi, t. I, p. 208, n. 250. Ver também os textos scotistas reunidos em H. de Montefortino, *J. D. Scoti Summa theologica*, I, 14, 11. A questão está tão intimamente ligada à noção de criação que um acordo entre os filósofos cristãos era mais ou menos inevitável.

38. "Cum Deus sit causa entis, in quantum est ens..., oportet quod ipse sit provisor entis in quantum est ens. Providet enim rebus in quantum est causa earum. Quicquid ergo quocumque modo est, sub ejus providentia cadit. Singularia autem sunt entia, et magis quam universalia, quia universalia non subsistunt per se, sed sunt solum in singularibus. Est igitur divina pro-

o particular é inseparável da sua ordem; a ordem da obra faz parte da obra, logo aquele que fez o mundo tinha de saber, prever e querer o que seria o mundo em seus mais ínfimos detalhes. Nada mais notável do que a perfeita continuidade da tradição através de toda a doutrina judaico-cristã da criação. O Deus dos filósofos da Idade Média é o mesmo da Bíblia, isto é, o Ser, o criador, o senhor e, por conseguinte, o livre ordenador. São Tomás sintetizou o conjunto dessas concepções numa página tão perfeita que é difícil fazer melhor do que deixar a ele o cuidado de apresentá-las no rigor da sua ordem: "Que existe um ser primeiro de todos, possuidor da perfeição plena do ser, e que o chamamos Deus, é coisa demonstrada; e também que, da abundância da sua perfeição, ele dispensa ser a tudo o que existe, de sorte que há que reconhecê-lo não só como primeiro, mas como princípio primeiro de todos os seres. Ora, esse ser ele não confere aos outros por necessidade de natureza, mas por um decreto da sua vontade. Por conseguinte, Deus é senhor das suas obras, como somos senhores do que depende da nossa vontade. Muito mais, essa dominação de Deus sobre as coisas que ele fez é absoluta, porque, assim como ele as produziu sem o socorro de um agente exterior e até mesmo sem que uma matéria lhe fosse fornecida, ele é o produtor universal da totalidade do ser. Ora, quando é por uma vontade ativa que as coisas são produzidas, cada uma delas é ordenada por esse agente tendo em vista certo fim, pois, como o bem ou o fim são o obje-

---

videntia etiam singularium." São Tomás de Aquino, *Cont. gent.*, III, 75. Vê-se aqui em que o aristotelismo, com seu senso do concreto e do singular, se revela um terreno mais favorável que o platonismo para o desenvolvimento da filosofia cristã, contanto que seja transfigurado pela metafísica do Êxodo. – Notemos que era de esperar muito mais um *praesertim* que um *etiam* na última frase desse texto. Aliás, encontramos seu equivalente nesta outra declaração ainda mais firme: "Ideae ordinantur ad esse rerum. Sed singularia verius habent esse quam universalia, cum universalia non subsistant nisi in singularibus. Ergo singularia *magis* debent habere ideam quam universalia." *De veritate*, III, 8, *Sed contra*, e ad 2^m.

to próprio da vontade, o que procede de uma vontade tem necessariamente de ser ordenado tendo em vista certo fim. Cada coisa atinge seu fim último por sua ação, mas essa ação tem de ser dirigida por Aquele que conferiu às coisas as faculdades mesmas pelas quais elas agem. É necessário portanto que Deus, que é em si perfeito e cuja potência dispensa ser a tudo o que existe, reja todos os seres sem ser regido por nenhum; e não há nada que se subtraia do seu governo, como não há nada que não deva a ele sua existência. Portanto, assim como ele é perfeito como ser e como causa, assim também, em seu governo, ele é perfeito."[39] Toda a metafísica agostiniana da criação se encontra nessas linhas, mas tendo alcançado o perfeito conhecimento de si mesma e capaz de ser vista enfim em sua limpidez.

Para conceber exatamente a natureza própria da providência cristã, resta-nos apenas aproximar de nossas conclusões precedentes a que acabamos de obter. Deus criou e ordenou todas as coisas tendo em vista um fim. Mas qual é esse fim? Agora já sabemos, é Deus: *Omnia propter semetipsum operatus est Dominus*. Dizer que ele rege o mundo por sua providência é, portanto, dizer que ele ordena todas as coisas tendo em vista a si mesmo por sua ciência e por sua vontade[40]. Aqui também é à totalidade do ser e ao próprio singular que devemos aplicar esse princípio. Porque, para que Deus não dirija cada indivíduo a ele como fim universal da criação, cumpre supor que ele não conhece esse indivíduo, ou que não pode fazê-lo, ou que não quer fazê-lo. Ora, não se pode dizer que Deus não conhece o singular, pois tem as idéias dos singulares; não se pode dizer tampouco que Deus não pode fazê-lo, pois sua potência é infinita, como seu próprio ser; não se pode dizer

---

39. São Tomás de Aquino, *Cont. gent.*, III, 1. Esse texto é precedido por uma remissão ao Sl 94, 3-5. Cf. o texto citado na nota precedente, e *Cont. gent.*, III, 94, *Primo namque*.

40. São Tomás de Aquino, *Cont. gent.*, III, 64, *Amplius ostensum est*.

tampouco que ele não quer fazê-lo, pois sua vontade é a vontade do bem total[41]. É necessário, pois, que todos os seres, quaisquer que sejam, estejam ordenados pela providência de Deus tendo em vista ele mesmo, porque assim como ele é o princípio, também é o fim de todos os seres. Assim, o tema cristão da glória de Deus termina de dar à noção de providência seu sentido pleno. Se Deus dirige todas as coisas a si como fim delas, não é que espere delas o menor aumento da sua perfeição, mas para imprimi-la nelas e comunicá-la a elas, na medida em que estas sejam capazes de recebê-la[42]; ora, os seres humanos são eminentemente capazes, e é por isso que a providência divina os cerca de um cuidado todo particular.

Dizendo que nada escapa à providência, convém de fato não esquecer que Deus não substitui as coisas para agir em seu lugar. Assim como pudemos ver, o concurso que ele lhes presta funda o ser e a causalidade delas. Quando se trata de naturezas que não são dotadas nem de conhecimento nem, por conseguinte, de livre-arbítrio, como todos os indivíduos da espécie agem necessária e infalivelmente de acordo com a natureza dessa espécie, basta estabelecer a lei da espécie para garantir aos indivíduos que a compõem a obtenção do seu fim. Nesse sentido, a providência divina pode zelar por cada passarinho sem levar em consideração o que o distingue individualmente dos outros. Criado, querido e dirigido pela vontade que lhe impõe uma natureza, a cuja necessidade ele não poderia escapar, o animal é "agido" para o bem, mas é agido. O mesmo não se dá com o homem, que predomina sobre as outras criaturas deste mundo, tanto pela perfeição da sua natureza como pela dignidade do seu fim. Por sua natureza, porque os se-

---

41. São Tomás de Aquino, *Cont. gent.*, III, 75, *Adhuc, si Deus.*

42. "Deus per suam providentiam omnia ordinat in divinam bonitatem sicut in finem; non autem hoc modo quod suae bonitati aliquid per ea quae fiunt, accrescat, sed ut similitudo suae bonitatis, quantum possibile est, imprimatur in rebus." São Tomás de Aquino, *Cont. gent.*, III, 97, *Ex his autem.*

res racionais são senhores dos seus atos e livres para se dirigir em seus caminhos; por seu fim, porque, enquanto o das outras criaturas é tão-só realizar uma espécie de semelhança divina sendo o que são, o fim das criaturas racionais é alcançar mediante suas operações o fim último da natureza universal, no conhecimento e no amor. O governador de uma cidade bem organizada governa cada um de acordo com a sua condição; como crer que Deus não governe cada ser criado de acordo com a dele?[43] A única questão é portanto saber de que maneira particular a providência deve se aplicar aos seres humanos.

Em primeiro lugar, é claro que, em virtude da sua racionalidade, o homem pode servir-se das outras coisas como instrumentos. Elas podem eventualmente esmagá-lo com sua força brutal, mas nunca o usam, ao passo que ele as usa. Portanto as coisas é que existem tendo em vista o homem como seu fim, e não o homem tendo em vista as coisas, o que equivale a dizer que é pelo homem e através do homem que o resto do universo é dirigido para o seu fim. Os seres racionais existem, em certo sentido, para si mesmos, ao passo que o resto só existe tendo em vista os seres racionais. É como num exército, cujo fim é a vitória: os que a alcançam são os soldados que combatem; quanto aos serviços auxiliares, eles têm por razão de ser esses soldados que obterão a vitória, e é somente por intermédio deles que participarão dela. Assim é com o universo e o homem, porque o fim do universo é a beatitude, e como somente a gozarão os seres racionais, é para eles e neles que o resto dos seres é chamado a participar[44]. Portanto a providência escolheu especialmente a espécie humana e a conduz ao seu fim de uma maneira bem particular, pois Deus é o fim do universo e é por meio da humanidade que o universo o al-

---

43. São Tomás de Aquino, *Cont. gent.*, III, 111. Cf. os textos de Duns Scot, em H. de Montefortino, *J. D. Scoti Summa theologica*, I, 22, 1.
44. São Tomás de Aquino, *Cont. gent.*, III, 112.

cançará. Mas é preciso ir mais longe e ver como a providência zela pelo bem particular dos indivíduos dessa espécie.

De todos os seres que povoam o mundo, somente o homem é imortal. São necessárias espécies diferentes e desiguais para que todos os graus de bem sejam representados e a lei da ordem satisfeita, mas em todas as espécies, que não a espécie humana, os indivíduos que as representam estão destinados a perecer. Eles nascem, vivem e morrem para sempre. Podemos dizer portanto que a providência não os quer por eles, mas pela espécie que eles perpetuam. Bem diferente é o caso do homem. Criaturas imortais, indestrutíveis, os seres humanos, tomados em sua singularidade, não existem apenas pela espécie humana, mas também por eles, e é portanto por ele mesmo que Deus quer e governa cada um deles[45]. Vê-se bem, aliás, pela maneira como os homens agem, quando agem como indivíduos. Precisamente porque são livres, suas ações são imprevisíveis e diferentes em cada um deles. Ora, nada escapa da providência divina, nem mesmo as diferenças e variações mais ínfimas dos indivíduos: *divina providentia ad omnia singularia se extendit, etiam minima*. Não bastaria portanto admitir que Deus vela pela espécie humana em geral, nem mesmo por cada homem em particular; ele vela por cada ação livre particular, de cada homem particular.

Com isso, somos levados ao que confere ao homem uma das suas mais elevadas dignidades, mas também ao

---

[45]. "Omnis enim res propter suam operationem esse videtur: operatio enim est ultima prefectio rei. Sic igitur unumquodque a Deo ad suum actum ordinatur, secundum quod divinae providentiae substat. Creatura autem rationalis divinae providentiae substat sicut secundum se gubernata et provisa, non solum propter speciem, ut aliae corruptibiles creaturae, quia individuum quod gubernatur solum propter speciem, non gubernatur propter seipsum; creatura autem rationalis propter seipsam gubernatur, ut ex dictis manifestum est. Sic igitur solae rationales creaturae directionem a Deo ad suos actus accipiunt, non solum propter speciem, sed etiam secundum individuum." São Tomás de Aquino, *Cont. gent.*, III, 113. Mesma doutrina em Duns Scot, no texto citado acima, nota 43.

problema mais temível de todos, por ser o do seu destino. Pelo próprio fato de serem racionais, os seres humanos são convocados para o mais nobre dos fins, mas têm o encargo de alcançá-lo. De uma maneira análoga àquela pela qual Deus procede, eles também são capazes de conceber um fim, que é o bem, e ordenar os meios necessários tendo em vista obtê-lo. Assim como Deus cria o mundo, o homem constrói sua vida; ele não pode escolher os materiais, que são seus atos, nem dispô-los como convém tendo em vista seu fim, que é a beatitude, sem usar de sabedoria e de prudência. A previdência humana está para a providência de Deus assim como a causalidade humana está para a criação divina. Portanto, Deus não controla apenas o homem por sua providência, ele o associa a ela; enquanto todo o resto é governado apenas por ela, o homem é governado por ela e se governa, e não só se governa, mas governa também o resto. Numa palavra, e para dizer tudo, cada ser humano é uma *pessoa*; seus atos são atos *pessoais*, pois partem da livre decisão de um ser racional e dependem unicamente da sua iniciativa própria. É como tais, portanto, que a providência divina tem de se aplicar a eles. Por um privilégio único, Deus, que conduz tudo de acordo com seus caminhos, faz a cada um de nós a honra insigne de nos associar à sua conduta[46]. É aqui, mais que nunca, que é bonito tornar-se

---

46. Citaremos por inteiro os textos decisivos em que se introduz a noção de *pessoa*: "Creatura rationalis sic divinae providentiae subjacet, quod non solum ab ea gubernatur, sed etiam rationem providentiae utcumque cognoscere potest; unde sibi competit etiam aliis providentiam et gubernationem exhibere; quod non contingit in caeteris creaturis, quae solum providentiam participant in quantum providentiae subduntur. Per hoc autem quod aliquis facultatem providendi habet, potest etiam suos actus dirigere et gubernare. Participat igitur rationalis creatura divinam providentiam, non solum secundum gubernari, sed etiam secundum gubernare; gubernat enim se suis actibus propriis, et etiam alia. Omnis autem inferior providentia divinae providentiae subditur quasi supremae. Gubernatio igitur actuum rationalis creaturae, in quantum sunt actus personales, ad divinam providentiam pertinet.

"Item, actus personales rationalis creaturae sunt proprie actus qui sunt ab anima rationali. Anima autem rationalis non solum secundum speciem

cooperador ou, conforme a expressão de são Paulo, coadjutor de Deus. Mas o que é essa noção de "pessoa" que nos eleva a tão alta dignidade? Parece que, introduzindo-a na filosofia, o pensamento cristão faz muito mais do que transformar a concepção grega da providência divina. *Quid est homo*, pergunta o salmista, *quod memor es ejus?* (Sl 8, 5). Se é por ser uma pessoa que, em vez de sofrer simplesmente a lei do mundo, cada homem colabora com fazê-la reinar, a pessoa cristã tem de ser bem diferente do homem tal como o concebiam Platão e Aristóteles. Assim, por uma série necessária de conseqüências, a metafísica do ser nos leva ao problema da antropologia cristã. Somente aí, vendo exatamente o que é o homem, veremos de que maneira a providência de Deus o governa e, sabendo como ela o governa, saberemos de que maneira o homem deve governar-se.

---

est perpetuitatis capax, sicut aliae creaturae, sed etiam secundum individuum. Actus ergo rationalis creaturae a divina providentia diriguntur, non solum ea ratione qua ad speciem pertinent, sed etiam in quantum sunt personales actus." São Tomás de Aquino, *Cont. gent.*, III, 113.

CAPÍTULO IX

A antropologia cristã

Tomado em si, o homem não é nada mais que um dos seres de que se compõe o universo que descrevemos: um análogo de Deus, dotado de atividade e de eficiência causal na medida em que é ser e conduzido pela providência divina no sentido do fim que lhe é próprio. Sua dependência em relação a Deus, muito mais íntima e radical do que a do homem em relação à Idéia platônica ou do que a do móvel em relação ao Primeiro Motor de Aristóteles, acarreta diferenças de estrutura metafísica pelas quais o homem cristão vai se diferenciar do homem grego ainda mais profundamente. Neste ponto, talvez mais que em outros, as diferenças se dissimulam sob a identidade das terminologias e é necessário muita atenção para discerni-las.

Uma das surpresas que esperam o historiador do pensamento cristão é sua insistência sobre o valor, a dignidade e a perpetuidade do corpo humano. Quase todo o mundo considera a concepção cristã do homem um espiritualismo característico. De que serve ao homem ganhar o universo, se vier a perder sua alma? Cultivar sua alma, libertar sua alma purificando-a e salvar sua alma libertando-a – é esse, parece, o fim próprio do cristianismo. Acrescentemos a isso que o Deus cristão é espírito, que portanto o homem só pode se unir a Deus pelo espírito e que, de fato, é em espírito e em verdade que Deus quer ser adorado. Como não esperar, depois disso, que os filósofos cristãos concentrem todo o seu esforço na parte espiritual do homem, que é a alma, e negligenciem esse elemento caduco, opaco ao pensamento, cego a Deus, que é o corpo? No entanto, para grande escândalo de muitos historiadores e filósofos, foi o contrário que aconteceu. São Boaventura, são Tomás, Duns Scot, direi até são Francisco de Assis, são homens que apreciaram a matéria, respeitaram seu corpo, celebraram a alta dignidade deste e nunca quiseram separar o destino do seu corpo do da sua alma. É possível encontrar explicação para esse fato e para o que ele nos ensina sobre a verdadeira natureza do homem cristão?

O mesmo problema pode ser formulado em termos propriamente históricos. À primeira vista, parece que o platonismo é a filosofia e, particularmente, a antropologia natural de um cristão. Os Padres da Igreja puderam encontrar no *Fédon* a doutrina da espiritualidade da alma que lhes era necessária; encontraram nela também várias demonstrações da imortalidade da alma e a concepção de uma vida futura, com um céu e um inferno, recompensas e castigos. Sem o *Fédon*, o *De immortalitate animae* de santo Agostinho certamente não existiria. Como é que, depois de ter seguido por tanto tempo a tradição platônica, os filósofos cristãos cederam progressivamente à influência crescente de Aristóteles e, após numerosas hesitações, definiram a alma como a forma do corpo? É que, neste ponto, mais que em qualquer outro, a filosofia cristã deixou-se trabalhar e conduzir de dentro pela influência reguladora da revelação.

Foi mais ou menos esquecido o sentido original da palavra Evangelho. Ela significa: a boa nova. Exatamente como a Bíblia era o Livro por excelência, o Evangelho trazia aos homens a Boa Nova por excelência[1]. O ensinamento

---

1. Esse ponto foi muito bem visto por H. Ritter, *Histoire de la philosophie chrétienne*, Paris, Ladrange, 1843, t. I, pp. 7-10, notadamente: "Propondo-nos falar da sua influência sobre a filosofia, devemos procurar nos exprimir claramente sobre essa doutrina religiosa [o cristianismo]. Encontramos o espírito do cristianismo resumido na promessa da vida eterna, isto é, da

A ANTROPOLOGIA CRISTÃ

de Jesus Cristo anunciava que o Messias tinha chegado, que a salvação estava próxima para Israel e que os justos eram chamados a reinar com Deus. A pregação de Paulo logo deixaria claro a todos que a salvação de Cristo não estava reservada aos judeus, mas se aplicava a toda a humanidade: ricos e pobres, amos e escravos, sábios e ignorantes. O que nos importa notar, em particular, é que a salvação anunciada pelo Evangelho não era apenas a salvação das almas, mas a salvação dos homens, isto é, de cada um desses seres individuais, com sua carne, seus membros, toda essa estrutura de órgãos corporais sem a qual cada um deles não se sentiria mais que uma sombra de si mesmo e já não seria nem sequer capaz de se conceber. Quando Jesus Cristo anunciava aos judeus que eles reinariam com ele, era deles mesmo que falava, e não das suas almas somente, e nem é preciso lembrar que, para são Paulo, a ressurreição de Cristo era a promessa e a prova da própria ressurreição vindoura deles: "Ora, se é corrente pregar-se que Cristo ressuscitou dentre os mortos, como, pois, afirmam alguns dentre vós que não há ressurreição de mortos? E, se não há ressurreição de mortos, então Cristo não ressuscitou. E, se Cristo não ressuscitou, é vã a vossa pregação e vã a vossa fé... Se a nossa esperança em Cristo se limita apenas a

---

consumação de todas as coisas por nossa reunião espiritual com Deus, isto é, do apelo dirigido a todos os seres racionais para formar um Estado em que as criaturas sofrerão uma magnífica transfiguração. Se se considerasse essa fórmula geral demasiado simples, por não encerrar todos os artigos fundamentais da fé cristã, poder-se-ia examinar se, no entanto, toda a riqueza da doutrina cristã, da vida e da aspiração cristã não está compreendida nela", op. cit., p. 8. É por isso que Ritter diz, pouco adiante, e sua intuição não é desprovida de profundidade, que o começo da história moderna tinha necessariamente de consistir numa Boa Nova, isto é, numa promessa, porque não podia estar nem num caminho empírico nem num caminho filosófico (ibid.). De fato, podemos nos perguntar como a Antiguidade nos pareceria se não estivéssemos separados dela, como estamos, pela Promessa cristã. Há uma lição importantíssima, inclusive para a metafísica, a tirar da simples existência de uma cronologia cristã, porque ela supõe o reconhecimento, no curso da história do mundo, de um começo absoluto.

esta vida, somos os mais infelizes de todos os homens."[2] Mas não é apenas para esta vida que o cristão espera, e é por isso que ele é o mais feliz dos homens: "... os mortos ressuscitarão incorruptíveis, e nós seremos transformados. Porque é necessário que este corpo corruptível se revista da incorruptibilidade, e que o corpo mortal se revista da imortalidade."[3]

São fatos bem conhecidos esses, mas parece que muitos se esqueceram da sua influência sobre o desenvolvimento da filosofia medieval. A fé de são Paulo e dos primeiros cristãos na salvação individual do homem concreto implicava duas conseqüências: primeiro, a perenidade e o eminente valor do indivíduo como tal. Nada exprimirá melhor esse sentimento do que o comovente *Mistério de Jesus*, em que Pascal põe a nu essa confiança profunda do cristão na morte de um Deus: "Eu pensava em ti na minha agonia, derramei tais gotas de sangue por ti." E Pascal formula logo em seguida a segunda conseqüência: "Sou eu que curo e torno o corpo imortal." Não é somente da alma que o cristianismo afirma o valor e a perenidade, mas também do ser concreto feito de corpo e de alma a que chamamos homem, porque é o homem e não somente a alma que Cristo veio salvar. O que Pascal afirmará no século XVII, os autores cristãos já haviam afirmado desde o fim do século II ou do início do século III, e haviam assinalado com a mesma força a conexão necessária que liga à fé na ressurreição dos corpos a tese filosófica da unidade substancial do composto humano: "Porque Deus chamou a própria carne para a ressurreição e lhe promete a vida eterna. Anunciar ao homem a boa nova da salvação é, de fato, anunciá-la igualmente para a sua carne. Porque o que é o homem senão um ser racional composto de uma alma e de um corpo? A alma, tomada em si, não é então o homem? Não, mas ela é

---

2. São Paulo, I Co 15, 12-19.
3. Op. cit., 15, 52-53.

a alma do homem. Então é o corpo que é o homem? Não, mas deve-se dizer que ele é o corpo do homem. Visto que, portanto, nem a alma nem o corpo tomado à parte são o homem, mas que o que se chama por esse nome é o que nasce da união de ambos, quando Deus chamou o homem à ressurreição e à vida, não foi uma das suas partes, mas o homem total, isto é, a alma e o corpo, que ele chamou."[4]

A importância fundamental dessa conexão foi tão vivamente sentida pelos primeiros pensadores cristãos que o que nos parece hoje uma das peças essenciais da filosofia cristã lhes parecia de somenos importância. Para nós, o que parece necessário estabelecer antes de mais nada é a imortalidade da alma, garantia da nossa beatitude futura. Causaria hoje surpresa a muitos cristãos dizer que, em alguns dos mais antigos Padres, a crença na imortalidade da alma é obscura a ponto de ser quase inexistente. No entanto é um fato[5], e é importante notá-lo, porque ele põe ma-

---

4. *De ressurrectione*, VIII, em Rouët de Journel, *Enchiridion patristicum*, texto 147, pp. 58-9.

5. Podemos ressaltar a esse respeito dois pontos interessantes:

I. Até os Padres que admitem a imortalidade da alma se recusam imediatamente a conceder a Platão que a alma é *naturalmente* imortal. Para Platão, a alma *é* vida; para os pensadores cristãos, se ela *é* vida, ela é Deus; logo a alma só pode ser imortal por ter *recebido* a vida e em virtude de um decreto de Deus: nesse sentido, a alma humana se parece mais com os deuses indestrutíveis do *Timeu*, indissolúveis por decreto (*Timeu*, 41A), do que com a alma naturalmente imortal do *Fédon*. Ver Justino, *Diálogo com Trífon*, VI, 1. Resta algo dessa noção em santo Agostinho: É. Gilson, *Introduction à l'étude de saint Augustin*, pp. 69, 170 n. 1 e 186.

II. Às vezes é difícil determinar se os antigos Padres falam da imortalidade da alma ressuscitada ou da imortalidade da alma entre a morte do corpo e sua ressurreição. As expressões de Justino são obscuras: "Assim como o homem não existe perpetuamente e o corpo nem sempre subsiste unido à alma, mas, quando essa harmonia deve ser destruída, a alma abandona o corpo e o homem não existe mais, assim também, *quando a alma deve cessar de ser*, o espírito de vida dela escapa; *a alma não existe mais* e volta por sua vez para de onde havia sido tirada." Justino, op. cit., VI, 2. Se ela não existe mais, para onde pode voltar? Justino quer dizer tão-somente que ela não existe mais *como alma*? É difícil responder. Mesma obscuridade em Taciano, *Discurso aos gregos*, cap. XIII: "A alma humana, em si, não é imortal,

ravilhosamente em relevo o eixo central da antropologia cristã e a razão da sua evolução histórica. No fundo, um cristianismo sem imortalidade da alma não teria sido absolutamente inconcebível – prova disso é que foi concebido[6]. O que, ao contrário, seria absolutamente inconcebível é um cristianismo sem ressurreição do Homem. O homem morre, seu corpo morre e nada estaria irremediavelmente perdido, a Boa Nova não se tornaria vã, se sua alma também morresse, contanto que, todavia, o homem tivesse a garantia de ressuscitar, em sua alma e em seu corpo, a fim de gozar inteiro de uma beatitude eterna. Não há por que surpreender-se portanto com o fato de alguns Padres terem admitido a morte da alma e do corpo à espera da ressurreição e do juízo. No entanto, essa concepção constituiu apenas uma curta hesitação na história da antropologia cristã. Logo se compreendeu, principalmente sob a influência do platonismo, que havia imperiosas razões filosóficas para afirmar a imortalidade da alma. A partir desse momento, o problema adquiriu um novo aspecto, porque se tratava de encontrar uma idéia do homem tal que a imortalidade da

---

ó gregos, ela é mortal; mas essa mesma alma é capaz também de não morrer. Ela morre e se dissolve com o corpo, se não conhece a verdade, mas deve ressuscitar mais tarde, no fim do mundo, para receber com seu corpo, em castigo, a morte na imortalidade; e, por outro lado, ela não morre, ainda que seja dissolvida por um tempo, quando adquire o conhecimento de Deus" (trad. fr. A. Puech, Paris, Alcan, 1903, p. 125). Parece difícil não admitir aqui que Taciano crê numa espécie de morte da alma, seguida de uma ressurreição para uma vida eterna ou para uma danação eterna. Quanto a Ireneu, ele se representa as almas sobrevivendo ao corpo delas, mas imagina-as sob o aspecto de fantasmas reconhecíveis, pois as almas tomam a forma do seu corpo, como a água que congela num vaso (*Adversus haereses*, II, 19, 16 e II, 34, 1). Isso nos leva a Tertuliano, cujo materialismo radical assinala o limite extremo das variações possíveis da filosofia cristã, mas é uma forma demasiado aberrante destas para que seja o caso de insistir nele aqui: cf. Tertuliano, *De anima*, VI.

6. É bem provável que o que foi denominado doutrina "mortalista" do século XVII não passasse, primitivamente, de um retorno à posição dos primeiros Padres e não, como às vezes alguns parecem crer, de uma manifestação do espírito libertino.

A ANTROPOLOGIA CRISTÃ

sua alma fosse concebível ao mesmo tempo que o destino futuro do seu corpo fosse garantido. A tradição filosófica grega oferecia a opção entre tão-só duas soluções possíveis do problema: a de Platão e a de Aristóteles. Os pensadores cristãos experimentaram sucessivamente uma e outra, e foi só depois de doze séculos de hesitações que a questão encontrou sua resposta quando, superando ao mesmo tempo Platão e Aristóteles, a filosofia medieval revelou sua originalidade criadora no sistema de são Tomás de Aquino.

À primeira vista, nenhuma filosofia era mais cheia de promessas para o futuro da antropologia cristã do que a de Platão ou a de seu discípulo Plotino. Para Platão, a alma é essencialmente fonte de movimento ou, inclusive, como podemos ler no *Fedro* (246A), automotriz. Daí a concluir que "esse movimento que se move a si mesmo" e que chamamos alma é naturalmente dotado de vida (*Leis*, 894C-895B) e, por isso mesmo, imortal, não há mais que um passo. É o que faz com que o platonismo se compraza em ressaltar a independência radical da alma, que dá vida, em relação ao corpo, que a recebe dela. No composto humano, a alma constitui o elemento permanente, imutável, divino, enquanto o corpo é transitório, mutável, perecível. Assim como um homem é independente da sua roupa, sobrevive a ela, de que se despoja, e pode usar várias em sua vida sem sofrer com isso, assim também a alma se despoja progressivamente do corpo pela filosofia e morre voluntariamente para a matéria, até que a morte do corpo a liberte deste e a deixe dedicar-se à contemplação das Idéias. Não há doutrina em que a independência da alma em relação ao corpo seja mais fortemente frisada do que no platonismo, e é por isso que, assim que sentiram a importância da imortalidade da alma, os Padres consideraram naturalmente Platão como um aliado.

Nada melhor no que concerne à alma. Mas e o homem no platonismo? Como somente a alma conta, ele se torna o que os filósofos da Academia, que são nisso fiéis intérpretes do pensamento do mestre, definirão como "uma alma que se serve do seu corpo"⁷. O próprio santo Agostinho, embora se defenda contra certas conseqüências dos princípios fundamentais do platonismo, viu muito bem que não podia se recusar a aceitar essa. O homem, diz ele, pelo menos tal como se apresenta a si mesmo, é "uma alma racional, que se serve de um corpo terrestre e mortal"⁸, ou, como o mesmo Agostinho escreve em outro passo, é "uma alma racional que tem um corpo". No entanto, vê-se bem que o filósofo cristão sente que dificuldade se esconde sob essas fórmulas, porque acrescenta logo em seguida que a alma racional e o corpo que ela tem não fazem duas pessoas distintas, mas um só homem⁹. Sua intenção de salvaguardar a unidade do homem não é duvidosa, portanto, mas pode ele fazê-lo com seus princípios?

Vê-se bem que não pode, pelo fato de que a definição agostiniana da alma é idêntica à definição agostiniana do homem. Santo Agostinho nos diz que o homem não é nem uma alma à parte, nem um corpo à parte, mas uma alma que se serve de um corpo. Quando, por outro lado, lhe pedimos para definir a alma em si mesma, ele responde que ela é "uma substância racional apta a governar o corpo"¹⁰. O homem, portanto, nada mais é, finalmente, que sua alma ou, se preferirem, a alma mesma é que é o homem. Sem

---

7. A. E. Taylor, *Plato*, p. 190.
8. Santo Agostinho, *De moribus ecclesiae*, I, 27, 52: "Homo igitur, ut homini apparet, anima rationalis est mortali atque terreno utens corpore." *Patr. lat.*, t. 32, col. 1332.
9. "Quid est homo? Anima rationalis habens corpus. Anima rationalis habens corpus non facit duas personas, sed unum hominem." Santo Agostinho, *In Joan. Evang.*, XIX, 5, 15, *Patr. lat.*, t. 35, col. 1553. Mesma insistência nesta outra fórmula: "... homo non est corpus solum, vel anima sola, sed qui ex anima constat et corpore", *De civ. Dei*, XIII, 24, 2, *Patr. lat.*, t. 41, col. 399.
10. "Si autem definiri tibi animum vis, et ideo quaeris quid sit animus, facile respondeo. Nam mihi videtur esse substantia quaedam rationis particeps, regendo corpori accommodata." Santo Agostinho, *De quantitate animae*, XIII, 22, *Patr. lat.*, t. 32, col. 1048. Essa definição será retomada muitas vezes na Idade Média, principalmente porque foi retomada pelo apócrifo agostiniano: *De spiritu et anima*, cap. I (*Patr. lat.*, t. 40, qui. 781).

dúvida, santo Agostinho não estaria inteiramente desarmado contra esse reparo. Ele responderia talvez que uma alma só é alma se tem um corpo que possa usar, e que um corpo só é corpo se está a serviço de uma alma, caso em que, de fato, a definição da alma sozinha é equivalente à do homem por inteiro. Mas não é menos verdade que esse bloco platônico, introduzido sem adaptação prévia no pensamento cristão, faz nele figura de um corpo estranho e que sua presença levanta dificuldades desconhecidas do platonismo autêntico. Nada mais natural que o homem de Platão seja sua alma, porque Platão não tem a menor preocupação de assegurar a unidade nem a permanência do composto humano. Para ele, a união da alma e do corpo é o resultado acidental de uma queda; é por uma violência à sua natureza que a alma é encerrada no corpo, como numa prisão ou num túmulo, e é por isso que todo esforço da filosofia deve tender a libertá-la desse corpo. Para um cristão, ao contrário, é impossível, em primeiro lugar, que um estado natural seja o resultado de uma queda, porque a união da alma ao corpo é natural e desejada por esse Deus que disse das suas obras que elas são boas: *et vidit quod erant valde bona*[11]. Além disso, visto que é da salvação do homem por inteiro que se trata, a filosofia cristã não poderia propor-se salvar a alma do corpo, mas em vez disso salvar o corpo pela alma e, para que seja assim, o homem tem necessariamente de ser um composto substancial, muito diferente da justaposição acidental imaginada por Platão. É, por sinal, o que explica que, tão firme na afirmação da unidade do homem, santo Agostinho se reconheça incapaz de justificá-la. O homem e seu corpo são dois cavalos atrelados à mesma carroça, são unidos como o torso e o tronco de um centauro ou a alma é o homem no sentido em que o cava-

---

11. Gn 1, 31. Santo Agostinho sentiu muito bem o perigo a que o platonismo expunha o pensamento cristão nesse ponto, porque tinha diante dos olhos o exemplo de Orígenes, cuja doutrina ele critica severamente: *De civ. Dei*, XI, 23, 1-2, *Patr. lat.*, t. 41, col. 336-337.

leiro supõe sua montaria? São questões que ele se recusa a responder[12] e que, para ele, servem apenas de oportunidade para confessar seu embaraço.

Assim, apesar das vantagens incontestes que apresentava, o platonismo introduzia na filosofia cristã uma dificuldade latente, mas insuperável. É o que permite compreender que a definição aristotélica da alma, tão pouco cristã em aparência, tenha sido bem cedo levada em consideração por certos filósofos e teólogos. A coisa não se fez sem suscitar resistências, e a oposição dos platônicos devia ser tenaz. Nemésio deixou uma crítica severa da definição de Aristóteles que, transmitida à Idade Média sob a autoridade de Gregório de Nissa, exerceu uma influência profunda e duradoura sobre a história da controvérsia[13]. Mas, quando se chega ao início do século XIII, é comum encontrar essa definição entre numerosas outras que, num sentido ou noutro, são todas consideradas aceitáveis. A alma, de acordo com Aristóteles, é o ato ou a forma do corpo organizado, que tem a vida em potência. A relação da alma e do corpo é portanto um caso particular da relação mais geral da forma e da matéria. Em certo sentido, a forma e a matéria são separáveis, pois determinada forma particular não é necessariamente destinada por sua natureza a informar tal matéria particular, mas, num outro sentido, deve-se dizê-las inseparáveis, pelo menos nas substâncias concretas, porque as formas desse gênero não poderiam existir à parte de uma matéria qualquer. Sendo a alma humana precisamente uma forma desse gênero, vê-se imediatamente que vantagens e que inconvenientes pode haver em dar tal definição.

---

12. Santo Agostinho, *De moribus ecclesiae*, I, 4, 6, *Patr. lat.*, t. 32, col. 1313.

13. Nemésio, bispo de Emesa (séculos IV-V), vê na definição da alma como forma do corpo um perigo mortal para a substancialidade da alma e, por conseguinte, também para a sua imortalidade. Ver Migne, *Patr. gr.*, t. 40, col. 560B, C. Sobre as traduções latinas medievais do seu *Premnon physicon*, ver. B. Geyer, *Fried. Ueberwegs Grundriss der Gesch. d. Philos.*, t. II, 11ª ed., Berlim, 1928, p. 118.

As vantagens são evidentes. Para o filósofo que se inspira em Aristóteles, a unidade substancial do homem nunca levantará nenhuma dificuldade, porque o corpo e a alma não são duas substâncias, mas os dois elementos inseparáveis de uma só e mesma substância. Concebe-se facilmente que os filósofos cristãos, preocupados que estavam em assegurar a permanência e a unidade do composto humano, tenham se sentido tranqüilizados com essa solução do problema. Inversamente, era difícil conceder a Aristóteles que a alma é a forma do corpo, sem aceitar ao mesmo tempo as conseqüências que decorrem necessariamente desse princípio. Ora, acontece que, como no caso de Platão, algumas dessas conseqüências são inquietantes para um filósofo cristão. Não se pode acompanhar Platão em sua demonstração da substancialidade da alma sem pôr em risco a unidade do homem; não se pode acompanhar Aristóteles em sua demonstração da unidade do homem sem pôr em risco, com a substancialidade da alma, sua imortalidade.

De fato, a partir do momento em que a realidade concreta é definida como a unidade de uma forma e de uma matéria, torna-se impossível considerar um desses dois elementos como uma substância propriamente dita. Enquanto durar a união da alma e do corpo, o homem durará, porque é ele a substância; mas, assim que essa união se desfaz, não é apenas o homem, mas seu corpo e sua alma que cessam com ele de durar. Um cadáver não é mais um corpo humano, é o orgânico retornando ao inorgânico; e, quanto à alma do animal, como ela sobreviveria ao animal, se faz parte dele e se esse animal não existe mais? É verdade que o próprio Aristóteles sentiu a dificuldade que sua doutrina suscita no que concerne ao homem. O fato é tanto mais notável que, nele, a teologia no sentido cristão da palavra não desempenha evidentemente nenhum papel. Não é porque Deus disse aos homens, é porque a observação racional lhe faz ver, que ele sabe que o homem não é um animal como os outros. Animal racional, o ser humano parece possuir em si mais que a forma do seu corpo; há na alma humana um princípio de operações independente do corpo em seu exercício e, por conseguinte, superior ao que seria uma simples forma substancial: é o intelecto. Quando vai definir a relação desse intelecto com o corpo, o embaraço de Aristóteles é extremo. Ele se pergunta se é possível defini-lo como análoga à relação do piloto com seu navio, e não responde[14]; acrescenta que a natureza desse intelecto ainda não lhe é clara, mas que se tem a tentação de considerá-lo como um outro gênero de alma, o único que é separado do corpo, como o imortal é do mortal[15]; numa fórmula breve e fugidia, diz também que esse intelecto vem à alma "de fora"[16], o que, de fato, sugere a possibilidade de seu retorno ulterior à sua fonte e da sua sobrevivência. Mas então o que acontece com a unidade substancial do ser humano? Como o que é forma do corpo individual pode estar ao mesmo tempo separado desse corpo individual? É um ponto capital sobre o qual Aristóteles nos deixa sem resposta. Tudo leva a crer que, em seu pensamento, o homem não é mais que a união da sua alma e do corpo de que ela é a forma, e que esse intelecto de que ele fala é outra substância intelectual, em contato e em comunicação com nossa alma, separada do nosso corpo pelo próprio fato de que não entra na composição da nossa individualidade concreta, imortal por conseguinte, mas de uma imortalidade que é dela e não nossa.

Será essa, de fato, a interpretação de Aristóteles proposta por Averroes, que aos olhos da Idade Média será o Comentador por excelência. Ela por certo se apóia em textos bastante fortes[17], e não se pode negar que concorda com a orientação geral do sistema, mas é estritamente inaceitável

---

14. Aristóteles, *De anima*, I, 1; 413a, 5-9.
15. Op. cit., I, 2; 413b, 24-27.
16. *De gener. anim.*, 736b, 28.
17. Aristóteles, *De anima*, III, 5, 430a, 10-25.

para os pensadores cristãos, pois o que o cristianismo promete ao homem é sua imortalidade individual e não a de uma substância separada que não seria a sua. Toda a controvérsia antiaverroísta protagonizada no século XIII por são Boaventura, Alberto Magno e são Tomás de Aquino basta para provar a incompatibilidade radical das duas doutrinas, fato esse tão conhecido dos historiadores que é supérfluo insistir nele[18]. O que importa notar, ao contrário, é o esforço dos filósofos cristãos para sair dos impasses a que Platão e Aristóteles os levavam e o resultado desse esforço.

Por mais embaraçosa que fosse a colocação do problema, nunca se tinha a impressão de que ela fosse sem esperança. Melhor dizendo, sempre houve uma solução que era aceita na falta de outra melhor e que permitia esperar, do progresso da reflexão filosófica, uma solução melhor. Santo Agostinho estava sempre presente, sustentando ao mesmo tempo a imortalidade da alma e a unidade do homem, e era possível segurar com ele as duas pontas da corrente sem ver claramente onde se juntavam. Por outro lado, sucedia que Avicena, cujas obras traduzidas em latim se difundiram no início do século XIII, tivera de resolver por conta própria um problema análogo, e teve-se naturalmente a idéia de tomar emprestados dele os elementos de uma solução. Como seu mestre, Al-Farabi, Avicena acreditava que a compilação neoplatônica conhecida pelo nome de *Teologia de Aristóteles* era de fato uma obra de Aristóteles; toda a sua filosofia supõe portanto um esforço para efetuar a síntese desse apócrifo com a doutrina contida nas obras autênticas de Aristóteles, o que equivalia a tentar a síntese de Aristóteles e Platão. Ora, por um lado, os pensadores cristãos deviam encontrar com prazer em Avicena tudo o que, graças a santo Agostinho, sua tradição já havia assimi-

---

18. P. Mandonnet, *Siger de Brabant et l'averroïsme latin au XIIIe siècle* (*Les philosophes belges*, t. VI), Louvain, 1911; É. Gilson, *La philosophie de saint Bonaventure*, Paris, J. Vrin, 1924, p. 16.

lado em matéria de platonismo; por outro lado, aquilo de que necessitavam sobre esse ponto era precisamente uma doutrina capaz de salvar ao mesmo tempo a imortalidade platônica da alma e a unidade aristotélica do composto humano. Avicena vinha pois a calhar, e é o que explica a profundidade da sua ação sobre a filosofia cristã dos séculos XIII e XIV. Procurou-se portanto livrá-lo dos elementos inassimiláveis ao cristianismo que ele continha, reduzir seus princípios aos de santo Agostinho e subordinar a esses princípios os elementos aristotélicos que era necessário preservar. Quais foram os resultados desse trabalho sobre o ponto que nos interessa?

No que concerne à própria definição da alma, pôde parecer de início que o trabalho estava inteiramente feito. Para Avicena, são igualmente possíveis dois pontos de vista sobre a alma. Considerada em si, isto é, em sua essência, ela é uma substância espiritual, simples, indivisível e, por conseguinte, indestrutível; sob esse aspecto, a definição que dela nos dá Platão é plenamente satisfatória, portanto. Considerada em sua relação com o corpo que ela anima, pode-se dizer que a primeira e mais fundamental das funções que ela exerce é a de ser sua forma. Sob esse aspecto, é Aristóteles que tem razão, e a alma é de fato a forma do corpo organizado, que tem a vida em potência. Um exemplo simples, tomado do próprio Avicena, permite compreender facilmente o sentido da sua doutrina. Vejo um passante, pergunto a você quem é ele, e você me responde: "É um operário." Suponhamos que a resposta esteja correta e que esse passante seja, de fato, um operário; no entanto, não é uma resposta completa, nem mesmo a mais profunda que se possa dar, porque, antes de ser um operário, esse passante é um homem: é homem por essência e operário por função. O caso da alma é exatamente igual. Em si, a alma é uma substância que exerce a função de forma, e é aliás por isso que não se pode temer que ela seja afetada pela destruição do corpo que anima; quando o corpo morre, é que ela simplesmente cessa de exercer nele suas funções[19].

À primeira vista, nada mais satisfatório para os cristãos do que essa doutrina. Como a alma é uma substância, ela é imortal; como a alma é uma forma, o homem é uno. Na verdade, é a solução avicenística do problema que encontramos na Suma dita de Alexandre de Hales, no Comentário de são Boaventura sobre as Sentenças e em vários teólogos de menor importância. Para melhor assegurar a substancialidade da alma, são Boaventura até reforça a doutrina de Avicena com a de Gebirol, e ensina que a alma é composta de uma forma e de uma matéria incorporal. Embora se recuse a admitir essa composição hilemórfica da alma, Alberto Magno sustenta que sua verdadeira definição é a que Avicena deu; ninguém compreende melhor que ele o caráter compósito dela nem que ela representa um esforço desesperado para conciliar os inconciliáveis: "Se se trata de definir a alma em si", escreve ele, "daremos razão a Platão; se, ao contrário, se trata de defini-la como forma do corpo, daremos razão a Aristóteles."[20] O pensamento cristão inclina-se aqui para um ecletismo fácil, mas os ecletismos sempre são fáceis apenas em aparência; eles duram o tempo de compreender a diferença entre proporcionar-se os princípios de que se necessita para justificar as conclusões e proporcionar-se tão-só as justificativas que decorrem necessariamente dos princípios. Aqui como alhures, foi o tomismo que veio perturbar a quietude das soluções preguiçosas e determinar novos progressos.

No fundo, toda a dificuldade se reduz ao seguinte: o homem é uma unidade dada como tal, cuja explicação é

---

19. Os textos necessários estão reunidos no estudo do p[e] M.-D. Roland-Gosselin, *Sur les relations de l'âme et du corps d'après Avicenne*, em *Mélanges Mandonnet*, Paris, J. Vrin, 1930, t. II, pp. 47-54.

20. "Animam considerando secundum se, consentiemus Platoni; considerando autem eam secundum formam animationis quam dat corpori, consentiemus Aristoteli", Alberto Magno, *Summa theologica*, II, tr. 12, qu. 69, membr. 2, art. 2.

tarefa própria do filósofo. Quando digo que conheço, não quero dizer que meu corpo conhece por minha alma, ou que minha alma conhece graças ao meu corpo, mas que esse ser concreto que sou, tomado em sua unidade, exerce o ato de conhecer. O mesmo vale se digo que eu vivo ou simplesmente que eu existo: *eu* não é nem o corpo nem a alma, é o homem. É por isso que o ecletismo de Alberto Magno não é verdadeiramente uma resposta à questão formulada. Enquanto as funções animadoras da alma não estão incluídas na definição da sua essência, a união da alma e do corpo é um acidente sem nenhuma necessidade metafísica. Como substância, a alma permanece exatamente o que ela é, seja se informa seu corpo, seja se não o informa. Sem dúvida, pode-se tentar salvar a situação dizendo que é "natural" para a alma ser forma do corpo; pode-se ir mais longe ainda e atribuir a ela uma espécie de inclinação natural ao seu corpo, mas é sempre verdade dizer que a união com o corpo não está incluída na essência da alma enquanto alma. Ora, se assim é, o homem não é um ser em si, mas um ser por acidente. Não posso mais dizer que existo, ou que vivo, ou que penso, sem entender com isso que sou uma alma que existe, vive e pensa, e que seria, viveria, pensaria tão bem ou melhor sem o corpo a que está unida. Não há nada de surpreendente em ter Avicena antecipado a posição de Descartes: se a alma é uma substância essencialmente separável do corpo, cada vez que digo eu penso é somente da minha alma que afirmo ao concluir: eu existo[21].

É precisamente essa a razão pela qual são Tomás teve de retomar a questão do começo e reconstruir completamente a solução. Raramente a história das idéias apresentou mais belo exemplo de um esforço filosófico tipicamente cristão, porque nunca ficou mais claro que é fazendo-se mais verdadeiramente filosofia que uma filosofia se tor-

---

21. Ver o curioso texto de Avicena, *Lib. VI naturalium*, pars V, cap. I, cit. em É. Gilson, *Les sources gréco-arabes de l'augustinisme avicennisant* (*Archives d'hist. doctr. et litt. du Moyen Âge*, t. IV, 1930, pp. 40-1).

na mais cristã. No entanto, nunca um esforço filosófico foi também pior recompensado. E a razão é a mesma. São Tomás emprega a terminologia de Aristóteles e usa dos princípios de Aristóteles: para ele, como todos sabem, a alma se define como forma do corpo organizado, que tem a vida em potência; por outro lado, recusando-se a aceitar os princípios do platonismo, eliminando inclusive da filosofia medieval o que a tradição de santo Agostinho nela havia introduzido em matéria de platonismo nesse ponto, ele pretende manter a imortalidade individual das almas, única coisa capaz de justificar a filosofia de Platão. Não deveríamos dizer, como alguns não se privaram de fazê-lo, que o tomismo é que é um ecletismo, o pior de todos até, pois é um ecletismo incoerente?

A única resposta possível à questão se encontra num exame crítico das fórmulas que ele emprega, mas principalmente do significado que lhes dá. Para esclarecer de antemão o sentido dessa discussão, podemos dizer desde já que a alma tomista não é nem uma substância que desempenharia o papel de forma, nem uma forma que não poderia ser uma substância, mas uma forma que possui e confere a substancialidade. Nada mais simples, e no entanto em vão procuraríamos antes de são Tomás um filósofo que tenha tido essa idéia[22], e mesmo hoje encontraríamos poucos filósofos capazes de explicar corretamente seu significado.

Para compreendê-lo, cumpre observar antes de mais nada que, embora não tenha sido descoberta por Aristóteles, essa solução do problema não está em contradição com seus princípios. Muito pelo contrário, quando se objeta que a alma não poderia ser ao mesmo tempo substância e forma de uma substância, esquece-se que há no peripatetismo

---

22. Cabe notar, entretanto, que não se conhece bem o que são Tomás deve aos comentadores gregos de Aristóteles. Talvez o progresso da história venha a estabelecer que um deles o antecedeu nesse ponto. Pensamos naturalmente em João Filopon, aristotélico e cristão, que parece um predecessor sob medida para são Tomás.

autêntico substâncias que são puras formas. Em certo sentido, poderíamos dizer que quanto mais uma forma é puramente forma, tanto mais também é substancial. É por ser supremamente imaterial que o pensamento divino é supremamente formal, e é por ser supremamente formal que ele é ato puro. O mesmo vale, num plano inferior para as Inteligências separadas de Aristóteles: são formas imateriais puras de toda matéria, e no entanto subsistem, o que equivale a dizer que são substâncias[23]. Para quem se lembra desses fatos bem conhecidos, o problema se mostra imediatamente capaz de uma solução diferente da que se atribui erroneamente a são Tomás. Se há razões positivas de considerar a alma como uma substância, nada nos impedirá de admitir ao mesmo tempo que ela é uma forma, *pois, ao contrário, sua formalidade é que funda sua substancialidade.* A questão que se coloca é outra bem diferente: trata-se de saber por que essa forma é a de um corpo, mas de maneira nenhuma de saber se a alma é forma, e o primeiro problema que temos a resolver é portanto o da sua substancialidade.

Por uma coincidência que nada tem de fortuito, é um texto de santo Agostinho que são Tomás invoca para sustentar sua demonstração da substancialidade da alma, e esse texto afirma precisamente que a única causa que im-

---

[23]. Essas Inteligências separadas, formas puras e subsistentes como tais, têm seu equivalente na doutrina tomista; os Anjos é que são substâncias separadas, porque são formas separadas. Ora, essas formas são individuais. É verdade que, na doutrina tomista, cada anjo forma uma espécie à parte. De fato, já que nela os anjos não são compostos de matéria e de forma e que é a matéria que é o princípio da individuação, é impossível que existam dois anjos da mesma espécie (*Sum. theol.*, I, 50, 4, Resp.). Mas isso não quer dizer que o anjo tomista, forma pura, seja uma espécie que conteria apenas um indivíduo; ele é um indivíduo que constitui, por si só, uma espécie. Como se disse com toda razão: "Um anjo não constitui uma espécie, no sentido lógico da palavra, mas um verdadeiro indivíduo, embora único para cada espécie", A. Forest, *La structure métaphysique du concret*, p. 120. Sobre a doutrina de Ibn Gebirol (Avicebron), ver o substancial capítulo IV da mesma obra, pp. 109-15. Sobre a doutrina de são Boaventura, op. cit., pp. 116-20, e É. Gilson, *La philosophie de saint Bonaventure*, pp. 236-9.

A ANTROPOLOGIA CRISTÃ

pede os homens de admitir essa verdade é a inaptidão deles em conceber uma substância que não seja corporal[24]. Na realidade, de santo Agostinho a são Tomás o problema sofre uma transposição. Para o jovem santo Agostinho e para os que ele critica na época da sua idade madura, a questão não está em saber se a alma é substância, mas sim se é possível conceber uma substância não corporal. Em são Tomás, se a alma existe, sua incorporeidade não dá margem a nenhuma dúvida, mas o mesmo não se aplica à sua substancialidade, e é nesse ponto preciso que recai todo o esforço da sua demonstração[25].

O princípio de que ela decorre – parece que isso não foi suficientemente notado – é que toda operação distinta supõe uma substância distinta. De fato, as substâncias só são conhecidas por suas operações e, inversamente, as operações só se explicam pelas substâncias. Sabemos o que é o ser, notadamente que ele é atualidade, como por definição; aliás, é isso que consideramos como o fundamento último da causalidade nos seres concretos. Dizendo que todo ser existe na medida em que existe em ato e que só opera na medida em que existe em ato, identificamos o princípio da atividade dos seres à sua atualidade[26]. Portanto, se há atos de conhecimento intelectual, a causa deles não pode ser um princípio abstrato, como o pensamento em geral,

---

24. "Quisquis videt mentis naturam et esse substantiam et non corpoream, videt eos qui opinantur eam esse corpoream, ab hoc errare, quod adjungunt ei ea sine quibus nullam possunt cogitare naturam, scilicet corporum phantasias." Santo Agostinho, *De civitate Dei*, cap. VII. Citado por são Tomás de Aquino, *Sum. theol.*, I, 75, 2, *Sed contra*.

25. "Natura ergo mentis humanae non solum est incorporea, sed etiam est substantia, scilicet aliquid subsistens." São Tomás de Aquino, *ibid.* As últimas palavras significam: uma substância, no sentido de ser subsistente à parte, e não no sentido de sujeito ou suporte de outro ser.

26. "Nihil autem potest per se operari, nisi quod per se subsistit. Non enim est operari nisi entis in actu. Unde eo modo aliquid operatur quo est; propter quod non dicimus quod calor calefacit, sed calidum. Relinquitur igitur animam humanam, quae dicitur intellectus, vel mens, esse aliquid incorporeum et subsistens." São Tomás de Aquino, *Sum. theol.*, I, 75, 2, Resp.

deve ser necessariamente um princípio concreto, real e, por conseguinte, subsistente numa natureza determinada. Numa palavra, onde quer que haja atos de pensamento, há substâncias pensantes. Sejam chamadas como forem, isso não tem importância para a questão que ocupa nossa atenção. Chamam-se mentes (*mentes*) na terminologia agostiniana, ou intelectos (*intellectus*) na terminologia tomista, são em todo caso coisas que pensam e de que resta apenas precisar a natureza.

As operações de que os intelectos são os princípios são operações cognitivas. Pelo intelecto somos capazes de conhecer a natureza de todas as coisas corporais; ora, para poder conhecer todas as coisas, a primeira condição é não ser nenhuma delas em particular, porque, se o intelecto possuísse uma natureza corporal determinada, ele não seria mais que um corpo entre outros, limitado a seu próprio modo de ser e incapaz de apreender naturezas diferentes da sua. Em outras palavras, a substância pensante que conhece os corpos não poderia ser, ela própria, um corpo. Resulta daí que, se existem tantos seres incapazes de conhecimento, é precisamente porque não são nada mais que corpos e que, se existem seres corporais que pensam, o princípio da sua atividade cognitiva não se encontra na sua corporeidade. É por isso que o intelecto humano, pelo próprio fato de ser um intelecto, deve ser considerado como uma substância incorporal tanto em seu ser como em suas operações[27].

Se assim é, o que nos impede de ir mais longe e identificar o intelecto com o homem? É precisamente o fato de que os homens não realizam unicamente operações intelectuais. Mesmo se quiséssemos identificar o homem com sua alma, toparíamos com uma dificuldade do mesmo gê-

---

27. Isso resolve ao mesmo tempo o célebre problema da "alma das bestas". Os animais têm uma alma, mas essa alma não é um intelecto e, por conseguinte, não é tampouco uma substância. É por isso que a questão da sua imortalidade não se coloca.

nero. Tal identificação seria possível na doutrina de Platão ou na de santo Agostinho, porque, para esses filósofos, a sensação é uma operação própria da alma e o corpo não desempenha nela nenhum papel. Aliás, é por isso que vimos o homem ser definido como uma alma que se serve de um corpo[28]. Mas, como nos recusamos a dissociar a unidade do homem em duas metades acidentalmente unidas, devemos necessariamente admitir que a forma substancial que descrevemos é tão-só uma parte do homem. Tudo se passa portanto como se o homem fosse composto de uma matéria corporal organizada por uma forma e de uma substância intelectual que informa e organiza essa matéria. Temos portanto de ir até aí para permanecer fiéis aos dados do nosso problema: o próprio intelecto, substância incorporal, é que é a forma do corpo humano[29].

É aqui, talvez, que as dificuldades internas do tomismo vão parecer mais insuperáveis. Admitamos que o intelecto seja uma substância incorporal; como ele pode ser ao mesmo tempo parte de outra substância e formar no entanto com ela um todo que não seja um composto simplesmente acidental? Numa palavra, não dá para ver como uma doutrina que começa com Platão poderá terminar com Aristóteles, e a incoerência do ecletismo cristão parece mais ameaçadora do que nunca. A posição de são Tomás, porém, é muito diferente da dos seus predecessores, e muito mais favorável. Ele nunca perde de vista o fato de que, assim como é o homem que sente, e não uma sensibilidade, é o homem que pensa, e não um intelecto. Como todos os outros fatos, este não é para ser deduzido, mas sim constatado. Existem seres diferentes e, por conseguinte, outros seres concebíveis. As Inteligências puras são formas subsis-

---

28. Foi o próprio são Tomás que assinalou essa conexão de idéias, cuja importância é fundamental. Ver *Sum. theol.*, I, 75, 4, Resp.

29. "Intellectivum ergo principium est forma hominis." São Tomás de Aquino, *Sum. theol.*, I, 86, 1, *Sed contra.* "Sic ergo ex ipsa operatione intellectus apparet quod intellectivum principium unitur corpori ut forma." Ibid., Resp.

tentes separadas de todo e qualquer corpo; os animais e as plantas são formas corporais não subsistentes; os homens são formas corporais subsistentes. Por quê? Precisamente porque essas substâncias só podem subsistir como formas de certos corpos. Elas são intelectos e, por conseguinte, substâncias capazes de apreender o inteligível. Nesse sentido, não falta nada à sua substancialidade. Mas um intelecto sem um corpo é como uma mão separada do seu corpo[30], uma parte de um todo, impotente e inerte quando dele separada. Suponhamos, pois, simplesmente, que haja substâncias espirituais demasiado fracas para apreender diretamente outro inteligível que não o que se encontra incluído nos corpos, intelectos como os nossos, isto é, cegos e como que ofuscados pelo inteligível puro, mas abertos ao que se encontra inserido na matéria; é evidente que tais substâncias só poderiam entrar em relação com o mundo dos corpos por intermédio de um corpo. Para apreender as formas sensíveis que elas elaborarão como inteligíveis, elas próprias têm de se tornar formas de um corpo sensível, descer de certo modo ao plano da matéria para se comunicar com ela. Elas têm de fazê-lo, e é esse o ponto essencial, precisamente por serem o gênero de substâncias que são[31].

---

30. São Tomás de Aquino, *Sum. theol.*, I, 75, 2, Resp., e ad 1ᵐ.

31. Podemos resumir a doutrina em fórmulas mais técnicas e, no fundo, mais claras. O *ser* é o próprio ato de existir. Pondo-se por esse ato, o ser se põe em si e para si. Como ele é, ele é por definição ele mesmo e nenhum outro: *indivisum in se et divisum ad aliis*. Chama-se *substância* precisamente o ser concebido em sua unidade indivisa, e *subsistência* a propriedade que ele tem de existir como substância, isto é, para si e sem dependência substancial em relação a outro ser. Assim, o ato de ser causa a substância e sua subsistência. Se, além disso, nós o considerarmos na medida em que faz com que o ser seja este ser e não um outro, chamamo-lo *ato formal* e, considerando sua formalidade à parte, dizemos que o ato é *forma*. Com isso acrescentamos à propriedade que reconhecemos ao ato de causar a subsistência a propriedade de determinar o gênero da substância a título de forma. Entre as formas, há aquelas cuja atualidade é suficiente para permitir-lhes subsistir sozinhas: são as *formas puras* ou *separadas*. Há outras que só podem existir numa matéria à qual comunicam sua atualidade: são as *formas*

Para interpretar corretamente o sentido da resposta tomista, não é inútil observar que sua aparente dificuldade se deve a uma ilusão de que a imaginação é a causa. Ao dizer que o homem é uma substância concreta e completa em si, não se contradiz de maneira nenhuma a tese que afirma a substancialidade da alma. O erro de interpretação que se pode cometer neste ponto se deve ao fato de que o corpo e a alma são imaginados como duas substâncias com as quais se tentaria fazer uma terceira, que seria o homem. É nesse caso, de fato, que o homem tomista seria um mosaico de peças avulsas, umas emprestadas de Platão, outras de Aristóteles. Na realidade, o homem cristão é algo bem diferente, porque, como já teremos a oportunidade de ver, embora somente o homem mereça plenamente o nome de substância, é à substancialidade da sua alma que ele deve toda a sua substancialidade. Como a alma humana é ato, logo é uma coisa para si e uma substância; o corpo, ao contrário, muito embora a alma não possa desenvolver sem ele a plenitude da sua atualidade, não tem outra atualidade e subsistência além das que recebe da sua forma, isto é, da sua alma. É por isso que, aliás, a corrupção do corpo não acarreta a da alma[32], porque, se o princípio que dá ao corpo seu

---

substanciais. Entre essas formas substanciais, algumas são princípios subsistentes de operações que lhes são próprias: são as *almas racionais*; outras são ligadas à matéria em seu ser e em suas operações: são as *formas materiais*. Por conseguinte, o homem é uma substância concreta, isto é, no qual há partes que é legítimo considerar separadamente. Mas seu ser é uno, primeiro porque suas partes são substanciais: a alma e o corpo não poderiam subsistir à parte; depois porque é pela subsistência de uma só dentre elas – a alma – que a substância homem subsiste. Vê-se nitidamente a diferença do papel desempenhado pelas duas partes: a alma, quando tira do corpo a ajuda necessária, pode a rigor subsistir sem ele, como faz após a morte do homem, enquanto em caso algum o corpo pode subsistir sem a alma, à qual deve toda a sua atualidade, como prova a dissolução do cadáver.

32. Ver o texto perfeitamente claro em que se exprime plenamente o pensamento tomista sobre esse ponto: "Esse autem convenit per se formae, quae est actus. *Unde materia, secundum hoc acquirit esse in actu, quod acquirit formam*; secundum hoc autem accidit in ea corruptio, quod separatur forma ab ea. Impossibile est autem quod forma separetur a seipsa. Unde im-

ser atual se retira dele, o corpo se dissolve, mas a dissolução daquilo que deve seu ser à alma não poderia afetar o ser da alma[33]. Portanto a substância homem não é uma combinação de duas substâncias, mas uma substância complexa que deve a um só dos seus princípios constitutivos sua substancialidade. Percebe-se aqui o novo significado que o pensamento cristão acrescenta às fórmulas de Aristóteles, mesmo quando as retoma em seu teor literal. As almas se tornam substâncias imortais que não podem desenvolver sua atividade sem o concurso de órgãos sensoriais; para obter esse concurso, elas atualizam uma matéria[34]; essa matéria só é um corpo graças a elas, e no entanto elas só são elas mesmas num corpo; portanto o homem não é nem seu corpo, já que este subiste apenas graças à alma, nem sua alma, já que ela permaneceria vazia nesse corpo: ele é a unidade de uma alma que substancializa seu corpo, e do corpo em que essa alma subsiste. Com isso, somos levados ao limiar de um novo problema, cuja discussão não deixará de lançar uma luz sobre o sentido das conclusões que precedem: o da individualidade e da personalidade.

---

possibile est quod forma subsistens desinat esse." São Tomás de Aquino, *Sum. theol.*, I, 75, 6, Resp. Guardem na memória as expressões que sublinhamos, porque elas são a chave do problema da individuação, cujo sentido será discutido na próxima lição.

33. São Tomás reconhece que o problema do modo de conhecimento da alma após a morte é mais difícil de resolver em sua doutrina do que no platonismo. No entanto, cumpre observar que não há nenhuma dificuldade quanto à subsistência, pois que ela pertence propriamente à alma, e esta não a deve ao corpo. Além disso, são Tomás admite que essa subsistência da alma sem seu corpo, possível embora, constitui para ela uma maneira de ser que não lhe é natural ("praeter rationem sua naturae"). De fato, separada do corpo, ela não dispõe mais que dos seus conhecimentos adquiridos, ou dos conhecimentos que ela pode receber diretamente de Deus. Portanto, a alma separada se encontra provisoriamente num estado de espera que só terminará quando a ressurreição dos corpos restabelecer-lhe o pleno exercício das suas funções de forma. Cf. são Tomás de Aquino, *Sum. theol.*, I, 89, 1, Resp.; *Cont. gent.*, II, cap. LXXXI; *Quaest. disp. de anima*, art. 15.

34. "Et ideo ad hoc unitur (anima) corpori ut sic operetur secundum naturam suam." São Tomás de Aquino, *Sum. theol.*, I, 89, 1, Resp.

CAPÍTULO X

O personalismo cristão

Não há noções mais familiares aos espíritos modernos do que as de individualidade e de personalidade. Pode-se até indagar se a necessidade de reagir contra os malefícios da produção em série não nos inclina às vezes a exagerar seu valor. Em todo caso, o fato é que, numa época em que o coletivo adquire um valor propriamente religioso, como se bastasse eliminar o individual para obter o divino, o individual e o pessoal reivindicam por sua vez um valor de sagrado e até se oferecem como os únicos fundamentos possíveis de toda religião[1]. Dir-se-ia que os homens são incapazes de formular uma antinomia sem adorar seus termos.

Não é absolutamente necessário que seja assim. Poder-se-ia talvez sonhar com uma filosofia que constatasse o coletivo onde ele existe, sem se acreditar obrigada a sacrificar a ele os indivíduos, nem a sacrificá-lo aos indivíduos. Mesmo então, a ênfase poderia ser posta num dos dois termos, e os juízos de valor efetuados pelo filósofo poderiam ser diferentes. Mas permaneceria aberto um terreno de entendimento, as conversações seriam possíveis e um progresso

---

1. Ch. Renouvier, *Le personnalisme*, Paris, F. Alcan, 1903 (sobre a relação entre o personalismo e a noção de criação, p. 16); *Les derniers entretiens*, Paris, J. Vrin, 1930 (sobre o personalismo como "religião leiga", p. 105).

filosófico poderia ser realizado. Foi o que aconteceu entre a especulação grega e a especulação medieval: por nunca terem negado a realidade do individual, os gregos possibilitaram o reconhecimento do valor eminente da pessoa pelo cristianismo. Não só eles não o impediram ou simplesmente retardaram, como trabalharam eficazmente para ele. Não se poderia negar, sem desprezar os fatos históricos mais evidentes, que os cínicos, os estóicos e os próprios epicurianos, como V. Brochard sabia recordar com tanta eloqüência, souberam conduzir o desenvolvimento da vida interior até um ponto de perfeição elevadíssimo. Os nomes de Epicteto e de Sêneca nos dispensarão de qualquer comentário, e é mais do que sabido que a Idade Média não se vedará considerá-los como precursores do cristianismo, às vezes até como santos. Logo não se pode duvidar que, também aqui, o agudo sentimento da verdade filosófica tenha precedido de longe o reconhecimento aberto e a justificativa técnica dessa verdade; a questão está apenas em saber se o cristianismo não apressou a maturação dessa verdade e, ao lhe dar plena consciência da sua necessidade absoluta, não a convidou ao esforço especulativo que lhe restava fazer para se justificar. Ora, nesse ponto preciso, restava muito a ser feito. Nem os epicurianos nem os estóicos haviam superado o plano moral para se elevarem a uma metafísica da pessoa, coisa que nada os impedia de tentar. Nem Platão nem Aristóteles, que eram os sustentáculos dos princípios metafísicos dessa justificativa, tinham uma idéia suficientemente elevada do valor do individual como tal para pensarem em tal justificação.

Numa doutrina como a de Platão, não é esse Sócrates que ele tanto celebrou que importa, mas o Homem. Sócrates só tem importância porque é uma participação excepcionalmente feliz, mas acidental, no ser de uma idéia. A idéia de Homem é eterna, imutável, necessária; como todos os outros indivíduos, Sócrates não é mais que um ser temporário e acidental; ele participa da irrealidade da sua matéria em que a permanência da Idéia se reflete e seu ser momentâneo escoa com o fluxo do devir. Sem dúvida, certos indivíduos são melhores do que outros, mas não é em virtude de uma característica única e inseparável da sua personalidade, mas apenas porque participam mais ou menos completamente de uma realidade comum, desse tipo ideal de humanidade que, um só e o mesmo para todos os homens, é o único verdadeiramente real.

No sistema de Aristóteles, a irrealidade e o caráter acidental do ser físico individual, quando comparado com a necessidade dos atos puros, são igualmente evidentes. Sem dúvida, o mundo de Aristóteles é bem diferente do de Platão, pois as Idéias, longe de constituírem a realidade tipo, vêem ser-lhes recusada toda subsistência própria. Portanto o universal está muito longe de não ser nada na filosofia de Aristóteles, mas nunca goza nela do privilégio da subsistência[2]: somente dos seres particulares pode-se dizer propriamente que existem. Assim, é correto dizer que a filosofia de Aristóteles dá muito mais ênfase à realidade dos indivíduos do que o faz a filosofia de Platão. No entanto, em ambas as filosofias, é o universal que importa. Embora as únicas substâncias reais que ele reconhece sejam os homens, isto é, a forma específica da humanidade individualizada pela matéria, Aristóteles considera a multiplicidade dos indivíduos apenas como o substituto da unidade da espécie. Na falta de uma Humanidade que não pode existir separadamente, a natureza se contenta com estes seus trocados que são os homens. Cada um de nós nasce, vive por um breve tempo e desaparece para sempre, sem deixar vestígios; mas que importância tem isso, se nascem novos homens, que viverão, morrerão e serão por sua vez substituídos por outros? Os indivíduos passam, a espécie perdura, de modo que, no fim das contas, o indivíduo que subsiste e passa

---

2. W. D. Ross, *Aristotle*, p. 169.

só existe para garantir a permanência do que não subsiste, mas não passa[3].

Podemos ver facilmente quanto essa fragilidade e essa depreciação do individual deviam chocar o sentimento cristão do valor permanente das pessoas humanas dirigindo-nos às mais antigas testemunhas da tradição. Elas abundam, e é por isso que darei preferência a um dos mais injustamente esquecidos, Atenágoras, cujo tratado *Da ressurreição dos mortos* é a primeira tentativa conhecida para justificar racionalmente a grande esperança cristã. Depois de mostrar que a ressurreição dos corpos humanos destruídos pela morte não é nem uma obra impossível para Deus nem indigna dele, o apologista se empenha em provar que há razões positivas para admitir que o fato se produzirá.

A primeira é tirada da causa final para a qual o homem foi criado. Deus nos fez ser para nos fazer participar de uma vida de sabedoria, que consiste na contemplação da sua perfeição e da beleza das suas obras. Como essa contemplação não poderia ser perfeita na terra, a causa do nascimento do homem é uma garantia da sua perpetuidade para nós, e sua perpetuidade é por sua vez, para nós, uma garantia da sua ressurreição, sem a qual ele não poderia subsistir. É esse o princípio fundamental sobre o qual repousa toda a doutrina e que veremos engendrar mais tarde uma conseqüência epistemológica importante: o primado da contemplação. Por enquanto, contentemo-nos com analisar suas implicações no que concerne à natureza do homem.

---

3. Aliás, é por isso que o individual como tal não poderia ser objeto de ciência. Sabe-se que, para Aristóteles, só há ciência do universal. Essa célebre fórmula deve ser entendida em seu sentido mais forte: *em si*, somente o universal é objeto de ciência. Mesmo quando os filósofos cristãos repetirem essa fórmula, darão a ela um sentido bem diferente. Quando são Tomás diz com Aristóteles que não há ciência do particular, ele não quer dizer, como Aristóteles entende, que *em si* o particular não é objeto de ciência, mas sim que não o é *para nós*. Em si, uma ciência do particular é perfeitamente possível, pois Deus a possui. Ver. J. Chevalier, *Trois conférences d'Oxford*, Paris, éditions Spes, 1928, pp. 22-7, onde esse ponto é fortemente desenvolvido.

O PERSONALISMO CRISTÃO 257

Se Deus houvesse criado almas, a finalidade destas seria a que acaba de ser definida, mas ele criou homens, de modo que na realidade não existe propriamente uma finalidade da alma, mas apenas uma finalidade do homem. Para que a finalidade do homem seja idêntica à da sua alma, o corpo humano tem de participar dela: "Se o pensamento e a razão foram dados aos homens para que possam conhecer as coisas que a razão apreende – e não só a substância destas, mas também a bondade, a sabedoria e a justiça Daquele que a deu a elas –, o poder de julgar que é inseparável do pensamento e da razão tem necessariamente de subsistir, permanecendo as mesmas as causas pelas quais o conhecimento racional lhes foi concedido. Ora, ele não poderá subsistir, se a natureza que o recebeu e na qual ele reside não subsistir. *Mas o que recebeu o pensamento e a razão foi o homem, e não a alma por si mesma.* Logo o homem, composto da alma e do corpo, tem necessariamente de subsistir, e não pode subsistir se não ressuscitar."[4]

Quando pesamos as expressões de Atenágoras, aparece plenamente a profundidade da influência exercida pela Boa Nova sobre o pensamento filosófico. Criado por Deus como uma individualidade distinta, conservado por um ato de criação continuada no ser que recebeu dele, o homem é doravante o protagonista de um drama que é o drama do seu próprio destino. Do mesmo modo que não dependia de nós existir, tampouco depende de nós não mais existir. O decreto divino nos condenou a ser; feitos pela criação, refeitos pela redenção – e a que preço! –, só temos escolha entre uma miséria e uma beatitude igualmente eternas. Nada mais resistente do que uma individualidade desse gênero, prevista, querida, eleita por Deus, indestrutível como o próprio decreto divino que a fez nascer; mas também nada mais alheio à filosofia de Platão, assim como à de Aristóteles. Aqui também, a partir do momento em que visava

---

4. Atenágoras, *De ressurrectione mortuorum*, cap. XV.

uma plena justificativa racional da sua esperança, o pensamento cristão se via fadado à originalidade.

Dois caminhos diferentes se ofereciam aos pensadores da Idade Média para garantir a subsistência do indivíduo. Deixando deliberadamente de lado a ordem cronológica, considerarei inicialmente a que pode parecer mais fácil e, para mostrar mais uma vez como a filosofia cristã prolonga a filosofia grega, superando-a, tomarei emprestado de um dos melhores intérpretes modernos de Aristóteles certas considerações que mostrarão que o problema da individualidade já era um problema de filosofia pura vários séculos antes de se tornar um problema cristão.

De acordo com os princípios de Aristóteles, um indivíduo é um ser concreto, feito de uma forma análoga em todos os indivíduos da mesma espécie e de uma matéria que a individualiza. Se considerarmos, por exemplo, o caso dos homens, nenhum deles poderia ser considerado diferente dos outros enquanto homem: todos são homens no mesmo grau e da mesma maneira. Numa palavra, precisamente por ser *específica*, a forma é da mesma natureza em todos os indivíduos de uma mesma espécie. O que não se dá com a matéria que os individualiza. Uma mesma quantidade de matéria só existe uma vez em si mesma e não poderia se repetir, porque é da natureza das partes da extensão existir umas fora das outras, ter *partes extra partes*, de modo que toda forma que se une a uma matéria torna-se distinta de toda forma unida a outra porção de matéria em razão da própria divisão da matéria à qual se une.

É aqui que começam as dificuldades, como já se observou com razão. Não se pode de maneira nenhuma considerar a matéria primeira como princípio de individuação, porque a matéria que não passa de matéria é pura potencialidade, indeterminação absoluta, de modo que a mesma forma específica, unindo-se ao que é por si completamente indeterminado, permaneceria tão indistinta após sua união com essa matéria quanto era antes. Dá-se então um recuo para outra posição e, a fim de evitar essa dificuldade, dir-se-á que a forma se individualiza unindo-se a uma matéria já qualificada, por exemplo, a certa matéria determinada pela extensão. Nada melhor, salvo que, nesse caso, a matéria só se torna princípio de individuação porque ela própria é tornada individuante por uma forma. Em outras palavras, se em última análise toda diferença é uma diferença formal, não se vê direito como a matéria poderia desempenhar o papel de princípio de individuação. Acrescentemos a isso que a dificuldade se torna tanto mais grave quanto mais rigorosamente conseqüente se mostra o aristotelismo com que lidamos. Se se admite a unidade da forma no composto, a matéria tem de dever à própria forma essa quantidade e essa impenetrabilidade que supostamente a individualizam. Em tal caso, e todos sabem que será o caso do tomismo, não estaríamos reduzidos a dizer que é a própria forma que se individualiza graças à quantidade com que reveste a matéria? Desvio custoso e deveras inútil, parece, que seria possível evitar com facilidade, confessando francamente que é na própria forma que se deve colocar o princípio de individuação[5].

---

5. "Se duas porções de carne e osso a que a forma se une são qualitativamente idênticas, elas não são capazes de produzir dois homens distinguíveis, como tampouco o seriam se fossem porções de matéria primeira. Elas já têm de se distinguir por seu caráter, isto é, por sua forma. Embora coincidam em sua forma específica, Sócrates e Calias devem diferir pela forma da sua matéria. Seguindo essa linha de pensamento, chegaríamos à noção de uma essência do indivíduo, que incluiria, além da forma específica, o gênero de características permanentes que resultam de diferenças na matéria de que são feitos os diferentes indivíduos. Levando-se em conta a correlação entre a forma e o fim no sistema de Aristóteles, concluiríamos então que o fim de cada indivíduo não é apenas alcançar a perfeição que caracteriza a espécie, mas realizá-la da maneira particular a que sua forma o destina. Há no entanto poucos indícios de que tenha sido esse o pensamento de Aristóteles." W. D. Ross, *Aristotle*, p. 170. Citamos essas observações de um historiador que não pensa em absoluto na filosofia medieval, porque elas mostram quais dificuldades internas do aristotelismo justificam a solução scotista do problema. De fato, o que W. D. Ross sugere aqui nada mais é

Haveria porém sérias dificuldades para isso na doutrina de Aristóteles, antes de mais nada no próprio espírito dela. Sua descrição de uma humanidade em que os indivíduos só se distinguem uns dos outros por diferenças acidentais se harmonizava plenamente com sua inabalável convicção de que os indivíduos só existem para a espécie e que, no fim das contas, os indivíduos como tais não contam. Há mais, entretanto: não se pode conseguir que eles contem, como indivíduos, sem arruinar a unidade da própria espécie. Se se introduzir uma diferença individual na forma de cada indivíduo, far-se-á dele uma espécie irredutível a qualquer outra. Sócrates será tão diferente de Cálias quanto Sócrates e Cálias o são atualmente de um animal ou de uma árvore. Numa palavra, para salvar a originalidade do indivíduo, ter-se-á destruído a unidade da espécie, sem se dar conta de que a primeira condição para ter homens é ter uma humanidade.

É tamanho o desejo, num pensador cristão, de garantir a subsistência e a originalidade do indivíduo, que Duns Scot não hesitou em correr esse risco. Para ele, cada forma humana, como forma precisamente, é marcada por uma característica individual que a distingue de todas as outras. Num texto isolado, o próprio Aristóteles parece ter dito algo do gênero. "As causas e os elementos dos diferentes indivíduos são diferentes: vossa matéria, forma e causa motriz, e as minhas", escrevia ele[6]. Parece claro que, exprimindo-se

---

que a saída pela qual Duns Scot tentou escapar do impasse. Se Aristóteles tivesse pensado naquilo que W. D. Ross diz com razão que não pensou – e veremos que não podia mesmo pensar –, teria chegado finalmente à *hecceitas* scotista.

6. Aristóteles, *Metafísica*, Λ 1071a, 27-29. Note-se que esse texto, citado por W. D. Ross em apoio à possível interpretação que sugere, sem aliás atribuí-lo a Aristóteles (W. D. Ross, *Aristotle*, p. 170, nota 3), já havia sido alegado por Duns Scot, em apoio à sua própria doutrina: *Opus Oxoniense*, ed. Garcia, Quaracchi, n. 277, t. II, p. 258. A concordância entre as conclusões da análise do prof. Ross e as de Duns Scot prossegue pois até o detalhe. Nem é preciso dizer que os representantes posteriores da Escola scotis-

assim, Aristóteles não alterava em nada os princípios da sua doutrina, porque, se minha forma é diferente da vossa, é provavelmente porque uma matéria diferente da vossa a individualiza. No entanto, isso já era o bastante para encorajar Duns Scot a seguir seu caminho e procurar na forma, enquanto forma, o princípio último da individualização[7].

---

ta mantiveram fielmente a posição do seu mestre. Ela é particularmente bem formulada no seguinte texto, que acompanha quase literalmente Duns Scot: "Quod non est secundum se distinctum, nec diversum, esse nequit prima ratio distinctionis vel diversitatis alterius; ergo materia, naturae fundamentum, non potest esse prima ratio propter quam individua primo inter sese distinguantur." H. de Montefortino, *J. D. Scoti Summa theologica*, Romae, 1901, t. III, p. 146. Aristóteles foi interpretado no mesmo sentido por O. Hamelin, *Le système d'Aristote*, Paris, Alcan, 1920, pp. 238-40, 401-7.

7. O único filósofo pré-scotista atualmente conhecido que ensinou expressamente a individuação da forma e pela forma é Tomás de York, num texto da sua *Sapientiale* ainda inédito, que se encontra citado por D. E. Sharp, *Franciscan philosophy at Oxford in the XIII century*, Oxford Univ. Press, 1930, p. 82. Se Duns Scot é citado aqui antes de são Tomás, embora seja posterior a este, não é apenas porque sua solução é mais simples que a de são Tomás, mas também porque é o ponto de chegada de um movimento mais antigo que Duns Scot e que o próprio são Tomás. Alberto Magno já havia formulado em termos claríssimos as dificuldades que a doutrina da individuação pela matéria implica: *Phys.*, VIII, tract. I, cap. XIII (esse texto é citado integralmente por A. Forest, *La structure métaphysique du concret...*, p. 106, n. 2). Para sair do embaraço, ele se contenta com atribuir a individualidade ao todo concreto, o que é evidente, mas não diz a que o concreto deve sua individuação. São Boaventura aceita uma solução análoga para o problema (É. Gilson, *La philosophie de saint Bonaventure*, p. 242). Ele admite que, se a substância concreta é que é o individual, é por sua matéria que ela se individualiza. Os dois admitem, em suma, que o indivíduo inteiro é o *hoc aliquid*: não é portanto nem sua forma à parte que é individual, nem sua matéria à parte, ele é *hoc* por sua matéria, *aliquid* por sua forma, e o que é *hoc aliquid* é a unidade do próprio indivíduo. Assim, como Alberto Magno, são Boaventura se recusa a admitir a individuação unicamente pela matéria: "Individuatio igitur in creaturis consurgit ex duplici principio." *In II Sent.*, lib. II, dist. 3, p. 1, art. 2, qu. 3, Resp., ed. Quaracchi, t. II, p. 110. A posição de John Peckham é análoga à de são Boaventura, que ele acompanha neste ponto. Pode-se ir mais longe e atribuir a são Boaventura a doutrina da individuação pela forma? Numerosos scotistas acreditaram que sim, e ainda acreditam, por exemplo, Bart. de Barberiis e Ferchi, citados por E. Longpré, *La philosophie du B. Duns Scot*,

Se a forma de um homem, diz Duns Scot, não é individual por si, como a matéria enquanto tal, não possui nenhuma das características da individualidade, não haverá indivíduos humanos. Ora, o caso é que há. Logo a própria forma do indivíduo tem necessariamente de ser o princípio da sua individuação. Claro, não se poderia de modo algum multiplicar inutilmente a quantidade das formas de um indivíduo dado, porque não se poderia fazê-lo sem arruinar sua unidade[8]; mas não é necessário acrescentar uma forma

---

Paris, 1924, p. 266, nota 10. O próprio p^e E. Longpré faz sua a opinião deles. No entanto, o texto de são Boaventura alegado pelo p^e E. Longpré (p. 266) está longe de ser decisivo. Em primeiro lugar, são Boaventura não fala de uma "additio seu *differentia* contrahens", o que seria de fato impressionante; ele diz apenas: "individuatio per additionem sive *appositionem* contrahentem" (*In I Sent.*, XXV, 1, ed. Quaracchi, t. I, p. 440). Ora, essa adição ou aposição que contrai a forma da espécie nos limites do indivíduo é uma propriedade da forma enquanto tal e, como dirá Duns Scot, uma "ultima realitas formae"? Ou se deve justamente à união da forma com a matéria, que constitui o *hoc aliquid*? Para lhe atribuir a doutrina scotista sobre esse ponto, seria necessário um texto preciso afirmando que a *additio* em questão pertence à forma como tal, e não em virtude da sua união com a matéria. O texto talvez exista, mas nunca o encontrei. Enquanto não é citado, parece-me prudente nos atermos ao princípio claro de são Boaventura: "Individuatio igitur in creaturis consurgit ex duplici principio." E se Barth. de Barberiis acha que são Boaventura se contradiz sobre esse ponto, é talvez porque ele queira encontrar de qualquer maneira em seus textos uma doutrina scotista que lá não está. Evidentemente, são Boaventura se contradiria se sustentasse ora que a individuação tem dois princípios, ora que só tem um. Mas ele diz nitidamente que ela tem dois e, até agora, não se encontrou texto em que ele diga claramente que ela só tem um, *ergo...* O que é verdade é que sua doutrina deixa aberta uma porta pela qual a de Duns Scot poderá se introduzir e que há uma acentuada relutância em admitir a individuação unicamente pela matéria nos filósofos anteriores a são Tomás de Aquino.

8. Poder-se-ia crer que Duns Scot admite a presença de duas formas substanciais no homem: a alma racional e o que ele chama de "forma de corporeidade" (sobre os argumentos a favor dessa tese, ver os textos reunidos em H. de Montefortino, op. cit., pp. 504-10). Mas a expressão é tomada de empréstimo a Avicena, para quem não é seguro que ela implique a pluralidade das formas: é a própria alma racional que é a forma da corporeidade. Duns Scot talvez não queira dizer nada mais que isso.

a cada forma para individuá-lo. Ninguém duvida que, de certo ponto de vista, Deus é um indivíduo, e no entanto não se poderia atribuir sua individualidade nem à matéria nem a uma forma suplementar que viria individuá-lo. Os Anjos são indivíduos, e no entanto são imateriais e simples em sua forma. Por que não seria assim também no que concerne ao homem? Basta admitir que, considerada em si e em sua realidade profunda, a alma é individual e causa de individualidade. Por si e pelo que a define, ela não é apenas *uma* alma, mas *esta* alma, e é sua individualidade essencial que torna individual, com a matéria do seu corpo, o homem inteiro[9].

A solução scotista do problema apresentava vantagens evidentes. Era uma solução econômica, no sentido de que era facilmente compreensível e transformava o homem grego em homem cristão, com o mínimo estrito de hipóteses suplementares. No entanto, qualquer que fosse a habilidade de um filósofo medieval para encontrar confirmações das suas idéias nos textos de Aristóteles, era difícil achar muitas para apoiar na autoridade dele uma doutrina como essa. Além disso, sensível à dificuldade de manter em sua doutrina a unidade da espécie humana, era a própria noção de unidade que Duns Scot devia modificar profundamente

---

9. "Quod hoc ista realitas individui est similis realitati specificae, quod est actus determinans illam realitatem speciei quasi possibilem et potentialem. Sed quoad hoc dissimilis, quia ista nunquam sumitur a forma addita, sed praecise ab ultima realitate formae." Duns Scot, *Opus Oxoniense*, lib. II, dist. 3, qu. 5 e 6, ed. Garcia, Quaracchi, 1914, t. II, p. 267, n. 287. Ver os textos reunidos em H. de Montefortino, op. cit., t. III, 1, pp. 145-50. Sobre a diferença entre a concepção scotista e a concepção tomista da individualidade das Inteligências separadas, op. cit., pp. 150-7. É evidente que, numa doutrina em que a forma é individual como forma, uma Inteligência pura pode ser um indivíduo e pode haver vários indivíduos desse gênero numa mesma espécie. Segundo são Tomás, ao contrário, para quem a individuação se faz pela matéria, toda substância separada, logo imaterial, constitui por si só uma espécie. Afastamos intencionalmente as controvérsias cristológicas latentes sob o problema, que não deixaram de exercer uma influência sensível sobre a sua história.

para conciliar a de espécie com a de indivíduo[10]. Nesse sentido, o scotismo encontra *a posteriori* tantas complicações quantas evita, e foi talvez o pressentimento dessas dificuldades latentes que levou são Tomás a desviar desse caminho, por mais tentador que fosse aparentemente.

À primeira vista, nada distingue a resposta tomista da resposta aristotélica ao problema colocado. Os princípios de ambas são os mesmos e suas conclusões se formulam em termos idênticos. A distinção formal é a que faz uma espécie se distinguir de outra espécie; a distinção material é a que faz um indivíduo se distinguir de outro indivíduo. Ora, como a matéria é inferior à forma, do mesmo modo que a potência é inferior ao ato, a distinção material tem necessariamente de existir em função da distinção formal, o que equivale a dizer que os indivíduos existem em função da espécie. Quando a espécie pode se realizar num só indivíduo, como é o caso das Inteligências puras, não há por que fragmentá-la numa pluralidade de indivíduos numericamente distintos. É por isso que, no sistema tomista, todo anjo é, por si mesmo, uma espécie completa. Quando a forma específica não pode subsistir por si mesma em sua plenitude, como é o caso do homem, ela dura e se perpetua pela geração e pela corrupção de uma série de indivíduos numericamente distintos que a matéria individualiza[11]. É impossível, ao que parece, imaginar acordo mais completo entre duas filosofias, ou melhor, talvez se devesse dizer que elas são uma só e que há apenas uma distinção numérica entre a de Aristóteles e a de são Tomás de Aquino. Por outro lado, por pouco que lembremos o caráter original da an-

---

10. Sobre esse aspecto do pensamento scotista, ver sobretudo J. Kraus, *Die Lehre des Johannes Duns Scotus von der Natura Communis*, Friburgo, Suíça, Schweiz, 1927. Sobre a fonte principal da doutrina, ver É. Gilson, *Avicenne et le point de départ de Duns Scot*, em *Archives d'hist. doctr. et litt. du Moyen Âge*, t. II, 1927, pp. 89-149.

11. São Tomás de Aquino, *Sum. theol.*, I, 47, 2.

tropologia tomista, é difícil acreditar que a substancialidade da alma, tão fortemente acentuada nessa doutrina, não tem nenhuma repercussão sobre o problema da individualidade. O que é afinal um indivíduo, de acordo com são Tomás de Aquino?

Um indivíduo é um ser dividido de todos os outros seres e, por sua vez, não divisível em outros seres. Portanto ele é bem diferente, sob esse aspecto, de uma espécie, porque, se é verdade que a espécie é formalmente distinta de qualquer outra espécie, ela pode porém ser dividida numa pluralidade de indivíduos distintos sem perder sua natureza. A humanidade existe em cada homem, e é inclusive porque há homens que a espécie humana existe. Um homem, ao contrário, é distinto de todo outro homem e não se poderia dividi-lo em vários sem o destruir; é por isso que o chamamos de "indivíduo".

Aproximando essa definição da nossa análise metafísica do ser humano, vamos ver que, a despeito de uma aparente contradição, elas se confirmam mutuamente. Porque é verdade dizer ao mesmo tempo que o homem não é uma substância simples e que, apesar disso, é indivisível. Não é a alma que é o homem, nem o corpo, mas o composto dos dois. Ora, esse composto, pelo próprio fato de a matéria, que é sua parte substancial, ser incomunicável a título de extensão, é por definição um exemplar único, logo original e irredutível a qualquer outro. O que pode nos incomodar em tal concepção do individual é a idéia de que o que faz com que cada um de nós seja si mesmo, o que dá à nossa personalidade esse caráter próprio que nos compraz reconhecer e que julgamos tão precioso, não se deve ao elemento espiritual da nossa natureza, mas ao fato acidental de que a porção de matéria de que nosso corpo é feito não é a mesma de que é feito o corpo do nosso vizinho. Isso não parece nem humano nem cristão. Nada mais justo, mas não é tampouco disso que se trata. A reflexão filosófica dos pensadores medievais levou a análise dos problemas muito mais longe do que levamos comumente hoje em dia. O que a doutrina tomista da individuação tem por objeto explicar é a individuação mesma, e nada mais. Do fato de que não haveria indivíduos se não houvesse corpos humanos não resulta, em absoluto, que é o corpo que confere ao indivíduo sua dignidade, nem mesmo que define a sua originalidade. Lembremo-nos de que não há substância concreta sem matéria, mas que a substancialidade do composto humano é aquela que a forma comunica à sua matéria, e a questão logo aparecerá sob uma luz inteiramente nova.

De fato, a partir desse ponto fica claro que mesmo examinando os dados aristotélicos do problema, não se é obrigado a resolvê-lo exatamente como Aristóteles. Com efeito, qual é o princípio? É que a forma do homem não pode subsistir como sujeito individual; mas a qualidade da substância pertence mesmo assim ao sujeito individual, em virtude da sua forma, porque é ela que dá à matéria seu ser atual e possibilita assim que o indivíduo subsista[12]. Daí resulta que

---

12. "Individuum compositum ex materia et forma habet quod substet accidenti ex proprietate materiae. Unde et Boetius dicit in lib. *De Trinitate*, cap. II: *forma simplex subjectum esse non potest*. Sed quod per se subsistat [*scil*. Individuum] habet ex proprietate suae formae, quae non advenit rei subsistenti, sed dat esse actuale materiae, ut sic individuum subsistere possit." São Tomás de Aquino, *Sum. theol.*, I, 29, 2, ad 5. "Anima illud esse in quo subsistit communicat materiae corporali, ex qua et anima intellectiva fit unum, ita quod illud esse quod est totius compositi, est etiam ipsius animae; quod non accidit in aliis formis, quae non sunt subsistentes." *Sum. theol.*, I, 76, 1, ad 5. Essa declaração, cuja importância é capital, não foi esquecida pelos representantes posteriores da escola tomista; eles mantiveram, contra a escola agostiniana, *quod esse animae communicatur corpori*: "Quaestione I quaerit [Thomas] utrum anima possit esse forma et hoc aliquid; et in responsione principali dicit quod idem esse animae communicatur corpori ut sit unum esse totius speciei. Et in I° super Sententias, distinctione 8, quaerens utrum anima sit simplex, dicit hoc idem planius in solutione 3 argumenti, scilicet quod unum esse quod est animae per se fit conjuncti et non est ibi esse nisi ipsius formae", P. Glorieux, *Le "correctorium corruptorii quare"*, Bibliothèque thomiste, IX, Paris, J, Vrin, 1927, p. 361. Mesma doutri-

o ser da matéria e o ser do composto não são mais que o próprio ser da sua forma, mas também, inversamente, que o ser da forma é o ser do composto inteiro. Nada mais natural, pois é ela que lhe dá o ser, e é até por isso que eu dizia na última lição que é absurdo imaginar que a destruição do corpo pode acarretar a destruição da alma, porque é a alma que dá ser ao corpo, e não o corpo à alma[13]. Portanto é preciso manter estritamente o princípio da não-individualidade da alma enquanto tal, porque é um absurdo duas formas desse gênero que fossem numericamente distintas enquanto formas; elas não o são nem mesmo enquanto capazes de se unir a corpos diferentes, porque a dificuldade metafísica seria a mesma. Mas é preciso ver ao mesmo tempo toda a verdade contida no princípio de Aristóteles, que ele próprio não soube explicitar, porque não tinha a preocupação cristã de fundar no espírito a unidade do indivíduo.

Essa verdade somente aparece com plena clareza quando se distingue, à luz das análises precedentes, a noção de individualidade da de individuação. O princípio de individuação é a matéria; é ela portanto que causa a individualidade. Mas não é em sua matéria que a individualidade do indivíduo consiste; ao contrário, ele só é individual – isto é, indiviso em si e dividido do resto – porque é uma substância concreta considerada como um todo. Nesse sentido, a matéria individuante só o é em virtude da sua integração ao ser da substância total, e, como o ser da substância é o ser da sua forma, a individualidade tem necessariamente de ser uma propriedade da forma tanto quanto da matéria.

---

na, com outra terminologia em são Boaventura: "Individuum enim habet esse, habet etiam *existere*. Existere dat materia formae, sed *essendi actum* dat forma materiae", *In II Sent.*, dist. III, p. 1, art. 2, qu. 3, Resp., ed. Quaracchi, t. II, p. 110.

13. Ver acima, p. 252. Cf. P. Glorieux, op. cit., p. 126: "*Quod enim dicunt...*"

Ela até pertence muito mais a essa do que à matéria, pois, como a matéria, a forma participa da individualidade da substância e, além disso, nessa substância é ela, e não a matéria, que é a fonte da substancialidade. Para exprimir de um modo diferente a mesma idéia, poderíamos dizer que é a matéria que individualiza a forma, mas que, estando individualizada, é a forma que é individual. Numa palavra, a alma é uma forma individual, embora não o seja enquanto forma[14], e é a subsistência dessa forma individual que, conferindo à matéria sua existência, permite que o indivíduo subsista[15]. Em que consiste, de resto, essa individualidade da

---

14. "Unde sicut diversitatem in genere vel specie facit diversitas materiae vel formae absolute, ita diversatem in numero facit haec forma et haec materia; nulla autem forma, in quantum hujusmodi est *haec* ex seipsa [note-se a recusa antecipada da *hecceidade* scotista]. Dico autem in quantum hujusmodi propter animam rationalem, quae quodammodo ex seipsa est hoc aliquid, sed non in quantum forma." São Tomás de Aquino, *In Boet. De Trinitate*, qu. 4, art. 2, Resp. Esse texto notável nos lembra que o caso da alma racional é um caso único. Como diz são Tomás no texto citado mais acima (nota 12, segundo texto), somente as almas dotadas de intelecto subsistem, e é por isso que são as únicas de que se pode dizer que o ser delas é o ser do composto inteiro. Não é o caso das almas de animais. Portanto é como por efeito da sua própria subsistência que as almas humanas possuem uma individualidade. Aliás, é correto dizer que elas não a possuem a título de formas, mas como subsistentes e formas *dessa* substância que, sem uma matéria, não existiria.

15. Pode-se compreender com maior clareza esse ponto comparando ao problema da individuação o da diversificação dos seres. É um princípio comum a Aristóteles e a são Tomás o de que a matéria existe sempre para a forma, e não a forma para a matéria. Logo, é impossível imaginar que a diversidade das formas se deve à necessidade de adaptá-las à diversidade das matérias. O contrário é que é verdadeiro: são necessárias matérias diversas para permitir que formas diversas constituam com elas sujeitos concretos. Quando aplicado sistematicamente, como faz são Tomás, esse princípio se torna uma peça essencial na armação metafísica do universo. Ao contrário de Aristóteles, são Tomás conjuga-o com a idéia de criação. Resulta daí que o Deus cristão cria as formas por elas mesmas e só cria as matérias diversas na medida em que são requeridas pela diversidade própria das formas: "Causa autem diversitatis rerum non est ex materia nisi secundum quod materia ad rerum productionem praeexigitur, ut scilicet secundum diversitatem materiae diversae inducantur formae. Non igitur causa diversitatis in rebus a

alma é algo que só se pode compreender plenamente elevando-se do plano da individualidade ao da personalidade. Toda pessoa humana é antes de mais nada um indivíduo[16], mas é muito mais que um indivíduo, porque só se fala de uma pessoa, assim como de um personagem, no caso em que a substância individual que se considera possua certa dignidade[17]. Os animais são indivíduos, mas não

---

Deo productis est materia. Adhuc, secundum quod res habent esse, ita habent pluralitatem et unitatem, nam unumquodque secundum quod est ens, est etiam unum; sed non habent esse formae propter materiam, sed magis materiae propter formas, nam actus melior est potentia; id autem propter quod aliquid est, oportet melius esse. *Neque igitur formae ideo sunt diversae, ut competant materiis diversis, sed materiae ideo sunt diversae, ut competant diversis formis*." São Tomás de Aquino, *Compendium theologiae*, Pars I, cap. LXXI. Esse princípio permite compreender como a matéria pode ser o princípio de individuação na doutrina tomista, sem que a individualidade se veja submetida com isso à matéria. Porque o indivíduo supõe uma matéria, mas, como a matéria só existe em função da diversidade das formas, é em definitivo por causa da sua forma que a substância concreta é dotada de individualidade. A. Forest observa sobre esse ponto, com toda razão, que o equívoco está em que não se coloca o problema da individuação no plano metafísico em que ele se situa verdadeiramente. O que o tomismo quer dizer é que a matéria é *princípio*, e nada mais. De onde vêm então as diferenças individuais e originais de cada ser concreto? Elas são *possibilitadas* por sua matéria, elas *procedem* da sua forma, à qual cabe dar o ato (*La structure métaphysique du concret*, pp. 255-6).

16. Por uma dessas etimologias do gênero trocadilho, tão freqüente na Idade Média, costumava-se ler *persona* como *per se una*. Ver são Boaventura, *In I Sent.*, dist. 23, art. 1, qu. 1, Resp. Os editores de Quaracchi (s. Bonaventurae, *Opera omnia*, t. I, p. 405, nota 9) também remetem a Alberto Magno, *Sum. theol.*, pars I, tr. 10, qu. 44, memb. 1, que atribui a etimologia a Isidoro de Sevilha e, em outro texto, refere-se a Simão de Tournai.

17. "Persona de sui ratione dicit suppositum distinctum proprietate ad dignitatem pertinente." São Boaventura, ibid. Esse teólogo parece ter sido particularmente feliz em sua análise da noção de pessoa, e é certamente um dos dois ou três melhores intérpretes do personalismo cristão. Sua posição sobre esse ponto é perfeitamente clara. Para ele, a idéia de pessoa implica a de indivíduo, além da idéia de uma certa dignidade do indivíduo. A individuação vem da união da matéria e da forma deste (e não, como anotado pouco acima, apenas da matéria); quanto à sua dignidade, ela lhe pertence principalmente em razão da sua forma: "Personalis autem discretio dicit singularitatem et dignitatem. In quantum dicit singu-

são pessoas. É preciso ir mais longe: é sempre em razão da sua dignidade mais eminente que um ser qualquer é uma pessoa[18], e encontramos um sinal disso no fato de que, quando queremos reverenciar alguém, sempre o cumprimentamos com o título da sua dignidade mais elevada, deixando de lado as outras, como se não contassem. Ora, se procurarmos saber qual a dignidade mais elevada do homem, logo descobriremos que é a razão, tanto assim que a pessoa humana deve ser definida como "a substância individual de um ser racional"[19]. A definição é de Boécio. Poucos são os filósofos da Idade Média que não a tenham achado satisfatória, porque ela convinha à realidade que se tratava de definir, e somente a esta, mas é importante precisar seu sentido e considerar suas conseqüências[20].

---

laritatem, hoc dicit ex conjunctione principiorum, ex quibus resultat ipsum quod est. Sed dignitatem dicit principaliter ratione formae; et sic patet unde sit personalis discretio originaliter, in creaturis loquendo, sive in hominibus, sive in Angelis." São Boaventura, *In II Sent.*, 3, 1, 2, 3, ed. Quaracchi, t. II, p. 110. Mesma doutrina pouco adiante: "Quod objicitur, quod individuatio est a materia; dicendum, quod per illas auctoritates non datur intelligi, quod materia sit principium individuationis, nisi sicut causa *sine qua non*, non autem sicut tota causa. Nec tamen ita potest attribui materiae personalis discretio, sicut individuatio, propter hoc quod dicit dignitatem, quae principalis respicit formam." Ibid., ad 4-6, p. 110. Em outras palavras, a matéria é apenas a causa *sine qua non* da individuação; ela não é nem sequer a causa *sine qua non* da personalidade, que é uma qualidade da forma como tal.

18. São Boaventura, *In III Sent.*, dist. 6, art. 2, qu. 2, ad 4, Quaracchi, t. III, p. 159.

19. "Persona est rationalis naturae individua substantia." Boécio, *De duabus naturis*, cap. III, cit. por são Boaventura, *In I Sent.*, dist. 5, art. 2, qu. 1, Resp., e por são Tomás de Aquino, *Sum. theol.*, I, 29, 1, ad 1.

20. Ricardo de São Vítor propôs entretanto modificá-la do seguinte modo: "Persona est intellectualis naturae incommunicabilis existential." *De Trinitate*, lib. IV, cap. XXII. Duns Scot, naturalmente, é favorável a essa modificação. Para ele, como a alma é individual como forma, inclusive a alma separada é uma pessoa, o que não é no sistema de são Tomás (cf. H. de Montefortino, *J. D. Scoti Summa theologica*, t. I, 2, p. 62). É por isso que essa definição lhe parece preferível, e também porque o nome de pessoa convém propriamente a Deus, ao passo que o nome de indivíduo não.

A distinção entre o universal e o particular é comum a todos os gêneros de seres. Em certo sentido, ela se aplicaria tanto aos acidentes como às substâncias; no entanto, como os acidentes não são particulares a não ser por pertencerem a uma substância particular, deve-se dizer que as substâncias é que são os verdadeiros seres particulares, no sentido pleno da palavra[21]. Consideradas em sua subsistência concreta, as substâncias são indivíduos, portanto; mas há indivíduos que se distinguem dos outros por uma propriedade notável, a de ser fontes autônomas de ações espontâneas. Os corpos naturais inorgânicos suportam passivamente as leis da natureza, cujas energias os atravessam e os movem sem que tenham nem de cooperar nem de reagir. As plantas e os animais já estão postos num plano mais elevado, principalmente os últimos, porque reagem às excitações exteriores, mas a natureza das suas reações é determinada pela das ações que sofrem, de sorte que também deles se pode dizer que sofrem muito mais ação do que agem. O caso do homem é bem diferente. Dotado de razão, capaz de apreender uma multiplicidade de objetos diferentes, as possibilidades de escolha que se oferecem a ele não estão à disposição dos outros seres. Como veremos mais amplamente em seguida, sua racionalidade é o princípio mesmo de sua liberdade. O homem se distingue portanto dos indivíduos de qualquer outra espécie pelo fato de ser senhor dos seus atos; ao contrário dos que sofrem as ações das forças naturais, ele age. Para designar a individualidade própria de um ser livre, diz-se que é uma pessoa[22]. Assim, a essência da personalidade se confunde com a da liberdade. Por outro lado, a liberdade está relacionada com a racionalidade e, como

---

21. É por isso que são Tomás lhes reserva um nome especial, o de "substâncias primeiras" ou "hipóstases", que se traduz freqüentemente por "hipóstase".

22. São Tomás, *Sum. theol.*, I, 29, 1, Resp.

é sua racionalidade mesma que funda a subsistência da alma e a subsistência do homem, deve-se dizer que, em nós, o princípio da individualidade e o princípio da personalidade se confundem. A atualidade da alma racional, comunicando-se ao corpo, determina a existência de um indivíduo que é uma pessoa, de modo que a alma individual possui a personalidade como por definição.

Com tal noção, somos levados muito além do pensamento grego, trate-se do de Platão ou do de Aristóteles. Porque, se a alma humana é substância e princípio de substancialidade, é porque ela é um intelecto, isto é, um ser imaterial por definição e, por conseguinte, incorruptível. Assim sendo, são Tomás pode perfeitamente fazer seu, e o fez sem se cansar, o famoso princípio aristotélico que diz que o indivíduo só existe para a espécie; entretanto, por uma inversão desde então inevitável, as conseqüências que atuavam em prol da espécie no sistema de Aristóteles vão atuar em prol do indivíduo no sistema do filósofo cristão. Aquilo a que tende a intenção da natureza é muito menos a espécie do que o incorruptível. Se é às vezes o bem da espécie que ela visa, muito mais que o dos indivíduos, isso só ocorre no caso em que sendo os indivíduos corruptíveis, somente permanece a espécie. Mas, quando se trata de substâncias incorruptíveis, não é somente sua espécie que permanece, mas os indivíduos também. É por isso que, em semelhante caso, os próprios indivíduos entram na intenção principal da natureza: *etiam ipsa individua sunt de principali intentione naturae*. Ora, a alma é que é a parte incorruptível do homem, logo devemos dizer que a multiplicação dos indivíduos humanos é uma intenção primeira da natureza, ou melhor, do Autor da natureza, que é o único criador das almas humanas: Deus[23].

Assim, fundado doravante na substancialidade do intelecto e na imortalidade que ela acarreta, o ser individual

---

23. São Tomás, *Sum. theol.*, I, 98, 1, Resp.

do cristão adquire a dignidade de um ser permanente, indestrutível, distinto de qualquer outro em sua permanência mesma e fonte original de uma atividade racional cujo exercício decidirá do destino futuro desse ser responsável. Não devemos dissimular que estamos aqui na fonte de toda a vida do espírito em seu duplo exercício, teórico e prático, pois é como racional, logo como pessoa, que o indivíduo pode discernir o verdadeiro do falso, isto é, ter uma ciência, e discernir o bem do mal, isto é, ter uma moral[24]. Toda a vida interior do homem cristão se reduz portanto à constituição progressiva, ao retoque incessante e ao aperfeiçoamento incansável dessa personalidade, que só alcançará sua plenitude na vida futura. Porque é verdadeiro dizer que a pessoa se acha posta na existência pelo simples fato de que um intelecto, princípio de determinações livres, é unido a uma matéria para constituir uma substância racional. O próprio Kant, com todo o personalismo que se inspira em sua doutrina, será um herdeiro da tradição cristã, quando vir na pessoa a identidade de uma substância pensante, que permanece a mesma sob todos os atos que ela exerce[25] e que sua unidade mesma predestina à imortalidade[26]. Mas cumpre acrescentar que, posta em seus princípios, essa pessoa ainda está longe do seu acabamento completo. À primeira vista, a filosofia medieval fez poucos esforços no sentido de vincular à noção de pessoa o desenvolvimento completo da vida interior, e é isso que mostra que seus princípios ainda têm uma fecundidade inesgotável. São Tomás exalta a personalidade para além de qualquer outra realidade ob-

---

24. São Boaventura, *In I Sent.*, dist. 25, art. 1, ad 2.
25. Kant, *Kritik der reinen Vernunft*, Elementarl., II Th., II Abtheil., II Buch., I Haupst. Não se trata naturalmente da concordância da filosofia de Kant com a filosofia de são Boaventura ou de são Tomás, mas da persistência da influência cristã através das filosofias não-cristãs.
26. Kant, op. cit., Dritter Paralogismus der Personalität. Sabe-se que o que é paralogismo do ponto de vista da razão pura volta a ser verdade do ponto de vista da razão prática.

servável na natureza. A seus olhos, nada é superior em dignidade à essência desses seres que ele define como indivíduos racionais: *singularia rationalis naturae*. Como poderia ser de outro modo, se, com todos os teólogos de língua latina, são Tomás estende essa noção a Deus mesmo, ao elaborar sua doutrina das pessoas divinas? De fato, quase tudo o que sabemos da filosofia da pessoa se encontra, no caso dos pensadores da Idade Média, nas questões que eles consagram à teologia da Trindade. É no *De duabus naturis* de Boécio, isto é, num tratado sobre as duas naturezas de Cristo, que se encontra a definição da pessoa em que toda a Idade Média se inspirará e que pesará tanto sobre o desenvolvimento da moral moderna[27]. É para saber se têm o direito de aplicá-la a Deus que são Boaventura e são Tomás escrutam e aprofundam o sentido da definição de Boécio. Enfim, para voltarmos mais uma vez ao princípio, como a personalidade não seria a marca própria do ser em seu mais elevado ponto de perfeição numa filosofia como a filosofia cristã, em que tudo depende do ato criador de um Deus pessoal? Porque tudo foi feito pelo Verbo, e o Verbo existe com Deus, e o Verbo é Deus, isto é, justamente esse ser que se põe como pessoal pelo simples fato de se pôr como o Ser: "Ecce personalis distinctio: Exodi tertio, *ego sum, qui sum*."[28] É à metafísica do Êxodo portanto que o personalismo cristão se prende, como todo o resto. Somos pessoas porque somos obras de uma Pessoa; participamos da personalidade divina, como participamos da sua perfeição, sendo bens; da sua onipotência criadora, sendo causas; da sua providência, sendo nós mesmos previsões; e, numa palavra, como participamos do seu Ser, sendo nós mesmos Seres. Ser uma pessoa é participar de uma

---

27. Sobre essa influência persistente da filosofia cristã sobre a história da filosofia moderna, ver as páginas sempre verdadeiras de H. Ritter, *Histoire de la philosophie chrétienne*, t. I, pp. 20-2.

28. São Boaventura, *Com. In Joan.*, VIII, 38, ed. Quaracchi, t. VI, p. 361.

das dignidades mais elevadas do ser divino. Depois, ao que parece, está acabado. Não há uma palavra em toda a moral sobre essa noção que eles mesmos nos dizem exprimir a dignidade suprema do homem e, por conseguinte, de toda a natureza. Como explicar que, no momento mesmo de uma descoberta dessa importância, o pensamento cristão parece estancar subitamente e renuncia a explorar seu sucesso?

É tão-só uma aparência. É verdade que a noção de pessoa parece não representar nenhum papel na moral medieval, mas só se pode crê-la ausente se se esquecer a própria definição que os pensadores cristãos deram: um indivíduo de natureza racional. Se, como mostraremos mais adiante, a moral cristã exige do homem que viva uma vida perfeitamente racional, não há uma palavra que ela diga da moral que não diga diretamente respeito à história da personalidade. É a pessoa, como razão prática, cuja atividade tece a trama da vida humana, é ela que, nua em sua essência, se enriquece sem cessar com novas ciências, hábitos morais que são virtudes, hábitos práticos que são artes e, construindo-se de certo modo a si mesma, gera essas obras-primas humanas que são o sábio, o herói, o artista e o santo. Obras-primas duradouras, imperecíveis como a pessoa que elas constituem, esculpidas na substância de uma alma imortal destinada a reencontrar seu corpo na imortalidade. De todas as coisas admiráveis da natureza, diz o poeta grego, não conheço nenhuma tão admirável quanto o homem. A partir do cristianismo, não é mais somente o homem, é a pessoa humana que se deve dizer: *persona significat id quod est perfectissimum in tota natura*[29]. Para acompanhar o desenvolvimento desse ser eminente, convém doravante estudar as condições da sua atividade teórica e prática, a aquisição dos seus conhecimentos e o exercício da sua moralidade.

---

29. São Tomás de Aquino, *Sum. theol.*, I, 29, 3, Resp.

No momento de concluir esta primeira série de lições, sinto mais vivamente que nunca quanto elas são inadequadas para a grandeza do tema e, para ser direto, esquemáticas. No entanto, creio que posso apelar a esse esquematismo, que quero ser o primeiro a acusar, para me escusar. O que quis fazer, na medida das minhas forças, foi pôr em evidência um pequeno número de noções filosóficas cuja origem, no estado atual dos nossos conhecimentos, parece religiosa e, mais particularmente, judaico-cristã. Se o essencial da tese que sustento for verdadeiro, é possível distinguir provisoriamente o estudo dos empréstimos feitos pela filosofia cristã à filosofia grega, com a certeza de que todo elemento de origem helênica ou outra acolhido na síntese cristã só entrou nesta sofrendo uma assimilação e, por conseguinte, uma transformação.

Colocar o problema nesses termos é mostrar imediatamente que não pretendemos fazer da filosofia cristã uma espécie de criação *ex nihilo*, sem vínculos profundos com o passado. Nunca se terminará de enumerar e classificar suas fontes gregas, isto é, precisamente tudo o que o cristianismo teve de tomar emprestado antes de assimilar. Mais ainda, podemos legitimamente nos indagar se teria havido uma filosofia cristã se a filosofia grega não houvesse existido. Nada impede de imaginar um cristianismo reduzido ao conteúdo da Bíblia e dos Evangelhos, por pouco especulativo que o judaísmo tenha se mantido, e cuja essência religiosa seria estritamente idêntica à que ele conservou em nossos dias. A filosofia, inclusive a filosofia cristã, nunca foi, não é e nunca será um elemento necessário de uma doutrina da salvação. Longe portanto de negar que o pensamento cristão deva muito ao pensamento grego, é justo dizer que nele é a filosofia grega, isto é, a filosofia pura e simples, que continua. A única questão era saber se essa filosofia não mudou de aspecto, se seu desenvolvimento não recebeu um novo impulso, pelo fato de continuar então em regime cristão. É precisamente a essa questão que a noção de filosofia cristã me parece dar uma resposta, estando entendido que, se é à Escritura que devemos o fato de ter uma filosofia que seja cristã, é à tradição grega que o cristianismo deve o fato de ter uma filosofia. Não há metafísica do Ser puro sem a revelação bíblica, mas também sem a filosofia grega não há metafísica oriunda dessa revelação.

Se assim é, dizer que o espírito da filosofia medieval, no que ela teve de construtivo e de criador, nada mais é que o espírito mesmo da filosofia cristã é, ao mesmo tempo, afirmar que a Idade Média foi uma época de progresso filosófico e que esse progresso repousava na continuidade de uma tradição. Pôr a ênfase, como procurei fazer o tempo todo, em seus elementos cristãos e na originalidade que ela deve a eles, é procurar assinalar o que a distingue; não é de forma alguma esquecer, mas ao contrário pressupor, de uma maneira constante, todos os elementos que ela conserva e as características que fazem dela uma verdadeira filosofia. Numa palavra, do mesmo modo que a filosofia cristã não é o todo da filosofia medieval, tampouco a influência das Escrituras é o todo da filosofia cristã; ela nem mesmo esgota sua essência, mas assinala a sua diferença específica e ressalta seu espírito. Nesse sentido, a discussão histórica da noção de filosofia cristã é indispensável para a interpretação da filosofia medieval e para uma saudável apreciação histórica de toda a Idade Média. De resto, neste ponto central da nossa pesquisa, qualquer conclusão só pode ser provisória. Soube a Idade Média completar a metafísica e a antropologia com uma noética e uma moral cristãs? Eis o problema que precisamos discutir antes de concluir e cujo exame será objeto da segunda série destas lições.

CAPÍTULO XI

O conhecimento de si e o socratismo cristão

Que tolo projeto o de Montaigne, fazer o próprio retrato![1] De fato, as incertezas de Montaigne, as misérias de Montaigne não interessam muito a Pascal enquanto são de Montaigne, mas interessam-no, e muito, como se vê muito bem no seu *Colóquio com Monsieur de Sacy*, enquanto são as misérias do homem. Porque "é preciso conhecer a si mesmo: se isso não servir para encontrar a verdade, pelo menos serve para regular a vida, e não há nada mais justo"[2].

---

1. "Que tolo projeto o dele, se retratar!", Pascal, *Pensées*, L. Brunschvicg, ed. minor, n. 62, p. 343. [Trad. bras. *Pensamentos*, São Paulo, Martins Fontes, 2001.]

2. Pascal, *Pensées*, ed. cit., pp. 345-6. L. Brunschvicg remete a Charron, *Traité de la sagesse*, como fonte possível de Pascal nesse ponto. Brunschvicg tem toda razão, pois Charron de fato inicia sua obra com um "Livro Primeiro, que é o conhecimento de si e da humana condição. Exortação a estudar a si mesmo". Acrescentemos apenas que Charron não se reconhece em débito apenas para com Montaigne, Sócrates e para com os autores antigos que cita, mas também para com o cristianismo e a Bíblia. Cita o Salmo 138, 6: "Formasti me et posuisti super me manum tuam, ideo mirabilis facta est scientia tua ex me." Mais importante ainda, ele cita o *Cântico dos cânticos* 1, 8 – *si te ignoras, o pulcherrima...* – que são Bernardo tantas vezes aplicou ao conhecimento da alma por ela mesma. Todo esse Livro I do tratado de Charron poderia portanto não ser completamente estranho à tradição cristã da Idade Média. Afinal de contas, o teologal de Condom era um padre. As dificuldades encontradas para conciliar os *Discursos cristãos* e as *Três verdades* com o *Tratado da sabedoria* se devem em parte ao fato de que não se soube discernir, sob a novidade da execução, o que a obra conservava da tradição cristã. Po-

Fundando assim a moral no conhecimento de si, Pascal permanecia fiel à mais antiga das tradições filosóficas, porém a maneira como ele interpretava esse conhecimento era novo, e a história não compreenderia como se efetuou a transição de Sócrates a Pascal sem reservar um capítulo importante ao *Nosce teipsum* dos filósofos cristãos.

De todos os casos que o historiador da filosofia cristã possa necessitar considerar, este é o mais exposto à crítica que lhe dirigem, a de confundir a ordem filosófica com a ordem religiosa. No entanto, foi do oráculo de Delfos que o próprio Sócrates recolheu o célebre preceito: "conhece-te a ti mesmo"[3], e o oráculo não ensinava filosofia. Interpretando essa ordem como um programa e um método, Sócrates propunha a seus sucessores trabalhar para se conhecer, a fim de se tornarem melhores. É claro que ele não se iludia sobre as dificuldades dessa tarefa. Ele fez mais do que enxergá-las, ele as experimentou, tanto que morreu por isso. No entanto, embora houvesse no emprego de tal método muitos obstáculos filosóficos a superar e até riscos sociais a correr, ele não constituía em si um problema, e a decisão de estudar o homem não tinha, em si, nada de misterioso. Mais exatamente, esse método deixava de ser misterioso a partir do momento em que passava da boca do oráculo de Delfos à de Sócrates, mas ia necessariamente voltar a sê-lo no momento em que os pensadores cristãos o adotassem e interpretassem por sua vez.

Qualquer que seja o aspecto do homem que o filósofo cristão considere, ele sempre conclui relacionando-o e submetendo-o a Deus. Ora, a própria natureza do homem é um ponto sobre o qual a Bíblia tinha algo a ensinar aos filósofos. No sexto dia da criação, Deus disse para si mes-

---

der-se-ia completar nesse sentido o livro, de tom tão justo, de J.-B. Sabrié, *De l'humanisme au rationalisme*, Paris, F. Alcan, 1913. O racionalismo de Charron talvez não tenha outras fontes imediatas além das renascentistas, mas a própria Renascença tinha suas fontes, que não estão todas na Antiguidade.

3. Xenofonte, *Memoráveis*, IV, 2, 24-25.

mo: "Façamos o homem à nossa imagem, como nossa semelhança; e que eles dominem sobre os peixes do mar, as aves dos céus, os animais domésticos, toda a terra e todos os répteis que rastejam sobre a terra. Deus criou o homem à sua imagem, à imagem de Deus ele o criou; homem e mulher eles os criou" (Gn 1, 26-27). Três vezes afirmada em algumas linhas, essa semelhança divina, inscrita na própria natureza do homem pelo ato criador, comanda a estrutura íntima do seu ser. Não seria possível acompanhar os detalhes infinitamente ramificados da sua influência, mas podemos pelo menos assinalar que transformações ela impõe ao problema do conhecimento de si.

A primeira característica da imagem divina é sua universalidade. Essa universalidade se explica, por sua vez, pelo fato de que não se trata de uma característica acidental, acrescentada à natureza humana, mas dessa natureza mesma, considerada no que constitui sua essência. É por isso que Gregório de Nissa afirma que todos os homens, sem nenhuma distinção, são feitos à imagem de Deus. A mesma doutrina se encontra na Suma de são Tomás, em são Boaventura, em Duns Scot. Enfim, sugerida pelo texto da Bíblia, ela faz naturalmente parte do bem comum da filosofia cristã[4]. As escolas, ao contrário, se diversificam, as-

---

4. Gregório de Nissa, *De hominis opificio*, cap. XVI, *Patr. gr.*, t. 44, col. 185D. São Boaventura, *In II Sent.*, 16, 1, 2, Resp. (distingue o homem, imagem *natural* de Deus, e o Verbo, imagem *conatural* do Pai). Os "fundamentos desse artigo se exprimem com toda a força desejável: "Quod inest alicui a sua prima origine inest ei naturaliter; sed esse imaginem Dei convenit homini a sua prima conditione: ergo ei naturale. – Item, quod inest omnibus communiter et inseparabiliter, inest naturaliter; sed esse imaginem convenit homini universaliter et inseparabiliter: ergo, etc. – Item, quod convenit alicui secundum naturales ejus proprietates convenit ei naturaliter; sed esse imaginem convenit homini secundum intrinsecas potentias et naturales: ergo convenit ei naturaliter. – Item, esse imaginem Dei non est homini accidens, sed totius substantiale, sicut esse vestigium nulli accidit creaturae", *loc. cit.*, fundam. 1-4. São Tomás de Aquino, *Sum. theol.*, I, 93, 4. No que concerne a Duns Scot, cf. H. de Montefortino, *J. D. Scoti Summa theologica*, I, 93, 4. O caráter *natural* da imagem divina, tão fortemente acentuado pelos

sim que se procura explicar em que a imagem de Deus consiste e apenas se tenta defini-la.

Para quem acompanhava simplesmente o texto do Gênese, a resposta ainda podia parecer fácil. A Bíblia diz que o homem foi feito à imagem de Deus, na medida em que ele é na terra como que o vigário do Criador. Possuidor do mundo que fez, Deus governa-o a seu bel-prazer, mas entregou ao homem uma parte do governo, de modo que exercemos sobre as coisas uma dominação análoga à de Deus mesmo. Essas noções fundamentais já foram discutidas e basta recordá-las para compreender em que sentido o homem é uma imagem de Deus na terra: ele o representa como um lugar-tenente, seu soberano. O verdadeiro problema filosófico está em saber por que o homem é capaz de reinar sobre o mundo e de exercer essa soberania quase divina. Em primeiro lugar, evidentemente, porque ele é livre, ao passo que os outros seres não são. Mas quais são as raízes dessa liberdade? Elas se encontram em sua inteligência e em sua razão, que lhe permitem dirigir-se e escolher, e o abrem de resto às influências das virtudes e graças divinas. Essa breve enumeração, que santo Efrém de Nisíbis nos propõe, mostra que progressos a reflexão filosófica realizou desde o meado do século IV[5]. Desde então, a imagem divina será sempre situada pelos teólogos no que há de mais eminente no homem, isto é, seja em sua inteligência, seja em sua liberdade.

Preludiando as reflexões metafísicas de Descartes, são Bernardo faz do livre-arbítrio humano a imagem de Deus

---

pensadores da Idade Média, às vezes é contestado no protestantismo contemporâneo. O aspecto protestante da questão está bem expresso em K. Barth e H. Barth, *Zur Lehre vom heiligen Geist*, Munique, Ch. Kaiser, 1930, pp. 43-8. As duas doutrinas têm muitos elementos em comum, embora os ordenem segundo um plano diferente.

5. Santo Efrém de Nisíbis, *Interpretationes in sacram scripturam*, em Rouët de Journel, *Enchiridion patristicum*, texto 722, pp. 252-3.

por excelência, porque, sendo sua natureza tal que não se poderia diminuí-lo sem destruí-lo, ele está em nós como uma perfeição inamissível, eterna de certo modo, e semelhante à de Deus mesmo[6]. Santo Agostinho, ao contrário, insiste mais sobre a eminente dignidade do pensamento aberto à iluminação das idéias divinas, e é a esse contato imediato do intelecto com Deus que a escola agostiniana da Idade Média vinculará preferencialmente a noção de imagem[7]. Qualquer que seja a tradição seguida, e aliás elas muitas vezes se interpenetram, é verdade dizer que a noção bíblica em que se inspira recebe dela uma ampliação filosófica de grande importância, mas que a noção filosófica do homem sai profundamente transformada daí.

Dizer que o pensamento e a liberdade são em nós a imagem de Deus não significa, de fato, que a alma é uma espécie de representação ou pintura que bastaria ser observada para se conhecer a natureza do seu autor. Pode pare-

---

6. "Puto autem in his tribus libertatibus ipsam ad quam conditi sumus, conditoris imaginem atque similitudinem contineri; et imaginem quidem in libertatem arbitrii, in reliquis autem duabus bipertitam quamdam consignari similitudinem. Hinc est fortassis quod solum liberum arbitrium sui omnino defectum, seu diminutionem non patitur, quod in ipso potissimum aeternae et incommutabilis divinitatis substantiva quaedam imago impressa viedatur." São Bernardo, *De gratia et libero arbitrio*, cap. IX, n. 28, *Patr. lat.*, t. 182, col. 1016. Cf. Ricardo de São Vítor, *De statu interioris hominis*, I, cap. III, *Patr. lat.*, t. 196, col. 1118-1119; R. Descartes, *Medit. IV*, ed. Adam-Tannery, t. VII, p. 57, l. 12-15.

7. "Ergo intelligimus habere nos aliquid ubi imago Dei est, mentem scilicet atque rationem. Ipsa mens invocabit lucem Dei et veritatem Dei. Ipsa est qua capimus justum et injustum; ipsa est qua discernimus verum a falso; ipsa est quae vocatur intellectus, quo intellectu carent bestiae." Santo Agostinho, *Enarr. in Ps.* 42, n. 6, *Patr. lat.*, t. 36, col. 480. Cf. este texto sobre o qual tornaremos: "Fecit [Deus] et hominem ad imaginem et similitudinem suam in mente: ibi est enim imago Dei; ideo mens ipsa non potest comprehendi nec a seipsa, ubi est imago Dei. Ad hoc facti sumus ut creaturis caeteris dominemur..." *De symbolo*, I, 2, *Patr. lat.*, t. 40, col. 628. Ver também em Rouët de Journel, *Enchiridion patristicum*, texto 1806, p. 588. São Boaventura acompanha santo Agostinho em *In II Sent.*, 16, 1, 1, fund. 4, ed. Quaracchi, t. II, p. 394.

cer que o é em certo plano inferior da imaginação ou da análise racional; no entanto, por mais legítimas que possam ser em seu gênero tais especulações, elas valem menos por seu detalhe do que pelo espírito que as anima. São respostas diferentes a uma mesma questão, e é a presença fecunda da questão que importa. Encontramos nos autores da Idade Média uma luxuriante vegetação de símbolos trinitários, uma espécie de psicologia simbólica em que as faculdades ocorrem sempre em três, suas funções em três, seus objetos em três e também em três as diversas maneiras como elas abordam tudo isso. Ninguém pode exagerar o valor científico de tais considerações, e são Tomás limitou cuidadosamente seu alcance teológico. Trata-se, aliás, de fatos históricos por demais complexos para que se possa emitir sobre eles um juízo de valor que se aplique indistintamente a todos. As profundas especulações psicológicas do próprio santo Agostinho, no *De Trinitate*, deveriam ser consideradas ora como um esclarecimento da teologia à luz da psicologia, ora como um aprofundamento da psicologia pelo esforço de interpretação do dogma que ela empreende. A noção de verbo mental e a de Verbo, a psicologia da vontade e a teologia do Espírito Santo nelas se influenciam mutuamente. São questões importantes, cujo detalhe a história da filosofia cristã deverá estudar quando chegar a um acordo sobre seu espírito e seus princípios[8]. Por enquanto, contentemo-nos com observar o sentido em que todas essas especulações se dirigem. Elas não vão de Deus ao homem, mas do homem a Deus. Mais exatamente, a imagem divina no homem não é apenas, nem principalmente, aquilo em que o homem se parece efetivamente com Deus, mas a consciência que o homem adquire de ser uma imagem e

---

8. Dois excelentes pontos de partida para esse estudo podem ser encontrados em M. Schmaus, *Die psychologische Trinitätslehre des hl. Augustinus*, Münster, W., 1927, e A. Gardeil, *La structure de l'âme et l'expérience mystique*, 2 vol., Paris, Gabalda, 1927.

o movimento pelo qual, atravessando-se de certo modo, a alma usa dessa similitude de fato para alcançar Deus. "A imagem de Deus se encontra na alma", escreve são Tomás de Aquino, "na medida em que se volta para Deus ou em que sua natureza lhe permite voltar-se para ele."[9] Embora insista com uma força particular sobre a realidade da imagem tal como ela se encontra em si mesma no pensamento, Duns Scot também concorda com que ela parece imperfeita enquanto permanece voltada para si mesma e só adquire seu valor próprio quando se refere explicitamente a seu modelo[10]. Foi por aí que a teologia exerceu sua influência mais extensa e mais decisiva sobre a interpretação do homem, dando origem ao que poderíamos chamar sem demasiada impropriedade de *socratismo cristão*.

Resta, de fato, um elemento comum ao socratismo de Sócrates e ao que os Padres da Igreja ou os filósofos da Idade Média extraíram deste: seu antifisicismo. Nem uns nem outros reprovam o estudo da natureza como tal, mas todos concordam em admitir que o conhecimento de si é muito mais importante para o homem do que o conhecimento do mundo exterior. A experiência pessoal de Sócrates, tal como Platão a narra no *Fédon* (98b ss.), exerceu desse ponto de vista uma influência decisiva. Em certo sentido, podemos ligar a ele todos os que, do estoicismo a Montaigne e Pascal, estimam que o verdadeiro sujeito de estudo para o ho-

---

9. "Sed contra est quod Augustinus dicit, XIV de Trinitate [cap. XII] quod *non propterea est Dei imago in mente, quia sui meminit mens et intelligit ac diligit se; sed quia potest etiam meminisse et intelligere et amare Deum, a quo facta est*. Multo igitur minus secundum alia objecta attenditur imago Dei in mente. [...] Et sic imago Dei attenditur in anima, secundum quod fertur vel nata est ferri in Deum." São Tomás de Aquino, I, 93, 8, *Sed contra* e *Resp*. Abordando o problema mais diretamente ainda, são Boaventura faz coincidir a imagem divina no homem com o privilégio de que ele desfruta, de estar em relação imediata com Deus pela inteligência e pela vontade: *In II Sent.*, 16, 1, 1, Concl., prob. 1, ed. Quaracchi, t. II, p. 394.

10. Duns Scot, *Op. Oxon.*, I, 3, 11, 7, ed. Quaracchi, n. 521, t. I, p. 476.

mem é o homem. Cumpre acrescentar, aliás, que, se a ciência do homem parece a mais importante para todos eles, é porque ela é a única a poder fundar os preceitos que regem a conduta da vida. Seu antifisicismo não prepara o caminho para um psicologismo, ele é muito mais o reverso de um moralismo. Ora, por esses dois aspectos, ele tinha com que seduzir os cristãos: de que adianta o homem ganhar o universo, se perder sua alma? Mas não podia seduzi-los a não ser se aceitasse, por sua vez, sofrer uma profunda transformação. Quando Sócrates os aconselha a tentar conhecer a si mesmos, esse preceito significa imediatamente para eles que eles têm de conhecer a natureza que Deus lhes conferiu e o lugar que lhes atribuiu na ordem universal, a fim de por sua vez se dispor para Deus. Vejamos pois esses diversos elementos em ação no pensamento cristão e procuremos discernir a lei segundo a qual eles se compuseram nele.

Como era natural esperar, foram antes os moralistas que os metafísicos que se empenharam no exame desse problema. O homem está rodeado de coisas que se encontram no seu nível, de outras que se encontram abaixo dele e, por fim, de outras que se encontram acima dele. Portanto, seu interesse poderia ser atraído pelo aprofundamento das mais diversas ciências, porém a única que lhe é imediatamente necessária é a de si mesmo. Subordinando-se à doutrina da salvação, o conhecimento de si se torna uma necessidade absoluta, e podemos inclusive dizer que ele é ao mesmo tempo o começo de todo conhecimento, o único objeto do conhecimento, o objeto último do conhecimento. Não que o resto seja inútil, longe disso, mas o é se não se fundamentar na ciência do homem. "É não ser sábio", diz são Bernardo, "não o ser para si. O homem só será sábio se o for consigo. Seja ele pois o primeiro a beber da água do seu poço. Começa por te considerar a ti mesmo; melhor ainda, termina fazendo-o. Aonde quer que tua consideração escape, tua salvação ganhará se tu a chamares a ti. Para ti, tu és o primeiro, tu és também o último."[11] O *nosce teipsum* adquire aqui portanto a característica de um imperativo cuja importância é vital e a sanção trágica, mas, se o homem deve relacionar todo conhecimento ao que ele tem de si mesmo, ver-se-á que ele não se pode conhecer verdadeiramente enquanto pretender conhecer apenas a si.

A ordem, diz santo Agostinho, é a disposição que atribui às coisas, semelhantes ou diferentes, o lugar que lhes pertence[12]. Para se conhecer, é necessário portanto pôr-se em seu devido lugar, abaixo daquilo a que se é inferior, acima daquilo a que se é superior. No fundo, é esse o verdadeiro sentido do preceito de Sócrates. Se só se tratasse, para a alma, de tomar consciência de si mesma, nada seria

---

11. "Jam quod ad considerationis attinet fructum quatuor, ut occurrunt, tibi consideranda reor: te, quae sub te, quae circa te, quae supra te sunt. A te tua consideratio inchoet, ne frustra extendaris in alia te neglecto. *Quid tibi prodest si universum mundum lucreris, te unum perdens* [Mt 16, 26]. Etsi sapiens sis deest tibi ad sapientiam, si tibi non fueris. Quantum vero? Ut quidem senserim ego, totum. Noveris licet omnia mysteria, noveris lata terrae, alta coeli, profunda maris: si te nescieris, eris similis aedificanti sine fundamento, ruinam, non structuram faciens. Quidquid exstruxeris extra te, erit instar congesti pulveris, ventis obnoxium. Non ergo sapiens, qui sibi non est. Sapiens, si sibi sapiens erit; et bibet de fonte putei sui primus ipse. A te proinde incipiat tua consideratio; non solum autem, sed et in te finiatur. Quocumque evagetur, ad te revocaveris eam cum salutis fructu. Tu primus tibi, tu ultimus. Sume exemplum de summo omnium Patre, Verbum suum et emittente et retinente. Verbum tuum, consideratio tua. Quae si procedit, non recedat; sic progrediatur, ut non egrediatur; sic exeat ut non deserat. In acquisitione salutis nemo tibi germanior unico matris tuae. Contra salutem propriam cogites nihil. Minus dixi, contra: praeter, dixisse debueram. Quidquid se considerationi offerat, quod non quoquo modo ad tuam ipsius salutem pertineat, respuendum." São Bernardo, *De consideratione*, lib. II, cap. III, n. 6, *Patr. lat.*, t. 182, col. 745-746. Vê-se no mesmo tratado como a definição clássica do homem, *animal rationale mortale*, recebe um significado moral que o cristianiza: op. cit., II, 4, 7. Cf. o tratado falsamente atribuído a são Bernardo, *Meditationes devotissimae de cognitione humanae conditionis*, cap. I. Ricardo de São Vítor, *Benjamin major*, lib. III, cap. VI, *Patr. lat.*, t. 196, col. 116-117.

12. Santo Agostinho, *De civ. Dei*, XIX, 13, *Patr. lat.*, t. 41, col. 640.

mais fácil, nem seria útil prescrever-lhe isso. Sempre presente a si mesma, ela se sente ou, pelo menos, se pressente através das ilusões sensíveis que podem lhe velar sua natureza. Mas resta-lhe justamente libertar-se dessas ilusões, a fim de não se acreditar nem mais nem menos do que é[13]. É por isso que, apoiando-se nessa doutrina agostiniana da ordem, são Bernardo interpreta o oráculo de Delfos com uma ousadia ingênua, que poderia nos fazer sorrir, se não soubéssemos que grandes *Pensamentos* ela vai nos inspirar. Qual é, ele se pergunta, o sentido da resposta de Apolo? É que há duas causas que fazem com que nos ignoremos: uma timidez excessiva que nos leva a nos humilhar em demasia, uma temeridade ainda mais perigosa, que nos convida a nos presumir demasiadamente de nós mesmos. Soberba e presunção, pusilanimidade e desespero de si, eis os dois perigos que nos assediam sem cessar. Nós nos livramos da soberba pondo-nos à prova, da pusilanimidade tomando consciência da nossa verdadeira natureza[14], e o

---

13. "Non itaque velut absentem se quaerat cernere, sed praesentem se curet decernere. Nec se quasi non norit cognoscat, sed ab eo quod alterum novit dignoscat. Ipsum enim quod audit: cognosce te ipsam, quomodo agere curabit, si nescit, aut quid sit *cognosce*, aut quid sit *teipsam*? Si autem utrumque novit, novit et se ipsam." Santo Agostinho, *De Trinitate*, X, 9, 12, *Patr. lat.*, 42, col. 980. "Ut quid ergo ei praeceptum est, ut se ipsam cognoscat? Credo, ut se ipsam cogitet, et secundum naturam suam vivat, id est, ut secundum naturam suam ordinari appetat, sub eo scilicet cui subdenda est, supra ea quibus praeponenda est, sub illo a quo regi debet, supra ea quae regere debet." Ibid., X, 5, 7, col. 977.

14. "Respondit itaque sponsus: o pulchra inter mulieres, scilicet inter Mariam et Martham, quia nolo ut alteram de istis eligas, sed utramque teneas, contemplativam scilicet vitam et activam; o pulchra inter mulieres, si vis nosse me, noli ignorare te; hoc est responsum Delphici Apollinis: scito teipsum. Duo sunt quae nos faciunt ignorare nos ipsos, vel nimia de nobis temeritas, vel nimia humiliationis timiditas. Secundum haec duo respondit Sponsus sponsae, vel de temeritate revocans eam ad humilitatem, per experientiam sui; vel de timiditate ad confidentiam, ex perceptione praeteritorum munerum. Duae enim sunt ignorantiae sui, vel quando plus, vel quando minus de se quis aestimat, et duo sunt quae hoc efficiunt, praesumptio et pu-

verdadeiro termo do conhecimento de si é conciliar esses dois aspectos necessários do problema, mantendo-nos a igual distância das duas cegueiras de que sofremos.

Vemos despontar aqui, e até já se esboçar nitidamente, o tema que os historiadores da literatura tão bem conhecem, por tê-lo lido na magnífica linguagem de Pascal: *Grandeza e miséria do homem*. O homem criado por Deus não ignorava sua verdadeira natureza, porque conhecia exatamente seu lugar na ordem universal. "Conhecer a si mesmo era saber sua condição, sua ordem, o que devia ao que estava acima dele, nele e abaixo dele; compreender como tinha sido feito, como devia se portar, o que devia fazer ou não, é nisso tudo que consistia para ele conhecer-se"[15], e é também essa ciência perdida que o homem deve antes de mais nada recobrar. Portanto, ele que tome cuidado com tudo o que sabe, mas também com tudo o que ignora. Por sua inteligência, ele se eleva acima das bestas; por sua ignorância, ele está abaixo dos anjos[16]. Portanto o homem não é nem anjo nem besta, mas está entre os dois.

---

sillanimitas; duae vero horum effectuum causae, superbia et minor sua experientia. Experientia vero sui facit humilitatem, humilitas sui cognitionem." São Bernardo, *Brevis expositio in C. C.*, cap. XXII. Cf. *De gradibus humilitatis*, cap. II (relação da humildade com o conhecimento de si).

15. Hugo de Saint-Victor, *De sacramentis*, I, 6, 15, *Patr. lat.*, t. 176, col. 272.

16. "Attende quid scias, attende quantum nescias. Agnosce quantum emineas per ingenium spiritibus brutis, agnosce quantum subjaceas per intellectum spiritibus angelicis. Si attendis quantum praecedas sensu spiritum brutum, cantabis praecordialiter: *Benedicam Dominum, qui tribuit mihi intellectum* [Sl 15, 7]. Si cogites intelligentiam angelicam, clamabis profecto: *Deus, tu scis insipientiam meam* [Sl 68, 6]." Ricardo de São Vítor, *Benjamin major*, lib. III, cap. XIII, *Patr. lat.*, t. 196, col. 122. Não se espantem por encontrarem esse tema com tanta freqüência nos teólogos dos séculos XVI e XVII, antes de chegar a Pascal, porque ele é essencialmente medieval e patrístico ou, melhor dizendo, cristão. Podem-se completar nesse sentido as interessantes pesquisas de E. Jovy, *Études pascaliennes*, VIII, "Les antécédents de l'infiniment petit dans Pascal", Paris, J. Vrin, 1932, p. 21, nota 1. Cf. Pascal, *Pensées*, L. Brunschvicg, ed. minor, p. 515 e nota 3. Comparar o texto de Bossuet, citado por L. Brunschvicg, com o de são Bernardo, citado mais acima, p. 287, nota 14.

Para quem considera o problema como moralista, tal tema se presta naturalmente aos mais variados desenvolvimentos. A grandeza do homem está em ter sido criado à imagem de Deus. Com sua liberdade, ele comanda a natureza e faz uso dela de acordo com suas necessidades; com sua inteligência, ele a conhece e, por conseguinte, a domina. Mas, ao mesmo tempo, o homem sabe que não deve a si próprio sua grandeza, e é esse um primeiro aspecto da sua miséria. Se ele ignora sua dignidade, ignorará a si mesmo; se ele toma consciência dela, sem se dar conta de que a deve a um maior do que ele, soçobrará na vanglória. *Utrumque ergo scias necesse est, et quid sis, et quod a te ipso non sis, ne aut omnino non glorieris, aut inaniter glorieris*: eis a primeira forma do duplo óbice que se trata de evitar. Eis agora a segunda. Criado na honra da semelhança divina, o homem perde essa honra mal a esquece. Sem dúvida, sua dignidade subsiste de fato, mas, na medida mesma em que cessa de ter consciência dela, rebaixa-se ao nível dos animais e se torna, com isso, como um deles. Mais criminoso ainda, contudo, é o erro oposto, pelo qual, esquecendo suas misérias, o homem quer se elevar ao nível dos anjos e até usurpar o lugar de Deus[17]. Portanto, a partir do século XII, é tratar de um lugar-comum analisar em detalhe o que faz a grandeza do homem: uma alma que traz em si a semelhança divina; e o que faz sua miséria: os ferimentos que essa alma sofreu e as dores do corpo que a acompanham. O exame de consciência tem precisamente por objeto determinar o lugar do homem no caminho que o traz de volta à sua verdadeira natureza, seus avanços e seus recuos na restauração da imagem divina, e é dedicando-se a isso que cada um de nós sente melhor que fraternidade profunda nos une aos nossos companheiros de grandeza e miséria. Poucas páginas nos introduzem tão profundamente na intimidade secreta da alma medieval quanto aquela

---

17. São Bernardo, *De diligendo Deo*, cap. II, ed. Watkin W. Williams, p. 13.

em que um autor desconhecido amplia até a caridade cristã o sentido do oráculo délfico:

"Devolva-te pois a ti mesmo, senão sempre ou nem mesmo com freqüência, pelo menos de vez em quando... Põe-te sempre diante de ti, como se diante de outro, e chora a ti mesmo. Chora tuas iniqüidades e teus pecados, com os quais ofendeste a Deus; indica-lhe tuas misérias, mostra-lhe a malícia dos teus adversários e, enquanto te consomes assim em lágrimas, eu te rogo, lembra-te de mim. Porque eu, desde que te conheci, eu te amo em Cristo. Menciono a ti, quando todo pensamento ilícito merece castigo e todo bom pensamento, recompensa. Estando eu diante do altar de Deus, pecador mas padre, tua lembrança me acompanha. Tu me retribuirás por isso, amando-me e fazendo-me participar das tuas preces. É nelas que desejo estar presente contigo pela lembrança, quando tu vertes diante de Deus tuas preces por ti e por todos os que te rodeiam. Se eu digo presente, não te surpreendas, porque, se tu me amas e se é porque sou à imagem de Deus que me amas, eu sou tão presente a ti quanto tu o és a ti mesmo. *Quicquid enim tu es substancialiter, hoc ego sum*: tudo o que é substancialmente, eu sou. Sim, toda alma racional é uma imagem de Deus. Assim, aquele que busca em si a imagem de Deus, busca tanto seu próximo como a si mesmo, e quem a encontra em si, por aí tê-la procurado, conhece-a tal qual ela é em todo homem. Porque a visão do homem é sua inteligência. Por isso, se tu te vês, tu vês a mim, que não sou outro diferente de ti; e se tu amas a imagem de Deus, é a mim como imagem de Deus que tu amas; e eu, amando a Deus, te amo. Assim, buscando uma mesma coisa, tendendo a uma mesma coisa, estamos sempre presentes um ao outro, e presentes estamos em Deus, em quem nós nos amamos."[18]

---

18. Pseudo-Bernardo, *Meditationes... de cognitione humanae conditionis*, cap. I: "De dignitate hominis", cap. II: "De miseria hominis", cap. III: "De dignitate animae et vilitate corporis". O texto traduzido está no cap. V, art. 14-15, *Patr. lat.*, t. 184, col. 494-495.

Nem me passa pela cabeça dissimular que a mítica cisterciense nos arrastou progressivamente, por uma vertente imperceptível, muito além dos limites da filosofia. Muito pelo contrário, prestei-me com gosto a esse movimento, porque, qualquer que seja o problema estudado, ele vai se tornar característico do pensamento cristão. Neste, a filosofia se ordena espontaneamente no sentido de uma ordem superior, que ela prepara adaptando-se a ela. O que moralistas e místicos desenvolvem elevando-se ao plano da graça, os filósofos sabem exprimir em fórmulas concisas que se dirigem unicamente à razão. Embora o digam de uma maneira diferente do que o faz são Bernardo, também colocam o homem no entremeio. De acordo com o princípio de Dionísio, segundo o qual a parte de cima da ordem inferior confina com a parte de baixo da ordem superior, são Tomás situa o homem entre o anjo e a besta, tocando o primeiro pelo seu intelecto e o segundo pela caducidade do seu corpo. É nesse sentido bem preciso que o homem é um "microcosmos", isto é, uma espécie de universo em escala reduzida, "porque todas as criaturas do mundo se encontram de algum modo nele". Aliás, é por isso que são Tomás acrescenta que a alma é a fronteira, ou como que a linha de horizonte, em que se encontram o mundo dos Espíritos puros e o mundo dos animais privados de conhecimento[19]. Assim, a filosofia cristã amplia duplamente o campo que o homem se propõe explorar estudando a si mesmo: por seus moralistas, ela obrigava a escrutar sua consciência, para garantir o progresso da vida interior; por seus filósofos, ela vai reintroduzir progressivamente um pouco daquele fisicismo pelo qual os moralistas tendiam a se desinteressar.

---

19. São Tomás de Aquino, *Sum. theol.*, I, 91, 1, Resp.; I, 96, 2, Resp. *Qu. de anima*, qu. un., art. 1, ad Resp. Este último texto se aplica mais particularmente à alma. "Quia enim homo medium tenet inter angelicam naturam et brutalem...", São Boaventura, *In II Sent.*, XVIII, dub. un., ed. Quaracchi, t. II, p. 454 (a propósito da criação dos sexos). Vital du Four, *Quaest. disp.*, qu. I, 1, em *Archives d'hist. doctr. et litt. du Moyen Âge*, t. II, 1927, p. 157.

Conhecer o pequeno mundo que é o homem não é possível sem algum conhecimento do grande mundo. Daí as reiteradas tentativas a que se dedicam os homens da Idade Média, e até da Renascença, no sentido de construir antropologias completas, em que a descrição detalhada do corpo conduzia à da alma, e a da alma, ao conhecimento de Deus.

No entanto, essa dupla ampliação nada mais é que o prelúdio de outra, cujo significado é mais considerável ainda. Se é necessário conhecer o estado da sua consciência para se conhecer, se é necessário saber a relação do homem com os seres que o rodeiam, isso já é difícil, mas não é nada perto do que resta a descobrir. O que o homem encontra *circa se* ou *sub se* o acabrunha por sua extensão; o que ele encontra *in se* o embaraça por sua obscuridade. Mas, se ele busca em si o que seu ser lhe ensina do que está *supra se*, ele topa com um mistério cuja opacidade tem com que assustá-lo. O mais grave é que ele próprio se vê envolvido nesse mistério. Se o homem é de fato uma imagem de Deus, como se conheceria sem conhecer Deus? Mas se é de fato de Deus que ele é a imagem, como conheceria a si mesmo? Com isso o homem adquire portanto uma profundidade insuspeita aos antigos e que o torna como que insondável a si mesmo. Quem conhece o espírito de Deus?, indaga o apóstolo. Gregório volta ao tema em seu sermão sobre a Imagem: "E eu digo além disso: quem conhece seu próprio espírito?" Sem dúvida, se nosso espírito nos escapa, Deus nos escapa ainda mais, mas nós só somos inescrutáveis a nós mesmos porque participamos da profundidade de Deus. É por isso que, comentando por sua vez o texto de Gregório, Scotus Erigena acrescenta: "O espírito, em que toda a força da alma consiste, é feito à imagem de Deus e é o espelho do bem supremo, porque a forma incompreensível da essência divina nele se reflete de uma maneira inefável e incompreensível." Mas por que citar tais textos, se santo Agostinho disse numa fórmula lapidar o que era preciso dizer? "Deus fez o homem à sua imagem e semelhança, no pensamento: é aí que está a imagem de Deus. É por isso que o próprio pensamento não pode ser compreendido, nem sequer por ele mesmo, na medida em que ele é uma imagem de Deus."[20]

Mens ipsa non potest comprehendi, nec a seipsa, ubi est imago Dei: não se pode ler essa sentença, embora pareça, como tantas outras, saída por acaso da pena de Agostinho, sem ver no mesmo instante que seu pensamento inteiro a preparava. Lembremo-nos tão-só da doutrina da memória, que capítulos inesquecíveis do livro X das *Confissões* desenvolveram. Procurando encontrar em si sua essência, a alma passa neste livro por sucessivos planos, cada vez mais profundos. Primeiro a memória das percepções sensíveis, amplo palácio em que encontram lugar, de uma maneira incompreensível, as imensas extensões do universo. É um retrato misterioso, vasto e até infinito. Quem algum dia chegou ao fundo dele? Não é nada mais, diz Agostinho, que uma faculdade do meu espírito; e no entanto ela me escapa, e não posso apreender tudo o que sou: *nec ego ipse capio totum, quod sum*. É aí que, pela primeira vez na história do pensamento ocidental, o homem tornou-se para si mesmo um sujeito de espanto e de estupor: *stupor adprehendit me*. Que devemos pensar, portanto, quando à memória das coisas se soma a das ciências e quando as idéias puras se oferecem à consideração do espírito? *Quid ego sum, Deus? Quae natura sum?* Que sou eu, meu Deus? Que natureza sou? Mas ainda não é tudo. Para além das idéias mesmas, há a verdade que as rege e, como essa verdade traz as características divinas da necessidade e da eternidade, Deus tem de estar presente à nossa alma, cada vez que ela pensa o verdadeiro por ele. Desta vez, não basta mais

---

20. Para Gregório e Scotus Erigena, ver *De divisione naturae*, lib. IV, cap. XI, *Patr. lat.*, t. 122, col. 788 e 790. Para o texto de santo Agostinho, ver *De symbolo*, I, 2, *Patr. lat.*, t. 40, col. 628. Cf. o texto tão pascaliano, em que o coração do homem é um abismo que invoca um abismo: *Enarr. in Ps.* 41, 13, t. 36, c. 473, *Conf.*, IV, 14, 22, e X, 5, 7.

falar das profundezas do espírito, é para um infinito verdadeiro que ele se abre, é em Deus que ele se prolonga. Cheio de medo e presa de um horror sagrado – *nescio quid horrendum* – à vista dessa presença divina, o homem se assusta consigo mesmo e percebe o mistério latente sob as aparências da sua natureza[21]; se ele escapa de si como imagem divina, é que a última palavra do conhecimento de si é a primeira do conhecimento de Deus.

Os moralistas da Idade Média eram convidados, com isso, a procurar na mística as derradeiras conclusões de seu estudo do homem. Ricardo de São Vítor não hesita muito em fazê-lo, mesmo porque o caráter divino do oráculo parece justificar a interpretação que ele propõe. Foi do céu que desceu a ordem de nos conhecer a nós mesmos; por que então não seria ascender em espírito ao céu obedecer a ela?[22] O pensamento cristão teve uma consciência tão clara do que acrescentava à filosofia grega que basta lhe ceder a palavra para se instruir a esse respeito: "Por maior que seja nosso conhecimento das criaturas, que mais é ele, comparado com o do criador, senão o que a terra é para o céu ou o centro é para a circunferência de todo o círculo? Como esta terra, a ciência inferior das coisas inferiores tem suas montanhas e suas colinas, suas planícies e seus vales. As ciências se diversificarão portanto de acordo com a diversi-

---

21. Santo Agostinho, *Confissões,* liv. X, cap. VII-XXVII.
22. "*Quantum valeat plena cognitio sui.* Sed ne te perterreat vel retrahat labor itineris, difficultas ascensionis, audi et attende quis sit fructus perventionis. In hujus montis cacumine Jesus transfiguratur; in ipso Moyses cum Elia videtur, et sine indice uterque cognoscitur; in ipso vox Patris ad Filium auditur. Quid horum non mirabile? Quid horum non desiderabile? Vis videre Christum transfiguratum? Ascende in montem istum, disce cognoscere teipsum. Vis videre et absque ullo indice cognoscere Moysen et Elian, vis absque doctore, sine expositore intelligere legem et prophetiam? Ascende in monte istum, disce cognoscere teipsum. Vis paterni secreti arcanum, ascende in montem istum, disce cognoscere teipsum. De coelo enim descendit, cum dixit: γνῶθι σεαυτόν, illud id est *Nosce teipsum.* Videsne adhuc quantum valeat montis hujus ascensio, quam utilitis sit sui ipsius plena cognitio?", Ricardo de São Vítor, *Benjamin minor,* cap. LXXVIII, *Patr. lat.,* t. 196, col. 55-56.

dade das criaturas. Comecemos pela parte de baixo: pode ser grande a distância entre um corpo e outro, pois há corpos celestes e corpos terrestres; no entanto, a distância entre os corpos e os espíritos é muito maior do que a distância entre quaisquer corpos, por mais dessemelhantes que sejam. Mas dentre esses espíritos há os racionais e os que não o são. Portanto é ter, por assim dizer, os olhos fixados no que há de mais baixo considerar apenas as coisas corporais, e é ao contrário ascender de certo modo ao ápice voltar-se para o estudo das coisas espirituais. Para o espírito que tenta se elevar a essa alta ciência, o primeiro e principal esforço deve ser o de conhecer a si mesmo. Conhecer perfeitamente a si mesmo é ciência de alta altitude. Grande e alta montanha é o conhecimento pleno de um espírito dotado de razão! Ela supera o ápice de todas as ciências humanas; do alto, ela olha com desdém toda a filosofia, o conhecimento inteiro do mundo. Porventura Aristóteles descobriu algo semelhante? Platão encontrou algo semelhante? A imensa turba dos filósofos porventura foi capaz de inventar algo semelhante? Na verdade, e sem sombra de dúvida, se eles tivessem podido alcançar esse ápice com sua inteligência, se seus estudos houvessem bastado para eles se encontrarem, nunca teriam cultuado ídolos, nunca teriam dobrado a cerviz ante uma criatura ou erguido a cabeça contra o criador delas."[23] Ricardo de São Vítor viu por-

---

23. "Ad cognitionem siquidem Creatoris, quantalibet cognitio creaturarum, quid aliud est quam quod terra ad coelum, quod centrum ad totius circuli ambitum? Habet enim haec terra, habet haec inferior inferiorum scientia, montes et colles, campos et valles. Secundum differentiam creaturarum erit et differentia scientiarum. Ut enim ab imo incipiamus, magna est distantia inter corpus et corpus. Siquidem sunt corpora coelestia, sunt et corpora terrestria. Major tamen est distantia cujuslibet corporis ad spiritum, quam quorumlibet et quamlibet dissimilium corporum. Sed et ipsorum spirituum alii sunt irrationales, alii sunt rationales. Oculos ergo quasi in imo defixos habere videntur, qui sola adhuc corporea mirantur. Sed jam quasi ad alta ascendunt, qui se ad spiritualium investigationem convertunt. Animus qui ad scientiae altitudinem nititur ascendere, primum et principale sit

tanto o vínculo profundo que liga os cultos pagãos à limitação do ponto de vista grego mais elevado sobre a natureza do homem. Ele não consideraria desprovido de significação o fato de Aristóteles ter erguido estátuas a Zeus e a Deméter: o homem cristão é o único a saber que dignidade o eleva acima das criaturas, porque ele é o único a saber de que criador ele é a imagem, mas também sabe com isso mesmo que suas próprias profundezas o superam e a visão da alma pela alma se torna uma ambição tamanha que somente a união mística ou a vida futura podem esperar sua realização[24].

---

ei studium seipsum cognoscere. Magna altitudo scientiae seipsum perfecte cognoscere. Mons magnus et altus, plena cognitio rationalis spiritus. Omnium mundanarum scientiarum cacumina mons iste transcendit, omnem philosophiam, omnem mundi scientiam ab alto despicit. Quid tale Aristoteles, quid tale Plato invenit, quid tanta philosophorum turba, tale invenire potuit? Vere, et absque dubio, si hunc montem ingenii sui acumine ascendere potuissent, si ad seipsos inveniendos eorum eis studia sufficerent, si seipsos plene cognovissent, numquam idola coluissent, numquam creaturae collum inclinassent, nunquam contra Creatorem cervicem erexissent. Hic defecerunt scrutantes scrutinio. Hic, inquam, defecerunt, et hunc in montem minime ascendere potuerunt. *Ascendat homo ad cor altum, et exaltabitur Deus* [Sl 63, 7]. Disce homo cogitare, disce cogitare teipsum, et ascendisti ad cor altum. Quantum quotidie in tui cognitionem proficis, tantum ad altiora super tendis. Qui ad perfectam sui cognitionem pervenit, jam montis verticem apprehendit." Ricardo de São Vítor, *Benjamin minor*, cap. LXXV, *Patr. lat.*, t. 196, col. 53-54.

24. "Sed numquid quomodo vides voluntatem tuam, quomodo nosti cogitationem tuam, potes aeque videre, vel nosse animae tuae substantiam? Quis, inquam, in hac adhuc carne positus, animam suam, vel quamlibet spiritualem substantiam in sua puritate vidit, vel etiam videre potuit! Procul dubio in hac parte humanus intellectus caecus est a nativitate, et necesse habet quotidie Domino clamare: *Illumina oculos meos* [Sl 12, 4]. Profecto, si quis quae hujusmodi sunt in hac corruptibili carne videre potuit, per mentis excessum supra semetipsum ductus fuit, et in eo quod vidit intellectus humani metas, non propria industria, sed ex revelatione divina transcendit. Sed quidquid in hunc modum humana experientia potuit attingere, constat nimirum illud non ad hoc, sed ad aliud contemplantis genus pertinere. Quantumcumque ergo in hac consideratione ingenium tuum exercueris, quantumcumque studium tuum continuaveris, quantumcumque in hac parte sensum tuum dilataveris, scientiam tuam ad plenum cubitum extendere non poteris." Ri-

Aqui também, o que os místicos sugerem, os filósofos dizem, e as especulações da metafísica moderna sofreram forte influência da metafísica que os pensadores da Idade Média haviam elaborado. Não podemos estudar desse ponto de vista os textos da Idade Média sem nos surpreendermos com a importância extrema que neles adquire a questão do conhecimento que a alma pode ter de si mesma. Seria preciso fazer uma demorada pesquisa nos gregos anteriores à era cristã para reunir uma documentação de alguma monta sobre a questão. No século XIII, escolha é o que não falta. Não é a existência de uma alma espiritual que preocupa então os filósofos; ninguém duvida dela, sobretudo depois que santo Agostinho a postulou como um fato indiscutível da experiência. O problema é muito mais, para eles, saber como e até onde a alma pode penetrar no conhecimento da sua própria essência. "Como a alma inteligente se conhece e o que é ela", é esta a questão 87 da primeira parte da *Suma teológica* de são Tomás. "Se a alma se conhece, assim como as disposições que estão nela, por sua essência, ou apenas por seus atos", é o problema que se formula Mateus de Aquasparta. Mais ou menos na mesma época, Roger Martson precisa a questão da seguinte maneira: "Como a alma conhece a si mesma, assim como às suas disposições; se é por sua essência ou pela das suas disposições, ou através de algum meio que delas se distingue." Pouco mais tarde, Olivi retoma o exame da dificuldade no livro II, qu. 86, do seu Comentário sobre Pedro Lombardo, e nada seria mais fácil do que alongar esta lista. O que importa é antes de tudo compreender por que a lista é longa e o que conferia tamanha importância à questão.

---

cardo de São Vítor, *Benjamin major*, lib. III, cap. XIV, *Patr. lat.*, t. 196, col. 123-124. Tauler, Sermão 56, em *Sermons de Tauler*, Paris, Desclée, 1927, t. I, p. 25. No que concerne a Eckhart, ver G. Théry, *Édition critique des pièces relatives au procès d'Eckhart*, em Archives d'hist. doctr. et litt. du Moyen Âge, I, 1926-1927, p. 183, art. 13.

Tal como os filósofos cristãos a concebem, a alma é outra coisa que a imagem de uma idéia na matéria ou a forma perecível de um composto. É uma substância espiritual, imortal e dotada de uma personalidade indestrutível. Qualquer que seja a solução do problema da individuação que admitimos, a alma é isso, e o é em si mesma. Procurando conhecer-se, o homem topa com a substancialidade da sua alma, como se esta fosse um objeto de investigação que o solicita, mas que também resiste a ele. Talvez tornássemos mais clara a natureza do problema se disséssemos que a alma do homem nunca é, por si mesma, um objeto de conhecimento que ela poderia apreender como uma coisa, mas sim um sujeito ativo cuja espontaneidade permanece sempre além do conhecimento que tem de si mesmo. Em poucas palavras, a intuição da alma nunca é equivalente à alma que a exercita. A constância dessa característica através das grandes doutrinas medievais é fácil de ser constatada.

Não digamos nada de Scotus Erigena, para o qual todas as essências são insondáveis e incompreensíveis, com maior razão as essências espirituais. Não há tampouco por que insistir sobre o caso de são Tomás. Numa filosofia como a dele, em que todo conhecimento pressupõe uma intuição sensível, a alma só pode se conhecer indiretamente. Sem dúvida, ela é imediatamente presente a si mesma, mas não poderia se apreender imediatamente, pois, entre a espiritualidade da sua essência e o conhecimento que dela tem, sempre se interpõe o véu das imagens sensíveis. Ela se sabe imaterial, ela não se vê assim. O que é muito mais notável é que os próprios agostinianos, embora tenham lutado obstinadamente contra são Tomás, sustentando que a alma se conhece por sua essência, e não através das imagens sensíveis, sustentaram expressamente que essa essência espiritual não é apreendida sem intermediários, porém. Se procurarmos saber a razão disso, é justamente no fato de que ela é uma imagem de Deus que a encontraremos. O Ser criador é uma realidade infinita que se conhece eternamente num ato adequado: o Verbo. Diferente nisso do pensamento puro de Aristóteles, ele não é o pensamento do pensamento, mas o pensamento do Ser. Deve-se portanto sempre sustentar a presença nele dessa realidade infinita, que se revela por assim dizer a si mesma pelo conhecimento integral que ela tem de si. Feito à imagem de Deus, o homem também é uma substância intelectual, que não apenas necessita exprimir as outras coisas para conhecê-las, mas que também se exprime quando quer se apreender. É por isso que mesmo uma alma agostiniana, que conhece imediatamente a si própria, não se apreende como objeto. Ela é formalmente a causa suficiente do conhecimento que tem de si, mas permanece, a título de causa desse conhecimento, além da sua apreensão mais imediata. Assim, toda alma humana imita no plano do finito a fecundidade do conhecimento divino: ela "exprime" de per si a apresentação interna da sua própria essência e relaciona-a a si mesma por um ato de vontade, como, em Deus, o Pai gera o Verbo e o liga a si pelo Espírito Santo[25].

Consideremos agora o que, na alma, gera assim seu próprio conhecimento. É sempre o que há nela de mais ele-

---

25. Os agostinianos ensinam que a alma se conhece diretamente, mas através das "espécies". Ver por exemplo: "Sic ergo dico, quod anima semetipsam et habitus, qui sunt in ipsa, cognoscit non tantum arguendo, sed intuendo et cernendo per essentias suas objective, sed formaliter per species ex ipsis expressas, unde formatur acies cogitantis sive intelligentis." Razão: "Anima enim rationalis est imago Dei." Mateus de Aquasparta, *Quaest. disp. de cognitione*, qu. V, Resp., ed. Quaracchi, 1903, pp. 333-4. Uma doutrina análoga é ensinada pelo p^e J. Olivi, *In lib. II Sent.*, qu. 76, ed. B. Jansen, Quaracchi, 1926, t. III, pp. 148-9, onde a memória representa o papel de *species*. Esse texto é importante porque remete a santo Anselmo, *Monologion*, cap. XXXIII, e a santo Agostinho, *De Trinitate*, IX, 11-12, como fontes da doutrina. Mas o texto em que é mais cômodo estudar a relação da colocação agostiniana do problema com a de são Tomás é a notável edição de Roger Marston, *Quaest. disp. de emanatione aeterna, de statu naturae lapsae et de anima*, Quaracchi, 1932. Ver sobretudo *De anima*, qu. I, pp. 206-21, de que damos aqui a conclusão: "Concedo igitur quod res mere spirituales non possunt cognosci ab anima nisi per speciem aliquam a se differentem."

vado, esse *apex mentis*, ou cimo da alma, como dizem os agostinianos; sua "ponta fina", dirá mais tarde são Francisco de Sales. Ora, todos os filósofos cristãos concordam em fazer desse cume o portador da imagem de Deus em nós. O próprio são Tomás situa o pensamento, ou *mens*, no ponto em que o intelecto, forma do composto, se abre para a influência reguladora das Idéias divinas[26]. Toda a fecundidade do pensamento, todo o poder construtor que lhe possibilita erguer o edifício do conhecimento à luz dos princípios lhe vêm do fato de que ele é uma participação criada à luz divina, por haver nele algo de mais elevado e mais profundo. A maneira como são Tomás entende a iluminação pode diferir de como santo Agostinho entendia, mas ele a mantém expressamente, em particular quando se trata da ciência da alma. Com maior razão, assim é em são Boaventura, para quem o homem, como imagem, é como um intermediário entre Deus e a criação[27]. A filosofia moderna não esqueceu esses prolongamentos misteriosos da alma, que o pensamento medieval nos convida a pressentir. Por mais cartesiano que seja, Malebranche é por demais cristão para não saber que a alma é de uma beleza tão perfeita que sua perfeição nos torna sua essência inacessível. Não escapa nem mesmo Descartes, cujo *cogito*, que se pretende de início tão transparente a si mesmo, logo se carrega de subentendidos misteriosos que afetam o sentido de todo o sistema.

---

26. Consultar, em particular, são Tomás de Aquino, *De veritate*, qu. XV, art. 1, onde se poderão encontrar as referências necessárias a santo Agostinho e Dionísio, o Areopagita. Ver principalmente os *Sed contra* e Resp. Esse ponto é estudado também pelo p[e] A. Gardeil, *La structure de l'âme*, t. I, p. 24.

27. Santo Agostinho, *Epist.*, 140, II, 3, *Patr. lat.*, t. 33, col. 539; são Boaventura, *In II Sent.*, 42, 2, 1, Concl., ed. Quaracchi, t. II, p. 965. A relação entre essa idéia e a doutrina da iluminação divina aparece claramente em são Boaventura e é expressa por Mateus de Aquasparta com todo o vigor desejável: "Haec autem portio [superior rationis] est illa, in qua est imago Dei; et aeternis regulis inhaerescit, per quas definit et judicat quidquid certitudinaliter cognoscit." *Quaest. disp. de cognitione*, qu. II, Resp., ed. cit., p. 255.

Não posso me impedir de me perguntar às vezes por que certas idéias, que os historiadores se recusam a levar a sério quando as encontram num teólogo do século XIII, lhes parecem de um valor incomparável quando é Descartes que as exprime. O pai do racionalismo moderno proclamou tantas vezes como dogma a independência da razão que acabaram por crer pelo menos na independência da razão dele. Apesar disso, toda a sua física é solidária de uma metafísica; toda a sua metafísica depende da idéia de Deus, e a idéia de Deus se confunde nele com a do infinito. Mas qual é, por sua vez, a origem dessa idéia do infinito? Questão que não havia preocupado nem Platão, nem Aristóteles, nem nenhum dos filósofos anteriores à era cristã, e que adquiria um sentido desde a transformação pela qual o cristianismo fizera essa noção de infinito passar. Ora, a resposta do racionalismo cartesiano é a mesma de santo Agostinho, de são Boaventura e de Duns Scot. Como todos os pensadores da Idade Média, Descartes tem sua interpretação pessoal da palavra do Salmo, *signatum est super nos lumen vultus tui, Domine*, e se a ela se refere é justamente para situar na luz divina a origem da nossa idéia do infinito, essa idéia "da qual não encontramos nem em nós, nem em outro lugar nenhum exemplo... Ela é, como eu disse antes, *como a marca do operário impressa em sua obra*"[28]. Arrimando assim o princípio dos princípios no ser divino, a filosofia das idéias claras e distintas mantinha profundezas cristãs por trás desse pensamento puro, que o *cogito* parecia, à primeira vista, oferecer por inteiro e de uma só vez. Com isso, o Homem de René Descartes aceitava por sua vez receber a marca da face de Deus, preparava o de Malebranche, cuja idéia de Ser é essa marca mesma, e preparava sobretudo o de Pascal, que reuniria na unidade do seu pensamento os dois temas que analisamos separadamente aqui.

---

28. R. Descartes, *Secondes réponses*, ed. Adam-Tannery, t. IX, p. 108.

Pascal, escreve um dos seus mais profundos historiadores, "distingue dois usos do conhecimento de si: o uso especulativo, em que o conhecimento de si serve de base para o conhecimento do verdadeiro, que é para Pascal o próprio Deus; o uso prático, a que Sócrates limitava a eficácia do seu método de reflexão interior"[29]. Se o uso especulativo se soma, em Pascal, ao uso prático pelo qual Sócrates se interessava, é precisamente porque, entre Sócrates e Pascal, se interpôs a doutrina da criação e a doutrina da imagem divina, que é o corolário daquela. Mas o próprio uso prático a que Pascal destina o conhecimento de si é bem diferente do que Sócrates se propunha: "Conhece, pois, soberbo, que paradoxo és a ti mesmo. Humilha-te, razão impotente; cala-te, natureza imbecil; aprende que o homem supera infinitamente o homem e ouve do teu mestre tua condição verdadeira, que ignoras. Escuta Deus."[30] Basta ouvir essas palavras para se convencer de que alguma coisa aconteceu na filosofia entre Plotino e Pascal. Essa coisa é o misticismo cisterciense, em que o dos victorinos se inspira e que a história sem dúvida mostrará que está ligado por uma corrente contínua a Pascal: "O conhecimento de Deus sem o da nossa miséria acarreta a soberba; o conhecimento da nossa miséria sem o conhecimento de Deus acarreta o desespero. O conhecimento de Jesus Cristo está no meio, porque nele encontramos Deus e nossa miséria."[31] Nessas poucas linhas estão condensadas a colocação cristã do problema e sua resposta. Era ao mesmo tempo a resposta medieval ao preceito do Apolo délfico. Assim foi que o século XVII pôde receber sem surpresa o *Sócrates cristão* de Balzac; mas esse livro, a que Balzac só deu o título, foi Pascal que escreveu.

Chegamos desse modo ao âmago do problema da filosofia cristã. Desde o início destas pesquisas, procurando

---

29. B. Pascal, *Pensées*, L. Brunschvicg, ed. minor, p. 345, nota 2.
30. Op. cit., p. 531.
31. Op. cit., p. 367.

defini-la provisoriamente, tal como seus representantes mesmos a conceberam, eu recordava as palavras de Bossuet: "A sabedoria consiste em conhecer Deus e conhecer a si mesmo. O conhecimento de nós mesmos deve nos elevar ao conhecimento de Deus."[32] Os fundamentos dessa dupla ciência estão postos, mas resta descobrir os mecanismos secretos que movem a atividade do homem. Para conhecer bem o homem, seria preciso estudar seu corpo e sua alma. O estudo do corpo, como eu recordava há pouco, nunca foi desprezado pelos teólogos da Idade Média, mas o que eles disseram a esse respeito pertenceria muito mais à história das ciências do que à da filosofia. O estudo da alma, precisamente por ser ela o lugar da imagem divina, foi objeto dos mais atentos cuidados deles, e é principalmente nesse domínio que a influência do cristianismo se revelou fecunda. Resta-nos pois acompanhá-los em sua determinação do fim último, ao qual todas as atividades do homem se subordinam, e procurar saber com eles como essas atividades o preparam. Seremos levados assim a esboçar as noções fundamentais de conhecimento, amor, liberdade e moralidade, em sua relação com a finalidade do homem, que é viver em sociedade com Deus.

---

32. Ver *Primeira série*, cap. II, fim. Desde que esse capítulo foi escrito, devo ao abade Combes o conhecimento de um texto interessante para a história do socratismo cristão: o *Livre de saincte méditation en congnoissance de soy* [Livro de santa meditação em conhecimento de si], de Roberto Ciboule (1403-1458), sobre o qual ele prepara um estudo acompanhado de uma coletânea de textos escolhidos. Ciboule se inspira em Ricardo de São Vítor e na mística cisterciense (assim como em várias outras correntes de pensamento) e parece ser um desses intermediários interessantes entre a Idade Média e Pascal (cf. p. 222, nota 2), que conviria estudar. Cf. *Archives d'histoire doctrinale et littéraire du Moyen Âge*, t. VIII, 1933, pp. 93-259.

CAPÍTULO XII

O conhecimento das coisas

É um fato digno de nota, parece-me, o de que todas as grandes epistemologias medievais foram o que hoje chamaríamos de realismos. Após mais de três séculos de especulação idealista, a neo-escolástica se apresenta ainda hoje como um neo-realismo, recusa-se a seguir o método preconizado por Descartes, ou, se às vezes o segue, esforça-se por evitar as conclusões a que ele leva. Como é que santo Agostinho, são Tomás de Aquino ou Duns Scot nunca perceberam o que se impõe a tantos dos nossos contemporâneos como uma evidência primeira? Como, sobretudo, explicar que, depois de proclamada, a necessidade de partir do pensamento ainda hoje é negada por tantos filósofos modernos e que os que dizem seguir a tradição medieval estão todos entre os que a negam? Numa palavra, por que todo pensador cristão é realista, se não por definição, em todo caso como por uma espécie de vocação? É o problema que eu gostaria de abordar hoje por um dos seus aspectos mais importantes, mostrando que o objeto do conhecimento, num universo cristão, é de tal natureza que é capaz de suportar uma epistemologia realista.

Nada provava *a priori* que tivesse de ser assim, e as hesitações de santo Agostinho bastariam para prová-lo. Platão, em quem ele se inspira, não pensava que a natureza das coisas materiais fosse tão consistente a ponto de fazer delas objetos de conhecimento certo. Abre-se ao pensamento puro o mundo das Idéias, que são objeto de ciência, mas tudo o que atinge a sensação, pairando entre o ser e o não-ser, não pode fundar um conhecimento mais elevado do que a simples opinião. A necessidade que santo Agostinho sentia de escapar da incerteza dos céticos levou-o a abraçar essa doutrina. Ele compreendeu bem cedo, através de Plotino, que o sensualismo puro gera inevitavelmente uma dúvida universal. Se o real se reduz efetivamente à aparência sensível, como ela está em perpétua contradição consigo mesma, nenhuma certeza de qualquer ordem que seja é possível. Daí estas conclusões, de uma severidade que nada atenua e sobre as quais todos os grandes filósofos do século XIII serão chamados a refletir: "Tudo o que atinge os sentidos do corpo, o que chamamos de sensível, não pára um instante de mudar. Quer os cabelos cresçam em nossa cabeça, quer o corpo envelheça ou desabroche na juventude, ele se encontra num devir perpétuo que nunca se interrompe. Ora, o que não permanece não pode ser percebido. De fato, perceber é compreender pela ciência, e não se pode compreender o que não pára de mudar. Não há portanto por que nutrir a esperança de que os sentidos corporais nos entreguem a verdade em sua pureza."[1] O *non est igitur exspectanda sinceritas veritatis a sensibus corporis* vai permanecer como uma advertência solene a meditar, e ela recebeu voluntariamente tanta atenção que, de fato, numerosos filósofos da Idade Média podiam se acomodar facilmente a ela.

A verdade é necessária e imutável; nada de necessário nem de imutável se encontra na ordem sensível, logo não é das coisas que podemos tirar a verdade. Pode-se dizer que esse é um lugar-comum da escola agostiniana no século XIII. São Boaventura, Mateus de Aquasparta, Roger Marston e muitos outros assim ensinaram, não porém sem

---

1. Santo Agostinho, *De div. quaest. 83*, qu. 9, *Patr. lat.*, t. 40, col. 13.

se darem conta das extremas dificuldades inerentes a tal posição. Foi inclusive a consciência cada vez mais clara dessas dificuldades que finalmente determinou o abandono dela, depois de terem tentado salvá-la com um grande reforço de hipóteses complementares. O nó do problema era o papel que ainda podia desempenhar o objeto numa doutrina desse gênero; e, como o exame dessa questão levou o pensamento medieval o mais perto possível do que hoje chamamos de idealismo, é instrutivo vê-la às voltas com essa tentação e saber por que se recusou a sucumbir a ela.

Para simplificar o estudo do problema, vamos abordá-lo no ponto em que ele entra decididamente em seu período crítico, isto é, neste original discípulo de são Boaventura que é Mateus de Aquasparta. Persuadido de que a instabilidade das coisas sensíveis não lhes permite fundar um conhecimento certo, ele naturalmente se pergunta se nosso conhecimento depende da existência do seu objeto, e sua resposta é negativa. Tudo, em sua doutrina, o acuava a essa conclusão. Temos conhecimentos certos, ou, em outras palavras, existe uma ciência; essa ciência não encontra na natureza das coisas materiais o necessário para se fundar, logo é independente da existência delas: "Graças à sua virtude ativa, o intelecto agente pode abstrair por sua luz o universal do particular, as espécies inteligíveis das espécies sensíveis, as essências das coisas atualmente existentes. Ora, é certo que os universais, as espécies inteligíveis e as essências das coisas não têm relação com nenhuma coisa atualmente existente. Ao contrário, elas são indiferentes à existência e à não-existência das coisas, não concernem nem ao lugar, nem ao tempo, de modo que a existência ou a não-existência da coisa não altera em nada o conhecimento que dela temos. Assim, do mesmo modo que o intelecto pode conhecer a essência de uma coisa por sua espécie inteligível, se essa coisa existe, pode conhecê-la da mesma maneira, mesmo se esta coisa não existe." Sem dúvida objetarão que, nesse caso, o intelecto teria o nada por objeto, o que parece contraditório, mas Mateus de Aquasparta não se deixa perturbar com tão pouco. Ele dá não uma, mas duas respostas a essa objeção.

A primeira é que, se tomamos o *nada* no sentido absoluto, é de fato contraditório que o que não existe possa ser objeto do intelecto, mas não é contraditório que o intelecto tenha por objeto a essência de uma coisa não existente. Muito pelo contrário, pode-se dizer que, em certo sentido, o ser entendido no sentido de existência não é nunca objeto do intelecto. Possuindo em si a espécie inteligível de uma essência, a do homem, por exemplo, ele tira daí o conceito correspondente, mas sem representar o homem como existindo ou não existindo. É portanto a essência da coisa, independentemente da sua existência, que é o objeto do intelecto: *nam, nec re existente, quidditas ut est rebus, est intellectus objectum*. Aí está portanto uma solução possível para o problema. Ela se aplica muito bem à questão, e de uma maneira filosófica. No entanto, o próprio Mateus de Aquasparta conserva dúvidas e se pergunta se não se pode resolver completamente o problema unicamente mediante os princípios da filosofia, sem recorrer à teologia: *iste modus est philosophicus et congruus; non tamen puto, quod sufficiat, et fortassis hic deficiunt principia philosophiae, et recurrendum ad principia theologica*. Ouçamos suas razões.

A principal é que, se nos ativermos a esse ponto de vista filosófico, o único objeto que poderemos garantir ao nosso intelecto será o conceito. Suponhamos pois, por um instante, que nosso conhecimento só alcance espécies inteligíveis ou os conceitos que extrai destas; poderemos perfeitamente dizer que ele não alcança realidade alguma. Seria uma ciência sem objeto, logo vazia. No máximo poderíamos dizer que o intelecto possui então a ciência de seus próprios conceitos, mas, como ele se desinteressa de saber se a eles correspondem coisas reais, seu conhecimento permanece sem conteúdo. É notável que nosso filósofo tenha sido capaz de voltar aqui contra sua própria concepção de uma ciência das essências puras as objeções que Aristóteles já havia dirigido contra a teoria platônica das Idéias. Se elas é que são o objeto próprio da nossa ciência, em que nossa ciência seria um conhecimento das coisas, se as coisas não são as Idéias?[2] A única diferença, e é considerável, é justamente que Mateus de Aquasparta não conta mais com as coisas para nos proporcionar o objeto de uma ciência certa, de modo que, para responder à objeção aristotélica que ele próprio levanta, ele precisa voltar a Platão, pelo menos tal como este havia sido completado por santo Anselmo e santo Agostinho.

Qual é, de fato, o conteúdo do nosso conceito? Acabamos de dizer que não é uma existência; mas não é tampouco um puro possível, um puro cognoscível, é uma verdade necessária, imutável e eterna. Como diz santo Agostinho em seu *De libero arbitrio* (II, 8, 21): "Tudo aquilo que toco com meus sentidos corporais, este céu ou esta terra, por exemplo, ou todos os outros corpos que posso perceber, quanto tempo tudo isso existirá, eu não sei; mas sete e três são dez, não só agora, mas sempre, e não há como sete e três não terem sido dez um dia, nem como possam um dia não ser dez." Ora, vemos com isso de uma só vez que existe uma ciência necessária e que sua origem não pode estar na contingência do sensível. Cabe-nos portanto lembrar que a verdade das coisas criadas não é mais que uma espécie de expressão da verdade incriada. Santo Agostinho diz e santo Anselmo estabelece com vigor em seu diálogo *De veritate* que cada coisa só é verdadeira na medida em que se conforma ao seu modelo divino. Deixemos de lado as implicações metafísicas dessa doutrina, sobre as quais logo tornaremos, e consideremos apenas a luz que ela projeta em nosso problema. Ela faz nada menos que fornecer ao conhecimento humano o objeto de que necessita:

---

2. Aristóteles, *Metafísica*, I, 9, 991a 12.

não o conceito, que é uma forma vazia; não a coisa sensível, cuja instabilidade a torna inapreensível, mas o conceito da essência relacionada ao seu modelo divino: *quidditas ipsa concepta ab intellectu nostro, relata tamen ad artem sive exemplar aeternum*[3].

Nada melhor, na verdade, e há que confessar que a discussão do problema é conduzida com mão de mestre. Cumpre apenas acrescentar que essa mestria não faz mais que ressaltar mais ainda os riscos dessa posição. Quem começa com Platão, com Platão tem de terminar, se não for incoerente. Mateus de Aquasparta é perfeitamente coerente e sua ciência nunca é mais que uma ciência das idéias. O resultado das suas análises é que a iluminação divina fornece ao intelecto humano o objeto de ciência que o real sensível não lhe pode oferecer. Não a iluminação divina sozinha, claro; mas sua colaboração com o sensível é de tal natureza que é ela, e não o sensível, que fornece o elemento de estabilidade e de necessidade de que a ciência necessita. Vê-se isso claramente quando Mateus de Aquasparta se pergunta se as Idéias divinas bastariam para fundar essa ciência sem os objetos. Ele deve responder, e responde, pela afirmativa. Que as coisas sejam em certo sentido a causa do nosso conhecimento é um fato, mas não é nada mais que isso, porque a causa que faz com que nosso conhecimento seja uma ciência não são as coisas mas as Idéias. Ora, as Idéias não dependem das coisas, o contrário é que é verdade. Logo o intelecto não poderia conhecer por essas Idéias, mesmo se as coisas não existissem[4]. Em suma, as coisas não são a causa necessária da nossa ciência. Se Deus imprimisse diretamente as espécies das coisas em nosso intelecto, como faz no dos anjos, nós as conheceríamos tais como as conhecemos[5].

---

3. Toda essa análise acompanha Mateus de Aquasparta, *Quaest. disputatae*, ed. Quaracchi, 1903, qu. I, *De cognitione*, Resp., pp. 230-3; ad 8m, p. 236.
4. Mateus de Aquasparta, op. cit., *Contra*, 5, pp. 225-6.
5. Mateus de Aquasparta, op. cit., ad 12m, p. 237.

Chegar a essas conseqüências é confessar que a filosofia pura não tem em si com que fundar a ciência, e como Mateus de Aquasparta considera a doutrina da iluminação essencialmente teológica, podemos dizer que sua epistemologia é um ceticismo filosófico resgatado por um fideísmo. É o mesmo que dizer que somente a fé garante a certeza dos nossos conhecimentos e que o pensamento medieval toma o caminho que leva ao teologismo de Ockham. A importância do problema era ainda maior porque Mateus de Aquasparta não era e não podia ser um caso isolado. Suas conclusões são solidárias com uma colocação da questão que não lhe era pessoal e de que decorriam como conseqüência necessária. Nada mais interessante do que ver os próprios agostinianos tomarem consciência do perigo que os ameaça. Olivi quer acompanhar a tradição que se filia a santo Agostinho, mas quer acompanhá-la *sine errore*, e eis o primeiro erro em que ele teme cair acompanhando-a: "No que concerne ao nosso intelecto, é preciso tomar cuidado para não lhe tirar o poder de emitir juízos verdadeiros e certos, como fizeram os acadêmicos, e de não lhe atribuir uma ciência original de todas as coisas, que ele possuiria naturalmente, como fez Platão, que dizia por causa disso que aprender nada mais é que recordar."[6] Entre um inatismo que ninguém quer e a ameaça do ceticismo, que caminho o pensamento medieval vai poder seguir? Só lhe resta reabilitar a ordem sensível, e é o que Duns Scot vai fazer, depois de são Tomás de Aquino.

O desejo de estabilizar a ordem sensível e de lhe conferir uma inteligibilidade digna desse nome não levou são

---

6. Pⁱᵉ J. Olivi, *In II Sent.*, Appendix, qu. II, ed. B. Jansen, Quaracchi, 1926, t. III, p. 505. Note-se, p. 502, art. 6, o excelente resumo que Olivi dá da posição agostiniana: "Praeterea, nullum fallibile et mutabile potest infallibiliter certificare aut actum infallibilem et immutabilem generare; sed omnis species seu ratio creata est fallibilis et mutabilis; ergo impossibile est quod intellectus per speciem creatam aut lumen creatum infallibiliter et immutabiliter certificetur; et ita oportet quod certificetur per rationem aeternam et lumen aeternum."

Tomás a infringir os direitos do pensamento. Ele nem sequer sentiu-se tentado a fazê-lo. No sentido pleno e próprio da palavra, a verdade se encontra tão-só no pensamento, porque há verdade quando há adequação da coisa e do intelecto. Ora, nessa relação, é o intelecto que se torna adequado à coisa e é nele que essa adequação se estabelece; portanto, é no intelecto que se encontra a verdade: *ergo nec veritas nisi in intellectu.* Dito isso, convém acrescentar duas coisas para compreender a colocação tomista do problema. Primeiro, a adequação do intelecto ao objeto é uma adequação *real*; depois, as coisas a que o intelecto se conforma se conformam por sua vez a outro intelecto. Examinemos sucessivamente esses dois pontos, porque a inteligência da colocação cristã do problema depende deles.

É exato que a verdade esteja essencialmente no intelecto, que afirma que as coisas são ou não são, e julga que elas são antes isto que aquilo. Costuma-se objetar hoje em dia a essa concepção que a noção de uma verdade-cópia não resiste ao exame, pois o intelecto não pode comparar a coisa tal como é, e que lhe escapa, à coisa tal como ele a representa e que só dele é conhecida. Ouso dizer que se é somente isso que o idealismo moderno pode criticar no realismo medieval, ele nem mais se dá conta do que pode ser um realismo verdadeiro. Sem dúvida, o costume que adquirimos desde Descartes de ir sempre do pensamento ao ser leva a interpretar a *adaequatio rei et intellectus* como se se tratasse de comparar a representação de uma coisa a esse fantasma que é, para nós, a coisa fora de toda representação. Denunciar as incontáveis contradições em que cai a epistemologia quando toma esse caminho é fácil, mas é mais do que justo acrescentar, porque é um fato, que a filosofia medieval clássica nunca o tomou. A verdade de que ela fala é, sim, a do juízo, mas o juízo só é conforme à coisa porque o intelecto que o exprime tornou-se ele próprio, antes disso, conforme ao ser da coisa. É de sua própria essência poder tornar-se tudo por um modo inteligível. Portanto, se ele pode afirmar que uma coisa é, e que ela é antes isto que aquilo, é porque o ser inteligível da coisa tornou-se seu. Claro, nós não encontramos nossos juízos nas coisas, e é até por isso que eles não são infalíveis, mas pelo menos encontramos nas coisas o conteúdo dos nossos conceitos e se, em condições normais, o conceito sempre representa o real apreendido tal como ele é, é porque o intelecto seria incapaz de produzi-lo, se ele próprio não se tivesse tornado a coisa que o conceito exprime e por cuja essência o juízo deveria sempre se pautar. Em resumo, a adequação que o juízo estabelece entre a coisa e o intelecto sempre pressupõe uma adequação anterior entre o conceito e a coisa, que se funda por sua vez numa adequação *real* do intelecto ao objeto que o informa. É portanto na relação ontológica primitiva entre o intelecto e o objeto e na adequação real deles que se encontra se não a verdade em sua forma perfeita, que só aparece com o juízo, pelo menos a raiz dessa igualdade de que o juízo toma consciência e exprime numa fórmula explícita.

A palavra "verdade" apresenta pois três sentidos diferentes, embora estreitamente aparentados, na filosofia de são Tomás: um sentido próprio e absoluto, e dois sentidos relativos. Num primeiro sentido relativo, a palavra "verdadeiro" designa a condição fundamental sem a qual nenhuma verdade seria possível, isto é, o ser. De fato, não poderia haver verdade sem uma realidade que pudesse ser dita verdadeira quando em relação com um intelecto. Nesse sentido, é exato dizer portanto, com santo Agostinho, que o verdadeiro é o que é: *verum est id quod est*. No sentido próprio, a verdade consiste formalmente na concordância ontológica do ser com o intelecto, isto é, na conformidade de fato que se estabelece entre eles, como se estabelece entre o olho e a cor que ele percebe. É o que a definição clássica de Isaac Israeli exprime: *veritas est adaequatio rei et intellectus*; ou a de santo Anselmo, também retomada por são Tomás: *veritas est rectitudo sola mente perceptibilis*;

porque é mesmo uma adequação de fato essa retidão de pensamento que concebe que o que é, é, e que o que não é, não é. Vem enfim a verdade lógica do juízo, que nada mais é que a conseqüência dessa verdade ontológica – *et tertio modo definitur verum secundum effectum consequentem* –, de sorte que o conhecimento é aqui a manifestação e a declaração da concordância já realizada entre o intelecto e o ser: o conhecimento resulta e decorre literalmente da verdade, como um efeito da sua causa, e é por isso que, fundado numa relação real, ele não tem que se perguntar como alcançar a realidade[7].

Vê-se antes de mais nada com isso que os modernos críticos da escolástica nem sequer desconfiam da natureza ou da profundidade do desacordo que os separa dela, mas percebe-se também que necessidade vital obrigava o pensamento medieval a manter intacto o valor inteligível da ordem sensível. A verdade se encontra propriamente no intelecto humano, mas também deve se encontrar, em certo sentido, nas coisas, embora só se encontre nestas em relação a um intelecto. Ora, ela aí está primeiramente em relação ao intelecto divino. É isso o que há de definitivo nas conclusões do *De veritate* de santo Anselmo. Em relação ao homem, é sobretudo no intelecto humano que está a verdade, mas, absolutamente falando, é no intelecto divino que ela se encontra. Portanto há somente uma verdade de todas as coisas, no sentido de que a verdade do intelecto divino é una, e que é dela que as múltiplas verdades das coisas particulares derivam, mas há apesar disso uma verdade própria de cada coisa, que lhe pertence ao mesmo título que sua entidade mesma. Comunicada a todo ser por Deus, é inseparável dele, pois as coisas só subsistem por-

---

7. São Tomás de Aquino, *Quaest. disp. de veritate*, qu. I, art. 1 e 2. Será proveitoso consultar sobre o conjunto dessa questão o opúsculo de J. Pieper, *Die Wirklichkeit und das Gute nach Thomas von Aquin*, Helios Verlag, Münster i. W., 1931.

que o intelecto divino as produz no ser. A ação criadora divina, ao engendrar os seres, lhes comunica portanto ao mesmo tempo uma verdade que lhes é inerente: a verdade da entidade dos seres, à qual o intelecto se torna adequado, ou do intelecto que a torna adequada a si[8]. Como quer que seja, não haveria intelecção se o objeto sensível do conhecimento não fosse dotado de uma inteligibilidade própria.

Portanto se propusermos a são Tomás a questão levantada por Mateus de Aquasparta, não poderia haver dúvida quanto à resposta. Restaria uma verdade se as próprias coisas fossem destruídas? Sim, a do intelecto divino subsiste, mas a verdade relativa das coisas desapareceria com elas ou com o intelecto humano, que é o único a poder percebê-la. A doutrina cristã da criação implica necessariamente essa conseqüência, porque ou o termo do ato criador é nulo, caso em que não haveria nem ser nem verdade formal das coisas a conhecer, ou esse termo é positivo, e então essas coisas têm de ser seres reais, assim como a verdade que lhes é inerente. Numa filosofia cristã plenamente consciente do sentido dos seus princípios, existe uma ordem da verdade cuja existência é contingente, mas cuja essência é tão estável quanto a do ser que a possui: *nulla res est suum esse, et tamen esse rei quaedam res creata est; et eodem modo veritas rei aliquid creatum est*[9]. Essa verdade criada, cuja noção é característica da filosofia cristã, pertence portanto de pleno direito às coisas sensíveis e à percepção que as apreende. O que resta da crítica agostiniana das

---

8. O texto fundamental é santo Anselmo, *De veritate*, cap. XIII, *Patr. lat.*, t. 158, col. 484-486. Os agostinianos utilizam-no para estabelecer que, sem a verdade divina que é única, não haveria nas coisas verdade particular. Ver por exemplo R. Grosseteste, *De unica forma omnium*, ed. L. Baur, pp. 106-11, e *De veritate*, pp. 130-43. São Tomás, ao contrário, ao discutir as conclusões de santo Anselmo, se empenha em mostrar que, admitida essa tese, resta ainda assim nas coisas uma verdade que lhes é própria: *Quaest. disp. de veritate*, I, 4, Resp.

9. São Tomás de Aquino, *Quaest. disp. de veritate*, I, 4, ad 3[m] e 4[m].

sensações é que o sentido, pelo próprio fato de estar ligado a um órgão corporal, não pode consumar o retorno completo ao seu ato, que seria necessário para que ele o conhecesse. Esse retorno se esboça, pois o animal sente que sente, mas não se completa, pois o animal não sabe o que é sentir. Mesmo assim, o fato é que, se a verdade não se encontra no sensível sob a sua forma explícita, pelo menos existe no sensível com que fundá-la: *veritas est in sensu sicut consequens actum ejus; dum scilicet judicium sensus est de re, secundum quod est*[10]. Do fato de que o sentido não conhece a verdade não se pode concluir que o que ele conhece não é verdadeiro; muito pelo contrário, é só o intelecto se aplicar aos dados sensíveis para daí extrair a verdade.

De minha parte, a grandeza e a poderosa vitalidade da escola franciscana em nenhum outro aspecto brilham mais manifestamente do que na facilidade com que seus representantes captaram a necessidade dessa conclusão e, tendo-a captado bem, demonstraram-na de acordo com seus próprios princípios. Muitos anos atrás, um sociólogo amigo meu me felicitava por tratar as filosofias da Idade Média como grupos e falar delas como realidades coletivas. Na realidade, é em torno de indivíduos que se constituíram os grupos, e nada é mais fácil do que constatar isso no caso de que nos ocupamos. Por todas as tradições franciscanas, Duns Scot deveria ter entrado em guerra contra são Tomás e mantido a suspeição lançada sobre a ordem sensível pelos agostinianos da sua Ordem, mas, como ele julgava essa posição filosoficamente insustentável, rejeitou-a pura e simplesmente, propondo-se salvar de outro modo o que continha de verdadeiro a doutrina de santo Agostinho.

Ele também debruçou-se, com curiosidade, sobre o problema que a nona das *83 diversas questões* de santo

---

10. São Tomás de Aquino, op. cit., I, 9, Resp. São Tomás visa expressamente nessa resposta o texto de santo Agostinho sobre a incerteza do sensível: ibid., 2ª obj.

Agostinho levantava. Ele conhecia todos os textos, não só clássicos, mas repisados desde havia muito na sua época, com os quais se costumava reforçar aquele. No entanto, a esse acúmulo de citações agostinianas, uma só palavra de são Paulo basta para fazer contrapeso: *Invisibilia Dei a creatura mundi per ea quae facta sunt intellecta conspiciuntur* (Rm 1, 20). Porque, como o próprio santo Agostinho confessa, esses *invisibilia Dei* são as Idéias divinas: "Logo, as Idéias são conhecidas a partir das criaturas; portanto, também há anteriormente à visão dessas idéias um conhecimento certo das criaturas."[11] Invertendo assim a colocação agostiniana do problema, Duns Scot se empenhava em justificar o valor do conhecimento sensível, e já veremos que se empenhava ativamente.

O fato é ainda mais notável porque toda a noética de Duns Scot tende a reforçar o mais possível a independência do intelecto em relação à ordem sensível. Aliás, é nisso que ela se distingue da de são Tomás. Através de todas as correções que ele faz na doutrina de santo Agostinho, subsiste um veio agostiniano: o conhecimento sensível, para ele, nunca é mais que uma "ocasião" para o conhecimento inteligível. No entanto, ao mesmo tempo que limita desse modo o papel deste, Duns Scot estima absolutamente necessário estabelecer solidamente o seu valor. Ele tem de ser inatacável no lugar que lhe cabe. Por que essa solicitude? Porque Duns Scot viu muito bem que a Nova Academia é filha legítima da Antiga. O idealismo transcendente de Platão se acomoda muito bem a um ceticismo completo em relação ao mundo dos corpos; ora, Duns Scot não pode se acomodar a esse ceticismo precisamente por causa do seu cristianismo. Estabelecido num mundo de substâncias criadas, ele precisa adquirir a ciência destas para se elevar à das Idéias, e não se instalar no mundo das Idéias para daí desprezar à vontade essa ciência. Por trás da crítica agostinia-

---

11. Duns Scot, *Op. Oxon.*, I, 3, 4, 2, ed. Quaracchi, n. 399, t. I, p. 358.

na do sensível, Aristóteles não lhe mostra apenas Platão, mas também Heráclito. Porque é ele que fornece a maior do silogismo, e essa maior é falsa: *antecedens hujus rationis, scilicet quod sensibilia continue mutantur, falsum est; haec enim est opinio quae imponitur Heraclito*.

Opondo-se assim à depreciação platônica do sensível, Duns Scot se via naturalmente levado a criticar a concepção agostiniana da iluminação. Faz-lhe antes de mais nada a crítica de querer construir em cima de um fundamento ruinoso. Se o elemento sensível do conhecimento escapa por natureza do controle da ciência, como a iluminação divina poderia comunicar ao conhecimento que temos dele uma estabilidade que lhe é essencialmente estranha? Ou a luz divina vai ser aprisionada no sensível e participar da sua caducidade, caso em que não terá ganho nada, ou ela vai transfigurá-lo de tal maneira que nossa ciência não terá mais nenhuma relação com a verdadeira natureza do seu objeto, e cairemos no mesmo erro que Aristóteles critica em Platão. A única maneira de sair desse embaraço é admitir que existe uma certeza empírica fundada num raciocínio experimental. Sem dúvida, a indução das leis a partir da experiência não nos leva a conclusões absolutamente necessárias. Não é contraditório que as coisas possam se produzir de uma maneira diferente de como se produzem, mas o conhecimento que temos das leis delas nem por isso é menos certo ou deixa de ser isento de erro, porque repousa precisamente na estabilidade e na necessidade das naturezas. O grande princípio que garante o valor da ciência experimental é que tudo o que acontece regularmente, em virtude de uma causa não livre, é o efeito natural dessa causa. Natural, ou seja, não acidental, mas necessário: a ciência da natureza que podemos adquirir pela experiência também apresenta um caráter de necessidade[12].

---

12. Duns Scot, *Op. Oxon.*, I, 3, 4, 2, 9, ed. Quaracchi, n. 408, t. I, pp. 367-8. Ver sobre esse ponto *Avicenne et le point de départ de Duns Scot*, em *Archives d'hist. doctr. et litt. du Moyen Âge*, t. II, 1927, pp. 117-9.

Podemos resumir toda a doutrina de Duns Scot sobre esse ponto importante dizendo que ele se opõe ao heraclitismo, porque, se as coisas naturais fluem, a natureza delas não flui. Não é por acaso, portanto, nem em virtude de um jogo absurdo da história, que o século XIII viu o desabrochar da obra de Roger Bacon, ou que o século XIV pôde assistir aos primeiros desenvolvimentos da ciência positiva. Seria um equívoco entretanto atribuir aos homens da Idade Média o amor à ciência pela ciência, ou, como gostam de dizer hoje em dia, à ciência "desinteressada". O amor deles pela ciência é tão desinteressado pelos fins práticos quanto o nosso pode ser, muitas vezes até mais, porém a ciência das coisas não é, para eles, um fim em si. Eles se voltam para a natureza porque são cristãos e é como cristãos que eles a estudam. Amam nela a obra de Deus. Daí essa espécie de ternura religiosa com a qual eles enumeram as maravilhas[13] e o cuidado zeloso que denotam em assegurar sua inteligibilidade.

O realismo da Idade Média tornou-se portanto herdeiro do realismo grego, por um motivo bem diferente daquele em que se inspirava a filosofia de Aristóteles, e é o que lhe confere seu caráter particular. Aristóteles desconfiou do idealismo platônico, porque o reino do homem é deste mundo e porque necessitamos sobretudo de uma ciência que seja a do mundo em que vivemos. Os cristãos passaram a desconfiar cada vez mais do idealismo platônico, porque o reino de Deus não é deste mundo, mas este mundo é o ponto de apoio necessário para quem quer se elevar até ele. Dissolvê-lo num fluxo de aparências inconsistentes é arrancar das nossas mãos o meio mais seguro que temos de conhecer Deus. Se a obra da criação não é inteligível, que poderemos saber do seu autor? Ou melhor, como a imaginaremos, se ela nada mais é que o fluir perpétuo do

---

13. Por exemplo, são Boaventura, *Itinerarium mentis in Deum*, I, 14, Quaracchi, ed. minor, p. 301.

mundo de Heráclito? Como tudo é número, peso e medida, a sabedoria de Deus irrompe na natureza. Como ela é fecunda, seu poder criador se atesta. Como as coisas são ser, e não um quase nada, sabemos que Deus é o Ser. Assim, o que a revelação ensina de Deus, a visão do universo confirma: "As criaturas deste mundo sensível significam os atributos invisíveis de Deus, porque Deus é a origem, o modelo e o fim de toda criatura, e porque todo efeito designa sua causa, toda imagem seu modelo, todo caminho o termo a que leva."[14] Suprimam nosso conhecimento do efeito, da imagem e do caminho, e não saberemos mais nada da causa, do modelo, nem do termo. O realismo filosófico da Idade Média é alimentado por motivos cristãos, e subsistirá um realismo enquanto a influência do cristianismo continuar a se fazer sentir.

No entanto, fala-se com freqüência de idealismo cristão, e é possível, de fato, que a expressão tenha um sentido, mas é que se trata então de um cristianismo bem diferente do catolicismo medieval. Para o luteranismo, cuja teologia convida a se desinteressar de uma natureza irremediavelmente corrompida, o idealismo é uma saída filosófica que cai à perfeição. Talvez fosse mais exato dizer que é natural que seja ele quem a encontrou. Reduzindo a história do cosmos ao drama íntimo da salvação individual, o verdadeiro luterano não tem por que procurar Deus na natureza: ele o sente em ação em sua alma, e isso basta. O catolicismo medieval não ignorou, por certo, que a natureza está às voltas com o pecado e em urgente necessidade de graça; foi dito e repetido que o mundo material é feito para o homem, e o homem para Deus. Esse antropocentrismo e o geocentrismo que ele parecia requerer lhe foram suficientemente repreendidos para que o acusemos hoje de ter desprezado a importância do ponto de vista humano. No entanto é verdade dizer que, num sentido profundo, a Idade Média sem-

---

14. São Boaventura, op. cit., II, 12ª edição citada, p. 312-3.

pre se manteve apartada do antropocentrismo com que o idealismo de nossos contemporâneos se compraz.

Porque é esse um dos mais extraordinários espetáculos da história, cujo primeiro ato começa com Descartes e que se prolonga ainda hoje. Os filósofos cristãos podiam ser persuadidos de que a natureza era feita para o homem, e é verdade dizer nesse sentido que o mundo medieval tinha o homem como centro; eles também sabiam que, uma vez que Deus criou o universo, esse universo é dotado de uma existência própria, que o homem pode conhecer, mas que não poderia ter a pretensão de criar[15]. É por isso que, garantida pela eficácia da ação divina, a natureza das coisas é sempre, para o pensamento, uma realidade distinta a acolher em si, a fim de se apoderar dela e de a assimilar. Quando Kant declarou que ia realizar uma revolução copernicana, substituindo o realismo dogmático da Idade Média pelo idealismo crítico, era o contrário que necessariamente viria a ser verdade[16]. O sol que Kant estabelece no centro do

---

15. Podemos dizer que, em certo sentido, o kantismo consiste em atribuir ao pensamento do homem a função criadora de inteligibilidade que a Idade Média reservava a Deus: "Scientia Dei aliter comparatur ad res quam scientia nostra; comparatur enim ad eas sicut et causa et mensura. Tales enim res sunt secundum veritatem, quales Deus sua scientia eas ordinavit. *Ipsae autem res sunt causa et mensura scientiae nostrae*. Unde sicut et scientia nostra refertur ad res realiter, et non e contrario, ita res referentur realiter ad scientiam Dei, et non e contrario." São Tomás de Aquino, *Qu. disp. de potentia*, VII, 10, ad 5ᵐ. É o que sugere também outro texto, em que se vê que nosso intelecto representa, em Kant, em relação às coisas naturais, o papel que são Tomás reserva ao intelecto divino, só o atribuindo a nós em relação aos objetos artificiais – nossas *criações*: "Intellectus enim practicus causat res, unde est mensuratio rerum quae per ipsum fiunt, sed intellectus speculativus, quia accipit a rebus, est quodammodo motus ab ipsis rebus, et ita res mensurant ipsum. Ex quo patet quod res naturales, ex quibus intellectus noster scientiam accipit, mensurant intellectum nostrum, ut dicitur *X Metaph.* [com. 9]: sed sunt mensuratae ab intellectu divino, in quo sunt omnia creata, sicut omnia artificiata in intellectu artificis. Sic ergo intellectus divinus est mensurans non mensuratus; res autem naturalis, mensurans et mensurata; sed intellectus noster est mensuratus, *non mensurans quidem res naturales*, sed artificiales tantum." *Qu. disp. de veritate*, I, 2, Resp.

16. Kant, *Kritik der reinem Vernunft*, Prefácio da segunda edição.

mundo é o homem, de modo que sua revolução é exatamente o inverso da de Copérnico e nos leva a um antropocentrismo muito mais radical que aquele de que se acusa a Idade Média. O homem medieval só se acreditava no centro do mundo em sentido local; essa criação, de que ele era o fim e que se recapitulava nele, apesar disso era um exterior ao qual ele tinha de se submeter para conhecer a natureza deste. Alimentado de idealismo kantiano, o homem moderno estima, ao contrário, que a natureza é o que as leis do espírito fazem dela. Perdendo sua independência de obras divinas, as coisas passam a gravitar em torno do pensamento humano, cujas leis tomam emprestadas. Como se surpreender, depois disso, com o fato de a crítica ter progressivamente eliminado toda metafísica? Para superar a física, é necessário haver uma física. Para se elevar acima da ordem da natureza, é necessário haver uma natureza. A partir do momento em que o universo se reduz às leis do espírito, esse novo criador não tem mais nada à sua disposição que lhe permita superá-lo. Legislador de um mundo a que seu próprio pensamento dá origem, o homem tornou-se prisioneiro da sua obra e não conseguirá mais escapar dela.

Considerar o espírito da reforma kantiana é fazer muito para compreender o espírito que ela pretende eliminar. Porque é de fato o realismo medieval que Kant visa através do dogmatismo que nele se inspira. A Crítica inaugura uma nova era, *cum revera sit infiniti erroris finis et terminus legitimus*[17]. Do que ele não parece ter desconfiado é de que o realismo medieval só pode ser extirpado dos espíritos com o espírito cristão, que regeu sua evolução e garantiu seu crescimento. Advertidos pelo Gênese de que o mundo é obra de Deus, e não do homem, os pensadores da Idade Média eram prevenidos pelo Evangelho de que a finalidade do homem não é o mundo, mas Deus. Subvertendo a colo-

---

17. Fr. Bacon, *Instauratio magna*, praef., inscrito por Kant em epígrafe da *Crítica da razão pura*.

cação tradicional do problema, o idealismo crítico torna a solução dele impossível. Se meu pensamento é a condição do ser, nunca superarei por meio dele meus limites, e minha capacidade de infinito nunca será satisfeita. Se meu pensamento apenas coloca as condições *a priori* da experiência, sempre haverá entre Deus e mim a tela interposta das categorias do entendimento, que me vedará hoje o conhecimento da sua existência e, mais tarde, a visão beatificadora da sua perfeição. Sem dúvida, sempre se pode imaginar uma transmutação completa do homem, que o habilitaria a um conhecimento de um tipo estranho à sua natureza, mas é precisamente isso que os filósofos cristãos julgaram pouco filosófico e acreditaram necessário evitar. Considerado tal como é, o homem viajante deve estar a caminho de um fim que, por mais acima que esteja dele, é no entanto tal que sua natureza não torne o homem essencialmente incapaz de alcançá-lo. Tais como se realizam, as operações do seu intelecto devem prepará-lo para tanto. Abrindo-se docilmente aos seres cujas essências o enchem sem fartá-lo, o pensamento do homem deixa-se levar ao Ser e se dispõe a receber o único objeto que é capaz de saciá-lo. Mas qual é sua relação com esse objeto e em que sentido ele é capaz de recebê-lo é uma questão que precisamos examinar.

CAPÍTULO XIII

O intelecto e seu objeto

O problema do objeto do conhecimento humano contém duas questões distintas e, ao mesmo tempo, intimamente ligadas. A primeira questão se refere ao objeto natural do conhecimento e consiste em saber, dado um intelecto como o nosso, que classe de seres cai diretamente e como que de pleno direito sob a sua apreensão. A segunda se refere a seu objeto adequado e indaga se o que é naturalmente cognoscível para nós basta por si só para satisfazer a capacidade do nosso intelecto. Duas poderosas sínteses metafísicas resolveram o problema adotando dois métodos diferentes, mas de espírito idêntico: a de são Tomás de Aquino e a de Duns Scot. Nada pode ser mais útil para continuar nosso tema do que considerá-las tanto em suas divergências como em sua concordância.

À primeira vista, poder-se-ia imaginar que os filósofos desejosos de assegurar ao homem a possibilidade de conhecer Deus não puderam conceber, para tornar possível esse conhecimento, nada mais simples do que postular Deus como o objeto natural do nosso intelecto. Aliás, é assim às vezes que interpretam os seus sistemas os que, cansados de acusá-los de serem teologias, repreendem-nos por serem místicos. Na verdade, nada é menos exato. Fazer de Deus o objeto natural do nosso conhecimento é, ao contrário, uma das acusações que os filósofos medievais fazem com mais freqüência uns aos outros, precisamente porque o perigo é, aos olhos deles, tão grave que cada um deles se gaba de tê-lo superado mais completamente que seu vizinho. São Boaventura critica por isso Grosseteste; Duns Scot critica Henrique de Gand, e mais de um tomista ainda hoje critica Duns Scot pelo mesmo motivo. Ninguém se iluda: é um ponto que decide a sorte de toda a epistemologia cristã. Vale a pena nos determos nele.

Neste como em outros pontos, era grande a tentação, para os cristãos, de acompanhar a linha de menor resistência e procurar no platonismo os princípios de uma solução. Não foi o que fez são Tomás. Longe de conceder a Platão que o objeto próprio e natural do nosso intelecto é a Idéia inteligível, à qual nos elevaríamos penosamente pelo esforço obstinado que nos desviaria dos sentidos, ele se declara de acordo com Aristóteles e com a experiência para afirmar que, nesta vida, não podemos formar nenhum conceito sem, antes, ter experimentado uma sensação, tampouco voltar em seguida a esse conceito sem recorrer às imagens que as sensações depositaram na imaginação. Existe portanto uma relação natural, uma proporção essencial entre o intelecto humano e a natureza das coisas materiais, de que resulta que, se há Idéias puramente inteligíveis, como as de Platão, o próprio fato de elas escaparem por natureza da apreensão dos nossos sentidos torna impossível considerá-las como o objeto natural do nosso intelecto. Ora, eliminar as Idéias platônicas do campo normal do conhecimento humano é eliminar desse campo todos os objetos de mesma natureza, isto é, todos os que transcendem a experiência sensível.

Em primeiro lugar, recusamo-nos a conceder a certos filósofos que possamos formar, com a ajuda de conceitos abstratos do sensível, um conhecimento próprio de toda substância puramente inteligível. De fato, o puro inteligível é de uma natureza inteiramente diferente da das essências sensíveis; assim, por mais que abstraiamos, refinemos e purifiquemos, nunca faremos que o que nos é dado como sensível possa representar o puro inteligível. Sem dúvida, o conhecimento abstrato do inteligível puro é melhor que nada, mas daí a tomá-lo por um conhecimento próprio do inteligível como tal há uma enorme distância. Mas o que é verdade para os objetos não sensíveis, como as Inteligências puras, o é muito mais ainda quando se trata de Deus. Porque as puras Inteligências só se distinguem de nós por sua imaterialidade; substâncias diferentes do que somos, por não serem compostas, como nós, de matéria e de forma, elas são apesar disso substâncias, já que compostas de essência e de existência. Numa palavra, embora não pertençamos, elas e nós, ao mesmo gênero natural, elas se incluem, conosco, no mesmo gênero lógico, o da substância ou, mais simplesmente ainda, da criatura, isto é, de tudo o que, não sendo o Ser, não tem em sua essência a razão suficiente da sua existência. Mas Deus não se inclui nem no mesmo gênero natural nosso, por não ser composto de matéria e de forma, nem no gênero lógico da substância em geral, por não ser tampouco composto de essência e de existência. Como então o que transcende de todos os pontos de vista tanto a alma humana que conhece, como o objeto sensível que esta conhece, poderia cair naturalmente sob a apreensão do nosso intelecto? Assim, a resposta tomista para o problema colocado é ao mesmo tempo simples e clara: um intelecto cujo conhecimento abrange naturalmente as coisas sensíveis não poderia ter naturalmente Deus por objeto[1].

A posição scotista é mais complexa e menos fácil de se apreender, mas coincide inteiramente com a conclusão do tomismo. Nas duas doutrinas, é igualmente válido dizer que o intelecto humano não pode apreender o puro inteligível, *pro statu isto*[2]; o que as separa são suas concepções

---

1. São Tomás de Aquino, *Sum. theol.*, I, 88, 2, Resp. e ad 4ᵐ; I, 88, 3, Resp.; *Cont. gent.*, III, 42-43.
2. "Intellectus noster secundum statum praesentis vitae naturalem respectum habet ad naturas rerum materialium...", são Tomás de Aquino, *Sum. theol.*, I, 88, 1, Resp. "Unde secundum statum praesentis vitae neque per intellectum possibilem, neque per intellectum agentem possumus intelligere

diferentes do estado atual do homem e da razão pela qual ele está nesse estado. Quando são Tomás declara que o intelecto deve necessariamente se voltar para o sensível, *secundum statum praesentis vitae*, ele pretende dizer que o estado do homem nesta vida também é seu estado natural, aquele em que ele está posto pelo simples fato de que sua natureza é uma natureza humana. O pecado original feriu-o, mas não pode tê-lo mudado, porque mudar uma natureza equivaleria a destruí-la. E, de resto, de que outro modo poderia ser? Como a união da alma com o corpo é uma união natural, o estado que resulta dessa união é um estado natural e o modo de conhecimento por abstração do sensível que resulta desse estado é um modo de conhecimento natural: *anima ex sua natura habet quod intelligat convertendo se ad phantasmata*. São Tomás vai tão longe nesse sentido, e vai sempre tão longe quanto sua razão exige, que, quando reconhece que a alma separada do corpo deve ser capaz de conhecer diretamente o inteligível, acrescenta que o estado em que ela se encontra então não é mais o que convém à sua natureza. O que é óbvio. A alma está unida ao corpo precisamente a fim de poder agir de acordo com sua natureza – *unitur corpori ut sic operetur secundum naturam suam* –, mas o modo de conhecimento que ela ainda pode exercer quando separada do corpo, mais nobre em si talvez, não poderia lhe ser natural[3].

Já o que Duns Scot chama de *estado* nada tem de idêntico ao que são Tomás declara por esse nome. Para ele, o es-

---

substantias separatas immateriales secundum seipsas." Ibid. "Respondeo dicendum quod, cum intellectus humanus, secundum statum praesentis vitae non possit intelligere substantias immateriales creatas, ut dictum est [art. 2], multo minus potest intelligere essentiam substantiae increatae. Unde simpliciter dicendum est, quod Deus non est primum quod a nobis cognoscitur; sed magis per creaturas in Dei cognitionem pervenimus, secundum illud Apostoli: *Invisibilia Dei per ea quae facta sunt, intellecta conspiciuntur* [Rm 1, 20]. Primum autem quod intelligitur a nobis secundum statum praesentis vitae, est quidditas rei materialis, quae est nostri intellectus objectum, ut multoties supra dictum est (qu. 84, 7; 85, 1; 87, 2, ad 2ᵐ)." *Sum. theol.*, I, 88, 3.

3. São Tomás de Aquino, *Sum. theol.*, I, 89, 1, Resp.

tado de um ser não se define, primeiramente, em função de uma natureza que bastaria para assegurá-lo; não é nem sequer uma conseqüência de direito baseada numa necessidade interna de uma essência, que pode de certo modo exigi-lo, mas simplesmente uma maneira de ser estável, cuja permanência é assegurada pelas leis da sabedoria divina: *status non videtur esse nisi stabilis permanentia legibus divinae sapientiae firmata*. Donde resulta que, na filosofia de Duns Scot, o estado do intelecto pode ser o mesmo que na filosofia de são Tomás, sem que no entanto estejamos autorizados a deduzir daí as mesmas conseqüências, e é precisamente o que ocorre a propósito do problema de que nos ocupamos. É bem verdade que, segundo Duns Scot, o intelecto humano tomado em seu estado atual não poderia formar nenhum conceito sem o socorro dos sentidos; mas é de um estado de fato, e não de um estado de direito, que se trata. Sem uma moção inicial do intelecto pela sensação, não há conhecimento intelectual. Por quê? Talvez, é uma hipótese sobre a qual Duns Scot torna complacentemente, por punição divina do pecado original. Talvez simplesmente porque Deus quer essa colaboração íntima das nossas faculdades de conhecer. Qualquer que seja a razão em que nos detenhamos, o que é absolutamente certo é que nada, nem na natureza do intelecto como tal, tampouco na natureza desse intelecto enquanto unido ao corpo, lhe faz necessário recorrer ao conhecimento sensível para exercer suas operações[4]. Mas, se assim é, não se pode mais dizer

---

4. "Si quaeritur quae est ratio istius status, respondeo, status non videtur esse nisi stabilis permanentia legibus divinae sapientiae firmata. Stabilitum est autem illis legibus divinae sapientiae, quod intellectus noster non intelligat pro statu isto, nisi illa quorum species relucent in phantasmate, et hoc sive propter poenam originalis peccati, sive propter naturalem concordiam potentiarum animae in operando, secundum quod videmus quod potentia superior operatur circa idem quod inferior, si utraque habeat operationem perfectam, et de facto ita est in nobis, quod quodcumque universale intelligimus, ejus singulare actu phantasiamur. Ista tamen concordia, quae est de facto pro statu isto, non est ex natura nostri intellectus, nec etiam unde in

que o objeto próprio do nosso intelecto é a essência da coisa sensível. Portanto não se pode tampouco sustentar que o inteligível puro escapa da nossa apreensão em razão da sua inteligibilidade mesma. Não se pode mais enfim pretender que, se Deus não é o objeto natural do nosso conhecimento, é porque a realidade sensível é a única naturalmente proporcional ao nosso intelecto. É também por isso que, bloqueado no terreno da epistemologia, Duns Scot vai se voltar para a metafísica. A vereda pela qual ele nos conduz nesse terreno tem seus espinhos, mas ouso convidá-los a acompanhá-lo, e estou persuadido de que vocês não lamentarão ter seguido caminho com ele.

Convenhamos chamar de "moção" a ação exercida por um ser real sobre outro e perguntemo-nos se Deus pode ser considerado um objeto capaz de mover naturalmente nosso intelecto. Para a questão assim formulada, somente duas respostas são possíveis, porque há apenas dois tipos de moções concebíveis: a moção natural e a moção voluntária. Uma moção natural é a que um ser exerce sobre outro em virtude de uma necessidade interna da sua natureza; basta-lhe portanto ser para exercê-la e, se é, não pode não exercê-la. Uma moção voluntária é aquela que um ser exerce por uma decisão livre, e, por conseguinte, depende apenas dele exercê-la ou não. A questão comporta portanto somente duas respostas: ou Deus move nosso intelecto como um ser natural age sobre outro, caso em que se deve dizer que ele é o objeto natural do nosso intelecto; ou Deus move nosso intelecto para conhecê-lo por um decreto da

---

corpore est; tunc enim in corpore glorioso necessario haberet similem concordiam, quod falsum est. Utcumque igitur sit iste status, sive ex mera voluntate Dei, sive ex mera justita punitiva, sive ex infirmitate..., sive, inquam, haec sit tota causa sive aliqua alia, saltem non est primum objectum intellectus, ut potentia est, quidditas rei materialis, sed est aliquid commune ad omnia intelligibilia, licet primum objectum adaequatum sibi in movendo pro statu isto sit quidditas rei sensibilis." Duns Scot, *Op. Oxon.*, I, 3, 3, 24, ed. Quaracchi, t. I, pp. 351-2.

sua livre vontade, e então há que dizer que entre nós e ele nenhuma relação natural é concebível, nem mesmo relação entre sujeito cognoscente e objeto conhecido. Dessas duas respostas, qual se deve escolher?

Um dos pontos que mais se prestam a equívocos quanto à filosofia de Duns Scot é o do papel que a vontade desempenha nela. Não há expressão mais costumeira que a de "voluntarismo scotista". E é bem verdade que a vontade desempenha um papel considerável em sua doutrina, mas encontra seus limites aí, o mais importante dos quais, o que bastaria para separar radicalmente Duns Scot dos que colocam a vontade na origem do ser, é que para ele não é possível nenhum voluntarismo em Deus relativamente a Deus. Mais precisamente ainda, como classificamos toda moção concebível como natural ou voluntária, é impossível que a moção absolutamente primeira, aquela de que depende todo o resto, seja uma moção voluntária. O que está no princípio tem de ser necessariamente uma natureza, e não uma vontade. É fácil entender a razão desse fato. Para querer é preciso conhecer; portanto o ato pelo qual a vontade quer pressupõe o ato pelo qual o objeto desejado se faz conhecer pelo intelecto; ora, a moção do intelecto pelo objeto é uma moção natural; logo deve haver uma moção natural anterior a todo ato da vontade. É só aplicar agora as distinções que precedem, por mais impróprias que sejam quando se trata de Deus, e veremos a solução do problema surgir, por via de conseqüência necessária.

A primeira natureza capaz de exercer uma moção, e aquela antes da qual nenhuma outra, falando em absoluto, é possível, é a essência divina, porque ela precede todo o resto, assim como o infinito precede o finito. Ora, essa moção natural e primeira de todas só pode ser recebida pelo intelecto divino, de modo que a primeira das moções é a moção natural do intelecto de Deus por sua essência: *omnino prima motio est naturalis motio divini intellectus a suo objecto*. É então, e somente então, que a vontade divina pode intervir para apreender num ato de amor a essência infinita assim conhecida e expressa. O ato voluntário se soma ao ato natural e, assim como da intelecção de Deus por si mesmo engendra-se o Verbo, assim também do amor de Deus por si mesmo procede o Espírito Santo. Encerra-se com isso o círculo das operações imanentes à primeira essência, mas já podemos discernir aí o germe do que possibilitará a existência de todo o resto.

De fato, do ponto de vista da análise metafísica, a primeira de todas as moções concebíveis não termina apenas com a intelecção da essência divina considerada em sua necessidade e em sua infinidade, mas alcança também as participações finitas e criáveis dessa essência, os seres cuja existência possível, se viesse a se atualizar, seria uma analogia do único Ser que pode fazê-los existir. Só que, por uma intuição profundíssima que nos conduz ao cerne do seu pensamento, Duns Scot observa que o conhecimento dos possíveis em Deus não poderia ser da mesma natureza que o que ele tem da sua própria essência. Porque sua essência é necessária, ao passo que, por definição, os possíveis não o são. Considerados em si e em sua possibilidade pura, eles carecem da determinação requerida para cair sob a apreensão de um conhecimento distinto. Aliás vê-se facilmente isso, ao considerar o caso dos futuros contingentes. Com efeito, suponhamos que o intelecto divino, tomado em si e à parte de toda determinação voluntária, saiba que, de dois acontecimentos possíveis, um deve se produzir. De duas, uma: ou esse acontecimento permanece contingente em si, e nesse caso o intelecto divino poderia se enganar, ou o conhecimento que dele tem o intelecto divino é infalível, e nesse caso o acontecimento deixaria de ser contingente. Assim, pois, enquanto nos ativermos à ordem do intelecto, um conhecimento distinto do contingente será impossível. Para que se torne distinto, o que é necessário?

É preciso, em primeiro lugar, do ponto de vista da análise metafísica que empreendemos, que a vontade divina decida querer certo ser ou certo acontecimento determinado. Em segundo lugar, o intelecto de Deus, que vê essa determinação infalível da sua vontade, sabe em conseqüência dessa decisão que tal ser deve existir ou que tal acontecimento deve se produzir. Matando em sua raiz o necessitarismo de Avicena, Duns Scot prova portanto que, nele, longe de decorrerem do ser primeiro em virtude de uma lei natural, as criaturas não seriam capazes nem mesmo de ter idéias distintas, sem uma intervenção livre da vontade de Deus. Para que elas possam ser determinantemente concebidas, é necessário antes de tudo que Deus as queira; a essência do ser necessário move pois necessariamente seu intelecto, mas a essência do ser contingente só pode movê-lo de maneira contingente, já que, para mover, é necessário ser, e seu ser depende de uma vontade. Mas o inverso não é menos verdadeiro, e chegamos aqui ao limiar da nossa conclusão.

Nenhum objeto contingente pode ser o objeto necessário e natural do intelecto divino. Não pode ser o objeto necessário, porque o único objeto necessário dele é a essência divina. Não pode ser o objeto natural, porque só adquire valor de objeto em virtude da decisão de uma vontade. Mas a recíproca é igualmente evidente. Nenhum intelecto criado pode ter Deus por objeto natural, porque, se não há relação natural entre a criatura e Deus, não há tampouco entre Deus e a criatura. Para que seja de outro modo, a relação entre nosso intelecto e a essência divina teria de ser a mesma que entre o intelecto de Deus e sua essência. Ora, sabemos perfeitamente que ela não o é, porque nosso intelecto é contingente como nossa existência mesma. Para que o homem possa conhecer Deus, a vontade que lhe faz atravessar a passagem do possível ao ser tem de intervir de novo para fazer-lhe vencer o abismo do finito ao infinito. Somente o infinito pode fazê-lo. Assim, o ser que só existe em virtude de uma decisão livre de Deus, por não ter relação necessária com Deus, só conhecerá Deus em virtude de uma decisão divina igualmente livre, porque não há relação natural entre um intelecto contingente e uma essência necessária[5]. Deus tomou essa decisão criando este mundo visível que manifesta sua glória e cuja consideração nos eleva a ele; também a toma elevando a ele os bem-aventurados que desfrutam dele face a face, mas, num caso como no outro, seja indiretamente por sua criação ou diretamente por sua graça, o intelecto humano só se eleva ao conhecimento de Deus porque Deus quer[6].

Construindo tal síntese, Duns Scot não cortava apenas a raiz do necessitarismo árabe, mas estabelecia ao mesmo tempo a incompatibilidade essencial de todo ontologismo com sua própria doutrina e com a filosofia cristã em geral. Quando pensamos que ele foi muitas vezes acusado de fazê-lo, não podemos deixar de pensar na inutilidade completa de todo esforço para ser claro, já que lhe atribuem, dentre todas as teorias do conhecimento, a que lhe teria sido mais odiosa e cuja falsidade radical sua metafísica mesma estabelece. Ora, nesse plano das teses mestras e das idéias diretrizes, ele alcança por caminhos que lhe são próprios as posições a que são Tomás de Aquino havia chegado pelos dele. Porque é evidente que não se trata mais aqui de uma dessas questões de método em que as divergências técnicas permanecem sempre possíveis: é a própria essência do pensamento cristão que está em jogo, e, se são Tomás já não estivesse separado do ontologismo, tanto por seu empirismo como por uma barreira em si suficiente, ele ergueria tantas outras quantas Duns Scot em sua metafísica. De fato, para um como para outro, ver Deus por sua essência é próprio de Deus mesmo; ou seja, nenhuma criatura poderia alcançar esse conhecimento, a não ser que Deus a elevasse até lá: *nisi Deo hoc faciente*. Em ambas as doutrinas, a diferença radical que separa o ser necessário do ser contingente supõe um corte na ordem da existência que

---

5. Duns Scot, *Quaest. Quolib.*, XIV, 14-15.
6. Duns Scot, op. cit., 16-17.

se prolonga na do conhecimento. Somente o intelecto divino enxerga por si a essência divina, diz são Tomás, justamente porque ele é a própria essência divina; para que o nosso, que não o é, possa conhecê-la, é necessário que uma ação de Deus o torne capaz disso: *haec igitur visio non potest advenire intellectui creato nisi per actionem Dei*[7]. Assim, nos dois sistemas, um conhecimento natural da essência divina é uma contradição em termos, e é por isso que Deus não pode ser o objeto natural e primeiro do nosso intelecto.

Essa conclusão tão firme não torna mais fácil a solução da segunda parte do nosso problema. De fato, temos de encontrar agora um objeto natural do intelecto que, sem ser Deus, nos ponha ainda assim no caminho de Deus. Em outras palavras, se o conhecimento de Deus não é nosso conhecimento de Deus, a beatitude que ele gera não será nossa beatitude. Ora, para que esse conhecimento seja nosso, é preciso que nosso intelecto possa pelo menos tornar-se capaz de tê-lo e, por conseguinte, que também possamos discernir nele, desde já, o fundamento dessa capacidade. Perguntemos sucessivamente a são Tomás e a Duns Scot onde eles o colocam e como representam a relação do intelecto humano com o mais perfeito de todos os objetos.

A posição de são Tomás é nitidamente delimitada por sua teoria do conhecimento e não há um instante em que não o vejamos procurando evitar suas conseqüências necessárias. Nosso intelecto forma todos os seus conceitos com a ajuda de intuições sensíveis; logo não poderíamos atribuir a ele, em seu estado presente, um objeto que não possa ser alcançado a partir dessas intuições. Não há nada, de resto, que possa inquietá-lo em tal conclusão. São Paulo diz que é possível elevar-se ao conhecimento de Deus partindo das criaturas; logo é claro que uma epistemologia que se limitasse a passar pelo sensível encontraria sempre aber-

---

7. São Tomás de Aquino, *Cont. gent.*, III, 52.

to diante de si pelo menos um caminho até Deus: o caminho que tem seu ponto de partida no espetáculo da criação. O empirismo sensível não acarreta portanto agnosticismo em matéria de teologia natural, mas, se ele nos permite alcançar Deus, que conhecimento nos proporciona dele?

Para quem parte do sensível, Deus só pode ser alcançado como causa criadora do mundo dos corpos, e todo o conhecimento natural que se tem dele reduz-se ao que podemos saber dessa causa a partir desses efeitos. Não é nada; não é pouco; não é tudo. Apoiando-se na existência dos seres contingentes, o raciocínio pode, de fato, se elevar até chegar à conclusão de um ser necessário. Sabemos portanto que ele é, e que é a causa primeira de todo o resto, conhecimento esse que, como vimos, basta para transformar completamente nossa interpretação filosófica do universo. Alcançado esse termo, ainda é possível circunscrever em certa medida a essência divina cuja existência acabamos de postular, porque, se Deus é causa primeira na ordem do ser, podemos ter certeza de que ele transcende radicalmente todo ser dado ou até todo ser concebível por um pensamento criado. O esforço do intelecto para negar todos os limites de Deus com que é marcado o ser sensível que conhecemos leva-nos portanto a postular a existência de uma essência sobreeminente e inteiramente distinta dos efeitos de que ela é a causa. Dito isso, tudo o que o homem pode dizer está dito. Nessa essência divina cuja existência ele postula, seu intelecto não penetra, e sabemos pelo que precede que, por si mesmo, nunca a alcançará. Dionísio tem razão ao dizer que o Deus a que nossa razão se eleva continua a ser um Deus por assim dizer desconhecido: *Deo quasi ignoto conjungimur.* Porque sabemos muito bem que ele existe, e o que ele não é, mas o que ele é permanece completamente desconhecido para nós: *de Deo quid non sit cognoscimus, quid vero sit penitus manet ignotum*[8]. Cla-

---

8. São Tomás de Aquino, *Cont. gent.*, III, 49, ad *Cognoscit tamen.*

ro, a distância que separa o intelecto de Deus é imensa no tomismo; ela é, se assim podemos dizer, uma "*distantia maxima*", mas não é tanta que Deus não possa cobri-la.

Em primeiro lugar, notemos que, por mais débil que seja, o intelecto humano é e continua sendo um intelecto, isto é, uma capacidade de se tornar de certo modo qualquer coisa por modo de representação. Sua miséria é só poder assimilar o inteligível incluído no sensível, mas o que ele aí procura é precisamente o inteligível, e nada o deterá nessa busca, enquanto lhe restar inteligível a assimilar. Percebemos isso nitidamente, por pouco que consideremos a vida científica e filosófica do espírito. Limitados como somos pelo objeto natural da nossa investigação, pelo menos não teremos descanso enquanto não houvermos alcançado os limites desse objeto, isto é, enquanto não houvermos ordenado o material atualmente adquirido do nosso conhecimento de acordo com um pequeno número de princípios primeiros inteligíveis. Tudo acontece portanto como se a vida do espírito fosse animada do interior por um desejo natural de se unificar o mais completamente possível. Ou melhor, esse desejo nada mais é que um outro nome da própria vida do espírito. Ele é, podemos dizer, o espírito contingente, em seu esforço para atualizar suas possibilidades latentes, completar-se e realizar-se. Aliás, é por isso que nenhum desejo natural pode ser vão; porque o simples fato de existir supõe uma possibilidade ativa, consciente de si mesma, se se trata de um intelecto, de que ele simplesmente exprime a tendência a se atualizar. Possibilidade, dissemos, e nada mais, porque o êxito do esforço não depende apenas do sujeito que se esforça, depende também da acessibilidade do seu objeto. Não basta tentar para ter êxito. No entanto, uma tentativa que fique no meio do caminho não é uma tentativa vã; ela erra de objeto, o que não prova que não tenha objeto. Muito pelo contrário, mesmo se ficasse provado que, por suas forças tão-somente, quem deseja não alcançará completamente o objeto do seu desejo, e mesmo que não houvesse razão alguma para contar com um socorro qualquer que o tornasse capaz de tanto, o desejo sentido continuará ali, não morto, mas exasperado até a angústia pela sensação da sua impotência. São Tomás conhece essa angústia; é a angústia de Alexandre de Afrodísia, de Averróis, de Aristóteles: *in quo satis apparet quantam augustiam patiebantur hinc inde eorum praeclara ingenia*. É a do próprio intelecto humano, que pode se tornar tudo, que postula a existência do Ser a partir do sensível, que queria tornar-se ele, e não pode.

É aqui, e somente aqui, que a fórmula tantas vezes repetida por são Tomás a propósito desse problema adquire todo o seu sentido: *impossibile est naturale desiderium esse inane*. Que o desejo de ver Deus seja natural, é o que prova a história da filosofia e também a experiência pessoal de qualquer homem que se eleve, pela razão, da consideração do mundo à da sua causa. O mundo sensível nos é dado e queremos compreender a razão da sua existência. A resposta a essa questão é que as coisas existem porque Deus existe. Sabendo que Deus existe, gostaríamos de saber o que ele é, e é aí que a filosofia fracassa; mas, longe de suprimir esse desejo, ela aguça-o por seu fracasso mesmo. Possa ela satisfazê-lo ou não, enquanto houver homens para conhecer a existência de Deus, haverá homens para querer conhecer sua natureza, para saber que a alma dos homens não tem nem repouso, nem beatitude, enquanto for privada desse conhecimento, e até para sofrer misérias piores que as dos outros homens, porque os que não são conscientes da sua ignorância não são tampouco do bem magnífico que lhes falta. A última palavra da filosofia é a afirmação certa da existência de um bem supremo e da nossa impotência em participar dele; ou melhor, seria a última, se o conhecimento da sua existência e o desejo de ver sua essência não atestassem ao mesmo tempo que esse conhecimento é possível. A angústia da alma pagã mede a distância que separa o intelecto humano do único objeto capaz de saciá-lo, e é por isso que a promessa divina liberta-o dessa angústia, porque, sabendo o que é um intelecto e que a alma é imortal, a graça de Deus pode fazer com que sua beatitude se torne nossa beatitude, porque nossa verdade será perfeita por sua verdade[9]. Precisemos este último ponto.

Mesmo na filosofia de são Tomás, há uma certa esperança de um dom divino que, devendo somar-se à natureza como uma graça, longe de destruí-la a colocará na perfeição suprema de que ela é capaz. Que o intelecto possa receber tal perfeição, é manifesto. Ele o pode por sua natureza mesma, que é uma capacidade de apreender o inteligível. Entre o que ele é e o que Deus é, não existe nenhuma incompatibilidade na ordem do conhecimento, e é por isso que são Tomás pode escrever, sobre a substância divina, que ela não é inteiramente estranha ao intelecto criado. Com certeza, ela está inteiramente fora do seu alcance, mas é somente por ela estar infinitamente acima dele, e não por ele ser formalmente incognoscível: *divina substantia non sic est extra facultatem intellectus creati, quasi aliquid omnino extraneum ab ipso*[10]. A potência ativa do intelecto relativa-

---

9. São Tomás de Aquino, *Cont. gent.*, III, 51, init.

10. São Tomás de Aquino, *Cont. gent.*, III, 54, ad *Rationes*. O fundamento da doutrina já havia sido lançado por santo Agostinho: "Neque enim omnes homines naturali instinctu immortales et beati esse vellemus, nisi esse possemus. Sed hoc summum bonum praestari hominibus non potest, nisi per Christum et hunc crucifixum, cujus vulneribus natura nostra sanatur. Ideo *justus ex fide vivit*." Santo Agostinho, *Cont. Julian. Pelag.,* II, 3, 19, *Patr. lat.*, t. 44, col. 747. O texto citado mais acima, p. 336, é tirado de *Cont. gent.*, III, 48. Reproduzo-o aqui por inteiro, porque ele nos permite adivinhar o coração de são Tomás por trás da sua doutrina: "In quo satis apparet, quantam angustiam patiebantur hinc inde eorum praeclara ingenia, a quibus angustiis liberabimur, si ponamus secundum probationes praemissas hominem ad veram felicitatem post hanc vitam pervenire posse, anima hominis immortali existente." Eu trocaria de bom grado todos os "Triunfos de são Tomás", em que grandes artistas representaram Averróis vencido e caído a seus pés, por essas linhas de uma ressonância tão profunda, em que se exprime, com a alegria da libertação, a fraternal piedade de uma alma ver-

mente ao seu objeto próprio, que o leva a ordenar todos os seus conhecimentos em relação ao Ser, é acompanhada aqui por uma possibilidade complementar, que é a de apreender esse Ser mesmo que ele postula em sua existência sem alcançar sua natureza. Possibilidade, porque, como seu objeto próprio é o sensível, ela não tem, por si mesma, nada que lhe permita superar esse nível. Mais ainda, mesmo se seu objeto próprio fosse o inteligível, sendo ela própria um ser participado, ela não poderia naturalmente alcançar o Ser em si, que ainda excederia infinitamente suas forças próprias. Mas não possibilidade abstrata, já que ela é a capacidade real de um sujeito e, sem ter nada do que é necessário para se atualizar, pode ser atualizada por Deus. Ela não poderia sê-lo pelo Deus de Aristóteles. As naturezas que procuram conhecê-lo não lhe devem a existência; tais como são elas continuam a ser, enquanto forem, antes de desaparecerem irreversivelmente. Ela pode sê-lo pelo Deus cristão, porque foi ele que criou essas naturezas, logo ele as pode perfazer. Aquele que lhes deu ser, e ser imortais, é capaz e livre de ampliar seus dons. Ele pode lhes dar tudo, contanto apenas que elas sejam capazes de receber. Portanto, como o intelecto é capaz da inteligibilidade total, Deus pode conferi-la a ele, se quiser, e é nesse sentido que, ao mesmo tempo que mantém a verdade da epistemologia de Aristóteles, são Tomás deixa abertas as perspectivas sobrenaturais que vão modificar profundamente seu significado.

Sua teologia natural legitima, de fato, todas as ambições da esperança cristã, mas ela é ao mesmo tempo a mais modesta que há. A de Duns Scot é a única que, com igual fir-

---

dadeiramente cristã. Que ele seja sempre para nós "o incomparável são Tomás de Aquino, tão grande de espírito quanto de coração". Não vou cometer a crueldade, com os que me criticam de escrever uma apologia, de me apropriar da fórmula sem avisá-los da sua origem. Ela é de Augusto Comte, *Système de politique positive*, t. III, pp. 488-9.

meza de pensamento, ousou nos conceder um pouco mais nesta vida, sem nos autorizar contudo a fazer de Deus o objeto primeiro do intelecto. É uma doutrina igualmente aceita pelos dois filósofos, no que aliás eles simplesmente acompanham Aristóteles, a de que o ser é o primeiro conceito inteligível alcançado por nossos intelectos. Não podemos perceber nem conceber nada, a não ser como um ser, e é somente depois que determinamos a natureza do objeto assim apreendido. É por isso que são Tomás afirma que o ser é o primeiro inteligível e o objeto próprio do nosso intelecto: *ens est proprium objectum intellectus, et sic est proprium intelligibile*[11]. Mas, quando se exprime assim, são Tomás pensa sempre que nosso conceito de ser é e continua sendo abstraído do sensível, de sorte que, se tentamos aplicá-lo a um puro inteligível, como Deus, este só lhe pode convir por analogia e só se torna utilizável corrigido por todas as negações necessárias.

Não ocorre o mesmo na filosofia de Duns Scot. Já observei que, a seu ver, não é em razão da sua essência que o intelecto é obrigado a passar pelo sensível, mas somente em virtude de um estado de fato cuja razão última, qualquer que seja, é contingente. Portanto não há por que surpreender-se com ver o intelecto scotista sobrepujar os dados sensíveis de que parte, muito mais amplamente que um intelecto tomista pode fazer[12]. De direito, e conforme sua natureza mesma, ele só pode ter por objeto próprio um puro inteligível, exatamente como os Anjos, cuja natureza é tão próxima da dele. De fato, mesmo em seu estado de natureza decaída, não é nem a essência do sensível singular como tal, nem a essência desse singular tornada universal por uma operação de lógica que ele alcança imediatamente, mas a própria essência inteligível, nem singular, nem universal, tomada em sua indeterminação pura. É o que ex-

---

11. São Tomás de Aquino, *Sum. theol.*, I, 5, 2, Resp.
12. Duns Scot, *Op. Oxon.*, I, 3, 7, 39.

plica a célebre doutrina scotista da univocidade do ser. Ela não significa que o ser divino seja da mesma ordem do ser criado: Duns Scot sabe muito bem que eles são apenas análogos. Ela não significa tampouco que o ser é um conceito universal logicamente atribuível a Deus e às criaturas, porque todo o mundo admitiria isso, com a reserva de estabelecer em seguida em que sentido lhes é atribuível. O que essa doutrina quer dizer é que a qüidade, a própria essência do ato de existir, tomada à parte das modalidades que determinam os diferentes modos de existência, é apreendida pelo intelecto como idêntica, qualquer que seja aliás o ser de que se trata. Quando Duns Scot diz que o ser é a primeira coisa que cai sob a apreensão do intelecto, não está mais falando, portanto, com são Tomás, da natureza do ser sensível como tal, mas da existência em si, sem nenhuma determinação geralmente qualquer e tomada em sua pura inteligibilidade[13]. Nessas condições, dizer que o ser é unívoco a Deus e à criatura é simplesmente afirmar que o conteúdo do conceito que nós lhes aplicamos é o mesmo nos dois casos, não porque são seres da mesma ordem ou mesma ordem comparável, mas porque *ser* é considerado apenas como significando o próprio ato de existir, ou a própria existência desse ato, independentemente de qualquer outra determinação.

Essa posição permitia evidentemente que Duns Scot levasse o intelecto humano para mais perto de Deus do que o tomismo era capaz de fazê-lo. Se o que ele diz é verdade, há pelo menos um dos nossos conceitos que vai além do plano da analogia e é, precisamente, o mais elevado de todos, o do ser. A grande vantagem que enxerga nele, e ele torna sobre esse ponto com prazer, é que o objeto próprio do intelecto vai coincidir com seu objeto adequado e que esse objeto adequado vai, por sua vez, ordenar-se espontaneamente no sentido do Deus propriamente cristão, que é

---

13. São Tomás de Aquino, *Cont. gent.*, I, 62, fim.

o ser verdadeiro, total e infinito. Daí em diante, haverá continuidade essencial, muito embora apenas virtual, entre o que a natureza pode conhecer e o que a graça pode dar a conhecer. Sem dúvida, a graça permanece necessária e não o é menos que no tomismo. O próprio fato de que o ser concebido pelo intelecto é unívoco, longe de nos facultar o ser divino, prova que ele ainda escapa da nossa apreensão. Enquanto o que pensamos for o ato de existir em sua comunidade com tudo o que existe, é claro que não pensamos Deus; se fosse ele, nós o conceberíamos como o ser infinito, o ser puro, isto é, com modalidades que quebrariam a univocidade para nos trazer de volta à analogia. Por definição, o ser pensado como sendo comum a Deus e à criatura não é o de Deus, nem o da criatura. Aliás, notemos de passagem, é por isso que as provas scotistas da existência de Deus são provas verdadeiras, pois o fato de partirem do ser supõe que esse conceito não é o de Deus, senão não haveria o que procurar. Portanto, tal como a analogia, a univocidade não é tampouco um começo de visão beatífica, porque não é nesse plano que se situa o corte entre Deus e o homem, mas no da criação. Seja o ser pensado análogo ou unívoco, o Ser escapa igual e necessariamente da apreensão dos seres, porque estes permanecem separados dele por sua contingência radical. Se Deus mesmo não houvesse afirmado, como o homem saberia que a posse do Ser infinito pode se tornar acessível a ele? Mas a partir do momento em que ele sabe, como tudo fica claro! O Deus que se oferece a nós é o Ser; o objeto natural do nosso intelecto já é o ser; seu objeto adequado é precisamente esse mesmo objeto natural, mas apreendido desta vez em sua indeterminação completa, isto é, ainda o ser. Para alcançar Deus, o que é preciso? Que, depois de ter posto o ser infinito em sua existência, para o que basta a razão natural, Deus lhe confira a visão beatificadora da sua infinitude, isto é, do ser divino enquanto divino, coisa de que, como vimos, qualquer criatura é incapaz por si mesma. Assim, a univocidade scotista é a negação radical do panteísmo, porque, para que o ser possa se dizer comum a Deus e às criaturas, ele não pode precisamente estender-se ao que faz com que o ser de Deus seja Deus; mas, ao mesmo tempo, ela unifica a ordem inteira do conhecimento humano, afirmando, através da diversidade dos estados pelos quais passa, a unidade essencial do seu objeto.

Procuremos agora identificar o aspecto novo que reveste uma epistemologia pelo fato de se encontrar integrada a uma concepção cristã do universo. Aqui também há poucas fórmulas tomistas ou scotistas de que não possamos encontrar um equivalente nos escritos de Platão, de Aristóteles e até de Avicena. A questão está sempre em saber se, quando repetem essas fórmulas, os filósofos cristãos dizem realmente as mesmas coisas. Ora, no caso que nos interessa, nada mais duvidoso, e basta acompanhar os pensadores da Idade Média até suas conclusões finais para se dar conta disso. Quando se sabe que a visão da Verdade é possível, principalmente quando se espera essa visão, a natureza de cada verdade é vista com outros olhos. Não somente seu valor, mas sua natureza mesma, porque ela não tem mais nem a mesma causa, nem o mesmo objeto, nem a mesma finalidade.

Como vimos, as coisas têm uma verdade que lhes é própria, já que são e que tudo o que é, é inteligível. A verdade delas é, de fato, seu ser, isto é, a fidelidade delas à sua essência. Mas essa fidelidade, que mede ao mesmo tempo o grau de ser e o grau de verdade das coisas, se mede por sua vez em relação ao tipo ideal da essência considerada, isto é, em relação à própria idéia divina. Para um pensador cristão, a verdade intrínseca dos seres está portanto inteiramente presa ao ato pelo qual Deus os pensa e ao ato pelo qual ele os cria. Do mesmo modo, também, a verdade do nosso intelecto é uma verdade real, que é verdadeiramente nossa, já que somos nós que a fazemos. No entanto, cada vez que um juízo verdadeiro se formula, ele se insere entre duas ordens distintas de relações divinas, cada uma das quais a condiciona ao mesmo tempo em seu conteúdo e em sua existência. Seu conteúdo é seu objeto, porque um juízo é verdadeiro quando o que ele diz das coisas corresponde ao que as coisas são. Toda verdade concebida é portanto a apreensão pelo intelecto de uma essência que é, em si, o que ela é em Deus, de modo que o pensamento divino rege então o nosso por intermédio do objeto. Quem causa sua existência é o nosso intelecto, mas ele não a causaria se ele mesmo não fosse causado por Deus. Cada luz inteligível criada é uma participação na luz divina; tudo o que o intelecto acrescenta de seu aos dados brutos da experiência externa ou interna, ele deve necessariamente receber de Deus. Os filósofos da Idade Média podem diferir quanto às modalidades da iluminação divina, mas todos estão de acordo para ensinar que Deus é o criador e o regulador dos intelectos, por conferir a estes não somente a existência, mas também o poder de formar os primeiros princípios em que repousam todas as ciências teóricas e práticas. Nesse sentido, é verdadeiro afirmar, com Alberto Magno, que Deus é o primeiro motor na ordem do conhecimento, assim como o é na ordem do ser[14], ou melhor, digamos que ele é primeiro na ordem do conhecimento porque é primeiro na ordem do ser, e é por isso que o intelecto do cristão não tem o mesmo objeto que o de Platão ou de Aristóteles.

Tanto se o ser lhe é dado como unívoco ou como analógico, ele o apreende como uma participação no ser divino, e podemos dizer o mesmo do ato pelo qual ele o apreende. Sem dúvida, é verdade que, para nós e de acordo com a ordem de aquisição dos nossos conhecimentos, é o ser sensível o objeto primeiro, mas, em si, Deus é que é o primeiro inteligível, e o é também para nós de acordo com a ordem do conhecimento, a partir do momento em

---

14. Alberto Magno, *De intellectu et intelligibili*, Tr. I, cap. II.

que este é adquirido. Porque sabemos então que ele é a causa primeira do próprio conhecimento, e sabemos também que, se há para nós algo a conhecer, é em virtude da conformidade dos seres com o intelecto divino. *Omnis apprehensio intellectus a Deo est*[15], eis o que nunca encontraremos em Aristóteles, com a noção de criação que essa fórmula implica; *veritas etiam rerum est, secundum quod conformantur suo principio, scilicet intellectui divino*[16], eis o que não poderíamos encontrar, nesse mesmo sentido, em Platão, a não ser que lhe prestemos gratuitamente a concepção agostiniana das Idéias, com a doutrina do Verbo que ela supõe, isto é, o próprio cristianismo. A metafísica do Êxodo penetra portanto no próprio âmago da epistemologia, na medida em que prende o intelecto e seu objeto ao Deus a quem um e outro devem sua existência. O que ela traz de novo aqui é a noção, desconhecida dos antigos, de uma verdade criada, espontaneamente ordenada no sentido do Ser que é, ao mesmo tempo, seu fim e sua origem, porque é somente por ele que ela existe, assim como somente ele pode perfazê-la e satisfazê-la.

---

15. São Tomás de Aquino, *Sum. theol.*, I, 16, 5, ad 3ᵐ. Cf. I, 88, 3, ad 2ᵐ.
16. São Tomás de Aquino, *Sum. theol.*, I, 16, 5, ad 2ᵐ. "Res dicuntur verae per comparationem ad intellectum divinum." Op. cit., I, 16, 6, ad 2ᵐ; cf. ibid., ad Resp.

CAPÍTULO XIV

O amor e seu objeto

Para conceber um intelecto que se saiba objeto natural, mas não conheça outro, os filósofos da Idade Média só precisavam se voltar para os gregos. Para conceber um amor que se saiba objeto natural, mas que não conheça outro, os homens da Idade Média só tinham de se voltar para si mesmos, e nisso se assemelhavam aos homens de todos os tempos. Aliás, se necessitassem de um livro, tinham o *De arte amatoria* de Ovídio, um manual bastante explícito e detalhado, que não deixaram de ler, copiar ou imitar. O amor platônico e o amor neoplatônico com que a Renascença iria se encantar ainda não havia sido descoberto, ou só era conhecido deles através das interpretações cristãs, que alteravam profundamente seu caráter. O próprio Aristóteles, com o pouco que podia contribuir neste ponto, só entraria em cena no século XIII. Ora, desde o século XII são Bernardo e seus discípulos já haviam construído uma doutrina completa do amor cristão. Eles partiram da própria realidade: a experiência comum do egoísmo e da sensualidade, em suma, do desejo humano em sua mais pobre nudez.

O que caracteriza inicialmente esse desejo, tal como a observação interior o apresentava a eles, é que ele está imediatamente voltado para o eu, ou para tudo o que pode ser relacionado ao eu. Foi assim que o descreveram são Bernardo e Guilherme de Saint-Thierry, os dois mestres dessa ordem de Cister, cuja grandeza, tão injustamente desconhecida, é comparável às mais puras. Tendo criado em todos os seus detalhes a ciência do amor cristão, voltou ao silêncio, para vivê-la em vez de falar a seu respeito. Conhecemos sabedorias menos perfeitas; mas mesmo esta tem seus perigos, porque sua discrição foi confundida com o esquecimento e com a confissão de um erro, sua negligência em se justificar. Assim, gostaria simplesmente de fazer justiça a são Bernardo, recordando o exato sentido das expressões que ele emprega. Quando diz, e quando Guilherme de Saint-Thierry repete, que o amor humano começa necessariamente como um egoísmo e um amor carnal, eles pretendem simplesmente descrever um estado de fato. Qual é o estado humano de direito, é outra questão, à qual aliás deveremos necessariamente chegar. Por enquanto, contentemo-nos em tomar a realidade concreta tal como nos é dada. Nascido de um desejo carnal, o homem precisa viver, lutar e adquirir para se manter na existência; ora, ele não o pode fazer sem se colocar a si mesmo como objeto do seu desejo[1] e, como ele não pode se querer sem querer tudo o que lhe é necessário, primeiro ele se quer e só quer todo o resto, depois disso, por amor a si.

Acrescentemos porém que é só analisar esse desejo mais de perto para que ele apresente uma característica singular, que por si não tem nada de necessário. À primeira vista, não se percebe por que seres como os homens, situados num universo cujos recursos sua inteligência põe à sua disposição, não conseguiriam satisfazer seus desejos. Aliás, não é preciso muito para satisfazê-los. Epicuro tinha razão ao dizer que, com um pouco de pão e de água, o sábio é igual ao próprio Júpiter. Digamos, antes, que deveria

---

1. Santo Agostinho, *Epist.* 140, II, 3, *Patr. lat.*, t. 33, col. 539. Esse texto é importante para determinar o sentido exato do *primus gradus amoris* em são Bernardo, *De diligendo Deo*, cap. VIII, ed. Watkin W. Williams, Cambridge, University Press, 1926, pp. 41-2. Cf. Fulgêncio, *De fide ad Petrum, sive de regula verae fidei*, II, 16, *Patr. lat.*, t. 40, col. 758.

sê-lo, e como a receita da felicidade é tão simples, podemos nos perguntar por que tão poucos homens experimentam servir-se dela. Talvez porque com um pouco de pão e de água o homem deveria ser feliz, mas não é. E se não é, não é necessariamente porque não é sábio, mas simplesmente porque é homem e a sabedoria que lhe é oferecida, o que há de mais profundo nele nega a cada instante. Tudo acontece como se cada um de nós não pudesse perseguir outro fim que não nossa felicidade, mas também como se fôssemos incapazes de alcançá-la, porque tudo nos agrada mas nada nos contenta. Quem possui uma propriedade, vai querer ampliá-la; se é rico, quer ser um pouco mais rico; se a mulher que ele ama é bonita, ele ama uma mais bonita ou até menos bonita, contanto que seja bonita de outro modo. É demasiado comum essa experiência para que valha a pena descrevê-la, mas é importante pelo menos lembrar-se dela, porque o fato em que repousa toda a concepção cristã do amor é que todo prazer humano é desejável, mas nenhum basta.

O sentimento que essa busca de uma satisfação sempre fugaz gera no homem é, antes de mais nada, uma profunda perturbação: uma inquietude surda, mas pungente, de quem busca a felicidade e a quem a própria paz é recusada. *Pax*, palavra mágica para uma alma medieval. Irradiando uma luz homogênea e tranqüila, ela anuncia o mais precioso e o menos acessível dos bens. Por não o ter, o homem erra de objeto em objeto, e não sem motivo, porque se o que ele possui é bom, o que ele não possui também é. Empolgado com o movimento que o arrasta, necessita perder um bem para adquirir outro; esgotar um prazer para experimentar outro; sentir ao mesmo tempo o desprazer com o que termina e pressentir, através do desejo, o desprazer com o que vai vir. Ele precisaria é esgotar de uma só vez a soma de todas as volúpias possíveis e então morrer, pois não poderia fazer que tal deleite fosse eterno. Daí essa vertigem insensata, que não mais permite ao bem que passa esperar o que o substitui, para passar por sua vez.

A caça ao prazer nada mais é que a imagem decepcionante da paz que falta, do mesmo modo que o movimento nada mais é que a imagem mutável da imóvel eternidade. É nesse ponto preciso que vai se situar a "conversão" recomendada pelo pensamento medieval. Com um pouco de pão e de água, amigos e a paz, tal como este mundo a proporciona, ainda não há paz, porque o desejo do resto permanece e porque não há nada para aplacá-lo: *dicentes: pax, et non est pax*. Nesse sentido, toda a ascese da moral epicuriana e estóica é uma ascese puramente negativa; ela requer o abandono de tudo sem oferecer compensação. A ascese da moral cristã, ao contrário, é uma ascese positiva: em vez de mutilar o desejo negando seu objeto, ela satisfaz o desejo revelando-lhe o sentido deste. Pois, se nada do que lhe é dado é capaz de satisfazê-lo, é talvez porque esse desejo é mais vasto que o mundo. Assim, ou haverá que satisfazer-se com bens que o deixam insatisfeito, e o que se propõe então é uma resignação que é parente próxima do desespero, ou haverá que renunciar ao próprio desejo, porque é loucura extenuar-se a aplacar uma fome que renasce dos próprios alimentos oferecidos. Mas, para compensar essa renúncia, que vamos dar ao homem? Tudo. E é por isso que as etapas da renúncia medieval são conquistas, procedimentos vitoriosos sobre um desejo que troca o certo pelo incerto. "É difícil para ti ter perdido isto ou aquilo? Não procura perder, portanto; porque é procurar perder querer adquirir o que não se pode conservar." É esse o caminho, e é um caminho duro; mas é menos duro para quem pensa no fim: "O caminho até Deus é fácil, porque avanças por ele descarregando-te. Seria duro se fosses por ele carregando-te. Descarrega-te portanto dispensando tudo, depois renunciando a ti mesmo."[2] O que é preciso para que nos decidamos a esta renúncia?

---

2. Guigues Le Chartreux, *Meditationes*, II e V, *Patr. lat.*, t. 153, col. 604B e 610B. Essas *Meditationes* de um grande escritor ascético, hoje por demais esquecido, são aquelas cuja leitura inflamou são Bernardo e motivou

É preciso, primeiramente, compreender que a insaciabilidade do desejo humano tem um sentido positivo, e eis sua explicação: um bem infinito nos atrai. O desgosto do homem por cada bem particular nada mais é que o reverso da sede do bem total que o agita, sua lassidão nada mais é que o pressentimento da distância infinita que separa o que ele ama do que ele se sente capaz de amar. Nesse sentido, o problema do amor, tal como se coloca numa filosofia cristã, é exatamente paralelo ao problema do conhecimento. Por meio do intelecto, a alma é capaz da verdade; por meio do amor, ela é capaz do Bem. Seu tormento vem de que ela o busca sem saber que é isso que busca e, por conseguinte, sem saber onde buscar. Encarado sob esse prisma, o problema do amor só pode ser insolúvel, ou já solucionado. Se procurarmos solucioná-lo permanecendo no plano da natureza, será insolúvel, porque não satisfaremos com criaturas o desejo confuso de infinito. Se supusermos que a saciedade do mundo é um amor a Deus que se ignora, já estará solucionado, porque compreenderemos então esse amor, e seu fracasso, e porque seu fracasso mesmo atesta a possibilidade da sua vitória. Mas falta determinar suas condições.

Para conhecê-las, basta recordar o que é o universo cristão: um conjunto de criaturas que devem sua existência a um ato de amor. Deus quis todas as coisas, em particular o ser inteligente que é o homem, para que elas pudessem participar da sua glória e da sua beatitude. Colocar tal princípio equivale a afirmar que toda atividade criada se refere essencial e necessariamente a Deus como seu fim. O que é feito para Deus, pelo simples fato de agir, tende espontaneamente a Deus em virtude de uma lei inscrita na substância do seu próprio ser. É possível que quem busca assim o fim supremo, busca-o sem saber; é naturalmente esse, aliás, o caso de todos os seres que não são dotados de co-

---

o envio da carta que inseriu mais tarde no *De diligendo Deo*, cap. XII ss. Cf. são Bernardo, *Epist. 11*, *Patr. lat.*, t. 182, col. 110-115.

nhecimento intelectual e não podem nem conhecer seus atos, nem refletir sobre seus atos para determinar qual o fim destes. Não deixa de ser verdade que até as coisas tendem a Deus, porque elas sempre agem visando certo bem, que é um análogo do Bem supremo, de sorte que todas as ações delas tendem a torná-las um pouco menos dessemelhantes a ele. Essa busca de Deus, que nos outros seres é apenas vivida, torna-se conhecida e consciente de si no caso do homem. Ele não tem luzes suficientes para saber que o Bem lhe é acessível, porque um bem não tem maior direito ao Bem do que um ser ao Ser, mas tem luzes suficientes para saber que é isso que ele busca e por que busca. Pois se o que acaba de ser dito é verdade, o amor humano, quaisquer que sejam suas ignorâncias, suas cegueiras e até seus descaminhos, nada mais é que uma participação finita no amor que Deus tem por si mesmo. A miséria do homem é que ele pode se enganar de objeto, e sofrer com isso, sem nem sequer saber que se engana. No entanto, até mesmo nos prazeres mais baixos, até mesmo no esgotamento da volúpia, é Deus que ele busca; digamos mais, pelo positivo do seu ato e pelo que ele ainda pode conservar de análogo ao amor verdadeiro, é Deus mesmo que se busca nele, para ele.

Assim, como aliás era de esperar, o fim do amor humano também é sua causa. Nessa busca da nossa felicidade, Deus parte e fica diante de nós; ele é ao mesmo tempo o que desejamos e o que faz com que o desejemos: *praevenit, sustinet, implet; ipse facit ut desideres, ipse est quod desideras*[3]. Nesse sentido, totalmente radical, é verdadeiro dizer que a causa do nosso amor a Deus é Deus, porque ele cria nosso amor nos criando[4]. Mas se isso é verdade, é preciso ir mais longe ainda, porque, como o amor é uma busca que quer se tornar uma posse, dizer que, sem Deus, não se-

---

3. São Bernardo, *De diligendo Deo*, cap. VII, ed. cit., pp. 39-40.
4. "Dixi supra causa diligendi Deum Deus est; verum dixi, nam et efficiens et finalis: ipse dat occasionem, ipse creat affectionem, desiderium ipse consummat." Op. cit., p. 40.

ríamos capazes de amar a Deus é dizer que sem ele não seríamos nem mesmo capazes de buscá-lo. Deus quer portanto que o homem já o possua pelo amor a fim de incitá-lo a buscá-lo, e quer que o homem o busque pelo amor a fim de possuí-lo. Podemos buscá-lo e encontrá-lo, o que não podemos fazer é nos antecipar a ele: ninguém pode buscá-lo, a não ser que já o tenha encontrado. *Nemo te quaerere valet, nisi qui prius invenerit*[5]. Essas palavras, cujo eco se faz ouvir em certa página célebre de Pascal, dá seu sentido próprio à noção cristã do amor.

De fato, basta transpô-la em termos metafísicos para ver de que implicações doutrinais está carregada. Na origem de tudo estão as palavras de são João (1, 4, 16): *Deus caritas est*. Afirmar que Deus é caridade não é contradizer que Deus é ser; muito pelo contrário, é afirmá-lo uma segunda vez, porque a caridade de Deus nada mais é que a generosidade do Ser, cuja plenitude superabundante se ama em si mesma e em suas participações possíveis. É por isso que a criação é ao mesmo tempo um ato de amor e um ato criador de amor. Deus é a causa desse ato, diz Dionísio, *et sicut emissor et sicut progenitor*, palavras que são Tomás de Aquino comenta, dizendo que Deus é causa do amor na medida em que gera o amor em si e o causa nos outros seres como imagem e semelhança dele mesmo. Sendo o Ser, ele é o soberano bem e o soberano desejável. Ele se quer portanto e se ama. Mas, como o bem que ele ama outro não é senão o seu ser, e como o amor pelo qual ele ama esse bem nada mais é que a sua vontade, a qual, por sua vez, é substancialmente idêntica a seu ser, Deus é seu amor. Ora, esse amor que Deus gera em si, e que ele é, ele o causa nos outros imprimindo-lhes um desejo da sua própria perfeição, análogo ao ato eterno pelo qual ele se ama a si mes-

---

5. São Bernardo, op. cit., p. 41. Cf. Pascal, *Pensées*, L. Brunschvicg, ed. minor, p. 576: "Consola-te, tu não me buscarias se não me tivesses encontrado"; e p. 578: "Tu não me buscarias se não me possuísses."

mo. Portanto podemos e devemos dizer que ele move suas criaturas a amá-lo, mas aqui, como sempre numa filosofia cristã, a causa motriz primeira difere da de Aristóteles, por ser uma causa criadora. Fazer-nos amar por outro é pôr esse outro em movimento em direção a nós, e causar movimento, se for Deus a causá-lo, é criá-lo. Portanto é uma só e mesma coisa dizer que Deus é digno de ser amado, que ele move os seres, que ele causa o movimento destes em direção a ele ou que ele cria neles o próprio amor com o qual eles o amam: *ad Deum autem pertinet quod moveat et causet motum in aliis; et ideo ad eum pertinere videtur quod sit amabilis, in aliis amorem creans*[6]. Ora, exprimir-se assim que mais é senão a mesma coisa que já tinha dito são Bernardo e que Pascal ia repetir? Podemos buscar Deus e encontrá-lo, mas não podemos nos antecipar a ele. Para confirmar sobre este ponto a unidade da tradição cristã, resta-nos apenas dizer, em termos metafísicos, que buscar Deus é já tê-lo encontrado.

É evidente que nossos metafísicos dizem isso, e como poderiam evitar essa conseqüência, se postulam nosso amor a Deus como uma participação de Deus mesmo? Eternamente preexistente no soberano bem, decorrendo desse bem em direção às coisas por um ato de livre generosidade, o amor retorna ao bem que é sua origem. Portanto não lidamos aqui com uma corrente que se afasta cada vez mais da sua fonte, até finalmente se perder. Nascido do amor, o universo criado é inteiramente atravessado, movido, vivificado de dentro, pelo amor que circula nele como o sangue no corpo que ele anima. Há por conseguinte uma circulação do amor, que parte de Deus e leva de volta a ele: *quaedam enim circulatio apparet in amore, secundum quod est de bono ad bonum*[7]. Se assim é, não se pode deixar de concluir que amar a Deus já é possuí-lo e, já que

---

6. São Tomás de Aquino, *In lib. de Divinis nominibus*, lect. XI, em *Opuscula*, ed. Mandonnet, t. II, p. 400.
7. São Tomás de Aquino, op. cit., pp. 402-3.

quem o busca o ama, quem o busca o possui. A busca de Deus é o amor de Deus em nós. Mas o amor de Deus em nós é nossa participação finita no amor infinito pelo qual Deus ama a si mesmo. Arrastados pela corrente do amor divino que nos atravessa e volta por nosso intermédio à sua fonte, podemos dizer com santo Agostinho que amar a Deus é tê-lo em si.

Essa nova metafísica do amor, inteiramente fundada na filosofia do ser, levantava também problemas novos, relativos à natureza, à própria psicologia do amor humano. A discussão das dificuldades assim levantadas é de uma importância tal para a história do pensamento e das literaturas medievais que é necessário definir seu sentido e distinguir o elemento de novidade implicado na solução delas.

Enquanto nos ativermos ao plano do homem e das suas relações com bens finitos, não haverá problema metafísico do amor a resolver. Mas certamente nos depararemos com um problema moral de grande envergadura: o próprio fato do desejo humano e da sua insaciabilidade radical. Desse ponto de vista, as morais gregas podem ser consideradas como esforços para paliar um mal inevitável e tornar suas conseqüências tão pouco nocivas quanto possível, sem nutrir de resto nenhuma esperança de suprimi-lo; qualquer que seja o caminho pelo qual elas nos conduzem, todas terminam num ato de resignação. A dificuldade com que elas se deparam é a de saber o que é preciso amar. Quanto ao problema do que é o próprio ato de amar, e a relação desse ato com seu objeto, não tem para eles mistério algum. Tudo o que é, é bom; tudo o que é bom, é desejável. Se conseguirmos determinar, dentre as coisas desejáveis, as que são mais úteis para nosso desejo, teremos dito sobre a questão praticamente tudo o que é possível dizer. O mesmo não se dá no caso de um pensador cristão, porque saber o que é preciso amar não lhe é difícil, mas ele se pergunta constantemente, e não sem angústia, se é possível amar o que ele deve amar e o que é esse amor. Num sistema como esse, é portanto a própria natureza do amor que se torna a questão difícil, e não é, pois, de admirar que o problema tenha oferecido ao pensamento medieval uma das melhores oportunidades que ele já teve de provar sua originalidade.

A partir do momento em que colocamos Deus como o Ser absoluto, coloca-se um Bem absoluto; e, como o bem é o objeto do amor, somos levados com isso a colocar um amor absoluto. Aliás, é esse o grande mandamento[8]. Ora, colocá-lo é sair do âmbito da filosofia grega, correndo aliás o risco de meter-se em dificuldades que nem Platão nem Aristóteles haviam conhecido. Um ser finito deseja bens finitos, um ser relativo deseja bens relativos, e não há nada mais simples do que explicar sua atitude. Carecendo do que lhe é necessário para se manter no ser ou para se consumar, ele deseja isso, e é para si mesmo que o deseja. Nesse sentido, todo amor humano é espontaneamente, naturalmente, um amor mais ou menos interessado. Não que o pensamento grego tenha ignorado quanto desinteresse a verdadeira amizade exige; basta lembrar Aristóteles para evitar tamanho erro; mas o próprio Aristóteles nem pensou em eliminar todo amor de concupiscência em benefício do

---

8. "Et nunc Israel, quid Dominus Deus petit a te, nisi ut timeas Dominum Deum tuum, et ambules in viis ejus, et diligas eum, ac servias Domino Deo tuo in toto corde tuo, et in tota anima tua." Dt 10, 12-13, cf. Js 22, 5. "Diliges amicum tuum sicut teipsum. Ego Dominus." Lv 19, 18. O fato de que é o Evangelho que liga o grande mandamento ao monoteísmo judaico apenas põe em evidência a necessidade dessa ligação: Mc 12, 28-31. Essa ligação não é efetuada em Mt 22, 37-39, nem em Lc 10, 27. "Haec enin regula dilectionis divinitus constituta est: *Diliges*, inquit, *proximum tuum sicut teipsum; Deum vero ex toto corde, et ex tota anima et ex tota mente* [Lv 19, 18; Dt 6, 5; Mt 22, 37-39]: ut omnes cogitationes tuas et omnem vitam et omnem intellectum in illum conferas, a quo habes ea ipsa quae confers. Cum autem ait, *toto corde, tota anima, tota mente*, nullam vitae nostrae partem reliquit, quae vacare debeat et quasi locum dare ut alia se velit frui: sed quidquid aliud diligendum venerit in animum, illuc rapiatur, quo totus dilectionis impetus currit." Santo Agostinho, *De doctr. christiana*, I, 22, 21, *Patr. lat.*, t. 34, col. 27 (cf. Pseudo-Agostinho, *De contritione cordis*, 1-2, *Patr. lat.*, t. 40, col. 944). "Totum exigit te qui fecit te." *Sermo 34*, 4, 7, *Patr. lat.*, t. 38, col. 212 (cf. *Introduction à l'étude de saint Augustin*, pp. 173-4).

amor de amizade. O homem grego nunca tem mais que uma dívida finita para com seus deuses. A coisa muda de figura a partir do momento em que se admite a existência de um bem absoluto tal como o cristianismo o define. O desejo humano vê-se então em presença de um objeto tal que se torna impossível desejá-lo tendo em vista qualquer outra coisa que não seja ele. O homem cristão vai portanto se ver pego mais uma vez entre os termos da mesma alternativa que as relações dos seres com o Ser sempre colocam. A única diferença é que, em vez de encontrá-la no terreno da existência, da causalidade ou do conhecimento, ele se acha às voltas com ela no terreno do amor. Ora, nesse terreno ela é particularmente temível. Dado que o homem tem uma vontade, ele deseja o bem, isto é, naturalmente, o que é o bem para ele: seu bem. Por outro lado, nenhum filósofo cristão pode esquecer que todo amor humano é um amor a Deus que não sabe que o é; mais que isso, como acabamos de mostrar, todo amor humano é, em nós, uma participação analógica no amor de Deus por si mesmo. Ora, em virtude da sua própria perfeição, Deus não se ama tendo em vista o que quer que seja que não a si; assim, enquanto amamos, não somente as outras coisas mas o próprio Deus, tendo em vista nós mesmos, nosso amor permanece infiel à sua verdadeira essência. Para amar como devemos amar, temos antes de mais nada de amar todas as coisas por Deus, como ele as ama; depois, temos de amar a Deus por ele mesmo, como ele se ama. A dificuldade consiste precisamente em que não é imediatamente evidente que tal exigência não seja em si contraditória. O amor que um ser finito sente por seu bem é e parece ser necessariamente desinteressado; o que ele vai fazer se exigirmos dele um amor desinteressado? Que Deus se ama somente por sua perfeição, nada mais simples; como sua perfeição não lhe deixa mais nada a adquirir, ele pode desfrutar dela sem poder completá-la; mas que o homem a quem faltam tantas coisas, e a quem falta Deus mais que todo o resto, possa ou até deva amar seu bem supremo de outro modo que não seja como um bem a adquirir, não é a própria impossibilidade? Eis, em toda a sua acuidade, o problema cristão do amor: uma participação essencialmente interessada num amor essencialmente desinteressado, que deve tornar-se desinteressado para realizar sua própria essência e não pode tentar aperfeiçoá-la sem destruí-la. Como sair dessa dificuldade? Voltando mais uma vez aos princípios.

O termo da busca é um ato de amor em que o homem amará a Deus como Deus se ama. Por conseguinte, pode-se dizer mais uma vez que o problema será para sempre insolúvel, ou que já está resolvido. Se o amor a Deus não estivesse em nós, nunca conseguiríamos introduzi-lo em nós. Mas sabemos que está, pois somos essencialmente amores criados por Deus e cada um dos nossos atos, cada uma das nossas operações são espontaneamente orientadas para o ser que é o fim delas, assim como é sua origem. A questão portanto não está mais em saber como adquirir o amor a Deus, mas antes em fazer esse amor a Deus tomar consciência de si mesmo, do seu objeto e da maneira como deve se comportar com esse objeto. Nesse sentido, podemos dizer que a única dificuldade a resolver é a da educação, ou, se quiserem, da reeducação do amor. Assim, todo o esforço da mística cisterciense está voltado para esse ponto preciso, e era na verdade este o ponto central do debate: há um caminho capaz de levar o homem a continuar a amar a si mesmo, ao mesmo tempo que passa a amar a Deus unicamente por Deus?

O primeiro ponto a esclarecer para que se possa resolver esse problema está relacionado com a própria noção de amor. É absolutamente certo que todo amor desinteressado é impossível? Não seria, aliás, muito mais correto dizer, ao contrário, que, para ser um amor verdadeiro, todo amor deve ser desinteressado? O que nos vela o sentido autêntico da palavra amor é que sempre o confundimos mais ou menos com o desejo puro e simples. Ora, é evidente que quase todos os nossos desejos são interessados; mas nos exprimimos mal ao dizer que amamos uma coisa, quando a desejamos para nós mesmos; o que amamos, num caso assim, é a nós mesmos, e só queremos o resto para nós. Amar é algo bem diferente, portanto; é querer um objeto por si mesmo, desfrutar da sua beleza ou da sua bondade por elas mesmas, sem relacioná-las a nada que não seja ele.

Tomado em si, tal sentimento está igualmente distante dos excessos opostos do utilitarismo e do quietismo. O amor não ama tendo em vista uma recompensa, pois deixaria por esse fato mesmo de ser amor; mas tampouco se lhe deve pedir para amar renunciando à alegria que a posse do seu objeto lhe dá, porque essa alegria lhe é co-essencial: o amor aceitaria não ser mais amor se renunciasse à alegria que o acompanha. Todo amor verdadeiro é portanto, ao mesmo tempo, desinteressado e recompensado; digamos mais, ele só pode ser recompensado se for desinteressado, pois o desinteresse é sua essência mesma. Quem não busca no amor outra coisa que o amor recebe a alegria que ele proporciona; quem busca no amor outra coisa que o amor perde ao mesmo tempo o amor e a alegria que ele proporciona[9]. Portanto o amor só pode existir se não pedir paga, mas basta-lhe existir para ser pago. A noção de um amor ao mesmo tempo desinteressado e recompensado não implica portanto nenhuma contradição, muito pelo contrário. No entanto, a dificuldade que nos detinha ainda não foi superada. O homem poderia, quem sabe, amar a Deus com um amor desinteressado, se pudesse amar a Deus esquecendo-se de si mesmo; mas resta saber se ele pode se esquecer de si mesmo, isto é, se, na necessidade em que está de satisfazer primeiramente às suas próprias necessidades, é possível ele se desligar completamente de si para se ligar completamente a Deus.

Sem dúvida tal conversão, no sentido forte e primitivo do termo, não poderia se efetuar apenas no plano da natureza e não pertence, por conseguinte, à ordem filosófica;

---

9. São Bernardo, *De diligendo Deo*, cap. VII, ed. cit. pp. 32-4.

mas é necessário pelo menos que a natureza seja capaz de suportá-la e que a filosofia nos mostre em que sentido ela é capaz de se prestar a tanto. Ora, quanto a esse ponto, quaisquer que sejam as diferenças que separem a escola cisterciense da escola tomista, devemos constatar sob a divergência dos métodos e das técnicas uma profunda unidade de inspiração. São Bernardo e Guilherme de Saint-Thierry, como vimos, ensinam que, primeiro, o homem ama necessariamente a si mesmo e só progressivamente se eleva ao amor a Deus; mas apontamos ao mesmo tempo que este é apenas um estado de fato, conseqüência do desvio imposto às nossas inclinações naturais pelo pecado original. Em si, tal como seu criador o quis, o homem amava espontaneamente a Deus mais do que se amava a si mesmo, e é por isso, aliás, que uma reeducação, uma retificação do amor humano para trazê-lo de volta ao seu objeto natural são coisas possíveis. Portanto não há por que se espantar ao ouvir os mestres cistercienses dizerem que, apesar de nosso amor viciado seguir uma curva descendente, seu objeto continua a ser a perfeição do bem divino. Inversamente, são Tomás de Aquino não ignora que o amor humano se perde com freqüência por se voltar para objetos indignos da sua natureza; ele sabe que, na verdade, o homem decaído se prefere espontaneamente a Deus, pois é isso mesmo sua decadência, o que não impede que ele se lembre que todo amor criado é uma participação do amor incriado, o que supõe a identidade do objeto de ambos.

As duas colocações clássicas do problema são, portanto, substancialmente a mesma, melhor dizendo, são uma só. Antes da queda, o homem sabe naturalmente que deve amar a Deus e como deve amá-lo; depois da queda, se esquece e tem de reaprender: "Amor ergo, ut dictum est, ab auctore naturae naturaliter est animae humanae inditus, sed postquam legem Dei amisit, ab homine est docendus."[10] Eis

---

10. Guilherme de Saint-Thierry, *De natura et dignitate amoris*, I, 2, *Patr. lat.*, t. 184, col. 382.

por que Guilherme de Saint-Thierry quer expulsar Ovídio, esse mau mestre, e trazer o amor humano a Deus como a seu objeto natural. Para retomar a expressão de um velho autor, ele quer escrever um *Anti-Naso*. Mas a doutrina de são Tomás de Aquino não é diferente. Para ele, como para os cistercienses, é natural que o homem ame a Deus mais que a si mesmo. Esse amor pelo qual o homem prefere Deus a todo o resto ainda não é a caridade, é a dileção natural que a caridade virá perfazer e consumar. Supor o contrário, admitir que o homem se ama naturalmente mais que a Deus seria admitir que uma inclinação possa ser ao mesmo tempo natural e perversa, de acordo com a natureza e contra a natureza; muito mais, seria admitir que, para fazer triunfar em seguida o amor a Deus sobre o amor a si, a graça deve destruir a natureza, em vez de levá-la a seu ponto de perfeição[11]. Portanto, se a graça nos é hoje necessária para amar a Deus acima de todas as coisas, não é que nossa natureza seja ela própria incapaz, mas porque se tornou incapaz sem uma graça que a curasse primeiro dos seus ferimentos e a orientasse para seu verdadeiro objeto[12]. O úni-

---

11. "Quia igitur bonum universale est ipse Deus, et sub hoc bono continetur etiam angelus, et homo, et omnis creatura, quia omnis creatura, naturaliter, secundum id quod est, Dei est: sequitur quod, naturali dilectione, etiam angelus et homo plus et principalius diligat Deum quam seipsum. Alioquin, si naturaliter plus seipsum diligeret quam Deum, sequeretur quod naturalis dilectio esset perversa et quod non perficeretur per caritatem, sed destrueretur." São Tomás de Aquino, *Sum. theol.*, I, 60, 5, Resp. Cf. ibid., ad 1ᵐ.

12. "Unde homo in statu naturae integrae dilectionem sui ipsius referebat ad amorem Dei sicut ad finem, et similiter dilectionem omnium aliarum rerum. Et ita Deum diligebat plus quam seipsum et super omnia. Sed, in statu naturae corruptae, homo ab hoc deficit secundum appetitum voluntatis rationalis, quae propter corruptionem naturae, sequitur bonum privatum, nisi sanetur per gratiam Dei. Et ideo dicendum est quod homo, in statu naturae integrae, non indigebat dono gratiae superadditae naturalibus bonis, ad diligendum Deum naturaliter super omnia, licet indigeret auxilio Dei ad hoc eum moventis. Sed in statu naturae corruptae, indiget homo, etiam ad hoc, auxilio gratiae naturam sanantis." São Tomás de Aquino, *Sum. theol.*, Iª-IIᵃᵉ, 109, 3, Resp. Assim, primitivamente, o homem era naturalmente capaz de amar a Deus mais que a tudo; o único socorro divino que lhe era então necessário era uma moção divina exercendo-se sobre a sua natureza. Depois da

co problema que ainda temos de resolver, portanto, é saber por que o homem é naturalmente capaz de amar a Deus acima de todas as coisas. Responder a essa questão será suspender definitivamente a antinomia de que tentamos nos livrar entre o amor natural a si e o amor natural a Deus.

O problema está longe de ser simples. É até um daqueles em que os que dele se ocuparam parecem ter se comprazido em acumular as dificuldades, opondo uma à outra duas concepções do amor essencialmente irredutíveis: o amor *físico* e o amor *extático*. De um lado, um amor concebido à maneira greco-tomista, fundado na inclinação natural e necessária dos seres a buscar antes de tudo seu próprio bem. Para quem adota essa concepção *física*, há uma identidade profunda entre o amor a si e o amor a Deus, como se, no fundo, fosse uma só e mesma coisa se amar e amar a Deus, amar a Deus e se amar. A concepção *extática*, ao contrário, postularia o esquecimento de si como condição necessária a todo amor verdadeiro, daquele que põe o sujeito literalmente "fora de si" e liberta em nós o amor ao outro de todos os vínculos que parecem uni-lo a nossas inclinações egoístas[13].

---

queda, ao contrário, é necessário primeiro que a graça cure nossa natureza, para que essa natureza possa receber o socorro da moção divina. Portanto, não é mais simplesmente nossa natureza que agora pode amar a Deus acima de todas as coisas, mas nossa natureza restaurada pela graça. Sobre o que a caridade acrescenta ao amor natural de Deus acima de todas as coisas, ver loc. cit., ad 1ᵐ. Nosso amor natural a Deus acima de todas as coisas se dirige a Deus tal como ele nos é naturalmente conhecido; ora, nosso conhecimento natural alcança-o como primeiro princípio e fim último do universo; portanto, é como tal que nós o preferimos ao resto. Revelando-nos que Deus é o objeto último da nossa beatitude, a fé nos permite amá-lo doravante como tal. O amor a Deus como objeto de um conhecimento beatificante possível e "secundum quod homo habet quamdam societatem spiritualem cum Deo" é justamente o que a caridade acrescenta à natureza nesse ponto.

13. Resumo aqui livremente a posição de P. Rousselot, *Pour l'histoire de l'amour au Moyen Âge*, Cl. Baeumker-Beiträge, VI, 6, Münster, Aschendorf, 1908, pp. 1-6. No que concerne à colocação tomista do problema, consultar principalmente o excelente trabalho do pᵉ H.-D. Simonin, *Autour de la solution thomiste du problème de l'amour*, em *Archives d'hist. doctr. et litt. du Moyen Âge*, VI, 1931, Paris, J. Vrin, 1932, pp. 174-276, em particular o cap. III, "La similitude cause de l'amour".

Na realidade, quando consultamos os textos dos mestres do pensamento medieval, não é fácil descobrir uma distinção tão taxativa. Se eles sofreram essa contradição interna, foi certamente sem ter consciência dela, e podemos até nos perguntar se, por seu pensamento mais profundo, eles não negaram constantemente sua legitimidade.

O que faz que tenha podido haver engano é o abuso, hoje muito comum, do que de início não passava de uma metáfora, o primeiro momento de uma *manuductio*, e que foi muitas vezes interpretado com uma literalidade desoladora. Quando quer nos fazer entender por que o homem ama naturalmente a Deus acima de todas as coisas, são Tomás de Aquino costuma recordar que, se o homem ama naturalmente seu próprio bem, ele tem necessariamente de amar aquilo sem o que seu próprio bem seria impossível. Mais ainda, toda coisa natural depende de outra. Portanto se, sendo dotada de intelecto, ela conhece sua dependência, não pode deixar de preferir a coisa de que depende a si mesma, que depende dessa coisa, pois a coisa de que depende é a condição necessária da sua existência. É por isso que, por exemplo, vemos a parte se expor espontaneamente ao perigo para assegurar a conservação do todo. Quando o corpo está ameaçado, a mão se estende para aparar o golpe que o ameaça, por um movimento natural, que não é precedido por nenhuma deliberação. De fato, tudo acontece como se a mão soubesse que, como não pode subsistir separada do corpo de que faz parte, defender esse corpo equivale para ela a defender a si mesma[14]. Daí a célebre doutrina dita do amor físico, em que a relação entre o bem divino e o bem humano nos é representada como a relação entre o todo e a parte. Se o homem ama naturalmente a Deus mais que a qualquer outra coisa, sobretudo mais que a si mesmo, não é simplesmente porque Deus é o bem universal, sob o qual está contido qualquer outro bem par-

---

14. São Tomás de Aquino, *Sum. theol.*, I, 60, 5, Resp.

ticular, do qual o homem depende em sua existência e que prefere espontaneamente a si como condição necessária da sua própria existência e da sua própria perfeição?

Há algo de verdadeiro nessa interpretação da doutrina tomista do amor, mas esse algo pode estar corrompido por outra coisa que não é corrompida. A mão é verdadeira e literalmente uma parte do corpo; assim é perfeitamente verdadeiro dizer que, nesse caso, a relação entre o bem particular e o bem geral é a relação entre a parte e o todo. No entanto, mal nos elevamos acima desse exemplo biológico para tocar o nível sociológico, fica impossível nos atermos à mesma fórmula sem correr o risco de uma grosseira simplificação. O indivíduo é, sem sombra de dúvida, uma parte desse todo que é a Cidade, mas não faz parte dela no mesmo sentido que a mão faz parte do corpo; ele não é uma parte natural dela, e é por isso que, se ele se expõe para o bem da cidade, já não o faz em virtude de uma inclinação natural, mas em conseqüência de uma decisão da razão. Conhecendo e julgando o gênero de dependência que o liga à Cidade, decide que ela é preferível a si próprio e se expõe livremente por ela. Se nos elevarmos ao plano ainda mais superior da dependência do homem a Deus, fica mais que evidente que a comparação de que partimos não funciona mais. Claro, continua sendo verdadeiro dizer que Deus é o bem universal sob o qual está contido todo bem particular, mas a relação de dependência que liga o homem a Deus não pode ser mais a relação da parte ao todo. Deus não é um todo de que o homem seria uma parte; o homem não é uma parte de que Deus seria o todo. O universal de que se trata deve englobar o particular de uma maneira bem diferente daquela segundo a qual o corpo contém a mão que se expõe para a sua defesa e, por uma conseqüência necessária, o amor pelo qual o homem ama naturalmente a Deus mais do que ama a si mesmo difere do instinto bruto que move a mão a proteger o corpo. Difere inclusive do raciocínio que manda o cidadão se sacrificar à cidade. Para saber em que consiste esse amor, é necessário saber antes, portanto, em que sentido é verdadeiro dizer que Deus é o bem "universal", de que o homem seria apenas um caso particular.

Na realidade, felizmente bastará recordar isso, sem precisarmos estabelecê-lo. Num universo cristão, em que os seres são criados pelo Ser, toda criatura é um bem, análogo ao Bem. Na base de toda essa ordem de relações está portanto uma relação fundamental de analogia que dá sentido próprio a cada uma das relações derivadas que podem ser estabelecidas em seguida entre a criatura e seu criador. Por exemplo, dizendo que Deus é o bem universal, quer-se necessariamente dizer que Deus é o Soberano Bem, causa de todo bem. Dizendo que cada bem não passa de um bem particular, não se quer necessariamente dizer que esses bens particulares são partes destacadas de um todo que seria o Bem, mas que são análogos ao Bem criador que lhes deu existência. Nesse sentido, é verdadeiro dizer, portanto, que amar um bem qualquer é sempre amar sua semelhança à bondade divina e, como é essa semelhança a Deus que faz que esse bem seja um bem, pode-se dizer que aquilo que se ama nele é o Soberano Bem[15]. Em outras palavras, é impossível amar a imagem sem amar ao mesmo tempo o modelo, e se sabemos que essa imagem não passa de uma imagem, tal como sabemos, é impossível amá-la sem preferir o modelo a ela. Ora, o que vale para o conjunto das criaturas vale ainda mais, muito mais, para o homem em particular. Querer um objeto, dizíamos, é querer uma imagem de Deus, isto é, querer Deus. Amar-se a si mesmo será portanto amar um análogo de Deus, isto é, amar a Deus.

---

15. São Tomás de Aquino, *In II Sent.*, dist. I, qu. 2, art. 2, Resp., principalmente a conclusão: "Et ideo singulari modo Deus est finis in quem tendit creatura rationalis, praeter modum communem quo tendit in ipsum omnis creatura, inquantum scilicet omnis creatura desiderat aliquod bonum, quod est similitudo quaedam divinae bonitatis. Et ex hoc patet quod in omni bono summum bonum desideratur." Cf. *Cont. gent.*, III, 19 e 20.

Se assim é, a antinomia que nos embaraçava foi eliminada. Movidos e dirigidos por substâncias inteligentes, os seres desprovidos de conhecimentos mesmo assim agem visando certos fins e tendem espontaneamente para o que lhes é bom. Ora, para eles, tender para o que lhes é bom é, indiferentemente, desejar a perfeição própria ou a semelhança divina, porque sua perfeição consiste precisamente em se assemelhar a Deus. Portanto, se este ou aquele bem particular só é desejável a título de semelhança ao bem supremo, o bem supremo não pode ser desejado tendo em vista determinado bem particular, mas, ao contrário, determinado bem particular deve sê-lo tendo em vista o bem supremo. Por conseguinte, para todo ser puramente físico, aperfeiçoar-se é tornar-se mais semelhante a Deus[16]. Com muito maior razão, assim é para uma criatura inteligente, como o homem, porque é principalmente sua inteligência que lhe confere ao mesmo tempo sua perfeição própria e sua analogia própria com Deus. Acrescente-se a isso que lhe é prometida a visão beatífica, isto é, um estado em que seu intelecto poderá conhecer Deus como Deus se conhece a si mesmo, e se conceberá facilmente que o homem deve alcançar simultaneamente, por um só e mesmo ato, o ápice da perfeição e o auge da semelhança divina que lhe é acessível[17]. Que significa isso, senão que a chave do problema do amor está na noção de analogia – *ratione similitudinis analogiae principiatorum ad suum principium* – e que temos portanto de voltar, para resolvê-lo, aos princípios fundamentais postos pelos mestres da escola cisterciense? Porque, onde são Tomás fala de similitude e de analogia, são Bernardo e Guilherme de Saint-Thierry falam

---

16. São Tomás de Aquino, *Cont. gent.*, III, 24, ad *Sic igitur*. No fim do parágrafo seguinte, a relação dos bens particulares com o bem universal está claramente definida em termos de analogia: "Quarto autem modo, ratione similitudinis analogiae principiatorum ad suum principium; et sic Deus, qui est extra genus, propter suum bonum omnibus rebus dat esse."

17. São Tomás de Aquino, *Cont. gent.*, III, 25, ad: *Adhuc unumquodque tendit*.

de semelhança e de imagem. A concepção "física" do amor não se encontra aqui com a concepção "extática"? Ou melhor, não seriam elas uma só e mesma concepção fundamental, desenvolvendo suas conseqüências segundo duas técnicas diferentes?

Somente o verbo é a Imagem de Deus; o homem é apenas feito à imagem de Deus. Grandeza seguramente já muito elevada, pois que o torna capaz de participar da majestade e da beatitude divinas; grandeza que ainda podemos dizer inseparável do homem, pois que lhe foi conferida pelo próprio ato criador que lhe dava a existência; mas também grandeza que não vai desacompanhada de uma possibilidade de miséria, porque, se o homem não podia perder sua aptidão ao divino sem cessar de ser homem, podia porém perder, como de fato perdeu, a retidão primitiva que lhe fazia amar o divino. Perdendo a retidão da sua vontade, a alma perdia ao mesmo tempo a perfeição da sua semelhança divina. Ora, por uma conseqüência inelutável, já que é da sua própria essência ser uma imagem de Deus, o homem não podia se tornar dessemelhante a Deus sem se tornar com isso dessemelhante a si mesmo; mas, ao mesmo tempo, por uma conseqüência inversa e não menos necessária, basta ao homem, ajudado pela graça, voltar-se para Deus para reencontrar ao mesmo tempo a semelhança divina e a conformidade com sua própria natureza, que ele havia perdido pelo pecado. Chegamos aqui, pois, pelas vias clássicas da escola cisterciense, à mesma conclusão de são Tomás de Aquino: *et haec hominis est perfectio, similitudo Dei*[18]. Mas percebemos ao mesmo tempo como ela assegura a unidade das duas formas do amor cristão que se nos propunha distinguíssemos. Porque, se o homem é uma imagem de Deus, quanto mais se tornar semelhante a Deus, mais consumará sua própria essência. Ora,

---

18. Guilherme de Saint-Thierry, *Epist. ad fratres de Monte Dei*, II, 16, *Patr. lat.*, t. 184, col. 348.

Deus é a perfeição do ser, que se conhece integralmente e se ama totalmente. Para que realize plenamente suas virtualidades e se torne integralmente ele mesmo, o homem tem de se tornar essa imagem perfeita de Deus: um amor a Deus por Deus. A oposição que se supõe existir entre o amor a si e o amor a Deus não tem, portanto, nenhuma razão de ser para quem se mantém no plano da semelhança e da analogia, que é o próprio plano da criação. Dizer que, se o homem ama necessariamente a si mesmo, não poderia amar a Deus com um amor desinteressado, é esquecer que amar a Deus com um amor desinteressado é, para o homem, a verdadeira maneira de amar a si mesmo. Tudo o que ele preserva de amor-próprio torna-o diferente desse amor a Deus que é Deus; tudo o que ele abandona de amor a si por si torna-o, ao contrário, semelhante a Deus. Mas ele se torna, com isso, semelhante a si mesmo[19]. Imagem, quanto menos o homem se assemelha, menos ele é; quanto mais se assemelha, mais ele é ele mesmo. Ser consiste portanto, para ele, em se distinguir o menos possível, amar-se até se esquecer o mais possível. O homem atinge sua perfeição última quando, substancialmente distinto do seu modelo, ele não é mais que o sujeito portador da imagem de Deus. Mas é tempo de descermos dessas alturas, porque é num nível mais modesto que a vida moral natural se desenvolve. Sabemos que fim transcendente o cristianismo oferece ao homem, vejamos que recursos ele encontra em si mesmo para se dispor a receber esse fim.

---

19. São Bernardo, *In Cant. cantic.*, 82, 8; Guilherme de Saint-Thierry, *Epist. ad fratres de Monte Dei*, ibid. Mabillon atribui esse tratado a Guilherme de Saint-Thierry, contra os que o haviam atribuído seja a são Bernardo, seja a Guigues le Chartreux, seja a Pierre de la Celle (*Patr. lat.*, t. 184, col. 297-300). Massuet o atribui, ao contrário, a Guigues (col. 299-308). Os argumentos de Massuet, que acompanha Martène, não poderiam prevalecer contra o fato de que o autor da *Epistola* apresenta um catálogo das suas obras que só pode ser o de Guilherme de Saint-Thierry. Dom A. Wilmart tem portanto toda razão de voltar à opinião de Mabillon (ver *Revue Bénédictine*, t. XXXV, 1923, p. 264, nota 3).

CAPÍTULO XV

Livre-arbítrio e liberdade cristã

Que o homem é livre, é uma afirmação tão antiga quanto o próprio pensamento cristão. O cristianismo não inventou a idéia da liberdade[1]; se preciso, ele até se defenderia da acusação de tê-la criado. Desde o século II, Irineu nos lembra que, se a Escritura considerou necessário "manifestar" a liberdade, foi entretanto uma lei tão antiga quanto o próprio homem que Deus promulgou ao revelá-la: *veterem legem libertatis hominis manifestavit*. A insistência com a qual os Padres da Igreja ressaltam a importância dessa idéia deve no entanto reter inicialmente nossa atenção, assim como a natureza muito especial dos termos com que eles o fizeram.

Ao criar o homem, Deus lhe prescreveu algumas leis, mas deixou-o senhor para prescrever a sua, no sentido de que a lei divina não exerce nenhum constrangimento sobre a vontade do homem. Podemos dizer que, desde o despertar do pensamento cristão, uma série de termos filosóficos, cujas equivalências são instrutivas por si próprias, recebe

---

1. Sobre as fontes gregas da concepção medieval do livre-arbítrio, será proveitoso consultar os trabalhos de M. Wittmann, *Die Ethik des Aristoteles*, Regensburg, 1920; *Aristoteles und die Willensfreiheit*, Fulda, 1921; *Die Lehre von der Willensfreiheit bei Thomas von Aquin historisch untersucht*, em *Philos. Jahrbuch*, t. XL, 1927, pp. 170-88 e 285-305. No que concerne aos predecessores medievais de são Tomás, completem-se os estudos de M. Wittmann com O. Lottin, *La théorie du libre arbitre depuis saint Anselme jusqu'à saint Thomas d'Aquin*, Louvain, abadia de Mont-César, 1929, in-8º, 164 pp.

nele direito de cidadania. Deus criou o homem dotado de uma alma racional e de uma vontade, isto é, com um poder de escolher análogo ao dos anjos, já que os homens, como os anjos, são seres dotados de razão. Fica estabelecido portanto, desde esse momento, que a liberdade é uma ausência absoluta de constrangimento, inclusive em relação à lei divina; que ela pertence ao homem pelo fato de ele ser racional e se exprimir pelo poder de escolha que sua vontade possui: *liber, rationalis, potestas electionis* são termos que não se separarão mais desde então[2]. Não se separarão tampouco da tese central que os fez serem aceitos pelos pensadores cristãos e, por assim dizer, impôs seu uso. Deus criou o homem livre, porque lhe deixou a responsabilidade do seu fim último. Cabe a ele escolher entre o caminho que leva à felicidade e o caminho que leva a uma miséria eterna; o homem é um lutador, que nem tem que contar apenas com suas próprias forças, mas que deve contar com elas; senhor de si, dotado de uma verdadeira independência – τὸ αὐτεξούσιον –, colabora eficientemente para o seu destino[3].

---

2. "Illud autem, quod ait: *Quoties volui colligere filios tuos et noluisti* [Mt 23, 37] veterem legem libertatis hominis manifestavit: quia liberum eum Deus fecit ab initio, habentem suam potestatem, sicut et suam animam, ad utendum sententia Dei voluntarie, et non coactum a Deo... Et propter hoc consilium quidem bonum dat omnibus. Posuit autem in homine potestatem electionis, quemadmodum et in angelis (etenim angeli rationabiles), uti hi quidem qui oboedissent, juste bonum sint possidentes: datum quidem a Deo, servatum vero ab ipsis." Irineu, *Adv. haereses*, IV, 37, 1, *Patr. gr.*, t. VII, col. 1099.

3. Orígenes, *De principiis*, I, Praef., 5, em Rouët de Journel, *Enchiridion patristicum*, t. 446, pp. 164-5. Santo Efrém, *Hymni de Epiphania*, 10, 14, op. cit., t. 704, p. 248. Gregório de Nissa, *Orat. catech.*, 31, op. cit., t. 1034, p. 388 (τὸ αὐτεξούσιον). João Crisóstomo, *In Genes. homiliae*, 22, 1, op. cit., t. 1151, p. 436; *In epist. ad Ephesios homiliae*, 4, 2, op. cit., t. 1204, p. 458 (τὸ αὐτεξούσιον); *In epist. ad Hebraeos homiliae*, 12, 3, op. cit., t. 1219, p. 463 (mesma noção, texto importante). João Damasceno, *De fide orthod.*, 2, 30, *op. cit.*, t. 2359, p. 741 (τὰ ἐφ᾿ ἡμῖν; sobre a liberdade e a presciência divina).

O termo estóico αὐτεξούσιον foi traduzido desde cedo por *liberum arbitrium* (Tertuliano, *De anima*, 21). M. Wittman (art. cit., p. 285) também remete a Jerônimo, *Adv. Pelag.*, 3, 7, e Rufino, traduzindo Orígenes, *De principiis*, III, 1.

Desde que foi submetida a análise, a noção de liberdade revelou uma extrema complexidade. A filosofia de Aristóteles podia ajudar muito a esclarecê-la. Tais como ele as concebe, as naturezas são princípios internos de operação para os seres em que residem. Todo ser natural manifesta portanto uma verdadeira espontaneidade, pelo menos no sentido que é nele que se encontra o princípio dos seus atos. Determinada a um só modo de agir nos seres que não são dotados de conhecimento, a natureza adquire certa indeterminação nos animais, cujas sensações colocam-nos diante de uma pluralidade de objetos possíveis; ela dá então nascimento ao que se chama apetite ou desejo. Essa indeterminação recebe no homem uma considerável ampliação, pelo fato de ser ele dotado de um intelecto. Capaz de se transformar de certo modo em qualquer coisa, pelo conhecimento que tem das coisas, o homem encontra à sua disposição objetos múltiplos, entre os quais sua vontade deve efetuar uma escolha. Portanto há primeiramente nele uma vontade espontânea do fim que lhe é natural: a felicidade. Depois, uma deliberação da razão sobre os meios a aplicar para alcançar esse fim. Em seguida, um ato de vontade que escolhe um desses meios, de preferência a outros. A escolha, προαίρεσις, *electio*, ocupa uma posição central na moral de Aristóteles[4]. Os pensadores cristãos logo compreenderam que essa noção lhes era indispensável, pressentindo porém que ela não bastaria para satisfazê-los completamente. Procuremos ver o que eles conservaram dela e o que a ela acrescentaram.

Tal como Aristóteles a define, a própria noção de escolha voluntária implica a noção de razão. Mesmo assim é

---

4. Aristóteles, *Ética a Nicômaco*, III, 2, 1111b 4-1112a 17. É pelas escolhas que fazemos do bem e do mal que nos qualificamos moralmente. Essa escolha entra no voluntário (τὸ ἑκούσιον), mas é apenas uma parte dele, porque tudo o que é objeto de escolha é voluntário, mas a recíproca não é verdadeira. A escolha é, portanto, sempre um voluntário que se baseia numa discussão racional (loc. cit., 1112a 15-16).

verdadeiro dizer que, se a vontade não aparece na série dos seres, a não ser no momento em que a razão vem esclarecer o desejo, ela é essencialmente um certo desejo. A escolha seria impossível, portanto, sem o conhecimento, mas é acima de tudo o ato de um apetite que se fixa num dos seus objetos possíveis. Ora, o próprio apetite não é, em Aristóteles, mais que uma expressão do dinamismo interno da natureza. A intervenção da razão altera tão profundamente as condições em que esse dinamismo se exerce que podemos, em certo sentido, opor a natureza à vontade, como o que não escolhe se opõe ao que escolhe. No entanto, o homem também é um ser natural e sua vontade é tão-somente o aspecto particular de que se reveste o desejo natural num ser racional. Assim, do mesmo modo que antes da escolha dos meios há a vontade do fim, também antes dessa vontade há a atualidade do ser humano. Aqui também portanto o ato primeiro é a raiz do ato segundo, o ser é a causa da operação. Logo, a vontade não é senão o órgão da causalidade eficiente própria do homem, e a escolha voluntária exprime antes de mais nada a espontaneidade de uma natureza que contém em si o princípio das suas próprias operações, ou antes, que é esse princípio[5].

Os Padres da Igreja e os filósofos da Idade Média recolheram cuidadosamente a conclusão dessa análise. A idéia que eles tinham da natureza criada, a eficiência causal que lhe atribuíam como participação na potência divina convidavam-nos a ressaltar sua importância. Esquecer que o dinamismo das causas segundas torna-se, para os cristãos, um análogo da fecundidade criadora é tornar inteligível a evolução do problema da liberdade na Idade Média. Raciocina-se às vezes como se fosse surpreendente ver cristãos atribuírem uma eficiência real às determinações do querer. Nada mais fácil de compreender, porém, porque não só eles

---

5. Sobre o que subsiste de *natural* na vontade, tal como Aristóteles a concebe, ver a profunda observação de são Tomás de Aquino, *Sum. theol.*, I²-II^æ, 10, 1, ad 1^m.

podiam aceitar sem hesitação o resultado das análises de Aristóteles, mas tudo os convidava a superá-las. A teoria aristotélica da escolha, concebida como uma decisão do querer consecutiva a uma deliberação racional, era notavelmente elaborada, mas é um fato que, nela, Aristóteles não fala nem em liberdade nem em livre-arbítrio. O que chamamos hoje de liberdade psicológica certamente está presente no seu pensamento: quando ele fala de ἑκούσιον, o que entende por voluntário, é em uma ação jorrando das profundezas do ser que ele pensa; mas a idéia de liberdade tem nele certa dificuldade de se separar de análises que no entanto a implicam. A própria expressão está ausente. Já no caso dos cristãos, principalmente nos de língua latina, ela passa imediatamente ao primeiro plano. A própria complexidade da fórmula *liberum arbitrium* os convida a se indagar onde está o elemento que faz que a escolha – *arbitrium* – seja ao mesmo tempo uma escolha livre – *liberum* –, e todos concordaram em situá-la, por uma primeira determinação, na aptidão do querer a se determinar a si próprio de dentro. Poder-se-ia dizer inclusive que, se a graça se manifesta à vontade em santo Agostinho, isso se dá em certa medida porque o caráter incoercível do querer é a seu ver evidente. Por que recordar que as escolhas da vontade vêm dela, se ela é, por definição, um poder de exercer sua escolha? O que importa salientar, em compensação, é que querer é ser livre. Santo Agostinho vê portanto uma atestação do *livre*-arbítrio em todos os textos da Escritura – e é bem sabido que são inúmeros – nos quais Deus nos prescreve ou nos proíbe fazer e querer estas ou aquelas ações. Aliás, isso não é apenas uma verdade religiosa, uma peça indispensável da economia da salvação[6], é também uma evidência que a experiência interior

---

6. "Sed quoniam sunt quidam, qui sic gratiam Dei defendunt, ut negent hominis liberum arbitrium; aut quando defenditur, negari existiment liberum arbitrium; hinc aliquid scribere ad vestram Charitatem, Valentine frater, et caeteri qui simul Deo servitis compellente mutua charitate curavi."

atesta a cada instante. A vontade é "dona de si mesma", está sempre "em seu poder" querer ou não querer; nada está "mais imediatamente à disposição da vontade do que ela mesma": são fórmulas que atestam a inseparabilidade natural do querer e do seu ato. É por nascer dela e exprimi-la que o ato da vontade é sempre livre[7].

Estamos aqui na origem de uma das noções medievais mais importantes, a da liberdade de exercício. Uma vontade é livre em vários sentidos diferentes, mas ela o é antes de mais nada pelo fato de que pode querer ou não querer, exercer seu ato ou não exercê-lo, e essa primeira liberdade lhe é essencial. É o que os filósofos cristãos exprimem positivamente, identificando o livre-arbítrio com a vontade, ou melhor, com o ato de escolher que a vontade exerce; por-

---

Santo Agostinho, *De gratia et libero arbitrio*, I, 1, *Patr. lat.*, t. 44, col. 881. "Revelavit autem nobis Deus per Scripturas suas sanctas, esse in homine liberum voluntatis arbitrium." Op. cit., II, 2, col. 882; segue-se um acúmulo de textos escriturários, II, 2-4. – "Itaque, fratres, debetis quidem per liberum arbitrium non facere mala, et facere bona." Op. cit., X, 22, col. 894. Cf. o texto que estabelece a concordância de santo Agostinho com são Jerônimo, que Lutero tentará em vão opor sobre esse ponto: "Item quod ait a memorato dictum esse presbytero: *liberi arbitrii nos condidit Deus, nec ad virtutem, nec ad vitia necessitate trahimur; alioquin ubi necessitas, nec corona est* [Hyeronimus, *Cont. Jovinianum*, lib. II], quis non agnoscat? Quis non toto corde suscipiat? Quis aliter conditam humanam neget esse naturam? Sed in recte faciendo ideo nullum est vinculum necessitatis, quia libertas est charitatis." *De natura et gratia*, 65, 78, t. 44, col. 286.

7. "Sed contra est quod Damascenus dicit, in lib. III, *Orthod. fidei*, c. XIV, quod liberum arbitrium nihil aliud est quam volutas... Et, propter hoc, voluntas et liberum arbitrium non sunt duae potentiae; sed una." São Tomás de Aquino, I, 83, 4. "Unde liberum arbitrium est ipsa voluntas; nominat autem eam non absolute, sed in ordine ad aliquem actum eius, qui est eligere." *De veritate*, 24, 6, Resp. Em são Boaventura, o livre-arbítrio compreende, em sua essência, razão e vontade ao mesmo tempo (*In II Sent.*, 25, 1, 3, ed. Quaracchi, t. II, pp. 598-9). É por isso que, não podendo mais concebê-lo como uma só faculdade – já que implica duas –, faz dele um *habitus*: *In II Sent.*, 25, 1, 4, pp. 601-2. São Tomás se opõe diretamente a ele em *Sum. theol.*, I, 83, 3 e 4, e *De veritate*, 24, 6, Resp. Duns Scot, remetendo a João Damasceno, a quem cita, concorda com são Tomás nesse ponto. Cf. H. de Montefortino, *J. D. Scoti Summa theologica*, I, 83, 4, Resp.

LIVRE-ARBÍTRIO E LIBERDADE CRISTÃ 373

que quando ela escolhe, ela quer; se ela quer, é ela que quer, mas também poderia não querer[8]. O vivíssimo sentimento da responsabilidade moral que eles tinham chamava a atenção dos cristãos para o fato de que o sujeito que quer é realmente a causa dos seus atos, porque é por isso mesmo que eles lhe são imputáveis. Essa preocupação moral, sobre a qual já tornaremos, convidava-os portanto a situar na vontade a raiz de uma liberdade que nada pode arrancar dela, a não ser que também se extirpe a própria vontade. É o que eles exprimem sem cessar, negativamente desta vez, ao opor uma à outra, como dois termos irredutivelmente antinômicos, *necessidade* e *vontade*. A *libertas a necessitate*, ou *libertas a coactione*, significa para eles, antes de mais nada, a impermeabilidade extrema do querer a qualquer constrangimento. Pode-se obrigar o homem a fazer uma coisa, mas nada pode obrigá-lo a querer fazê-la.

---

8. "Quid enim tam in voluntate quam voluntas ipsa sita est?", Santo Agostinho, *De lib. arb.*, I, 12, 26, *Patr. lat.*, t. 32, col. 1235. A expressão significativa "liberum voluntatis arbitrium" aparece constantemente nesse escrito: op. cit., II, 1, 1, col. 1240; II, 1, 3, col. 1241 etc. É portanto o livre-arbítrio da vontade que ele quer descrever, quando diz: "Non enim posses aliud sentire esse in potestate nostra, nisi quod cum volumus facimus. Quapropter nihil tam in nostra potestate, quam ipsa voluntas est. Ea enim prorsus nullo intervallo, mox ut volumus praesto est." Op. cit., III, 3, 7, col. 1274. Tornando sobre essa passagem, de que ele está então separado por toda a controvérsia antipelagiana, Agostinho reunirá os textos dos seus primeiros escritos a favor do livre-arbítrio, os que os pelagianos lhe opunham para pô-lo em contradição consigo mesmo, e os manterá expressamente, porque, para ele, o livre-arbítrio é idêntico à vontade: "Voluntas quippe est qua et peccatur, et recte vivitur: quod his verbis egimus." *Retract.*, I, 9, 4, t. 32, col. 596. Cf. "Enimvero aliud est voluntarius consensus, aliud naturalis appetitus... Hunc ergo (ut dixi) communem habentes cum bestiis, consensus voluntarius nos discernit. Est enim habitus animi, liber sui. Siquidem non cogitur, non extorquetur: est quippe voluntatis, non necessitatis; nec negat se, nec praebet cuiquam, nisi ex voluntate. Alioquin si compelli valet invitus, violentus est, non voluntarius. Ubi autem voluntas non est, nec consensus; non enim est consensus, nisi voluntarius. Ubi ergo consensus, ibi voluntas. Porro ubi voluntas, ibi libertas. Et hoc est quod dici puto liberum arbitrium." São Bernardo, *De gratia et lib. arb.*, I, 2, *Patr. lat.*, t. 182, col. 1002-1003.

Ou há vontade, e não há violência, ou há violência e não pode mais haver vontade. Assim, dizer que o livre-arbítrio é "livre de constrangimentos" ou "livre de necessidade" é afirmar antes de mais nada a espontaneidade natural da vontade, o laço indissolúvel que liga o ato de escolher à eficácia causal do ser racional que o exerce[9].

Veremos como essas noções encontraram lugar na síntese tomista, mas podem ser observadas de certo modo a nu em vários filósofos e teólogos da Idade Média. Em nenhum outro ponto a terminologia que eles empregam é mais movediça, e são constantes as alterações de sentido entre os dois elementos de que se compõe o nome *liberum arbitrium*. A importância da espontaneidade do querer é tal que alguns deles chegaram a confundi-la com o *arbitrium*, reencontrando assim, depois de séculos de intervalo, o sentido primitivo da προαίρεσις de Aristóteles. Pelo menos assim me parece ser o caso do pensamento de santo Anselmo, para o qual vontade, espontaneidade e ausência de necessidade são termos que se equivalem. Parece-me ser também o caso do pensamento de Hugo de Saint-Victor, pelo menos tanto quanto se pode adivinhá-lo através das fórmulas obscuras que ele utiliza. Para ele, o movimento es-

---

9. "Non igitur nisi voluntate peccatur. Nobis autem voluntas nostra notissima est: neque enim scirem me velle, si quid sit voluntas ipsa nescirem. Definitur itaque isto modo: voluntas est animi motus, cogente nullo, ad aliquid vel non amittendum, vel adipiscendum... Ita quidem invitus et volens unus animus simul esse potest; sed unum atque idem nolle simul et velle non potest... Nam et omnis invitus faciens cogitur; et omnis qui cogitur, si facit, nonnisi invitus facit. Restat ut volens a cogente sit liber, etiamsi se quisquam cogi putet. Et hoc enim modo omnis qui volens facit, non cogitur; et omnis qui non cogitur, aut volens facit, aut non facit." Santo Agostinho, *De duabus animabus*, X, 14, *Patr. lat.*, t. 42, col. 104. Esse tema é desenvolvido por santo Anselmo, *De lib. arbitrio*, cap. V, *Patr. lat.*, t. 158, col. 496-498. "A necessitate et ante peccatum et post aeque liberum est arbitrium. Sicut enim tunc cogi non poterat, ita nec modo." Pedro Lombardo, *II Sent.*, 25, 8, ed. Quaracchi, p. 432. São Boaventura, *In II Sent.*, 25, 2, 1, ed. Quaracchi, t. II, pp. 609-11. São Tomás de Aquino, *In II Sent.*, 25, 1, 2.

pontâneo pelo qual o livre-arbítrio se fixa num objeto é obra do *appetitus* e, como é o desejo que escolhe, é ele que é o árbitro, estando a liberdade vinculada à racionalidade da vontade que o conhecimento esclarece[10]. Mas é sem dúvida em Duns Scot que a espontaneidade do querer, já tão fortemente afirmada por santo Anselmo, atinge sua expressão definitiva. Superando o próprio dinamismo de Aristóteles, ele opõe radicalmente a ordem das naturezas, que é a da necessidade, à ordem das vontades, que é a da liberdade. Toda natureza é essencialmente determinada e princípio de determinação; toda vontade é essencialmente indeterminada e princípio de indeterminação. Seria um erro, aliás, ver

---

10. "Et per potestatem peccandi, et sponte et per liberum arbitrium, et non ex necessitate, nostra et angelica natura primitus peccavit et servire potuit peccato." Santo Anselmo, *De lib. arbit.*, cap. II, *Patr. lat.*, t. 158, col. 491-492. Cf. "... quia, cum hanc haberet arbitrii sui libertatem, non aliqua re cogente, non aliqua necessitate, sed sponte peccavit." Ibid., col. 492. "Quoniam spontaneus motus vel voluntarius appetitus liberum arbitrium est: liberum quidem in eo quod est voluntarius, *arbitrium vero in eo quod est appetitus*. Sed et ipsa potestas et habilitas voluntatis est libertas, qua movetur ad utrumque et liberum arbitrium dicitur voluntatis. Voluntarie autem moveri et ferri et spontaneo appetitu, hoc est potestate eligere et libertate judicare, in quo constat liberum arbitrium." Hugo de Saint-Victor, *De sacramentis*, I, 5, 21, *Patr. lat.*, t. 176, col. 255. O livre-arbítrio é portanto *livre* na medida em que é um apetite esclarecido pela razão, isto é, no sentido próprio, uma vontade; mas é um *arbítrio* na medida em que é uma apetição espontânea (isto é, pela própria espontaneidade do apetite). Portanto distinguiríamos, com ele, o *arbitrium*, concebido como um "poder espontâneo de escolher", da *liberdade*, concebida como uma vontade racional. Dom O. Lottin (*Les définitions du libre arbitre*, p. 11) cita esse texto e reproduz mais adiante (pp. 21-2) uma interessante crítica de Roberto de Melun. Este último considera contrário a todo uso atribuir ao "appetitus" o juízo, "arbitrium", que pertence naturalmente ao domínio da razão. Não creio que Hugo de Saint-Victor cometa esse erro. Embora sua terminologia seja confusa, podemos valer-nos do fato de que, para ele, o *arbitrium* é do domínio do *appetitus* e o *liberum*, do *voluntarium*. Há que concluir que, para ele, ao contrário, o *arbitrium* é a espontaneidade da escolha. Resta então o *liberum*: como ele opõe a vontade livre ao *arbitrium* do apetite, quer dizer então que o movimento espontâneo do desejo natural se torna voluntário e livre pelo poder de se mover *ad utrumque* que o conhecimento lhe confere. Reconheço, entretanto, que essa interpretação não é garantida.

nessa indeterminação um sinal de insuficiência, porque ela atesta, ao contrário, a excelência de uma faculdade que nada liga a um ato determinado. Duns Scot chega a tratar a própria razão como uma natureza, de sorte que toda a determinação é posta na conta do conhecimento, e toda a liberdade é posta na esfera da vontade. A contingência da escolha não se deve aos juízos racionais que propõem a alternativa de atos possíveis, mas à espontaneidade do querer pelo qual essa alternativa é suspensa. Assim, a liberdade se concentra aqui na indeterminação radical da vontade, cujas decisões imprevisíveis jorram do interior, como de uma fonte de determinações que nada determina[11].

Nem todos os filósofos da Idade Média foram tão longe; muitos até hesitaram em contar unicamente com a vontade para assegurar o livre exercício da sua espontaneidade. Na filosofia de Aristóteles, é verdadeiro dizer que a escolha é essencialmente voluntária, mas ele próprio indica, e seus sucessores salientaram com ênfase ainda maior, que, se a deliberação racional não precedesse a decisão do querer, esse ato não seria uma escolha verdadeira. Privada do conhecimento intelectual que a esclarece, a vontade se degradaria ao nível de um apetite animal; privada do conhecimento sensível que determina as reações do animal, ela não seria mais que uma inclinação natural necessariamente determinada. Aliás, o exemplo do estoicismo estava à mão para fazer compreender a importância do problema e sentir o perigo de uma solução simplista. Situado num universo submetido à mais rigorosa determinação, o sábio estóico só pode encontrar a liberdade na aceitação voluntária da ordem universal. Se lhe objetam que sua vontade mesma está submetida à necessidade dessa ordem, ele responde que isso não tem importância, visto que uma von-

---

11. Duns Scot, *Op. Oxon.*, II, 25, 1, 22-24; *In lib. Metaph.*, IX, 15. Esse texto está reproduzido em parte em J. Carreras y Artau, *Ensayo sobre el voluntarismo de J. Duns Scot*, Gerona, 1923, pp. 85-90.

tade necessária nem por isso deixa de ser vontade. Boécio mostrou muito bem que uma espontaneidade pura se acomoda sem dificuldade a um determinismo absoluto e à necessidade que dele resulta. Se, para sermos livres, nos contentamos com ser a fonte interna de que decorrem as decisões voluntárias, pouco importa se essas decisões são tão rigorosamente determinadas de antemão pelo destino quanto os acontecimentos exteriores, pois na medida em que elas se realizam por nós elas são nossas, e nós somos livres. Foi o que levou Boécio a transportar-se inteiramente para a posição oposta. A insuficiência de uma liberdade, que se contentaria, se fosse o caso, com uma espontaneidade necessariamente determinada, impressionou fortemente seu pensamento, e é para remediar a ela que insiste, com a força que todos conhecem, sobre a importância do elemento racional no ato livre. Não apenas a espontaneidade do querer não lhe basta, porque se assim fosse os animais também seriam livres, mas ele situa expressamente na razão a raiz da vontade. O que faz com que uma escolha seja livre é o conhecimento racional que a precede. Assim, para Boécio e todos os que o seguem, *arbitrium* não significa mais a opção espontânea do querer, mas o livre movimento da razão. Definindo o livre-arbítrio como um *liberum nobis de voluntate judicium*, é o juízo que ele postula como livre, enquanto nossa vontade mesma só o é na medida em que for julgada pela razão[12].

---

12. "Stoici autem omnia necessitatibus dantes, converso quodam ordine liberum voluntatis arbitrium custodire conantur. Dicunt enim naturaliter quidem animam habere quamdam voluntatem, ad quam propria natura ipsius voluntatis impellitur... Nos autem liberum voluntatis arbitrium non id dicimus quo quisque voluerit, sed quo quisque judicio et examinatione collegerit. Alioqui multa quoque animalia habebunt liberum voluntatis arbitrium. Illa enim videmus sponte quaedam refugere, quibusdam sponte concurrere. Quod si velle aliquid vel nolle hoc recte liberi arbitrii vocabulo teneretur, non solum hoc esset hominum, sed caeterorum quoque animalium, quibus hanc liberi arbitrii potestatem abesse quis nesciat: sed est liberum arbitrium, quod ipsa quoque vocabula produnt, liberum nobis de voluntate judicium... Ideo

Boécio não introduzia assim um elemento novo na descrição do livre-arbítrio. Ninguém jamais ignorou o papel do conhecimento no ato livre, e santo Agostinho escreveu páginas célebres sobre o caráter misterioso desse pressentimento obscuro que sempre guia a vontade para o seu objeto. Por si mesma, e tomada como simples apetição, ela é cega, ou antes, ela não existe, porque nem sequer merece o nome de vontade. Também estava desde sempre claro que, oferecendo ao querer objetos diversos e apreciações opostas sobre esses objetos, a razão dilata praticamente ao infinito o campo de ação da sua espontaneidade. Sendo dado um objeto, a vontade é livre para exercer ou não seu ato; sendo propostos pela razão vários objetos, a vontade fica livre para escolher indiferentemente um ou outro. Até aqui, nenhuma dificuldade, e não se havia esperado Boécio para saber essas coisas. O que ele trazia de novo, o elemento ao mesmo tempo discutível e fecundo da sua doutrina, era seu racionalismo integral.

Discerne-se claramente a natureza deste opondo-o ao voluntarismo de Duns Scot. Tal como acaba de ser descrita, a doutrina scotista da liberdade se dedica acima de tudo a provar que, em nenhum caso e em nenhum sentido, a razão pode ser a causa total do ato livre. Não bastaria entendê-la no sentido de que a vontade concorre para a produção desse ato: seria demasiado evidente. O que Duns Scot quer dizer é que, postos os diversos juízos da razão, definidos, pesados, criticados os termos da alternativa ou das alternativas possíveis, quando chega o momento de esco-

---

non in voluntate, sed in judicatione voluntatis liberum constat arbitrium. Melius igitur peripatetici nostri... et liberum quoque arbitrium, neque in necessitate, neque in eo quod ex necessitate quidem non est, non tamen in nobis est, ut causus, sed in electione judicationis et voluntatis examinatione posuere." Boécio, *In lib. de Interpret. editio secunda*, Patr. lat., t. 64, col. 492-493.

Sobre a identificação do livre-arbítrio com a vontade, ver H. v. Arnim, *Stoicorum veterum fragmenta*, Leipzig, 1905, t. III, p. 129, 1-7 ss., em M. Wittmann, art. cit., pp. 177-8.

lher e enquanto a escolha não é efetuada a vontade permanece essencialmente indeterminada a querer uma coisa em vez de outra. A liberdade scotista de indiferença coincide plenamente, portanto, com a espontaneidade do querer, que fica sendo o único elemento possível de contingência diante das determinações da razão. Em suma, para Duns Scot, várias determinações racionais contraditórias não fazem uma liberdade. O caso de Boécio é totalmente diferente; para ele a opção do desejo nada mais é que uma espontaneidade cega. O que a torna livre é a crítica racional que a julga, compara as diversas opções possíveis e afirma que uma é melhor que as outras. Se ele pode proclamar sua adesão a Aristóteles, é porque, de fato, a vontade como Aristóteles a concebe não é um simples apetite posterior a um conhecimento, mas, graças a esse conhecimento, um poder *ad utrumlibet*, isto é, capaz de exercer uma verdadeira escolha, uma προαίρεσις ou *preferência* real. Poder-se-ia dizer também que ela está em estado de *indiferença*, já que é graças ao intervalo que separa duas ou várias ações possíveis que sua espontaneidade adquirirá o caráter de uma liberdade.

A convergência dos resultados não é menos notável aqui do que a divergência dos métodos. Seguindo o caminho que vai do apetite à vontade, chega-se a colocar a indeterminação do querer na origem do livre-arbítrio; entrando com Boécio no caminho que passa pelo entendimento, o livre-arbítrio vai ser situado na indeterminação que os juízos racionais abrem para a vontade. São Tomás, equilibrando como sempre as tendências opostas, esforça-se por conservar ao entendimento e à vontade o lugar que a natureza destes lhes atribui no ato livre. Fiel a uma das exigências profundas do aristotelismo, ele sustenta que a escolha é essencialmente um ato do querer, que o livre-arbítrio depende diretamente da vontade, ou melhor, que ele é a própria vontade: *liberum arbitrium nihil aliud est quam voluntas*. É ela que quer ou não quer e que escolhe isto em vez daquilo; enquanto faculdade, ela está para as múltiplas escolhas do seu livre-arbítrio assim como a simplicidade do intelecto está para o discurso da razão. Por outro lado, é igualmente verdadeiro dizer que a vontade não seria ela mesma sem o juízo. Portanto não se pode descrever completamente uma livre escolha sem a decisão voluntária que sanciona o juízo da razão, nem sem esse juízo que a vontade sanciona. Daí as expressões bastante elásticas que são Tomás emprega, mas que não devem nos enganar quanto ao seu verdadeiro pensamento. Ele se mantém a igual distância do que havia sido o intelectualismo de Boécio e do que será o voluntarismo de Duns Scot. Como Boécio, dirá que um ato de livre-arbítrio é um juízo livre, mas acrescentará "por assim dizer", porque é essencialmente um ato da vontade que quer, e não da razão que julga. Como Duns Scot, aceitará de bom grado que o livre arbítrio depende essencialmente da vontade, e até diz isso, mas se recusa a defini-lo assim sem levar em conta o juízo racional da razão prática, de que a escolha voluntária é a conclusão: materialmente, o livre-arbítrio é voluntário; formalmente, é racional[13].

---

13. No excelente artigo a que remeti (p. 377, nota 12), M. Wittmann apontou algumas dessas expressões matizadas: *quoddam judicium*: "... quod cum electio sit quoddam judicium de agendis, vel judicium consequatur...", *De veritate*, 24, 1, ad 20^m. Cf. "Et hoc modo ipsa electio dicitur quoddam judicium." *Sum. theol.*, I, 83, 3, ad 2^m. Depois de ter mostrado que as coisas não têm *arbitrium*, que os animais têm, mas que não é livre, porque eles não julgam seu juízo natural, são Tomás conclui do homem: "Et ideo est liberi arbitrii, *ac si diceretur* liberi judicii de agendo vel non agendo." Ver M. Wittmann, art. cit., pp. 295-8. A observação muito penetrante desse historiador sobre o sentido que são Tomás dá à fórmula de Boécio deve ser levada em conta. O "liberum voluntate judicium", que para Boécio significa o juízo livre *sobre* a vontade tomada como objeto, significa em são Tomás o juízo livre que vem *da* vontade, na medida em que sua *electio* é uma espécie de juízo (art. cit., pp. 296-7). No entanto, são Tomás também admite, em outro sentido, que o juízo se exerce *sobre* a vontade: "Homo vero per virtutem rationis judicans de agendis, potest *de suo arbitrio* judicare..." (*De ver.*, 24, 1, Resp.). Se faço essa observação, não é para informar M. Wittmann, que domina maravilhosamente seus textos, mas para lembrar que, quando se chega

Como quer que seja entendido, é um poder tão completamente inamissível quanto a própria vontade. Não se pode conceber um homem sem livre-arbítrio, do mesmo modo que não se pode conceber um homem sem vontade. É por isso que, de santo Agostinho a são Tomás de Aquino e a Duns Scot, todos os pensadores cristãos coincidem em declarar que o livre-arbítrio continua sendo, depois do pecado original, o que era antes de este ser cometido. O próprio são Bernardo insiste com vigor sobre a "integridade" do querer no estado de natureza decaída, e são Tomás encontra a palavra decisiva, chamando de "natural" essa liberdade que nada pode fazer o homem perder[14]. De fato, ela só pode desaparecer com a vontade, isto é, com o próprio homem. Só que, por uma contrapartida necessária, esse caráter por assim dizer físico do livre-arbítrio despoja-o de toda e qualquer qualificação moral. Sem ele, não há mo-

---

às últimas precisões, as exposições devem ceder a vez à explicação de textos cujo detalhe vai ao infinito. O que é preciso reter é que, mesmo quando o homem julga sua vontade, é a razão que julga, e que, quando seu livre-arbítrio decide, é a vontade que escolhe.

14. São Bernardo, *De gratia et libero arbitrio*, VIII, 24: "Manet ergo etiam post peccatum liberum arbitrium, etsi miserum, tamen integrum... Si ergo liberum arbitrium ita ubique sequitur voluntatem, ut nisi illa penitus esse desinat, isto non careat; voluntas vero sicut in bono, ita etiam in malo aeque perdurat: aeque profecto et liberum arbitrium tam in malo quam in bono integrum perseverat." *Patr. lat.*, t. 182, col. 1014. Cf. "Quod ex voluntate fuit, jam non ex necessitate, sed voluntarium fuit. Si autem voluntarium, et liberum." Op. cit., XII, 39, col. 1022. Nesse sentido, é correto dizer na ordem da graça o que era correto dizer na ordem da natureza (*O espírito da filosofia medieval*, cap. VII, fim), que somos os coadjutores de Deus: XIII, 45, col. 1025. Ora, essa colaboração do homem para a sua salvação seria impossível se o livre-arbítrio não fosse inamissível nele: "Is ergo talis consensus ob voluntatis inamissibilem libertatem, et rationis, quod secum semper et ubique portat, indeclinabile judicium, non incongrue dicetur, ut arbitror, liberum arbitrium, ipse liber sui propter voluntatem, ipse judex sui propter rationem." Op. cit., II, 4, col. 1004. "Dicendum quod homo, peccando, liberum arbitrium dicitur perdidisse, non quantum ad libertatem naturalem, quae est a coactione, sed quantum ad libertatem quae est a culpa et miseria." São Tomás de Aquino, *Sum. theol.*, I, 83, 2, ad 3^m.

ralidade possível, mas sua essência não implica nenhum elemento de moralidade. Como a vontade sempre pode escolher, ela pode escolher bem ou mal, sem que a qualidade boa ou ruim da sua escolha afete no que quer que seja a liberdade do seu ato. Toda escolha, considerada como tal, é portanto ao mesmo tempo uma indeterminação psicológica e uma indiferença moral[15]; ora, era impossível para os cristãos não manifestar o mais vivo interesse pela qualificação moral do ato livre, e essa segunda ordem de considerações terá repercussões importantes em sua psicologia da liberdade.

Comparando o livre-arbítrio cristão com a "escolha" de Aristóteles, tive de recordar que ele fala de *arbítrio*, em vez de liberdade. Quando emprega a palavra ἐλευθερία, pela

---

15. "Liberum autem arbitrium indifferenter se habet ad bene eligendum vel male. Unde impossibile est quod liberum arbitrium sit habitus [senão, seria ou uma virtude, ou um vício]. Relinquitur ergo quod sit potentia." São Tomás de Aquino, *Sum. theol.*, I, 83, 2, Resp. Nisso, são Tomás apenas segue uma tradição constante. Pedro Lombardo ressalta fortemente esse caráter do livre-arbítrio: "Illa igitur rationalis potentia, qua velle malum vel bonum potest, utrumque discernens, liberum arbitrium nuncupatur." *II Sent.*, 24, 3, ed. Quaracchi, p. 421. Pedro Lombardo coincide nisso com Hugo de Saint-Victor, *Sum. Sent.*, III, 8, *Patr. lat.*, t. 176, col. 101; e ambos estão de acordo com santo Agostinho, para quem o livre-arbítrio humano é posto, como que por definição, entre o bem e o mal: "Liberum arbitrium et ad malum et ad bonum faciendum confitendum est nos habere." *De correptione et gratia*, I, 2, *Patr. lat.*, t. 44, col. 936. Claro, outro é o caso do livre-arbítrio divino (*Cont. Julian. Pelag. op. imp.*, V, 38, *Patr. lat.*, t. 45, col. 1474), mas é que, aí, a expressão significa algo totalmente diferente. É o que bem observa Pedro Lombardo: "... in his tantum videtur esse liberum arbitrium, qui voluntatem mutare et in contraria possunt deflectere, in quorum videlicet potestate est eligere bonum vel malum, et utrumlibet secundum electionem facere vel dimittere; secundum quod nec in Deo nec in his omnibus, qui tanta beatitudinis gratia sunt roborati, ut jam peccare nequeant, liberum arbitrium esse nequit." *II Sent.*, 25, 1, ed. Quaracchi, p. 429. Depois acrescenta: "Sed aliter accipitur liberum arbitrium in Creatore quam in creaturis. Dei etenim liberum arbitrium dicitur ejus sapientissima et omnipotens voluntas, quae non necessitate, sed libera voluntate, omnia facit, prout vult." *Ibid.*, cap. II, p. 429. Para o balanço técnico da questão, ver são Boaventura, *In II Sent.*, 25, 2, 1, ed. Quaracchi, t. II, pp. 610-1. São Tomás de Aquino, *In II Sent.*, 25, 1, 1.

qual traduziríamos com predileção essa idéia, é um sentido político que ele lhe dá. A liberdade aristotélica é antes de mais nada a independência, o estado de uma pessoa que não depende nem política nem socialmente de nenhuma outra ou, como também diz o próprio Aristóteles, o ideal dos democratas[16]. Essa noção, que consideramos como eminentemente psicológica e metafísica, inicialmente não passava de uma noção política e social. Ao convidar o homem a julgar a liberdade das suas ações pela relação que elas mantinham com as leis necessárias da natureza, o estoicismo viu-se levado a integrar essa noção social à moral. Cada um de nós está então no universo como o cidadão em sua cidade: as leis existem, elas pesam sobre nós, o problema é nos adaptar a elas tão bem que nem sintamos mais sua coação. O sábio estóico é aquele que tem sucesso nessa empresa; tornando-se independente do destino, tornou-se livre. Acrescentemos que ele complicou enormemente para os cristãos o problema da liberdade.

Porque o cristão também se encontra num universo regido por leis. Se ele não tem nenhum destino a temer, ele se sabe guiado por uma providência, submetido à vontade de Deus como soberano legislador e, mais particularmente, às leis divinas que ora regem o estado de natureza decaída. São Paulo definiu num texto célebre a multiplicidade dos estados da liberdade cristã em relação às diferentes leis que a regem (Rm 6, 20-23): escravo do pecado, o homem é livre da justiça; escravo da justiça, é livre do pecado. São Paulo faz passar portanto para o primeiro plano uma noção de liberdade e de servidão análoga, na ordem sobrenatural, à que define a condição do homem livre e do escravo, na ordem social. Embora seja de natureza essencialmente religiosa, essa noção cristã da liberdade não podia deixar de exercer uma influência profunda sobre o problema filosó-

---

16. Aristóteles, *Ética a Nicômaco*, V, 6, 1131a 28. Cf. Platão, *Leis*, III, 698a-b.

fico e moral do livre-arbítrio. De fato, santo Agostinho já tinha se visto às voltas com a multiplicidade de sentidos que a palavra "liberdade" oferece ao espírito de um cristão. Ora significa simplesmente "livre-arbítrio", ora quer dizer liberdade em oposição a servidão, e como a servidão pode ser a do pecado ou a da morte, pode-se também chamar de liberdade seja a santidade que nos liberta de um, seja a ressurreição que nos liberta da outra. É por isso que os doutores da Idade Média, preocupados em classificar esses diferentes sentidos, acrescentarão constantemente à liberdade psicológica própria do livre arbítrio, *libertas a necessitate*, duas outras liberdades propriamente religiosas e sobrenaturais: a que nos liberta do pecado, *libertas a peccato*, e a que nos liberta do sofrimento e da morte, *libertas a miseria*[17]. Parece ter sido forte, em certos teólogos, a tentação de reduzir essa multiplicidade à unidade, absorvendo o livre-arbítrio nas liberdades religiosas que soltam seus entraves e lhe possibilitam, assim, se desenvolver sem restrições, mas tal simplificação trazia apenas facilidades aparentes, e veremos que a única saída possível era filosoficamente mais fecunda, embora mais complicada.

Reduzir o livre-arbítrio psicológico à sua libertação pela graça era uma maneira cômoda de unificar os sentidos da

---

17. A multiplicidade de sentidos da palavra liberdade aparece num texto pelagiano de Juliano de Eclana, argumentando contra santo Agostinho: "Multis enim modis libertas appellari solet: ut in hoc loco sanctitas; ut ressurrectio in Apostolo, ubi dicit creaturam liberari a servitute corruptionis in libertatem gloriae filiorum Dei [Rm 8, 21]; ut libertas quae potior est, ad distinctionem servitutis. Eo autem nomine et libertas nuncupatur arbitrii." *Op. imp. cont. Julianum*, I, 87, *Patr. lat.*, t. 45, col. 1106. Agostinho não contesta de modo algum essa pluralidade de sentidos, imposta de resto pelo texto de são Paulo, Rm 7, 1-6. Ver a classificação das liberdades em santo Anselmo, *De lib. arbit.*, cap. XIV, *Patr. lat.*, t. 158, col. 506; são Bernardo, *De gratia et lib. arbit.*, cap. III (naturae, gratiae, gloriae), cap. IV, 11 (libertas a necessitate, a peccato, a miseria); Pedro Lombardo, *Lib. II Sent.*, dist. 25, cap. 1-9, principalmente 9 (a necessitate, a peccato, a miseria), ed. Quaracchi, t. II, pp. 432-5; Hugo de Saint-Victor, *Summa sententiarum*, III, 9, *Patr. lat.*, t. 176, col. 102-105; são Boaventura, *In II Sent.*, II, 25, 2, dub. 2, ed. Quaracchi, t. II, pp. 625-6; são Tomás de Aquino, *Sum. theol.*, I, 83, 3, ad 3[m].

palavra liberdade. Tomando a espontaneidade do querer como dada, nada impedia então de dizer que a única liberdade é a liberdade *verdadeira*, isto é, a de fazer o bem. Pedro Lombardo atesta a existência dessa opinião no século XII, mas prefere uma outra e mantém a existência de uma dupla liberdade: a do livre-arbítrio em estado de indiferença moral e a do livre-arbítrio libertado. O motivo dessa escolha é fácil de compreender. Já dissemos que o livre-arbítrio é um poder físico, logo inamissível, ao passo que a liberdade de fazer o bem se perdeu[18]; como não distinguir duas coisas tão diferentes? Por outro lado, manter essas duas coisas diferentes sob um só nome era se expor a mal-entendidos contínuos. Daí, nos filósofos da Idade Média, um esforço notável pra dissociar, no interior da noção de liberdade, elementos sempre implicados por ela, mas que até então haviam sido mais ou menos confundidos.

Aqui também, são Paulo e santo Agostinho são o ponto de partida do progresso. A *Epístola aos romanos* havia distinguido claramente o querer da sua eficiência, porque um independe do outro: "Nam velle adjacet mihi; perficere autem bonum non invenio" (7, 18). Essa distinção adquire em santo Agostinho a forma mais precisa do *velle* e do *posse*[19]. A partir desse momento, nenhuma ambigüidade é

---

18. "Hominis vero liberum arbitrium congenitum et omnino inamissibile si quaerimus, illud est quo beati omnes esse volunt, etiam hi qui ea nolunt quae ad beatitudinem ducunt." Santo Agostinho, *Cont. Julian. op. imperf.*, VI, 11, *Patr. lat.*, t. 45, col. 1521. A expressão é retomada por são Bernardo, ver mais acima, p. 381, nota 14.

19. "Cum enim duo quaedam sint, velle et posse, unde nec qui vult continuo potest, nec qui potest continuo vult; quia sicut volumus aliquando quod non possumus, sic etiam possumus aliquando quod nolumus: satis evolutis ipsis etiam vocabulis resonat, quod ab eo quod est velle, voluntas; ab eo autem quod est posse, potestas nomen accepit. Quapropter, sicut qui vult habet voluntatem, ita potestatem qui potest. Sed ut potestate aliquid fiat, voluntas aderit." Santo Agostinho, *De spiritu et littera*, XXXI, 53, *Patr. lat.*, t. 44, col. 234. "Unde hoc quisque in potestate habere dicitur, quod si vult, facit; si non vult, non facit." Loc. cit., col. 235.

possível, porque, falando em absoluto, querer não é poder e vice-versa. Mas subsiste outra dificuldade. Distinguindo radicalmente o poder do querer, terminar-se-ia subtraindo a *potestas* à *voluntas*, de sorte que, na medida em que ela se define pelo poder de fazer o que se quer, a nova liberdade se encontraria inteiramente fora do alcance da vontade. Tal conseqüência não era apenas contraditória com os costumes da linguagem, porque se diz de uma vontade eficaz que ela é livre, não que é poderosa, mas também com o sentimento muito justo do vínculo estreito que une a liberdade do querer à sua eficácia. Era preciso buscar outra coisa, portanto, e o próprio santo Agostinho convidava a fazê-lo. Tal como ele concebe, a graça afeta profundamente o jogo do nosso livre arbítrio. Não basta dizer que ela se junta a ele como um poder complementar: ela modifica seu estado, na medida em que o confirma e o cura. Com a graça, não temos nosso livre-arbítrio mais o poder da graça, mas é o próprio livre-arbítrio que, pela graça, se torna potência e conquista sua liberdade[20]. O problema estava pois em encontrar um novo arranjo dos elementos constitutivos do ato livre, que fosse tal que a liberdade pertencesse realmente ao livre-arbítrio, distinguindo porém o estado de uma vontade serva do estado de uma vontade libertada.

Santo Anselmo talvez seja quem discerniu mais claramente o sentido e o alcance da questão. Para ele, o "poder" é a aptidão a fazer o que se quer. Ora, em certo sentido a vontade é uma espécie de poder: é o poder de querer. Ela será portanto tanto mais plenamente ela própria quanto

---

20. "Liberum ergo arbitrium evacuamus per gratiam? Absit: sed magis liberum arbitrium statuimus. Sicut enim lex per fidem [Rm 3, 31], sic liberum arbitrium per gratiam non evacuatur, sed statuitur. Neque enim lex impletur nisi libero arbitrio: sed per legem cognitio peccati, per fidem impetratio gratiae contra peccatum, per gratiam sanatio animae a vitio peccati, per animae sanitatem libertas arbitrii, per liberum arbitrium justitiae dilectio, per justitiae dilectionem legis operatio." Santo Agostinho, *De spiritu et littera*, XXX, 52, *Patr. lat.*, t. 44, col. 233.

mais apta a querer ela for. Apliquemos esse princípio ao problema que nos ocupa. Uma vontade que quer, mas não pode, não é somente uma vontade sem eficácia, é uma vontade menor. A potência que lhe falta é sua própria potência, a que deveria ser a sua enquanto poder de querer. O livre-arbítrio é portanto sempre capaz de querer o bem ou de querer o mal: senão, como ele exerceria sua arbitragem? Mas, como a vontade é essencialmente poder, não se pode confundir a má escolha com a sua liberdade. O homem é livre, e faz o mal por seu arbítrio, mas não pelo que faz com que seu arbítrio seja livre. Vamos mais longe: criado livre, o homem pecou pelo poder que tinha de pecar, mas esse poder não fazia parte da sua liberdade verdadeira, que era a de não pecar[21]. Em outros termos, a liberdade do homem era a de um querer criado livre da servidão do pecado; portanto seu livre-arbítrio era ao mesmo tempo um poder eficaz. Esse livre-arbítrio abdicou do seu poder, pecando; diremos que essa abdicação é constitutiva da sua liberdade? Uma liberdade que se diminui, mesmo se livremente, é infiel à sua essência; o ato livre, pelo qual ela se torna menos livre, trai sua própria liberdade. É por isso que, precisamente porque todo querer é um poder, toda diminuição do poder de querer diminui a liberdade do livre-arbítrio. A verdadeira potência é a de querer eficazmente o bem; depois de ter feito o mal, a vontade fica livre de querer o bem, mas não de fazê-lo, logo, ela não é mais que uma liberdade mutilada. Restituindo-lhe esse poder perdido, a graça devolve ao livre-arbítrio algo da sua eficá-

---

21. Definição de *potestas*: "Est igitur potestas aptitudo ad faciendum, et omnis aptitudo ad faciendum potestas." Santo Anselmo, *De voluntate*, *Patr. lat.*, t. 158, col. 488. "Peccavit autem [primus homo] per arbitrium suum, quod erat liberum; sed non per hoc unde liberum erat, id est per potestatem qua poterat non peccare, et peccato non servire; sed per potestatem quam habebat peccandi, qua nec ad non peccandi libertatem juvabatur, nec ad peccandi servitutem cogebatur." Santo Anselmo, *De lib. arb.*, II, t. 158, col. 492.

cia primeira; longe de diminuí-la, ela o liberta; à espontaneidade do *arbitrium* ela acrescenta a *liberdade*, que é a eficácia deste. Um verdadeiro *liberum arbitrium* é uma *libertas arbitrii*[22].

A partir do momento em que o poder de pecar deixava de ser um elemento constitutivo da liberdade como tal, o problema filosófico do livre-arbítrio devia necessariamente mudar de aspecto. Cada vez que alguém queria determinar completamente as condições da liberdade, via-se levado a distinguir com são Tomás três pontos de vista diferentes: a liberdade em relação ao ato, já que a vontade pode agir ou não agir; a liberdade em relação ao objeto, já que a vontade pode querer esse objeto ou seu contrário; a liberdade em relação ao fim, já que a vontade pode querer o bem ou o mal. Nenhuma dificuldade quanto à liberdade do ato, já que a vontade é uma espontaneidade senhora das suas determinações. Quer se trate do querer antes do pecado original, depois do pecado original ou até do querer dos bem-aventurados confirmados em graça, a vontade sempre quer o que quer e, por conseguinte, é livre. Não há dificuldade tampouco, se se considerar o querer escolhendo os meios do seu fim, porque não se pode duvidar que essa escolha seja livre. O homem não escolhe seu fim, ele quer necessariamente ser feliz pelo próprio fato de ser homem; mas caminhos diferentes permanecem abertos diante dele, e ele é livre de escolher o que lhe parece melhor para alcançá-lo.

---

22. "Ergo quoniam omnis libertas est potestas, illa libertas arbitrii est potestas servandi rectitudinem voluntatis propter ipsam rectitudinem... Jam itaque clarum est liberum arbitrium non esse aliud quam arbitrium potens servare rectitudinem voluntatis propter ipsam rectitudinem." Santo Anselmo, *De lib. arb.*, cap. III, *Patr. lat.*, t. 158, col. 494. "Sed nunc quomodo est humanae voluntatis arbitrium hac potestate liberum;..." Op. cit., cap. V, col. 496 (cf. *De concordia praescientiae Dei cum lib. arb.*, cap. VI, col. 517). "Potestas ergo peccandi, quae addita voluntati minuit ejus libertatem et, si dematur, auget, nec libertas est, nec pars libertatis." *De lib. arb.*, cap. I, col. 491. "Est enim potestas libertatis genus." *De lib. arb.*, cap. XIII, col. 505.

Outro é o caso se considerarmos a escolha dos meios em sua relação com o fim a que visam. Falando em absoluto, é por ser livre que o homem pode se enganar sobre a natureza do seu fim ou sobre a dos meios que o preparam. Sem os erros da sua razão, ele sempre saberia o que se deve fazer; sem as falhas da sua vontade, ele nunca se recusaria a fazê-lo, e tanto esses erros como essas falhas são indícios de um livre-arbítrio. No entanto, não são nem uns nem outras que constituem a liberdade. Onde aqueles e estas não podem produzir-se, como no caso dos bem-aventurados, a liberdade reina inteira, porque se é ser livre agir mal, também é ser livre sempre fazer o bem[23]. Todo o mundo concordará portanto que a livre decisão de um querer falível deve sua liberdade unicamente ao seu caráter de ato voluntário, e de forma alguma à sua falibilidade. Mas não se deveria ir mais longe? Se o poder de escolher mal não é mais que uma deficiência no uso da liberdade, não indica ele uma diminuição e como que uma mutilação da própria liberdade? Se parece difícil negar isso, não se deveria afirmar outra coisa e dizer que quanto menos a vontade pode falhar, mais ela é livre?

Foi neste ponto preciso que a doutrina cristã da libertação do querer pela graça penetrou na análise do livre-arbítrio para modificar profundamente sua estrutura. Muito embora não a tenha levado ao seu termo, o tomismo convidava a tentar a experiência. De início considerada como natureza, a vontade é necessariamente determinada a querer o bem. Vimos, e devemos sustentar, que a liberdade reside na vontade, em que tem sua raiz, mas é igualmente verdadeiro que a razão é sua causa. A vontade se volta necessariamente para o bem, com uma necessidade que deve à natureza em que se funda; logo, é somente em relação às diversas concepções do bem que a razão lhe propõe que

---

23. São Tomás de Aquino, *De veritate*, XXII, 6, Resp.

a vontade deve o fato de ser indeterminada[24]. Mas, se a razão é verdadeiramente a causa que faz do nosso querer natural um livre-arbítrio, como não se interrogar sobre o que vem a ser do livre-arbítrio quando a vontade se encontra em presença de uma determinação perfeita da razão? O caso de Deus, o dos Anjos e dos bem-aventurados são muito diferentes do nosso; nem por isso eles deixam de ter, para nós, o valor de experiências. Ora, é certo que a razão de Deus é infalível; apesar disso, são Tomás lhe atribui o livre-arbítrio em relação a tudo o que não é sua própria perfeição. Ele o atribui igualmente a Jesus Cristo e até aos bem-aventurados[25], porque a vontade de Cristo, embora fosse determinada ao bem, não o era a determinado bem em particular, e a dos bem-aventurados, embora seja confirmada em graça, mesmo assim tem de ordenar seus atos com vistas ao seu fim[26]. O caso dos Anjos, aliás, é uma experiência paralela que pode nos ajudar a compreender o dos bem-aventurados. Vendo Deus face a face, não apenas eles não podem não querer, como não podem nem mesmo se enganar sobre a escolha dos meios a utilizar para louvar a Deus e servi-lo. Ora, longe de prejudicar o livre-arbítrio, a infalibilidade das suas escolhas atesta a perfeição deste. Assim, ele é mais perfeito nos Anjos, que não podem pecar, do que em nós, que podemos pecar. Mais perfeito não por ser mais livre de necessidade ou de coação, porque a liberdade como tal não comporta nem mais nem menos, e sim mais perfeito em sua causa, que é a própria inteligência, porque onde há inteligência há livre-arbítrio, e quanto mais há inteligência, mais há liberdade[27].

---

24. São Tomás de Aquino, *Sum. theol.*, Iª-IIᵃᵉ, 17, 1, ad 2ᵐ.
25. São Tomás de Aquino, *Sum. theol.*, I, 19, 10, Resp. O *ad* 1ᵐ interpreta uma expressão de são Jerônimo, que parecia ir no sentido contrário. Cf. p. 382, nota 15. No que diz respeito a Jesus Cristo e aos bem-aventurados, ver *Sum. theol.*, III, 18, 4, ad 3ᵐ.
26. É por isso que o dom de "conselho" subsiste mesmo na beatitude: são Tomás de Aquino, *Sum. theol.*, IIª-IIᵃᵉ, 52, 3, Resp. e ad 1ᵐ.
27. São Tomás de Aquino, *Sum. theol.*, I, 59, 3, ad 3ᵐ, e I, 62, 8, ad 3ᵐ.

A teologia de são Tomás estava prenhe de conseqüências filosóficas, e o tempo não deixou de desenvolvê-las. De fato, duas possibilidades de interpretação permaneciam em aberto, conforme as circunstâncias convidassem a dar ênfase à *raiz* do livre-arbítrio, que é a espontaneidade do querer, ou à sua *causa*, que é a razão. O fim da Idade Média viu-se bruscamente confrontado ao problema, pela súbita intervenção de Wiclef, Lutero e Calvino. Colocando a questão num terreno exclusivamente religioso, os reformadores não podiam deixar de se interessar pelo poder do livre-arbítrio e, como o livre-arbítrio não pode nada sem a graça, não lhes restava outro recurso senão negá-lo. O *De servo arbitrio* de Lutero é a expressão mais completa dessa atitude: um querer que perdeu todo o seu poder, perdeu toda a sua liberdade. Contra a Reforma, os teólogos católicos se viram obrigados a empreender uma correção necessária. Eles apelaram portanto para o que, na tradição dos Padres e da Idade Média, se opunha diretamente ao servo-arbítrio: a indeterminação radical do querer e sua faculdade de escolher. Exaltando propositalmente o poder *ad utrumlibet*, Molina construiu uma doutrina em que a indiferença se torna o caráter essencial da liberdade. Duns Scot podia lhe fornecer armas, e foi provavelmente nele que Molina se inspirou, mas são Tomás também podia lhe oferecer textos, e é certo que, mantendo a indiferença de opções na raiz do livre-arbítrio, Molina permanecia fiel a uma das exigências permanentes do pensamento cristão em matéria de liberdade. Mas o poder do livre-arbítrio também reclamava seus direitos. Nenhum filósofo cristão podia conceder a Lutero que toda a questão se resumisse a isso. Os tomistas, pelo menos, tinham de sustentar que era apenas parte dela. É por isso que, sem nunca sacrificar a *raiz* da liberdade, eles chamaram a atenção para a natureza da *causa* desta, e os que os acompanharam nesse caminho desenvolveram uma crítica densa da liberdade de indiferença tal como Molina a concebera. Eu mostrei em outra oportunidade como essa controvérsia havia alimentado no século XVII a doutrina de Descartes sobre a liberdade[28]. Ainda acredito que a *Meditação IV* não existiria se não tivesse havido entre os gregos e Descartes o longo esforço da teologia medieval. Através do p͏̲e͏̲ Gibieuf, do Oratório, com quem Descartes se diz em dívida, é a são Tomás que ele deve o fato de ter concebido o livre-arbítrio como um poder de escolher cuja liberdade de coação é simples e indivisível, mas cuja capacidade de libertar-se do erro e do mal cresce à medida que decresce sua indiferença. No cartesianismo, como no tomismo, longe de destruir o livre-arbítrio, a infalibilidade do juízo exalta a sua liberdade.

Compreendidas assim, essas doutrinas do livre-arbítrio se vinculam diretamente ao naturalismo cristão, cujas exigências se fazem sentir em toda parte nas filosofias medievais. Quando a confiança na indestrutibilidade da natureza e na eficácia de causas segundas provenientes de uma fecundidade criadora desapareceu, o mundo estava maduro para a Reforma; em toda parte, e na medida em que essa

---

28. Para a história dessa influência, permito-me remeter a meu estudo sobre *La liberté chez Descartes et la théologie*, Paris, F. Alcan, 1913, pp. 286-432. Essa parte do livro ainda pode ser útil. Embora requeira várias correções de detalhe, a tese que sustenta ainda me parece válida no essencial. Eu ignorava nessa época, só recentemente descobri que a influência de Gibieuf sobre Descartes e as hesitações ulteriores do filósofo já haviam sido notadas pelo scotista J. A. Ferrari, *Philosophia peripatetica*, 2ª ed., Veneza, 1754, t. I, pp. 310-2. Aproveito a oportunidade também para dizer que a falta de coerência, pela qual desculpo amavelmente o p͏̲g͏̲ Petau naquela obra (p. 404), parece-me hoje inteiramente devida à ignorância em que eu me achava, na época, dos antecedentes históricos do problema. Petau tem toda razão ao dizer que, se chamamos de indiferença o poder que a vontade tem de escolher, ele é inamissível nela, sustentando ao mesmo tempo que, se chamamos de indiferença o poder de escolher mal, esta segunda pode ser eliminada sem prejudicar a primeira. A vontade conserva sua indiferença enquanto escolhe; escolher sempre bem é ser sempre livre. A primeira parte da obra, que trata da liberdade divina, requereria mais correções ainda. Algumas, utilíssimas, podem ser encontradas no livro de M. P. Garin, *Thèses cartésiennes et thèses thomistes*, Paris, Desclée de Brouwer, s.d. (1933). Eu mesmo, aliás, teria muitas outras a fazer.

confiança subsistiu, a Reforma foi mantida em xeque. É por isso que todas as morais cristãs da Idade Média, bem como as dos Padres da Igreja, em que se inspiram, repousam na afirmação de um livre-arbítrio indestrutível como seu fundamento necessário. Se, como é costume repetir, a Reforma inaugura a era do pensamento moderno, foi pela abdicação do livre-arbítrio que o pensamento moderno se iniciou. A homens, dos quais Deus mesmo não podia mais fazer seus coadjutores e seus cooperadores, a filosofia cristã não tinha mais nada a dizer. No entanto, pelo fato mesmo de ser cristã, essa filosofia teve de dar ênfase à importância do poder e do lugar que ele ocupa na definição do ato livre. Devemos-lhe portanto uma noção, mais rica e mais compreensiva do que se pode encontrar nos antigos, dessa espontaneidade de um querer cuja liberdade é feita pela eficácia para a verdade e para o bem.

CAPÍTULO XVI

Lei e moralidade cristã

Nada é mais difícil para nós do que traduzir hoje o vocabulário moral dos antigos. Quando Aristóteles quer designar os atos que sua Ética aprova e recomenda, ele os chama de καλὰ καὶ σπουδαῖα. São portanto coisas belas, nobres e também sérias, isto é, que nascem de uma atividade válida em si e por si, contrariamente às que produzem atividades utilitárias, servis ou simples jogos[1]. Temos certa dificuldade para encontrar sob essas expressões o que denominamos com uma palavra tão simples e tão plena: o bem. Aliás, os latinos já tinham experimentado certa dificuldade para traduzir o τὸ καλόν dos gregos. Cícero, que se preocupou com o caso, optou por *honestum*, que nos sentimos irresistivelmente tentados, mas erroneamente, a traduzir por *honesto*. Porque o honesto, para nós, é o que é conforme ao bem; para Cícero, é essencialmente o que merece ser louvado, por si e sem nenhuma preocupação de utilidade ou de recompensa[2]. Os cristãos não podiam ficar

---

1. Aristóteles, *Ética a Nicômaco*, X, 6, 1176b 8. O que é moral, em Aristóteles, é essencialmente o que merece elogio e honras. O fator social, nele, é tão importante que, para ele, o mau se distingue do bom do mesmo modo que aquele cuja propensão a fazer o mal só pode ser contida pelo *medo* se distingue do que pode ser contido pelo *pudor* ou pela *vergonha*. *Ética a Nicômaco*, X, 10, 1179b 11.
2. Cícero, *De finibus bonorum et malorum*, II, 14, 45.

indiferentes a tudo o que contêm de substância essas noções tão ricas, a despeito da sua imprecisão, ou talvez até por causa dela. Em todo bem moral, existe beleza, e os gregos têm razão; o belo, o *decorum*, será para eles, portanto, uma característica do bem: ele resplandece com a beleza inteligível, como dizem os gregos, ou com a beleza espiritual, como santo Agostinho prefere dizer, que a bondade moral confere à alma. O que é belo e bom merece as honras e os elogios, e Cícero não está equivocado, mas antes de mais nada é bom recordar, por ser um ponto sobre o qual terei de tornar, que é o ato interior da vontade que acima de tudo merece elogio[3] e, sobretudo, que essa vontade mesma só é bela e louvável por se orientar para um fim que a rege.

Poderíamos portanto resumir a evolução da moral sobre esse ponto dizendo que os moralistas cristãos procuraram primeiramente vincular o valor moral ao ato voluntário, como sendo este sua raiz; que eles reuniram as noções de beleza e de honra numa noção mais abrangente, a de bem, e depois vincularam o bem diretamente a um princípio transcendente, que merece a honra em si e em absoluto, mais verdadeiramente que a virtude, e em relação ao qual apenas a virtude o merece[4]. A alma de um homem de bem

---

3. São Tomás de Aquino, *Sum. theol.*, II^a-II^{ae}, 145, 1, ad 3^m.
4. São Tomás de Aquino, *Sum. theol.*, II^a-II^{ae}, 145, 1, ad 2^m. A assimilação da noção grega de beleza à moral cristã é realizada por santo Agostinho, *De div. quaest.*, 83, qu. 30, *Patr. lat.*, t. 40, col. 19-20. Esse texto, cuja importância é capital para a história do problema, tornou-se objeto de reflexão para são Tomás de Aquino, que sistematizou a doutrina aí contida (acrescentando elementos tomados de Dionísio, o Areopagita) na *Sum. theol.*, II^a-II^{ae}, 145, 2. O que convém principalmente ressaltar no texto de Agostinho é a transformação por que passa aí a noção de virtude, na qual os antigos fundam a moralidade. Para Cícero, a virtude é o *honestum* e vice-versa. Essa determinação lhe basta. Para os cristãos, a virtude também é o *honestum*, e como tal ela se distingue do *utile* (o que é desejável, não por si, mas tendo em vista outra coisa); mas toda ordem útil compreende daí em diante o que a providência divina dispôs com vistas ao fim supremo, e o *honestum* será aquilo de que devemos fruir (*frui*, e não *uti* = *uti-*

é, portanto, aos olhos dele bela e digna de ser honrada, por ser virtuosa, mas a virtude mesma só é digna de honra por dirigir o homem a Deus. Logo, ela não é mais o bem supremo, o *nec plus ultra* que era para os gregos, a condição suficiente e incondicionada da moralidade. Para compreender como se realizou essa mudança de perspectiva, o melhor é definir primeiro o que confere ao ato moral sua qualidade boa ou má, e o mais simples é dirigir nosso esforço para o ato mau, que os cristãos chamam de pecado.

A palavra "pecado" e seus equivalentes comportam ainda hoje, em francês e nas outras línguas modernas, um sentido moral e religioso que temos dificuldade em acreditar não tenham tido sempre[5]. O cuidado que os teólogos

---

le), e não usar, ou seja, Deus. As virtudes de Cícero são, portanto, sempre o *honestum*, mas a sabedoria, a força, a justiça e a temperança passam a ser virtudes, porque são próprias de uma alma que frui de Deus e usa de todo o resto tendo em vista ele: "Neque enim ad aliquid aliud Deus referendus est" (loc. cit., col. 20). Portanto, se as virtudes merecem ser desejadas *propter se* (op. cit., qu. 31, 2, col. 21), não é que elas se bastem nem que nos bastem, porque elas chegam ao cristão vindas de Deus, conduzem-no a Deus, e é por isso que são boas: "Quid ergo? Jam constitutis ante oculos nostris tribus, Epicureo, Stoico, Christiano, interrogemus singulos. Dic Epicuree, quae res faciat beatum? Respondet: voluptas corporis. Dic, Stoice. Virtus animi. Dic, Christiane. Donum Dei... Magna, res, laudabilis res: lauda Stoice, quantum potes; sed dic, unde habes? Non virtus animi tui te facit beatum, sed qui tibi virtutem dedit, qui tibi velle inspiravit, et posse donavit" (*Sermo 150*, 7, 8-8, 9, t. 38, col. 812). Esse texto não afirma apenas a necessidade da graça, que não é da ordem filosófica; ele assinala também que a virtude, cujo germe é natural em nós (*De div. quaest.*, 83, 31, 1, col. 20), não apenas depende de Deus e da graça em sua eficiência, como também em sua existência e em seu valor, já que ele é seu princípio e seu fim: *non virtus animi tui te facit beatum, sed qui tibi virtutem dedit*. O cristianismo substitui pelo ser de Deus o ser da virtude como valor moral supremo, e a noção de *fim moral* é transformada com isso.

5. Sobre essa questão, ver o breve mas penetrante artigo de A.-M. Festugière, *La notion du péché présentée par saint Thomas*, em *The New Scholasticism*, outubro de 1931 (V, 4), p. 337. Consulte-se também, para este capítulo e o seguinte, o notável artigo de V. Brochard, *La morale ancienne et la morale moderne*, em *Revue philosophique*, janeiro de 1901 (XXVI, 1), pp. 1-12. Esse artigo é reproduzido na coletânea *Études de philosophie ancienne et de philosophie moderne*, Paris, J. Vrin, pp. 489-503. Acrescente-se a esse ar-

da Idade Média tinham para conservar da moral grega o que ela contém de verdade às vezes nos torna difícil discernir o que lhe acrescentaram nesse ponto e, mesmo num caso em que a moral cristã está diretamente envolvida, nem sempre é fácil ver com exatidão em que momento eles saem do quadro traçado por seus predecessores. Procuremos pois seguir o caminho que os pensadores da Idade Média nos indicam, acompanhar os gregos até o ponto a que sua reflexão pode nos conduzir e só abandoná-los onde eles mesmos nos abandonam. Ninguém realizou essa experiência mais sistematicamente e a levou mais longe do que são Tomás de Aquino. Podemos ter certeza, ao tomá-lo aqui como guia, de que iremos até o extremo limite que é possível alcançar nessa direção.

O pecado é antes de mais nada um ato vicioso. Para conceber sua natureza, temos portanto de saber o que é o vício, de que ele decorre; e, como o vício se opõe à virtude, é necessário recordar primeiramente o que é a virtude. Por essência, ela é um hábito, isto é, uma disposição adquirida e duradoura, que permite a quem a possui agir em conformidade com a sua natureza. Essa definição é de Aristóteles[6]. Logo, é no plano da moral helênica que todo o edifício vai ser construído. Para uma coisa ser boa, é ser o que deve ser para satisfazer à sua própria essência e às exigências da sua natureza; adquirir o costume de agir como convém, dado o que somos, é portanto uma qualidade moralmente boa, e consumar o ato que decorre espontaneamente de um hábito desse gênero é agir bem ou, como também se diz, fazer o bem. Um ato é moralmente bom, ou virtuoso, quando é conforme à natureza de quem o consuma.

---

tigo a discussão do p.g Sertillanges, *La morale ancienne et la morale moderne*, em *Revue philosophique*, março de 1901 (XXVI, 3), pp. 280-92 (esses dois estudos também serão levados em consideração no capítulo seguinte).

6. Aristóteles, *Física*, livro VII, cap. III, V. Citado por são Tomás da seguinte forma: "Virtus est dispositio perfecti ad optimum; dico autem perfecti, quod est dispositum secundum naturam." *Sum. theol.*, I^a-II^{ae}, 71, 1, Resp.

Em conseqüência, três coisas se opõem à virtude: o pecado, a maldade e o vício. De fato, por definição, o pecado é um ato desordenado, isto é, contrário à ordem que a natureza de quem o comete prescreve. Como tal, ele se opõe diretamente ao ato bom que acaba de ser descrito, portanto é necessariamente mau; logo ele é, enfim, por isso mesmo, o resultado de um vício, porque o vício de natureza é precisamente a falta de uma perfeição que a natureza exige, isto é, o contrário da virtude[7]. Definir assim a virtude e o vício pela concordância ou pela discordância com a natureza não é apenas permanecer na posição de Aristóteles, mas aceitar também o que o próprio santo Agostinho havia expressamente querido reter do naturalismo grego: *omne vitium eo ipso quod vitium est, contra naturam est*[8]. Portanto não se trata aqui de uma invasão tardia da teologia cristã pelo helenismo, mas de uma posição comum à época patrística e à Idade Média, por conseguinte essencial ao próprio pensamento cristão. Nada mais clássico. No entanto, ao fazer os esclarecimentos técnicos tomados de empréstimo à moral de Aristóteles, são Tomás vai se pôr em condição de superar o mestre em que se inspira.

Com efeito, o que é a natureza? É o que situa um ser em sua espécie própria e, por conseguinte, é sua forma. Mas qual é a forma do composto humano? Como se sabe, é sua alma racional. Logo, é a razão que confere à nossa natureza seu caráter propriamente humano. Se assim é, definir a virtude e o bem moral como o que se harmoniza à nossa natureza equivale a defini-los como o que se harmoniza à razão. Inversamente, o mal moral, o pecado e o vício de que o pecado decorre só podem ser concebidos como faltas de racionalidade no ato ou no costume. Como quer

---

7. Santo Agostinho, *De lib. arb.*, III, 14, 41, *Patr. lat.*, t. 32, col., 1291. O texto é citado por são Tomás de Aquino, *Sum. theol.*, I^a-II^{ae}, 71, 1, Resp.

8. Santo Agostinho, *De libero arbitrio*, III, 13, 38, *Patr. lat.*, t. 32, col. 1290. O texto é citado por são Tomás de Aquino, *Sum. theol.*, I^a-II^{ae}, 71, 2, Sed contra.

que se encare a questão, é sempre necessário voltar a definir a moralidade, conforme a célebre fórmula de Cícero, como o costume de agir de acordo com o que querem a razão e a natureza[9]. O misticismo de Dionísio, o Areopagita, era bastante helenizado para se inspirar em tal concepção do bem e do mal moral: "O bem, para o homem, é seguir a razão, e o mal, para o homem, é afastar-se da razão." Donde a determinação ulterior da noção de virtude a que são Tomás de Aquino nos conduz: o que torna bom o homem que a possui, o que torna boa a obra que o homem faz, tornando-o capaz de agir de acordo com a sua natureza, isto é, de acordo com a sua razão[10].

À primeira vista, no entanto, tal definição não parece suficiente para um cristão. Dizendo melhor, é até evidente que não pode sê-lo, porque não faz nenhuma menção a Deus nem à relação, boa ou má, que a virtude ou o vício não podem deixar de estabelecer entre a vontade do homem e a vontade do seu autor. É por isso que encontramos com tanta freqüência nos Padres ou nos teólogos da Idade Média outras definições, que parecem ao mesmo tempo mais diretas e mais cristãs, como a de santo Agostinho, que não cansam de reproduzir: pecar é falar, agir ou desejar

---

9. "Nam virtus est animi habitus, naturae, modo, rationi consentaneus." Cícero, *De inventione rethorica*, II, 53 (comparar *op. cit.*, 52, e Alcuíno, *De virtutibus, Patr. lat.*, t. 101, c. 943 D). O texto é citado de uma forma um pouco diferente por são Tomás de Aquino, *Sum. theol.*, I^a-II^{ae}, 71, 2, ad 1^m: "Virtus est habitus in modum naturae, rationi consentaneus."

10. "Sed considerandum est quod natura uniuscujusque rei potissime est forma, secundum quam res speciem sortitur. Homo autem in specie constituitur per animam rationalem. Et ideo quod est contra ordinem rationis, proprie est contra naturam hominis, inquantum est homo; quod autem est secundum rationem, est secundum naturam hominis, inquantum est homo: 'Bonum autem hominis est secundum rationem esse, et malum hominis est praeter rationem esse', ut Dionysius dicit, IV cap. *De div. Nom.* (lect. XXII). Unde virtus humana, quae hominem facit bonum et opus ipsius bonum reddit, intantum est secundum naturam hominis, inquantum convenit rationi; vitium autem intantum est contra naturam hominis, inquantum est contra ordinem rationis." São Tomás de Aquino, *Sum. theol.*, I^a-II^{ae}, 71, 2, Resp.

contra a lei eterna[11]. Com efeito, a lei divina não está acima da natureza? Não é melhor, por conseguinte, definir o pecado em oposição à lei que rege a natureza do que em relação à natureza que essa lei rege? No entanto, como é a Deus que as naturezas devem o fato de ser naturezas, é para elas uma só e mesma coisa se afastar das suas essências e contravir à regra estabelecida por Deus ao criá-las[12]. Toda retidão da vontade humana se mede portanto pela sua concordância com a vontade divina, ao mesmo tempo que pela sua concordância com a razão. Nesse sentido, para retomar as vigorosas expressões de santo Anselmo, há uma verdade da vontade como há uma do juízo, que são no fundo a mesma, já que, tanto num caso como no outro, a retidão consiste para o homem em pautar-se pela lei divina, a fim de pensar e de querer como é devido. Há inclusive uma verdade das ações – *qui facit veritatem, venit ad lucem*[13] –, porque *fazer* a verdade outra coisa não é que bem fazer, isto é, conformar seu ato à regra estabelecida por Deus, assim como mal fazer é desrespeitá-la[14]. Logo, basta

---

11. "Ergo peccatum est, factum vel dictum vel concupitum aliquid contra aeternam legem. Lex vero aeterna est, ratio divina vel voluntas Dei, ordinem naturalem conservari jubens, perturbari vetans." Santo Agostinho, *Cont. Faustum Manich.*, XXII, 27, *Patr. lat.*, t. 42, col. 418. A primeira parte do texto aparece em Pedro Lombardo, *Lib II Sent.*, dist. XXXV, 1, ed. Quaracchi, p. 491, numa fórmula ligeiramente modificada. É nela que cita são Tomás de Aquino, *Sum. theol.*, Iª-IIᵃᵉ, 71, 2, obj. 4.

12. "Si igitur vituperatio vitiorum ipsarum etiam quarum sunt vitia, naturarum decus dignitatemque commendat, quanto magis Deus conditor omnium naturarum etiam in earum vitiis laudandus est; cum et hoc ab illo habeant quod naturae sint, in quantum vitiosa sint, in quantum ab ejus qua factae sunt arte discedunt... Et si ars ipsa per quam facta sunt omnia, hoc est summa et incommutabilis Sapientia Dei, vere summeque est, sicuti est, respice quo tendat quidquid ab illa discedit. Qui tamen defectus non esset vituperatione dignus, nisi esset voluntarius." Santo Agostinho, *De lib. arb.*, III, 14, 42, *Patr. lat.*, t. 32, col. 1291-1292. O início do texto é citado por são Tomás de Aquino, *Sum. theol.*, Iª-IIᵃᵉ, 71, 2, ad 4ᵐ.

13. Jo 3, 21.

14. Santo Anselmo, *De veritate*, 3-4, *Patr. lat.*, t. 158, col. 471-472. "Si igitur Deus esset prima causa non agens rectitudinem, actus non rectus non

lembrar que a razão é obra de Deus para compreender que infringir as prescrições da razão é infringir as prescrições divinas. Agir contra as ordens que ela dita é, através da natureza, atingir aquele que a fez: *unde ejusdem rationis est quod vitium et peccatum sit contra ordinem rationis humanae et quod sit contra legem aeternam*[15]. Assim, não há duas definições do pecado, mas uma só, já que violar as leis da razão, regra próxima dos nossos atos, é violar sua regra primeira e fundamental, essa lei eterna que de certo modo não é mais que a razão de Deus[16].

Reduzindo assim à unidade os dois princípios reguladores da atividade moral, os pensadores cristãos punham-se em condições de ligar os resultados obtidos pela especulação grega à sua metafísica da criação. No entanto, é óbvio que ligar quer dizer aqui subordinar, porque a razão humana só se torna moralmente legisladora se for "informada" pela lei divina em todos os seus graus. A título de razão natural, ela segue os princípios primeiros da razão prática, ela própria submetida à iluminação divina, regra da consciência moral[17]; na medida em que é dirigido por Deus

---

esset peccatum." Duns Scot, *Op. Oxon.*, II, 34-37, 5, ed. Quaracchi, t. II, p. 836, art. 903a.

15. São Tomás de Aquino, *Sum. theol.*, I^a-II^{ae}, 71, 2, ad 4^m.

16. "Habet autem actus humanus quod sit malus, ex eo quod caret debita commensuratione. Omnis autem commensuratio cujuscumque rei attenditur per comparationem ad aliquam regulam a qua si divertat, incommensurata erit. Regula autem voluntatis humanae est duplex: una, propinqua et homogenea, scilicet ipsa humana ratio; alia vero est prima regula, scilicet lex aeterna, quae est quasi ratio Dei." São Tomás de Aquino, *Sum. theol.*, I^a-II^{ae}, 71, 6, Resp.

17. Encontramos, no plano da consciência moral, a mesma divergência de visão entre o agostinismo e o tomismo que notamos no plano do conhecimento intelectual e racional. Todos os pensadores cristãos concordam em admitir que a evidência das prescrições da razão prática está suspensa à iluminação divina, e todos, no século XIII, se proclamam seguidores de santo Agostinho. Mas os representantes da escola franciscana (são Boaventura, Peckham, R. Marston etc.) mantêm-se mais próximos do agostinismo verdadeiro, na medida em que admitem uma iluminação natural acrescentada à luz do intelecto agente. São Tomás e Duns Scot, ao contrário, confundem a iluminação moral com o intelecto agente em sua função prática.

para seu fim sobrenatural, o homem é submetido em sua razão às determinações da revelação ou às influências secretas da graça. Portanto, se é verdade que a lei natural da razão se reduz à lei eterna de Deus, não é verdade que a lei eterna se reduza às prescrições da razão natural. Em outras palavras, há mais coisas ordenadas ou vedadas ao homem do que sua razão lhe prescreve ou lhe veda fazer. Para que as duas ordens possam ser consideradas como pura ou simplesmente coincidentes, seria preciso que o fim natural e o fim sobrenatural do homem fossem rigorosamente idênticos. Sabemos, ao contrário, que não é assim; a lei eterna envolve portanto a razão humana, funda e sanciona suas prescrições, mas excede-a em todos os sentidos, e é isso que faz com que, se o filósofo está bem fundamentado ao definir o pecado como o que se opõe à razão, o teólogo não o está menos ao ver nisso sobretudo uma ofensa a Deus[18]. E é bem verdade que a ordem teológica não é a ordem filosófica, mas podemos nos perguntar se a própria ordem filosófica é aqui tal como seria sem a ordem teológica que a coroa. Que o pecado é uma prevaricação da lei divina e uma desobediência a Deus, muito mais para o teólogo do que para o filósofo, nada mais verdadeiro. No entanto parece inevitável que o próprio filósofo cristão, quando vem a perguntar por que todo ato contrário à razão é mau, vê-se no fim das contas levado a uma resposta do mesmo gênero. A lei divina, tomada no sentido estrito, significa nada mais que os mandamentos de Deus, e é em relação a essa legislação que a teologia moral define o peca-

---

18. "Dicendum quod a theologis consideratur peccatum, praecipue secundum quod est offensa contra Deum; a philosopho autem morali, secundum quod contrariatur rationi. Et ideo Augustinus convenientius definit peccatum ex hoc quod est contra legem aeternam, quam ex hoc quod contra rationem; praecipue cum per legem aeternam regulemur in multis quae excedunt rationem humanam, sicut in his quae sunt fidei." São Tomás de Aquino, *Sum. theol.*, Iª-IIæ, 71, 6, ad 5ᵐ. Cf. *In II Sent.*, 35, 1, 2, Resp. – A diferença entre o plano moral e o plano teológico é vigorosamente salientada por Duns Scot, *Op. Oxon.*, II, 34-37, 2, 8, ed. Quaracchi, t. II, p. 815, art. 878, *c.*

do. Mas, se a tomarmos no sentido lato, ela engloba todas as "informações" da razão humana pela razão divina, inclusive a própria consciência moral. É por isso que o racionalismo moral cristão acaba se integrando a uma metafísica da lei divina: desobedecer à razão é desobedecer a Deus, todo pecado é uma prevaricação[19].

Procuraríamos em vão uma noção desse gênero na moral de Aristóteles. Atento em definir as condições da moralidade, ele classifica com um cuidado minucioso os diferentes erros que viciam nossos atos, mas nunca remonta em sua análise além da razão. Na base de todas as suas análises e dos juízos que as concluem, está o princípio fundamental de Sócrates: todo homem mau é um ignorante. Corrigido, completado, atenuado pelas precisões de detalhe necessárias, ele não cessa de dirigir a moral aristotélica:

---

19. "Quid est peccatum nisi praevaricatio legis divinae et coelestium inobedientia praeceptorum? Ergo in praevaricante peccatum est, sed in mandante culpa non est: non enim consisteret peccatum, si interdictio non fuisset. Non consistente autem peccato, non solum malitia, sed etiam virtus fortasse non esset, quae, nisi aliqua malitiae fuissent semina, vel subsistere vel eminere non posset." Santo Ambrósio, *De Paradiso*, VIII, 39, *Patr. lat.*, t. 14, col. 292. O texto foi transmitido na Idade Média e submetido à reflexão dos teólogos por Pedro Lombardo, *In II Sent.*, dist. 35, cap. I: "Ecce praevaricationem legis et inobedientiam definit Ambrosius esse peccatum", ed. Quaracchi, 492. – O problema de saber o que se devia entender aqui pela palavra lei não podia deixar de ser discutido e resolvido colocando sob a lei divina a lei natural que dela decorre: "Lex aliquando accipitur stricte pro lege scripta vel data; aliquando large, prout comprehendit legem naturae et legem scripturae et legem gratiae. Et in praedicta notificatione [Ambrosii] lex accipitur large." São Boaventura, *In II Sent.*, 35, dub. 4, ed. Quaracchi, t. II, p. 837. Abordando o problema de outro ponto de vista, são Tomás chega a uma conclusão análoga: "Loquimur autem nunc de actibus hominis; unde bonum et malum in actibus, secundum quod nunc loquimur, est accipiendum secundum id quod est proprium hominis inquantum est homo. Haec autem est ratio, unde bonum et malum in actibus humanis consideratur secundum quod actus concordat rationi informatae lege divina, vel naturaliter, vel per doctrinam, vel per infusionem; unde Dionysius ait [IV cap. *De div. Nom.*], quod animae malum est praeter rationem esse, corpori praeter naturam." *De malo*, II, 4, Resp. Note-se nesse texto que o bem e o mal moral é definido em relação à razão informada pela lei divina em seus diferentes graus.

"Todo homem mau é ignorante do que deveria fazer e do que deveria se abster de fazer; é por causa de um erro desse gênero que alguém se torna injusto e, falando de um modo geral, mau."[20] O que está na origem do mal é portanto uma ἁμαρτία ou um ἁμάρτημα, isto é, um erro inicial de juízo, cujo resultado será errar o alvo que a ação visa. De fato, Aristóteles representa o homem como empenhado na busca de uma felicidade, de resto totalmente relativa, cuja conquista é o termo da vida moral. Suas ações são boas quando o aproximam desse fim, más quando o afastam. Como quer que seja, as noções morais de bem e de mal são nele intimamente aparentadas às de sucesso ou fracasso.

Há erros de conduta que não dependem de nós. Uma ignorância cuja causa é exterior a nós e de que não somos, por conseguinte, responsáveis. O que não a impede de nos levar a falhar o objetivo: são fracassos propriamente ditos, em todo caso insucessos e, se quiserem, infortúnios. Quando a causa dos insucessos está em nós, não é mais de azar apenas que se trata, mas de falta. Assim, não há, entre a falta moral e o insucesso, outra diferença além da das causas de que depende o fracasso final do ato humano. E não mudaríamos sua natureza acrescentando a essas causas uma impulsão que nos arraste ao mal por desejo ou por cólera. O ato que daí resulta é injusto, então, mas essa injustiça é o efeito de uma ignorância radical de que o ato mau não é mais que a conseqüência indireta. Mesmo se o ato é conscientemente desejado, deliberado, escolhido após uma discussão que avalie seus motivos, sua malícia exprime a injustiça de quem o consuma. Não é mais apenas o ato que é mau, é o homem. No entanto, a malícia do próprio homem, a injustiça radical que o vicia, pressupõe sempre o mesmo erro inicial da razão[21]. A virtude é o hábi-

---

20. Aristóteles, *Ética a Nicômaco*, III, 1, 1110*b* 28-30.
21. Sobre a diferença entre ἀτύχημα, ἁμαρτήμα e ἀδίκημα, ver Aristóteles, *Ética a Nicômaco*, V, 8, 1135b 11-25. Convém notar que a ἁμαρτήμα não é nem mesmo um mal moral, porque não depende de um vício e não

to sensato que nos torna capazes de alcançar a felicidade, assim como o vício é o hábito insensato que nos condena a perdê-la. Nisso tudo, nada que nos submeta a uma lei mais elevada que a do homem. Recolhemos o benefício da nossa habilidade, suportamos as conseqüências da nossa inépcia; absorto na contemplação do seu próprio pensamento, o Primeiro Motor imóvel não legisla para regular a conduta dos homens; não só temos dificuldade em representá-lo como autor de uma Revelação sobrenatural e legislador de um Decálogo, mas, como ele não é o criador das nossas consciências, ele segue sua vida divina sem criar de dentro a lei que nos dirige, nem a luz que nos ilumina. Nossos erros nos prejudicam sem que um Cristo esteja presente para suportá-los. O justo persevera ou o pecador se arrepende sem que nenhuma alegria no céu acompanhe sua perseverança ou acolha seu arrependimento. Cabe ao homem fazer sua vida moral e suportar suas conseqüências: Deus não está interessado nela.

A coisa parece ser outra em Platão, e é necessariamente outra numa filosofia em que os deuses são os autores da natureza e a governam providencialmente por leis. No platonismo, como no cristianismo, existe uma ordem divina que domina a ordem da moralidade e a define. Exprimindo-se na linguagem do mito, o filósofo lembra a antiga tra-

---

resulta da injustiça do sujeito agente (1125a 17-19); a falta provém então seja de um erro puramente acidental, de uma simples ignorância, seja de um erro na deliberação (1142a 21). A malícia moral depende, pois, da presença de um vício (costume ruim estável), causa permanente de ações falhas. Podem-se cometer injustiças sem ser injusto, maldades sem ser mau; mas ter o juízo falseado e a vontade desregrada a ponto de escolher o mal é ser injusto, ἄδικος, perverso, μοχθηρός. Cf. as justas observações do p^r A.-M. Festugière, *La notion du péché présentée par saint Thomas*: "Pecar, em grego, se diz ἁμάρτανειν, e ἁμάρτανειν é propriamente falhar o objetivo. Para um grego, essa palavra não despertará nada além disso; não se sai do plano humano, da referência ao homem e à sua felicidade. Um cristão logo evoca a idéia de Deus, de ofensa a Deus; por instinto, ele se refere a Deus, à sua majestade infinita. Dá para perceber toda a distância" (em *The New Scholasticism*, vol. V, 4, outubro de 1931, p. 337).

dição segundo a qual Saturno, constatando a incapacidade de todo homem em governar os outros com a autoridade conveniente, teria submetido as cidades a inteligências mais divinas que as nossas e feito desses Daimons pastores de homens, assim como os homens são pastores dos seus rebanhos. É a esses guias divinos que nos submetemos quando, seguindo os preceitos da razão, nós lhes confiamos com isso a conduta da nossa vida privada, das nossas famílias ou das cidades de que elas fazem parte. Portanto não há diferença entre obedecer aos deuses ou obedecer "à parte imortal do nosso ser"[22]. Identifiquemos Saturno com o Demiurgo do *Timeu*: acaso não encontramos aí o equivalente de um mundo cristão, em que a lei natural da razão não é mais que a expressão da lei divina e encontra nesta o fundamento último da moralidade?

Que Platão esteja neste ponto tão próximo do cristianismo quanto se pode estar sem ser cristão, é uma evidência, e só a constato para não ser acusado de esquecê-la. No entanto, subsistem diferenças importantes, que a história deve levar em conta, e todas elas se vinculam à que separa o mundo grego do mundo cristão. Submetido a uma pluralidade de deuses, organizado, mas não criado, por um deles, o universo de Platão não está inteiramente impregnado de inteligibilidade, porque não é totalmente dependente do seu autor. Daí a distância que separa a providência platônica da providência cristã e que procurei assinalar no momento e lugar adequados. A mesma distância se encontra aqui. Toda injustiça moral é uma violação da lei, mas essa lei depende de causas muito mais complexas do que a que estabelece a sua para o mundo cristão. De acordo com Platão, ela é estabelecida antes de mais nada pelo deus de que a arte do legislador humano se faz intérprete, mas as leis que regem os Estados dependem também do acaso e da ocasião que, com o deus, governam todos os assuntos hu-

---

22. Platão, *Leis*, IV, 713 D.

manos²³. A intervenção desse μετὰ θεοῦ τύχη καὶ καιρός não supõe apenas um universo parcialmente entregue a si mesmo – tem de sê-lo, na medida em que contém um não-criado –, mas também uma ordem humana em que a lei divina não reina como reina num mundo cristão.

Neste, ela sem dúvida reina como reina a providência de que ela nada mais é que uma das formas. Ela se cerca de sanções, como as que a providência estabeleceu para assegurar o respeito aos seus decretos, mas nem num caso nem no outro a violação da lei põe em questão uma ordem criada cuja existência Platão nem concebeu. O deus que, segundo a tradição órfica, é o começo, o meio e o fim de todos os seres, vai sempre diante dele; a Justiça o segue, pronta a recompensar os bons e a punir os maus, mas essa Justiça administra o mundo como uma lei impessoal. Quem caminha atrás da divindade, torna-se por isso mesmo semelhante a ela e será recompensado pela felicidade de viver como justo com os justos; quem acredita poder guiar a si mesmo, o deus abandona: após um aparente sucesso, a Justiça se vinga e o leva a perder-se, ele, os seus e a sua pátria²⁴. A "velha lei", que Platão sempre faz sua, é a de que o semelhante deve amar seu semelhante. Ela lhe basta, basta aos seus deuses para que a ordem reine, mas só a faz reinar para os seres que ela governa; seus desvios de conduta só atingem a eles próprios, sem ferir a Justiça nem o deus que caminha à frente dela: ele não é suficientemente responsável pelo homem para poder ser ofendido com isso.

Bem diferente é a colocação do problema em regime cristão. "A lei eterna", diz santo Agostinho, "é a razão divina, ou a vontade de Deus, ordenando conservar a ordem natural e proibindo perturbá-la". Nada mais claro do que uma fórmula assim, mas é preciso ver suas implicações. Se a lei eterna se confunde com a vontade ou a razão de Deus, ela se aparenta estreitamente com as idéias, cada uma das

---

23. Platão, *Leis*, IV, 709 B.
24. Platão, *Leis*, IV, 716 CD.

quais é, de fato, uma lei eterna e imutável, que vive na Sabedoria, isto é, no Verbo. Ora, sabemos que as Idéias de Deus são Deus; é preciso dizer portanto que a lei divina, por se identificar à razão de Deus, é ela própria idêntica a Deus. Ela é, de acordo com a expressão familiar a santo Agostinho e retomada várias vezes por são Tomás, a arte divina pela qual todas as coisas são criadas e governadas. Embora sejam comparações, essas expressões devem ser tomadas em sentido forte. A arte é a regra que guia o pensamento do artesão e determina o que será sua obra. Ora, quando se trata de Deus, devemos nos lembrar primeiro que sua arte não é uma perfeição que se acrescenta à sua natureza, mas sua natureza mesma, e devemos acrescentar que sua eficiência não é a de uma simples produção, mas de uma criação. Para levar em conta esses dois aspectos do problema, cumpre dizer portanto que a lei eterna nada mais é que Deus mesmo, cuja razão governa e move todas as coisas tal como ela as criou[25]. Perder de vista essa rela-

---

25. "... in aeternis atque incommutabilibus Dei legibus, quae in ejus Sapientia vivunt..." Santo Agostinho, *De civ. Dei*, IX, 22, *Patr. lat.*, t. 41, col. 274. "... de illa quippe superna civitate, ubi Dei voluntas intelligibilis atque incommutabili lex est...", op. cit., X, 7, col. 284. "... ratio gubernandae universitatis...", op. cit., XV, 5, col. 352. "Sed contra est quod Augustinus dicit, in I *De lib. arb.*, cap. VI; lex aeterna est summa ratio, cui semper obtemperandum est. Respondeo dicendum quod, sicut in quolibet artifice praeexistit ratio eorum quae constituuntur per artem, ita etiam in quolibet gubernante oportet quod praeexistat ratio ordinis eorum quae agenda sunt per eos qui gubernationi subduntur. Et sicut ratio rerum flendarum per artem vocatur ars vel exemplar rerum artificiatarum, ita etiam ratio gubernantis actus subditorum, rationem legis obtinet, servatis aliis quae supra [qu. 90] esse diximus de legis ratione. Deus autem per suam sapientiam conditor est universarum rerum, ad quas comparatur sicut artifex ad artificiata, ut in Primo [qu. 14, a. 8] habitum est. Est etiam gubernator omnium actuum et motionum quae inveniuntur in singulis creaturis, ut etiam in Primo [qu. 103, a. 5] habitum est. Unde sicut ratio divinae sapientiae, inquantum per eam cuncta sunt creata, rationem habet artis vel exemplaris vel ideae, ita ratio divinae sapientiae moventis omnia ad debitum finem obtimet rationem legis. Et secundum hoc, lex aeterna nihil aliud est quam ratio divinae sapientiae, secundum quod est directiva omnium actuum et motionum." São Tomás de Aquino, *Sum. theol.*, I^a-II^{ae}, 93, 1, ad Resp.

ção íntima entre a noção de lei e a de uma providência criadora é impossibilitar-se de discernir a característica própria que distingue a lei moral cristã da de Platão.

Entre os dois se interpõe mais uma vez a idéia de criação, com todas as conseqüências que dela decorrem, tanto na ordem da ação como na ordem do conhecimento. Há uma identidade entre a lei eterna e a Sabedoria de Deus, que move e dirige para seu fim todas as coisas que ela criou. Podemos dizer, com santo Agostinho, que Deus "concriou" a lei natural aos seres que ele chamava à existência; do mesmo modo que, por existirem, participam analogicamente do ser divino, também participam analogicamente da lei eterna de Deus, pelo fato de a regra da sua atividade estar inscrita em sua essência e na própria estrutura do seu ser. Como poderiam receber um sem a outra? A lei natural está para a lei eterna assim como o ser está para o Ser, e esse princípio vale para toda ordem de criaturas, indistintamente[26].

Esse é um ponto em que os Padres da Igreja e os filósofos da Idade Média, quaisquer que sejam suas divergências de detalhe na discussão técnica do problema, estão inteiramente de acordo. Percebe-se, aliás, que teria sido difícil não estarem pela facilidade com que os textos bíblicos vêm à pena deles, mal abordam a questão. *Praeceptum possuit, et non praeteribit* (Sl 148, 6). *Quando circumdabat mari terminum suum, et legem ponebat aquis ne transirent fines suos* (Pr 8, 29). *Per me reges regnant et legum conditores justa decernunt* (Pr 8, 15). O Deus criador da Escri-

---

26. Inclusive os anjos: "... quibus [Angelis] potius convenit venire ad Deum motibus sanctis, hoc est cogitationibus piis, quibus ab eis consulitur incommutabilis Veritas, tanquam lex aeterna in illa eorum curia sempiterna. Neque enim sibi ipsi sunt veritas, sed creatricis participes veritatis, ad illam moventur, tanquam ad fontem vitae, ut quod non habent ex seipsis, capiant ex ipsa", santo Agostinho, *De civ. Dei*, XVI, 6, 1, *Patr. lat.*, t. 41, col. 484. Este texto mostra claramente a identidade profunda entre lei de conhecimento e lei moral.

tura se afirma pois como fonte e causa de toda legislação natural, moral e social. As leis do mundo físico são obra de um legislador soberano que prescreve à natureza regras a serem seguidas. Dotado de conhecimento, o homem deve obedecer a elas.

Pode-se dizer portanto que a lei eterna é, por assim dizer, "transcrita", "inscrita" em nosso coração. Se a razão é a regra que mede a bondade ou a malícia da nossa vontade, ela deve isso a essa regra suprema, que nada mais é que a razão divina que se irradia em nós por modo de participação. *Multi dicunt: quis ostendit nobis bona? Signatum est super non lumen vultus tui Domine* (Sl 4, 6-7). O texto clássico em que se baseiam todas as doutrinas da iluminação intelectual vale igualmente para a iluminação moral, pois as regras da ação derivam de Deus tanto quanto as do conhecimento. Mais ainda, elas também são conhecimentos: os princípios primeiros da razão prática de que se deduz, por via de conseqüência racional, a série indefinida dos deveres particulares. "A luz da razão, que está em nós, pode portanto nos mostrar o bem e reger nossa vontade, contanto que seja a luz da sua face, isto é, derivada da sua face. É manifesto portanto que a bondade da vontade humana depende muito mais da lei eterna do que da lei humana. Aliás, é por isso que, onde não há razão humana, é à lei eterna que cumpre recorrer."[27] A própria lei moral que

---

27. "Haec autem disciplina ipsa Dei lex est, quae apud eum fixa et inconcussa semper manens, in sapientes animas transcribitur; ut tanto se sciant vivere melius, tantoque sublimius, quanto et perfectius eam contemplantur intelligendo, et vivendo custodiunt diligentius." Santo Agostinho, *De ordine*, II, 8, 25, *Patr. lat.*, t. 32, col. 1006. "Consilium sibi ex luce Dei dat ipsa anima per rationalem mentem, unde concipit consilium fixum in aeternitate auctoris sui." *Enarr. in Ps. 145*, 5, t. 37, col. 1887-1888. "Lumen rationis, quod in nobis est, intantum potest nobis ostendere bona, et nostram voluntatem regulare, in quantum est lumen vultus tui, id est a vultu tuo derivatum. Unde manifestum est quod multo magis dependet bonitas voluntatis humanae a lege aeterna, quam a ratione humana: et ubi deficit humana ratio, oportet ad rationem aeternam recurrere." São Tomás de Aquino,

Deus revelou ao povo de Israel apenas pôs diante dos olhos dos homens o que eles se recusavam a ler em sua consciência, onde no entanto eles já a teriam encontrado escrita[28]; a que ele revela para o bem dos homens, se considera útil, ele já havia inscrito na consciência deles ao criá-la[29]; consultar a lei moral revelada, consultar sua consciência, consultar a razão é sempre consultar Deus.

Percebe-se desde já onde pode estar o fundamento de toda legislação política e social legítima[30]. Por enquanto, contentemo-nos em observar que conseqüências decorrem desse princípio no que concerne à noção de pecado. Tal como se nos apresenta aqui, o homem é um ser que participa da lei eterna por modo de conhecimento racional e que, pelo fato de conhecê-la, dirige-se por si mesmo à sua luz, em vez de simplesmente suportá-la como faz o resto

---

Sum. theol., Iª-IIᵃᵉ, 19, 4, Resp. "Quoniam ergo bonitas actus voluntatis pendet a dictamine recto rationis, ut ab intrinseca et proxima regula, magis dependeat oportet a lege aeterna, cujus quaedam participatio est lex naturae omnibus indita, et de cujus immobilitate fit, ut lex naturae semper et infallibiliter perinde iudicet quid faciendum aut non faciendum sit." Duns Scot, *Quaest. Quodlib.*, XVIII, 3, e H. de Montefortino, *J. D. Scoti Summa theologica*, Iª-IIᵃᵉ, 19, 4, Resp.

28. Santo Agostinho, *Enarr. in Ps. 57*, 1, *Patr. lat.*, t. 36, col. 673-674. São Tomás de Aquino, *Sum. theol.*, Iª-IIᵃᵉ, 100, 1, Resp.

29. São Tomás de Aquino, *Sum. theol.*, Iª-IIᵃᵉ, 93, 5, Resp. e ad 1ᵐ.

30. "Cum ergo lex aeterna sit ratio gubernationis in supremo gubernante, necesse est quod omnes rationes gubernationis quae sunt in inferioribus gubernantibus a lege aeterna deriventur. Hujusmodi autem rationes inferiorum gubernantium sunt quaecumque aliae leges praeter legem aeternam. Unde omnes leges, inquantum participant de ratione recta, intantum derivantur a lege aeterna. Et propter hoc Augustinus dicit, in I *De lib. arb.*, cap. VI, quod: in temporali lege nihil est justum ac legitimum, quod non ex lege aeterna homines sibi derivavetunt." São Tomás de Aquino, *Sum. theol.*, Iª-IIᵃᵉ, 93, 3, Resp. Seria aqui o lugar de mostrar em que sentido, numa política cristã, a autoridade pode ser *de direito divino*. O contra-senso clássico sobre esse ponto consiste em supor que todo poder é legítimo porque todo poder vem de Deus, ao passo que a doutrina cristã ensina que o único poder legítimo é o que vem de Deus. Para ter o direito de exigir obediência, a autoridade deve antes de tudo obedecer à lei eterna; toda a sua legitimidade consiste em ser uma expressão desta.

da natureza[31]. Ver essa lei diretamente e nela mesma seria ver Deus; isso está fora de cogitação para nós, nesta vida; mas, como todo conhecimento da verdade é, em nós, como que uma irradiação da luz divina[32], toda derrogação às prescrições da razão prática é, por isso mesmo, uma derrogação à lei eterna que a dirige, isto é, uma oposição da vontade humana à razão de Deus. Muito mais, como a ordem natural nada mais é que uma participação real à lei que a estabelece, ao criá-la, tudo o que se opõe à lei divina, a que essa ordem obedece, é por isso mesmo um vício: *omne illud quod contrariatur ordini naturali est vitiosum*[33]. Todas as virtudes, diz João Damasceno, são naturais. Elas o são porque são racionais, porque é a racionalidade que define nossa natureza; mas são racionais unicamente porque são conformes, em nós, às prescrições soberanas da razão divina, legisladora e regra das vontades pela razão. Assim, é necessário compreender que, inversamente, tudo o que contradiz uma inclinação natural é pecado, a não ser que o faça em nome de uma inclinação natural superior. Violar uma lei natural e uma prescrição da razão, num mundo cristão, pode ser, e é seguramente, um atentado à felicidade própria daquele que contravém à lei, porque é uma violação da lei que sempre preserva seus direitos e que os restabelecerá pela sanção, mas é ao mesmo tempo algo totalmente diferente: uma ofensa a Deus, criador da ordem, da razão legisladora e, ele mesmo, soberano legislador. O caráter sagrado que toda ordem reveste, inclusive a ordem natural, pelo simples fato de ser criada desenvolve aqui suas conseqüências com uma necessidade inelutável. Não se trata mais simplesmente de incomodar, por nossa conta e risco, uma ordem estabelecida para nós na matéria por algum benevolente Demiurgo; opor-se a ela é, para o ho-

---

31. São Tomás de Aquino, *Sum. theol.*, Iª-IIae, 93, 6, Resp.
32. São Tomás de Aquino, *Sum. theol.*, Iª-IIae, 93, 2, Resp.
33. São Tomás de Aquino, *Sum. theol.*, Iª-IIae, 142, 1, Resp.

mem, negar e destruir em si, tanto quanto lhe é possível, o fim que Deus se propõe ao criá-lo. Logo, toda rejeição da ordem natural é em certa medida um sacrilégio e até, em se tratando de uma falta grave, uma loucura sacrílega. Opondo à vontade divina a revolta de uma vontade humana, o pecado consuma o suicídio de uma pessoa moral criada para a beatitude e que a rejeita. Está aí sua verdadeira malícia; o resto não é mais que conseqüência, que decorre dela, ou remédio para repará-la.

Não se pode chegar a essa conclusão sem recordar as inúmeras expressões bíblicas que pintam Deus como ofendido, irritado, vingador ou tranqüilizado. Ninguém ignora que essas imagens não nos autorizam a lhe prestar paixões humanas. Certamente o Deus judaico-cristão não é semelhante aos deuses da mitologia grega; ele não tem nem raiva nem arrependimento; sua vida íntima não é perturbada com nossas ofensas nem alegrada com nossos elogios. Nesse sentido, não é Homero, mas Aristóteles que tem razão. No entanto, aqui também a Bíblia apenas usava metáforas para sugerir, por meio de comparações sensíveis, uma verdade metafísica profunda, que é parte integrante da filosofia cristã e que nunca passou pela cabeça de Aristóteles, por não ter ele concebido a lei natural como criada por Deus. Mesmo no mundo de Platão, o pecado não viola a obra de Deus como a viola no mundo cristão. Claro, nada do que fazemos poderia atingir a Deus mesmo, formalmente e em si, mas o pecador faz tudo o que é possível fazer contra um Deus cuja perfeição coloca fora do nosso alcance, levantando uma mão destruidora contra a obra que ele criou. Mesmo aí, nem o Anjo decaído nem o homem poderiam se gabar de pôr em xeque a potência divina ou de criar um obstáculo à consumação da sua vontade. O que Deus quiser que seja, será; o que ele quiser que se faça, será feito e, inclusive, será feito por nós, se for o caso, a despeito de nós. O homem só derroga à ordem prescrita na medida em que Deus lhe permite; no entanto, nessa medida, é por demais verdadeiro que o livre-arbítrio pode derrogar a ela, e de fato derroga. É por isso que o pecado, tal como os pensadores cristãos o concebem, faz de quem o comete um adversário de Deus e um rebelde, *facit hominem rebellem et contrarium Deo*, um inimigo que luta contra ele e resiste a ele: *peccatum facit hominem inimicum Dei, et pugnare adversus Deum et resistere*[34]. Essa inimizade, que tornará a sanção punitiva inevitável, no fundo nada mais é que a vontade de cometer uma injustiça e a recusa a prestar a Deus a obediência que lhe é devida. Muitas vezes, o pecado não tem outra causa senão a ignorância ou a fraqueza; ele é, então, de uma gravidade muito menor; mas, quando ele realiza plenamente sua própria essência, negando e rejeitando com conhecimento de causa a ordem querida por Deus, torna-se desprezo a Deus; sem diminuir a glória de Deus, ele se recusa a reconhecê-la[35]. Assim fazendo, o homem se exclui dessa glória a que era destinado por Deus em sua condição primeira; Deus permanece na perfeição da sua beatitude, mas o homem perde a dele, porque é ela o efeito de Deus a que o pecador se opõe e destrói pela revolta da sua vontade[36].

---

34. São Boaventura, *In II Sent.*, 35, 1, 3, fund. 2, ed. Quaracchi, t. II, p. 826. A nota 8 da mesma página indica uma série de textos da Escritura em que tais expressões podem fazer pensar.

35. "Quid est enim iste consensus, nisi Dei contemptus et offensa ipsius? Non enim Deus ex damno, sed ex contemptu offendi potest. Ipse quippe est summa illa potestas quae damno aliquo non minuitur, sed contemptum sui ulciscitur. Peccatum itaque nostrum contemptus Creatoris est et peccare est Creatorem contemnere, hoc est id nequaquam facere propter ipsum, quod credimus propter ipsum a nobis esse faciendum, vel non dimittere propter ipsum quod credimus esse dimittendum." Abelardo, *Scito te ipsum*, cap. III, *Patr. lat.*, t. 178, col. 636. "Non dicitur homo in Deum peccare quia Deum in aliquo laedat, sed quia Deo subtrahit quod ei debet, et, quantum in ipso est, ejus gloriam minuit, quamvis hoc facere non possit." São Tomás de Aquino, *In II Sent.*, 42, 2, 2, qu. 3, sol. 2. Cf. são Boaventura, *In II Sent.*, 37, 2, 1, fund. 4, ed. Quaracchi, t. II, p. 869.

36. "Ultimo vero modo aliquid potest repugnare Deo in effectu suo, quia per malum bene contingit aliquem Dei effectum reddi minus habilem ad susceptionem divinae influentiae ad obtendum perfectionis et beatitudi-

Compreende-se com isso, antes de mais nada, de que maneira a noção de pecado se prende às de sanção e de graça numa concepção cristã do mundo. Os bons como os maus são submetidos à lei divina, uns respeitando-a, os outros, que se recusam a respeitá-la, sofrendo-a[37]. No plano puramente filosófico e natural, o objetivo da vida moral é tão-só a felicidade nesta vida, felicidade que se ganha ou se perde, segundo os atos do homem se conformem ou não às regras da natureza e da razão. Já aqui, são a vontade e a razão divina que, garantindo o jogo da lei natural, fixam a sorte dos humanos a que ela se aplica; mas, pelo simples fato de essa lei natural ser uma participação na lei divina, toda infração grave ao que ela prescreve, adquire uma característica totalmente diferente da que podia ter numa moral grega. Promulgando expressamente pelo Decálogo o que a consciência moral já prescrevia, Deus manifesta a relação de participação que liga a razão do homem à dele. Advertindo-o de que, ao violar sua própria lei, ele viola ao mesmo tempo a lei de que esta deriva, o legislador divino torna desde então impossível, para a razão, desconhecer o verdadeiro caráter da lei moral e o alcance real do crime que a viola, crime de tamanha gravidade que seria irremediável, se Deus mesmo não se encarregasse de remediá-lo.

Tal como os cristãos o concebem, o pecado não é de fato nada mais que uma destruição da ordem divina. Assim, o homem destrói, ao pecar, algo que ele não pode recriar, como não teria sido capaz de criar. A própria retidão da sua vontade era uma graça; ele a perdeu por sua falta; como poderia reavê-la por si próprio? Mas Deus pode res-

---

nis, ad quam ordinatur ex sua primaria conditione." São Boaventura, *In II Sent.*, 35, 1, 3, Resp., ed. Quaracchi, t. II, p. 827.

37. São Boaventura, *In II Sent.*, 35, 1, 3, Resp. a *Per hunc etiam modum*. São Tomás de Aquino, *Sum. theol.*, I*-II*ae, 93, 6, Resp. Cf. 87, 6, Resp. Sobre a natureza e o lugar das sanções na moral cristã, cf. É. Gilson, *Le thomisme*.

tituir, se quiser, o que havia dado. Mais ainda, ofendendo a Deus em suas obras pelo pecado, o homem ofende um ser infinito; como, por que esforços pessoais, em virtude de que méritos poderia superar a distância entre sua injustiça e a justiça divina? Para que o mérito humano volte a ser possível, é necessário portanto que seja Deus a restituí-lo. O cristão se encontra situado assim numa ordem em que a própria moralidade natural pede uma ordem sobrenatural como seu complemento necessário. Ele não se refere mais aqui, antes de tudo, às suas virtudes, à sua justiça e a seus méritos, mas ao que a graça lhe permite adquirir. Será preciso insistir em como a mudança de natureza imposta ao pecado pela tradição judaico-cristã, ligando-o à idéia de criação, acarreta transformações profundas na maneira de conceber a vida moral? Sem dúvida, atingimos aqui a ordem sobrenatural, e ninguém pensa em sustentar que ela faça parte da filosofia propriamente dita: ela a transcende. Mas não haveria nem mesmo a transcender uma filosofia grega, porque, nela, o mal moral não é o que é numa filosofia cristã, e é esse um ponto capital, que são Boaventura explicou claramente: "Os filósofos gregos não sabiam que o pecado é uma ofensa à majestade divina e que ele priva nossas faculdades do poder que elas possuem. Eles disseram, portanto, que o homem pode se tornar justo realizando atos justos, assim como tinha se tornado injusto abandonando a ordem prescrita pela retidão da razão. É por isso que Aristóteles diz que, exercitando-se em agir melhor, o mau progredirá muito, ou até se restabelecerá perfeitamente no hábito do bem... Já os católicos, que discutem a questão à luz da fé e sob a autoridade da Escritura, sabem que o pecado é ofensivo para Deus – *Deus est offensivum* – e também, de certo modo, causa de danação – *et etiam, quodam modo, damnificativum* –, na medida em que faz o homem passar de servo de Deus a servo do demônio; e, enfim, deformador da imagem divina em nós – *et etiam imaginis deformativum*. Eles concluíram pois que, para que o livre-arbítrio ressuscite do pecado, a graça é necessária."[38] Todas as linhas do pensamento cristão vêm convergir aqui. Conduzindo-nos à destruição da imagem pelo pecado, elas nos lembram o que o mal moral destrói na obra de criação, as conseqüências que ele acarreta e o sacrifício, de um custo infinito, que é capaz de redimi-lo.

Qualquer que seja a distância que possamos sentir em relação ao pensamento grego, talvez nos julguemos ainda mais distantes do pensamento moderno e das suas insistentes reivindicações em favor da autonomia da vontade. No entanto, não é seguro que a própria noção de autonomia da vontade seja completamente estranha a toda e qualquer influência cristã. Porventura ela não supõe, antes de tudo, que o homem seja uma pessoa? E quem nos ensinou a considerar a pessoa humana como membro de um reino dos fins, senão o Evangelho? Esse cidadão do reino dos fins é uma pessoa, porque é uma razão; sua razão prática é legisladora, na medida em que decreta ações cuja máxima é universalmente válida para toda razão em geral; obedecendo à lei moral, a vontade só se submete à sua própria lei, que é a lei da razão. Se é isso que se chama autonomia da vontade, quem sustentará que a vontade do cristão não é autônoma? Sem dúvida ela é submetida à lei de Deus, que a domina, mas porventura não é assim na própria moral de Kant? Nela o homem não passa de um membro do reino dos fins, porque, se nesse reino ele é legislador, mesmo assim permanece sujeito da razão legisladora; o único a fazer parte desse reino como chefe, *als Oberhaupt*, é Deus, que, soberano legislador, também é o único a não depender da vontade de nenhum outro[39]. Logo, dizer com os filó-

---

38. São Boaventura, *In II Sent.*, 38, 1, Resp., ed. cit., t. II, pp. 675-6. Sobre a grandeza da ofensa feita do Deus infinito pelo pecado, ibid., fund. 5, p. 675, e são Tomás de Aquino, *Sum. theol.*, I³-II^ae, 87, 5, Resp.

39. I. Kant, *Grundlegung zur Metaphysik der Sitten*, II Abschnitt: "Es gehört aber ein vernünftiges Wesen als Glied zum Reiche der Zwecke, wenn es darin zwar allgemein gesetzgebend, aber auch diesen Gesetzen

sofos cristãos que a razão humana não é "homogênea" à de Deus[40] é somente recordar que não se pode incluir no mesmo gênero a razão criadora e a razão criada, não é negar que o que se impõe como universalmente válido à segunda não o seja também para a primeira. Muito pelo contrário, participação na razão e na lei divina, a razão do homem é por sua vez legisladora, pelo fato de sempre poder, pensando o verdadeiro, querer o bem, isto é, determinar ações cuja máxima pode ser erigida em lei universal da natureza. Entendida nesse sentido, a moralidade cristã não tem de se opor, como a de Kant, ao ponto de vista empírico da felicidade, como tampouco ao ponto de vista racional da perfeição; ela os envolve, justificando um e outro. A moral de Kant talvez não seja mais que uma moral cristã sem a metafísica cristã que a justifica, o vestígio, ainda imponente mas em ruínas, de um templo cujos fundamentos foram minados.

---

selbst unterworfen ist. Es gehört dazu als Oberhaupt, wenn er als gesetzgebend keinem Willen eines andern unterworfen ist."
    40. São Tomás de Aquino, *Sum. theol.*, I^a-II^{ae}, 19, 4, ad 2^m.

CAPÍTULO XVII

Intenção, consciência e obrigação

Acabamos de ver a considerável importância da moral antiga para os pensadores da Idade Média e o respeito que eles têm por ela, ainda que sentissem a necessidade de superá-la. Chego agora, porém, a um ponto em que, qualquer que fosse o desejo que eles tinham de conservar todas as aquisições duradouras da moral grega, eles se viam reduzidos às suas próprias fontes e obrigados a inventar quase tudo. Ninguém jamais acusará os antigos de terem negligenciado o estudo das virtudes e dos vícios: a moral deles é feita disso. Para eles, o ato isolado, bom ou mau, se não se ligar a uma qualidade permanente do sujeito, a um hábito estável, que, por sua estabilidade mesma, o afete duradouramente e tenha o direito de entrar na sua definição, não tem interesse para o moralista. Cada uma das nossas ações só merece ser discutida, só é objeto de apreciação moral enquanto exprimir, para lá do ato singular do querer de que decorre, o próprio fundo do nosso ser, tal como o fizeram os pacientes esforços de toda uma vida. Essa preponderância do problema da virtude e do vício em moral manteve-se por tanto tempo quanto durou a influência grega; em nossos dias, ela está quase completamente aniquilada. Nenhum moralista se eleva além da consideração do ato singular, tomado em sua singularidade mesma, como se, por si só, pusesse cada vez mais em jogo a totalidade da vida moral. Tudo se passa, principalmente desde Kant, como se a análise do dever tendesse a concentrar cada vez mais a íntegra da moralidade na qualidade do próprio querer que decide. Os antigos modelavam lenta e pacientemente sua estátua interior, julgavam uma vida somente por seu conjunto; artistas que eram, os detalhes da obra só lhes interessavam em função do efeito total. O homem moderno parece sentir de outro modo. Dir-se-ia que ele se coloca por inteiro em cada uma das suas ações importantes e nelas empenha, com a essência da sua vontade, boa ou má, sua inteira personalidade. Um só ato pode ser um triunfo definitivo ou uma catástrofe irremediável, que resgata todos os vícios ou anula todas as virtudes. Talvez tenha ocorrido, entre os antigos e nós, um lento deslocamento de perspectivas por muito tempo aceitas. É até possível que o pensamento moderno acredite poder doravante dispensar o cristianismo para assentar sua moral, e isso no momento em que o cristianismo se lhe tornou tão natural que ele confunde os ensinamentos deste com as leis da sua própria razão.

Dentre as inúmeras conseqüências que decorrem da Bíblia e do Evangelho para o conjunto da filosofia, não há mais importante do que a que poderíamos chamar de interiorização da moralidade. Deus é o Ser; ele cria os seres, não apenas seu corpo mas também sua alma, quando têm uma. Conservador permanente do ser que ele não pára de criar, providência atenta a tudo o que conserva, ele sabe tudo porque faz tudo. Não há alma que subsista sem ele; não há um só pensamento dessa alma que lhe escape. Não há mais salvação para os que pronunciam palavras de paz mas meditam o mal em seu coração: *qui loquuntur pacem cum proximo suo, mala autem in cordibus eorum* (Sl 27, 3). Quando é cometido, esse mal não tem outra esperança de remissão, a não ser o perdão de Deus, que ele ofende, a quem ele se confessa e que é livre de não imputar o mal feito ao pecador contrito (Sl 31). Como, aliás, não confessá-lo, se Deus o conhece? Se esquecemos o nome do Senhor para adorar falsos deuses, teremos de prestar contas disso, porque ele conhece o segredo de nossos pensamentos: *ipse enim novit abscondita cordis* (Sl 43, 22). Foi ele que nos fez, nós não nos fizemos por conta própria (Sl 99, 3); logo, ele também sabe o que contém sua obra, tanto sua justiça como seu pecado: *scrutans corda et renes Deus* (Sl 7, 10). Assim, o Deus bíblico reivindicou imediatamente toda a jurisdição moral à qual lhe dá direito seu poder criador. Por saber tudo, o homem lhe deve satisfação de tudo, até dos seus pensamentos: *omnia enim corda scrutatur Dominus, et universas mentium cogitationes intelligit* (1 Paral., 28, 9). Como nada do que existe em nós lhe escapa, seus juízos são justos: *qui judicas juste, et probas renes et corda* (Jr 11, 20). O coração dos homens é mau e inescrutável, diz Jeremias; quem o conhecerá? E a resposta é sempre a mesma: *Ego Dominus scrutans cor et probans renes* (Jr 17, 10). Logo, não nos deve espantar a insistência com a qual o Evangelho lembra ao homem que o pecado é anterior ao ato pelo qual ele se manifesta fora e, em muitos casos, independentemente dele. Todo consentimento interior já é um ato, tão manifesto a Deus quanto o ato exterior é aos homens, de modo que a concordância ou a discordância interna da vontade com a lei divina basta para definir uma ordem de obediência ou de transgressão morais completamente determinada. Certamente, a importância dos atos exteriores permanece considerável, mas existe doravante antes deles uma série de atos que não contam aos olhos dos homens e cuja importância é primordial diante de Deus. *Ut quid cogitatis mala in cordibus vestris* (Mt 9, 4)? É aí, antes mesmo das ações e das palavras, que se consuma o mal e se cometem os crimes, porque "o que sai da boca vem do coração, e é isso que contamina o homem. Porque do coração procedem maus desígnios, homicídios, adultérios, prostituição, furtos, falsos testemunhos, blasfêmias" (Mt 15, 18-20). A lei proíbe o adultério, mas Deus adverte o homem para não cometê-lo nem mesmo em seu coração (Mt 5, 28).

Essa doutrina, tão claramente exposta no Evangelho, não podia deixar de ser imediatamente recolhida pelos Padres da Igreja. Já no século II, Justino se apóia neste último texto de são Mateus para ensiná-la e se contenta, como único comentário, em lembrar seu fundamento. A lei proíbe contrair efetivamente um duplo casamento, mas o mestre dos cristãos proíbe a estes até mesmo desejá-lo, porque desejar a contaminação seria se contaminar, "pois não apenas nossos atos, mas nossos pensamentos também são manifestos diante de Deus"[1]. Esse sentimento de não mais estar certos da justiça pela simples observância material da lei, por mais escrupulosa que possa ser, os primeiros apologistas exprimiram várias vezes, tanto contra o legalismo pagão como contra o farisaísmo judaico. "Tudo o que dizemos, tudo o que pensamos, seja de noite, seja de dia, sabemos que Deus está assistindo e temos certeza, pois que ele é todo luz, pois que ele vê tudo o que se esconde nos nossos corações."[2] Ao pecado que se comete em ato, ao pecado que se comete em palavras vai se acrescentar doravante o pecado que se comete em pensamento, e pode-se prever que ele vai inclusive adquirir uma importância especial, pois é a fonte dos outros dois. O começo do pecado e, por assim dizer, seu fundamento é aquele que se comete no coração do homem; a palavra e a ação que ele determina apenas o conduzem a seu pleno desenvolvimento e terminam de constituí-lo[3].

A partir desse momento, pode-se dizer que a essência do bem e do mal moral vai se ver transferida do ato à vontade, porque é por ela, como diz santo Agostinho, que nossa vida é reta ou pecadora: *voluntas quippe est, qua et peccatur et recte vivitur*[4]. E por vontade cumpre entender aqui

---

1. Justino, *I Apolog.*, 15, Migne, *Patr. gr.-lat.*, t. 6, col. 349 B.
2. Atenágoras, *Leg. pro Christ.*, 33, *Patr. gr.-lat.*, t. 6, col. 965.
3. São Jerônimo, *Sup. Ezech.*, 43, 23, citado por são Tomás de Aquino, *Sum. theol.*, I^a-II^{ae}, 72, 7, Sed contra.
4. Santo Agostinho, *Retract.*, I, 9, 4, *Patr. lat.*, t. 32, col. 596.

esse movimento secreto do coração, que se dirige para certo objeto ou certo fim, preferencialmente a outros. A língua dos Salmos fizera tal uso do "grito" do coração para Deus, do "clamor" que ascende sem cessar da alma do homem ao seu criador, que a expressão acabou por revestir, nos Padres, um sentido quase técnico. O ladrão que espreita na sombra da noite à espera da hora de cometer seu roubo já clama a Deus seu crime, porque decidiu cometê-lo, e Deus sabe disso: portanto o crime já está cometido. O que o homem faz, o homem talvez ainda nem saiba com que vontade faz, mas Deus sabe: o ato moral portanto é muitas vezes – seríamos tentados a dizer "quase sempre" – translúcido para Deus, opaco aos olhos de quem o efetua. Essa declaração espontânea que faz por si mesma a seu criador uma vontade que muitas vezes se ignora, essa perfeita nudez diante de Deus dos nossos movimentos mais íntimos, que podemos disfarçar para nós, mas cuja verdadeira natureza não podemos dissimular a ele – eis o que é o *clamor* do salmista. Quando lhe damos um nome filosófico, já que designa o movimento real da vontade tendendo ao seu fim, nós a denominamos simplesmente "intenção"[5].

---

5. "Ecce adhuc in stratu suo jacet, nondum surrexit ut furtum faciat; vigilat et expectat ut homines dormiant: jam Deo clamat, jam fur est, jam immundus est, jam facinus de ore interiore processit. Quando enim facinus ex ore procedit? Quando voluntas faciendi decernitur. Decrevisti facere; dixisti, fecisti. Si furtum non feceris foris, forsitan ille non meruit perdere, cui disponebas auferre: et ille nihil perdidit, et tu de furto damnaberis... Quid sis enim apud Deum, quaeritur, non quid nondum apparueris apud homines." *Enarr. in Ps. 125*, 7, *Patr. lat.*, t. 37, col. 1662. "Quis autem novit vias istas hominis, fratres mei, nisi vere ille cui dictum est, *Tu cognovisti semitas meas?* Omnia enim facta humana ante oculos hominum; incertum est quo corde fiant..." etc., *Enarr. in Ps. 141*, *Patr. lat.*, t. 37, col. 1837-1838. O "jam Deo clamat" de Agostinho é comentado por são Tomás de Aquino de maneira exata: "Dicendum quod intentio cordis dicitur clamor ad Deum: non quod Deus sit objectum intentionis semper; sed quia est intentionis cognitor." *Sum. theol.*, I^a-II^{ae}, 12, 2, ad 1^m. É interessante comparar essa noção cristã com a passagem da *Ética a Nicômaco* (X, 18, 1178a 24-34), em que Aristóteles estabelece que os bens exteriores são necessários para o exercício da virtude. O cerne da prova é que as intenções são secretas: αἱ γὰρ βουλήσεις ἄδηλοι, e que é impossível discernir aquele que

Assim definida, a intenção é evidentemente um ato da vontade. A razão está imediatamente envolvida, já que é impossível tender a um fim sem conhecê-lo; mas esse apetite, ou desejo esclarecido pelo conhecimento racional, é precisamente o que se chama vontade; logo, é uma simples evidência que a intenção é essencialmente voluntária. Ora, basta refletir sobre a posição que ela ocupa na estrutura complexa do ato voluntário para ver que papel determinante ela desempenha. O homem tende a seus fins por atos simples, mas, para alcançá-los, ele necessita, além disso, escolher – isto é, querer – os meios dos seus fins. Essa escolha pressupõe, por sua vez, uma deliberação racional, que põe em jogo nossas virtudes intelectuais e morais e que dura até que a vontade, considerando-se suficientemente esclarecida, decida por fim escolher tais meios de preferência a tais outros. Temos portanto aí, para a análise que decompõe os diversos momentos da operação total, uma pluralidade de elementos distintos, mas, na realidade, um movimento único atravessa-a por inteiro, o da intenção. É um só e mesmo movimento que tende para o fim e quer os meios requeridos por este fim. Vamos mais longe. Como a intenção do fim é a raiz, a origem e, numa palavra, a causa da escolha dos meios, é claro que a qualificação moral da intenção afetará e determinará em larga medida a qualificação de todo o ato. Se nosso "olho" é mau, como se exprime a Escritura, isto é, se nossa intenção é má, então toda a série das escolhas voluntárias que determinam os meios a utilizar para levá-la a cabo também será má: nada do que se faz é bom quando é para o mal que se faz[6]. Inversamente,

---

não quer fazer o bem do que quer fazê-lo sem ter meios para tal. A esse critério, totalmente externo e social, se opõe o ponto de vista cristão, para o qual, ao contrário, todas as intenções são manifestas, porque o são a Deus.

6. "Oculum ergo hic accipere debemus ipsam intentionem qua facimus quidquid facimus: quae si munda fuerit et recta, et illud aspiciens quod aspiciendum est, omnia opera nostra, quae secundum eam operamur, necesse est bona sint... Non ergo quod quisque faciat, sed quo animo faciat, con-

pode acontecer que a escolha dos meios não seja tão boa quanto a vontade do fim em que eles se inspiram, porque acontece que, com a melhor das intenções do mundo, calculamos mal nosso ato ou falhamos na sua execução; todavia, mesmo nesse caso a boa intenção repercute através da série de atos que suscita, redime de certo modo sua inabilidade, releva sua mediocridade, de sorte que sempre reste algo de intrinsecamente bom no que fazemos mal, contanto que o façamos com uma boa intenção[7].

A evidência dessas verdades adquiriu aos olhos dos pensadores cristãos tamanha importância que, quando o problema da definição técnica do bem e do mal moral se

---

siderandum est." Santo Agostinho, *De serm. Domini in monte*, II, 13, 45-46, *Patr. lat.*, t. 34, col. 1289. "Lumen dicit [Mt 6, 23] bonam intentionem mentis, qua operamur", *Quaest. evang.*, II, 15, t. 35, col. 1339. Cf. *Serm. 149*, 12, 13-13, 14, t. 38, col. 804-805; *Enarr. in Ps. 31*, 2, 4, t. 36, col. 259-260. Sobre as expressões "lumen" e "oculus", de origem escriturária, ver são Boaventura, *In II Sent.*, 38, 2, 2, fund. 5, 6; arg. 3 e Resp. ad arg. 1 e 2, ed. Quaracchi, t. II, pp. 892-3. Cf. são Tomás de Aquino, *Sum. theol.*, I^a-II^{ae}, 12, 1 e 2. São Boaventura: "In actione naturali, in qua forma est finis, bonitas generationis et operationis attenditur penes finem et formam; ergo cum intentio finis aeque sit essentialis morali actui, ut naturali, et bonitas actus voluntatis pertineat ad mores; videtur, quod bonitas voluntatis et rectificatio penes bonitatem finis habeat attendi et cognosci." *In II Sent.*, 38, 1, 1, fund. 4, ed. Quaracchi, t. II, p. 881: "... non est opus morale, nisi quod fit ex intentione." *In II Sent.*, 40, 1, 1, ad 6, t. II, p. 922. São Tomás de Aquino: "... bonitas voluntatis ex intentione finis dependet." *Sum. theol.*, I^a-II^{ae}, 19, 7, Sed contra; "... sola malitia intentionis sufficit ad malitiam voluntatis; et ideo etiam quantum mala est intentio, tantum mala est voluntas." *Sum. theol.*, I^a-II^{ae}, 19, 8, ad 3^m; "Virtus primae intentionis, quae est respectu ultimi finis, manet in quolibet appetitu cujuscumque rei, etiamsi de ultimo fine actu non cogitetur." *Sum. theol.*, I^a-II^{ae}, 1, 6, ad 3^m. Duns Scot, *Quodlib. XVIII*, n. 4 ss.

7. "Est igitur intentio actus voluntatis." São Tomás de Aquino, *Sum. theol.*, I^a-II^{ae}, 12, 1, Sed contra. "Ergo in rebus voluntariis, idem motus est intentio finis et voluntas ejus quod est ad finem." *Sum theol.*, I^a-II^{ae}, 12, 4, Sed contra. "Sed voluntas potest velle aliquod objectum non proportionatum fini intento; et sic, voluntas quae fertur in illud objectum absolute consideratum non est tantum bona, quantum est intentio." *Sum. theol.*, I^a-II^{ae}, 19, 8, Resp. "Sed quia etiam ipsa intentio quodammodo pertinet ad actum voluntatis, in quantum scilicet est ratio ejus, propter hoc redundat quantitas bonae intentionis in voluntatem." *Ibid*.

ofereceu ao espírito deles, foram imediatamente tão longe quanto possível na direção de uma moral da intenção. Desde o século XII, perguntando-se o que se deve entender direito pela palavra pecado, Pedro Lombardo cita alguns filósofos para os quais somente a vontade má, e não o ato exterior, constitui o pecado[8]. Para quem se lembra da influência exercida por Abelardo sobre esse teólogo, não há a menor dúvida quanto ao chefe da escola em que ele pensa. O *Scito te ipsum* de Abelardo não é menos importante, para a história da moral, do que seu comentário sobre Porfírio o é para a história da lógica, e o que sua moral faz passar imediatamente para o primeiro plano é a importância primordial do consentimento interno, sua preponderância sobre o ato que lhe segue. Uma coisa é pecar, outra é consumar seu pecado. Ele leva tão longe essa distinção que, a seu ver, a obra má não só não deve ser chamada de pecado, no sentido próprio do termo, mas não acrescenta nada à gravidade do pecado. O que nos faz hesitar a admitir essa idéia é que vemos à nossa volta as más ações serem mais freqüentemente punidas que os pecados. Mas se se quiser colocar o problema do ponto de vista das leis sociais, tem-se de ir mais longe ainda, porque às vezes a lei pune ações que nem mesmo são más, ou tolera outras que são. É que a lei não visa recompensar o bem ou punir o mal moral, mas manter a ordem na sociedade. Daí a extrema importância que ela dá ao fato de que os atos delituosos tenham ou não sido consumados. Não é assim no caso de Deus: ele observa menos o que se faz do que o espírito em que se faz; em toda verdade, ele pesa nossa culpa relacionando-a à nossa intenção: *veraciter in intentione nostra reatum pensat*, e é justamente por isso que, acrescenta Abelar-

---

8. "Quocirca, diversitatis hujus verborum occasione, de peccato plurimi diversa senserunt. Alii enim dixerunt voluntatem malam tantum peccatum esse et non actus esse bonos, et a Deo et ex Deo auctore esse, malum autem nihil esse." Pedro Lombardo, *In II Sent.*, 35, 2, ed. Quaracchi, p. 492.

do, está escrito dele em Jeremias que ele põe à prova os rins e o coração: "Como ele enxerga às mil maravilhas onde ninguém vê, ele não considera a ação ao punir o pecado, mas a intenção, assim como nós, ao contrário, não punimos a intenção, que nos escapa, mas a ação, que conhecemos."[9] Na realidade, portanto, só há pecados da alma e a essência deles se reduz à alma do ato mau, isto é, ao espírito que o anima, assim como só há bem moral na alma da qual a ação boa é, de certo modo, o corpo e a única coisa a qualificá-la[10]. E o que é que faz com que a intenção seja boa? A convicção de agir bem? A persuasão em que estamos de que compraz a Deus que ajamos como agimos? Disposições excelentes, sem dúvida nenhuma, e necessárias, mas não suficientes, se nos lembrarmos que existe uma lei divina, reguladora suprema das intenções e das ações. Uma condição ulterior é necessária portanto para levar a noção de moralidade a seu ponto de completa determinação.

Só é possível fazê-lo relacionando o conceito de intenção ao de consciência moral. Aliás, eles estão intimamente ligados. Acentuando tanto assim o papel da intenção, os pensadores cristãos enredaram a si mesmos numa dificuldade considerável. A razão humana é uma só em seu exercício prático e em seu exercício teórico. Por um lado, a iluminação divina torna-a capaz de pensar por princípios necessários; por outro, a experiência interna ou sensível lhe fornece matéria à qual se aplicarão esses princípios. Quer se trate de saber o que as coisas são e constituir a ciência,

---

9. Abelardo, *Scito te ipsum*, cap. V, *Patr. lat.*, t. 178, col. 647-648. Cf. "Juxta te igitur haec duo, concupiscentiam carnis et concupiscentiam animae, quae praemisimus, probator cordis et renum dictus est Deus (Jr 20, 12), hoc est inspector intentionum vel consensum inde provenientium. Nos vero qui hoc discutere ac dijudicare non valemus, ad opera maxime judicium nostrum convertimus, nec tam culpas quam opera punimus, nec in aliquo tam quod ejus animae nocet, quam quod aliis nocere possit vindicare studemus." Op. cit., cap. VII, col. 648-649.

10. Abelardo, *Scito te ipsum*, cap. XI, col. 652.

quer se trate de saber o que nossos atos devem ser e de constituir a moral, dispomos sempre da mesma regra e dos mesmos materiais de construção. No entanto, quando se trata de determinar o bem moral, devemos levar em conta um elemento especial, que se interpõe entre a promulgação dos princípios pela razão e os juízos particulares que daí derivam. É a consciência. Por essa palavra, não se entende uma faculdade distinta da vontade ou da razão, mas um ato, melhor dizendo, atos pelos quais aplicamos o conhecimento racional à nossa conduta, a fim de julgá-la. Ora reconhecemos simplesmente ter feito ou não ter feito alguma coisa, e diz-se então que temos consciência da nossa ação ou da nossa omissão; ora, julgamos que é preciso fazer ou não fazer alguma coisa, e diz-se então que a consciência ordena ou proíbe agir; ora, enfim, voltando a um ato já cometido para julgá-lo, ela, a consciência, o aprova ou o censura, e sua voz torna-se então a do remorso[11]. Dessas

---

11. São Tomás de Aquino, *Sum. theol.*, I, 79, 13, Resp. Cf. *De veritate*, XVII, 1, Resp. – Cf. O Renz, *Die Synderesis nach dem hl. Thomas von Aquin*, Bauemker-Beiträge, X, 1-2, Münster, 1911.

A terminologia medieval não se firmou sobre esse ponto e a posição tomista é o apuramento de uma lenta elaboração. São Tomás coloca na origem de tudo o intelecto, ou luz natural, que é uma faculdade. Essa faculdade tem dois *habitus* naturais: o dos primeiros princípios do conhecimento, *intellectus principiorum*, e o dos primeiros princípios da ação, *synderesis* (*Sum. theol.*, I, 79, 12). Dizendo "naturais", quer-se dizer que não necessitam ser adquiridos, mas pertencem a todo ser inteligente como tal. Aplicando os princípios primeiros do intelecto na ordem teórica, obtém-se a *ciência*; aplicando-os na ordem prática, obtém-se a *consciência*. A consciência é, portanto, um juízo prático sobre um ato feito ou a fazer.

Uma primeira ambigüidade se deve a se poder designar um *habitus* pelo nome do ato que ele determina. De fato, o *habitus* é o princípio do ato que dele depende. Aconteceu pois, e sempre pode acontecer, chamar-se "consciência" à própria *synderesis*, princípio do juízo de consciência. São Tomás remete, sobre essa redução da consciência à *synderesis*, a são Jerônimo, *In Ezech.*, I, 6, e são João Damasceno, *De fide orth.*, IV, 22. É também o uso que santo Agostinho parece fazer da palavra (*Enarr. in Ps. 57*, 1, *Patr. lat.*, t. 36, col. 673-674). Pode-se portanto dizer que consciência significa, em sentido lato, a posse natural dos princípios da razão prática (*synderesis*)

três funções, a segunda é particularmente importante para a determinação do bem moral. Já que a intenção qualifica o ato, o que vai fazer a vontade em presença dos juízos da

---

ou, no sentido estrito, sua aplicação, por juízos particulares, ao detalhe da conduta moral, que ela apreende e constata, prescreve ou veda, aprova ou desaprova.

Uma segunda ambigüidade, muito mais grave por tocar o fundo da questão, se deve à oposição que se encontra aqui como em outras partes entre o voluntarismo da escola agostiniana e o intelectualismo tomista. Esquematicamente, podemos distinguir assim as posições principais: a) voluntarismo completo, tipo Henrique de Gand. A consciência não pertence à parte cognitiva, mas à parte afetiva da alma. Vêem-se, de fato, homens que sabem o que se deve fazer e carecem de consciência para fazê-lo. Ele define então a *synderesis* como sendo "quidam universalis motor, stimulans ad opus secundum regulas universales legis naturae", enquanto a consciência é "quidam particularis motor, stimulans ad opus secundum dictamen rectae rationis". H. de Gand, *Quodlib. I*, qu. 8 (em são Boaventura, *Opera omnia*, ed. Quaracchi, t. II, p. 900). Existe portanto, sob a razão prática, um motor afetivo, seja universal (*synderesis*), seja particular (*conscientia*); b) semivoluntarismo, tipo são Boaventura. A *conscientia* é um *habitus* inato da faculdade de conhecer, tomada em sua função prática, não em sua função especulativa. A palavra consciência designa então seja a própria faculdade que é o intelecto, seja o *habitus* dos princípios práticos, seja os próprios princípios que o *habitus* contém (são Boaventura, *In II Sent.*, 39, 1, 1, Resp., ed. cit., t. II, p. 899). Portanto, o que são Tomás chama de *synderesis* está incluído aí, como o próprio são Tomás admite que se possa, a rigor, fazer. Mas em são Boaventura a própria *synderesis* é bem diferente. Ela está para a afetividade assim como o bom senso está para a razão: "affectus habet naturale quoddam *pondus*, dirigens ipsum in appetendis" (*In II Sent.*, 39, 2, 1, Resp., t. II, p. 910). Reconhece-se o *pondus* agostiniano; são Boaventura classifica pois a *synderesis* na afetividade: "Dico enim quod synderesis dicit, illud quod stimulat ad bonum et ideo ex parte affectionis se tenet." *In II Sent.*, 39, 2, 1, p. 910; c) voluntarismo transacional, tipo Ricardo de Middleton: a *synderesis* pode significar nossa predisposição natural e necessária ao bem em geral: ela é então afetiva; ou a persuasão, não necessitante, da razão que nos predispõe ao bem: ela é então intelectual. A consciência é a prescrição da razão prática (textos em E. Hocedez, *Richard de Middleton*, Louvain, 1925, pp. 226-9); d) intelectualismo, tipo Tomás de Aquino: *synderesis* e consciência são, ambas, da ordem cognitiva, embora prática. A posição tomista acaba de ser descrita; pode-se acrescentar a ela, a despeito de nuanças que distinguem os dois, Duns Scot, *In II Sent.*, 39, 1: a *synderesis* se situa na porção superior da razão, como querem são Jerônimo e P. Lombardo; *In II Sent.*, 39, 2: a *synderesis* é o "habitus principiorum" que per-

razão? O problema seria simples se a razão humana fosse infalível, mas ela não é. Supondo-se, por conseguinte, que a consciência moral se engane na aplicação dos princípios ao detalhe da ação, que deverá fazer a vontade? Se ela obedecer à consciência, fará o mal; mas, se desobedecer, optará contra o que a razão prescreve como bem, logo sua intenção será má e o ato será todo ele mau. Como sair dessa dificuldade?

Os moralistas cristãos concordam em admitir que toda prescrição da consciência obriga a vontade a conformar-se a ela. Aliás, é uma conseqüência inevitável para eles, a partir do momento em que decidem que o valor do ato depende da intenção que o inspira. Assim sendo, o objetivismo grego, particularmente da maneira como se exprime na moral de Aristóteles, vai ceder aqui em toda a linha. Não é mais o objeto tal como é em si mesmo, mas tal como a razão o percebe, que vai qualificar a vontade. Indiferente em si, torna-se bom ou mau conforme a razão o represente como um bem a fazer ou um mal a evitar. Bom em si, ele se torna um mal; mau em si, torna-se um bem, se o juízo prático da razão o representar como tal à vontade. Tomemos exemplos que, para os cristãos, correspondem manifestamente a casos extremos. "Crer em Cristo é bom em si, e necessário à salvação, mas a vontade só se inclina a fazê-lo conforme a razão o propuser; é por isso que, se a razão vier a lhe propor isso como um mal, a vontade se inclinará a crer como se se inclinasse a um mal, não que seja um mal em si, mas porque é acidentalmente um mal, devido à ma-

---

tence de direito à razão natural prática, a consciência é o "habitus proprius conclusionis practicae" que se deduz desses princípios.

Sobre a história dessas noções, ver D. O. Lottin, *La synderèse chez les premiers maîtres franciscains de Paris*, em *Revue néo-scol. de Phil.*, t. XXIX, 1927, pp. 265-91. – *La synderèse chez Albert le Grand et saint Thomas d'Aquin*, ibid., t. XXX, 1928, pp. 18-44, e as notas, sugestivas demais para não parecerem breves, do p[e] Th. Deman, em *Bulletin thomiste*, t. VIII, 2, 1931, pp. 273-4.

neira como a razão o apreende."[12] São Tomás de Aquino considera pois que uma vontade que se inclina para o bem como se para um mal, pelo próprio fato de apartar-se da razão, mesmo se errada, é uma vontade má. Inversamente, era evidentemente um mal perseguir o Cristo, e nada pode fazer que tal ação tenha sido boa; no entanto, se os que o perseguiram, a ele ou aos seus discípulos, assim agiram porque sua consciência lhes ordenava, pecaram então por ignorância apenas; a falta deles teria sido muito mais grave se, contrariamente às prescrições da sua consciência, eles os houvessem poupado[13]. Ao afirmar isso, Abelardo não diz nada que não coincida com o que pouco mais tarde será a posição tomista do problema: *voluntas discordans a ratione errante est contra conscientiam, ergo voluntas discordans a ratione errante est mala.*

Estamos aqui, portanto, o mais perto possível de uma moral da intenção, no sentido estrito da expressão. Se os moralistas da Idade Média não chegaram ao kantismo, não foi por não terem concebido a possibilidade de tal moral, mas porque, tendo-a concebido, rejeitaram-na. Abelardo parece ser, dentre todos, o que mais se aproxima dela, já que, como vimos, a consumação ou a não-consumação do ato não altera em nada, para ele, o valor das nossas decisões voluntárias. No entanto, ele não foi seguido nesse ponto; o robusto bom senso e o realismo dos filósofos cristãos sempre recusaram admitir que seja igualmente tão bom querer dar uma esmola sem dá-la do que querer dá-la e dá-la, ou tão mau querer matar um homem sem matá-lo e querer matá-lo matando-o. Se o adultério que o homem comete em seu coração é um verdadeiro adultério, não é essa uma razão para acrescentar o outro. Além do mais, e Abelardo neste ponto coincide com todos os moralistas cris-

---

12. São Tomás de Aquino, *Sum. theol.*, I¹-II^{ae}, 19, 5, Concl. Cf. *De veritate*, XVII, 4.
13. Abelardo, *Scito te ipsum*, cap. XIV, *Patr. lat.*, t. 178, col. 657 D.

tãos que virão depois dele, por mais necessário que seja colocar a intenção da consciência no centro da moralidade, ela não basta para definir esta última. Fora e acima do que nos parece bom ou mau, há o que *é* bom ou mau[14]. A consciência errônea obriga, nada é mais verdadeiro, mas um ato ditado por uma consciência reta é bem diferente do ato que uma consciência errônea dita, e é esse ato o único verdadeiramente bom. Além do dever de obedecer à nossa consciência, temos o de criticá-la e o de substituir nossa má consciência por uma melhor, cada vez que um erro de juízo é de se temer.

Para levar devidamente em conta essa nova condição, é necessário pôr em evidência o papel preponderante representado pela determinação dos fins na economia da moral cristã. Os antigos estão longe de ter ignorado sua importância; o simples título do *De finibus bonorum et malorum* basta para lembrar que a conheciam. Entretanto, a própria dificuldade que temos em traduzi-lo talvez se deva ao fato de que, impregnados como somos do espírito cristão, é difícil para nós conceber fins dos bens e dos males, justamente porque, a nosso ver, os bens e os males são definidos pelos próprios fins. Já é assim, até certo ponto, na mo-

---

14. "Qualium ignorantiae Apostolus quidem compatiens ait: *Testimonium illis perhibeo, quod aemulationem Dei habent, sed non secundum scientiam* [Rm 10, 2]; hoc est, magnum fervorem habent et desiderium in his faciendis quae Deo placere credunt; sed quia in hoc animi sui zelo vel studio decipiuntur, erronea est eorum intentio, nec simplex est oculus cordis, ut clare videre queat, hoc est, ab errore sibi providere. Diligenter itaque Dominus, cum secundum intentionem rectam vel non rectam opera distingueret, oculum mentis, hoc est, intentionem, *simplicem* et quasi a sorde puram, ut clare videre possit, aut e contrario *tenebrosam* vocavit, cum diceret: *si oculus tuus simplex fuerit, totum corpus tuum lucidum erit* [Mt 6, 22]; hoc est, si intentio recta fuerit, tota massa operum inde provenientium, quae more corporalium rerum videri possit, erit luce digna, hoc est bona; sic e contrario. Non est itaque intentio bona dicenda, quia bona videtur, sed insuper quia talis est, sicut existimatur; cum videlicet illud, ad quod tendit, si Deo placere credit, in hac insuper existimatione sua nequaquam fallatur." Abelardo, *Scito te ipsum*, cap. XII, *Patr. lat.*, t. 178, col. 653.

ral de Aristóteles; deveríamos inclusive dizer em absoluto, se a moral cristã não estivesse aí para mostrar que suas conclusões, por mais avançadas que sejam, ainda deixavam muito caminho a percorrer. Toda a sua moral ensina ao homem os meios de alcançar seu fim último, isto é, a felicidade, que consiste em viver uma vida inteira de acordo com a melhor e a mais completa das virtudes humanas[15]. A diferença é que a própria relação entre os meios e os fins não é, nele, o que será para os moralistas cristãos; suas concepções do bem e do mal os separam. Para Aristóteles, existe seguramente uma deontologia; há coisas que se *tem de* fazer; só se tem de fazê-las porque elas são requeridas para alcançar certo fim. Quem não o faz é semelhante ao arqueiro imperito que pretende atingir um alvo e erra. Mas esse fim, que qualifica todas as ações morais do homem, não se oferece à vontade, em Aristóteles, como um termo posto pela lei divina, imposto por um criador às suas criaturas. Logo, pode sim haver, e certamente há uma relação de meio a fim, mas certa relação que é muito mais de conveniência do que de obrigação. Uma só lei obriga, porque só ela vincula. É por isso que, expressão da razão legisladora divina, a consciência cristã sempre prescreve a ação como uma *obrigação moral*, noção que hoje se nos tornou tão familiar que esquecemos o tempo em que ela apareceu como uma novidade, e por quem ela foi inventada.

Os pensadores cristãos tiveram, no entanto, a nítida sensação de que aprimoravam aqui a moral antiga. O temível problema das virtudes dos pagãos e do seu valor não lhes permitia ignorar a questão. Eis não apenas indivíduos, mas povos, uma humanidade quase inteira, vivendo na ignorância da lei divina. Pode ser que tenha havido, no curso dessa longa história, outra coisa além de vícios. Sabemos inclusive, sem sombra de dúvida, que houve virtudes. Mas sabemos também que, na ignorância em que esses homens

---

15. Aristóteles, *Ética a Nicômaco*, I, 7, 1098a 1-19.

se encontravam de seu verdadeiro fim, já que ignoravam o Evangelho, nem uma só das suas ações pode ter sido naturalmente relacionada por eles ao fim que convinha. Diremos então que suas intenções eram más e que todos os seus atos eram maus? A necessidade de examinar essa questão obrigava os filósofos cristãos a identificar a natureza do vínculo que liga o ato ao fim deste em sua moral. Mais uma vez, a pesquisa teológica ia trabalhar a filosofia como um fermento e ajudá-la a se desenvolver.

Com efeito, consideremos o problema apenas na medida em que ele diga respeito à noção do bem moral. A primeira conseqüência a que se chega ao colocá-lo é que os gregos e os latinos, por seu paganismo mesmo, viram-se alijados das condições requeridas para o exercício de uma moralidade completamente definida. Isso é evidente. Quando são Paulo diz de Deus: é a ele que se deve a glória (Rm 11, 36), "não diz a eles, porque há um só Deus. E o que é, então, atribuir-lhe a glória, senão lhe dar a melhor, a mais elevada, a mais universal louvação? Porque quanto mais sua louvação cresce e se estende, mais ele é ardentemente querido e amado. O gênero humano não faz, então, nada mais que avançar no melhor e mais feliz caminho, num passo constante e firme. Porque, se se trata de vida e de costumes, a única questão é saber qual é o soberano bem do homem, ao qual tudo deve ser relacionado, e não vejo nada mais a procurar. Ora, tudo nos fez ver – tanto a razão, na medida em que fui capaz, como essa autoridade divina que prevalece sobre a nossa razão – que ele nada mais é que Deus mesmo. De fato, o que pode ser o melhor para o homem, senão o que o torna bem-aventurado, se o homem se ligar a ele? Só Deus o é, e só podemos nos ligar a ele pela dileção, pelo amor, pela caridade"[16]. O interesse dessa passagem não está tanto na tese que ela afirma,

---

16. Santo Agostinho, *De mor. eccl.*, I, 14, 24, *Patr. lat.*, t. 32, col. 1321-1322.

porque ela é evidente até para a história menos exigente, mas na natureza do vínculo que estabelece entre o ato moral do cristão e seu fim. O que os antigos não conheceram não foi apenas a unicidade do termo da vida humana, mas, por isso mesmo e pela mesma razão, a existência desse termo. Numa palavra, não basta dizer que eles se enganaram sobre a natureza do fim, de que eles mesmos dizem que depende toda moral, mas deve-se ir mais longe e perguntar se eles conceberam em algum momento a noção de fim no mesmo sentido que os pensadores da Idade Média.

Quando Aristóteles situa a felicidade num bem coextensivo a uma vida de homem completa – ἐν βίῳ τελείῳ –, porque nem uma andorinha nem um dia fazem verão, ele inclui manifestamente a finalidade da vida na própria vida. Certamente, a felicidade para ele é diferente da fruição que acompanha a perfeição moral; essa perfeição é, a seus olhos, o elemento constitutivo e substancial da própria felicidade[17]. Só que, e precisamente por essa razão, a felicidade não deve ser visada como uma realidade que transcende a vida moral e a perfaz. O único fim que se deve visar, aquele que é verdadeiramente o bem, é a própria vida moral, o ato ou a série de atos que a felicidade virá naturalmente recompensar. Numa moral desse gênero, será sempre muito forte, pois, a tendência a enfatizar a importância do meio. Sem dúvida, nela, um meio só é bom por levar ao fim, mas não é bom por ser feito tendo em vista alcançar o fim. Se o homem cuida sem cessar de se comportar como querem sua natureza e sua razão, ele alcançará por isso mesmo a beatitude, mas sua moralidade não deve seu valor a nenhuma intencionalidade. A importância preponderante que a noção de "conveniente" não demoraria a assumir na moral grega, graças aos estóicos, é fácil de conceber, portanto. "Sendo os móbiles iniciais constituídos de tal sorte que as coisas conformes à natureza devem ser, por si mesmas e

---

17. Ver A.-D. Sertillanges, art. cit., p. 282.

para si mesmas, adotadas e que as coisas contrárias devem ser, nas mesmas condições, rejeitadas, o primeiro dos convenientes (é assim que traduzo καθῆκον) é conservar-se na sua constituição natural." Feita essa escolha inicial, ela se torna, como em Aristóteles, uma virtude, isto é, um hábito, o de agir espontânea e constantemente como a natureza quer. O resultado de tal atitude, como Cícero viu claramente, é que poderíamos ser tentados a acreditar na existência de dois soberanos bens: o fim do ato e o próprio ato que visa esse fim. Já que é necessário suprimir um deles, é o fim que o grego suprime. "De fato, quando falamos de um fim último na série dos bens, somos como alguém que tivesse o desígnio de alcançar um alvo com uma flecha. Nessa comparação, o atirador deveria fazer tudo para acertar no alvo, o que equivaleria portanto a fazer tudo para realizar seu objetivo, que seria para ele, se assim posso dizer, seu fim último, correspondente ao que chamamos, quando se trata da vida, de soberano bem; quanto a acertar o alvo, é algo que merece ser escolhido, e não buscado por si mesmo."[18] O καθῆκον, o *officium*, tende portanto cada vez mais a prevalecer sobre o fim, a tal ponto que o meio agora usurpa seu lugar. Nada mais natural, já que o fim da moral helênica é imanente à própria vida; nada menos satisfatório para um cristão, para quem a finalidade do homem é transcendente ao homem. Ele vai, ao mesmo tempo, conferir ao fim sua supremacia verdadeira e subordinar a ele o meio muito mais estreitamente do que se havia feito até então.

Santo Agostinho escolheu excelentemente, portanto, seu ponto de ataque contra a moral pelagiana, isto é, contra o helenismo, acusando-o de admitir que possa ter havido virtudes verdadeiras em que o fim verdadeiro de toda virtude digna desse nome não era conhecido. "Tu sabes muito bem que não é do ponto de vista dos *convenientes*,

---

18. Cícero, *De finibus*, III, 6, 20-21. Acompanho a tradução de J. Martha (Paris, Les Belles-Lettres, 1930, t. II, pp. 18-9), sem no entanto ater-me rigorosamente a ela.

mas dos *fins*, que cabe distinguir as virtudes dos vícios. O conveniente é o que se deve fazer; o fim é aquilo por que se deve fazer. Portanto, quando alguém fez uma coisa que não parece ser pecado, se aquilo por que fez não é aquilo por que se deve fazer, este alguém é réu de pecado. Tu não atentas; tu separas pois os fins dos convenientes e pretendes que se deva considerar como virtudes verdadeiras convenientes sem seus fins."[19] Agostinho tinha superado esse pelagianismo helenizante já no início da sua conversão, quando havia relacionado toda a moralidade ao movimento interno de um querer que adere imutavelmente a Deus, único fim do homem, através das coisas perecíveis; mas, ao superá-lo, havia fixado para sempre a natureza da finalidade moral, tal como os pensadores cristãos a compreendem. Para eles, dizer que a bondade do querer depende da intenção do fim é exigir que ela se ordene por

---

19. Santo Agostinho, *Cont. Julian. Pelagianum*, IV, 3, 21, *Patr. lat.*, t. 44, col. 749. Pelágio constitui, neste ponto como em muitos outros, uma experiência crucial no que concerne às relações entre o pensamento grego e o pensamento cristão. Ele representa o ponto de saturação em que o pensamento cristão se perde no pensamento grego. É por isso que todo o texto a que remetemos aqui merece ser cuidadosamente estudado. Agostinho objeta a Pelágio que o justo vive da fé; ora, os pagãos não têm fé, logo não são justos. Se não têm a justiça, não têm nenhuma outra virtude. Pelágio replica, como verdadeiro discípulo dos gregos, que a origem de todas as virtudes está na alma racional; a prudência, a justiça, a temperança e a força têm portanto sua sede em nosso pensamento, estão nele como em seu lugar natural e é por elas que somos bons, qualquer que seja o fim que elas persequem. Os pagãos não perseguiram o fim verdadeiro, logo não o obterão; isto é, eles não serão recompensados, mas isso não quer dizer que não tenham sido bons: eles foram *steriliter boni* (loc. cit., art. 19, col. 747-748). Temos aqui, pois, uma moralidade completamente independente do fim e da intenção que poderia prender a ele. Santo Agostinho, ao contrário, raciocina como verdadeiro cristão, quando faz depender o valor moral da virtude, logo sua própria essência, da sua subordinação ao verdadeiro fim, e em poucas palavras liga a moral cristã ao seu princípio: "Verae quippe virtutes Deo serviunt in hominibus, a quo donantur hominibus: Deo serviunt in Angelis, a quo donantur et Angelis. Quidquid autem boni fit ab homine, et non propter hoc fit, propter quod fieri debere vera sapientia percipit, *etsi officio videatur bonum*, ipso non recto fine peccatum est." Loc. cit., 21, col. 749.

dentro, senão constantemente[20], pelo menos real e intencionalmente, no sentido do bem supremo transcendente que é Deus. Esse soberano bem objetivo e distinto de nós é a vontade divina, à qual o homem deve ter a intenção de conformar a sua. Cada vez que queremos certo bem particular, materialmente, devemos querer que essa escolha seja ao mesmo tempo conforme à vontade divina, formalmente, porque é essa conformidade que lhe confere seu valor moral. *Rectum cor habet, qui vult quod Deus vult*[21].

Colocar esse princípio é, antes de mais nada, assegurar a unificação completa da vida humana. No centro de tudo, há a inclinação da vontade para o fim que a razão lhe mostra, a força de gravitação, numa palavra, o *pondus* de que são Tomás e santo Agostinho falam e que prende o homem a Deus pelo amor[22]. Que essa intenção seja profunda e duradouramente fixada em seu fim, como é dela que todas as afeições humanas derivam, tal amor deixará em nós espaço apenas para alegrias, tristezas, temores e esperanças orientadas para Deus[23]. Mais ainda, se ele se elevar, ou me-

---

20. Sobre esse ponto disputado, ver J. Ernst, *Ueber die Notwendigkeit der guten Meinung*, em *Strassburger theologische Studien*, VII, 2-3, Freib. im Breisgau, Herder, 1905.

21. São Tomás de Aquino, *Sum. theol.*, I^a-II^{ae}, 19, 10, Sed contra. Ver todo o artigo. Cf. art. 4, Resp. e 9, Resp.

22. "Rectum dicitur esse cujus medium non exit ab extremis. Actus autem consideratur interduo, quae quasi sunt ejus extrema, scilicet principium agens et finem intentum; unde in opere vel intentione rectitudo esse dicitur, secundum quod opus ab agente egrediens non praetergreditur ordinem debiti finis; et ideo illius est dirigere cujus est in finem ordinare. Sed ordinare in finem contingit dupliciter: vel ostendendo finem vel inclinando in finem. Ostendere autem finem rationis est, sed inclinare in finem est voluntatis: quia amor, in quo actus voluntatis exprimitur, est quasi quoddam pondus animae, secundum Augustinum." São Tomás de Aquino, *In II Sent.*, 41, 1, 1, Resp. Cf. santo Agostinho, *Epist.*, 157, 2, 9, *Patr. lat.*, t. 33, col. 667; *De civ. Dei*, XI, 28, t. 41, col. 341-342.

23. "Unde amor naturaliter est primus actus voluntatis et appetitus. Et, propter hoc, omnes alii motus appetitivi praesupponunt amorem quasi primam radicem. Nullus enim desiderat aliquid, nisi bonum amatum; neque aliquis gaudet, nisi de bono amato; odium etiam non est, nisi de eo quod contraria-

lhor, se ele for elevado até a ordem da caridade, esse amor desabrochará em virtudes sobrenaturais, que saem dele tal como as flores e os frutos nascem da sua raiz comum[24]. A partir desse momento, o homem já não procura, segundo a expressão de Agostinho, "fabricar" para si uma vida feliz; em vez disso, ele a pede a Deus, o único capaz de proporcioná-la. É em relação a ele que há "convenientes" e, muito mais que convenientes, necessários. *Neque enim facit beatum hominem, nisi qui fecit hominem*: aquele que fez o homem é também o único capaz de fazê-lo feliz[25].

Essa lembrança insistente, inevitável, do princípio metafísico em que repousa toda a moral judaico-cristã, leva-nos de volta ao nosso ponto de partida e põe diante dos nossos olhos o caráter próprio que a define. Em certo sentido, ela é total e integralmente interior, pois nela a qualidade do ato humano depende essencialmente da intenção que o guia, e a intenção por sua vez depende apenas da vontade. A vontade é livre; está sempre em seu poder querer ou não

---

tur rei amatae. Et similiter, tristitia et caetera hujusmodi, manifestum est in amorem referri, sicut in primum principium. Unde in quocumque est voluntas vel appetitus, oportet esse amorem." São Tomás de Aquino, I, 20, 1, Resp.

24. "Quod si virtus ad beatam vitam nos ducit, nihil omnino esse virtutem affirmaverim, nisi summum amorem Dei. Namque illud quod quadripartita dicitur virtus, ex ipsius amoris vario quodam affectu, quantum intelligo, dicitur. Itaque illas quatuor virtutes, quarum utinam ita sit in mentibus vis, ut nomina in ore sunt omnium, sic etiam definire non dubitem, ut temperantia sit amor integrum se praebens ei quod amatur; justitia, amor soli amato serviens, et propterea recte dominans; prudentia, amor ea quibus adjuvatur ab eis quibus impeditur, sagaciter seligens. Sed hunc amorem non cujuslibet, sed Dei esse diximus, id est summi boni, summae sapientiae, summaeque concordiae. Quare definire etiam sic licet, ut temperantiam dicamus esse amorem Deo sese integrum incorruptumque servantem; fortitudinem, amorem omnia propter Deum facile perferentem; justitiam, amorem Deo tantum servientem, et ob hoc bene imperantem caeteris quae homini subjecta sunt; prudentiam, amorem bene discernentem ea quibus adjuvetur in Deum, ab iis quibus impediri potest." Santo Agostinho, *De mor. eccl. cath.*, I, 15, 25, *Patr. lat.*, t. 32, col. 1332. Cf. *Epist.* 155, III, 13, *Patr. lat.*, t. 33, col. 671-672.

25. Santo Agostinho visa diretamente Cícero, em *Epist.*, 155, I, 2-3, *Patr. lat.*, t. 33, col. 667-668. A fórmula citada está em 2, col. 667.

querer, e basta-lhe aqui querer para ter, pois o que dela se pede é seu querer mesmo: *ut nihil aliud ei quam ipsum velle sit habere quod voluit*[26]. Logo, a moral é agora totalmente interiorizada; liberta de todas as condições exteriores ou mesmo interiores que não dependem de nós, ela o é muito mais profundamente ainda que no estoicismo, pois nela a vontade não é apenas livre do mundo, mas também de si mesma. O sábio estóico só é sábio se é livre, o sábio cristão é sábio se sabe que não basta tornar-se livre, e mesmo assim deseja sê-lo. É por isso que a noção de "boa vontade", anunciada pelo Evangelho na própria boa nova (Lucas 2, 14), vai revestir daí em diante um novo sentido e adquirir um valor incomparável. Não apenas ela basta, mas se basta, porque basta a Deus: *nihil tam facile est bonae voluntati quam ipsa sibi; et haec sufficit Deo*[27]. Portanto, o homem é a cada instante aos olhos de Deus o que ele é em si mesmo, mas, inversamente, ele é a cada instante em si mesmo o que é aos olhos de Deus, e é esse o outro aspecto da moral cristã. Não temos nada que não tenhamos recebido. Na universal circulação do amor, de que são Tomás e Dionísio falam, é o próprio Deus que faz com que nossa vontade se volte para ele e, por conseguinte, também que ela seja boa; desviando-a livremente dele só a podemos tornar má[28]. Nesse sentido, toda a nossa atividade moral é, portanto, regida, dirigida; é em Deus que está sua medida[29] e, no entanto, é certo dizer que sua fonte permanece totalmente interior, pois a lei divina, que nos rege, exprime-se em nós pelo órgão da nossa razão.

---

26. Santo Agostinho, *De lib. arb.*, I, 13, 29, *Patr. lat.*, t. 32, col., 1237.

27. Santo Agostinho, *Sermo* 70, 3, 3, *Patr. lat.*, t. 38, col. 444. Daí, no plano religioso, a importância capital da noção de "conversão" para os cristãos, a qual só é concebível em função de uma doutrina em que a intenção ocupe uma posição tão central quanto no cristianismo.

28. Santo Agostinho, *De peccatorum meritis et remissione*, II, 18, 29-31, *Patr. lat.*, t. 44, col. 168-169.

29. "Modus autem et mensura humanae virtutis homini est a Deo." São Tomás de Aquino, *Sum. theol.*, I^a-II^{ae}, 114, 1, Resp.

Assim, a moral cristã se coloca entre a ética grega e o moralismo kantiano, como entre dois termos extremos que ela concilia superando-os. Melhor dizendo, o segundo desses termos só existe por ela: é dela um simples produto de desagregação. Tanto quanto a metafísica de Descartes, a moral de Kant não teria visto o dia se a filosofia da Idade Média não houvesse existido. Uma vontade legisladora submetida à do Legislador supremo, mas autônoma apesar disso, já que toda razão é uma expressão da Razão, é, como já dissemos, a própria essência da moral cristã. Podemos acrescentar agora que uma moral da intenção, fundada por inteiro na boa vontade, isto é, na vontade de agir por respeito à lei moral, tem ligações com a doutrina que prescreve ao homem que não apenas respeite a lei moral, mas abrace-a com amor; que nos liga à moralidade, e nos obriga a ela, por uma razão, não homogênea à de Deus, claro, mas tampouco heterônoma, já que a lei natural é o análogo criado da lei divina de que deriva. Unindo-se a Deus intencionalmente, como faz todos os dias, pedindo que sua vontade se faça na terra como no Céu, o cristão assume legitimamente a herança do naturalismo grego, mas assinala a condição transcendente deste e, por um desses paradoxos aparentes de que somente a verdade tem o segredo, a interioriza submetendo-a a ela: *interior intimo meo et superior summo meo*, "alguém que seja em mim mais eu mesmo do que eu"[30].

Tão profundas diferenças no seio de tal continuidade criam sérios embaraços para a história. Tudo o que a moral cristã conserva da moral grega reveste um sentido novo; tudo o que a moral cristã acrescenta à moral grega parece nascer dela por uma germinação natural, inevitável, quase necessária. Concebe-se portanto que historiadores de espírito bem diferente concordem em que a moral antiga e

---

30. Santo Agostinho, *Conf.*, III, 6, 11 (ed. Labriolle, t. I, pp. 53-4) e P. Claudel, *Vers d'exil*, VII, em *Théâtre*, t. IV, p. 238.

a moral moderna, separadas e unidas ao mesmo tempo pela moral medieval, diferem *toto coelo*[31], e que entretanto elas não são de modo algum contraditórias, mas podem ao contrário prestar-se um apoio mútuo. A concordância cessa quando se trata de interpretar a natureza desse apoio. Para uns, a moral grega é essencialmente um eudemomisno racional. Como tal, ela permaneceu estranha a toda noção de lei moral, de obrigação, de dever, de responsabilidade e de mérito, e devia assim permanecer. De origem judaico-cristã, essas idéias são essencialmente religiosas; elas nunca deveriam ter se introduzido na filosofia, e foi um erro de Kant introduzi-las. Expulsá-las para restituí-las à religião, de que dependem, é a primeira condição de um retorno necessário à moral grega, isto é, à razão. Para outros, é inexato dizer que essas noções são de essência religiosa, porque elas são essencialmente racionais e, assim, pertencem de pleno direito à ordem da filosofia. Certamente, os gregos não as conceberam claramente, mas poderiam tê-las concebido a partir dos seus princípios ou, pelo menos, de um aperfeiçoamento puramente racional dos seus princípios. Por que, então, não integrá-los ao corpo da moral, de que, em todo caso, agora fazem parte? Seria salvar da moral grega tudo o que merece ser salvo, conservando ao mesmo tempo os progressos que a reflexão dos filósofos que vieram depois dela lhe fizeram realizar.

Voltar aos gregos seria para muitos espíritos uma excelente coisa, mas é quase tão impossível ater-se a eles quanto prescindir deles. A empresa talvez fosse concebível se a introdução das idéias de dever e de lei na moral tivesse sido obra de Kant e tivesse se dado no século XVIII; mas o próprio Kant só as concebeu como racionais porque a filosofia cristã as havia racionalizado. Desde há longos séculos, elas penetraram tão intimamente nas consciências, embre-

---

31. Brochard, *La morale ancienne et la morale moderne*, em *Revue philosophique*, janeiro de 1901, p. 7. A expressão é interpretada pelo pᵉ A.-D. Sertillanges, art. cit., março de 1901, p. 280.

nharam-se tão profundamente nelas, que uma moral que se dissesse racional e pretendesse não levá-las em conta passaria aos olhos de todos como ignorando o que define a moralidade como tal e é a essência mesma dela. Remeter à religião o dever e a consciência seria remeter-lhe toda a moral, coisa que não passa pela cabeça de ninguém. Por outro lado, Schopenhauer não estava totalmente equivocado ao acusar Kant de ter aprendido a lição no Decálogo. Os vínculos religiosos dessa noção são dos mais fortes, e não se concebe como seria possível escrever a sua história sem levar em conta suas origens judaico-cristãs. Não tenho a menor dúvida de que ela é racional e deve ser mantida no âmago da filosofia moral. Não pretendo negar que, de direito, os gregos teriam podido concebê-la; constato simplesmente como um fato que eles não estavam em condições de concebê-la.

Para que a noção de moral e seus corolários se tornem racionais basta, dizem-nos, conceber "Deus como causa total e consciente da natureza e do homem; a partir do momento em que a dependência do nosso ser em relação à sua vontade nos parece estabelecida, estamos em condição de construir uma moral filosófica baseada na idéia do dever"[32]. Nada mais justo. Mas, para "vincular a razão humana à razão de Deus", é necessário admitir antes a noção de criação, conceber Deus como um ser único e onipotente, doador de ser e legislador do mundo. Quando se admite, com V. Brochard, que a noção de um Deus onipotente e infinito não é apenas uma "revolução"[33], mas um "grande progresso" em relação ao deus finito dos gregos, fica difícil negar que a idéia de obrigação moral é filosófica, porque ela é uma conseqüência necessária dessa noção; mas, quando nos pedem para conservar a moral grega, completando-a "com a única noção que lhe falta, a do absoluto divino"[34],

---

32. A.-D. Sertillanges, art. cit., p. 286. Cf. p. 288.
33. V. Brochard, art. cit., p. 2.
34. A.-D. Sertillanges, art. cit., p. 292.

é bom assinalar expressamente que a moral grega se torna, por isso mesmo, uma moral cristã. Pretender que uma moral só pode se ligar ao pensamento religioso de uma maneira indevida, porque a moral é filosofia, é dizer uma coisa verdadeira, se ligar tiver o sentido de deduzir. Mas há outras ligações entre as idéias, além das da dedução lógica. O dever não se deduz de uma revelação, mas de uma doutrina da criação que se deduz, por sua vez, de uma metafísica do Ser. Essa metafísica do Ser não se deduz de nada, salvo das exigências racionais do pensamento. Logo é perfeitamente natural que uma moral da obrigação nunca se encontre em contradição com a moral dos gregos: eles a teriam descoberto, se houvessem aprofundado sua metafísica. É igualmente natural que tal moral difira *toto coelo* da moral grega: os gregos não a descobriram, por não terem aprofundado suficientemente sua metafísica.

Por que então não a aprofundaram mais? Seria porque, como diz são Tomás, os homens avançam *pedetentim* pelo caminho da verdade? Sem dúvida nenhuma. Mas há passos e passos. Mais particularmente, há um passo que a metafísica mesma deu, mas não deu sozinha: ao aprofundar o problema do ser até o plano da existência, ela punha a moral num novo caminho. Foi o que fizeram para ela os Padres da Igreja e os pensadores da Idade Média. Eles ficariam espantadíssimos se alguém lhes dissesse que a moral deles não era racional; talvez, à custa de algumas explicações, até conseguisse levá-los a admitir que ela era "laica"[35], mas dificilmente faria crer, a nós, que, se essa moral laica difere tanto assim da antiga, o fato de os padres cristãos serem seus autores não tem nada a ver com isso. Ajudando-nos a restaurar e, se preciso, a instaurar a noção de filosofia cristã, o estudo do pensamento medieval talvez nos ajude ao mesmo tempo a preencher um vazio enorme da história e a conciliar posições filosóficas, cada uma das quais defende um aspecto da verdade.

---

35. Ibid., p. 291.

CAPÍTULO XVIII

A Idade Média e a natureza

Não há um só dos problemas que abordamos por trás do qual não se sinta a presença de outro, cuja discussão e cuja solução podem ter parecido indevidamente diferidas. Pelo menos, elas o foram intencionalmente. Em toda parte, na filosofia medieval, a ordem natural se apóia numa ordem sobrenatural, de que depende como sua origem e seu fim. O homem é uma imagem de Deus, a beatitude que ele deseja é uma beatitude divina, o objeto adequado do seu intelecto e da sua vontade é um ser transcendente a ele, diante do qual toda a sua vida moral se desenrola e que a julga. Muito mais, o próprio mundo físico, criado por Deus para sua glória, é trabalhado de dentro por uma espécie de amor cego que o move em direção ao seu autor, e cada ser, cada operação de cada ser depende a todo instante, em sua eficiência como em sua existência, de uma vontade onipotente que o conserva. Se assim é, pode-se ainda falar de natureza numa filosofia cristã, ou não seria melhor dizer com Malebranche que a natureza é uma idéia anticristã por excelência, um resquício da filosofia pagã recolhido por teólogos imprudentes[1]? Os pensadores da Idade Média não pensaram assim, como se pode antever, pois é contra eles que se vol-

---

1. H. Gouhier, *La vocation de Malebranche*, Paris, J. Vrin, 1926, pp. 112-3. Cf. do mesmo autor *La philosophie de Malebranche et son expérience religieuse*, Paris, J. Vrin, 1926, pp. 393-7: "La nature chrétienne".

ta Malebranche. Como os gregos, eles têm uma natureza, mas não é mais exatamente a mesma, e eu gostaria de me perguntar por que transformações eles a fizeram passar. Para sabê-lo, é importante escolher com cuidado as testemunhas a consultar. Dirigir-se aos místicos seria formular a questão para homens que não se interessam pelo que a natureza *é*, mas pelo que ela *significa*. Perguntá-lo aos autores de Lapidários ou de Bestiários, como ilustres filólogos fizeram, é questionar um fazedor de almanaques sobre a ciência do seu tempo. Mais uma vez, as únicas testemunhas da filosofia da Idade Média são seus filósofos. Enquanto se acreditar que se ganha tempo imaginando-a a partir dos escritores ou mesmo da história medieval, fica-se exposto aos mais cruéis desenganos: o mais sensato seria poupar-se esses atalhos perigosos. Na verdade, a natureza medieval existe, mas não é nem a da filosofia grega, nem a da ciência moderna, embora tenha conservado muito da primeira e embora a segunda tenha talvez preservado alguma coisa dela[2]. Em que, pois, exatamente, ela consistiu?

Nas filosofias da Idade Média, como nas da Antiguidade[3], um ser natural é uma substância ativa, cuja essência

---

2. Ver as curiosas reflexões de V. Egger, *Science ancienne et science moderne*, em *Revue internationale de l'enseignement supérieur*, 1890 (informação do abade M. Grison, professor do grande seminário de Bourges).

3. A filosofia pré-socrática é dominada pela idéia de necessidade. O princípio em que se inspira é que "de nihilo nihil in nihilum posse reverti", como dirá mais tarde Pérsio. Seu problema central é, portanto, a determinação da substância estável de que tudo nasce e a que tudo retorna; essa substância primordial é, para eles, a natureza: φύσις (E. Burnet, *L'aurore de la philosophie grecque*, Paris, Payot, 1919, pp. 11-4). Platão apenas substitui a necessidade dessa substância material pela ordem inteligível. Ver sobre esse ponto o livro de J. Chevalier, *La notion du nécessaire...*, pp. 69-98, e A. E. Taylor, *A Commentary on Plato's Timaeus*, pp. 299-301. Aristóteles, ao mesmo tempo que modifica a economia do platonismo, permanece fiel ao seu espírito. Se, para ele, só há ciência do geral, é porque o fato de haver uma regularidade nos acontecimentos – e portanto uma generalidade – atesta, a seu ver, a presença de uma essência e porque a essência é um princípio necessário de operações (J. Chevalier, op. cit., p. 149, nota 2). Toda a filosofia medieval clássica, inclusive o averroísmo, se situará no mesmo terreno.

causa as operações e as determina com necessidade. A Natureza nada mais é que o conjunto das naturezas; seus atributos são também, pois, a fecundidade e a necessidade. Isso é tão certo que os pensadores medievais sempre se apóiam na observação de uma necessidade para induzir daí a existência de uma natureza. Sempre que é possível constatar a existência de uma constância, de algo que ocorre *ut in pluribus*, podemos estar certos de que essa constância tem uma causa e que essa causa não pode ser outra senão a presença de uma essência, ou natureza, cuja operação produz regularmente o fenômeno. Pela mesma razão, a operação dessa natureza tem de ser necessária, já que ela só é posta para explicar a constância observada. A relação entre a noção de necessidade e a noção de natureza é ainda mais estreita por não se demonstrar propriamente a existência das naturezas; a percepção sensível nos mostra que há coisas cujas operações são causadas por um princípio interno, logo por uma natureza, e querer prová-lo além disso pela razão seria querer provar o conhecido pelo desconhecido[4]. Logo, podemos dizer, sem exagero, que percebemos a natureza em sua necessidade mesma, porque é a generalidade que a revela, e a generalidade se funda em sua necessidade: *hoc enim est naturale quod similiter se habet in omnibus, quia natura semper eodem modo operatur*[5]. É fácil entender portanto que Duns Scot, quando colocou o problema do fundamento da indução, não necessitou procurar outro princípio além deste: tudo o que acontece regularmente em virtude de uma causa é o efeito natural dessa causa[6]. Para que uma infração à regularidade da ordem pu-

---

4. São Tomás se opõe nesse ponto a Avicena, em seu comentário *In II Phys.*, I, 1, 8, ed. leonina, t. II, p. 57.
5. São Tomás de Aquino, *In VIII Phys.*, 8, 15, 7, ed. leonina, t. II, p. 422.
6. Duns Scot, *Op. Oxon.*, I, 3, 4, 9. A fórmula completa é a seguinte: "Quidquid evenit, ut in pluribus, ab aliqua causa non libera, est effectus naturalis illius causae." Pode haver, de fato, regularidade e constância sem necessidade, por exemplo, na ação divina, mas trata-se de um problema dife-

desse produzir-se, seria preciso que a causa não fosse uma natureza: não há meio-termo entre a necessidade das naturezas e a liberdade das vontades.

O universo medieval podia ser concebido portanto como objeto de uma explicação científica, no sentido em que o entendemos ainda hoje. Creio não ter nenhuma ilusão sobre a extensão e a qualidade da ciência medieval, mas parece-me necessário distinguir entre o conhecimento científico do mundo e a concepção geral do mundo que a ciência interpreta. O universo era então muito mal conhecido; o progresso dos conhecimentos era inclusive dificultado, porque a física aristotélica das qualidades era um obstáculo ao nascimento de uma física da quantidade. O século XIV perdeu muito tempo calculando intensidades qualitativas, que teria sido necessário quantificar para poder medir. Dito isso, é certo que o que retardou a Idade Média em seus progressos não foi uma espécie de falta de entusiasmo na crença no determinismo universal. Muito pelo contrário, posta à parte a vontade livre do homem, os filósofos e teólogos estão de acordo para admitir um determinismo astrológico universal. São Tomás considera que os movimentos dos corpos inferiores são causados pelo movimento dos corpos celestes e que os fenômenos do mundo sublunar são regidos pelos movimentos dos astros[7]. Alberto Magno e Roger Bacon iriam mais longe ainda. De fato, este último não hesita em fazer o horóscopo das religiões, inclusive da

---

rente, cuja solução Duns Scot reserva aqui, introduzindo a cláusula: *non libera*. Sobre os métodos de raciocínio experimental em Duns Scot, ver *Avicenne et le point de départ de Duns Scot*, em *Archives d'hist. doctr. et litt. du Moyen Âge*, 1927, pp. 117-29.

7. São Tomás de Aquino, *Sum. theol.*, I, 115, 3, Resp. O artigo 4 reserva os direitos do livre-arbítrio; o artigo 6 reserva os do acaso, tal como Aristóteles o concebe, mas veremos mais adiante que, para um filósofo cristão, o próprio acaso cai sob outra determinação. Ainda hoje há astrólogos que se interessam pela obra de são Tomás: ver P. Choisnard, *Saint Thomas d'Aquin et l'influence des astres*, F. Alcan, 1926.

religião cristã[8]. Já que na época se admitia comumente uma determinação dos fenômenos naturais, não é de espantar que se tenha concebido a idéia de um estudo propriamente científico da natureza. Roberto Grosseteste vai muito além da física aristotélica das formas, quando reduz todas estas à luz, cuja ciência é do domínio da óptica e, afinal, apenas da geometria. Roger Bacon segue o mesmo caminho, e a insistência com a qual ele reclama uma ciência experimental, embora pouco tenha feito para constituí-la, atesta um sentimento justo do que pode ser uma demonstração verdadeiramente científica[9]. Portanto, se os homens daquela época conheceram mal a natureza, não se enganaram porém sobre as características essenciais que fazem desta um objeto de conhecimento racional, e até podemos dizer que, em certo sentido, se ela difere da natureza grega não é por ser menos determinada do que esta, e sim por ser mais.

Quando são Tomás se pergunta se o determinismo astrológico impõe aos fenômenos terrestres uma necessidade absoluta, responde que não, porque para além do que o movimento dos astros determina se estende o vasto domínio do acaso. Toda a sua argumentação se refere à filo-

---

8. A autenticidade do *Speculum astronomiae*, tradicionalmente atribuído a Alberto Magno, é contestada por P. Mandonnet, *Roger Bacon et le Speculum astronomiae* (1277), em *Revue néo-scolastique*, t. XVII, 1910, pp. 313-35. A questão ainda me parece em aberto. Cf. P. G. Meerseman, *Introductio in opera omnia B. Alberti Magni*, Beyaert, Bruges, 1931, pp. 132-8. Em todo caso, seja de Alberto Magno ou de Roger Bacon, o texto tem um interesse de primeira ordem para a história da questão. Pode ser encontrado em Alberto Magno, *Opera omnia*, ed. Borgnet, t. X, pp. 629-51. Sobre o determinismo astrológico de Roger Bacon, ver *Un fragment inédit de l'"Opus Tertium"*, ed. por P. Duhem, Quaracchi, 1909, p. 169.

9. Algumas indicações sobre R. Grosseteste podem ser encontradas em *La philosophie au Moyen Âge*, t. II, pp. 47-50. A aplicação técnica das suas idéias à arte medieval foi magistralmente estudada por H. Focillon, *L'art des sculpteurs romans*, Paris, E. Leroux, 1931, cap. X, "L'art de géométrie au Moyen Âge". Sobre Roger Bacon, consultar sobretudo R. Carton, *L'expérience physique chez Roger Bacon, contribution à l'étude de la méthode et de la science expérimentales au XIIIe siècle*, Paris, J. Vrin, 1924.

sofia de Aristóteles, e não sem razão, porque o acaso tem um papel importante no peripatetismo. Este não o concebe como um puro indeterminado, isto é, como algo que aconteceria sem causa e, nesse sentido, não abala o determinismo universal; mas ele é algo incompletamente determinado: o que, em relação à causa eficiente, é acidental, porque não é produzido por ela tendo em vista um fim ou porque não é o fim pelo qual ela age. O fortuito é, pois, na natureza, o que não tem fim. Em certo sentido, já que a causa final é a causa verdadeira, poder-se-ia dizer que o fortuito não tem causa, mas isso significa apenas que há lacunas na ordem teleológica, e de forma alguma que as haja na ordem da causa eficiente. Por exemplo, duas séries de causas igualmente determinadas quanto à sua eficiência e ao seu fim podem se encontrar sem que seu encontro tenha sido previsto ou querido: sua interseção é um acidente. É o que acontece quando dois homens, ao irem para um mesmo lugar, lá se encontram inevitavelmente, sem terem a intenção de se encontrar. É o que acontece também quando a matéria em que um homem trabalha se recusa a se prestar à sua ação em virtude das suas necessidades próprias: o ponto de conjunção entre o que o artista quer fazer e o que se pode fazer com a matéria que ele trabalha, embora determinado pela arte de um e a estrutura da outra, pode ser acidental. Ora, a arte não faz mais que imitar a natureza; como o artista, a natureza às vezes fracassa em seu efeitos; a forma se choca contra as necessidades cegas da matéria e produz um ser malsucedido, um monstro. Os monstros são erros acidentais da natureza, que um concurso imprevisível de circunstâncias impede de chegar ao seu fim[10].

---

10. Sobre a doutrina do acaso em Aristóteles, consultar o comentário de O. Hamelin, *Aristote, Physique*, II, Paris, J. Vrin, pp. 120-5. A conclusão dessa notável observação é que, tal como Aristóteles o concebe, "o acaso, esse nada de razão, devia ser para ele, antes de mais nada, um nada de fim". No que concerne à definição dos monstros como "erros da natureza", ver de Aristóteles, *Phys.*, II, 8; e, de são Tomás, lect. XIV, ed. leonina, t. II, p. 95.

O que há de notável é que mesmo essa parte relativa da indeterminação desaparece da natureza medieval. Falando em absoluto, não há para um pensador cristão nem acaso, nem monstros, porque, se se podem e se devem manter essas noções no plano relativo da nossa experiência humana, elas perdem todo sentido quando se descreve o universo do ponto de vista de Deus. O fortuito, tal como os antigos o concebem, é uma noção familiar a santo Agostinho: é tudo o que se produz sem ter causas ou que não depende de uma ordem racional: *qui ea dicunt esse fortuita, quae vel nullas causas habent, vel non ex aliquo rationabili ordine venientes*[11]. Ora, num universo cristão, não há nada que não aconteça em nome de uma ordem racional e não deva a esta sua existência. Pode-se falar sem escrúpulos do acaso na conversa cotidiana, mas, como o mundo é obra de Deus, como nada do que ele contém escapa da providência, como pensar que haja acontecimentos fortuitos? *Nihil igitur casu fit in mundo*, nada acontece por acaso no mundo, eis o verdadeiro ponto de vista cristão sobre a ordem universal[12].

Os filósofos da Idade Média puderam portanto aceitar o ponto de vista de Aristóteles e reconhecer-lhe uma validade condicionada. Boécio, em sua prisão, pede para a Filosofia consolá-lo, e ela lhe responde na linguagem de Aristóteles. Num certo sentido, há acaso. Se alguém descobre um tesouro cultivando sua terra, diz-se com razão que ele o encontra por acaso, porque quem escondeu o tesouro naquele lugar e aquele que o encontrou concorreram,

---

11. Santo Agostinho, *De civ. Dei*, V, 1, *Patr. lat.*, t. 41, col. 141.
12. "Porro illud bonus, cujus participatione sunt bona caetera quaecunque sunt, non per aliud, sed per seipsum bonum est, quam divinam etiam providentiam vocamus. Nihil igitur casu fit in mundo." Santo Agostinho, *De div. quaest. 83*, qu. 24, *Patr. lat.*, t. 40, col. 17. "Unde et illa sunt quae nulla religio dicere prohibet: forte, forsan, forsitan, fortasse, fortuito: quod tamen totum ad divinam revocandum est providentiam." *Retract.*, I, 1, 2, t. 32, col. 585.

sem ter intenção, para essa descoberta. O acaso continua sendo, portanto, aqui a interseção acidental de duas séries de causas, cujo encontro nenhum dos fins determina. Nenhum fim *humano*. Mas que dizer dos fins divinos? Nada do que acontece escapa à sua providência; a própria matéria, desde que foi criada, não pode mais introduzir no universo o elemento de necessidade cega, nem desempenhar o papel de causa acidental que desempenhava no mundo incriado de Aristóteles. Logo, não há mais acaso no plano divino, pois mesmo o concurso aparentemente acidental das séries de causas depende da ordem invariável estabelecida "por essa Providência adorável, que dispõe tudo com sabedoria e faz com que cada coisa ocorra no tempo e no lugar que ela lhe assinalou"[13]. Acrescentemos com são Tomás, a essas conclusões de santo Agostinho e de Boécio, que, do mesmo modo que não há mais acaso absoluto, não há mais monstros absolutos. Obra de Deus, a natureza cristã não comete erros; na natureza, a matéria se presta à forma tanto quanto seu autor deseja, nem mais nem menos. Os *defectus naturae*, quando ocorrem, são desejados por Deus em vista de determinado fim; os monstros humanos,

---

13. Boécio, *De consolat. philos.*, lib. V, prosa 1, *Patr. lat.*, t. 63, col. 829-832. Ver também sua importante discussão sobre o estoicismo em *In libr. de Interpretatione editio secunda*, *Patr. lat.*, t. 64, col. 491 B-495 A. Vê-se claramente nesse texto o que também resultará dos de são Tomás (ver p. 457, nota 19), a saber, que os cristãos admitem o acaso aristotélico, contanto que este se oponha ao necessitarismo estóico; inversamente, se concedem a Aristóteles a existência do acaso, entendem-se com os estóicos para relacionar o contingente a uma causa superior. O que os separa dos estóicos é que, em vez de pôr na origem do acaso uma necessidade, os cristãos põem uma liberdade. Haverá pois, nos cristãos, previsibilidade de futuros que no entanto continuarão a ser contingentes: op. cit., col. 495-518 (ver mais adiante, p. 457, nota 19). Cf. são Boaventura, *In II Sent.*, 37, 2, 2, ed. Quaracchi, t. II, pp. 872-3. São Tomás de Aquino, *Comp. theol.*, I, 137, em *Opuscula*, ed. Mandonnet, t. II, p. 94, e também a proposição condenada em 1277: "Quod aliqua possunt causaliter evenire respectu causae primae; et quod falsum est, omnia esse praeordinata a causa prima, quia tunc evenirent de necessitate", art. 197, em *Chart. Univ. Paris.*, t. I, p. 554.

por exemplo, nascem em conseqüência das leis que governam a natureza decaída, mas os filósofos preferem negar os desígnios de Deus a confessar que os ignoram. Portanto eles acusam a natureza de ser irracional, quando ela não faz mais que obedecer às leis superiores que lhe são impostas por Deus[14].

Assim, onde o pensamento grego tolera uma indeterminação que se explica por uma falta de racionalidade, a filosofia cristã restringe o determinismo natural, reduzindo às leis de uma razão superior a aparente desordem da natureza. Mas a recíproca não é menos verdadeira. Onde o pensamento grego admite uma necessidade anti-racional, a filosofia cristã rompe essa necessidade por ser irracional. No mesmo movimento pelo qual ela submete o acaso a leis, ela liberta a natureza do Destino, porque tudo tem uma razão suficiente, mas esta só pode ser, precisamente, uma Razão.

Santo Agostinho ergueu-se várias vezes contra os que falam de fatalidades, isto é, de acontecimentos submetidos a uma ordem necessária, independente da vontade dos homens e da vontade de Deus[15]. A extremo rigor, o *fatum* pode

---

14. Santo Agostinho conhece a expressão "naturae errores" para designar os monstros. Sua tradução é, aliás, melhor que "peccata naturae", porque o que chamamos de pecado não passa, para os gregos, de um erro, análogo aos que a natureza pode cometer. Ver santo Agostinho, *Cont. Julian. Pelag.*, V, 15, 53, em *Nec attendis...*, *Patr. lat.*, t. 44, col. 814; *De civ. Dei*, XVI, 8, 1-2, *Patr. lat.*, t. 41, col. 485-7. Sobre o pecado original e sua relação com a existência dos monstros humanos, ver santo Agostinho, *Cont. Julian. op. imp.*, I, 116, *Patr. lat.*, t. 45, col. 1125. São Tomás liga diretamente à criação da matéria por Deus o fato de que "non potest sua causalitas impediri per indispositionem materiae", *In VI Metaph.*, lect. 3, ed. Cathala, n. 1210 e 1215. Portanto os *defectus naturae* também devem ser incluídos sob a causalidade divina e a lei eterna: "Deffectus qui accidunt in rebus particularibus, quamvis sint praeter ordinem causarum particularium, non tamen sunt praeter ordinem causarum universalium, et praecipue causae primae, quae Deus est, cujus providentiam nihil subterfugere potest." *Sum. theol.*, I^a-II^{ae}, 93, 5, ad 3^m. Sobre o pecado original e sua relação com a existência dos monstros humanos, op. cit., I^a-II^{ae}, 21, 1, ad 1^m e 2^m.

15. Santo Agostinho, *De civ. Dei*, V, 1, *Patr. lat.*, t. 41, col. 141: "Qui ea dicunt... fatalia, quae praeter Dei et hominum voluntatem, cujusdam ordinis necessitate contingunt."

receber um sentido aceitável. Se entendermos por essa palavra a própria vontade de Deus na medida em que prescreve à natureza as leis a que ela deve obedecer, não há nada a dizer quanto à doutrina, e tudo não passa de uma expressão a corrigir[16]. Os filósofos da Idade Média muitas vezes se permitiram essa licença. O Destino antigo havia pesado demais sobre o espírito dos homens para que eles tivessem a audácia de dispensá-lo sem transigir com ele. Boécio não recuou diante dos custos de uma arquitetura complicada para lhe preservar um lugar no universo cristão. A providência é então a própria inteligência divina, que abrange em si todas as coisas deste mundo, isto é, as naturezas e as leis do desenvolvimento delas. Portanto, enquanto reunida nas idéias de Deus, a ordem universal se confunde com a providência; enquanto particularizada, fragmentada e, por assim dizer, incorporada às próprias coisas que ela rege, essa ordem providencial toma o nome de destino. Assim, tudo o que está submetido ao destino está submetido à providência, porque depende dela do mesmo modo que a conseqüência depende do seu princípio, e poderíamos inclusive acrescentar que muitas coisas dependem da providência sem depender do destino, porque a providência é o centro imóvel da circunferência em que os seres se agitam; quanto mais a gente se afasta da ordem do tempo para se aproximar da eternidade divina, mais os desígnios de Deus se fazem unos e simples. No limite, a gente alcança ele próprio, a providência absorve completamente o destino[17].

---

16. Santo Agostinho, *De civ. Dei*, V, 1, *Patr. lat.*, t. 41, col. 141-142. Esse texto é o ponto de partida das especulações medievais sobre a interpretação cristã da noção de destino; desse ponto de vista, é de uma importância histórica capital.

17. "Nam providentia est illa ipsa divina ratio in summo omnium principe constituta, quae cuncta disponit; fatum vero inhaerens rebus mobilibus dispositio, per quam providentia suis quaeque nectit ordinibus... Quo fit, ut omnia quae fato subsunt, providentiae quoque subjecta sunt, cui ipsum etiam subjacet fatum." Boécio, *De consol. philosophiae*, IV, prosa 6, *Patr. lat.*, t. 63, col. 814-815. O desenvolvimento deve ser lido por inteiro. Comparar

Essa grande idéia, que Boécio havia desenvolvido numa língua magnífica, pôde encantar várias gerações de pensadores e de poetas que vieram depois dele, mas não encontrou mercê diante do rigor metafísico de são Tomás. As falsas conotações que a palavra Destino comporta levam-no a desistir definitivamente de aprovar seu uso. Aqueles dentre os antigos que admitem um acaso absoluto, como Aristóteles, por exemplo, são evidentemente obrigados a negar o Destino. Os que rejeitam o acaso e querem submeter tudo, inclusive as coisas aparentemente fortuitas, à influência necessitante dos corpos celestes, dariam sem maiores problemas o nome de Destino às leis astronômicas. Mas é claro que os atos humanos são livres e, por conseguinte, escapam a essa necessidade. Não é menos claro que todo esse aparente acaso, que nenhum destino explica, encontra sua razão de ser na providência divina. Assim, na medida em que parece útil para explicar acontecimentos fortuitos, o destino nada mais é que o efeito próprio dessa providência; mas como, nesse caso, a palavra significaria para o cristão algo bem diferente do que quer dizer para um pagão, o melhor é evitá-la. Corrijamos nossa maneira de falar, como santo Agostinho nos aconselha, isto é, corrijamos a palavra, calando-a[18].

Bernardo Silvestre, que conserva o destino sob seu nome grego, mas subordinando-o ao mesmo tempo à providência: "Imarmene, quae continuatio temporis est, sed ad ordinem constituta", em *De mundi universitate*, ed. Barrach, p. 32, l.126-127. A introdução desse termo parece atestar a influência de Hermes Trismegisto; ver J. Kroll, *Die Lehren des Hermes Trismegistos*, Bauemker Beiträge, XII, 2-4, Münster i. W., 1914, pp. 214-8. Aliás, o autor do apócrifo tomista *De fato* (ver nota seguinte) faz esse termo remontar explicitamente a Hermes Trismegisto: *op. cit.*, art. II, ed. Mandonnet, t. V, p. 402.

18. São Tomás de Aquino, *Compend. theol.*, I, 138, ed. Mandonnet, t. II, pp. 94-5. Os textos de santo Agostinho e de Boécio são comparados e discutidos por são Boaventura, *In II Sent.*, 14, 2, 2, 3, ad 1ᵐ, ed. Quaracchi, t. II, p. 364. Sua conclusão é a mesma que a de são Tomás. Essa conclusão representa o ponto de chegada do pensamento cristão sobre a questão. O apócrifo *De fato*, que se encontra entre os *Opuscula* de são Tomás de Aquino, foi atribuído a Alberto Magno pelo pᵉ Pelster (*Phil. Jahrbuch*, 1923, pp.

A profunda transformação imposta à natureza grega pela doutrina cristã da criação e da providência aparece claramente quando se abordam as precedentes conclusões para aplicá-las em conjunto ao problema dos futuros contingentes. No sistema de Aristóteles, há futuros contingentes, porque há acaso. O que é acidental por essência, pelo próprio fato de escapar à ordem do necessário, entra na ordem do contingente. Ora, saber é conhecer pelas causas e, como o fortuito é fortuito na medida em que não tem causa, não se poderia considerá-lo objeto de ciência, ainda menos de previsão. Se fosse possível prevê-lo, ele seria determinado; logo, não seria contingente. No sistema estóico, é o contrário que ocorre; nele, a previsão do futuro é possível, e é bem sabida a importância que eles davam à adivinhação, mas para eles essa previsão se baseava na doutrina do Destino, cuja função era precisamente eliminar do universo todo elemento contingente. Portanto, ou se admite a contingência e se nega que o contingente seja previsível, ou se admite que a previsão é possível, e nega-se a contingência. Passando através das duas dificuldades, a filosofia cristã afirma simultaneamente a contingência e sua previsibilidade, porque ela dissociou a noção de contingência da de acaso, e a noção de determinação da de destino.

Santo Agostinho conhecia Cícero bem demais para não ter observado o embaraço dos filósofos antigos nessa questão. Cícero não quer o Destino; portanto ataca a fundo a doutrina da adivinhação deles e, a fim de destruí-la

---

150-4): lver P. G. Meerseman, *Introductio in opera omnia B. Alberti Magni*, Bruges, 1931, p. 138. Com menos nitidez na argumentação, ele se inclina para a solução de Boécio, à qual ele reduz a de Hermes Trismegisto (*De fato*, art. II, ed. Mandonnet, p. 403). O destino é, pois, para o autor desse tratado, um intermediário entre a providência e os acontecimentos, como em Boécio; mas o comentário que ele dá do *De consol. philos.* (p. 404) parece questionável, porque introduz nas fórmulas de Boécio toda uma doutrina astronômica em que o autor certamente não havia pensado. Aproximar desse tratado o artigo 195 da condenação de 1277, *Chart. Univ. Paris*, t. I, p. 554.

com mais certeza, chega a sustentar que toda ciência do futuro é impossível, seja no homem, seja inclusive em Deus. É pagar caro pela salvação da liberdade comprá-la a esse preço. Duas loucuras se opõem aqui: a afirmação do destino e a negação da presciência divina – e é na negação da presciência divina que Cícero imagina poder fundar nosso livre-arbítrio. Um espírito cristão, ao contrário, escolhe a liberdade e a presciência, porque Deus é criador e providência. Ele é que cria as causas: sabe portanto o que elas são e farão. Se criou causas livres, sabe também o que farão essas causas livres. Assim, na ordem física, tudo o que resulta de um concurso para nós acidental de causas se enquadra na presciência do Deus pelo qual esses concursos foram dispostos; na ordem voluntária, não somente o fato de que Deus prevê nossos atos livres não os impede de serem livres, mas, ao contrário, é por ele ter previsto que realizaríamos atos livres que os realizamos. Sua presciência é sua providência; provendo nossa liberdade, Deus não a destrói, funda-a: *profecto et illo praesciente est aliquid in nostra voluntate*. Em parte alguma, parece-me, vê-se melhor do que aqui o caráter específico da filosofia cristã. O acaso de Aristóteles, que era do domínio do irracional, era imprevisível: torna-se racional e previsível. O destino estóico era do âmbito do previsível, mas eliminava o acaso e a contingência: a providência prevê, assim como o Destino, mas respeita a contingência[19]. Tudo

---

19. O problema é claramente discutido em relação ao pensamento grego em são Tomás de Aquino, *In VI Metaph.*, lect. 3, ed. Cathala, n. 1203 ss. Aristóteles afirma que existe contingência e acaso; logo, tem contra si ao mesmo tempo o estoicismo, que nega o acaso em nome do destino, e o cristianismo, que o nega em nome da providência. De fato, o estoicismo e o cristianismo coincidem na eliminação de qualquer acaso absoluto, como é evidente no que concerne à filosofia estóica (*In VI Metaph.*, lect. 3, n. 1203 e 1215). Quanto à fé católica, ela afirma por sua vez "quod nihil fit temere sive fortuito in mundo, et quod omnia subduntur divinae providentiae. Aristoteles autem hic loquitur de contingentibus quae hic fiunt, in ordine ad

se insere numa ordem racional, sem alterar a essência desta: "Do fato de que para Deus a ordem de todas as causas é certa não decorre que não resta nada ao livre-arbítrio da nossa vontade. De fato, nossas vontades mesmas fazem parte da ordem das causas, que é certa para Deus e contida em sua presciência, porque as vontades dos homens é que são as causas do que eles fazem. Assim, quem sabia de antemão todas as causas das coisas não poderia deixar de conhecer nossas vontades entre essas causas, já que sabia de antemão que elas seriam as causas do que fazemos."[20]

---

causas particulares, sicut per ejus exemplum apparet" (loc. cit., n. 1216). Mas aqui a filosofia verdadeira se volta contra o estoicismo, porque do fato de que nada ocorre por acaso do ponto de vista de Deus não resulta que tudo seja submetido ao destino. As *indispositiones materiae*, que causam os monstros, permanecem contingentes inclusive num universo cristão em que são desejadas, e as livres decisões das vontades humanas permanecem livres, inclusive se estão previstas por uma providência infalível. O Deus cristão é causa de todo o ser, logo o próprio contingente tem de depender dele. Num sentido, existe necessidade universal no cristianismo, assim como no estoicismo, mas é uma necessidade condicional: se alguma coisa é prevista por Deus, ela se realizará. Ora, a providência quer o contingente como contingente e o necessário como necessário (op. cit., n. 1220), logo, o que é condicionalmente necessário do ponto de vista de Deus pode ser contingente do ponto de vista da sua causa próxima (n. 1221), de modo que há previsão infalível em Deus e contingência real nas coisas. Cf. *In Peribermeneias*, lect. 14.

20. Todos os Padres da Igreja e os teólogos da Idade Média concordam em vincular a noção de providência à de criação (*supra*, cap. VIII). Portanto é a metafísica do Ser que torna possível a existência de uma contingência e de uma liberdade cuja indeterminação, entretanto, é objeto de presciência divina. O princípio da solução é posto com uma força incomparável por santo Agostinho, *De civ. Dei*, V, 9 e 10, *Patr. lat.*, t. 41, col. 148-153. É um elemento necessário da filosofia cristã e, portanto, uma aquisição definitiva. Mas o que é que, no ato criador, funda a contingência e a liberdade? O problema se colocava, como se vê pelas hesitações de Pedro Lombardo, *Lib. I Sent.*, dist. 38, ed. Quaracchi, pp. 240-5. É por isso que há uma história teológica e filosófica do problema, cujo estudo seria útil retomar.

1º Uma primeira solução é aquela cuja fórmula são Tomás burilou. Deus é o Ser, logo a causa de todo ser. Causalidade divina, da qual nada escapa, deve por conseguinte produzir o necessário, mas também o acidental e até o livre. Nessa colocação, vê-se a contingência vir a ser em virtude da eficácia criadora considerada como tal. O que são Tomás parece querer provar

A IDADE MÉDIA E A NATUREZA

Tudo é conhecido de Deus tal como é, porque tudo é obra de uma inteligência criadora, que quis o necessário

---

acima de tudo, se bem que seu pensamento seja mais complexo, é que Deus *pode* criar o contingente: *Sum. theol.*, I, 22, 4, Resp., e *Comp. theol.*, I, 140, em *Opuscula*, ed. Mandonnet, t. II, pp. 95-6. Depois, quando se pergunta como Deus pode prever o futuro contingente como tal, basta recordar que, para Deus, tudo está presente em sua eternidade. Ele não prevê, ele vê o que vai acontecer como acontecendo. Essa resposta já está pronta em Boécio, *De cons. phil.*, lib. V, prosa 6, *Patr. lat.*, t. 63, col. 857-862 (cf. *Roman de la Rose*, versos 17.397-17.498), e foi integrada por são Tomás em sua síntese, *Sum. theol.*, I, 22, 4, Resp.; *Comp. theol.*, I, 140, ed. cit., t. II, pp. 95-6.

2º É possível que, não assinalando nitidamente o que acrescentava a Aristóteles, são Tomás tenha feito surgir inquietações sobre esse ponto. Sua modéstia confundiu alguns dos seus sucessores. Como o de Aristóteles, seu Deus é necessário; mas, ao contrário do de Aristóteles, sua atualidade infinita faz dele uma vontade criadora livre. São Tomás funda então a possibilidade de uma contingência criada e previsível na eficácia criadora de Deus; ele funda a existência atual dessa contingência na liberdade de Deus. Duns Scot insiste principalmente na segunda parte do problema. Ele parece temer que, não colocando expressamente a liberdade de Deus na origem da contingência, dê-se a impressão de recair no necessitarismo grego. Daí sua solução: "nulla causatio alicujus causae potest salvare contingentiam, nisi prima causa ponatur immediate contingenter causare, et hoc ponendo in prima causa perfectam causalitatem, sicut catholici ponunt. Primum autem est causans per intellectum et voluntatem...", *Op. Oxon....*, I, 39, 1, 3, 14, ed. Quaracchi, n. 1118, t. I, p. 1215. Pela mesma razão, Duns Scot se opõe à solução de Boécio no que concerne à presciência dos futuros contingentes. São Boaventura já havia hesitado (*In I Sent.*, 38, 2, 1 ss., ed, Quaracchi, t. I, p. 675 ss.). Duns Scot contesta que uma ciência que veja os futuros no presente baste para definir uma *pré*-ciência. Aqui também o conhecimento que Deus tem da determinação eterna da sua vontade deve desempenhar um papel: *op. cit.*, 8 e 9, ed. cit., n. 1112-1113, pp. 1210-2. Duns Scot põe a ênfase portanto na liberdade divina; há uma contingência, no sentido de liberdade racional, na origem de toda contingência.

3º As duas soluções do problema parecem-me muito mais se completar do que se opor. São Tomás não nega nada do que Duns Scot afirma, e vice-versa. Temos aqui um caso típico de duas filosofias cristãs, distintas como filosofias, porque cada uma é um método definido de exploração racional da mesma verdade. O sentimento dessa unidade profunda se perdeu no decorrer das controvérsias de escola. Um scotista do século XVIII notará: "Extrinsecam nostrae libertatis radicem faciunt plerique divinam omnipotentiam; aliis est ipsa Dei libertas." Sua resposta à dificuldade é que "si mente nostra Deum concipiamus omnipotentem, seclusa libertate, quemadmodum illi necessario tunc ageret, ita et nos." Logo, há que considerar a raiz da li-

como necessário, o contingente como contingente e o livre como livre[21].

Esses princípios nos levam ao limiar de uma noção ainda mais estranha que as precedentes, de que os escritos dos pensadores cristãos estão repletos e que os antigos, que nisso coincidem com muitos espíritos modernos, teriam se recusado a admitir na sua filosofia: o milagre. Que a Idade Média é a idade dos milagres, deve ser evidente, pois mesmo os historiadores o sabem. O milagre que eles conhecem muitas vezes é o falso milagre. Sabemos por Salimbene que havia milagres, tanto que em Parma, em 1238, franciscanos e dominicanos *intromittebant se de miraculis faciundis*[22]. Muitas vezes ainda é o milagre ingênuo, que se reduz ao extraordinário, pois tudo o que surpreende atesta por isso mesmo uma intervenção imediata de Deus. O que os historiadores não vêem é que o milagre medieval, quando estudado em sua noção filosófica, atesta a presença de uma natureza em vez de negá-la; mas é uma natureza es-

---

berdade, como quer Duns Scot, na liberdade de Deus *em vez de* na sua onipotência: J. A. Ferrari, O.-M. Conv., *Philosophia peripatetica*, Veneza, 2ª ed., 1754, p. 316. Essa filosofia peripatética se opõe portanto aos "e quorum numero habetur Aristoteles, qui cum et libere operari concederent, Deum necessario agentem constituebant". Estranho peripatetismo. O que é ainda mais estranho é que concordâncias profundas tenham sido transformadas em oposições irredutíveis. Quem não vê aqui que a própria noção de onipotência, essencialmente cristã, implica a noção de liberdade e basta por si só para separar a filosofia que a emprega do necessitarismo aristotélico? De ambos os lados, cometeu-se o erro de filosofar sobre filosofias, em vez de filosofar sobre os problemas; a partir do momento em que você se aparta do real para pensar apenas nas fórmulas que o exprimem, você deserta do único centro de unidade possível, e a filosofia se perde num verbalismo anárquico. Os tomistas e os scotistas se entenderiam melhor se falassem menos de são Tomás e de Duns Scot, e mais daquilo de que são Tomás e Duns Scot falaram.

21. Santo Agostinho, *De civ. Dei*, V, 9, 3, *Patr. lat.*, t. 41, col. 150-151.

22. E. Gebhart, *La renaissance italienne*, 2ª ed., Paris, L. Cerf, 1920, pp. 124-5. Havia também o milagre científico, descrito por R. Bacon em seu *Opus majus*, mas nesse caso não se trata mais de um embuste, ainda que pio (cujos efeitos, aliás, foram funestos na época da Reforma), mas de um método apologético.

pecificamente medieval e cristã, a mesma cuja relação com Deus acaba de ser lembrada.

Para um Padre da Igreja como santo Agostinho, a noção de milagre não suscita nenhuma dificuldade particular. Em certo sentido, tudo é milagre. Jesus transforma a água em vinho nas bodas de Canaã, e todo o mundo se espanta; a água da chuva se transforma todos os anos em vinho em nossas vinhas, e ninguém se espanta com isso. No entanto é Deus que cria a chuva, a vinha e o vinho, mas é uma ordem de fenômenos regulares, a que estamos habituados e cuja banalidade faz que não nos surpreenda. Um morto ressuscita à palavra de Deus: grande estupor; homens nascem todos os dias, são inscritos no registro civil como a coisa mais natural do mundo[23]. Num universo criado, o milagre é portanto um fato sobrenatural, mas é filosoficamente possível: "O mesmo Deus, pai de Nosso Senhor Jesus Cristo, faz por seu Verbo todas as coisas e rege por ele o mundo que criou; esses primeiros milagres, ele fez por seu Verbo-Deus, em si mesmo; quanto aos milagres que vieram em seguida, ele os fez por seu mesmo Verbo, encarnado e feito homem para nós. Já que admiramos o que Jesus-homem fez, admiremos também o que fez Jesus-Deus."[24] Entre os *priora miracula* e os *posteriora miracula*, não há diferença metafísica essencial, a onipotência divina basta igualmente para explicá-los.

É óbvio porém que nenhum pensador cristão pensa em pôr as bodas de Canaã no mesmo plano de um acontecimento dito natural: é apenas em certo sentido que tudo o que é, é milagroso. A surpresa que o verdadeiro milagre

---

23. Santo Agostinho, *In Joan. Evang.*, VIII, 1, *Patr. lat.*, t. 35, col. 1450. Ibid., IX, 1, col. 1458. *De Trinitate*, III, 5-6, t. 42, col. 874-875; III, 8, 13-15, col. 876-877; III, 9, 16-19, col. 877-879. O rigor exato de certas críticas me convida a especificar que santo Agostinho não fala de um estado civil e que me dou conta disso.

24. Santo Agostinho, *In Joan. Evang.*, VIII, 1, *Patr. lat.*, t. 35, col. 1450. Cf. o belíssimo texto do *De civ. Dei*, X, 12, *Patr. lat.*, t. 41, col. 291.

legitimamente causa se deve ao fato de que ele se produz fora do curso e da ordem costumeiras da natureza: *praeter usitatum cursum ordinemque naturae.* Os fenômenos milagrosos não são necessariamente mais admiráveis do que o espetáculo cotidiano da natureza; governar o mundo inteiro, tomado em seu conjunto e em seus menores detalhes, é muito mais maravilhoso do que alimentar cinco mil homens com cinco pães. Portanto, o que nos espanta na multiplicação dos pães não é tanto a grandeza quanto a raridade do fato: *illud mirantur homines non quia majus est, sed quia rarum est*[25]. Elaborando um pouco mais essa noção, santo Agostinho discerne portanto duas ordens da natureza, superpostas e coordenadas: a que Deus criou ao criar as razões seminais, esses germes de todos os seres e acontecimentos naturais futuros, e a que a sabedoria de Deus é a única a conhecer e à qual pertencem os milagres propriamente ditos. Para quem considera o problema sob esse aspecto, toda criação que se acrescenta à primeira é milagrosa[26], mas mesmo então o milagre só é milagre para nós, não para Deus. Se, para nós, ele parece ir contra a ordem da natureza tal como ela é feita, não pode ir contra essa ordem do ponto de vista de Deus, que a fez: *cui hoc est natura quod fecerit*[27]. A natureza, para Deus, será sempre o que ele fez.

Assim, amarrada pelo rigor dos seus princípios, a filosofia cristã manda os prodígios e as maravilhas da natureza, tão caros aos antigos, juntarem-se aos monstros na ordem irracional que ela supera. Um milagre cristão não é um prodígio, assim como um defeito da natureza não é um monstro. Como o que vem da vontade divina poderia ser contra a natureza, se é a própria vontade do Criador que a define:

---

25. Santo Agostinho, *In Joan. Evang.*, XXIV, 1, *Patr. lat.*, t. 35, col. 1593. Cf. são Bernardo, *In vig. Nat. Domini*, sermo 4, 3, *Patr. lat.*, t. 183, col. 101.
26. Santo Agostinho, *De Gen. ad litt.*, VI, 17, 32, *Patr. lat.*, t. 34, col. 406.
27. Santo Agostinho, *De Gen. ad litt.*, VI, 13, 24, *Patr. lat.*, t. 34, col. 349.

omnia portenta contra naturam dicimus esse, sed non sunt[28]? Para definir completamente a noção de milagre, faltava portanto simplesmente precisar que, se a natureza se reduz à vontade de Deus, é a uma vontade que ela se reduz, isto é, ao contrário do arbitrário. Plástica ao extremo nas mãos do criador, a tal ponto que às vezes nos indagamos, ao ler os agostinianos da Idade Média, se subsiste uma necessidade metafísica das essências[29], a natureza precisa progressivamente seu caráter de ordem inteligível criada.

---

28. "Omnia quippe portenta contra naturam dicimus esse: sed non sunt. Quomodo est enim contra naturam, quod Dei fit voluntate, cum voluntas tanti utique Conditoris conditae rei cujusque natura sit? Portentum ergo fit, non contra naturam, sed contra quam est nota natura." Santo Agostinho, *De civ. Dei*, XXI, 8, 2, *Patr. lat.*, t. 41, col. 721. – "Sicut ergo non fuit impossibile Deo, quas voluit instituere, sic ei non est impossibile, in quidquid voluerit, quas instituit, mutare naturas. Unde illorum quoque miraculorum multitudo silvescit, quae monstra, ostenta, portenta, prodigia nuncupantur." Op. cit., XXI, 8, 5, col. 722.

29. "Numquid hoc potest Deus agere, ut quod factum est, non fuerit? Tanquam si semel constet ut si fuerit virgo corrupta, jam nequeat fieri ut rursus sit integra. Quod certe quantum ad naturam verum est, statque sententia; factum quoque aliquid fuisse, et factum non fuisse, unum idemque inveniri non potest. Contraria quippe invicem sunt, adeo ut si unum sit, alterum esse non possit. Nam quod fuit, non potest vere dici quia non fuit; et e diverso, quod non fuit, non recte dicitur quia fuit. Quae enim contraria sunt in uno eodemque subjecto congruere nequeunt. Haec porro impossibilitas recte quidem dicitur, si ad naturae referatur inopiam: absit autem, ut ad majestatem sit applicanda divinam. Qui enim naturae dedit originem, facile, cum vult, naturae tollit necessitatem. Nam qui rebus praesidet conditis, legibus non subjacet conditoris: et qui naturam condidit, naturalem ordinem ad suae deditionis arbitrium vertit; quicumque creata quaelibet dominanti naturae subesse constituit, suae dominationis imperio naturae obsequentis obedientiam reservavit. Consideranti plane liquido patet quoniam ab ipso mundi nascentis exordio rerum conditor in quid voluit naturae jura mutavit, imo ipsam naturam, ut ita dixerim, quodam modo contra naturam mutavit. Numquid enim non contra naturam est mundum ex nihilo fieri: unde et a philosophis dicitur, quia nihil ex nihilo fit", são Pedro Damião, *De divina omnipotentia*, cap. XI, *Patr. lat.*, t. 145, col. 611-612. "Ipsa quippe rerum natura habet naturam suam, Dei scilicet voluntatem...", *ibid.* "Sicut enim non ait: '*Ego sum qui fui et sum*', sed potius: '*ego sum qui sum: et qui est, misit me ad vos*' (Ex 3, 14), ita procul dubio consequens est ut dicat: non ego sum qui potui et possum; sed, qui immobiliter et aeternaliter possum." Cap. XV, col. 619.

Com são Tomás de Aquino e Duns Scot, o desenvolvimento doutrinal atinge seu auge. A ordem das causas segundas querida por Deus passa a definir a natureza; se Deus tivesse desejado, outra ordem natural teria sido possível; se ele quiser, outra ordem pode completar a que ele estabeleceu, porque Deus não pode ser amarrado por uma ordem de causas segundas que a ele deve sua existência. Como a natureza cristã não procede de Deus por uma emanação necessária, mas pela liberdade de sua vontade, ele sempre pode produzir os efeitos das causas segundas sem essas causas, ou até produzir efeitos de que essas causas são incapazes. No entanto, mesmo quando ele é assim definido, a rigor, como o que transcende radicalmente as causas segundas, logo também o que é radicalmente misterioso para toda razão humana, o milagre conserva sua racionalidade do ponto de vista de Deus. O que não pertence à nossa ordem pertence à dele, de que depende a nossa; ao transgredir a lei natural, Deus apenas obedece a uma mais elevada, contra a qual ele não poderia de nenhum modo agir, porque ela se confunde com ele[30].

É para exprimir esse caráter distintivo da natureza cristã que os teólogos da Idade Média inventaram a célebre expressão "potência obedecente". Tão mal compreendida, a tal ponto que às vezes é tida como uma espécie de artifício inventado *a posteriori* por teólogos embaraçados, a *potentia obedientialis* exprime, ao contrário, um aspecto profundo da ordem natural cristã[31]. Os filósofos da Idade Média puderam exercitar seu virtuosismo dialético em chicanas sobre o sentido do termo, mas nenhum deles pôde se recusar a aceitar o que ele significa, a não ser renunciando a conceber o mundo como cristão. Daí em diante, a noção de *pos-*

---

30. São Tomás de Aquino, *Sum. theol.*, I, 105, 6, Resp.; I, 105, 7, Resp.; I, 115, 2, ad 4^m. Este último texto é interessante em relação a santo Agostinho.
31. Cf. Leibniz, *Discours de métaphysique*, cap. VI-VII, ed. H. Lestienne, Paris, J. Vrin, pp. 32-5. Leibniz retoma, com implicações que lhe são próprias, a tese cristã tradicional.

sibilidade sempre terá um duplo sentido. Ela significa, em primeiro lugar, o que pode acontecer do ponto de vista das causas naturais: há causas ativas e sujeitos passivos prontos para sofrer suas ações; o que pode se produzir assim na ordem das causas segundas criadas define a ordem da possibilidade natural. Mas significa também outra coisa. Num universo criado, o que as coisas podem fazer não basta para definir tudo o que pode acontecer. Acima da ordem especial da natureza, como diz são Boaventura, há uma ordem geral que depende da razão e da vontade de Deus. Tudo o que somente Deus pode fazer da natureza é impossível do ponto de vista da natureza, mas é possível do ponto de vista de Deus. Portanto a potência obediente é antes de mais nada essa possibilidade, inerente à natureza criada, de se tornar o que Deus possa querer e quiser que ela se torne. Possibilidade puramente passiva, cuja definição mesma exclui que ela implique uma aptidão natural a se realizar; possibilidade real entretanto, já que corresponde ao que Deus faz da natureza, ao poder que ele conserva de atualizá-la[32].

---

32. "Dicendum quod est ordo naturae specialis et generalis. Ordo naturae specialis transmutari potest et destrui, quia potest in alteram differentiam res relabi, sed generalis non. Sic dicendum, quod specialis ordo attenditur secundum potentiam naturae specialis, generalis ordo secundum potentiam obedientiae, quae est generalis: contra hunc ordinem non facit [*scil.* Deus], sed contra alium." São Boaventura, *In I Sent.*, 42, 1, 3, ad 1^m, ed. Quaracchi, t. I, p. 755. – "Ex quo patet, quod potentia passiva simpliciter attenditur secundum causas superiores et inferiores. Et quia secundum quid dicitur per defectum respectu simpliciter, potentia passiva, quae potest reduci ad actum solum secundum causas superiores, deficiente potentia activa creata disponente vel consonante, est potentia secundum quid et dicitur potentia obedientiae. Et de hac dicit Augustinus, quod 'in costa erat, non unde fieret mulier, sed unde fieri posset', scilicet potentia obedientiae. – Possibile igitur, quod dicitur a potentia, non dicitur uniformiter, nec dicitur omnino aequivoce, sed analogice, sicut sanum: et ideo ejus acceptio determinatur per adjunctum." *In I Sent.*, 42, 1, 4, Resp., ed. Quaracchi, t. I, p. 758. O texto de santo Agostinho se encontra em *De Gen. ad litt.*, IX, 16, 30-17, 32, *Patr. lat.*, t. 34, col. 404-406. Acrescente-se a ele *Cont. Faustum Manichaeum*, XXVI, 3, t. 42, col. 480-481, mas cumpre notar que a expressão *potentia obedientiae* não se encontra em nenhum desses textos de Agostinho.

Fazer a potência obedecente entrar desse modo numa ordem geral e divina era definir tecnicamente o lugar do milagre na natureza. Aplicando essa noção ao problema da graça, a teologia medieval arremata a síntese que se preparava havia longos séculos e completa o quadro sistemático do universo cristão. Essa idéia era contemporânea do pensamento cristão. Assim como, em certo sentido, para o cristão, tudo é milagre, assim também, em certo sentido, tudo é graça. No fundo, o erro de Pelágio não passa de uma exageração dessa verdade. É certo dizer, como se costuma repetir, que Pelágio era grego, mas não era um puro grego e sua heresia mesma não teria nenhum sentido no plano do naturalismo antigo. O que o separa dos cristãos é a extrema atenuação do pecado e a supressão da graça de redenção que caracterizam sua doutrina; mas o que o separa dos gregos é que ele está ébrio de graça, a ponto de absorver inteiramente nela a natureza. Pelágio repete sem cessar que merecer por seu livre-arbítrio é merecer pela graça – e, de fato, a partir do momento em que é criado, o livre-arbítrio é e não deixa de ser uma graça. Santo Agostinho deu prova da maior clarividência ao discernir a verdade parcial, cuja evidência cegava seu adversário sobre todo o resto. Pelágio é um antimaniqueísta radical, aos olhos de quem o pecado original é um resquício de maniqueísmo; a natureza criada é tão plenamente boa a seus olhos que nada pode corrompê-la a ponto de tornar necessária uma graça acrescentada à que a fundou. Santo Agostinho repreende-o por ignorar o pecado, mas não por dizer que a natureza é uma graça. E é mesmo. O erro de Pelágio é esquecer que existe outra. À graça universal, pela qual todas as coisas são o que são, acrescenta-se a graça de Jesus Cristo, a que pertence aos cristãos e cuja importância é tal para nós que lhe reservamos o nome de graça; a que não é a natureza, mas que a salva. Se Pelágio a houvesse admitido, nada o teria impedido de celebrar a graça a que a natureza deve o fato de existir, porque é uma graça, mas não a maior: *excepta ergo illa gratia, qua condita est humana natura (haec enim*

Christianis Paganisque communis est) haec est major gratia, non quod per Verbum homines creati sumus, sed quod per Verbum carnem factum fideles facti sumus[33].

Aqui também foi preciso um longo tempo para que os teólogos ajustassem uma à outra as duas noções, tão intimamente aparentadas quanto as de uma natureza gratuitamente criada e de uma natureza gratuitamente restaurada. Definir uma natureza pura, saber se ela um dia existiu como tal, estudar nela os arranjos das diversas graças com que Deus a ornamentou, são problemas puramente teológicos cuja história não temos de seguir, mas o conceito de natureza que a graça pressupõe pertence diretamente ao domínio da reflexão filosófica e da história da filosofia. Por sinal, já o encontramos: é aquele que se oferecia a nós na *anima capax Dei* de são Bernardo, de santo Anselmo e de são Tomás de Aquino; só resta lhe dar um nome filosófico e terminar sua descrição referindo essa capacidade à noção de potência obedecente, tal como são Tomás de Aquino a descreveu[34].

---

33. Santo Agostinho, *Sermo XXVI*, V, 6, *Patr. lat.*, t. 38, col. 173. Cf. *Epist.* 177, 6, t. 33, col. 767; 7, col. 767-768. – Há interessantes textos pelagianos no *Libellus fidei Pelagii*, *Patr. lat.*, t. 45, sobretudo art. 13, col. 1718; *Pelagii dogmata*, t. 45, col. 1701 e, mais adiante, *III Dial.*, col. 1706. A doutrina de Pelágio afirma-se muito discretamente em seu comentário sobre as Epístolas de são Paulo: A. Souter, *Pelagius's Expositions of thirteen Epistles of St. Paul*, Cambridge University Press, t. II, 1926. Ela se deixa adivinhar em certas observações das pp. 46, 47, 59, 60, 76. Mas se exibe claramente nos fragmentos de tratados de Pelágio hoje perdidos, que santo Agostinho nos conservou, sobretudo *De natura et gratia*, 45, 53-51, 59, *Patr. lat.*, t. 44, col. 272-276. Essa identificação da graça com a noção de gratuidade, que aliás era plenamente natural, exerceu uma influência duradoura sobre o desenvolvimento da teologia. Numerosos vestígios dela são encontrados nos textos estudados por A. Landgraf, *Die Erkenntnis der heiligmachenden Gnade in der Frühscholastik*, em *Scholastik*, t. III, 1928, pp. 28-64; *Studien zur Erkenntnis des Uebernatürlichen in der Frühscholastik*, em *Scholastik*, t. IV, 1939, pp. 1-37, 189-220, 352-89; H. Doms, *Die Gnadenlehre des sel. Albertus Magnus*, Breslau, 1929: ver no *Bulletin thomiste*, VIII, 3, 1931, a resenha do p.e M.-J. Congar, pp. 303-6.

34. A característica própria da potência obedecente tomista e sua relação com o conceito de natureza são um tema que o p.e M.-D. Chenu, O.P., desenvolveu freqüentemente em seu ensino. Eu mesmo tive o privilégio de

A capacidade da natureza é dupla, e é aquela que são Boaventura analisava para nós. Basta agora conceber que toda a ordem sobrenatural se acrescenta a ela de uma maneira análoga àquela como se acrescentava a ordem milagrosa. Além do que a natureza é capaz por si mesma, há o que ela é capaz de se tornar pela vontade de Deus. É uma objeção corrente contra a teologia medieval a de que, acrescentando à natureza de Aristóteles a graça cristã, ela tentava uma espécie de quadratura do círculo. A objeção procederia, na perspectiva comumente admitida de que os teólogos não fizeram nada mais que dar à natureza grega direito de cidadania na filosofia cristã. Da φύσις de Aristóteles, é de fato correto dizer que ela é uma necessidade fechada em si mesma e que nada a autoriza a se abrir às influências divinas. Aliás, Deus não a criou, ela não é sua obra, com que direito então ele poderia dispor dela? A natureza cristã também possui uma essência e uma necessidade; ela não tem mais nem menos esses atributos que a natureza grega. Se fosse para escolher, eu diria de bom grado que ela tem mais que a natureza grega, já que se apóia na necessidade do Ser, do qual participa. Tão verdadeiro é isso que Deus mesmo não poderia violentar as coisas sem atentar contra as Idéias, que são ele mesmo. Não é preciso esperar são Tomás para encontrar teólogos que compreendam isso. Por menos suspeito que seja de parcialidade em favor da natureza, o próprio santo Agostinho percebeu que a noção cristã das Idéias, concebidas como a arte do Verbo, garantia às suas participações finitas, que são as naturezas, uma estabilidade rigorosa. Deus não elevou pedras ou animais à visão beatífica[35]; mas cumpre acrescentar imediatamente em seguida que essa necessidade das essências criadas, cir-

---

assistir às profundas lições que ele deu em novembro de 1931 no *Institute of Medieval Studies* do St Michael's College de Toronto. Aqui, apenas incorporo sua conclusão à minha síntese histórica e faço questão de reconhecer que cabe a ele o mérito de lançar luz sobre essa importante questão.

35. Santo Agostinho, *Cont. Julian. Pelag.*, IV, 3, 15, *Patr. lat.*, t. 44, col. 744.

cunscrita pelo que podem fazer ou sofrer na ordem natural, permanece aberta ao que Deus pode delas fazer ou a elas conferir na ordem sobrenatural. Criadas, elas ainda podem obedecer à vontade do seu criador, se lhe aprouver ampliá-las, e é precisamente a essência do intelecto poder ser ampliado sem perder sua essência, ou melhor, consumando-a. A capacidade de visão beatífica na natureza humana é, portanto, bem mais que uma palavra: é a própria natureza humana, feita à imagem de Deus, a quem ela deve seu poder de conhecer. A capacidade da graça também é mais que uma palavra, porque Deus mesmo não poderia conferi-la à alma se esta não fosse capaz de recebê-la. No entanto, quando tudo está dito, cumpre nos deter nos limites da natureza. Ela obedecerá *ad nutum* se Deus mandar, mas não tem como não obedecer[36]. Nada nela que já seja sobrenatural estimula ou, menos ainda, exige isso: a potência obediente, por mais real que seja, permanece absolutamente passiva; ela exprime antes de mais nada o caráter distintivo de uma natureza cristã, aberta ao seu criador.

---

36. "Duplex capacitas attendi potest in humana natura: una quidem secundum ordinem potentiae naturalis, quae a Deo semper impletur, qui dat unicuique rei secundum suam capacitatem naturalem; alia vero secundum ordinem divinae potentiae, cui omnis creatura obedit ad nutum; et ad hoc pertinet ista capacitas [*scil.* gratiae]; non autem Deus omnem talem capacitatem naturae implet: alioquim Deus non posset facere in creatura nisi quod facit, quod falsum est, ut in I habitum est [qu. 105, art. 6]. Nihil autem prohibet ad aliquid majus humanam naturam perductam esse post peccatum: Deus enim permittit mala fieri, ut inde aliquid melius eliciat; unde dicitur, Rom. 4: *Ubi abundavit delictum, superabundavit et gratia*; unde et in benedictione cerei paschalis dicitur: 'O felix culpa, quae talem ac tantum meruit habere redemptorem.'" *Sum. theol.*, III, 1, 3, ad 3[m]. – "Est autem considerandum, quod in anima humana, sicut in qualibet creatura, consideratur duplex potentia passiva: una quidem per comparationem ad agens naturale: alia vero per comparationem ad agens primum, quod potest quamlibet creaturam reducere in actum aliquem altiorem actu, in quem reducitur per agens naturale, et haec consuevit vocari potentia obedientiae in creatura." *Sum. theol.*, III, 11, 1, Resp. (é o que torna possível a ciência de Cristo: ibid., ad 1[m]). Cf. *De virtutibus in communi*, art. X, ad 13[m].

É a natureza que a Idade Média conheceu. Ela não continha nada menos que a dos gregos ou a da ciência moderna, mas esperava muito mais. Num tempo em que a vida religiosa impregnava tudo de sua influência, a imaginação pode ter tomado gosto por ultrapassar os limites dessas ordens hierárquicas, a ponto de às vezes parecer confundi-las. A razão dos filósofos lá estava entretanto para assinalá-los. Se devêssemos encontrar uma fórmula para condensar o resultado de mais de dez séculos de meditação sobre o problema, são Tomás de Aquino talvez pudesse sugeri-la. Falando da natureza não racional, ele disse várias vezes que ela era como um instrumento nas mãos de Deus[37]. O bom artesão usa suas ferramentas de acordo com a natureza destas, mas, para ele, elas não são mais que ferramentas, que ele utiliza para alcançar seu fim. Essa característica "instrumental" da natureza cristã não basta mais para defini-la, quando se trata do homem. Um ser racional é dotado de vontade. Deus mesmo não usa uma pessoa como usa um instrumento: a pessoa é livre e, portanto, ele respeita a liberdade que ele próprio criou[38]. Mas ele também pode movê-la de dentro, ele a convida e a chama. Se as naturezas brutas são tratadas por ele como instrumentos, as naturezas racionais são tratadas como "colaboradoras". O estudo metafísico da noção cristã de providência nos havia levado a tirar essa conclusão, o estudo da noção cristã de natureza nos mostra a possibilidade de tal coisa, como veremos melhor ao situar o indivíduo na sociedade e na história, onde se revela progressivamente a harmonia entre a sua natureza e o seu fim.

---

37. São Tomás de Aquino, *Sum. theol.*, Iª-IIᵃᵉ, 1, 2, Resp.
38. São Tomás de Aquino, *Sum. theol.*, Iª-IIᵃᵉ, 6, 1, ad 3ᵐ.

CAPÍTULO XIX

A Idade Média e a história

Orientando a natureza e o homem, que não passa de uma parte desta, para um fim sobrenatural, o cristianismo devia necessariamente modificar as perspectivas históricas recebidas e o próprio sentido da noção de história. No entanto, costuma-se admitir que a Idade Média permaneceu completamente alheia a toda preocupação histórica e que, para empregar uma expressão geralmente aceita, faltou-lhe o "sentido" da história. Ilustres eruditos deram seu aval a essa evidência. Por um estranho paradoxo, a idade que chamamos "média", isto é, em que vemos essencialmente uma transição, não teria tido a menor sensação do caráter transitório das coisas humanas. Muito pelo contrário, "o que a caracteriza mais profundamente é sua idéia da imutabilidade das coisas. A Antiguidade, sobretudo nos últimos séculos, é dominada pela crença numa decadência contínua; os tempos modernos, desde a sua aurora, são animados pela fé num progresso infinito; a Idade Média não conheceu nem esse desalento, nem essa esperança. Para os homens desse tempo, o mundo sempre havia sido tal como eles o viam (é por isso que suas pinturas da Antiguidade nos parecem grotescas), e o juízo final ainda o encontraria assim"[1]. Afirmações maciças, que causariam espécie, se

---

1. G. Paris, *La littérature française au Moyen Âge*, 2ª ed., Paris, Hachette, 1890, p. 30.

não soubéssemos da profunda indiferença de certos filólogos para com as idéias. Muito pouco reais, ao ver deles, para serem objetos de história, elas se prestam a todos os tratamentos, e o mais exato rigor na ciência do que os homens da Idade Média escreveram combina às vezes com o arbítrio nada escrupuloso nos juízos sobre o que pensaram.

A verdade, neste ponto como em outros, é que, se buscamos nossa concepção da história na Idade Média, é antecipadamente certo que não a encontraremos, e se a ausência da nossa história equivale à ausência de toda história, podemos ter certeza de que a Idade Média não tem nenhuma. Aliás, poder-se-ia provar facilmente também, pelo mesmo método, que ela não teve nenhuma poesia, do mesmo modo que se acreditou por tanto tempo, apesar das catedrais, que não tinha nenhuma arte e, como ainda se sustenta, ante seus pensadores, que não teve nenhuma filosofia. O que convém ao contrário perguntar-se é se não existiria uma concepção especificamente medieval da história, diferente ao mesmo tempo da dos gregos e da nossa, real no entanto.

Pode-se supô-lo *a priori*, para um tempo em que todas as consciências viviam da lembrança de um fato histórico, de um acontecimento em relação ao qual se ordenava toda a história anterior e do qual datava o começo de uma nova era; um acontecimento único, do qual quase se poderia dizer que assinalava uma data para Deus mesmo: a encarnação do Verbo e o nascimento de Jesus Cristo. Os homens da Idade Média talvez não soubessem que os gregos se vestiam diferente deles; mais provavelmente, sabiam, mas não davam a menor importância a isso; davam, isso sim, ao que os gregos sabiam e acreditavam ou, melhor ainda, ao que não puderam nem saber nem crer. Num passado remoto, depois da história da criação e do pecado, confundiam-se as multidões dos homens sem fé nem lei; um pouco mais perto, o povo eleito, que viveu sob a Lei, desenrolava a longa série das suas aventuras; bem perto, enfim, o cristianismo nascia e inaugurava os novos tempos, cujo curso já era balizado por vários acontecimentos famosos, como a queda do Império Romano e a fundação do império de Carlos Magno. Como uma civilização poderia crer na permanência das coisas, quando seus livros sagrados são dois livros de história: o Antigo e o Novo Testamento? Seria perder tempo, portanto, indagar a uma sociedade assim se ela muda e se tem consciência dessa mudança; mas podemos lhe perguntar como ela muda, isto é, de onde ela vem, aonde ela vai, em que ponto exato ela própria se situa na linha que liga o passado ao futuro.

O cristianismo havia fixado o fim do homem além dos limites da vida presente; ao mesmo tempo, havia afirmado que um Deus criador não deixa nada fora dos desígnios da sua providência; precisava pois admitir também que tudo, na vida dos indivíduos como na vida das sociedades de que eles fazem parte, devia necessariamente se ordenar com vistas a esse fim supraterrestre. Ora, a primeira condição para que tal ordenamento se estabeleça é que haja um desenrolar regrado dos acontecimentos no tempo e, antes de tudo, que haja um tempo. Esse tempo não é um quadro abstrato no interior do qual as coisas duram, pelo menos não é só isso. Essencialmente, é um certo modo de ser, a maneira de existir que convém a coisas contingentes e incapazes de se realizar na permanência de um presente estável. Deus é o Ser, não há nada que ele possa vir a ser, porque não há nada que ele não seja; a mudança e a duração não existem para ele, portanto. As coisas criadas são, ao contrário, participações finitas do Ser; fragmentárias, por assim dizer, sempre incompletas, elas agem a fim de se completar; elas mudam, pois, e por conseguinte duram. É por isso que santo Agostinho considera o universo uma espécie de distensão: uma *distensio*, cujo fluir imita o eterno presente e a simultaneidade total de Deus.

Na verdade, o homem se encontra num estado que não é nem o de Deus, nem o das coisas. Ele não é simplesmente arrastado, como o resto do mundo físico, num fluir ordenado; ele se sabe no fluxo do devir e pensa o próprio devir. Permitindo-lhe recolher os instantes sucessivos que, sem ela, cairiam de volta no nada, sua memória constrói uma duração, do mesmo modo que sua vista reúne num espaço a dispersão da matéria. Portanto, pelo próprio fato de lembrar-se, o homem redime parcialmente o mundo do devir que o arrasta e redime a si próprio com ele. Pensando o universo e pensando a nós mesmos, geramos uma ordem do ser intermediária entre a instantaneidade do ser dos corpos e a permanência eterna de Deus. No entanto, o próprio homem passa, sob essa frágil estabilidade da sua memória que vai soçobrar por sua vez no nada, se Deus não a recolher e a estabilizar. É por isso que, longe de ignorar que tudo muda, o pensamento cristão sentiu, até angustiar-se, o caráter trágico do *instante*. Porque só há ele de real; é nele que o pensamento reúne ao mesmo tempo os destroços recuperados do naufrágio do passado e as antecipações do futuro; muito mais, é no instante que o pensamento constrói simultaneamente esse passado e esse futuro, de modo que essa imagem precária de uma permanência verdadeira, erguida pela memória acima do fluxo da matéria, se vê arrastada por ele, carregando consigo o butim que ela gostaria de salvar do nada. Assim, o passado só escapa da morte no instante de um pensamento que dura, mas o *in-stans* é ao mesmo tempo o que se mantém no presente e se apressa em direção ao futuro, onde tampouco permanecerá; é também aquilo de que a interrupção brusca encerra para sempre a história e fixa para sempre um destino.

Logo, para todo pensador da Idade Média há homens que passam tendo em vista um fim que não passará. Há mais, porém. Ao anunciar a "boa nova", o Evangelho não havia apenas prometido aos justos uma espécie de beatitude individual, havia anunciado também para eles a entrada num Reino, isto é, numa sociedade de justos, unidos pelos laços da sua beatitude comum. A pregação de Cristo foi compreendida precocemente como a promessa de uma vida social perfeita e viu-se na constituição dessa sociedade o fim último da sua encarnação. Todo cristão se reconhece, portanto, como chamado a fazer parte, como membro de uma comunidade mais vasta que a comunidade humana à qual já pertence. Alheia a todas as nações, recrutando seus membros em cada uma delas, a Cidade de Deus se constrói progressivamente à medida que o mundo dura, e o mundo aliás não tem outra razão de durar, senão a espera do seu acabamento. Dessa cidade celeste, isto é, invisível e mística, os homens são as pedras e Deus, o arquiteto. Ela se constrói sob a sua direção, é a ela que tendem todas as leis da sua providência, é para garantir o advento dela que ele se fez legislador, promulgando expressamente a lei divina, que ele já havia inscrito no coração do homem, e levando-a além do que bastava à ordem das sociedades humanas, mas não bastava para fundar uma sociedade entre o homem e Deus[2]. Se os cristãos conheceram virtudes, como a humildade, por exemplo, para as quais seria difícil encontrar lugar num catálogo das virtudes gregas, é precisamente porque os antigos pautaram sua moral principalmente pelas exigências da vida social humana considerada como fim último, ao passo que os cristãos pautam a sua por uma sociedade mais elevada que

---

2. "Est autem alius modus communitatis ad quam ordinatur lex humana et ad quam ordinatur lex divina. Lex enim humana ordinatur ad communitatem civilem, quae est hominum ad invicem. Homines autem ordinantur ad invicem per exteriores actus, quibus homines sibi invicem communicant. Hujusmodi autem communicatio pertinet ad rationem justitiae, quae est propria directiva communitatis humanae. Et ideo lex humana non proponit praecepta, nisi de actibus justitiae; et, si praecipiat actus aliarum virtutum, hoc non est nisi in quantum assumunt rationem justitiae, ut patet per Philosophum, in *Ethic.*, lect. II. Sed communitas ad quam ordinat lex divina, est hominum ad Deum, vel in praesenti, vel in futura vita. Et ideo lex divina praecepta proponit de omnibus illis per quae homines bene ordinentur ad communicationem cum Deo." São Tomás de Aquino, *Sum. theol.*, I^a-II^{ae}, 100, 2, Resp.

a que os liga aos outros homens, aquela que criaturas dotadas de razão podem formar com seu criador[3]. O que não era nada para os gregos torna-se o fundamento necessário da vida cristã: o reconhecimento da soberania divina e da dependência absoluta das criaturas, é isso a humildade, e é também a lei fundamental do que são Tomás chama com vigor de "a república dos homens sob Deus"[4]. É bem sabido o que devem a essa noção a "república dos espíritos", a "sociedade eterna" ou até a "humanidade" e o "reino dos fins" das filosofias de Leibniz, Malebranche, Comte e Kant. O sonho de uma sociedade universal e de essência puramente espiritual é o fantasma da Cidade de Deus assombrando as ruínas da metafísica. Por enquanto, temos de considerá-la apenas no que ela nos ensina sobre a Idade Média e sobre o lugar que esta se atribuía na história da civilização.

A primeira conseqüência que daí decorre, para quem a considera deste ponto de vista, é a substituição da noção de ciclo, ou de eterno retorno, com que o necessitarismo grego se satisfazia tão bem, por uma nova noção do sentido de duração. O homem tem uma história individual, uma

---

3. "Omnis virtus moralis est circa actiones vel passiones, ut dicitur in II *Ethic.* [lect. III]. Sed humilitas non commemoratur a Philosopho inter virtutes quae sunt circa passiones; nec etiam continetur sub justitia quae est circa actiones. Ergo videtur quod non sit virtus. – Ad quintum, dicendum quod Philosophus intendebat agere de virtutibus, secundum quod ordinantur ad vitam civilem, in qua subjectio unius hominis ad alterum secundum legis ordinem determinatur: et ideo continetur sub justitia legali. Humilitas autem, secundum quod est specialis virtus, praecipue respicit subjectionem hominis ad Deum, propter quem etiam aliis humiliando se subjicit." São Tomás de Aquino, *Sum. theol.*, Iª-IIᵃᵉ, 161, 1, ad 5. – Essa virtude moral de humildade, que se impõe a todo homem convencido de viver num universo criado e de ser uma criatura, é portanto uma conseqüência moral direta da metafísica cristã. Sua necessidade parece ainda hoje absoluta para toda moral, mesmo que simplesmente humanista, que se pretenda completa. Ver as sugestivas páginas de I. Barbitt, *On Being Creative*, Boston, 1932, pp. XVI ss.

4. "Sicut praecepta legis humanae ordinant hominem ad quamdam communitatem humanam, ita praecepta legis divina ordinant hominem ad quamdam communitatem seu rempublicam hominum sub Deo." São Tomás de Aquino, *Sum. theol.*, Iª-IIᵃᵉ, 100, 5, Resp.

verdadeira "história natural", que se desenrola segundo uma ordem linear, em que as idades se sucedem, como se fossem etapas previstas, até a morte, que é o seu desenlace. Esse processo regular de crescimento e de envelhecimento é um progresso constante da infância à velhice, mas limitado pela duração da vida humana[5]. À medida que avança na idade, cada homem acumula certo capital de conhecimentos, aperfeiçoa as faculdades de conhecer por meio das quais ele os adquire e, por assim dizer, cresce por tanto tempo quanto suas forças lhe permitem. Quando desaparece, seus esforços nem por isso são perdidos, porque o que vale para os indivíduos vale para as sociedades, que sobrevivem a eles, e para as disciplinas intelectuais e morais, que sobrevivem às próprias sociedades. É por isso que, como são Tomás notou repetidas vezes, há um progresso na ordem política e social, como há nas ciências e na filosofia, com cada geração se beneficiando das verdades acumuladas pelas precedentes, aproveitando inclusive os erros e transmitindo às que vão segui-la uma herança aumentada por seus esforços. Mas, para um cristão, não basta considerar os resultados adquiridos pelos indivíduos, as sociedades ou as ciências. Pois que existe um fim promulgado por Deus, para o qual sabe-se que sua vontade dirige todos

---

5. A concepção das seis idades do mundo, seguidas da idade do repouso, foi legada à Idade Média por santo Agostinho. As idades do mundo se sucedem como as idades do homem: *De Genesi contra Manich.*, I, 23, 35-41, *Patr. lat.*, t. 34, col. 190-193 (sobre a desigualdade das idades: loc. cit., 24, 42, col. 193; sobre sua aplicação à vida espiritual: 25, 43, col. 193-194). Cf. *Enarr. in Ps. 92*, 1, *Patr. lat.*, t. 37, col. 1182; *De div. quaest. 83*, 58, 2, t. 40, col. 43-44. – O problema se colocava de outra maneira nos séculos XII e XIII, uma vez que era necessário integrar a esse esquema histórico toda a história, desde o tempo de santo Agostinho. Ver Honorius Augustodunensis, *De imagine mundi*, lib. III, continuatio, *Patr. lat.*, t. 172, col. 186-188. Hugo de Saint-Victor (*Excerptionum allegoricarum lib. XXIV, Patr. lat.*, t. 177, col. 225-284) substitui as idades pelos reinados; em seguida, os reinados são redistribuídos entre as épocas por são Boaventura, *In Hexaem.*, col. XVI, ed. Quaracchi, t. V, pp. 403-8.

os homens, como não reunir todos estes sob uma mesma idéia e ordenar a soma total dos seus progressos em direção a esse fim? O progresso só tem sentido em relação a esse fim, pois é a ele que tende, e a distância que o separa desse fim é sua verdadeira medida. É por isso que certos pensadores cristãos chegaram, com santo Agostinho e Pascal, à concepção de que o gênero humano inteiro, cuja vida se parece com a de um homem único, desde Adão até o fim do mundo, passa por uma série de estados sucessivos, envelhece segundo uma seqüência de idades, no decorrer das quais a soma dos seus conhecimentos naturais e sobrenaturais não cessa de crescer, até a idade da sua perfeição, que será a da sua glória futura[6].

É assim que se deve representar a história do mundo para concebê-la tal como a Idade Média a concebia. Ela não é nem a de uma decadência contínua, uma vez que, ao contrário, ela afirma a realidade de um progresso coletivo e regular da humanidade como tal, nem a de um progresso indefinido, uma vez que afirma, ao contrário, que o progresso tende para a sua perfeição como se esta fosse um

---

6. "...Sic proportione universum genus humanum, cujus tanquam unius hominis vita est ab Adam usque ad finem hujus saeculi, ita sub divinae providentiae legibus administratur, ut in duo genera distributum appareat." Santo Agostinho, *De vera religione*, XXVII, 50, *Patr. lat.*, t. 34, col. 144. Cf. *De civ. Dei*, X, 14, *Patr. lat.*, t. 41, col. 292. – A noção se estende à ampliação dos conhecimentos humanos, em são Boaventura: "Dicendum quod mundus habet aetates secundum statum praesentem. Quoniam enim senescit mundus, oportet etiam, quod fuerit juvenis; si ergo habuit senium, et juventutem, ac per hoc intermedias aetates. Istae autem aetates assignantur in statu illo secundum profectum ad gloriam; unde cum mundus paulative profecerit in cognitione, sicut in uno homine assignantur aetates diversae, ita et in mundo." *In IV Sent.*, 40, dub. 3, ed. Quaracchi, t. IV, p. 854. Trata-se sempre aqui dos progressos da humanidade em direção ao seu fim sobrenatural. Mas Pascal estenderá mais tarde essa comparação à aquisição progressiva das ciências pela humanidade: ver *Pensées*, ed. minor, L. Brunschvicg, p. 80 e nota 1. – Sobre o papel desempenhado pela Idade Média na elaboração da idéia de progresso, ver A. Comte, *Système de politique positive*, Paris, Librairie positiviste, 4ª ed., 1912, t. II, p. 116.

fim. Ela é muito mais a história de um progresso orientado para um certo termo. Como quer que seja, nada autoriza a prestar aos homens da Idade Média a idéia de que as coisas haviam sido sempre como eram para eles e que o fim do mundo ainda as encontraria tais quais. Do modo como acaba de ser definida, a idéia de mudança progressiva foi formulada com uma força extrema por santo Agostinho e pelos pensadores cristãos que nele se inspiram. Era uma idéia nova, porque nem em Platão, nem em Aristóteles, nem mesmo nos estóicos encontraríamos essa noção, hoje tão familiar, de uma humanidade concebida como um ser coletivo único, feito mais de mortos do que de vivos, em marcha e em progresso constante para uma perfeição de que se aproxima sem cessar. Ordenada e atravessada inteiramente por uma finalidade interna[7], quase diria por uma *intenção* única, a seqüência das gerações no tempo não encontra apenas uma unidade real; pelo fato de agora se oferecer ao pensamento como algo diferente de uma sucessão de acontecimentos acidentais, ela adquire um sentido inteligível, e é por isso que, mesmo se devêssemos censurar a Idade Média por ter faltado com o sentido da história, seria preciso pelo menos reconhecer-lhe o mérito de ter feito tudo para contribuir para o nascimento de uma filosofia da história. Digamos mais, a Idade Média tinha uma e, na medida em que esta ainda existe, a nossa está mais impregnada do que imagina de princípios medievais e cristãos.

---

7. "Deus itaque summus et verus cum Verbo suo et Spiritu sancto, quae tria unum sunt, Deus unus omnipotens, creator et factor omnis animae atque omnis corporis: ... qui non solum coelum et terram, nec solum angelum et hominem; sed nec exigui et contemptibilis animantis viscera, nec avis pennulam, nec herbae flosculum, nec arboris folium sine suarum partium convenientia et quadam veluti pace dereliquit: nullo modo est credendus regna hominum eorumque dominationes et servitutes a suae providentiae legibus alienas esse voluisse." Santo Agostinho, *De civ. Dei*, V, 11, *Patr. lat.*, t. 41, col. 153-154.

Pode-se conceber perfeitamente uma história filosófica à maneira de Voltaire e de Hume, isto é, livre de qualquer influência cristã – ou quase –, e nada impede de chamar as conclusões que daí emanam de uma filosofia da história. Nesse sentido, talvez até se possa duvidar de que tenha havido um dia um só grande historiador que não tivesse a sua. Mesmo no caso dos que nada fazem para explicitá-la, nem por isso ela é menos real, e talvez até seja tanto mais eficaz quanto menos consciente de si. Já os cristãos eram obrigados a explicitar a deles e desenvolvê-la num sentido determinado. Primeiro, eles se diferenciavam dos outros historiadores na medida em que se criam informados do começo e do fim da história, dois fatos essenciais cuja ignorância não somente impedia que os infiéis compreendessem seu sentido, mas até que imaginassem que ela pudesse ter um. Portanto, é por terem acreditado na Bíblia e no Evangelho, no relato da criação e no anúncio do reino de Deus que os cristãos ousaram tentar a síntese da história total. Todas as tentativas do mesmo gênero que se produziram desde então não fizeram mais que substituir o fim transcendente, que assegurava a unidade da síntese medieval, por forças imanentes diversas que nada mais são que substitutos de Deus. Mas a empresa é substancialmente a mesma, e foram os cristãos os primeiros a concebê-la: dar da totalidade da história uma explicação inteligível, que esclareça a origem da humanidade e determine o seu fim.

Por mais ambicioso que seja, esse desígnio não é suficiente, porém, porque é impossível formá-lo sem aceitar as condições necessárias da sua realização. Ter certeza de que um Deus que zela pela mais insignificante folhinha de relva não abandonou ao acaso a seqüência dos impérios, ser avisado por ele próprio do desígnio que sua sabedoria persegue governando-os, é sentir-se capaz de discernir a ação diretriz da providência no detalhe dos fatos e explicá-los por ela. Construir a história e dela destacar a filosofia passará a não ser mais que uma só e mesma obra, uma vez que todos os acontecimentos virão se alinhar por conta própria no lugar que o plano divino lhes atribui. Este povo viverá num território configurado desta maneira, será dotado de um caráter assim, de tais virtudes e tais vícios, aparecerá em certo momento da história e durará um tempo determinado, de acordo com o que a economia da ordem providencial requeira. E não apenas este povo, mas também este indivíduo ou esta religião, esta filosofia[8]. Após santo Agostinho, a Idade Média passou a representar a história do mundo como um belo poema, cujo sentido é para nós inteligível e completo, contanto que conheçamos seu início e seu fim. Sem dúvida, em muitas partes, o sentido oculto do poema nos escapa; é como se o "inefável músico" quisesse guardar para si seu segredo; mas decifram os o bastante para termos certeza de que tudo tem um sentido e conjeturarmos a relação de cada acontecimento com a lei única que rege toda a sua composição[9].

---

8. Santo Agostinho, *De civ. Dei*, V, 10, 1-2, *Patr. lat.*, t. 41, col. 152-153. Santo Agostinho mostra que Deus quis os costumes romanos, porque queria assegurar a grandeza do Império Romano, terreno em que mais tarde desabrochará o cristianismo. Tudo o que um historiador moderno tenderia a explicar de acordo com a ordem das causas eficientes é interpretado por Agostinho do ponto de vista da sua finalidade. Donde o caráter unificado, sistemático e filosófico do seu relato.

9. A idéia de que a beleza do mundo é comparável com a de um poema cantado por um aedo divino, são Boaventura toma emprestada de santo Agostinho: "... sicut creator, ita moderator, donec universi saeculi pulchritudo, cujus particulae sunt quae suis quibusque temporibus apta sunt, velut magnum carmen cujusdam ineffabilis modulatoris excurrit, atque inde transeant in aeternam contemplationem speciei qui Deum rite colunt, etiam cum tempus est fidei." *Epist. 138*, I, 5, *Patr. lat.*, t. 33, col. 527. Cf. "Sic igitur totus iste mundus ordinatissimo decursu a scriptura describitur procedere a principio usque ad finem, ad modum cujusdam pulcherrimi carminis ordinati, ubi potest quis speculari secundum decursum temporis varietatem, multiplicitatem et aequitatem, ordinem, rectitudinem et pulchritudinem multorum divinorum judiciorum, procedentium a sapientia Dei gubernante mundum. Unde sicut nullus potest videre pulchritudinem carminis, nisi aspectus ejus feratur super totum versum, sic nullus videt pulchritudinem ordinis et regi-

A empreitada é árdua portanto e cheia de riscos, mas não é nem falsa em seu princípio, nem completamente impossível. É por isso que vemos aparecer nos filósofos cristãos empreitadas históricas de uma amplitude até então desconhecida, abrangendo a totalidade dos fatos acessíveis e sistematizando-os à luz de um princípio único. A *Cidade de Deus* de santo Agostinho, retomada por Paulo Orósio em sua *História*, confessa sem reserva uma ambição que, aliás, teria tido dificuldade de dissimular, já que era sua razão de ser. Considerando o conjunto da sua obra, na época das *Retratações*, Agostinho nos dá em algumas palavras seu sentido e seu plano: "Os quatro primeiros desses doze livros contêm, pois, o nascimento das duas Cidades, a de Deus e a do mundo; os quatro seguintes, o progresso delas e os quatro últimos, seu fim." O mesmo desígnio preside manifestamente o *Discurso sobre a história universal*, em que Bossuet retoma a obra de Agostinho para uso de um futuro rei da França. Que essa obra se aparenta estreitamente com a noção pascaliana da humanidade concebida como um homem único e, por ela, através de Agostinho, à concepção cristã da história, foi o que um excelente historiador de Bossuet não deixou de perceber: "A idéia da *História universal* não estava apenas em Pascal, estava em toda parte desde os primeiros tempos da Igreja; ela estava em santo Agostinho, em Paulo Orósio, em Salviano; estava inclusive nesse declamador que era Balzac. A dificuldade não era concebê-la, era executá-la; porque eram neces-

---

minis universi, nisi eam totam speculetur. Et quia nullus homo tam longaevus est, quod totam possit videre oculis carnis suae, nec futura potest per se praevidere, providit nobis Spiritus sanctus librum Scripturae sacrae, cujus longitudo commetitur se decursui regiminis universi." São Boaventura, *Breviloquium*, Prol., 2, 4, em *Tria opuscula*, ed. Quaracchi, 1911, p. 17. Donde a conclusão de são Boaventura: "Et sic patet, quomodo Scriptura describit sucessiones temporum; et non sunt a casu et fortuna, sed mira lux est in eis et multae intelligentiae spirituales." *In Hexaemeron*, col. XVI, 30, ed. Quaracchi, t. V, p. 408.

sárias uma ciência, uma potência de espírito, uma lógica, uma habilidade incríveis. Basta ser cristão para ver as coisas humanas desse ponto de vista; mas era preciso ser Bossuet para construir sobre essa idéia uma obra assim."[10] Não se poderia dizer melhor. Acrescentemos apenas que a conclusão pode ser invertida: bastava ser Bossuet para construir sobre essa idéia uma obra assim, mas era preciso ser cristão para olhar as coisas humanas desse ponto de vista.

A influência do cristianismo sobre a concepção da história foi tão duradoura que ainda se deixa discernir, após o século XVII, nos pensadores que não mais se identificam com ele e até o combatem. Não é a Escritura que orienta o pensamento de Condorcet; mesmo assim ele concebe a idéia de esboçar um "quadro de conjunto dos progressos do espírito humano"; sua filosofia da história ainda é vazada no molde cristão dos *tempora et aetates*, como se a sucessão das "épocas" fosse agora regida pelo progresso que o Deus cristão proporcionava, sem o Deus cujo lugar ele tomou. É um caso típico de uma concepção filosófica oriunda de uma revelação, concepção que a razão crê ter inventado e que dirige contra a revelação a que ela a deve. Comte com seus "três estados", que preparam uma religião da humanidade, às vezes faz pensar num Agostinho ateu, cuja Cidade de Deus desceria do céu para a terra[11]. O "panteísmo" de Schelling, assegurando do interior a seqüência das idades do mundo – *die Weltalter* –, coloca na base da metafísica uma imanência divina de que a história

---

10. G. Lanson, *Bossuet*, p. 290, cit. por G. Hardy, *Le "De civitate Dei" source principale du Discours sur l'Histoire universelle*, Paris, Leroux, 1913, p. 3. Podemos vincular à mesma tradição, de que parece ser a mais recente expressão, a obra de J. du Plessis, *Le sens de l'histoire. La caravane humaine*, Le Roseau d'or, Paris, Plon, 1932.

11. A. Comte inscreveu a *Cidade de Deus* de santo Agostinho no catálogo da sua *Biblioteca positivista do século XIX*, acrescentando: "O *Discurso sobre a História universal* de Bossuet, seguido do *Esboço histórico* de Condorcet." Como sempre, Comte manifesta aqui o sentimento das continuidades históricas.

apenas explicitaria o desenvolvimento no curso do tempo. Hegel vai mais longe ainda. Esse sólido gênio viu claramente que uma filosofia da história implica uma filosofia da geografia; portanto ele a inclui em sua poderosa síntese, inteiramente dominada pelo progresso dialético da razão. Os gregos sentiram precocemente que o próprio mundo físico é regido por um pensamento; Hegel reconhece-lhes isso, mas não ignora que essa idéia só se ofereceu aos homens mais tarde, no cristianismo, como aplicável à história. O que ele critica na noção cristã de providência é, em primeiro lugar, ser essencialmente teológica e colocar-se como uma verdade cujas provas não são de ordem racional; é, depois, inclusive para quem a aceita como tal, permanecer demasiado indeterminada para ser útil: a certeza de que os acontecimentos obedecem a um plano divino, que nos escapa, não nos ajuda nem um pouco a relacionar esses acontecimentos por meio de nexos inteligíveis. Não é menos verdade que, se a filosofia hegeliana da história se recusa a garantir a verdade – *die Wahrheit* – do dogma da providência, ela se empenha porém em demonstrar sua correção – *die Richtigkeit*[12]. Acrescentemos apenas que ela lhe deve isso, pois é do que vive. Porque o que Hegel nos oferece é mais um Discurso sobre a história universal, em que a dialética da razão desempenha o papel de Deus; sua ambição de nos fornecer uma interpretação inteligível da totalidade da história traz a marca evidente de um tempo em que o cristianismo impregnou tão profundamente a razão que aquilo que sem o cristianismo ela nunca teria sonhado empreender, ela acredita poder fazer, e fazer sem ele.

Estudando assim a concepção medieval da história, somos levados a nos perguntar como os próprios pensadores cristãos situavam sua posição em relação aos que os haviam precedido e aos que iam segui-los. Quando atinge esse grau de sistematização, a filosofia da história deve ne-

---

12. Hegel, *Philosophie der Geschichte*, Einleitung, ed. Reclam, p. 46.

cessariamente abranger a própria história da filosofia. Assim, o ciclo desta pesquisa vai se fechar aqui sobre si mesmo. Voltando ao que foi nosso ponto de partida e formulando às doutrinas que foram objeto destes estudos a mesma questão que me coloquei, gostaria de lhes perguntar se a relação que as une às filosofias gregas lhes parecia puramente acidental ou se não corresponde, para elas, a necessidades inteligíveis e não se insere, por sua vez, no conjunto de um plano divino.

A Idade Média não nos deixou um *Discurso sobre a história universal da filosofia*, mas escreveu fragmentos desse discurso e, principalmente, situou-se no conjunto dessa história possível com muito maior cuidado do que se imagina. Não teríamos surpreendido esses homens dizendo-lhes que viviam numa idade "média", isto é, transitória. A Renascença, que inventou logo em seu início a expressão, também era uma idade "média". O mesmo vale para a nossa, e a única que pode ser concebida de outro modo pertence menos à história que à escatologia. Tampouco os teríamos mortificado dizendo-lhes que eram uma geração de herdeiros. Nem em religião, nem em metafísica, nem em moral eles acreditaram ter inventado tudo: sua concepção da unidade do progresso humano os impedia de acreditar em tal coisa. Muito pelo contrário, como cristãos e na própria ordem sobrenatural, eles recolhiam todo o Antigo Testamento no Novo e sentiam-se, desse modo, regidos pela economia providencial da revelação. É o que faz ser impossível, ao se falar de filosofia cristã, separar o Antigo Testamento do Novo, porque o Novo se incorpora ao Antigo, a tal ponto que o reivindica sem cessar, inclusive quanto ao "grande mandamento", ao mesmo tempo que o completa. Querer fundar uma filosofia cristã no Evangelho seria impossível, uma vez que, mesmo quando não cita o Antigo Testamento, ele o pressupõe. É por isso que, no plano providencial tal como os homens daquele tempo o concebiam, a pregação do Evangelho inaugura uma "idade" do mundo que sucede as precedentes, colhe os frutos destas, multiplica-os, e na qual eles mesmos se encontram situados. Aliás, não é, no plano religioso, a idade última, já que a única capaz de sucedê-la agora é a eternidade do reino de Deus?

Os filósofos da Idade Média também se confessam herdeiros na ordem do conhecimento natural, mas sabem por que herdam. Nenhum deles duvida de que exista, de uma geração a outra, progresso da filosofia. Pedimos desculpa por recordar que eles não ignoraram essa evidência, mas temos de fazê-lo, já que os acusam disso. Já havia bastante história da filosofia em Aristóteles para que eles soubessem que, "como crianças que começam a falar e balbuciam", os pré-socráticos deixaram aos seus sucessores apenas tentativas informes de explicação das coisas. São Tomás, que nos lembra isso, gostava de reconstituir a história dos problemas e de mostrar como os homens, conquistando o terreno passo a passo – *pedetentim* –, se aproximaram progressivamente da verdade. Dessa conquista, que nunca é total, os cristãos da Idade Média têm consciência que lhes cabe colher os frutos e ampliá-la. Eles se vêem providencialmente colocados no ponto de encontro em que toda a herança do pensamento antigo, absorvida pela revelação cristã, vai daí em diante se centuplicar. O reinado de Carlos Magno marcou os espíritos como o advento da idade das luzes: *hoc tempore fuit claritas doctrinae*, escreve mais uma vez são Boaventura em pleno século XIII. Foi então que se efetuou essa *translatio studii* que, remetendo à França o saber de Roma e de Atenas, encarregou Reims, Chartres e Paris de integrar essa herança à da Sabedoria cristã, adaptando-a a ela. Ninguém melhor que o poeta Chrétien de Troyes disse o orgulho que sentiram os homens da Idade Média de ser os guardiães e os transmissores da civilização antiga (*Cligès*, 27-39). Essa honra, que entendemos que um poeta francês do século XII tenha se comprazido em exprimir, não foi ele porém que inventou atribuí-la à sua pátria. A antiga tradição do cronista anônimo de Saint-Gall a precede, Vicente de Beauvais o sucederá, muitas testemunhas o acompanham. Quando um inglês como João de Salisbury vê Paris em 1164, isto é, antes da extraordinária floração doutrinal de que a futura Universidade será a sede, não hesita quanto ao caráter providencial da obra que lá se realiza: *vere Dominus est in loco isto, et ego nesciebam*, "na verdade o Senhor está nesse lugar, e eu não sabia".

A Idade Média era levada portanto por sua própria filosofia da história a se situar num momento decisivo do drama inaugurado pela criação do mundo. Ela não acreditava que os estudos haviam sido sempre o que se tornaram a partir de Carlos Magno, nem que não fossem mais progredir. Não acreditava tampouco que o mundo, tendo progredido até o século XIII, ia progredir indefinidamente, pelo simples jogo das forças naturais e em virtude de uma espécie de velocidade adquirida. Considerando a humanidade sob a perspectiva que lhe é própria, pensava ao contrário que esta nunca tinha cessado de mudar desde o tempo da sua infância, que mudaria ainda, mas também que estava na véspera da grande transformação final. Joaquim de Flora pode anunciar um novo Evangelho, o do Espírito Santo, mas os primeiros a segui-lo não tardarão a reconhecer que não haverá nunca mais outro Evangelho, depois do de Jesus Cristo[13]. Longamente preparada pelos antigos, a filosofia acabava de receber, no essencial, sua forma definitiva. Não é nem a de Platão, nem a de Aristóteles, é muito mais o que uma e outra se tornaram ao se integrar ao corpo da Sabedoria cristã. Muitas outras foram incorporadas com elas! A filosofia dos cristãos não é a única a assumir a Bíblia e os gregos: um filósofo judeu, como Maimônides, e

---

13. É desse ponto de vista que convém apreciar a gravidade da crise aberta por Joaquim de Flora. Pregar um Evangelho do Espírito Santo era subverter completamente a economia das idades do mundo. São Boaventura se opõe diretamente a Joaquim, afirmando que não haverá mais novo Evangelho depois do de Jesus Cristo: *In Hexaem.*, col. XVI: "Post novum testamentum non erit aliud...". ed. Quaracchi, t. V, p. 403.

um filósofo muçulmano, como Avicena, empreenderam por sua vez uma obra paralela à que os cristãos empreendem. Como não haveria íntimas analogias, um verdadeiro parentesco até, entre doutrinas que trabalham sobre os mesmos materiais filosóficos e bebem numa mesma fonte religiosa? Não é portanto da filosofia grega apenas que a filosofia cristã é solidária na Idade Média: como os antigos, também os judeus e os muçulmanos lhe servem[14]. Mas a

---

14. Peço desculpas por não dizer aqui o que a filosofia cristã deve às filosofias muçulmanas e judaicas. Minha verdadeira desculpa é que ignoro o que devem, meu consolo é que ninguém sabe. Estou persuadido de que essa dúvida é considerável, mas não se conhecerá nem sua natureza nem sua extensão enquanto não se houver tentado, para elas, pelo menos um ensaio provisório do gênero do que acabo de tentar para a filosofia cristã. O que posso dizer a esse respeito se limita a algumas considerações muito gerais.

Em primeiro lugar, parece-me impossível compará-las definindo a filosofia cristã em relação unicamente ao Evangelho, abstraindo-se o Antigo Testamento, porque o Antigo está no Novo: "Novum enim Testamentum in veteri velabatur, vetus Testamentum in novo revelatur", santo Agostinho, *Sermo 160*, 6, *Patr. lat.*, t. 38, col. 876. É por isso que empreguei constantemente a expressão tradição judaico-cristã, e destruir-se-ia a essência do cristianismo procedendo de outro modo. Ora, os árabes e os judeus trabalharam, como os cristãos, à dupla luz do Antigo Testamento e da filosofia grega. Logo, é natural que os trabalhos deles tenham ajudado grandemente a filosofia cristã a se constituir. No entanto, se os filósofos da Idade Média lhes devem muito na elaboração técnica dos problemas, não lhes devem nenhum dos seus princípios, que derivam todos da Escritura e dos Padres da Igreja. Logo, haverá freqüentemente paralelismo sem empréstimo. Além disso, inclusive onde há empréstimo, haverá que perguntar se não houve transformação. Os judeus não têm nem o Corão, nem o Evangelho; os muçulmanos têm o Corão; os cristãos têm o Evangelho; e estão aí as fontes de prováveis divergências. Enfim, haverá que levar em conta diferenças profundas nas condições em que essas filosofias foram elaboradas. O que chamo de filosofia cristã é a obra própria dos teólogos cristãos, trabalhando em nome do cristianismo mesmo e para ele. Creio que o mesmo valeria, em certa medida, para os filósofos judeus. Eu me pergunto se o mesmo se poderia dizer dos filósofos muçulmanos. A filosofia "árabe" não é necessariamente "muçulmana": a de Averróis o é muito pouco, e seria uma questão saber até que ponto a de Avicena é. Em todo caso, essa história nos poria em presença de um movimento bem diferente do do pensamento cristão. Supondo-se que tenha existido uma "filosofia muçulmana", o que sou propenso a crer, não se pode prever de antemão com certeza em que a "filosofia cristã" se diferencia dela

obra está feita ou está a ponto de alcançar uma forma que, no essencial, será definitiva. O próprio Roger Bacon, por mais insatisfeito que seja, acredita que a "grande obra" vai logo se realizar. Depois, os pensadores cristãos não vêem mais que uma era de clareza, em que a sociedade, cada vez mais completamente cristianizada, se integrará cada vez mais completamente à Igreja, assim como a filosofia se encontrará cada vez mais completamente no seio da Sabedoria cristã. Quanto durará esse tempo? Nenhum dos que fazem essa pergunta sabe, mas todos sabem que é o penúltimo ato do drama que está sendo representado. Mais longe, é a pavorosa peripécia do reino do Anticristo. Se o imperador Carlos foi o defensor derradeiro que a Igreja esperava ou se virá outro depois dele, não se sabe. A única coisa certa é que, qualquer que tenha sido ou deva ser, depois da vinda do campeão supremo as grandes tribulações vão começar: *post quem fit obscuritas tribulationum*. Mas elas só terão um tempo. Assim como a paixão de Cristo é uma treva entre duas luzes, o último assalto do mal contra o bem terminará com uma derrota. Logo se abrirá a sétima idade da humanidade, semelhante ao sétimo dia da criação, prelúdio do repouso eterno do dia que não terá fim: "Então descerá do Céu essa cidade – ainda não a de cima, mas a daqui debaixo –, a cidade militante, tão conforme à cidade triunfante quanto é possível ser nesta vida. A cidade será construída e restaurada tal como era em seu princípio, e é

---

ou se parece com ela. É inclusive por isso que a história das idéias é necessária. Parece-me certo, porém, que a filosofia cristã deve se diferenciar menos da dos judeus ou dos muçulmanos do que suas religiões. Por ser racional, a filosofia tende à unidade; os mistérios religiosos, embora atuem sobre ela, não se incorporam a ela; a contribuição religiosa do Evangelho, em razão da sua profundidade mesma, a domina de mais alto ainda. É por isso que a filosofia cristã poderia aparecer simultaneamente como mais rica que as outras, e mais pobre em relação à religião de que se alimenta do que as outras o são em relação à deles. Apoiada na substância de um mistério insondável, ela não pode ter nenhuma ilusão sobre os seus limites.

então também que a paz reinará. Quanto tempo essa paz durará, só Deus sabe."[15]

Considerações apocalípticas cujo detalhe importa menos do que o espírito e a promessa que as coroa. *Pax*, a paz à sombra da cruz; prometida por Deus mesmo – *pacem relinquo vobis, pacem meam do vobis* – e para cujo triunfo a filosofia, por mais radicalmente incapaz que seja de proporcioná-la, pelo menos pode contribuir, integrando-se à Sabedoria cristã. É aí que ela trabalha a seu modo para a consumação do plano divino e prepara tanto quanto é capaz o advento da Cidade de Deus. Porque ela ensina a justiça e se abre à caridade. Nesse sentido, a filosofia medieval não aparece apenas como situada na história; estabelecendo-se no eixo do plano divino, ela trabalha para dirigi-la. Onde reina a justiça social, pode haver uma ordem e uma concordância de fato entre as vontades. Digamos inclusive, se quiserem, que pode haver uma espécie de concórdia; mas a paz é algo mais, porque onde há paz, há concórdia, mas não basta que haja concórdia para que a paz reine. O que os homens chamam de paz nunca é mais que um entreguerras. O equilíbrio precário de que ela é feita dura enquanto o medo mútuo impede que as dissensões se declarem. Paródia da paz verdadeira, esse medo armado, que é supérfluo descrever aos homens do nosso tempo, pode manter certa ordem, mas não basta para proporcionar tranqüilidade aos homens. Para que reine a tranqüilidade, é preciso que a ordem social seja a expressão espontânea de uma paz interior no coração dos homens. Que todos os pensamentos se harmonizem consigo mesmos, que todas as vontades sejam internamente unificadas pelo amor ao bem supremo, e conhecerão a ausência de

---

15. São Boaventura, *Collat. in Hexaemeron*, XVI, 29-30, ed. Quaracchi, t. V, p. 408. Sobre o tema *De translatione studii*, em que se inspira aqui são Boaventura, ver É. Gilson, *Humanisme médiéval et Renaissance*, em *Les idées et les lettres*, Paris, J. Vrin, 1932.

dissensões internas, a unidade, a ordem interior, uma paz enfim, feita da tranqüilidade nascida dessa ordem: *pax est tranquillitas ordinis*. Mas se cada vontade se harmonizasse consigo mesma, todas se harmonizariam entre si, pois cada uma encontraria sua paz em querer o que cada outra quer[16]. Então nasceria também uma sociedade verdadeira, erigida sobre a união no amor a um mesmo fim. Porque amar o bem é tê-lo; amá-lo com uma vontade não dividida é possuí-lo em paz, na tranqüilidade de um gozo estável que nada ameaça. A filosofia medieval dedicou-se com todas as suas forças a preparar o reino de uma paz que ela não podia dar. Trabalhando pela unificação dos espíritos mediante a constituição de um corpo de doutrinas aceitável a toda razão, ela queria assegurar a unidade interior das almas e a concordância entre elas. Ensinando aos homens que tudo anseia por Deus, convidando-os a tomar consciência, para além da infinita multiplicidade das suas ações, do mecanismo secreto que os move, a filosofia cristã os preparava para acolher neles a ordem da caridade e a desejar seu reinado universal. Onde está a paz verdadeira? No amor comum ao bem verdadeiro: *vera quidem pax non potest esse nisi circa appetitum veri boni*[17].

Operária da paz, a filosofia da Idade Média também era obra da Paz, e é até por isso que ela era sua operária. Toda a história tende para a tranqüilidade suprema da república divina como sendo seu termo, porque Deus, criador dos humanos que caminham para ele no tempo, é ele próprio Paz. Não a incerteza ameaçada de uma concórdia precária como a nossa, nem mesmo a paz adquirida graças a uma unificação interna, por mais perfeita que se queira concebê-la. Deus é Paz porque ele é o Um, e ele é o Um porque é o Ser. Portanto, assim como ele cria seres e

---

16. São Tomás de Aquino, *Sum. theol.*, I³-II^ac, 29, 1, ad 1^m.
17. São Tomás de Aquino, *Sum. theol.*, I³-II^ac, 29, 2, ad 3^m.

unidades, também ele cria pazes. Orientando em direção a si as inteligências e as vontades, pelo conhecimento e pelo amor de que, como vimos, ele é o objeto supremo, Deus confere às consciências a tranqüilidade que as unifica e, unificando-as, une-as. Efeito criado da paz divina – *quod divina pax effective in rebus producit* –, essa tranqüilidade atesta portanto à sua maneira a eficiência criadora de uma Paz suprema e subsistente, à qual deve sua existência: *causalitatem effectivam divinae pacis*[18]. Sem dúvida, essa paz divina nos escapa como Deus mesmo, já que se confunde com ele; mas vemos as participações finitas dela na unidade das essências, na harmonia das leis que ligam entre si os seres físicos e na harmonia que as leis sociais se esforçam para fazer reinar entre os homens, por meio da razão. Porque a Paz penetra tudo, de ponta a ponta, unindo com força todas as coisas entre si e amarrando-as com doçura.

Encarar a filosofia cristã sob esse aspecto não é, portanto, apenas vê-la tal como ela mesma se viu na história, é vê-la em ação na história, porque foi ela que a fez. Não a fez como quis, e nem mesmo sempre como deveria ter feito, porque ela não passava de uma filosofia, isto é, uma força humana trabalhando numa obra mais que humana. Pelo menos toda a grandeza que ela pode legitimamente se atribuir deve-se à fidelidade de que ela deu prova ante a sua própria essência. O espírito da filosofia medieval se confunde com o da filosofia cristã. Ela foi fecunda, criadora, na medida em que se incorporou voluntariamente a uma Sabedoria, que vivia ela própria de fé e de caridade. Os pensadores cristãos sentiram, com angústia até, a estreiteza dos limites da cristandade medieval: *boni igitur paucissimi respectu malorum Christianorum, et nulli sunt respectu eo-*

---

18. São Tomás de Aquino, *In De div. Nom.*, cap. XI, lect. 1, ed. Mandonnet, t. II, pp. 601-2. Ler também as lições 2 e 3, ibid., pp. 605-20, que ensinam com amplitude e uma emoção sensível os fundamentos metafísicos da paz cristã.

rum qui sunt extra statum salutis[19]. No entanto, mesmo nesse recinto estreito, a filosofia cristã podia viver. Ela morreu primeiro de suas próprias dissensões, e suas dissensões se multiplicaram, a partir do momento em que ela se tomou por um fim, em vez de se ordenar no sentido dessa Sabedoria que era, ao mesmo tempo, seu fim e seu princípio. Albertistas, tomistas, scotistas, ockhamistas contribuíram para a ruína da filosofia medieval, na exata medida em que descuidaram da busca da verdade para se esgotarem em lutas estéreis sobre o sentido das fórmulas que a exprimem. A multiplicidade das fórmulas não teria tido nenhum inconveniente, muito pelo contrário, se o sentido cristão que assegura a unidade delas não se houvesse obscurecido e, às vezes, perdido. Assim que esse sentido deixou de estar presente, o pensamento medieval transformou-se em nada mais que um cadáver inanimado, um peso morto sob o qual ruiu o solo que ele havia preparado e no qual somente ele podia construir. Porque ele era o grande operário de uma cristandade que não podia viver sem ele e sem a qual ele não podia viver. Por não ter sabido manter a unidade orgânica de uma filosofia verdadeiramente racional e verdadeiramente cristã, a escolástica e a cristandade desabaram simultaneamente sob seu próprio peso.

Esperemos que pelo menos a lição não se tenha perdido. Não foi a ciência moderna, essa grande força unitiva dos espíritos, que destruiu a filosofia cristã. Quando a ciência moderna nasceu, não havia mais filosofia cristã viva para acolhê-la e assimilá-la. Essa operária da paz morreu da guerra; a guerra nasceu da revolta dos egoísmos nacionais contra a cristandade, e essa revolta mesma, que a filosofia cristã deveria ter prevenido, veio das dissensões internas com que sofreu por ter esquecido sua essência, que

---

19. Ver todo esse texto de R. Bacon, *Un fragment inédit de l'"Opus Tertium"*, ed. P. Duhem, Quaracchi, 1909, pp. 164-5.

era ser cristã. Dividida contra si mesma, a casa caiu. Talvez ainda esteja em tempo de tentar reconstruí-la; mas, para que a filosofia cristã renasça, é preciso que nasça também uma nova cristandade e que esta aprenda a manter-se nela com sabedoria. É o único clima em que ela pode respirar.

CAPÍTULO XX

A Idade Média e a filosofia

Ao fim de uma pesquisa como esta, sente-se naturalmente o desejo de se voltar para ela a fim de extrair seus resultados. Não para tentar uma derradeira vez justificá-los – é tarde demais –, mas sim para defini-los e, talvez, antes de mais nada, para dizer tudo o que eles não podiam ser, logo também o que não são. Coloquei o problema do espírito da filosofia medieval num plano propriamente histórico e, portanto, são conclusões propriamente históricas aquelas a que espero ter chegado. Verdadeiras ou falsas, elas o são historicamente e seu resultado imediato deveria ser, antes de mais nada, afetar o ensino da história das filosofias medievais. Talvez nem todos tenham se dado suficientemente conta de que a legitimidade desse ensino oferece, em si, um verdadeiro problema. Se santo Agostinho apenas repete Platão, se são Tomás ou Duns Scot são um Aristóteles mal compreendido, é inútil estudá-los; em todo caso, é inútil do ponto de vista da filosofia, e a existência de um buraco enorme entre Plotino e Descartes fica por isso mesmo justificada. O historiador só pode contar o que aconteceu; se não aconteceu nada em filosofia, entre o fim do pensamento grego e o início da idade moderna, o vazio só está presente na história porque está nas coisas, e a própria história não tem nada a se censurar. Bem diferente será se o essencial das conclusões que precedem for verdadeiro. Supondo-se que santo Agostinho tenha acrescentado algo a Platão, e são Tomás ou Duns Scot algo a Aristóteles, a história da filosofia na Idade Média possui um objeto próprio. Sei que me desculparão por dar alguma importância a esse fato, se recordo que há pessoas cujo ofício é ensinar[1].

Reconheçamos entretanto que é este um ponto de importância secundária, pois os professores de história não são a causa final da história, quaisquer que sejam às vezes suas ilusões a esse respeito. A verdadeira questão é que, querendo identificar um espírito da filosofia medieval e tendo-o identificado com o da filosofia cristã, tive de limitar duplamente aqui o alcance das minhas conclusões. Por um lado, elas são solidárias do valor das considerações históricas em que se baseiam; por outro, supondo-se que essas considerações sejam válidas, deixam em aberto um problema filosófico que as supera, que elas não bastam para resolver, mas cuja existência não diminui em nada sua validade própria. Ora, historicamente falando, é evidente que não pretendi esboçar um panorama comparativo da filosofia medieval e da filosofia grega. Creio aliás que, aqui, a história mesma seria vã e que não se ganharia nada levantando-a. Como comparar o cristianismo com o fim do

---

1. Um problema semelhante se colocou a propósito da História da Arte na Idade Média. Em seu admirável livro sobre *L'art des sculpteurs romans* (Paris, E. Leroux, 1931), H. Focillon viu-se levado a concluir que "a plástica monumental nos séculos XI e XII não é nem um aspecto distante e como que provinciano das artes do Oriente, nem uma degeneração da arte helenística". Ele procurou portanto apontar "as características da sua autonomia" (introduction, p. X; cf. p. 60). Essencialmente plásticas, as análises de H. Focillon não colocam a questão do que a escultura medieval pode dever ao cristianismo. No entanto, aproximou-se dela numa passagem em que escreve que a arte românica "criou a humanidade de que necessita. Mas esta não lhe é servil e grosseira. Ela estima essa humanidade como um aspecto do pensamento de Deus. O homem românico não é nem a descendência nem a descoberta, após séculos de esquecimento, do homem antigo" (p. 43). A arqueologia medieval talvez esteja descobrindo, como a história da filosofia da Idade Média, a autonomia do seu objeto.

A IDADE MÉDIA E A FILOSOFIA

estoicismo, uma vez que é extremamente difícil demonstrar realmente, para formas de pensamento contemporâneas, em que sentido as influências se exerceram?[2] O mesmo vale para Plotino e seu mestre Amônio Sacas. Procurando cotejar textos tomados em sua materialidade, chega-se a fatos cuja interpretação é por demais arbitrária para merecer o nome de prova. Mais ainda, mesmo para quem se ativer ao que os filósofos da Idade Média realmente conheceram do pensamento grego anterior ao cristianismo, a quantidade de problemas particulares a colocar permanece praticamente indefinida. Enfim, supondo-se efetuada a seleção inicial de alguns dos problemas principais, é quase impossível fazer ver simultaneamente, com igual evidência, o que o pensamento grego oferece e o que o pensamento cristão acrescenta. Portanto, o próprio método dessa pesquisa deve inevitavelmente dar a impressão de que uma grave injustiça é cometida contra o pensamento grego, embora nada esteja mais distante das intenções do seu autor. Em compensação, se Platão e Aristóteles já ensinaram sobre os pontos em discussão, e se ensinaram no mesmo sentido aquilo cuja descoberta se atribui à influência da Bíblia, houve uma real injustiça para com a Antiguidade. Se Platão e Aristóteles foram monoteístas, se identificaram a noção de Deus à noção de Ser e ensinaram a criação da matéria, se, como não se temeu sustentar, os motores imóveis de Aristóteles, embora sejam incriados, eternos e necessários, são anjos tomistas, criados no tempo e contingentes; se, ao mesmo tempo que seu ser, a relação que o intelecto e a vontade do homem mantêm com Deus é a relação entre cria-

---

2. Sobre esse ponto, pode-se consultar com proveito o trabalho já antigo do abade Dourif, *Du stoïcisme et du christianisme considérés dans leurs rapports, leurs différences et l'influence respective qu'ils ont exercée sur les moeurs*, Paris, Dubuisson, 1863, in-8°, 320 pp. (ainda pode ser encontrado na livraria filosófica J. Vrin). O livro conclui pela influência do cristianismo sobre o baixo estoicismo, mas as comparações de textos em que o autor se detém, por mais interessantes que sejam, mostram sobretudo os limites de tal método.

tura e criador, ser e Ser, tanto para os gregos como para os cristãos, nesse caso a tese central deste livro é historicamente falsa e será necessário rejeitá-la. Os historiadores têm competência para dizê-lo, contanto que consintam discutir o problema no próprio plano em que foi posto.

Não é só isso. Embora a questão tenha sido abordada a partir dos fatos, a resposta que lhe dou pretende dar uma contribuição positiva a um problema muito mais vasto do que o do espírito da filosofia medieval: o espírito da filosofia cristã[3]. Aqui também é importante precisar as posições, porque elas não são, nem de longe, tão nítidas quanto se teria o direito de esperar. A conclusão que se desprende desse estudo, ou melhor, o eixo que o atravessa de ponta a ponta é que tudo acontece como se a revelação judaicocristã tenha sido uma fonte religiosa de desenvolvimento filosófico, desenvolvimento de que a Idade Média latina teria sido, no passado, a testemunha por excelência. Poderão tachar essa tese de apologética, mas, se ela é verdadeira, o fato de poder servir a fins apologéticos não a impede de ser verdadeira; se ela é falsa, não é porque se poderia fazê-la servir a esse uso que é falsa. A questão, portanto, está em saber se ela é verdadeira, ficando cada um livre de usá-la como bem entender[4]. O que a colocaria, ao contrário, fora

---

3. É por isso que não dei a estas lições, como pensei por muito tempo fazer, o título de *Ensaio sobre a filosofia cristã*. Não só creio que o problema da filosofia cristã é mais filosófico do que histórico, mas, mesmo no terreno da história pura, não creio que se tenha o direito de identificar filosofia cristã e filosofia medieval. Houve, na Idade Média, filosofias não cristãs (árabes, judeus, averroístas latinos) e, mesmo se não são características do espírito da Idade Média latina, elas fazem parte, de direito, da sua história. Por outro lado, há filosofias cristãs não medievais que ou a preparam, ou nela se inspiram. Logo, não obstante o que disserem, não foram as "circunstâncias" que presidiram a escolha deste título.

4. Seria um erro acreditar que os católicos devem lançar-se com avidez sobre esta tese, porque ela pode ser utilizada para fins apologéticos. Alguns dirão, ao contrário, que o catolicismo não necessita disso. Nada mais verdadeiro. Verdadeiro demais até, porque é verdade para toda apologética, e não se deve esquecer que não é nunca a verdade que necessita de apologias, mas

da filosofia e fora da própria história da filosofia seria sustentar que, se é verdadeira, tudo o que sofreu, direta ou indiretamente, a influência de uma fé religiosa deixou por isso mesmo de ter um valor filosófico. Mas isso é tão-só um postulado "racionalista" diretamente contrário à razão, porque, enfim, se houve uma filosofia medieval, ela só reivindica seu valor racional; logo não se pode livrar-se dela ignorando-a *a priori* ou criticando em seu lugar os contra-sensos que se cometem sobre ela. Uma filosofia pode reconhecer uma revelação e ser falsa, mas não é por inspirar-se nela, e sim por ser uma má filosofia: os erros de Malebranche, tão profunda e autenticamente cristão, seriam um bom exemplo disso. Mas uma filosofia pode se inspirar numa revelação e ser verdadeira; e, se é verdadeira, é porque é uma boa filosofia. A partir do momento em que defendesse uma exclusiva sobre esse ponto, a razão perderia o direito de julgar.

Precisarei dizer que não me iludo quanto à eficácia da minha observação? Ela não alterará em nada as posições estabelecidas, mas pelo menos autoriza lhes pedir que sejam francas e aceitem por sua vez as conseqüências que

---

nós, para chegarmos a ela. Aliás, há apologias forjadas, em que se julga que é bom tudo o que parece ir no sentido de certa causa; em vez de servir à sua verdade, elas a desservem. Há apologias intencionalmente construídas, mas honestas (algumas delas são admiráveis); elas são úteis, mas não são elas que fundam a verdade e necessitam muito mais da verdade do que esta delas. Há enfim verdades *achadas*, que o estudo dos fatos impôs a uma consciência que tudo prevenia contra ela. É o caso destas lições, que tomaram esta forma lentamente e contrariamente à minha expectativa. Aceito pois, ao mesmo tempo, a censura dos que me tratam de apologista, porque não sou capaz de sustentar a fecundidade filosófica do cristianismo sem dele fazer a apologia, e dos que me dizem que o cristianismo não necessita dela, porque meus livros não existiriam sem ele, ao passo que ele existiria muito bem sem eles. A única coisa que me parece eqüitativo acrescentar é que, se o cristianismo exerceu efetivamente uma influência sobre o desenvolvimento da filosofia, seja isso honroso ou não para ele, trata-se de um fato. Logo a história tem o dever de assinalá-lo e é à realidade desse fato que deveria se limitar a discussão.

decorrem dos seus princípios. Em nome do postulado que contesto, poder-se-á recusar aos sistemas elaborados pelos pensadores da Idade Média o título de filosofias, mas se ficar estabelecido que suas posições principais pertencem a eles mesmos e não são uma simples herança dos gregos, será necessário reconhecer ao mesmo tempo que tudo o que os metafísicos clássicos herdaram da Idade Média, a partir do século XVII, basta para colocá-los *ipso facto* fora da filosofia. Não bastará que uma tese metafísica tenha esquecido sua origem religiosa para se tornar racional. Será preciso portanto expulsar da filosofia, ao mesmo tempo que da sua história, junto com o Deus de Descartes, o de Leibniz, de Malebranche, de Espinosa e de Kant, porque, tanto quanto o de são Tomás, eles não existiriam sem o do Antigo e do Novo Testamento. Augusto Comte teria razão então: a metafísica dos modernos não seria mais que a sombra projetada da teologia medieval e poder-se-ia, sem inconveniente maior, relegar uma e outra a um ramo da arqueologia mental, desde quando foram superadas. O que não seria franco é pretender que o valor das metafísicas modernas se deve ao fato de estarem separadas de toda inspiração religiosa, quando elas nasceram dela e dela se nutrem, e recusar-se a considerar as metafísicas da Idade Média, porque elas têm a honestidade de confessar que nasceram e se nutrem dela. Se a ignorância que se atribui hoje em dia às filosofias da Idade Média não tem outros motivos, tudo autoriza a estendê-la aos tempos modernos. Ouso até predizer para essa ignorância outras conquistas, se, eliminando do pensamento grego tudo o que ele deve às influências religiosas, ela se deixar refluir rumo ao passado.

Tomemos pois a filosofia da Idade Média tal como se oferece a nós e reconheçamos aliás que o problema se basta, porque ela proporciona ao historiador das idéias um espetáculo surpreendente para quem procura compreendê-lo. Impossível abrir as *Sumas teológicas* ou os *Comentários sobre as Sentenças* sem achá-los cheios de textos cuja origem grega não é duvidosa e de glosas sobre esses textos. A biblioteca de um teólogo medieval continha primeiro a Bíblia; depois Aristóteles; em seguida os comentários sobre Aristóteles, como os de Alberto Magno ou de são Tomás; enfim, se seus recursos lhe permitiam, supercomentários que comentavam os comentários, como João de Jandun fez com Averróis, e, amarrando tudo, um magote de Questões Disputadas, para saber o que aquilo tudo queria dizer. Ao mesmo tempo, basta examiná-los com atenção para que esses comentários deixem impressão de liberdade tal que muitas vezes foram acusados de infidelidade. E poderia ser de outro modo, aliás, se, referindo-se ao mesmo texto, eles não param de se contradizer? Cada um encontra no arsenal inesgotável de Aristóteles a frase de que necessita para justificar sua própria posição. É que, como dizia um velho autor, "o nariz da autoridade é de cera: pode-se torcê-lo para o lado que se quiser". Quem está sendo enganado aqui, então? Ou a Idade Média levou a sério a filosofia grega, e cumpre reconhecer então que a interpretação que dela dá não é nem filosoficamente coerente, nem historicamente fiel; ou a obra que ela empreendia não tinha nenhuma relação com a dos gregos, e então por que são Boaventura e são Tomás, em vez de empreenderem ousadamente a constituição de uma filosofia especificamente cristã, original e nova, vestiram os farrapos arrancados do pensamento antigo, arriscando-se a parecer cristãos disfarçados de gregos, isto é, homens que não seriam mais nem gregos nem cristãos? No entanto, menos cristãos ou menos gregos, eles não teriam sido filósofos.

A Idade Média é um todo por demais complexo para que se possa encontrar nela as experiências cruciais necessárias à verificação de tais hipóteses. Pode-se saber como teria sido o ensino da filosofia nas Universidades do século XIII se tivesse sido deliberadamente subtraído das influências do meio cristão. Averróis havia tentado essa experiência com o islã, e os averroístas a renovaram incansavelmente em terras da cristandade. O resultado é o que se sabe: uma esterilidade filosófica completa. Pode-se discutir e, sem dúvida, sempre se discutirá a fidelidade da interpretação deles, porque temos muito menos Aristóteles do que a Idade Média conheceu. Mas não é esse o problema, porque se pudéssemos provar que eles lhe acrescentaram alguma coisa, consternaríamos esses homens cujo ideal era uma ausência total de originalidade. É só lembrar as invectivas de Averróis contra Avicena, pego em flagrante delito de "inventar" algo! A filosofia grega cortada da revelação cristã sobreviveu portanto a esse misto de Aristóteles e neoplatonismo, durou várias séculos, do XIII ao XVI, e até hoje não se conhece uma só idéia original que tenha saído disso. Para os que se lamentam de que a Idade Média, utilizando a filosofia grega, não se tenha proibido de abandonar a letra desta, ou para os que, inversamente, querem encontrar, para a comodidade da história amiga, simplificações lineares, uma Idade Média fadada ao psitacismo mais sistemático, estão aí os averroístas para satisfazê-los. O "ipsedixitismo" é obra deles, mas não é nem de são Boaventura nem de são Tomás de Aquino.

Eles não ganham nada com isso, porque é precisamente o que lhes é recriminado em nome do espírito crítico. Inspirando-se em Aristóteles e Platão, acolhendo seus princípios, os filósofos cristãos tiram deles conseqüências em que nem Platão nem Aristóteles nunca haviam pensado, melhor dizendo, nunca teriam podido encontrar lugar em seus sistemas sem arruiná-los. É, em particular, o caso da famosa distinção entre essência e existência, necessária para os cristãos, qualquer que seja o sentido em que é entendida, inconcebível na filosofia de Aristóteles. Do ponto de vista de um peripatetismo conseqüente, a noção de potência é solidária da de matéria; tudo o que é imaterial é portanto um ato puro, isto é, um deus. Para um filósofo cristão, um ser imaterial ainda não é um ato puro, uma vez que ele existe em potência relativamente à sua existência mesma; é por isso que são Tomás, ampliando a noção de potencialidade, a dissocia da de materialidade. Em vez de identificá-la com certo modo de ser, o da matéria, ele a amplia à própria existência. Duns Scot vai mais longe. Em seu desejo de assegurar uma realidade positiva a todos os elementos dos seres compostos, ele efetua na noção de ato a mesma dissociação que são Tomás havia efetuado na noção de potência. Tal como a concebe, a matéria é dotada de uma atualidade própria e, como sua distinção em relação à forma exige que ela seja imediata e radicalmente diferente, ser-lhe-á atribuída uma atualidade que será a da própria potência. Conseqüência inelutável, pensa Duns Scot, da noção cristã de criação, porque se a matéria é criada, ela é ser, e se ela é ser, ela é ato, ou em ato. Eis aí, pois, um aristotelismo no qual, em nome de uma metafísica do ser que lhe é estranha, a potência não se liga à materialidade, do mesmo modo que a forma não se prende à atualidade. Não é isso, acaso, fundar a metafísica num contra-senso e, com a metafísica, a física, a psicologia e a moral nela inspiradas?

Não é negável o fato, mas carece interpretá-lo. Se se quer dizer que, tomadas em si e de um ponto de vista propriamente dogmático, as conclusões de são Tomás ou de Duns Scot são discutíveis, nada mais justo. Como filósofos, eles estão sujeitos ao direito comum e, como as doutrinas deles se dão por racionais, estão submetidas ao juízo da razão. Mas, primeiro, antes de ter o direito de julgá-los, é preciso compreendê-los. Nada menos lisonjeiro que o comentário sobre o contra-senso, para quem a ele se dedica. Mas, supondo-se que a doutrina a discutir seja realmente compreendida, como se poderia acusá-la de não ter se fechado num sistema já pronto, que ela tomava abertamente como ponto de partida? Seria o mesmo que dizer que Malebranche e Espinosa não são filósofos porque, apresentando-se como seguidores de Descartes, tiraram do seu método conseqüências que ele próprio não havia previsto.

Fichte dificilmente passará como resultado de um simples equívoco sobre o sentido autêntico do kantismo; a objetivação do querer, tentada por Schopenhauer, é um puro erro sobre a *Crítica da razão prática?* Querer fazer uma crítica dos sistemas que seja histórica e filosófica, ao mesmo tempo e do mesmo ponto de vista, é realizar uma contradição em termos. Toda filosofia procede de outra e dela se distingue; a crítica histórica pode mostrar como procede e em que sentido ela se distingue, mas destruiria ao mesmo tempo a si mesma e a seu objeto recusando-lhe o direito de se distinguir.

Se a avaliação dogmática dos sistemas descritos pela história for de outra ordem que não a da própria história, não se terá provado nada contra a filosofia cristã provando que as filosofias gregas, de que ela é o prolongamento, revestem nela um aspecto novo. O que era necessário provar, para condená-las como filosoficamente inconsistentes, é que o problema do ser e do devir não era um problema fundamental nas doutrinas de Platão e de Aristóteles. Se se pudesse mostrar que nem um nem outro desses pensadores tentou a distinção entre o necessário e o contingente, associou as noções de necessário e de real, de contingência e de possível, subordinou a ordem do contingente à ordem do necessário, que explica a realidade daquela ao mesmo tempo que funda a sua inteligibilidade, dar-se-ia um grande passo para tornar improvável a coerência da filosofia cristã. Mas se for verdade, ao invés, que os gregos já se colocaram o problema do princípio do ser, como negar que os filósofos cristãos permaneceram exatamente na mesma linha, aprofundando o problema do real até o da existência e dando, pela primeira vez, pleno sentido à noção de atualidade? É essa, parece-me, a obra própria da filosofia cristã; todas as suas audácias vêm daí e é por isso que ela é uma filosofia verdadeira, cuja ação supera os limites da Idade Média e continuará a se exercer enquanto houver homens para crer na existência da metafísica. No entanto, para se convencer da existência de uma filosofia medieval, é necessário estudar seus representantes. Quem se contentar com repetir, com fé na autoridade, que os homens desse tempo foram cativos da autoridade, ou os criticar por terem, em nome da liberdade do espírito, se recusado a submeter-se à letra de Aristóteles, sempre terá razão, como pode ter quem decide sustentar uma tese à custa de todas as incoerências. O espírito crítico assim concebido tem licença para tudo, salvo para agir contra si mesmo. Pode-se preferir a ele outro ideal: o de um espírito suficientemente livre para se submeter à evidência dos fatos e nunca procurar ter razão contra a razão.

Mas só se evita uma metade da objeção expondo-se ao risco de sucumbir à outra. Se o pensamento da Idade Média gozou dessa independência e viveu uma vida verdadeiramente filosófica, que relação real pode ter com a religião? Numa palavra, se ele não traiu a filosofia, como poderia não ter traído o cristianismo? Seria inútil dissimular a gravidade dessa crítica, embora talvez não seja impossível defender contra ela o pensamento medieval. Mas poder-se-ia talvez, antes de mais nada, pedir aos que negam a sua existência que não o façam em nome de dois princípios contraditórios. Que o critiquem por ter dissolvido a essência da filosofia para deixá-la perder-se na da religião, dá para entender. Que, inversamente, o critiquem por ter deixado a essência do cristianismo perder-se para reduzi-lo a não mais que uma filosofia, esta também é uma objeção inteligível. O que deixa de sê-lo é objetar-lhe ambas as coisas ao mesmo tempo. Se os pensadores da Idade Média foram tão filósofos que chegaram a comprometer a essência do cristianismo, como não levar a sério seus sistemas e com que direito eliminá-los da história da filosofia? Mas se, ao contrário, eles sacrificaram a filosofia às exigências religiosas do cristianismo, como acusá-los de não terem sido cristãos?

Entre essas objeções contraditórias passa a verdade histórica, verdadeira porque conforme à realidade dos fatos. A crítica de ter se submetido demasiadamente à filosofia é, ao mesmo tempo, a mais banal e a mais velha das que foram dirigidas aos filósofos cristãos. Ainda hoje, o protestantismo julga que é seu dever "reagir contra a invasão do espírito pagão na Igreja" e que foi esse um dos principais objetivos que os reformadores do século XVI se propuseram[5]. Nada mais verdadeiro, e incontáveis textos de Lutero poderiam atestá-lo, se necessário fosse. Mas a objeção, embora possa receber um sentido especificamente protestante, não é necessariamente protestante em sua essência. Malebranche não era protestante, e no entanto se desmancha em críticas amargas contra o caráter pagão da escolástica, essa "filosofia da serpente"[6]. Erasmo não era e nunca quis ser luterano, o que não o impediu de protestar, com Lutero, contra a mistura de Aristóteles e do Evangelho feita na Idade Média por Alberto Magno, são Tomás e Duns Scot. Também para ele, a "filosofia de Cristo" é Cristo sem a filosofia, isto é, o Evangelho. Mas, desde a Idade Média, são Pedro Damião, todos os antidialéticos, os próprios papas não haviam aguardado a Reforma para advertir solenemente os teólogos do perigo que faziam a fé correr ao se fazerem filósofos. Com que vigor Gregório IX recorda aos mestres de teologia da Universidade de Paris que a filosofia, essa serva da teologia, está se tornando uma serva patroa! Esses teólogos, que deviam ser "teólogos", não

---

5. A. Lecerf, *De la nature de la connaissance religieuse*, Paris, 1931, p. 7.
6. H. Gouhier, *La vocation de Malebranche*, Paris, J. Vrin, 1926, cap. IV, pp. 108-14. Pode-se dizer mais. Houve pelo menos um protestante, amigo de Louis de la Forge, que se elevou contra a negação da eficácia das causas segundas por De la Forge e Malebranche. O relato de uma das suas discussões com De la Forge pode ser encontrado em Jac. Gussetius, *Causarum primae et secundarum realis operatio rationibus confirmatur et ab objectionibus defenditur. De his apologia fit pro Renato des Cartes adversus discipulos ejus pseudonymos*, Leovardiae, Franc. Halma, 1716. Essa conversa, importante para a história de L. de la Forge, é relatada nas pp. 6-17. O autor afirma, contra Malebranche, que a doutrina da eficácia das causas segundas não tem nenhum caráter especificamente pagão: pp. 153-95.

seriam simples "teosofantes"? Com eles, a natureza prevalece sobre a graça, os filósofos substituem o texto inspirado de Deus, a arca da aliança se aproxima do Dragão e, de tanto querer confirmar a fé pela razão natural, é a própria fé que eles tornam inútil, uma vez que não haveria mais mérito nenhum em crer onde a razão poderia demonstrar. Que esses teólogos não se façam de filósofos – *nec philosophos se ostentent* –, eis a advertência solene do papa à Universidade de Paris, do papa que tudo fez para protegê-la e salvá-la dela própria[7]. Os testemunhos são demasiado numerosos, vêm de horizontes demasiado diferentes, para não atestar a presença de um obstáculo real e fundado na natureza das coisas. Procuremos pois situá-lo exatamente e determinar sua natureza.

Tomada em sua essência, a objeção é antes de mais nada de ordem religiosa e, qualquer que seja a concepção do cristianismo que a inspire, é uma objeção cristã. O perigo contra o qual ela adverte os filósofos cristãos é o de trazer o homem de volta ao plano do naturalismo antigo, por um esquecimento fatal do Evangelho e de são Paulo, isto é, da graça. Nada, em si, mais justo. Ninguém que tome a peito os interesses do cristianismo jamais pensará em negar a utilidade, nem mesmo a necessidade permanente da advertência. *Ne evacuetur crux Christi*. Eliminá-la seria eliminar o cristianismo. No entanto é preciso tomar o cuidado de não deduzir dessa verdade exigências incompatíveis com outras, notadamente com a verdade da filosofia. Erasmo protesta, em nome do humanismo, contra a contaminação do Evangelho pela filosofia da Idade Média; ele quer nos levar de volta, para além de Duns Scot, são Tomás e são Boaventura, à letra do texto sagrado[8]. Suponhamos

---

7. Gregório IX, 7 de julho de 1228, em *Chart. Univ. Paris*, t. I, pp. 114-6, e É. Gilson, *Études de philosophie médiévale*, Estrasburgo, 1921, p. 45, nota 1.

8. É. Gilson, *Le Moyen Âge et le naturalisme antique*, em *Archives d'hist. doctr. et litt. du Moyen Âge*, t. VII, 1932.

que ele tenha razão; admitamos inclusive que seja verdadeiramente útil lembrar aos filósofos cristãos que a filosofia não deveria nunca fazê-los esquecer o Evangelho: com que direito Erasmo acrescenta que o próprio Evangelho é uma filosofia? Se os cristãos não têm direito a nada além do Evangelho e da Igreja, não falta nada ao seu cristianismo, mas será que ainda terão uma filosofia? Ou não se verá no Evangelho nada além de um moralismo natural, o que seria suprimir seu caráter religioso e aniquilar o cristianismo a pretexto de salvá-lo; ou se manterá o caráter sobrenatural e religioso do Evangelho, e então como se poderia ainda sustentar que ele é uma filosofia? Para manter coerência consigo mesmo, é necessário superar Erasmo e buscar outra posição.

A de Lutero era muito mais forte: pelo menos ela tinha o mérito da franqueza. Para ele, "a moral de Aristóteles quase inteira é o pior inimigo da graça". Agora não há mais compromisso. Não apenas o cristianismo não é uma filosofia, mas ele nunca terá uma filosofia, essa *stultitia*, que se possa dizer compatível com o Evangelho. Muito poucos, mesmo dentre seus discípulos, chegam a tal extremo. No entanto, mesmo no momento em que se rejeita interiormente suas conclusões, e com todo vigor, não se pode esquecer a velha verdade que Gregório IX e tantos teólogos da Idade Média tiveram a preocupação de não deixar perder: o caráter radicalmente transcendente do cristianismo como religião, em relação a toda filosofia, a qualquer filosofia em geral e à filosofia cristã em particular.

Esse é um ponto sobre o qual convém insistir, porque seu desconhecimento é a origem dos mal-entendidos mais sutis e mais duradouros. Do ponto de vista de Lutero e de um luteranismo conseqüente – *rara avis* –, não há mal-entendido possível, já que o cristianismo, tal como ele o concebe, lhe veda ter uma filosofia da natureza. Mas para todos os que, sem negar a legitimidade da filosofia, querem que o cristianismo se incorpore a ela por inteiro, a noção de filosofia cristã permanecerá sempre como um sonho, pairando eternamente na bruma dos possíveis e condenado, por sua natureza mesma, a nunca se realizar. A filosofia cristã, dizem eles, nunca existiu, ainda não existe, mas poderia existir, sem dúvida vai logo nascer; logo, a não ser que a vida falte ao sonhador antes de seu sonho se tornar realidade. Talvez porque o objeto dos seus votos não pertença à ordem dos possíveis. Esses insatisfeitos não encontram na filosofia medieval o que procuram, mas não encontrarão tampouco em si mesmos, porque isso que procuram não pode existir. Eles quereriam uma filosofia que fosse verdadeiramente uma filosofia, isto é, pura e rigorosamente racional, mas em que se integrariam todas as experiências transcendentes e propriamente sobrenaturais, que são o próprio do cristianismo e constituem sua essência religiosa. O drama íntimo que se joga entre a natureza e a graça, a vida secreta da caridade, os mistérios da vida divina em Deus e em nós, são temas sem os quais o cristianismo cessaria de ser ele mesmo, que eles se esforçam em vão de integrar a essa filosofia cristã sempre às vésperas de nascer e cuja ausência a filosofia cristã já nascida impede-os de considerá-la cristã[9].

---

9. Essa empresa foi tentada mais de uma vez e será certamente outras. Podemos encontrar um exemplo típico no ensaio de V. Gioberti, *Della filosofia della revelazione*, publicado por G. Massari, Stati Sardi, Turim, e França, Chamerot, 1856, in-8º, XXXVIII – 397 pp. No entanto, é um problema saber até que ponto a filosofia pode se inspirar no dogma cristão. Tão intrepidamente racionalista, Malebranche não teme ir bem longe nessa direção (H. Gouhier, *La vocation de Malebranche*, cap. V "La notion de philosophie chrétienne"; esse capítulo é importantíssimo), mas ele próprio não acreditou que o dogma pudesse tornar-se matéria de especulação filosófica. A escolha que fez é função da sua própria filosofia (op. cit., p. 160). Mesmo na Idade Média, a lista dos *credibilia* e dos *demonstrabilia* não é a mesma em santo Anselmo, são Tomás e Duns Scot, para não falar de Ockham. É que a idéia que esses teólogos têm do que é uma demonstração varia. A filosofia cristã, tal como a descrevo, não é *um* sistema; logo, a questão não é suscetível de uma resposta única, mas o esforço coletivo que a filosofia cristã representa prepara essa resposta. Uma história da maneira como essas relações entre a

É justamente por estarem ausentes que ela é uma filosofia, que ela é tão-só uma filosofia, e é por ser contraditório eles se integrarem a uma filosofia que a deles nunca

---

fé e a razão foram concebidas na Idade Média permitiria definir o eixo médio em torno do qual se efetuaram essas oscilações. Aliás, o problema continua em aberto e é bem possível que um dogma, como a Encarnação, sem deixar de ser um dogma e um mistério, sugira aprofundamentos racionais de certos aspectos muito pouco notados da realidade física, psicológica, estética e moral. No entanto, esses aprofundamentos deverão bastar-se racionalmente para serem integrados à filosofia propriamente dita e não serão uma racionalização do mistério, mas uma racionalização do real por uma razão que a fé adverte de um mistério.

É bem sabido o papel que o dogma da Trindade representou na psicologia e na estética de santo Agostinho. Esse é um dos numerosos pontos que eu havia pensado expor, mas que a necessidade de me ater aos temas diretores me obrigou a omitir. A Encarnação poderia representar um papel análogo. O que equivale a dizer que a filosofia cristã não é uma veia esgotada ou, melhor ainda, que, pelo fato mesmo de ligar-se ao mistério, ela é por essência inesgotável como ele. Portanto não tenho nenhuma objeção contra o que tão bem disse G. Marcel nas páginas que as *Notas bibliográficas* assinalam. A meu ver, a única linha de demarcação que importa manter é a que separa uma racionalização do dogma, com a evacuação do mundo que ela supõe, da fecundação da razão pelo dogma. A primeira empresa é, a meu ver, ilegítima. A teologia usa conceitos racionais para definir e situar o mistério, ela não poderia ter por objetivo torná-lo compreensível. Aristóteles nunca serviu para "explicar" a transubstanciação, mas para dizer o que é requerido para que haja transubstanciação. O que critico na tentativa de Gioberti e nas outras do mesmo gênero é deixar crer que o cristianismo pode se tornar uma filosofia. Isso é querer fundar uma filosofia cristã sobre a supressão do próprio cristianismo, que é seu fundamento. Ao contrário, o dogma não perde nada da sua transcendência vindo acudir a razão, como tampouco a graça ajudando o homem. Mas também aqui é necessário distinguir.

A revelação não propôs aos homens somente mistérios: é uma doutrina comum entre os teólogos a de que o Decálogo formulou muitas verdades já naturalmente cognoscíveis pela razão ou pela consciência (existência de Deus, princípios da justiça moral, etc.). Essas verdades, que foram e continuam sendo professadas, podem ser integralmente racionalizadas, já que são por essência humanamente inteligíveis. Elas contêm outras, que se referem a fatos essencialmente misteriosos para nós, mas em que a razão enxerga a única solução possível, logo também uma solução racionalmente necessária dos seus problemas. Por exemplo, a criação, fato misterioso em si, é necessariamente afirmada pela razão como a única solução possível para o problema da origem radical do ser. Deus guarda seu mundo, mas o pró-

existirá. É preciso tomar partido. Uma filosofia, mesmo sendo cristã, pode perfeitamente ter seu lugar no edifício da sabedoria cristã – ele contém tantas coisas! –, mas nunca será equivalente a ela. Pedir que a parte, permanecendo fiel à sua essência, absorva o todo é destruir ao mesmo tempo o todo e a parte. Logo, quando se acusa a filosofia da Idade Média de não ter sido cristã, porque não se vê nada nas suas especulações sobre a natureza, a matéria primeira, a unidade ou a pluralidade das formas que seja de um interesse essencial para a obra da salvação, ou, inversamente, porque o que é de um interesse essencial para a obra da salvação não parece ter encontrado lugar nela, mostra-se simplesmente que não se entende nem o que é o cristianismo, nem o que é a filosofia. Os pensadores da Idade Média entenderam muito bem uma coisa e outra, e é por isso que, tomando decididamente a continuidade da especulação grega, conseguiram fazê-la progredir. Se se duvida disso não é justamente porque se busca a filosofia medieval onde ela não pode estar, isto é, na religião?

---

prio fato desse ato misterioso é uma exigência da razão completada em seu uso filosófico. É esse o terreno eleito da filosofia cristã, porque nele ela se manifesta ao mesmo tempo como plenamente filosófica e plenamente cristã. É também aquele em que, sem pretender cobri-lo, procurei me manter. Seria sair dele especular sobre a Trindade, a Encarnação ou inclusive certas modalidades da criação. Racionalmente, a criação *poderia* ser eterna; é igualmente misterioso que ela seja ou não eterna, mas é racional que ela seja. Indo mais longe ainda, há dogmas cuja essência o homem é igualmente incapaz de compreender, ou até de mostrar que são racionalmente exigíveis como fatos. Para alguns, tal como esse ato de liberdade suprema que é a Encarnação, a própria idéia de necessidade racional é contraditória. Nada prova que a filosofia possa ganhar algo meditando sobre eles, quem sabe aliás não é meditando sobre eles que ela perceberá o pleno sentido das suas verdades mais profundas; mas o fato de acrescentarem à filosofia perspectivas transcendentes, que a completam, nunca diminuirá em nada o caráter misterioso do dado revelado. A Trindade ou a Encarnação não podem se integrar à filosofia, portanto, como as noções de criação, de consciência, de lei moral ou de intenção. Elas pertencem à teologia, e é por isso que não as abordei neste estudo.

Não existe, dizem, na história da filosofia um só princípio autenticamente cristão, que os filósofos da Idade Média e, através deles, a própria filosofia, devessem à Bíblia. Mesmo que isso fosse verdade, o que provaria contra a existência e a originalidade da filosofia cristã? Absolutamente nada. Os cristãos que eram, queriam continuar sendo ou aspiravam a ser filósofos deram prova do bom senso mais elementar não se dirigindo ao Evangelho para buscar nele com que fundar uma seita que se somaria às outras seitas filosóficas. De seu lado, os historiadores que constatam que o Evangelho não mudou bruscamente o estado dos problemas psicológicos, físicos, metafísicos ou morais não fazem nada mais que admitir o fato evidente de que o cristianismo não modificou a filosofia acrescentando um sistema novo a antigos sistemas, mas transcendendo todos eles. A "boa nova" era o anúncio da promessa da salvação. Não era portanto a chave da matéria primeira que o Evangelho punha nas mãos dos homens; depois como antes da vinda do Cristo, os filósofos não encontravam à sua disposição outros dados técnicos além dos resultados pacientemente acumulados pelo labor dos gregos. Se eles partiram daí, é porque era para eles o único ponto de partida possível. A filosofia dos cristãos é, e não podia deixar de ser, outra coisa que uma continuação da filosofia grega. Acrescentemos apenas que, se ela continua com eles e por meio deles, é precisamente porque eles eram cristãos.

A religião deles não lhes trazia uma nova filosofia, mas fazia deles homens novos. O novo nascimento que se fez neles devia preparar o renascimento da filosofia, que também estava necessitando muito de renascer. O pensamento de Platão e o de Aristóteles, o de Demócrito e o de Epicuro, a disciplina moral do estoicismo haviam dado seus frutos. Não queremos dizer que estavam mortos: Sêneca, Epicteto, Marco Aurélio aí estariam para nos contradizer; mas esse pensamento, essa disciplina agora só podiam dar mais frutos da mesma espécie. E cada vez que nos primeiros séculos da era cristã a velha árvore parece reverdecer com uma nova seiva, é que uma vida religiosa a anima. Com freqüência é a vida cristã. O próprio Plotino, que a recusou, foi, ao mesmo tempo que Orígenes, discípulo desse Amônio Sacas que, como seus discípulos, tampouco ignorava a existência do cristianismo. Quando os filósofos cristãos puseram mãos à obra, o Evangelho provavelmente já tinha algo a ver com os novos matizes que o próprio pensamento pagão reveste. Discute-se, rejeita-se o cristianismo, mas os filósofos pagãos têm consciência da sua existência, como uma força que conta e com a qual têm de contar. Que acontecerá quando, por sua vez, os cristãos voltarem aos problemas filosóficos para abordá-los num espírito novo? Seguramente nunca buscarão nesses o segredo da sua vida religiosa: a fonte dela está em outra parte. Mas não poderiam impedir que sua vida religiosa alimentasse a discussão e preparasse a solução desses problemas. Os filósofos da Idade Média não fizeram outra coisa, apenas continuaram a obra iniciada já no século II e aproximaram-na do seu ponto de perfeição.

Se há contingência real da filosofia, inclusive da filosofia cristã, em relação ao cristianismo, por que então ela existiu? Em outras palavras, por que a Idade Média cristã teve uma filosofia? A essa pergunta seria fácil responder simplesmente que devia haver uma filosofia a partir do momento em que houvesse cristãos filósofos. Nada os obrigaria a filosofar, nada tampouco os impediria de fazê-lo. Mas seria uma resposta superficial. A verdade é que, de fato senão de direito, a existência de uma filosofia cristã era inevitável, que ainda hoje ela o é e que assim será enquanto houver cristãos pensantes. Essa inevitabilidade não decorre da essência do cristianismo, que é uma graça, mas da natureza mesma do que ele satisfaz, porque é uma natureza o que ele satisfaz, e a natureza é o objeto próprio da filosofia. A partir do momento em que um cristão reflete sobre o sujeito portador da graça, ele se torna filósofo.

Se eu ousasse extrair das análises tão diversas que lhes submeti o que poderia ser a conclusão das conclusões a que estas levaram, eu diria que o resultado essencial da filosofia cristã é a afirmação refletida de uma realidade e de uma bondade intrínsecas da natureza, que os gregos não haviam podido pressentir, por não terem conhecido sua origem e seu fim. Não ignoro o aspecto paradoxal dessa tese, mas os fatos aí estão e um contra-senso clássico não deixa de ser um contra-senso, por ser clássico. Não é cometer um, tomar o que os Padres da Igreja e os filósofos da Idade Média dizem da corrupção da natureza pelo que pensam sobre ela? Pois é o que se faz. Ora, fazendo-o, não se comete um simples erro de avaliação sobre a intensidade de um sentimento, mas presta-se a eles um sentimento que eles não tinham e recusa-se um cuja ausência, se não o houvessem sentido, os teria excluído do cristianismo, tal como eles próprios o compreendiam. Como esse erro de perspectiva pode ter se produzido? As causas são, sem dúvida, múltiplas e extremamente complexas, mas há pelo menos uma sobre cuja ação não há dúvidas: a mudança de perspectiva sobre a essência do cristianismo, que se produziu a partir da Reforma e que o jansenismo ajudou a difundir e confirmar.

De fato, o que não é verdade para o cristianismo medieval é para o dos reformadores. Nem os judeus, nem os gregos, nem os romanos a quem o Evangelho foi pregado haviam acreditado que essa pregação significasse a negação da natureza, mesmo decaída, ou a negação correlativa do livre-arbítrio. Muito pelo contrário, nos primeiros séculos da Igreja, ser cristão era essencialmente manter-se a uma justa distância entre Manés, que negava a bondade radical da natureza, e Pelágio, que negava, juntamente com os ferimentos que ela recebera, a necessidade da graça para curá-la. O próprio santo Agostinho, embora a controvérsia antipelagiana tenha feito dele o doutor da graça, poderia ser perfeitamente chamado de doutor do livre-arbítrio, porque, tendo começado por escrever um *De libero arbitrio* antes de conhecer Pelágio, considerou necessário escrever um *De gratia et libero arbitrio* no auge da querela pelagiana. Para encontrar um *De servo arbitrio* temos de aguardar Lutero. Com a Reforma, aparece pela primeira vez essa concepção radical de uma graça que salva o homem sem mudá-lo, de uma justiça que redime a natureza corrompida sem restaurá-la, de um Cristo que perdoa ao pecador os ferimentos que ele se fez, mas não os cura. Ora, à medida que o tempo passava e que o catolicismo medieval perdia sua influência, ocorreu que, por uma singular ilusão de perspectiva, vieram a confundi-lo com o cristianismo dos reformadores, que havia sido a própria negação dele. A partir desse momento, a obra inteira da filosofia medieval não podia mais aparecer senão como um falso disfarce, que aliás não era capaz de enganar ninguém ou, na hipótese mais indulgente, como um ingênuo mal-entendido.

De fato, para quem supõe que a Idade Média não admite a persistência estável da natureza sob o pecado que a feriu, como compreender que seus filósofos puderam querer seriamente uma física, uma moral, uma metafísica enfim, baseada nessa física e nessa moral? Se, por hipótese, tudo o que era para os gregos o objeto próprio da especulação racional já houvesse cessado de existir, por que a filosofia ainda poderia se interessar? Não adiantará nada objetar que, de fato, parece ter havido filósofos na Idade Média. Se eles se imaginaram filósofos, não o podem ter sido, pois seu cristianismo mesmo lhes vedava o acesso à filosofia. Efetivamente, isso seria verdade, se sua posição religiosa tivesse sido tal como a descrevem. Onde não há vontade livre, não há mais luta contra os vícios nem conquista das virtudes, não sobra pois nenhum lugar para a moral. Onde o mundo natural está corrompido, quem ainda iria perder seu tempo lendo a Física de Aristóteles? Como diz Lutero: mais vale escolher o Lixo como tema de desenvolvimento retórico[10]. Resumindo, não teria havido filosofia medieval se os primeiros cristãos houvessem compreendido sua religião como Lutero compreendia a dele. Longe de promover a obra dos pensadores gregos, teriam proibido, como Lutero, a sua leitura e não teriam visto na filosofia mais que um flagelo pestilento, justa vingança sobre o homem de um Deus irritado.

A única dificuldade contra essa tese, mas é uma dificuldade real, está em que, na verdade, a posição dos cristãos da Idade Média era o exato oposto dessa. Lutero sabia muito bem disso, pelo que nunca os perdoou. Para ele, todos os filósofos e teólogos medievais são uns pagãos que acreditam que o pecado original deixou a natureza subsistir e que, restaurada pela graça, ela se torna novamente capaz de agir, de progredir, de merecer. São Boaventura e são Tomás teriam se espantado um pouco vendo-se tratados de pagãos, mas teriam aceitado de bom grado todo o resto. A partir do momento em que se compreende esse ponto, a existência de uma filosofia medieval parece tão natural quanto devia parecer sua condenação ao iniciador da Reforma. Eles precisavam dela, por todas as razões que impediam Lutero de ter uma. Defensores obstinados da graça, eles não o eram menos dessa natureza criada por Deus, duplamente preciosa desde quando um Deus mesmo morrera para salvá-la. Não serão eles que nos deixarão ignorar a grandeza do homem, ao mesmo tempo que sua miséria. Quanto mais o homem conhecer sua dignidade, tanto me-

---

10. "Deinde quod Physica Aristotelis sit prorsus inutilis materia omni penitus aetati. Contentio quaedam est totus liber super re nihili et, velut assumpto argumento, rhetorica exercitatio nullius usus, nisi velis exemplum rhetoricae declamationis cernere, ut si de stercore vel alia re nihil, ingenium et artem quis exerceat. Ira Dei voluit tot saecula his nugis et eisdem nihil intellectis humanum genus occupari... Ejusdem farinae et metaphysica et de anima sunt." Lutero a Spalatin, 13 de março de 1519, ed. Weimar, *Briefwechsel*, t. I, p. 359. No dia 23 de fevereiro de 1519 (t. I, p. 350), ele proporá suprimir um curso sobre a lógica tomista e substituí-lo por lições sobre as *Metamorfoses* de Ovídio, livro I.

lhor sentirá sua glória e, aliás, para que possa referi-la a Deus, o homem tem de conhecê-la: "Ter o que ignoramos que temos, que glória há nisso?"[11] É são Bernardo quem pergunta, e podemos ter certeza de que ele nunca pecou por excesso de indulgência para com a natureza. Ora, se a obra da criação não foi abolida, nada mais útil para esses teólogos do que debruçar-se sobre ela a fim de interrogá-la sobre seu autor ou, como médicos pacientes, procurar encontrar sua forma original sob os males que a desfiguram, para lhe ensinar os remédios deles. Mas como aplicar esses remédios sem conhecer a anatomia da alma e como conhecer a alma sem o corpo, o corpo sem o universo de que ele faz parte? Certamente não é necessário saber essas coisas para pregar a salvação, nem para recebê-la, mas se vier a se constituir uma "ciência salutar", isto é, uma teologia, como é que ela, que ensina a salvar o mundo, se desinteressaria do mundo que quer salvar?

Ora, não encontraremos no Evangelho a ciência desse mundo que o Evangelho vai salvar. Tanto quanto o Antigo Testamento, não era o que o Novo tinha a missão de trazer. Tudo se passava então, para os pensadores da Idade Média, como se eles tivessem sido encarregados da dupla responsabilidade de manter uma filosofia da natureza ao mesmo tempo que edificavam uma teologia da sobrenatureza, e de integrar a primeira à segunda, num sistema coerente. Supor *a priori* que a obra era ruinosa é esquecer mais uma vez o próprio princípio em que se inspirava toda a empreitada desses pensadores. Como teriam eles pensado que a ciência da graça podia atrapalhar a ciência da natureza, se a graça só existia para aperfeiçoar a natureza, depois de restaurá-la? Mas, inversamente, se a natureza só existe como sujeito e ponto de aplicação da graça, como é que a ciência de uma, corretamente conduzida, deveria

---

11. São Bernardo, *De diligendo Deo*, II, ed. Watkin W. Williams, pp. 12-3.

entrar em conflito com a ciência da outra? A única coisa a fazer era tentar; para tentar, era indispensável partir da única filosofia conhecida, a dos gregos, mas era ao mesmo tempo impossível ater-se a ela.

Os Padres da Igreja e os filósofos da Idade Média partiram daí, portanto, nos dois sentidos do termo. Platão e Aristóteles foram para eles aquilo de que se parte e de que, partindo-se, se separa, mas foram também aquilo de que, ao deixá-lo, leva-se algo consigo. Enquanto o homem de Platão e o homem de Aristóteles se imobilizavam no passado da história, o platonismo e o aristotelismo iam continuar a viver uma nova vida, colaborando numa obra para a qual não se sabiam designados. Foi graças a eles que a Idade Média pôde ter uma filosofia. Eles ensinaram a ela a idéia da filosofia – *perfectum opus rationis*; eles assinalaram a ela, junto com os problemas capitais, os princípios racionais que comandam a solução destes e também as técnicas pelas quais são justificados. A dívida da Idade Média para com a Grécia é imensa, nada é mais sabido, mas a dívida do helenismo para com a Idade Média não é menor, e nada é menos sabido, porque a filosofia grega não podia deixar de aprender alguma coisa com essa religião mesma que a Idade Média ensinava. O cristianismo lhe permitiu ganhar novo elã, comunicando-lhe sua própria vitalidade.

Daí o caráter tão particular que a filosofia da Idade Média apresenta e com que às vezes tantos se surpreenderam. Quanto mais lemos os comentários medievais sobre Aristóteles, mais nos convencemos de que seus autores sabiam exatamente qual o sentido do que faziam. São Tomás pode escrever páginas e mais páginas sobre a *Metafísica* sem nunca nos dizer que Aristóteles ensina a criação do mundo, nem que a nega. É que ele sabe perfeitamente que Aristóteles não a ensina, mas o que interessa a ele é ver e mostrar que, embora Aristóteles não tenha tido consciência dessa verdade capital, seus princípios, permanecendo o que eram, nem por isso são menos capazes de portá-la. E só o são com a condição de serem submetidos a um aprofundamento que não estava previsto, mas aprofundá-los assim é torná-los mais conformes ainda à sua própria essência, porque é torná-los mais verdadeiros. Nesse sentido, é correto dizer que não é como historiadores que eles se interessam pela filosofia grega. O Aristóteles da história implica seus fracassos ao mesmo título que seus êxitos; ele é menos feito da verdade que seus princípios podiam portar do que da verdade que viu em seus princípios. Portanto ela o considera com toda a sua grandeza, mas também com os seus limites. E Platão, idem. O que os filósofos da Idade Média lhes perguntam, ao contrário, é nada mais nada menos do que aquilo pelo que são verdadeiros; onde ainda não o são completamente, como podem tornar-se. Elaboração delicada, às vezes sutil, mas em que são Boaventura, são Tomás e Duns Scot sempre dão provas de uma extrema firmeza. Não há nada de artificial no método deles, porque eles nunca forçam os princípios com uma violência que poderia destruí-los, mas os ampliam ou prolongam tanto quanto preciso para fazê-los dizer tudo o que podem dizer e fazê-los externar a totalidade da sua verdade. A idade dos comentadores, como se gosta de chamá-la, foi sobretudo a idade dos filósofos comentadores. Logo, não se deve criticá-los ao mesmo tempo por terem sem cessar o nome de Aristóteles na boca e fazê-lo constantemente dizer o que não disse. Eles nunca se fizeram de historiadores, só quiseram ser filósofos e, a não ser que se exija, não permita Deus!, que a filosofia seja exclusivamente povoada de historiadores da filosofia, a própria história não tem nada a lhes censurar.

Que resta então, na atitude dos mestres medievais, que nos ofende ou que nos incomoda? Nada, talvez, a não ser sua modesta docilidade em se instruir sobre a filosofia antes de trabalhar para o seu progresso. Se isso é um crime, eles o cometeram, e não há remédio. Eles acreditaram que a filosofia não pode ser obra de um homem, qualquer que seja o gênio dele, mas que, como a ciência, ela progride por meio da paciente colaboração das gerações que se sucedem, cada uma das quais se apoiando na precedente, para superá-la. "Somos como anões nos ombros de gigantes", dizia Bernardo de Chartres. "Vemos mais coisas que os antigos, e mais distantes, mas não é nem graças à acuidade da nossa vista, nem pelo elevado da nossa altura, é apenas por eles nos carregarem e nos alçarem com sua estatura gigantesca." Perdemos essa altiva modéstia. Muitos dos nossos contemporâneos querem ficar no chão; considerando uma glória não ver mais nada, contanto que por conta própria, eles se consolam da sua estatura assegurando-se de que são velhos. Triste velhice a que perde a memória. Se fosse verdade, como disseram, que são Tomás era uma criança e Descartes um homem, estaríamos bem perto da decrepitude. Desejemos ao contrário que a eterna juventude do verdadeiro nos guarde por muito tempo na sua infância, cheios de esperança no futuro e de força para nele entrar.

APÊNDICE AO CAPÍTULO XIV

Nota sobre a coerência da mística cisterciense

A coerência da doutrina do amor em são Bernardo foi formalmente posta em dúvida por um historiador cuja opinião nesses assuntos não pode ser desdenhada[1]. Dizer que a doutrina do amor não é perfeitamente coerente no autor do *De diligendo Deo* é dizer que a doutrina mística do maior místico do século XII carece de coerência. Se empreendemos aqui discutir essa conclusão não é por não admirarmos um espírito como o do saudoso p.e Rousselot, porque não há como conhecê-lo sem amá-lo, mas trata-se da unidade e da inteligibilidade de uma doutrina sem a qual a Idade Média não seria, a nosso ver, o que é. O guia de Dante para o êxtase místico conseguiu ou não tirar a limpo o fundamento da sua própria síntese mística? Eis a questão que a crítica do p.e Rousselot nos convida a discutir. Mas, antes de mais nada, qual é a sua crítica?

Posto em termos abstratos, o "problema do amor" poderia ser formulado assim: "Um amor que não seja egoísta é possível? E, se é possível, qual a relação desse puro amor pelo outro com o amor a si, que parece ser o fundo de todas as tendências naturais?" Todos os pensadores da Idade Média concordam em considerar o caso do amor a

---

1. P.e Rousselot, *Pour l'histoire du problème de l'amour au Moyen Âge*, em Beiträge-Bauemker, VI, 6, Münster, 1908.

Deus como o caso tipo desse problema, porque todos estimam que somente Deus é o fim beatificador do homem; mas qual a relação entre o amor e o fim a que ele tende, este é um ponto sobre o qual esses místicos parecem, ao contrário, hesitar entre duas respostas possíveis. De fato, duas concepções do amor dividem seus espíritos: a do amor *físico*, que também poderia chamar-se *greco-tomista*, e a do amor *extático*.

A concepção *física*, isto é, "natural", do amor é encontrada nos pensadores "que fundam todos os amores reais ou possíveis na necessária propensão de todos os seres da natureza a buscar seu próprio bem. Para esses autores, há entre o amor a Deus e o amor a si uma identidade intrínseca, embora secreta, que faz do amor a dupla expressão de um mesmo apetite, o mais profundo ou o mais natural de todos, melhor dizendo, o único natural". Ao contrário disso, a concepção *extática* do amor "é tanto mais acentuada num autor quanto maior o cuidado que ele toma para cortar todas as peias que parecem amarrar o amor ao outro às inclinações egoístas: o amor, para os seguidores dessa escola, é tanto mais perfeito, tanto mais *amor*, quanto mais puser o sujeito completamente fora de si mesmo"[2]. Como se vê, não se trata aqui de dois sistemas opostos, mas antes de duas tendências de sentido contrário e, de fato, quando o p^e Rousselot se pergunta qual das duas domina em são Bernardo, temos de lhe responder que são ambas. Em *De diligendo Deo*, a concepção mística domina, mas nos *Sermões sobre o Cântico dos cânticos*, é a concepção extática que prevalece[3]. Aliás, é por isso que "sua doutrina não é perfeitamente coerente"[4]. Será isso absolutamente certo?

Em primeiro lugar, parece difícil distribuir em dois grupos os textos de são Bernardo e atribuir a cada um des-

---

2. P^e Rousselot, op. cit., pp. 1-4.
3. P^e Rousselot, op. cit., p. 5, nota 1.
4. P^e Rousselot, op. cit., pp. 49-50.

ses grupos certa solução do problema do amor. Para conservar a terminologia do p.ᵉ Rousselot, é incontestável que a concepção *física* do amor se encontra no *De diligendo Deo*, e até que ela desempenha aí um papel essencial, mas não se pode compreender esse papel sem conhecer o sentido exato da terminologia de são Bernardo e situar essa doutrina no conjunto do tratado. Ora, para resolver imediatamente o segundo ponto, é um fato que a concepção extática do amor foi desenvolvida já em 1126, no mesmo *De diligendo Deo* em que a fórmula mais dura da concepção física do amor nos é proposta. Mais exatamente ainda, é no escrito místico mais antigo que são Bernardo nos deixou, sua *Epistola de Caritate* (1125), que ambas se encontram lado a lado. No mesmo capítulo, e com algumas linhas de distância, são Bernardo afirma que nosso amor "começa necessariamente por nós mesmos" e que a consumação desse amor a si é entrar na alegria de Deus, tender por inteiro a Deus, entrar em Deus "como se nos esquecêssemos de nós mesmos de uma maneira maravilhosa e como se nos desfizéssemos inteiramente de nós"[5]. Como sustentar depois disso que a concepção extática é, em são Bernardo, o produto de um desenvolvimento tardio[6]? E

---

5. *De diligendo Deo*, cap. XV, ed. Watkin W. Williams, Cambridge, University Press, 1926, p. 65, 1.14-15 e p. 66, 1.18-19. São Bernardo acrescenta a seu *De diligendo Deo* uma parte da carta escrita a Guiges le Chartreux em resposta ao envio das suas *Meditationes*. Essa carta é a *Epist. XI* da edição Mabillon. *De diligendo Deo* reproduz apenas a parte doutrinal, que começa na segunda frase do art. VIII da carta: "Illa siquidem vera et sincera est caritas..." e termina no fim do art. IX: "... miserationis affectus". Escrita cerca de um ano antes de *De diligendo Deo*, passou a constituir os quatro últimos capítulos dessa obra (cap. XII-XV). Ver a declaração de são Bernardo: "Memini me dudum ad sanctos fratres Cartusienses scripsisse epistolam...", *De diligendo Deo*, XII, ed. cit., p. 58. W. W. Williams observa que, em vez de utilizar o termo *caritas*, como na carta, são Bernardo usa o termo *amor* em *De diligendo Deo*.

6. Será fácil mostrar que, inversamente, nos *Sermões sobre o Cântico dos cânticos* são Bernardo não esqueceu o amor dito *físico*. Veremos claramente isso mais adiante.

como não se indagar se as "intuições" que o acusam de ter deixado passar e os "ilogismos" que lhe reprocham não seriam muito mais um fato do seu historiador do que do próprio são Bernardo? Eis a questão que convém examinar, definindo inicialmente o sentido dos termos que são Bernardo emprega em seu *De diligendo Deo*.

O que se quer dizer quando se fala de um *amor natural* numa doutrina como a de são Bernardo? Para ele, como para santo Agostinho, a *natureza* do homem sempre designa um homem em seu estado concreto, isto é, tal como Deus o criou. Portanto a palavra *natureza* não se opõe nele à palavra *graça*, mais correto seria dizer que ela a evoca. A realidade é a mesma, tanto para santo Agostinho e são Bernardo como para são Tomás. Nem uns nem outros crêem na existência de um estado de *pura natureza*, em que o homem teria subsistido, ainda que por um só instante, sem os dons da graça; mas a terminologia tomista e a terminologia agostiniana não são a mesma. Para são Tomás, os conceitos servem para analisar o concreto; assim, ele chama de natureza do homem a própria essência do homem, concebido como animal racional, com tudo o que pertence a essa essência e nada do que pertence a ele. Nessas condições, quando um tomista fala de um amor natural do homem, entende com isso um amor humano enquanto tal, sem intervenção da graça. Para santo Agostinho e são Bernardo, os conceitos servem para designar o real em sua complexidade concreta, ainda não analisada; assim, se falam de um amor natural, a palavra natureza não exclui necessariamente a graça, porque Deus criou o homem em estado de graça e porque, mesmo quando o homem perdeu essa graça ainda pode recuperá-la. Numa palavra, são Bernardo nunca fala da natureza senão como em posse da graça ou com capacidade de recebê-la.

Apliquemos esse princípio à análise dos textos. É *natural* ao homem começar por amar a si mesmo? Sim, o *De diligendo Deo* afirma. Mas em que sentido é natural? Não é um preceito que Deus nos impõe; o estado em que se encontra necessariamente posta uma natureza enferma e fraca é que faz disso uma obrigação para nós. O que são Bernardo chama de amor carnal – *amor carnalis* –, isto é, o amor de nós mesmos por nós mesmos, é portanto o ponto de partida necessário de toda a evolução ulterior do amor, não porque Deus o impõe a nós, nem porque seja uma coisa excelente por si mesma, mas porque sem esse amor não poderíamos nem sequer subsistir. Para poder amar a Deus é preciso viver e, para viver, é preciso amar a si mesmo[7]. Portanto é antes de tudo um fato e, para começar, não é nada mais que isso.

O homem se vê portanto na seguinte situação: Deus lhe prescreve amá-lo acima de todas as coisas e, na verdade, a fragilidade da natureza humana obriga-o a amar primeiro a si mesmo. Para compreender a razão dessa contradição, é a causa da enfermidade humana que convém levar em conta. Ora, nesse ponto, são Bernardo se exprime bastante claramente para que não nos equivoquemos quanto ao seu pensamento. O amor carnal não é uma ordem de Deus, não é tampouco um erro, mas é o resultado de um erro. É por sermos carnais e por nascermos da concupiscência da carne que nosso amor, ou nossa cupidez, porque é a mesma coisa[8], tem necessariamente de come-

---

7. "Sed quoniam natura fragilior atque infirmior est, ipsi primum imperante necessitate, compelletur inservire; et est amor carnalis, quo ante omnia homo diligit seipsum propter seipsum." *De diligendo Deo*, cap. VIII, ed. Watkin W. Williams, p. 42. Enquanto esse amor a si se limitar à obtenção dos bens necessários à vida, enquanto ele se mantiver "in necessitatis alveo", não há nada a recriminar. Se, como é sua inclinação natural, ele tender ao supérfluo, torna-se perigoso e mau. Portanto é sua necessidade que funda sua legitimidade.

8. São Bernardo não faz distinção entre *amor* e *cupiditas*. Ele emprega uma terminologia clássica, a de santo Agostinho, para quem a cupidez nada mais é que o próprio amor em sua aspiração ao objeto amado: "Amor ergo inhians habere quod amatur, cupiditas est, ... proinde mala sunt ista, si malus est amor; bona, si bonus." Santo Agostinho, *De civ. Dei*, XIV, 7, *Patr. lat.*, t. 41, col. 410. Se nos reportarmos a todo esse capítulo, veremos que santo Agos-

çar pela carne. Esse amor ou essa cupidez poderão em seguida ser retificados pela graça e dirigidos de acordo com a ordem que convém para a finalidade espiritual mais elevada; mas não é pelo espiritual que começa um homem nascido do pecado, é pelo animal e pelo carnal[9]. Em outras palavras, a necessidade de fato em que nos encontramos de dirigir primeiro nosso amor para nós mesmos resulta de termos nascido da concupiscência, que por sua vez é uma conseqüência do pecado original[10]. O *amor carnalis* é portanto o amor pelo qual começa necessariamente uma carne desde então vendida ao pecado; o amor *natural* a si é o amor que se tornou natural para uma humanidade decaída; mas, se tomarmos a natureza assim em seu estado concreto e, de certo modo, histórico, não basta considerar a decadência da humanidade; porque sua decadência só pode ser medida em relação a uma graça e, como o que ela conservou dessa graça também faz parte da sua natureza, não se pode descrever completamente o amor *natural* do homem sem levar em conta ao mesmo tempo sua miséria e suas possibilidades de reerguer-se.

O homem não é a imagem de Deus, porque só há uma Imagem de Deus: o Verbo. Mas o homem é uma ima-

---

tinho se recusa a opor *caritas*, *dilectio* e *amor*. Há um amor bom e, nesse caso, o amor é caridade ou dileção; o que pode opor o amor à caridade não é o fato de ser ele amor, mas de ser mau. É a mesma coisa no caso da *cupiditas*. Se o amor é bom, a cupidez é boa. Pode existir portanto uma cupidez da caridade, que é a própria aspiração da caridade voltada para Deus.

9. "Verum tamen quia carnales sumus, et de carnis concupiscentia nascimur, necesse est cupiditas vel amor noster a carne incipiat, quae si recto ordine dirigitur, quibusdam suis gradibus duce gratia proficiens, spiritu tandem consummabitur, quia non prius quod spirituale, sed quod animale, deinde quod spirituale." *De diligendo Deo*, cap. XV, p. 65.

10. Além de a expressão "de carnis concupiscentia" não dar margem a nenhuma dúvida, o "quia carnales" remete naturalmente ao texto de são Paulo: "Scimus enim quia lex spiritualis est, ego autem carnalis sum, venumdatus sub peccato", Rm 7, 14. Esse texto é o início do célebre desenvolvimento sobre a incapacidade do homem de fazer o bem que deseja. Assim, não há dúvida possível sobre o sentido de *carnalis*, nem de *concupiscentia*, e é claramente da concupiscência conseqüência do pecado que se trata.

gem dessa Imagem, e é por isso que a Bíblia diz que ele foi feito *ad imaginem*. O que essa expressão significa é que o homem foi criado por Deus num estado de elevada dignidade e capaz de participar da majestade divina: *celsa creatura in capacitate majestatis*. É essa a sua grandeza e, como ela lhe foi conferida pelo próprio ato criador, é inseparável dele. Sem dúvida, a grandeza da alma não é idêntica à alma, mas é como que a sua forma. Ora, por um lado, *nulla forma est id cujus est forma*, de sorte que a alma permanece distinta do que faz sua grandeza, mas, por outro, não poderia perder sua forma sem deixar de ser ela mesma, de sorte que não se pode conceber que ela seja separada desta[11]. Em compensação, essa alma não foi apenas criada capaz das coisas celestes, mas desejosa desses bens – *appetens supernorum* – e, por isso, foi criada num estado de retidão. Perdendo essa retidão com o pecado, ela se curvou para as coisas terrestres; portanto, de *recta* que era, tornou-se *curva*; mas, perdendo embora sua retidão, não perdeu sua grandeza, porque ainda conserva sua forma e, mesmo em sua miséria, ainda continua a ser *etiam sic aeternitatis capax*. Se assim não fosse, se a grandeza congênita da alma fosse suprimida pelo pecado, não lhe restaria mais nenhuma esperança de salvação, porque, para ela, perder sua grandeza seria perder essa capacidade das coisas celestes que a constitui: *non superesset spes salutatis; nam si desinat magna esse, et capax*[12]. Eis portanto o que

---

11. São Bernardo, *In Cant. cantic.*, sermo 80, art. 5, *Patr. lat.*, 7. 183, c. 1168.

12. *In Cant. cantic.*, 80, 3. Temos pois o seguinte esquema:

Anima	*Magna*	*Recta*	*Curva*
ad	quo	quo	quo
imaginem	capax	appetens	appetens
	aeternorum	supernorum	terrestrium
	(forma animae)		

A qualidade *magna* é inseparável; as qualidades *recta* e *curva* são separáveis. A doutrina de são Bernardo é aqui bem próxima da de santo Anselmo.

é, para nós, ser feitos à imagem de Deus. Qual o significado desse estado de imagem em relação ao amor místico?

Ele nos permite primeiro compreender o que há de viciado em nós, logo também o que é preciso reformar para restituir em nós a natureza humana primitiva e, *por isso mesmo*, permitir que o homem se entregue ao abraço místico do Verbo: *ut ad amplexus Verbi fidenter accedat*[13]. O que resta semelhante a Deus, após o pecado, é a grandeza da alma, sua forma. O que é dessemelhante é a encurvação, a curvatura da alma para a terra, a perda da sua retidão. Enquanto a alma era direita, ela amava a Deus e não obedecia a nenhuma lei, salvo a do amor divino; a partir do momento em que ama as coisas terrestres, ela se submete à lei do temor e perde a liberdade do amor. Não é que o temor aniquile seu livre-arbítrio, porque, idêntico à vontade, este é e será sempre indestrutível; o temor destrói portanto bem menos que a vontade, mas reveste, de certo modo, uma roupagem que encobre esta e sob a qual desaparece por um tempo a liberdade espiritual do bem de que o amor o havia dotado: *non tamen ut libertate propria nudaretur, sed superindueretur*. Os males de que a alma padece então não substituem os bens naturais que ela recebeu do seu criador, mas adicionam-se a eles e perturbam, deformam uma ordem que não seriam capazes de aniquilar[14].

Uma conseqüência capital dessa desordem é que, tornando-se dessemelhante a Deus, a alma, que por natureza é semelhante a Deus, torna-se dessemelhante a si. Falsa e traidora da sua natureza mesma, que é de ser um análogo divino, ela cessa ao mesmo tempo de se assemelhar a Deus e a si mesma: *unde anima dissimilis Deo, unde dissimilis*

---

13. *In Cant. cantic.*, 81, 1, c. 1171 c.
14. *In Cant. cantic.*, 82, 4-5: "Itaque bonis naturae mala adventitia dum non succedunt, sed accedunt, turpant utique ea, non exterminant, conturbant, non deturbant." *Patr. lat.*, t. 183, c. 1179-1180.

et sibi[15]. Ora, consciente de que é ela mesma, ela não pode nem ignorar a capacidade de grandeza que subsiste nela, como inerente à sua natureza, nem a cruel perda de grandeza de que é naturalmente capaz. Em outras palavras, ela ainda se sente semelhante a Deus e fiel à sua própria natureza, já que sua aptidão ao divino subsiste, mas sente-se ao mesmo tempo infiel a Deus e à sua verdadeira natureza; daí esse cruel dilaceramento da alma que, sentindo-se ainda semelhante e vendo-se em parte diferente, experimenta um horror a si que constitui o trágico íntimo da vida do pecador[16]. A partir desse momento, a alma deseja recuperar sua semelhança plena a Deus e a si mesma, eliminando a dessemelhança que a separa ao mesmo tempo dele e dela. Ela só pode fazê-lo pela caridade e pela graça. Ora, recuperar a caridade não é apenas tornar-se novamente semelhante a Deus, logo a si mesma, mas também é, já que a alma se conhece e se vê intimamente, ver Deus na imagem enfim restaurada pela graça, em que ele se mira desde então com complacência. Daí este texto magnífico, em que todas as idéias mestras da mística cisterciense se acavalam com uma poderosa densidade: "Claro, é uma semelhança surpreendente e admirável aquela que a visão de Deus acompanha, ou melhor, *que é essa visão mesma* [assim, a *similitudo* participada pela alma se identifica aqui com a *visio*, como se fosse uma mesma coisa ver a Deus e tornar-se semelhante a ele], e quero dizer com isso *in caritate*. A caridade é que é essa visão, *caritas illa visio*. Ela é que é a semelhança. Quem não se maravilharia com essa caridade de um Deus desprezado que nos chama? Sem dúvida é com razão que aquele malvado, que nós representávamos como usurpando a semelhança de Deus, é repreendido, já que amando a iniqüidade ele não pode amar nem a Deus nem a si mesmo. Porque está escrito

---

15. *In Cant. cantic.*, 82, 5, c. 1179.
16. *In Cant. cantic.*, 82, 6, c. 1180.

que amar a iniqüidade é odiar a sua alma. Portanto, sendo retirada a iniqüidade, que causa entre a alma e Deus essa diferença parcial [porque a grandeza da alma, sua capacidade de Deus, lhe resta], haverá entre ambos uma união perfeita de espírito, uma visão natural e um amor recíproco. Chegando o que é perfeito, o que é somente parcial desaparece, e haverá entre Deus e a alma um amor casto [totalmente desinteressado] e consumado, um conhecimento pleno, uma visão manifesta, uma conjunção sólida, uma sociedade indivisível, uma semelhança perfeita. Então a alma conhecerá a Deus como é conhecida dele; ela o amará como é amada por ele; o esposo encontrará sua alegria na esposa, cognoscente e conhecido, amante e amado, Jesus Cristo Nosso Senhor, que, sendo Deus, é abençoado acima de todas as coisas pelos séculos dos séculos."[17]

Para quem apreende esse ponto central, a coerência da mística cisterciense aparece com toda a sua plenitude, e as antinomias que imaginamos perceber se dissipam. Perguntamo-nos como é possível conciliar o amor a si com o amor a Deus. Não há nenhuma dificuldade nisso. Para um ser que é uma imagem, quanto mais ele se torna semelhante a Deus, mais permanece fiel a si. Ora, o que é Deus? Deus é amor: *Deus caritas est* (I Jo 4, 8); isto é, sendo caridade por essência, ele vive de caridade. Sua caridade é ele, logo é sua vida, e podemos dizer também que, em certo sentido, é sua lei. A mística cisterciense é inteiramente pendente de uma teologia da Trindade, cuja idéia central parece ser a de que Deus mesmo vive de uma lei e que a lei que rege a vida íntima de Deus é o amor. O Pai gera o Filho, e o vínculo que une o Filho ao Pai, como une o Pai ao Filho, é o Espírito, que é o amor mútuo dos dois. A caridade é portanto, por assim dizer, o vínculo que assegura a unidade da vida divina e, por isso mesmo, a paz divina, a beatitude divina; não uma caridade que se acrescenta a

---

17. *In Cant. cantic.*, 82, 8, *Patr. lat.*, t. 183, c. 1181.

Deus, mas sim uma caridade que é *substantiam illam divinam*, a própria substância divina. Em nós, e participada, a caridade não é mais a substância de Deus, mas o dom de Deus[18]. Tudo acontece portanto como se Deus mesmo vivesse de uma lei substancial – *nec absurdum videatur quod dixi etiam Deum vivere ex lege* – e como se essa lei de amor, participada pelas coisas, fosse a lei eterna, criadora e diretora do universo, mais particularmente do homem, em que ela reina como caridade. "Cum ipsa quoque lex omnium sine lege non sit, non tamen alia quam seipsa, qua et seipsam, etsi non creavit, regit tamen."[19] Eis o que é a pedra angular teológica da obra inteira, porque o servo também vive de uma lei, o temor, que entretanto não é a lei de Deus; o mercenário também vive de uma lei, que é uma lei de amor, mas, como é a do amor a si, ele vive submetido a uma lei que fez para si e que não é portanto a lei de Deus. Contudo nem o servo nem o mercenário podem impedir que a lei divina exista; eles não podem nem sequer fazer com que as leis que eles deram a si mesmos não estejam submetidas àquela. Preferindo sua vontade própria à de Deus, o homem quis, com uma vontade perversa, imitar seu criador, isto é, governar-se por sua própria lei, mas, rejeitando a lei divina da caridade, ele a transformou numa lei penal que o oprime. O justo, ao contrário, assumindo o jugo divino do amor, não está mais *sob o império* de uma lei, mas nem por isso é *sem* lei: *non sub lege, nec sine lege*. Só que a lei que ele faz sua é a própria lei de Deus. É num sentido muito profundo que ele pede cada dia a Deus que sua vontade seja feita assim na terra como no céu, isto é, assim como Deus vive eter-

---

18. "Dicitur ergo recte caritas et Deus et Dei donum. Itaque caritas dat caritatem, substantiva accidentalem. Ubi dantem significat, nomen substantiae est; ubi donum, qualitatis." *De gradibus humilitatis*, cap. XII, ed. Cambridge, p. 61, 3-4. Cf. santo Agostinho, *De Trinitate*, XV, 19, 37.
19. *De gradibus humilitatis*, cap. XII, ed. cit., p. 61, 7-9. *In Cant. cantic.*, VIII, 3.

namente do amor da sua própria perfeição, assim também a vontade do homem não queira na terra nada além da perfeição de Deus. Mas amar a Deus como ele se ama é verdadeiramente estar unido a ele por sua vontade, reproduzir em si a vida divina, viver como Deus, tornar-se semelhante a Deus, numa palavra: deificar-se. A maravilha é que isso também é tornar-se ou voltar a ser si mesmo, reencontrar a própria essência do homem realizando a finalidade desta, eliminar radicalmente essa dessemelhança dolorosa que separa a alma da sua verdadeira natureza. Perdendo o que a fez não ser mais ela mesma, senão em parte, ela se reencontra por inteiro, tal como era ao sair das mãos de Deus. Onde está pois a oposição interna que se imagina ver entre o amor a Deus e o amor a si mesmo? O homem é tanto mais plenamente si mesmo quanto é mais plenamente amor a Deus, por Deus.

A segunda antinomia não resiste ao exame mais que a primeira. É bastante correto dizer que o êxtase cisterciense é ao mesmo tempo aniquilação e plenitude, mas como ver nessa dupla asserção simultânea um desvio ou um embaraço interno do pensamento de são Bernardo? Em primeiro lugar, os textos cistercienses nunca falam de uma aniquilação, mas só de uma quase aniquilação, e há que ver o que está aniquilado: a dessemelhança. O ferro rubro ao fogo parece não ser mais que fogo; o ar atravessado pela luz parece não ser mais que luz; mas o ferro, que não é mais que o sujeito portador do fogo, o ar, que não é mais que o sujeito portador da luz, ainda estão presentes para portá-los. Essas comparações, tomadas de Máximo, o Confessor, e que vêm de mais longe ainda, significam a persistência do homem sob a caridade, muito mais do que o excluem. Basta pensar nas expressões que são Bernardo usa para ver exatamente os limites além dos quais elas nos proíbem ir: a gota d'água, misturada ao vinho, *deficere a se tota videtur*, parece dissolver-se. Do mesmo modo, sob a ação da graça, a vontade do homem parece dissolver-se e passar para a vontade de Deus, mas de uma maneira misteriosa: *quodam ineffabili modo*. Do mesmo modo, enfim, mesmo onde nada do homem resta no homem, a substância do homem permanece salva e assim permanecerá até na visão beatífica: *manebit quidem substantia, sed in alia forma*[20]. Numa palavra, a substância da alma é indestrutível; ser aniquilado em Deus é perder sua vontade própria, isto é, a vontade separadora que torna o homem ao mesmo tempo diferente de Deus e de si mesmo; é portanto tornar-se, ao mesmo tempo que uma imagem perfeita de Deus, uma plenitude humana. A caridade inicia essa restauração do homem; o êxtase a realiza tanto quanto ela pode ser realizada nesta vida; a visão beatífica a consuma.

Compreende-se então facilmente o caráter próprio da mística cisterciense: ela repousa inteiramente num esforço consciente para completar a semelhança natural da alma a Deus por uma conformidade cada vez mais plenamente realizada da vontade humana com a vontade divina. Amar a Deus é fazer de sorte que Deus se ame em nós como se ama nele. É esse o verdadeiro sentido do casamento místico: "Talis conformitas maritat animam Verbo, cum cui videlicet similis est per naturam, similem nihilominus se exhibet per voluntatem, diligens sicut dilecta est. Ergo si perfecte diligit, nupsit." O abraço mútuo de Deus e da alma é a união das vontades de ambos: "Complexus, plane, ubi idem velle et nolle idem unum facit spiritum de duobus." Amor mais forte que o respeito, que é de si mesmo sua causa e seu fruto, já que é amor ao Amor mesmo; amor desigual, já que o homem é desigual a Deus, mas que pelo menos pode querer-se total e até pode sê-lo, já que é Deus que o dá e já que nós apenas o restituímos a ele[21]. Toda a doutrina do amor desinteressado (*castus*) e, no entanto, recompensado se prende ao fato de que a caridade não é

---

20. *De diligendo Deo*, X, ed. cit., pp. 49-50.
21. *In Cant. cantic.*, 83, 2-3, *Patr. lat.*, t. 183, c. 1182.

somente amor da alma por um ser que a ama, mas pela própria substância do amor, fim além do qual já não há outro fim.

Se descrevi a mística de são Bernardo como uma mística cisterciense, é que de fato ela se encontra, quanto à essência, nos outros representantes da mesma escola. Guilherme de Saint-Thierry, cuja grandeza é injustamente desconsiderada, exprimiu com uma força singular o papel da graça na restauração da imagem e da identidade profunda do ato pelo qual o homem se torna si mesmo tornando-se semelhante a Deus: "Quando tu nos amas, tu nos amas por causa de ti, assim como a regra tão verdadeira da justiça suprema não nos permite, tampouco a nós, amar nada fora de ti. E, claro, o amor daquele que ama a Deus, se a graça for grande, pode ir até o ponto em que ele não ama mais nem a ti, nem a si por si mesmo, mas a ti e a si mesmo só por ti. Com isso, ele é reformado à tua imagem, à qual tu o criaste, tu que, na verdade da tua natureza soberana e na natureza da tua verdade, não podes amar nada, nem ao homem, nem ao Anjo, nem a ti mesmo, senão por causa de ti."[22] Ora, tornar-se semelhante a Deus é, para o homem, realizar os desejos da sua verdadeira natureza: "Ipse enim imago Dei est. Et per hoc quod imago Dei est, intelligibile ei fit, et se posse, et debere inhaerere ei cujus imago est."[23] Mas tornar-se semelhante a Deus é querer o que Deus quer: "Velle autem quod Deus vult, hoc est jam similem Deo esse. Non posse velle nisi quod Deus vult, hoc est jam esse quod Deus est, cui velle et esse idipsum est."[24] Só resta então um derradeiro passo para reconhecer que uma imagem que alcança a perfeição da semelhança alcança, por definição, sua própria perfeição. O autor da *Epistola* não

---

22. Guilherme de Saint-Thierry, *De contemplando Deo*, IV, 9, *Patr. lat.*, t. 184, c. 372.
23. *Epist. ad fratres de Monte Dei*, II, 2, 5, *Patr. lat.*, t. 184, c. 341-342.
24. Op. cit., II, 3, 15, c. 348 B.

demora a dá-lo: "[*Et haec est hominis perfectio, similitudo Dei*] Ser semelhante a Deus, eis para o homem a perfeição. Não querer ser perfeito é um delito. Portanto há que alimentar sempre a vontade dessa perfeição, preparar o amor, obrigar a vontade a ela, para que ela não se dissipe em coisas estranhas. Preservemos o amor da sua corrupção, porque é somente para isto que fomos criados e que vivemos: ser semelhantes a Deus, nós, que fomos criados à imagem de Deus."[25] Depois disso, não é de causar espécie que a divinização do homem se faça pela união da sua vontade à vontade divina, no abraço da caridade, e que a visão de Deus sempre se faça acompanhar de uma conformidade mais estreita da imagem ao seu modelo: "Similitudine ei appropinquans, a quo longe factus est per dissimilitudinem; et sic expressiorem visionem expressior semper similitudo comitatur."[26]

Se é mesmo assim, não é somente a coerência interna da mística cisterciense que está garantida, mas talvez também, em certa medida, a continuidade histórica e doutrinal da mística medieval. A concepção física ou "greco-tomista" do amor merece sem dúvida o nome de física, mas contanto que se entenda por isso uma natureza cristã criada à imagem do seu criador, isto é, muito pouco grega e muito tomista. Ao que parece, abusaram um pouco da comparação célebre entre o amor do homem por Deus e o amor da parte pelo todo. Porque o homem não é uma parte de que Deus seria o todo, mas um análogo, uma similitude do seu princípio, e é por isso que, conforme a célebre fórmula do *Contra gentes*, III, 24: "Propter hoc igitur tendit in proprium bonum, quia tendit in divinam similitudinem." Se assim é, a noção de imagem, cujo papel domina até a própria filosofia da natureza e que orienta o desejo de todo ser criado, deve proporcionar no tomismo,

---

25. Op. cit., II, 3, 16, c. 348 C.
26. Op. cit., II, 3, 18, c. 350 A.

bem como na mística cisterciense, a convergência da perfeição própria do homem e da sua submissão completa à vontade divina. Os fragmentos da história melhor compreendida tendem talvez por eles mesmos a reconstituir uma unidade.

NOTAS BIBLIOGRÁFICAS

Para servir à história da noção de filosofia cristã

O leitor não encontrará nas notas que seguem nem uma bibliografia das obras citadas neste volume, pois suas referências foram integralmente dadas no texto, tampouco uma bibliografia completa da história da noção de filosofia cristã. Essa história está toda por escrever, e não pretendi nem sequer esboçá-la. Simplesmente assinalei, dentre os textos que tive em mãos, os que apresentam algum interesse para ela. Limitei-me estritamente seja aos que empregam a expressão *filosofia cristã* ou expressões equivalentes, seja aos que, sem lhe dar seu nome, giram em torno dessa noção e podem esclarecer seu sentido. As obras assinaladas estão dispostas em ordem cronológica; as edições citadas são as que utilizei; alguns autores, cuja posição havia sido suficientemente indicada nas notas de rodapé, foram omitidos.

1. Agostinho, santo – A expressão é rara em santo Agostinho, encontrei-a uma só vez, embora talvez seja possível encontrá-la em outros trechos: "Obsecro te, non sit honestior philosophia gentium, quam nostra Christiana, quae una est vera philosophia, quandoquidem studium vel amor sapientiae significatur hoc nomine... Erubescamus interim variis disputationibus impiorum, qui didicimus in vera verae pietatis sanctaque philosophia, et contra spiritum carnem, et contra carnem concupiscere spiritum (Gl 5, 17)." *Cont. Julian. Pelag.*, IV, 14, 72, *Patr. lat.*, t. XLIV, col. 774. Comparar com este texto, em que os profetas são apresentados como os verdadeiros filósofos dos israelitas: "Ipsi eis erant philosophi, hoc est, amatores sapientiae, ipsi sapientes, ipsi theologi, ipsi prophetae, ipsi doctores probitatis atque pietatis." *De civ. Dei*, XVIII, 42, 3. Cf. op. cit., X, 32, onde a religião cristã é apresentada, contra Porfírio, como *philosophia verissima*,

porque "universalem continet viam animae liberandae". "Porro si paucis divinitus datum est verae philosophiae contra miserias hujus vitae unicum exilium, satis et hinc apparet humanum genus ad luendas miseriarum poenas esse damnatum", op. cit., XXII, 22, 6. Uma copiosa coletânea de textos nesse sentido pode ser encontrada em A. Victor (ver n. 7), ed. J. Fabre, parte I, cap. 1-29. Parece, resumindo, que a filosofia cristã não significa, em Agostinho, nada além de religião cristã, o que estaria de acordo com sua famosa fórmula, retomada mais tarde por Erigena e Malebranche (ver nº 8): a Religião é a verdadeira filosofia. Eis o texto de Agostinho, com o comentário de Erigena: "Sic enim, ut ait sanctus Augustinus, creditur et docetur, quod est humanae salutis caput, non aliam esse philosophiam, id est, sapientiae studium, et aliam religionem, cum hi, quorum doctrinam non approbamus, nec sacramenta nobiscum communicant. 'Quid est aliud de philosophia tractare, nisi verae religionis, qua summa et principalis omnium rerum causa, Deus, et humiliter colitur, et rationabiliter investigatur, regulas exponere? Conficitur inde veram esse philosophiam veram religionem, conversimque veram religionem esse veram philosophiam'." J. Scotus Erigena, *De praedestinatione*, I, 1, *Patr. lat.*, t. CXXII, col. 357-358.

2. Erasmo, D. – *Enchiridion militis Christiani*, em *Desid. Erasmo Roter. Opera omnia*, Lugduni Batav, 1704, in-fol., t. V, col. 2-66.

Cap. II: utilidade para o jovem de se iniciar na filosofia grega, mas sem se deter muito nela, e muito menos ficar. Toma como referências são Basílio, santo Agostinho e são Jerônimo. A poesia de Homero e de Virgílio é totalmente alegórica: "Breviter, omnem Ethnicam litteraturam delibare profuerit, siquidem id fiat, ut dixi, et annis idoneis et modice, tunc cautim et cum delectu; deinde cursim et peregrinatis, non habitantis more; postremo, quod est praecipuum, si omnia ad Christum referantur" (col. 7-8). Cap. III: toda verdadeira sabedoria vem de Cristo; ele próprio é a verdadeira Sabedoria (col. 9-12). Esse escrito gira em torno da idéia de filosofia cristã, sem abordá-la diretamente.

– *Ratio seu methodus compendio perveniendi ad veram theologiam*, t. V, col. 75-138.

A teologia oposta à filosofia grega; é uma "philosophia coelestis"; "Christi coelestem philosophiam" (col. 83 D), e não se deve corrompê-la misturando a ela demasiada filosofia grega. Novos dogmas, desconhecidos dos filósofos e introduzidos por Cristo (84 E). Protesto contra o abuso dos comentários escolásticos e o esquecimento das Escrituras (132 D; cf. 133 F-138 C). Erasmo tem por alvo

sobretudo Scot e Ockham, mas fala com respeito de são Tomás neste escrito.
– *Paraclesis, id est adhortatio ad christianae philosophiae studium*, t. V, col. 137-144.
Esse curto tratado é o texto mais importante de Erasmo sobre o tema. A "philosophia Christi" é esquecida ou ridicularizada por seus contemporâneos; ele quer chamá-los de volta a Cristo, que é o único doutor (139 B-D); é no batismo que se encontra "prima Christianae philosophiae professio" (140 D). Definição da *filosofia cristã*: "... id quod est in Christiana Philosophia praecipuum, non dicam corrumpimus: sed quod negari non potest, ad paucos homines contrahimus rem, qua Christus nihil voluit esse communius. Hoc philosophiae genus in affectibus situm verius quam in syllogismis, vita est magis quam disputatio, afflatus potius quam eruditio, transformatio magis quam ratio" (141 E). "Quid autem aliud est Christi philosophia, quam ipse renascentiam vocat, quam instauratio bene conditae naturae?" (141 F). Ela só se encontra no Evangelho e nos escritos apostólicos (142 CD). Contra os escolásticos (143 AD).

Sobre a colocação do problema por Erasmo, consultar A. Humbert, *Les origines de la théologie moderne*, Paris, J. Gabalda, 1911, in-12, 358 pp., em particular o cap. IV: "*Philosophia Christi*", pp. 179-223. A. Renaudet, *Érasme, sa pensée religieuse et son action d'après sa correspondance (1518-1521)*, Paris, Alcan, 1926, cap. I, *Philosophie du Christ et réforme religieuse*.

3. *Catechismus concilii Tridentini*, pars I, cap. 2, art. 6: "In hoc enim multum inter se differunt Christiana Philosophia et hujus saeculi sapientia...", etc.

4. Suarez, fr. – *Metaphysicae Disputationes (1597)*, ver o segundo parágrafo da obra, em *Ratio et discursus totius operis*: "Ita vero in hoc opere philosophum ago, ut semper tamen prae oculis habeam nostram philosophiam debere christianam esse, ac divinae Theologiae ministram", em *Opera omnia*, Paris, Vivès, 1861, t. XXV, início, sem numeração de páginas.

5. Javellus, Chrys., O.P. – *In universam moralem Aristotelis, Platonis et christianam philosophiam epitome in certas partes distinctae...* Lugduni, H. de la Garde, 1646, in-fol., 768 pp. e índice (Bibl. Nat., R. 946).
Sobre Javelli, consultar M.-D. Chenu, *Javelli* (verb.) no *Dict. de théol. catholique*, t. VIII, col. 535-536. Do mesmo autor: *Note pour l'histoire de la philosophie chrétienne*, em *Revue des sciences philo-*

sophiques et théologiques, t. XXI, 1932. O p^e Chenu nota com razão que o título foi sugerido por Erasmo (a 1ª ed. de Javelli data de 1640) e que essa filosofia é uma teologia. Podemos acrescentar que tudo se passa como se esse dominicano tivesse como projeto constituir uma "filosofia cristã", atendendo à aspiração de Erasmo. Na verdade, é uma moral. Está ligada à Antiguidade por intermédio de Aristóteles e, mais ainda, de Platão; ela é simples, essencialmente religiosa e mais parenética do que dialética. Sobre o espírito que a anima, ver principalmente, em *Christiana philosophia* (pp. 378-665), a parte I, 1, *De celsitudine divinae et christianae philosophiae moralis*. A moral cristã prevalece sobre as outras, porque: 1º depende de Deus (p. 379); 2º seus intérpretes estão em concordância (p. 380); 3º ela é mais completa (pp. 380-1); 4º pura de todo erro (pp. 381-2); 5º fecunda em resultados excelentes (pp. 382-7). O corpo da obra compreende o estudo das virtudes teologais e cardeais ("prudentia christiana, justitia christiana", etc.), dos sete pecados capitais, dos sete dons do Espírito Santo, das boas obras, das sete Beatitudes e do Soberano Bem. O resto do volume reproduz dois escritos anteriores de Javelli: *Philosophia civilis christiana* (a cidade cristã, o príncipe cristão, o povo cristão) e a *Philosophia oeconomica christiana* (a família cristã, seus membros e suas funções). Cf. nº 14: Goudin.

    6. Balzac, J.-L. Guez de – *Socrate chrestien*, Paris, A. Courbe, 1652, in-12.

    Em particular, *Discours cinquiesme, De la trop grande subtilité dans les choses de religion*: "E em vosso entender [Deus] não teria enviado o são Tomás dos últimos tempos aos sucessores de Aristóteles, a fim de tratá-los de acordo com o humor deles e convertê-los ao modo deles, a fim de ganhá-los por seus silogismos e por sua dialética? Esse são Tomás da Escola não teria sido escolhido para ser o apóstolo da nação dos peripatéticos, que ainda não estava bem submissa e bem domada...", etc., pp. 72-3. Cf. *Discours sixiesme*, pp. 106-8; *Discours onziesme*, pp. 270-307: "Quero acompanhar Moisés a qualquer preço... O que ouvi, admirei; o que não ouço, admiro mais ainda. Alguém disse isso outrora da física de um filósofo pagão; não me será permitido dizer da metafísica cristã (pp. 275-6)? A humildade, virtude desconhecida de Aristóteles, é essencial para compreendê-la" (pp. 278-82). *Discours douziesme*, relações entre a autoridade e a razão (pp. 320-6). Acrescente-se a esse tratado a *Apologie contre le docteur de Louvain*, pp. 355-96, e todo o resto do volume, notadamente os ensaios destinados a Descartes, que contêm observações sobre a questão. O *Sócrates cristão*, que não costuma ser tido como mais do que um exercício de retórica, adquire certa unidade quando estudado em função do problema da filosofia cristã.

7. Ambrósio Vítor (André Martin, do Oratório) – *Philosophia christiana Ambrosio Victore theologo collectore*, Paris, 1667, 5 vol., in-12.

A filosofia cristã é identificada com a filosofia de santo Agostinho. A obra é um mosaico de textos emprestados de santo Agostinho e agrupados numa ordem sistemática. A noção de filosofia cristã é explicada no prefácio: "Ipsam vero [*scil*. Philosophiam] habita finis sui ratione, Christianam Philosophiam merito dici posse facile concesserit, quisquis verum ac proprium illius finem et scopum non esse nisi veritatis aeternae, id est, veri summique Dei amorem castum ac sincerum meminerit." Cf. vol. I, cap. VI: "Sapientiam christianam seu religionem christianam naturales intellectualis creaturae vires superare; ipsamque sapientiam naturalem, in hoc statu, non sine aliquo divinae gratiae adjutorio, in philosophorum mentibus sese explicare et perfectionem obtinere." Sobre a obra de Ambrósio Vítor, consultar H. Gouhier, *La vocation de Malebranche*, Paris, J. Vrin, 1926, pp. 78-9. Sobre as relações de Malebranche com A. Vítor, ver H. Gouhier, *La philosophie de Malebranche*, Paris, J. Vrin, 1926, pp. 411-20.

8. Malebranche, N. – A expressão "filosofia dos pagãos" não é rara na pena de Malebranche. Sua oposição ao que ele designa assim (Aristóteles e a escolástica aristotélica) é um tema tão característico do seu pensamento que seu melhor historiador define sua doutrina como uma "*filosofia cristã*, que se deveria escrever com hífen", H. Gouhier, *La vocation de Malebranche*, p. 127. Nada mais justo (ver op. cit., pp. 108-64). Não tenho certeza, porém, de que a expressão "filosofia cristã" possa ser encontrada em suas obras. Encontramos com freqüência "filósofos pagãos" e "filósofos cristãos"; também encontramos "filosofia pagã", mas o que ele opõe a esta é a "filosofia verdadeira" (Malebranche, *Recherche de la verité*, prefácio). Como ele conhecia bem A. Vítor, podemos nos perguntar se não terá evitado intencionalmente o termo, que todo historiador considerará necessário quando se tratar dele. Talvez ele quisesse assinalar com isso que a filosofia dos cristãos é, de fato, a filosofia verdadeira (ver mais acima: Agostinho, santo), isto é, a filosofia simplesmente, sem epíteto, e não uma espécie do gênero filosofia, de que a filosofia pagã seria a outra espécie: "A Religião é a verdadeira filosofia"

(*Tratado de moral*, I, 2, 11). Se a expressão não se encontrar na sua pena, teremos um problema.

9. Spizelius, Th. – *Literatus felicissimus, sacrae metanoeae proselytus; sive de conversione literatorum commentarius*, Augustae Vindelicorum, 1685, in-16, 555 pp.

Esse volume, ornado com um frontispício interessante para a história da noção de filosofia cristã, contém no fim o seguinte escrito do mesmo autor: *Pius literati hominis secessus, sive a profanae doctrinae vanitate ad sinceram pietatem manuduction*, ed. Altera, priore emendatior, 1685, pp. 401-547. Ressalta a necessidade de renunciar à vaidade do século para alcançar a filosofia cristã; reúne textos de são Basílio, Teófilo de Antióquia, Justino Mártir, Agostinho, Hilário de Poitiers, João Crisóstomo, santo Efrém, são Jerônimo, são Bernardo. A inspiração é nitidamente erasmiana, aliás um fragmento de Erasmo é dado em apêndice, pp. 548-51.

10. Thomassin, L. – *La méthode d'étudier et d'enseigner chrétiennement et solidement la philosophie par rapport à la religion chrétienne et aux Écritures*, Paris, Muguet, 1685, in-8º, 754 pp.

Insiste do começo ao fim no estreito parentesco entre a filosofia dos antigos e a filosofia dos cristãos. O estudo da filosofia antiga é uma propedêutica à religião cristã. Assinala, sem insistir muito, suas divergências eventuais com a "filosofia cristã" (liv. II, cap. 19, p. 505). A expressão é tomada num sentido bastante vago: "São esses raios da Divindade e de uma beleza imortal que um filósofo cristão deve buscar em todos os objetos naturais que se apresentam aos seus sentidos" (p. 737).

11. Ferrari, Jos. Ant., O.M. Conv. – *Philosophia peripatetica adversus veteres, et recentiores praesertim philosophus, firmioribus propugnata rationibus Joannis Dunsii Scoti subtilium principis*, Venetiis, apud Thomam Bettinelli, 1754, 3 vol. gr. In-8º, 2ª ed. Aumentada.

Philosophiae praeludium, qu. IV: *Expediatne Christiano philosopho unicam seligere sectam philosophandi, an vagari per omnes?* Resposta, sim: "Thesis haec Recentiorum opinionibus passim adversatur" (t. I, p. 19). Esse dever é particularmente urgente para o filósofo cristão, porque ele necessita de uma filosofia una: "ut Philosophiae unitatem teneat, quae ad fidei unitatem, quo modo potest, conferat" (*ibid.*). As três fontes da filosofia são: *divina fides, evidens ratio, comperta experientia*. Logo o filósofo cristão não jura sobre a palavra de um mestre, mas necessita de um sistema uno para escapar da confusão das seitas (p. 20). Esse sistema é o peripatetismo (qu. V,

p. 21), aberto aliás às novas verdades (p. 22) e expurgado dos seus erros por Alexandre de Hales, Alberto Magno, Tomás de Aquino e J. Duns Scot (p. 23). Ferrari defende Aristóteles contra Lutero e Petrus Ramus (p. 24), que foram inimigos ao mesmo tempo do Filósofo e do catolicismo. Claro, Aristóteles foi posto sob suspeição e até condenado. Disse são Vicente Ferrer: "Aristotelem et Averroem fuisse phialas irae Dei, projectas super aquas sapientiae christianae, unde factae sunt amarae ut absinthium" (p. 26). E, comparadas à teologia, as opiniões de Aristóteles são "vilia et humilia" (p. 28), mas podem servir à verdade da fé. É necessário pois recomendar: "Philosophiam peripateticam a catholicis doctoribus expositam" (p. 32).

12. Bruckeri, Jac. – *Historia critica philosophiae*, t. III, Lipsiae, 1766.

O tomo III é importante para a história da noção de filosofia cristã. Sobre o emprego dessa expressão pelos Padres da Igreja e seus historiadores, ver pp. 243-4 (numerosas referências). Essa expressão é imprópria (pp. 244-7). Nem Jesus Cristo, nem os apóstolos, nem mesmo são Paulo foram filósofos (pp. 247-68). Caráter eclético da filosofia dos Padres, com citações muito bem escolhidas (pp. 316-21). A filosofia dos Padres é quase estéril e contribuiu pouquíssimo para o progresso da sã filosofia (pp. 365-6). Crítica severa da filosofia escolástica, seu método, seu espírito e seus resultados (pp. 869-912).

13. André, padre – *Oeuvres*, Paris, 1766, 4 vol.

O tomo I começa com um *Elogio histórico do padre André*, cujo autor é o abade Guyot. Anoto as seguintes indicações (pp. VI-VII): "Foi para remediar a tantos abusos que ele elaborou um novo plano, que intitulou: *Filosofia cristã*. Encontra-se aí uma latinidade pura, uma belíssima ordem nas questões, quase todas elas discutidas segundo o método dos geômetras, e, principalmente, esse gosto pela religião e por uma moral sadia, que devem ocupar as primícias do espírito e do coração." O abade Guyot acrescenta que a obra não foi impressa, mas que "esse curso de filosofia foi dado nos principais colégios da província e, em Paris, no colégio Louis-le-Grand, por vários professores... É apenas um esboço do que o Autor nos teria proporcionado nesse gênero, se o tempo e circunstâncias favoráveis lhe houvessem permitido retocar e aperfeiçoar sua obra".

– *Neuvième Discours, sur la mémoire*, em *Oeuvres*, t. I, p. 360: "O príncipe dos filósofos cristãos, é assim que cremos dever chamar santo Agostinho... Eram necessárias luzes mais puras e mais extensas do que as da filosofia pagã para dissipar trevas tão densas."

– *Quatorzième Discours, sur les idées,* em *Oeuvres,* t. II, pp. 189-90: a moral cristã e o *Ego sum qui sum.* Cf. *Seizième Discours,* pp. 247-52, toda a moral reduzida a quatro princípios que se deduzem do *Ego sum.*

– *Premier Discours, sur l'idée de Dieu,* em *Oeuvres,* t. III, pp. 1-54: teologia natural fundada na idéia do Ser e do *Ego sum qui sum,* principalmente pp. 44 ss. Cf. *Second Discours, sur la nature de l'entendement divin,* pp. 57-108.

14. Goudin, Ant. – *Philosophia thomistica, juxta inconcussa, tutissimaque Divi Thomae dogmata,* Matriti, Typis Societatis, 1796, 4 vol. In-8º.

Ver t. I, Dissertatio preliminaris, art. III: *Philosophia necessaria est homini...,* pp. 6-12. Goudin lembra que Averróis, Avicena e Algazel desprezaram o Corão e acreditaram mais em Aristóteles do que em Maomé. Remete sobre esse ponto a Javellus, *Phil. christ.,* II, tract. 5, circa finem (p. 9). Ver também t. IV, *Metaphysica,* disp. II, qu. 4, art. 5, 3ª concl., pp. 305-6: "Addunt praeterea quidam, Philosophum Christianum...", p. 306. O texto de Javelli, a que Goudin remete, se encontra em *Philosophia christiana,* Pars II, tr. 6, cap. VI, p. 449. Javelli explica nesse texto que os muçulmanos e os judeus, cuja falsa religião obscureceu a razão natural, podem se libertar das suas falsas Leis praticando a filosofia: "Sicut fecerunt Avicenna et Averroes, qui cum essent Mahumetani, postquam instructi fuerunt in philosophia, despexerunt legem ejus." Cf. nº 5: Javellus.

15. Sanseverino, G. – *Philosophiae christianae compendium,* 10ª ed., Nápoles, 1800.

A epígrafe do livro faz sua a fórmula "philosophia ancilla theologiae". Não encontrei definição especial da filosofia cristã. A obra é um bom manual de filosofia tomista. Discutindo as relações entre a razão e a fé, sustenta a distinção formal entre filosofia e teologia, mas reclama a revelação como um *socorro moral* necessário à razão na busca da verdade filosófica. Invoca expressamente decisões do concílio do Vaticano (p. 278).

– *Éléments de la philosophie chrétienne comparée avec les doctrines des philosophes anciens et des philosophes modernes,* traduzido do latim por A. C. Avignon, A. Coriolano, 1875, 1876, 3 vol. In-8º, 861, 677 e 900 pp.

A filosofia cristã é um ecletismo à base de fé: "O método filosófico empregado pelos Padres foi o método *eclético* ou *eletivo,* com a particularidade de que a revelação cristã, ou a fé, era o princípio de que partia sua filosofia, o fundamento sobre o qual erguiam o edifício e a regra desta, que orientava todas as pesquisas deles" (t. I, p. XI). Além disso, a filosofia é, para eles, uma preparação para a fé (ibid.). Cf. art. 26, pp. XX-XXII. Sanseverino distingue radicalmente o ecletismo cristão do ecletismo de Cousin, que ele considera "absurdo em si" (p. XXX). A filosofia moderna começa com Descartes, isto é, quando "proclama a *autonomia* do seu ensino", porque, a partir de então, "a filosofia degenerou tanto que caiu sucessivamente nos erros que infectaram todas as ciências morais e políticas", n. 39, p. XXX. Não se deve crer nem com os racionalistas que a razão tem o poder de descobrir todas as verdades de ordem natural (p. 799, 1), nem com os tradicionalistas que ela não tem o poder de descobrir nenhuma. Ela pode descobri-las, mas graças ao auxílio exterior da Revelação (t. I, p. 801). "A Revelação é portanto o primeiro e principal auxiliar que a razão deve chamar a seu socorro, a fim de não vacilar em suas investigações ou não sair do bom caminho" (t. I, pp. 802-3). Ela é portanto a auxiliar moral da filosofia, que é uma ciência racional, formalmente distinta da fé, embora se paute por seu ensinamento. Costuma-se citar do mesmo autor *Philosophia christiana cum antiqua et nova comparata*, 6 vol. in-8º, mas ainda não pude consultar essa obra.

16. Rückert, L. J. – *Christliche Philosophie, oder: Philosophie, Geschichte und Bibel nach ihren wahren Beziehungen zu einander dargestellt*, Leipzig, Hartmann, 1825, 2 vol. in-8º, XII-467 e 488 pp.

Distingue religião e teologia. Propõe-se construir uma teologia científica. A necessidade disso se faz sentir, porque ou uma teologia científica é impossível, ou é tempo de constituí-la. Seu livro não se dirige aos crentes, mas aos que têm razões filosóficas de duvidar e aos quais quer fornecer razões filosóficas para crer. Portanto, para Rückert, filosofia cristã significa uma teologia natural encontrada tal qual na Escritura. O fundamento inabalável de todo o sistema é a afirmação da existência de Deus; esse princípio é indemonstrável, mas verdadeiro, como todos os princípios; ele se confunde com o princípio da moralidade (p. 35). Pode-se utilizar ainda hoje a análise dos elementos filosóficos implicados no Antigo Testamento (*Die Lehre des Judenthums*, t. I, pp. 312-467), embora ela não trate à parte os livros sapienciais. O estudo, detalhadíssimo, dos elementos filosóficos implicados no Novo Testamento (*Systematische Darstellung der theologischen Ansichten des Neuen Testaments*, t. II, pp. 109-437) peca também por não distinguir entre os Sinópticos, o Evangelho de são João e os escritos paulinos. Apesar de alguma desordem, esse estudo também pode ser, ainda hoje, de muita serventia.

17. Branis, Christ. Jul. – *De notione philosophiae christianae*, Brastilaviae, Grassii Barthii et socii impensis, 1825, in-12, 118 pp. (Staats- und Universität Bibliothek, Breslau, Philos. I, outubro de 1460).

Só tardiamente tomamos conhecimento desse notável trabalho, de cuja existência sabíamos pelo prefácio de H. Ritter, mas que só pudemos consultar graças à extrema amabilidade do nosso colega, o senhor professor dr. J. Koch, e do sr. professor dr. Christ, diretor da biblioteca da Universidade de Breslau. Branis é o único historiador que conhecemos que tenha feito um esforço sério para definir a noção de filosofia cristã. Como esse livro é raro e interessante, daremos citações bem longas.

Todo o mundo admite a existência de uma história cristã, de uma arte cristã e de uma poesia cristã; por que não falar, por analogia, de uma *filosofia cristã*? É que todo o mundo sabe o que é a filosofia *não* cristã, mas o que é a filosofia cristã, ou mesmo se ela é possível, é uma questão difícil. Três posições diferentes com respeito a esse problema são concebíveis.

1º A filosofia de um homem exprime certa maneira de sentir e de querer. O que é verdadeiro de maneira geral é verdadeiro no caso do cristão em particular: "Pari autem modo et christianismus certam sentiendi rationem et continet et praecipit; christiano igitur philosopho et quatenus christianus et quatenus philosophus, certus competit sensus, et quia duo sensus inter se discrepantes ei inesse nequeunt, sensum suum christianum et sensum philosophicum inter se prorsus consentire necesse est, atque hujusmodi hominis philosophia, christiana nuncupanda est, quippe quia ex sensu est christiano" (pp. 2-3). Esse sentimento cristão se baseia na fé. Quem crê e transforma sua fé em razão "fit philosophus christianus et a nudo christiano sane distinguendus est" (p. 3). Nesse primeiro sentido, *philosophia christiana sensus est christianus, methodo scientifica e fide ad scientiam provectus* (p. 4).

2º Posição contrária: se a doutrina cristã pudesse ser inteiramente racionalizada, poderia ser concebida pela razão antes mesmo do cristianismo, em todo caso sem ele; mas uma filosofia que, mesmo não fazendo parte da razão, pudesse partir desta, não tem por que ser distinguida com um nome especial de qualquer outra filosofia (p. 4). Para superar esse nó, dir-se-á que, de fato, a filosofia cristã é outra coisa. Enquanto a fé apenas se racionaliza, não se tem mais que um filosofismo cristão, no qual a fé nasce do conhecimento; numa filosofia cristã digna desse nome, o conhecimento é que nasce da fé. Sua característica é que a fé governa a razão. Em que ela difere de uma simples exposição histórica da regra da fé? Pelo fato de que ela dá uma interpretação sistemática dessa. Donde esta segunda posição possível: *philosophia christiana doctrina est christiana, fidei tradita, nullisque argumentis rationalibus demonstrata, in ordinem tamen systematicum, ideoque scientificum redacta* (pp. 6-7).

3º Contra essas duas conclusões ergue-se uma terceira. Se essa exposição da fé é sistemática, é por ser racional, não apenas no que concerne à ligação dos dogmas, mas a cada um desses dogmas. É contraditório portanto falar de um sistema racional e baseado na fé (p. 7). Com isso, rejeita-se a primeira posição, porque, se o sistema fosse racional, seria uma filosofia como todas as outras. Assim, resulta da primeira posição que uma filosofia cristã, por ser *filosofia*, deve ser racional; resulta da segunda posição que, por ser uma filosofia *cristã*, deve se apoiar na fé. Como essas duas exigências são contraditórias, concluamos que a filosofia cristã é impossível: "Dicendum enim est, *philosophiam christianam ideam esse scientiae, in qua omnia dogmata christiana simul rationio vindicentur, simulque soli fidei reserventur; scientiae igitur, quae repsae existere nequeat*" (p. 9).

4º Solução do problema: o cristianismo é do âmbito da razão, ao mesmo tempo que é reservado à fé, e não há nisso nada de impossível. Toda ciência é uma atividade da razão voltada para um objeto. No caso do cristianismo, o objeto é infinito; havendo ciência de tal objeto, há equação entre a razão e esse objeto, mas sendo ele infinito, essa equação está sempre por terminar. Resulta daí que a ciência do infinito não pode se exprimir em nenhum conhecimento definido, mas apenas pela ligação e o progresso de conhecimentos definidos, de sorte que a história seja a única forma da sua manifestação (p. 16). Para tanto, a história não pode ser as *membra disjecta* que encontramos nos livros, mas "vivent illam, unius ac solidae philosophiae evolutionem (Entwicklung), imo ipsius ejus objecti infiniti manifestationem exhibentem" (p. 20). Portanto, há sempre lugar para a fé, além da razão na filosofia cristã; a adequação entre a ciência e seu objeto infinito só se realizará no além. Enquanto isso, fé e razão se distinguem, coabitam e reagem uma sobre a outra (p. 22). Conclusão: *Philosophia christiana est actio (sive eam rationalem dicas, sive spiritalem) totam historiam christianam pervadans, qua ratio infinitam essentiam Christianismi, fidei manifestatam, in essentiam suam recipit et convertit, atque ideo se ipsam suamque naturam in fide magis magisque agnoscit* (p. 24).

Branis anuncia sua intenção de escrever uma *Entwicklungs-Geschichte des christlichen Geistes* (ver item seguinte). O resto da

obra é uma sucessão de breves estudos históricos, muitas vezes sugestivos, sobre a noção de filosofia em Justino Mártir (pp. 26-40), Irineu (pp. 41-72) e Tertuliano (pp. 73-118.)
 – *Uebersicht des Entwicklungsganges der Philosophie in der alten und mittleren Zeit*, Breslau, 1842.
 É um esboço da realização da *Idéia* cristã na história. Os povos se dividem em duas categorias, dos quais uma considera a natureza e a outra, Deus como a potência determinadora. Essas duas categorias se exprimem na realidade histórica concreta pelo judaísmo e pelo helenismo. "É uma característica comum de todos os povos pagãos a de que, na consciência deles, o divino é determinado pelo natural... Ao contrário, é uma característica do judaísmo, com o que ele se distancia muito menos de todos os outros povos do que se opõe a eles, a de que, em sua consciência imediata, o natural é determinado em sua existência e em sua essência pelo divino. Para ele, toda a natureza é algo que veio a ser, algo absolutamente dependente e impotente; Deus, ao contrário, na vontade absoluta e na potência absoluta da sua essência simples, é o único que não veio a ser, o único absolutamente independente, determinado única e exclusivamente por sua livre decisão. É da antiga noite da necessidade natural que decorrem, para o paganismo, todos os seres; para o judaísmo, é da luz original da livre vontade de Deus que eles derivam sua origem" (p. 24).
 Os Padres da Igreja não tiveram filosofia propriamente dita; eles só se interessaram pela apreensão intelectual do dado revelado, e é o fato de ser dado que era para eles o critério da sua verdade (p. 365). A atitude deles em relação à fé era análoga à do físico moderno em relação à natureza (p. 365). É um erro acreditar que o pensamento grego tenha exercido uma influência essencial sobre a formação do dogma cristão, porque se tratava, nesse caso, de um mundo do pensamento inteiramente novo: "Eine völlig neue, von der alten Philosophie kaum geahnte Gedankewelt" (pp. 388-9). A filosofia escolástica corresponde ao momento em que a consciência cristã se torna especulativa (p. 397). Uma página interessante sobre a liberdade de espírito dos filósofos escolásticos, e mesmo: "Die Scholastiker waren recht eigentlich die Protestanten vor der Reformation" (p. 398). A escolástica não é uma colusão arbitrária entre o Dogma e Aristóteles (p. 401). O que forma o núcleo do pensamento de Aristóteles não pode ser encontrado na escolástica; a coalizão entre um e outra era impossível, porque a Weltanschauung medieval era oposta à dos gregos (p. 404). Aristóteles foi tão-somente o pedagogo da Idade Média, mas não se pôde nem sequer *compreender* sua filosofia (pp.

404-5). A idéia de uma escolástica que teria se desenvolvido *acidentalmente* em conseqüência da descoberta de Aristóteles, e não de um impulso interno, deve ser rejeitada (p. 406). Em são Tomás, o essencial vem do pensamento cristão: "É por aí que se pode explicar o interesse profundo que a Idade Média tinha pelos escritos teóricos de Aristóteles, dos quais, por sinal, nada passou para a metafísica escolástica, essencialmente elaborada a partir do pensamento cristão, salvo algumas determinações gerais de conceitos, que a filosofia moderna também conservou parcialmente" (p. 440).

"Se, no início desta seção, o advento da escolástica pôde ser designado como o acesso da consciência cristã ao estado especulativo, podemos dizer que na obra de são Tomás essa consciência se torna uma especulação plenamente elaborada. Ergue-se diante de nós um sistema particular de pensamentos, articulado com penetração e com um rigor científico, que, não menos que a filosofia antiga, deve sua origem à força produtiva da razão especulativa e que, entretanto, por todo o seu espírito, se opõe a essa filosofia. Porque a vida que o anima não se acendeu em contato com a natureza, mas a partir da idéia cristã, e sua verdade fundamental não é a imanência, mas a exterioridade de Deus em relação ao mundo. Esse sistema de *teísmo cristão*, criação do espírito tão ousada quanto o panteísmo pré-cristão e sua contrapartida exata, foi construído por são Tomás de uma maneira tão abrangente e tão completa que deixou ao tempo por vir pouca coisa a fazer nesse domínio e é até hoje uma fonte inesgotável de ensinamento, como na época em que inspirou a Leibniz sua teodicéia" (pp. 454-5).

"A obra de Tomás é o ponto culminante da escolástica, da qual seu teísmo é o resultado supremo" (p. 455).

"A terceira etapa tinha necessariamente de conter a consumação da exigência de que falamos, e é justamente essa consumação que se exprime de maneira completa na obra de Tomás. Nela, filosofia e teologia conservam respectivamente seu ser próprio. A teologia encerra uma ciência divina, que o conceito não poderia dominar, mas que a filosofia deve reconhecer como seu complemento essencial, embora incapaz de penetrá-lo. Inversamente, a filosofia reina sobre uma ordem de verdade pura, oriunda do poder natural da razão, que pertence diretamente a toda razão, à parte de toda revelação sobrenatural de Deus, mas que por sua vez a teologia deve reconhecer como o complemento necessário do seu conteúdo supra-racional. E, com isso, a obra da escolástica atinge aqui seu acabamento. Porque, aprofundando o ensinamento cristão, o espírito se fecundou, fez sua a idéia pregnante e, depois de elaborá-la, deu nascimento, no teísmo, à filosofia cristã" (pp. 455-6). Não garanto a exatidão literal desta obstétrica histórica, porque creio que o pensamento mesmo, das Denken, é que [ist] *im Theismus als christliche Philosophie ausgeboren*. Ele deu à luz a si mesmo na forma de filosofia cristã (p. 456). Pouco importa. A escolástica é, para ele, a artesã dessa obra.

O pensamento moderno é condicionado, tal como por seus elementos fundamentais, pelo panteísmo pré-cristão e pelo teísmo cristão (p. 459).

18. Molenkamp, G. – *Commentatio qua respondetur ad quaestionem theologicam in Academia Rheno-Trajectina propositam anno MDCCCXXVIII*, em *Annales Academiae Rheno-Trajectinae*, Utrecht, J. Altheer, 1830, in-8º, VIII-156 pp.

Devemos a comunicação deste texto raro à gentileza do sr. diretor da biblioteca da Universidade de Utrecht. O tema proposto pela Academia de Utrecht era o seguinte: "Probetur, doctrinam Christianam, cum sanae rationis de Deo rebusque divinis decreta pure traderet, divina auctoritate confirmaret, varia ratione illustraret, ad homines consolandos emendandosque adhiberet, atque ad permultorum notitiam propagaret; et theologiae, quae dicitur, naturali valde profuisse, et vero de genere humano, hoc quoque nomine, optime meruisse." A dissertação de G. Molenkamp, que foi premiada, acompanha passo a passo as divisões do tema. A doutrina trazida por Jesus e seus apóstolos concerne aos problemas "de Dei vita ac perfectionibus; de mundo ab Ipso condito; de provida cura, qua et omnia alia curat, et nostros quoque animos conservat; de regimine denique, quo totum mundum singulasque ejus partes complectitur" (p. 25). Exposição dessa doutrina (pp. 26-44). A unidade de Deus, fundamento da doutrina (pp. 75-9). Jesus e os apóstolos ensinaram verdades desconhecidas dos filósofos gregos: a criação, a providência do singular, a imortalidade da alma (pp. 79-84); além disso, confirmaram verdades já conhecidas (pp. 88-98). Condição superior da teologia natural cristã em relação à teologia natural grega ou contemporânea (pp. 126-53). A expressão "filosofia cristã" não é empregada pelo autor, mas todo esse trabalho contribui para elucidá-la.

19. Feuerbach, L. – *Ueber Philosophie und Christenthum in Beziehung auf den der Hegelschen Philosophie gemachten Vorwurf der Unchristlichkeit* (1839), em *L. Feuerbachs sämtliche Werke*, ed. W. Bolin und Fr. Jodl, Stuttgart, 1903, t. VII, pp. 41-109. Cf. *Kritik der christlichen oder "positiven" Philosophie*, 1838, *ibid.*, pp. 128-53.

A filosofia é uma ciência independente, que pertence unicamente ao campo da razão. É tão absurdo falar numa filosofia cristã quanto numa ciência cristã (pp. 52-7). Só se fala de filosofia cristã por hipocrisia, para dissimular o ódio à filosofia (pp. 58-9). O próprio Hegel se enganou, ao crer que a diferença que separa o paganismo do cristianismo é de ordem filosófica. A filosofia aparece nos povos cristãos justamente no momento em que eles voltam aos filósofos pagãos, na época da Reforma. Na Idade Média, a filosofia só se introduziu de contrabando (p. 63); pensar, do ponto de vista de um espírito religioso, é exercer uma atividade irreligiosa, herética (p. 66). "Alle religiose Speculation ist Eitelkeit und Lüge" (p. 72). Uma *filosofia religiosa* não é nem religião nem filosofia, do mesmo modo que o *burguês fidalgo* não é nem burguês nem fidalgo (p. 133). É da essência do dogma contradizer a razão; portanto, racionalizá-lo é destruí-lo (p. 134). A crítica de Feuerbach tem por alvo, com freqüência, uns absurdos, mas reais sistemas de matemática cristã, de botânica cristã e até de medicina cristã (ed. cit., t. VII, pp. 154-78: *Kritik der christlichen Medicin*). Isso desculpa até certo ponto a sua virulência: nem todos os erros cabem a ele.

20. Ritter, Henri – *Histoire de la philosophie chrétienne*, trad. J. Trullard, Paris, Ladrange, 1843, 2 vol. In-8º.
Livro I, cap. I, *Notion de la philosophie chrétienne*, t. I, pp. 1-41. A filosofia cristã é a dos Padres da Igreja e dos filósofos da Idade Média, que se inspiram principalmente no pensamento daqueles. Ela se constituiu sob a influência da boa nova trazida aos homens pelo Evangelho, isto é, da promessa da vida eterna em união com Deus. Essa esperança era impossível para os gregos (p. 9). O cristianismo não é uma filosofia, mas uma renovação da vida inteira. Como tal, ele atuou sobre a filosofia transformando a filosofia grega e fundando uma mais profunda (p. 15). Para que essa filosofia nova faça jus ao nome de *cristã*, não basta que ela tenha sido influenciada pelo cristianismo, porque sofreu outras influências; essa expressão "pressupõe que a influência do cristianismo determinou a essência dessa filosofia e regeu todo o curso da sua história: deve-se considerar o espírito cristão como sua força motriz" (p. 18). Continuidade da filosofia dita moderna e da filosofia cristã (pp. 20-2). Definição da filosofia cristã: "Chamamos nossa filosofia de 'uma filosofia cristã' pela única razão de que a série de desenvolvimentos que ela abraça deriva essencialmente dos movimentos históricos que a difusão do espírito cristão provocou na humanidade" (p. 32). Diferença entre a relação da religião com a filosofia no caso dos gregos e a mesma re-

lação no caso dos cristãos; por que não se pode falar de uma filosofia pagã, mas se pode falar de uma filosofia cristã (pp. 33-4). "Aristóteles só influiu sobre a forma exterior das obras da escolástica, que, pelo fundo íntimo do seu pensamento, se aproximava infinitamente dos Padres de Igreja" (cap. II, p. 47). – *Considérations générales sur l'idée et le développement historique de la philosophie chrétienne*, trad. M. Nicolas, Paris, 1851, 1 vol. in-8º (Bib. Nat., A. 49208). Anotado pelo abade Louis Foucher.

21. Trullard, J. – *Un mot sur la relation de la croyance avec la science*, prefácio da sua tradução de H. Ritter, *Histoire de la philosophie chrétienne*, Paris, Ladrange, 1843, t. I, pp. I-XXXV.

Tradução dedicada a Edgard Quinet. Distinção essencial entre a filosofia e a religião; "a religião supõe a filosofia, e a proposição inversa não apresenta evidentemente nenhum aspecto verdadeiro" (p. XIV); "a religião, longe de ser suposta pela filosofia, não pode proclamar-se legitimamente independente dela" (*ibid.*); "a religião, como quer que seja, estará sempre para a filosofia assim como a arte está para a ciência, sendo a arte a representação do infinito no finito" (p. XV).

22. Nicolas, Aug. – *Études philosophiques sur le Christianisme*, 26ª ed., Paris, Poussielgue, 1885, 4 vol. in-16, XXXI-460, 531, 578, 599 pp.

Essa obra apologética, cujo sucesso foi considerável, é precedida por uma dedicatória do autor a seus ex-colegas do tribunal de Bordeaux, datada de março de 1843. O que nela se opõe à "filosofia racionalista" não é chamado de "filosofia cristã", mas de *filosofia crente*. A filosofia crente se inspira no Evangelho; cf. T. III, cap. 19, pp. 545-78: o chamado *ecletismo* cristão que separa a verdade do erro é, na realidade, revelação (p. 573); t. IV, pp. 458-94, *Fruits du Christianisme dans l'ordre intellectuel*: "A fé não vem se juntar à razão por *justaposição*, se posso me exprimir assim, mas por *incorporação*" (p. 471). O cristianismo "pôs um princípio de certeza na alma humana, que, pouco a pouco, *estabilizou* todas as bases da razão" (p. 475). Em suma, o cristianismo não é um incômodo para a razão; ao contrário, ele lhe garante suas próprias riquezas e, além disso, põe ao seu alcance verdades que, de outro modo, lhe haveriam escapado sempre (p. 476).

23. Pio IX – Alocução *"Singulari quadam"*, 9 de dezembro de 1854, texto em Denzinger-Bannwart, *Enchiridion Symbolorum*, 16ª ed., t. 1643, p. 441; t. 1644, p. 442.

– Epístola *"Tuas libenter"*, 21 de dezembro de 1863, texto em Denzinger-Bannwart, ed. cit., t. 1681, p. 455.

– *Syllabus seu collectio errorum modernorum*, 8 de dezembro de 1864, em Denzinger-Bannwart, ed. cit., p. 467: II, 14.

24. Matter, M. – *Histoire de la philosophie dans ses rapports avec la religion depuis l'ère chrétienne*, Paris, Hachette, 1854, in-16, XII-432 pp.

"A história da filosofia só é verdadeira e possível em suas relações com a teologia" (p. 2). Protesto contra a separação de ambas nas histórias de Brucker, Buhle, Degérando e Tennemann. "Não há filosofia que não seja ou proveniente de uma teologia, ou oposta a uma teologia, ou enfim unida a uma teologia. Assim, fazer a história da filosofia separada da teologia é fazer a história de um ser de razão, de uma coisa que não existe e nunca existiu" (p. 11). Matter distingue nitidamente, em princípio, religião e filosofia, fé e razão; para ele, o Cristianismo "não é em absoluto uma filosofia, não é uma criação da razão humana" (p. 34; cf. pp. 6-7). Mas ele acrescenta que, sendo o objeto de ambos o mesmo, nunca é possível "distinguir inteiramente as idéias de um das idéias da outra, tão facilmente quanto se distinguem seus domínios em teoria" (p. 7). É por isso que a expressão "filosofia cristã" (cap. III e V) significa para ele uma mistura histórica de fato, em que a religião se torna praticamente indistinguível da filosofia na teologia e em que a filosofia se faz religiosa sob a influência da religião (p. 8). Foi o que aconteceu na Idade Média, e foi um grande bem: "Se a religião e a filosofia se unem então e se confundem, é que a aliança delas é forte o bastante para conduzir o mundo" (p. 98).

25. Ozanam, A. F. – *La philosophie chrétienne*, em *Oeuvres complètes*, Paris, J. Lecoffre, 1855, t. I, pp. 359-95.

É a décima primeira lição de um curso sobre a *civilização no século V*. Seu propósito é lutar contra a influência de Gibbon. A filosofia cristã é fundada numa fé. "A teologia desce da fé à razão, e a filosofia ascende da razão à fé" (t. I, p. 362). A filosofia procede por duas vias: dogmatismo e misticismo (pp. 363-4). Nem Platão nem Aristóteles se elevaram até a idéia verdadeira de Deus (pp. 365-6). "O cristianismo veio renovar as forças do espírito humano, principalmente dando-lhe aquilo sem o que o espírito humano não age, dando-lhe certezas" (pp. 366-7). Objetar ao cristianismo que ele reduz a filosofia à verificação do dogma é criticá-lo pelo que faz a sua força. Mesmo os cientistas puros só progridem graças à fé no objetivo a que tendem: "O cristianismo trazia a certeza e, com ela, dava a liberdade de escolher entre os diversos caminhos que deviam levar a ela" (p. 367). Tem-se a opção entre o *dogmatismo* e o *misticismo*: "Está aí a novidade do ecletismo cristão" (p. 368). Santo Agostinho é o tipo do filósofo cristão, mas santo Anselmo, são Tomás, Descartes, Leibniz e Malebranche continuarão sua obra. "Foi a essa grande e poderosa metafísica cristã que se prendeu, desde o século V até nossos dias, todo o conjunto da civilização moderna" (p. 395).

26. Lacordaire, MD – *Discours sur les études philosophiques* (10 de agosto de 1859), em *Oeuvres philosophiques et politiques*, Paris, Poussielgue, 1872, t. VII, pp. 252-3.

"Resta saber, senhores, por que dei o nome de filosofia cristã à filosofia cujos princípios e cujas características acabo de recordar. Não é por Jesus Cristo ter sido seu fundador; ela existia desde a origem do mundo, e sempre havia sido, seja obscurecida, seja luminosa, o próprio cimento da sociedade humana. Mas, quando veio Jesus Cristo, quando o Evangelho foi posto de repente diante dos olhos dos homens, a razão se reconheceu nessas páginas divinas. Extraiu delas uma visão mais profunda, uma certeza maior nas crenças que ela já possuía e, assim, a filosofia, sem nada perder da sua natureza, se uniu ao cristianismo, pelo lado em que o cristianismo tinha com ela relações de semelhança e de afinidade. O filósofo, tornando-se cristão, conservava seu título de filósofo e, juntando os dois como os nomes de um irmão e uma irmã, ele se dizia, para se definir por inteiro ao mundo e a si mesmo, filósofo cristão, isto é, um filho da verdade pela razão e pelo Evangelho, pela razão emanada de Deus e pelo Evangelho, outra obra do mesmo Deus." – Comunicado por A. Forest.

27. Ventura de Raulica, Joach. – *La philosophie chrétienne*, Paris, Gaume, 1861, 3 vol. in-8º, CXV-477, 623, 208 pp.

O volume III, *Traité des préambules de la philosophie*, deve ser lido primeiro. Reivindica o tradicionalismo estrito: "Tudo o que é novo em religião é herético. Tudo o que é novo em filosofia é absurdo. Tudo o que é novo em política é revolucionário" (t. I, p. XXVI). Distinção entre filosofia e teologia (t. III, p. 191). Método da filosofia cristã, seção III, t. II, pp. 579-623. É a filosofia que, sabendo que toda a verdade foi primitivamente revelada por Deus aos homens, se considera como a ciência do senso comum. Seu método "consiste em tomar as verdades tradicionais, as crenças universais como ponto de partida da ciência, ou em começar por crer a fim de chegar a compreender e a fazer da fé a base do saber" (t. II, pp. 596-7). Trata-se, é claro, apenas da fé humana nas verdades naturais, mas ela se subordina à fé nas verdades sobrenaturais: "Sendo o Senhor o único Deus das ciências, toda ciência que não serve para a explicação, para a confirmação, para a defesa do dogma cristão não tem razão de ser, é vã, frívola, quando não é funesta, e o pensamento do homem deve servir de pedestal ao pensamento de Deus" (t. II, p. 623). A *filosofia cristã* ou *divina* se opõe à *filosofia pagã*, tanto antiga como moderna, que é *diabólica* (t. I, pp. LX-LXI); ela se filia à ciência que Adão recebeu de Deus (t. I, p. CXV). Para conservá-la, a despeito das torpezas do homem, Deus providencialmente suscitou "uma espécie de Trindade humana que supera em grandeza, em sublimidade, em glória, tudo o que não é a Trindade divina. São esses três homens são Paulo, santo Agostinho e são Tomás" (t. I, p. 2). Todo o livro é consagrado à refutação do "semi-racionalismo", que crê que a razão pode *inventar* alguma coisa; a grandeza de Agostinho está em ter-se *oposto* a Platão em nome da fé, assim como a de são Tomás está em ter-se *oposto* a Aristóteles. "Santo Agostinho não inventou nenhuma verdade (porque a verdade se recebe, não se inventa); ele recebeu toda a verdade pela fé" (t. I, pp. 16-7). Do mesmo modo, em são Tomás, "não há que distinguir o teólogo do filósofo" (t. I, p. 114).

– *La raison philosophique et la raison catholique*, conferências pronunciadas em Paris no ano de 1851, Paris, Gaume, 1854, 3 vol. in-8º, XVI-547, XLVIII-591, VIII-602 pp., 3ª ed.

Ver principalmente, no tomo I, a primeira conferência, *La raison philosophique chez les Anciens*; 2ª conferência, *La raison philosophique des siècles chrétiens*. Interessante por sua exegese tendenciosa de são Tomás (p. 47).

28. Fabre, J. – Reedição de A. Vítor (A. Martin), com o título de *S. Aurelii Augustini... Philosophia*, Paris, Durand, 1863.

A palavra "christiana" desaparece do título. Mas o *Praeloquium*, datado de 1862, contém violentos ataques aos neotomistas, culpados de terem introduzido na teologia todos os erros filosóficos: "Hoc nonnullorum Neoperipateticorum, Pseudotraditionalium, aliorumque id genus portentorum, institutum fuit, hic scopus" (p. VI). Negando a idéia inata de Deus e a iluminação, eles beneficiaram o ateísmo e o materialismo. Fabre reivindica contra eles a verdade do ontologismo, e é contra eles que reedita A. Vítor, eliminando *christiana* do título, por temer que acreditassem ser um tratado de teologia (p. XII).

29. Jacquinot, abade – *Philosophie chrétienne et théories rationalistes dans l'étude de l'histoire*, Paris, Lecoffre, et Langres, Chapelet, 1863, in-8º, 129 pp. e índices.

Ataca as concepções históricas do filosofismo do século XVIII (cap. I); as teorias de alguns historiadores liberais ecléticos sob a Restauração: Guizot, Cousin, Aug. Thierry (cap. II); as teorias do liberalismo e do socialismo após a revolução de 1830: Thiers, Lamartine, Louis Blanc (cap. III). A parte mais importante é o cap. IV, *La philosophie chrétienne opposée aux théories rationalistes* (pp. 91-121). O autor pede que a história seja ensinada inspirando-se no espírito da *Cidade de Deus*. Suas reivindicações se apóiam em decisões do que ele chama de "concílio de Amiens", reunião de bispos, cuja data exata ignoro, mas é posterior a 1848, e cujas decisões sobre o ensino de história são reproduzidas por Jacquinot, pp. 124-9.

30. Brentano, Franz – *Die Psychologie des Aristoteles*, Mainz, Fr. Kircheim, 1867, in-8º, 252 pp.

– *Ueber den Creatianismus des Aristoteles*, Sitzungsberichte d. hist.-philos. Classe d. Kais. Akad. d. Wissens., vol. CI, 1 fasc., Viena, 1882. Impresso à parte.

– *Offerner Brief an Herrn Professor Dr Eduard Zeller, aus Anlass seiner Schrift über die Lehre des Aristoteles von der Ewigkeit des Geistes*, Leipzig, Duncker und Humblot, 1883, in-8º, 36 pp.

– *Aristoteles Lehre vom Ursprung des menschlichen Geistes*, Leipzig, Veit, 1911, in-8º, VIII-165 pp.

– *Aristoteles und seine Weltanschauung*, Leipzig, Quelle und Meyer, 1911, in-8º, VIII-153 pp.

As obras de Franz Brentano contêm uma reconstrução ao mesmo tempo histórica e sistemática de Aristóteles, que aproxima muito sua doutrina do cristianismo. É o esforço mais interessante já feito nesse sentido. A *Carta aberta* é uma resposta à comunicação dirigida contra o segundo dos escritos de Brentano que acabamos de citar. Ed. Zeller, *Ueber die Lehre des Aristoteles von der Ewigkeit des Geistes*, em *Sitzungsber. d. kgl. preuss. Akad. d. Wissenschaften zu Berlin*, Sitzung der philos. histor. Classe vom 7 Dec., Berlim, 1882, vol. XLIX, p. 1033.

31. Concílio do Vaticano – *Constitutio dogmatica de fide catholica* (24 de abril de 1870).

Texto em Denzinger-Bannwart, ed. cit., t. 1786, p. 474; t. 1795-1800, pp. 477-80.

32. Havet, Ernest – *Le Christianisme et ses origines*, Paris, A. Lévy, 2ª ed., 1873, 4 vol. – "... não há filosofia cristã, e o cristianismo somente herdou a filosofia da Antiguidade", t. II, p. 291. Cf. t. II, p. 300; t. IV, p. 410.

33. Talamo, Salv. – *L'aristotélisme de la scolastique dans l'histoire de la philosophie*. *Études critiques*, traduzido da segunda edição italiana por um padre da diocese de Le Mans, Paris, Vivès, 1876. Tradução de *L'aristotelismo nella storia della filosofia*. A 3ª ed. italiana é de Siena, 1900. Insiste sobre a independência da escolástica em relação a Aristóteles, principalmente quando as doutrinas do filósofo grego estavam em discordância com os dados da revelação. Cita vários textos interessantes; é útil consultá-lo.

34. Leão XIII – Encíclica *Aeterni Patris* (4 de agosto de 1879): *De philosophia Christiana ad mentem sancti Thomae Aquinatis doctoris Angelici in scholis catholicis instauranda*, reproduzido em *S. Thomae Aquinatis Summa theologica*, Romae, Forzani, 1894, t. VI.

A Igreja tem a missão de ensinar (Mt 28, 19). A filosofia lhe interessa em particular porque a justa interpretação das outras ciências depende dela. Sem dúvida a religião cristã está fundada na fé (I Co 2, 14), mas não despreza os *adjumenta* humanos, como a filosofia. A filosofia é uma *preparação* para a fé, prova algumas das suas verdades e ajuda a interpretar outras. Além disso, ela é uma *defesa* da fé contra as falsas filosofias. No que concerne aos mistérios, a filosofia deve se subordinar à teologia em seu objeto e em seus métodos; no que concerne às verdades de ordem natural, a filosofia segue seu próprio método, mas sem se furtar à autoridade divina (p. 429).

O reconhecimento da autoridade não compromete a dignidade da razão, inclusive na ordem propriamente filosófica. De fato, ao contrário da fé: "Cum humana mens certis finibus, iisque satis angustis, conclusa teneatur, pluribus erroribus, et multarum rerum ignorationi est obnoxia" (p. 429); "quapropter qui philosophiae studium cum obsequio fidei christianae conjugunt, ii optime philosophantur: quandoquidem divinarum veritatum splendor, animo exceptus, ipsam juvat intelligentiam; cui non modo nihil de dignitate detrahit, sed nobilitatis, acuminis, firmitatis plurimum addit" (p. 429); a fé é para a razão "sidus amicum" (p. 430). A história põe em evidência a colaboração da filosofia para a obra da teologia dos Padres e dos Escolásticos, em particular são Tomás e são Boaventura. Ela também mostra quão útil a fé pode ser para a razão: "Et sane philosophorum veterum, qui fidei beneficio caruerunt, etiam qui habebantur sapientissimi, in pluribus deterrime errarunt. Nobis enim, inter nonnulla vera, quam saepe falsa et absona, quam multa incerta et dubia tradiderunt de vera divinitatis ratione, de prima rerum origine, de mundi gubernatione, de divina futurorum cognitione, de malorum causa et principio, de ultimo fine hominis aeternaque beatitudine, de virtutibus et vitiis, aliisque doctrinis, quarum vera certaque notitia nihil magis est hominum generi necessarium" (p. 430). Donde a necessidade de restaurar o ensino da filosofia escolástica, seguindo principalmente o maior mestre da Escola: são Tomás de Aquino.

Cf.: *Litterae apostolicae, quibus Constitutiones Societatis Jesu de doctrina s. Thomae Aquinatis profitenda confirmatur*, Romae, XXX decembris, 1892. Um importante fragmento é citado por Del Prado (nº 49), p. XVII. Refere-se ao caráter ao mesmo tempo aristotélico e cristão do tomismo.

35. Ehrle, Fr. – *Die päpstliche Encyklika vom 4 August 1879 und die Restauration der christlichen Philosophie*, em *Stimmen aus Maria Laach*, t. XVIII, 1880, pp. 13-28; 292-317; 388-407; 485-98. Sobre a noção de filosofia cristã, que o autor aprova sem reservas, ver principalmente pp. 16-22.

36. Zigliara, T. M. – *Essai sur le traditionalisme*, em *Oeuvres philosophiques*, trad. A. Murgue, Lyon, Vitte, 1880, t. I, pp. 1-291.

Contra Ventura: "Sim, certamente, é renunciar à razão, é desconhecer a história e nós mesmos querermos afirmar que o homem pode, por suas próprias forças e na ordem da possibilidade moral, chegar a esse *conhecimento perfeito*, eloqüentemente descrito por Ventura. Sobre esse ponto, até vamos mais longe do que a nova escola; afirmamos alto e bom som que a filosofia, mesmo com a tradição social, tem uma *impossibilidade moral* de oferecer um tratado perfeito de teologia *natural*, se não for esclarecida pela luz da revelação cristã e católica; dizemos que a filosofia separada da teodicéia cristã encaminha-se necessariamente – por uma necessidade moral – para o erro... Mas afirmar o contrário do tradicionalismo na ordem da possibilidade absoluta não é renunciar à razão", pp. 243-4. Cf. pp. 285-91. A expressão "filosofia cristã" não aparece nessas páginas.

37. Stirling, J. H. – *Philosophy and Theology* (The first Edinburgh University Gifford Lectures), Edimburgo, T. and T. Clark, 1890, in-8º, XVI-407 pp.

Ver especialmente a segunda lição, sobre a noção de teologia natural, pp. 21-40. Stirling é tido como o principal introdutor de Hegel na Escócia.

38. González, Z. – *Histoire de la philosophie*, trad. G. de Pascal, t. II, *Philosophie chrétienne*, Paris, Lethieulleux, 1890-1891, 4 vol. in-8º, XLII-552, 538, 492, 528 pp.

Admite um "movimento filosófico-cristão, movimento de harmonia e de aliança entre a Filosofia e o Cristianismo" (p. 3). "Cumpre distinguir a Filosofia *essencialmente* cristã da Filosofia *acidentalmente* cristã" (t. II, p. 4). A filosofia acidentalmente cristã é a que sofreu, num grau qualquer, a influência do cristianismo; não há filosofia posterior ao cristianismo que tenha escapado da sua influência: "Nesse sentido, e somente nesse sentido, podemos reduzir à Filosofia cristã certos sistemas incompatíveis com as verdades fundamentais da religião de Jesus Cristo" (p. 5). Em face dessa Filosofia cristã *per accidens* "ergue-se a Filosofia *essencialmente* cristã, a Filosofia que conhece e que professa" a existência de um Deus pessoal, infinito, transcendente, providência, remunerador, criador. "Todo sistema que rejeite todas essas teses, ou apenas uma delas... poderá ser chamado de cristão num sentido secundário, conforme a maior ou menor quantidade de idéias cristãs que contiver, mas não pode ser chamado de Filosofia cristã num sentido absoluto."

39. Stöckl, Alb. – *Geschichte der christlichen Philosophie zur Zeit der Kirchenväter*, Mainz, 1891.

A filosofia depende apenas da razão. É essa a sua característica essencial, e a revelação cristã nada podia alterar nesse aspecto, pois a filosofia deixaria com isso de ser filosofia (Einleit, 5, p. 2). Mas a revelação teve o papel de princípio diretor da pesquisa filosófica. Ela alega as enormes dificuldades da especulação racional pondo esta de sobreaviso contra o erro, já que toda contradição entre razão e revelação é sinal de erro: "In solcher Weise also ist für die Philosophie die christliche Offenbarung zum leitenden Princip geworden" (Einl., 7, p. 3). Por não ter mais que temer o erro, a filosofia podia se consagrar inteiramente à exploração do verdadeiro: "Sie könnte daher mit neuer, bisher nicht gekannter Kraft und Sicherheit eine neue Entwicklung inaugurieren. So enstand also in Gegensatze zur antikheidnischen eine neue, – die *christliche* Philosophie" (Einl., 7-8, p. 3).

A filosofia dos Padres funda a filosofia cristã. Esta tem relação com a filosofia grega e até com filosofias pagãs contemporâneas: "Das Leben der Menscheit ist ja ein continuirliches." É por isso que as relações são mantidas. O que o pensamento grego continha de verdades foi recolhido e integrado ao corpo da filosofia cristã ("aufgenommen und in das Ganze der christlichen Philosophie hinenverarbeitet"); o resto foi eliminado e combatido. Stöckl é um pouco mais preciso em suas *Schlussbemerkungen*, 6, p. 433: "Nichts ging verloren von alledem, was der menschiche Geist bisher ergründet; aber Alles erhielt erst seine wahre Bedeutung und seine Vollendung durch Einfügung in das Ganze der christlichen Speculation." O que contribui bastante para fortalecer sua posição é o fato de seus fundadores terem sido santos (ibid., 6, p. 433). A posição de Stöckl parece coincidir no essencial com a de são Tomás de Aquino.

40. Rolfes, Eug. – *Die aristotelische Auffassung vom Verhältnisse Gottes zur Welt und zum Menschen*, Berlim, Mayer und Müller, 1892, in-8º, 203 pp.

A interpretação correta de Aristóteles é quase impossível sem recorrer às fontes escolásticas, em particular aos comentários de são Tomás de Aquino (p. 202). Tende, por conseguinte, a aproximar as duas doutrinas e adota uma interpretação de Aristóteles ainda mais francamente cristã que a de Brentano (p. 22). Os comentários de Rolfes às suas traduções alemãs de Aristóteles vão naturalmente no mesmo sentido.

41. Caird, John – *The Fundamental Ideas of Christianity* (Gifford Lectures, Glasgow, 1892-1893, 1895-1896), Glasgow, J. Maclehose, 1899, 2 vol. in-8º, CXLI-232 e VII-297 pp.

Ver t. I, pp. 3-30: religião natural e religião revelada (o valor filosófico das nossas idéias é independente da natureza das suas fontes; impossibilidade de separar radicalmente razão e revelação); pp. 31-54: fé e razão (a tarefa mais elevada da filosofia é justificar o que afirmam intuitivamente a fé e a experiência cristãs). Essa obra é um excelente exemplo do que pode ser, ainda hoje, uma reflexão filosófica de tipo anselmiano sobre o conteúdo do dogma: Trindade, criação, pecado e graça, Encarnação, Redenção, vida futura. O tomo I contém um importante estudo de Ed. Caird sobre John Caird, cujas *Gifford Lectures* ele editou.

42. Caird, Edward – *The Evolution of Religion* (Gifford Lectures, St. Andrews, 1890-1891 e 1891-1892), Glasgow, J. Maclehose, 1893, 2 vol. in-8º, XV-400 e VII-234 pp.

Ver principalmente as lições I a III sobre a possibilidade de uma ciência da religião e as diferentes maneiras de definir sua essência. O corpo da obra estuda a evolução da religião, das origens ao cristianismo da Reforma.

– *The Evolution of Theology in the Greek Philosophers* (Gifford Lectures, Glasgow, 1900-1901 e 1901-1902), Glasgow, 1904, 2 vol. in-8º, XVII-382 e XI-377 pp.

Ver principalmente t. I, 1ª lição, *A relação da religião com a teologia*. O corpo da obra estuda a evolução da teologia grega, das origens a Plotino. Os capítulos consagrados à teologia de Aristóteles são particularmente interessantes.

43. Elser, K. – *Die Lehre des Aristoteles über das Wirken Gottes*, Münster i. West., Aschendorffsche Buchhandlung, 1893, in-8º, VIII-228 pp.

Tentativa de balanço das questões levantadas pela controvérsia Brentano-Zeller (ver nº 30). As conclusões do autor, muito moderadas e judiciosas, estão resumidas no fim da obra, pp. 210-25.

44. Pfleiderer, Otto – *Philosophy and Development of Religion* (Gifford Lectures, Edinburgh, 1894-1895), Edinburgh and London, W. Blackwood, in-8º, t. I, 331 pp., 1894; t. II, 356 pp., 1894.

Estuda a concepção religiosa do homem e do mundo (natureza do homem, redenção e educação, idealismo e naturalismo, otimismo e pessimismo); a preparação do cristianismo no judaísmo, o Evangelho, a comunidade cristã primitiva, o apóstolo Paulo, o helenismo judeu e cristão, o cristianismo dos alexandrinos, o cristianismo de Agostinho e da Igreja romana, o cristianismo de Lutero e do protestantismo. Cf., do mesmo autor, *Religionsphilosophie auf geschichtlicher Grundlage*.

45. Harnack, Ad. – *Das Wesen des Christentums*, sechzen Vorlesungen vor Studierenden aller Facultäten in Wintersemester 1899-1900 an der Universität Berlin gehalten. 56º-60º Mille, Leipzig, 1908, in-8º, XV-189 pp.

Essa obra fez mais do que qualquer outra para difundir a idéia de que o cristianismo é, por essência, um moralismo religioso sem teologia nem dogmas propriamente ditos. A influência da filosofia grega transformou o cristianismo em catolicismo (lição XI, pp. 125-8). O catolicismo grego é mais grego do que cristão (lição XII, p. 137). Seu intelectualismo leva-o praticamente a se confundir com a filosofia (lição XIII, p. 143). A posição de Harnack equivale a ver em toda tentativa para exprimi-lo filosoficamente uma corrupção da própria essência do cristianismo. Nem é preciso dizer que, desse ponto de vista, a noção de filosofia cristã é impossível.

46. Blondel, M. – *Les exigences de la pensée contemporaine en matière d'apologétique et la méthode de la philosophie dans l'étude du problème religieux*, em *Annales de philosophie chrétienne*, I, janeiro de 1896, pp. 337-47; II, fevereiro de 1896, pp. 467-82; III, março de 1896, pp. 599-616; IV, maio de 1896, pp. 131-47; V, junho de 1896, pp. 255-67; VI, julho de 1896, pp. 337-50.

"Daí resulta ainda que, mesmo no seio de uma sociedade cristã e mesmo quando se tem diante dos olhos o organismo completo dos dogmas e dos preceitos, deve-se continuar a respeitar escrupulosamente os limites em que se detém o alcance da filosofia. Sem dúvida, para determinar precisamente as insuficiências da nossa natureza e para ir até o fim das exigências da razão ou das preces da vida, esse espetáculo é infinitamente instrutivo; mas deve-se desconfiar tanto mais da tentação de confundir domínios e competências e de *reencontrar* mais do que se poderia *encontrar*. Porque, no sentido em que essa palavra costuma ser entendida, 'a filosofia cristã' existe tanto quanto a física cristã, ou seja, a filosofia se aplica ao cristianismo na mesma medida em que o cristianismo, no fundo das coisas, tem império ou jurisdição inclusive sobre os homens que o ignoram ou o excluem" (março de 1896, p. 613). *Non libera nisi adjutrix, non adjutrix nisi libera philosophia* (ibid., p. 616). "Por um lado, a filosofia não foi, até aqui, exatamente delimitada nem, por conseguinte, cientificamente constituída... Por outro e com maior razão, ainda não houve, a rigor dos termos, filosofia cristã: àquela que leva esse nome, ele não convém muito, nem em termos filosóficos nem em termos cristãos. Se pode haver uma que o mereça plenamente, ela está por se constituir. E os dois problemas são solidários ou até um só" (maio de 1896, p. 134). Sobre a filosofia medieval e seu caráter híbrido, pp. 135-7.

– *Pour le quinzième centenaire de la mort de saint Augustin: l'unité originale de sa doctrine philosophique*, em *Revue de métaphysique et de morale*, outubro-dezembro de 1930 (37º ano, nº 4), pp. 423-69.

"Nesse sentido profundo, Agostinho (qualquer que seja a contribuição dos que o antecederam) é o iniciador e o animador do 'pensamento católico' e da 'filosofia cristã'" (p. 468).

– *Y a-t-il une philosophie chrétienne?* Em *Revue de métaphysique et de morale*, outubro-dezembro de 1931 (38º ano, nº 4), pp. 599-606.

Contra as objeções de É. Bréhier, nega ter feito uma obra *apologética*; reivindica para ela o direito ao título de *filosofia*. "Em 1896, numa carta publicada nos *Annales de philosophie chrétienne* (que sempre preferi ver chamados de 'Annales catholiques de philosophie'), eu havia, com uma intrepidez juvenil, pela qual devo me desculpar, sustentado que, a rigor dos termos, 'a filosofia cristã não existe'. Reconheço que era um juízo demasiado sumário..." (p. 605).

– *La philosophie chrétienne existe-t-elle comme philosophie?* Carta publicada em apêndice no *Bulletin de la Société française de philosophie*, março-junho de 1931, pp. 86-92.

Nega que o problema possa ser legitimamente colocado no plano histórico (p. 87). Recorda que nunca fez sua a denominação de "filosofia cristã" (p. 87, nota). Sua filosofia, "sem proceder de uma revelação, é a única em conformidade espontânea e profunda com o cristianismo" (p. 88). Colocar historicamente o problema é comprometer ao mesmo tempo filosofia e revelação: "Porque, sob o manto de uma aproximação clandestina, essa hibridação prejudica os interesses essenciais de ambos os cônjuges. De fato se, como uma alcoviteira [sic], a história fornece ao laboratório da reflexão filosófica dados tomados do cristianismo, na promiscuidade dos fatos públicos [sic] ou das experiências privadas, ela o faz despojando-os necessariamente da sua originalidade sobrenatural..." (p. 89). Em que sentido, porém, a "invisceração dos fatos cristãos no organismo filosófico" é concebível, pp. 91-2.

– *Le problème de la philosophie catholique*, Paris, Bloud et Gay, 1932, 177 pp.

I. Em busca do ponto em que se encontram o problema filosófico e o problema religioso (extratos e comentários da carta de 1896 sobre *Les exigences rationnelles*...). O método da providência ou o problema da filosofia católica visto por um teólogo filósofo (a obra do cardeal Deschamps e os complementos que ela requer). Estado atual do problema da filosofia católica e condições prévias de uma solução (defende a substituição dos termos "filosofia cristã" por "filosofia católica", p. 172, nota 1).

47. Loisy, A. – *L'évangile et l'Église*, Paris, A. Picard, 1902, in-12, 1932, 177 pp.

Densa discussão do livro de Harnack (nº 45). Indica que a teoria exposta nessas conferências sobre a essência do cristianismo é a que domina o *Lehrbuch der Dogmengeschichte* do mesmo autor e que, em vez de tê-la deduzido da história, simplesmente interpretou a história de acordo com essa teoria (pp. IX-X). Assinala a necessidade de levar em conta toda a história do cristianismo para definir sua essência (pp. XIV-XV). Contra a substituição do cristianismo pelo helenismo operada pelos Padres, tal como a concebe Harnack, e as impossibilidades históricas dessa tese, ver cap. IV, "Le dogme chrétien", principalmente pp. 140-2.

48. Laberthonnière, L. – *Le réalisme chrétien et l'idéalisme grec*, Paris, P. Lethielleux, s.d., in-16, 219 pp., 4ª ed. (A permissão para publicação é de 1904.)

Existe uma oposição aberta entre os pensadores cristãos e os filósofos gregos (p. 10). A Idade Média tentou paliar a ela (p. 11). O objetivo dessa obra é trazer essa oposição de volta à luz (p. 12). A filosofia grega (pp. 14-35). O cristianismo (pp. 37-64). A oposição entre ambos (pp. 65-102). Como se conciliam a imutabilidade e a mobilidade no cristianismo (pp. 191-214). Sustenta com penetração e profundidade a tese da oposição radical entre o helenismo e o cristianismo.

– *Notre Programme*, Paris, Bloud, 1905 (*Annales de philosophie chrétienne*, 77º ano, 4ª série, t. I, pp. 5-31).

Como se conciliam a iniciativa livre do filósofo e a docilidade cordial do crente. É preciso ao mesmo tempo *intellectus quaerens fidem* e *fides quaerens intellectum* (p. 11). Esse artigo é assinado: *La Rédaction*.

49. De Wulf, M. – *Introduction à la philosophie néo-scolastique*, Paris, F. Alcan, 1904, in-8º, 350 pp.

"É por isso que não há *filosofia católica*, como tampouco há uma *ciência católica*. Mas há filósofos que crêem, em matéria religiosa, em determinada dogmática, assim como há químicos ou médicos que são ao mesmo tempo católicos, protestantes ou judeus. A neo-escolástica constitui-se fora de qualquer preocupação confessional, e é confundir as coisas atribuir a ela uma finalidade apologética", p. 254. Cf. na tradução inglesa dessa obra, *Scholastic old and new*, a mesma afirmação (p. 198), apoiada pelas notas do tradutor, P. Coffey: "This is quite true and quite consistent with the negative and material subordination of philosophy to theology insisted on above, p. 192." O tradutor observa de resto que não se vê mais então que direito de se chamar *católicos* certos sistemas poderiam ter (p. 194, nota 1).

50. Del Prado, Fr. N., O.P. – *De veritate fundamentali philosophiae christianae*, Friburgo (Suíça), Société Saint-Paul, 1911, 1 vol. in-8º, XLV-659 pp.

A filosofia de são Tomás merece o título de *cristã* (pp. XVI-XIX). Ela é aristotélica quanto ao método e eclética quanto ao conteúdo (p. XX). Depende inteiramente da idéia de Deus concebido como primeira causa (p. XXII). A verdade fundamental da filosofia cristã de são Tomás, formulada em *De ente et essentia*, pode ser resumida assim: *Primum Ens est Actus Purus, omnia vero alia entia constant ex potentia et actu*; o que significa: "*Solus Deus est suum esse; in omnibus autem aliis differt essentia rei et esse ejus...* En thesis fundamentalis totius philosophiae D. Thomae, quae Philosophia Christiana jure merito denominatur" (p. XXX). Essa doutrina da distinção entre essência e existência se encontrava mais ou menos indicada em Aristóteles, em Platão e no *Liber de causis*, mas a fonte principal em que são Tomás bebeu "est ipsa notio Dei prout traditur in S. Scriptura et explicatur a Patribus" (pp. XXXV-XXXVI). O texto do Êxodo 3, 13 é capital sob esse aspecto (p. XXXVII), porque é nele que se inspira essa tese que, com razão, é considerada o próprio fundamento do tomismo (pp. XXXVIII-XXXIX). O corpo da obra é consagrado ao estudo filosófico da distinção real entre essência e existência. Nem é preciso ressaltar a concordância fundamental entre as conclusões do p^e del Prado e as destas *Gifford Lectures*. Conheci o *De veritate fundamentali* graças à gentileza de J. Maritain, com quem eu discutia a idéia diretriz destas lições, e sou grato a ele, entre muitas outras coisas, por me haver permitido constatar essa concordância.

51. Webb, Clem. C. J. – *Studies in the History of Natural Theology*, Oxford, Clarendon Press, 1915, 1 vol. in-8º, VI-363 pp.

Introduction to the History of Natural Theology; ver principalmente pp. 35 ss., sobre as relações entre razão e revelação, páginas muito penetrantes em que o ponto de vista de Pfleiderer é discutido. O corpo da obra estuda a teologia natural de Platão (comparada com o moralismo kantiano, pp. 126 ss.) e a teologia natural na Idade Média: Anselmo, Abelardo, são Tomás de Aquino, Raymond Sebond, Pomponace, Herbert de Cherbury.

– *God and Personality*, Gifford Lectures, First course, Aberdeen, For the University, 1919 (e Oxford University Press), 1 vol. in-8º, 275 pp.

– *Divine Personality and Human Life*, Gifford Lectures, 2nd course, ibid., 1920, in-8º, 291 pp.

Um Deus pessoal é um Deus com quem são possíveis relações pessoais. O cristianismo é a única religião a afirmar tal possibilidade. O primeiro desses dois volumes estuda a noção de personalidade divina, sua relação com a noção de criação, assim como com a de pecado (*The Problem of Sin*, t. I, pp. 184-212), sua influência sobre o problema levantado pelas relações entre a religião e a filosofia. O segundo volume considera a personalidade humana, à luz da noção de personalidade divina, na vida econômica, científica, estética, moral, política e religiosa.

Não pude consultar outra obra de Cl. C. J. Webb, *The Debt of Modern Philosophy to the Christian Religion*, Oxford, 1929.

52. Chevalier, J. – *La notion du nécessaire chez Aristote et chez ses prédécesseurs, particulièrement chez Platon*, Paris, F. Alcan, 1917, in-8º, 304 pp.

Diz respeito diretamente ao problema das relações entre o pensamento grego e o pensamento cristão. A doutrina do necessário está no âmago da filosofia grega e se opõe à noção cristã de liberdade. O que faltava aos antigos era a noção de um Deus criador; aceitando essa noção, o cristianismo transformava a noção filosófica do ser, da inteligibilidade e até da personalidade. Ver principalmente a conclusão da obra, pp. 183-9.

– *Trois conférences d'Oxford. Aristote. Pascal. Newman*, Paris, Éditions Spes, 1928, in-12, 80 pp.

Ver em particular a primeira conferência: *Aristote et saint Thomas d'Aquin ou l'idée de création*. A despeito da identidade das fórmulas que empregam, Aristóteles e são Tomás "são dois rios que correm em vertentes opostas" (p. 9). São separados por uma distância tal "que nada pode aboli-la, nem mesmo atenuá-la: um abismo infinito não poderia ser preenchido por algo finito" (p. 10). Retoma as conclusões da obra precedente e desenvolve-as: o contingente é ininteligível segundo Aristóteles, é inteligível segundo são Tomás, assim se tornando graças à criação (pp. 16-7). Oposição entre o Deus causa final de Aristóteles e o Deus potência criadora de são Tomás (pp. 18-21). Oposição entre suas concepções da ciência e da inteligibilidade; o singular, que é o real, também é em si, porque assim o é para o Deus cristão, o supremo inteligível (p. 25).

53. Scheler, M. – *Krieg und Aufbau*, Leipzig, 1916.

"Es giebt in diesem Sinne und gab nie eine christliche Philosophie, sofern man unter diesen Worten nicht, wie üblich, eine griechische Philosophie mit christlichen Ornamenten, sondern ein aus der Wurzel und dem Wesen des christlichen Grunderlebnisses durch selbstdenkerische Betrachtung und Erforschung der Welt entsprungenes Gendankensystem versteht." p. 411.

54. More, P. E. – *The Greek Tradition from the Death of Socrates to the Council of Chalcedon (399 B.C. to 451 A.D.)*.

I. *The Religion of Plato*, Princeton University Press, 1921, in-8º, 352 pp.

A alma e a justiça; Deus; providência; criação; o mal; a vida religiosa.

II. *Hellenistic Philosophies*, Princeton University Press, 1923, in-8º, 385 pp.

Aristipo. Epicuro, cínicos e estóicos. Epicteto. Plotino. Diógenes.

III. *The Christ of the New Testament*, Princeton University Press. (Não tive este volume em mãos.)

IV. *Christ the Word*, Princeton University Press, 1927, in-8º, 343 pp.

Gnosticismo; sabelianismo e arianismo; arianismo; Antióquia e Laodicéia; Calcedônia e a tradição grega; a doutrina do Logos.

O conjunto desses estudos é dominado pela idéia de que existe uma tradição helênica cuja continuidade, a despeito do dogma cristão da encarnação, é historicamente observável. Essa continuidade é assegurada pela doutrina do Logos. Por mais importante que tenha sido o papel representado mais tarde pelo Ocidente, ele é um papel infeliz. Sob a influência do legalismo romano e da escolástica medieval, foram introduzidos alguns elementos no cristianismo que são inúteis em si e estranhos à inspiração original da fé cristã. Aproximem-se essas conclusões das observações análogas, embora inteiramente independentes, de Ch. Guignebert, *Le christianisme médiéval et moderne*, Paris, Flammarion, 1922, pp. 70-1, 306-9.

55. Matthews, W. R. – *Studies in Christian Philosophy*, Londres, Macmillan and Co., 1921, in-8º, XIV-228 pp.

Existe uma filosofia cristã? Sim, porque existe uma religião cristã e não há diferença essencial entre religião e filosofia (p. 30); elas são, num certo sentido, idênticas. "Como não podemos estabelecer uma distinção radical entre religião e filosofia, somos obrigados a admitir que uma e outra são indissoluvelmente unidas" (p. 33). É essa a resposta à questão formulada (p. 35). Sobre o conteúdo dessa filosofia cristã, ver sobretudo o cap. II, "Concepção cristã do universo"; cap. V, "Personalidade divina"; cap. VI, "A idéia de criação".

56. Gilson, É. – *La signification historique du thomisme*, em *Études de philosophie médiévale*, Estrasburgo, 1921, pp. 76-124.

N.B. – Esse trabalho coloca um problema real e, quanto ao fundo, sua conclusão permanece válida: a filosofia tomista não é menos "cristã" que a filosofia agostiniana. Mas acrescentar que "no homem de são Tomás há o filósofo a mais, não há o cristão a menos" (pp. 123-4) parece significar que, nos agostinianos, há o filósofo a menos, o que não é verdade. A verdade é que é com são Tomás que a filosofia cristã adquire plena consciência dos seus direitos como filosofia, do que não resulta que a filosofia já não esteja presente, embora num estado menos distinto, em santo Agostinho e em seus discípulos. Além disso, falei nesse trabalho como se a originalidade de são Tomás consistisse no seu esforço para não "ceder sistematicamente às solicitações da fé" (p. 123), ao passo que hoje ela me parece dever-se muito mais a essa liberdade de juízo – que é uma das características marcantes do seu gênio – com a qual ele viu que era a fé que "instalava a filosofia nela", de uma maneira muito mais completa do que havia conseguido instalar-se sozinha. E é por estar profundamente arraigado na fé, por ser um *tradicionalismo*, que seu *modernismo* mostrou-se fecundo. Em resumo, ao mesmo tempo que mantém são Tomás na família cristã, esse trabalho não mostra suficientemente em que ele pertence a ela.

– *Le thomisme. Introduction au système de saint Thomas d'Aquin*, Paris, J. Vrin, 3ª ed., 1927: "Le docteur chrétien", pp. 34-41; "Foi et raison. L'objet de la philosophie", pp. 42-57. Ver em particular pp. 49-50 explicações que ainda me parecem verdadeiras e permitem explicar o plano do livro.

– *La philosophie de saint Bonaventure*, Paris, J. Vrin, 1924; cap. II, "La critique de la philosophie naturelle", pp. 89-118.

– *Introduction à l'étude de saint Augustin*, Paris, J. Vrin, 1929; I, cap. I, "Premier degré: la Foi", pp. 31-43.

– *L'idée de philosophie chez saint Augustin et saint Thomas d'Aquin*, em Acta Hebdomadae augustinianae-thomisticae, Turim-Roma, Marietti, 1931, pp. 74-87.

57. Maritain, J. – *L'esprit de Descartes*, em *Lettres*, 1º de fevereiro de 1922, p. 182: "Ai! uma filosofia não deve ser *cristã*, ela tem de ser *verdadeira*, e só então ela é verdadeiramente cristã. Ela não deve ser agradável, nem mesmo em relação ao melhor e mais piedoso coração; ela não deve ser feita à medida de um sentimento, nem mesmo do mais elevado e mais puro, nem mesmo do 'sentimento cristão'; ela deve ser feita à medida do que é; estamos aqui diante das inflexíveis e zelosas exigências do objeto." Na seqüência do artigo (1º de março de 1922, p. 407), a filosofia de são Tomás é qualificada de "filosofia cristã".

– *Le thomisme et la civilisation*, em *Revue de Philosophie*, t. XXVIII, 1928, p. 110: "Por si, a filosofia está baseada e estabilizada somente nas puras necessidades inteligíveis que se impõem à razão. Perfeitamente distinta da teologia, que tem por objeto o dado revelado, seu ponto de apoio não é de forma alguma uma crença religiosa, mas unicamente a evidência do objeto e a adesão da inteligência a toda a realidade naturalmente apreensível. Não é por ser cristã, é por ser demonstrativamente verdadeira, que a filosofia tomista vale como filosofia. Aristóteles, seu primeiro fundador, não era cristão..."

– *De la sagesse augustinienne*, em *Mélanges augustiniens* ou *Revue de Philosophie*, t. XXX, 1930, pp. 739-41. Em particular: "Para que os nomes que empregamos correspondam às realidades, devemos chamar de *filosofia cristã* uma filosofia propriamente dita, uma sabedoria que se defina como a obra perfeita da razão... Mas como, de fato, o sujeito humano não pode chegar à integridade das supremas verdades naturalmente cognoscíveis se não for ajudado de cima, essa filosofia necessita se desenvolver, no sujeito, em conexão vital com a fé, que, sem entrar em sua textura nem lhe servir de critério positivo, representa em relação a ela o papel de princípio regulador extrínseco, *veluti stella rectrix*; com a teologia, que, utilizando-a como instrumento, a corrobora, e com a sabedoria do Espírito Santo, que, sobrenaturalmente, também a conforta na alma do cristão", *Mélanges augustiniens*, pp. 409-10.

– O mesmo ponto de vista está completamente desenvolvido no *Bulletin de la Société française de philosophie*, ata da sessão de 21 de março de 1931. Essa exposição me parece ser a mais rigorosamente exata que se possa sensatamente esperar da questão em apreço. Para uma discussão da posição de J. Chevalier (nº 51), ver J. Maritain, *La philosophie bergsonienne*, 2ª ed., Paris, M. Rivière, 1930, apêndice.

58. Jules d'Albi, OF Cap. – *Saint Bonaventure et les luttes doctrinales de 1267-1277*, Paris, Giraudon, 1923, in-16, 260 pp.

"Enquanto, guiado demasiado exclusivamente por Aristóteles, frei Tomás se crê de posse de novas conclusões e defende altivamente regressões que ele toma por conquistas..." (p. 12). "Judeus, astrólogos, maniqueus, albigenses, mestres seculares, averroístas, frei Tomás, quem quer que obscureça a clareza da ortodoxia é impiedosamente apontado. Boaventura tem uma só preocupação, manter em todo o seu esplendor a verdade teológica comprometida pelas audácias de Sigério e seus êmulos, ou pelas regressões inadmissíveis de Tomás de Aquino" (pp. 242-3). Cf. p. 256. Sobre esse livro, ver a conclusão da *Revue d'histoire franciscaine*, 1924, p. 510: "Dizer em que medida o tomismo constituía um progresso, inclusive um progresso filosófico cristão, é algo que não perdemos a esperança de fazer um dia, melhor do que já fomos capazes de fazer. Enquanto isso, lembremo-nos de que poderíamos atingir o pensamento cristão em sua própria vida, se desprezássemos o que exprimem de sua realidade profunda um são Boaventura ou um são Tomás de Aquino."

59. Mandonnet, Pe, O.P. – Em *Bulletin thomiste*, 1924, pp. 132-6.

A ordem a ser seguida na exposição da filosofia tomista é a que são Tomás indicou: lógica, matemática, física, moral, metafísica, teodicéia, e não a ordem teológica, que é a inversa. Seguindo-se a ordem teológica em filosofia, dá-se a impressão de deduzir a filosofia de um dado *a priori*: a existência de Deus e seus atributos. Além disso, é meter-se em grandes apuros, porque o mundo é contingente; não se pode deduzir o mundo de Deus, portanto é pelo mundo que se deve começar.

N.B. – Concedo totum. Mas são Tomás descreve a ordem na qual se deve ensinar a filosofia aos *pueros*, e não a ordem de exposição que convém adotar para expor a adultos cultos o sentido da sua própria filosofia em 1931. Há dois métodos possíveis neste último caso: 1º seguir a ordem indicada pelo pᵉ Mandonnet; teremos então um manual de filosofia *ad mentem Divi Thomae*, em que figurarão uma Lógica, uma Física (será incluída também a matemática?), que são na realidade a filosofia de Aristóteles, e não a de são Tomás; 2º adotar apenas o que é original no pensamento de são Tomás, o conjunto das doutrinas que são dele, porque ele se mostrou criador nelas. Ora, é quase sempre no que concerne a Deus e ao homem que ele se mostrou criador, isto é, onde retomou os problemas gregos à luz da fé cristã. Se é o que se quer fazer, vai-se constatar naturalmente que suas obras teológicas são o lugar de nascimento do seu pensamento filosófico original. Os Comentários sobre Aristóteles preparam os materiais da síntese, mas é a inspiração cristã das Sumas que lhes dá sua forma e faz deles elementos da síntese *tomista*. Por conseguinte, o problema da ordem a seguir se coloca em termos novos.

De fato, podemos extrair das Sumas e das Questões os elementos filosóficos que elas contêm e reconstruí-los de acordo com a ordem da filosofia. É perfeitamente legítimo e espero que alguém o faça, ou refaça. Mas pode-se raciocinar de outro modo: a filosofia de são Tomás me interessa quando leio são Tomás, ela me aborrece quando leio os manuais tomistas. Alguns são muito bem feitos, mas acho todos aborrecidíssimos. Suponhamos que eu não seja o único nesse caso, o que não é impossível; como vou comunicar aos outros o gosto pela filosofia tomista que o próprio são Tomás me inspirou? Mostrando-a a eles como ele a mostrou a mim e como ela me seduziu. Gostei da Suma, e foi para poder compreendê-la que li o resto; se conseguir fazê-la ser apreciada, outros também talvez venham a ler o resto. É por isso que segui sua ordem, mas não faço dela uma lei. Quem achar que o ensinamento do tomismo pelos manuais é um grande êxito, vá em frente. Foi seguindo são Tomás, e seguindo-o espontaneamente, que vim a me perguntar por que é em suas obras teológicas que sua filosofia me interessa. Resposta: primeiro porque, em muitos pontos essenciais, é só aí que a encontramos; por exemplo, sobre a criação, a providência, a noção de pessoa, o *verbum mentis*, que saberíamos se só tivéssemos seus Comentários sobre Aristóteles? Donde esta outra pergunta: por que só a encontramos aí? Resposta: porque foi aí que ela nasceu. Vim assim a conceber a idéia de que o que me interessava em são Tomás era o espetáculo da fecundidade filosófica do cristianismo manifestando-se em todo o seu esplendor. Seguir a ordem da Suma, portanto, não é *o* método, mas *um* método, e particularmente apropriado quando se quer mostrar como a *doctrina fidei* ajuda a *perfectum opus rationis* a alcançar sua perfeição. Dessa observação nasceu o presente livro.

Última pergunta: a ordem teológica transportada para a filosofia cria grandes dificuldades? Não as percebi. Pouco importa que se "dê a impressão" de deduzir a filosofia da teologia, se não se faz tal coisa. Quanto a dizer que se deduz o resto de um dado *a priori*, a existência de Deus, como a objeção se sustentaria, se se começar pelas *demonstrações* da existência de Deus, que começam por sua vez pela prova de que a existência de Deus não é um dado *a priori*? Haveria uma outra questão, muito mais interessante. De acordo com são Tomás, Aristóteles não sabia que a própria existência da matéria é contingente; se são Tomás, ele sim, sabia, não é porque havia recebido da Bíblia outra noção do Ser que não era a que encontrava em Aristóteles? Se isso é verdade, não é tão útil receber da Bíblia a noção do Ser necessário para saber o que significa a palavra *contingente*, quanto é útil saber o que é a contingência para provar o Ser necessário? Por que a própria contingência, que se trata de tomar como ponto de partida, é uma coisa em são Tomás e outra em Aristóteles? Deixo essa pergunta à sagacidade do p^{e} Mandonnet; e até lhe direi onde se encontra a resposta: são Tomás de Aquino, *Sum. theol.*, I, 2, 3, *Sed contra*.

– *L'augustinisme bonaventurien*, em *Bulletin thomiste*, março de 1926, pp. 48-54. Em particular: "Gilson se esforça para nos mostrar Boaventura como um filósofo, quando ele não passa de um teólogo, e o caso de são Boaventura não é diferente do de santo Agostinho e de todos os seus verdadeiros discípulos" (p. 52). "Quem não vê, sem necessidade de provas complementares, que, embora Boaventura negue a legitimidade da distinção formal entre a filosofia e a teologia, praticamente pelo menos, em seu pensamento e em seus escritos, esse duplo objeto não pode ser formalmente distinguido?" (p. 54).

N.B. – Quem não vê, sem necessidade de provas complementares, que são Tomás de Aquino nega que a distinção *formal* entre a fé e a razão pode se traduzir por uma atividade da razão separada da fé *na prática*? E se são Tomás pode negar isso sem deixar de ser filósofo, por que são Boaventura aguardaria do p⁰ Mandonnet a licença para fazer a mesma coisa? E não a aguardou, tomou-a, e antes dele santo Agostinho, que, digam o que disserem, não era propriamente indigno do título de filósofo. Sinto entre o ilustre historiador e mim uma dupla divergência, que me desconsola, mas que temo irremediável: considero santo Agostinho e são Boaventura *filósofos* cristãos, e são Tomás, um filósofo *cristão*.

60. Rimaud, J. – *Thomisme et méthode. Que devrait être un Discours de la méthode pour avoir le droit de se dire thomiste?*, Bibliothèque des *Archives de philosophie*, Paris, G. Beauchesne, 1925, in-8º, 276-XXXV pp.

Um dos principais objetivos da obra é mostrar que o tomismo "é um aristotelismo quanto à forma e uma doutrina nova com base no aristotelismo quanto ao objeto" (p. 143). Sobre as diferenças entre o aristotelismo e o tomismo, ver em particular pp. 137-44.

61. Diès, A. – *Autour de Platon. Essais de critique et d'histoire*, Paris, G. Beauchesne, 1927, in-8º, 615 pp.

Ver principalmente "Le Dieu de Platon", pp. 523-74 e "La religion de Platon", pp. 575-603. Tende a aproximar a religião de Platão do cristianismo; um dos melhores ensaios do gênero.

62. Duret, G. – *Théorie de l'art chrétien*, introdução ao álbum *Les tailles directes* de H. Charlier, escultor, Wépion-sur-Meuse, 1927 (Comunicado por A. Forest).

O termo *filosofia cristã* não é unívoco, mas análogo; atinge vários planos de realidade, envolve várias profundidades de sentido. Uma filosofia é cristã: 1º quando coincide plenamente com o ensinamento cristão; 2º mais profundamente, quando ela toma lugar na ordem cristã, isto é, na perspectiva e sob a dependência da revelação; 3º mais profundamente ainda, ela é a sabedoria cristã, isto é, a sabedoria criada que acaba renunciando a si mesma para aderir à sabedoria incriada; é nesse sentido que os Padres e os Doutores a entendem, quando falam de *doctrina sacra, sapientia christiana*.

63. Bréhier, É. – *Histoire de la philosophie*; t. I: *L'antiquité et le Moyen Âge*, Paris, F. Alcan, 1927.

"Não há, em todo caso, durante os cinco primeiros séculos da nossa era, filosofia cristã própria que implique uma escala de valores intelectuais francamente original e diferente da dos pensadores do paganismo." T. I, p. 493. "O cristianismo, no seu início, não é em absoluto especulativo; é um esforço de ajuda mútua ao mesmo tempo espiritual e material nas comunidades" (*ibid.*). "Esperamos mostrar, portanto, neste capítulo e nos seguintes, que o desenvolvimento do pensamento filosófico não foi fortemente influenciado pelo advento do cristianismo e, para resumir nosso pensamento numa palavra, que não há filosofia cristã." T. I, p. 494.

– *Y a-t-il une philosophie chrétienne?* Em *Revue de métaphysique et de morale*, abril-junho de 1931, pp. 133-62.

Qual é a vocação intelectual do cristianismo, qual é seu papel positivo no desenvolvimento do pensamento filosófico? O cristianismo não foi o iniciador de um novo movimento filosófico (p. 135); nem mesmo com santo Agostinho; "não há de forma alguma em santo Agostinho uma filosofia cristã, isto é, uma concepção do universo enxertada no dogma. A única filosofia que ele conhece, a única que encontramos nele é a filosofia de Platão e de Plotino" (p. 140). Quanto ao tomismo, apesar do seu espírito positivo e realista, redunda na confissão de uma completa insegurança no que concerne aos resultados da busca filosófica e da "impossibilidade quase absoluta de fundar uma filosofia sistemática e coerente" (p. 150). Já no cartesianismo, o racionalismo é tão firme que a censura da fé perde toda a sua eficácia: não é uma filosofia cristã (pp. 150-4). No século XIX, o tradicionalismo busca no cristianismo não uma verdade, mas um princípio de organização social (p. 157). Na Alemanha, a interpretação do cristianismo por Hegel conduz logicamente a Feuerbach (p. 159). Na época contemporânea, Blondel tentou fazer a filosofia nascer do próprio cristianismo; sua doutrina tem mais parentesco com uma apologética do que com uma filosofia (p. 160); aliás, "o problema da ação, tal como Blondel o coloca, não tem relação especial com o cristianismo" (p. 161). Conclusão: "Vimos as tentativas, sempre vãs, do cristianismo para fixar um desses momentos, para se apoderar dele; mas não podemos falar de uma filosofia cristã, como tampouco de uma matemática ou de uma física cristãs" (p. 162). Cf. as fórmulas de L. Feuerbach (nº 19, p. 421) e de Wulf (nº 49, p. 429).

64. Chenu, M.-D., O.P. – Em *Bulletin thomiste*, janeiro de 1928, p. 244.

"Percebemos claramente o que essa distinção entre *princípios* racionais e *ordem* teológica (em É. Gilson, *Le thomisme*, 3ª ed., 1927, pp. 34-41) quer explicar: uma filosofia que permanece em contato, quase em continuidade, com o sobrenatural, sem deixar de ser dependente da razão. Mas essa distinção, que, bem analisada, se revelaria insustentável no terreno filosófico, não é, nem histórica nem doutrinariamente, aquilo que faz que uma filosofia seja cristã. Uma filosofia não é cristã pela ordem teológica imposta de fora ao seu conteúdo racional, mas por uma concepção da natureza e da razão abertas ao sobrenatural. Anselmo, Boaventura, Tomás de Aquino são todos, desse ponto de vista, filósofos cristãos, e uns tanto quanto os outros. Somente Tomás de Aquino soube, definindo essa natureza e essa razão, garantir (no ser, no conhecer, no agir de ambas e, provisoriamente, até mesmo no fim último delas) a eficácia própria de uma e outra, sua autonomia, deixando porém sua obediência ao sobrenatural. E com isso, filósofo cristão (gostaríamos de ter desvendado o equívoco desse termo impreciso), somente ele é filósofo. Uma filosofia pura não se torna filosofia cristã encerrando seu proceder racional num esquema teológico; uma filosofia pura é cristã quando, para desenvolver seu conteúdo com toda liberdade e para manifestar integralmente o rigor das suas exigências racionais, constata e [...] afirma não ter por que rejeitar toda capacidade, toda potência do sobrenatural."

N.B. – O rev. p^e Chenu tem toda razão ao dizer que uma filosofia não tem de se encerrar num marco teológico para ser cristã. A ordem de exposição não é uma característica intrínseca do seu caráter cristão. No entanto, de um ponto de vista puramente histórico, pode haver interesse em conservar a ordem teológica de exposição na qual ela chegou até nós, tanto mais que essa ordem permite observar melhor a influência diretriz da fé sobre a razão, que confere a essa filosofia seu caráter cristão. Esse método pode ter vantagens e inconvenientes. Como quer que seja, seria possível expor uma filosofia cristã, mesmo se nascida em contato com uma teologia, numa ordem não teológica. Talvez seu caráter cristão se destacasse menos nitidamente e seu caráter filosófico, mais. Quanto ao resto, duas questões: 1º qual é o filósofo que construiu uma filosofia "aberta ao sobrenatural", isto é, que "constata e... afirma não ter que rejeitar toda capacidade, toda potência do sobrenatural" e que não ensinou, ao mesmo tempo, que a fé ajuda a razão a descobrir a verdade puramente filosófica? 2º se de santo Anselmo, são Boaventura e são Tomás só o último é filósofo, como todos os três são, "uns tanto quanto os outros", filósofos cristãos? Deve-se entender que todos os três são igualmente cristãos e que um só deles é filósofo? Mas se há dois que não são filósofos, como a soma deles daria três filósofos cristãos?

65. Forest, A. – *Autour de la notion de philosophie chrétienne*, em *La vie intellectuelle*, outubro de 1928, pp. 122-3.

Analisa as posições de É. Bréhier, L. Brunschvicg, É. Gilson, H. Gouhier, J. Rimaud. Aproxima a posição de É. Bréhier da que adotava Espinosa no *Tractatus theologico-politicus*, sendo a fé concebida apenas como uma doutrina de obediência e de salvação; o teólogo não faz mais que traduzir em imagens o que o filósofo pensa em conceitos. Quando É. Bréhier nega que exista uma filosofia cristã, a proposição deve ser esclarecida. "O ensinamento cristão não se apresentava sob o modo de uma filosofia, admitimos; é exato também que ele não modificava nossa visão do universo físico, mas não se poderia admitir que a fé não abria ao espírito um domínio de novas verdades, verdades que se propõem não somente ao nosso *consentimento*, mas também ao nosso *assentimento*."

66. De Bruyne, E. – *Saint Thomas d'Aquin*, Paris, G. Beauchesne, 1928, in-8º, 384 pp.

"Se existe na Idade Média uma concepção cristã do universo, comum a todos os crentes, se há uma teologia católica, não há filosofia cristã." P. 12.

67. Monnot, P., S.J. – *Essai de synthèse philosophique d'après le XIe livre de la Cité de Dieu*, em *Études sur saint Augustin*, Archives de Philosophie, Paris. G. Beauchesne, 1930, pp. 142-85. Ver em particular pp. 153-5 e 180-5.

Pode-se "definir a filosofia cristã segundo duas concepções diferentes, embora ambas essencialmente filosóficas e cristãs". Quadro comparativo dos dois sistemas, agostiniano e tomista, no que concerne às relações entre fé e razão (p. 181). "Esse quadro parece-nos pôr diante dos olhos com nitidez as concepções que podem ser opostas em filosofia escolástica sob o nome de tomismo... de agostinismo...; ele procura manifestar, ao mesmo tempo que as inegáveis diferenças entre ambos, sua conformidade sob um gênero comum: exercício da razão que trabalha para a organização do dado em sistema inteligível submetido aos dados da revelação. E é esse gênero comum que faz das duas vertentes, apesar das diferenças do pressuposto (abstração ou sua rejeição) e da finalidade (saber ou sabedoria), uma *filosofia*, e uma filosofia *cristã*. Mas suas oposições respectivas também fazem delas, sob esse gênero comum, contrários", p. 182 (não seria melhor dizer espécies?).

68. Kremer, R., C. SS. R. – *Saint Augustin, philosophe chrétien*, em *La vie intellectuelle*, t. XIII, nº 2 (10.nov.1931), pp. 220-35.

Reflexões, "lendo as publicações do centenário". As pp. 225-35 são particularmente interessantes para a noção de filosofia cristã.

69. Baudry, J. – *Le problème de l'origine et de l'éternité du monde dans la philosophie grecque de Platon à l'ère chrétienne*, Paris, Les Belles-Lettres, 1931, in-8º, 333 pp.

Nunca um grego nem qualquer filósofo antigo chegou à noção de criação *ex nihilo*. Por isso, todos tinham de terminar admitindo a eternidade do universo. Esse problema foi, para os gregos, um problema essencialmente religioso e teológico. Herdeiro da tradição judaica, o cristianismo deu novo impulso às discussões cosmogônicas e forneceu uma solução satisfatória para o problema.

70. Andrian, L. – *Die Ständeordnung des Alls, rationales Weltbild eines katolischen Dichters*, Munique, J. Kösel und F. Pustet, 1930.

Importantes extratos, prefaciados por Ch. du Bos, foram traduzidos em *Vigile*, 4º caderno, 1931, com o título de *L'ordonnance hiérarchisée du tout*. Sobre a filosofia cristã, ver pp. 87-101. Recomendamos vivamente a leitura desses ensaios profundíssimos sobre a relação entre o pensamento cristão e a Antiguidade.

71. Jolivet, Régis – *Hellénisme et Christianisme*, em *Essai sur les rapports entre la pensée grecque et la pensée chrétienne*, Paris, J. Vrin, 1931, pp. 159-98.

Contesta a asserção de É. Bréhier, segundo a qual não há filosofia cristã (p. 174). Há algo de original no pensamento cristão e elementos comuns com a filosofia grega (p. 175). Apesar da diversidade das correntes intelectuais em que se alimentam os escritores cristãos, eles têm um bem comum, que consiste na crença nos mistérios e em "um conjunto de teses racionais que compõe o que se chama de filosofia cristã" (p. 177). Como santo Agostinho e são Tomás podem reivindicar Platão e Aristóteles ao mesmo tempo que os superam (pp. 179-96). "A especulação grega só foi utilizada, tanto por santo Agostinho como por são Tomás, sob a reserva de uma concordância com a fé, que fica sendo assim o critério e a norma suprema da verdade, em matéria de filosofia religiosa" (p. 196).

72. De Corte, M. – *La notion de philosophie chrétienne*, em *Revue catholique des idées et des faits*, Bruxelas, 27 de março de 1931, ano XI, pp. 19-22.

Relatório crítico da sessão da Sociedade Francesa de Filosofia de 21 de março de 1931. O autor do artigo apresenta suas conclusões pessoais, pp. 21-2. Como filosofia, a filosofia tomista, a que às vezes se dá o nome de filosofia cristã, "está fechada a toda e qualquer influência dogmática. Sua dependência em relação ao dado registrado é puramente extrínseca e não afeta a sua essência". "Não é contraditório que um filósofo tomista não seja cristão." "Há portanto, do ponto de vista da análise estática do abstrato e do concreto, a necessidade de eliminar o conceito de filosofia cristã como não correspondente a nenhum conteúdo positivo. No entanto, considerando as noções sob um aspecto que poderia ser chamado dinâmico, pode-se chegar a uma definição da filosofia cristã em que a diferença não seria nem puramente extrínseca nem puramente intrínseca, mas potencialmente intrínseca, embora atualmente extrínseca, ou ainda materialmente intrínseca, embora formalmente extrínseca" (p. 21). "A filosofia cristã é uma filosofia cuja tendência, não explícita e latente, é desembocar no sobrenatural. Essa tendência é, se quiserem, simples potência passiva, mas em todo caso não é puro nada" (p. 22).

73. Wust, Peter – *Zum Begriff eines christlichen Philosophie* em *Catholica*, Paderborn, Verlag des Winfriedbundes, 1932, I, 1, pp. 37-44.

Resposta a um artigo de Herm. Zeltner em *Zwischen den Zeiten*, 1931, IX, 2. Não conheço esse artigo, mas ele parece tratar diretamente da questão. A posição de P. Wust se resume assim: "Uma filosofia cristã é possível? Não é em si um contra-senso? Para mim, a resposta só pode ser a seguinte: ela não é simplesmente possível, mas toda filosofia extracristã, isto é, toda filosofia em si tende precisamente a este objetivo, tornar-se uma filosofia cristã, consumar-se, como filosofia, na filosofia cristã" (p. 38). "... pode haver uma filosofia extracristã e uma filosofia cristã. Uma filosofia extracristã, porque cada homem é, como homem, chamado pela razão eterna a responder a questões eternas, que se colocam a ele pelo próprio fato de ser homem. Uma filosofia cristã, porque o cristão também não cessa de ser homem" (p. 43).

74. Sertillanges, A.-D. – *L'apport philosophique du Christianisme*, em *La vie intellectuelle*, ano 4, 10 de março de 1932, pp. 386-402.

Estima que é uma "grave injustiça" acusar Aristóteles de politeísmo (p. 387). Segundo são Tomás, o *politeísmo* de Aristóteles é uma simples questão de palavras (p. 388). A teologia natural de são Tomás tem por objeto próprio uma pluralidade de seres divinos no sentido de Aristóteles, a saber, Deus e os Anjos (p. 389 e nota 1). O ser enquanto ser, em Aristóteles e em são Tomás, não é nem um sujeito nem uma coleção de sujeitos, é o objeto da metafísica geral (p. 390, n. 1). Os atributos do Deus de Aristóteles não se limitam aos do pensamento (p. 392). O amor de Deus pelo mundo não é nem causa eficiente, nem causa final primeira, já que está, como o próprio mundo, na dependência de um livre decreto (p. 393). O resto, pp. 393-401, não tem relação direta com o livro em discussão.

75. Marcel, G. – Resenha em *La Nouvelle Revue des Jeunes*, 15 de março de 1932, IV, 3, pp. 308-14.

A contribuição cristã à filosofia é um dado revelado, "cuja significação, cujo valor é absolutamente transcendente a toda experiência capaz de se constituir sobre bases puramente humanas. Aí está o paradoxo, o escândalo, se quiserem. De minha parte, estaria disposto a pensar que só há filosofia cristã onde esse paradoxo, esse escândalo seja não apenas admitido ou mesmo aceito, mas *abraçado* com uma apaixonada e irrestrita gratidão. Mas a partir do momento em que o filósofo busca por um procedimento qualquer atenuar esse escândalo, mascarar esse paradoxo, absorver o dado revelado numa dialética da razão ou do espírito puro, nessa precisa medida ele deixa de ser um filósofo cristão" (p. 312). Não basta dizer que a revelação é uma *auxiliar* para a razão: "Uma filosofia cristã me parece difícil de definir pelo fato de encontrar seu ponto de ativação ontológica num fato *único*, entendo sem análogo possível, que é a Encarnação" (p. 312; ver toda essa passagem notável). "... eu me inclinaria muito a admitir que a noção de filosofia cristã só é capaz de adquirir sentido para uma consciência, se não cristã, pelo menos impregnada de cristianismo, mas capaz, por isso mesmo, de apreender o desenvolvimento das doutrinas a partir de perspectivas que não coincidem absolutamente com as do historiador puro e simples" (p. 314). Esse desenvolvimento participa da vida religiosa mais elevada e se liga sem dúvida "a essa História sagrada de que perdemos até mesmo a noção nestes tempos de secularização extrema e brutal" (ibid.). "O problema filosófico que a própria existência de uma história da filosofia coloca é destes que em nossos dias os especialistas parecem cada vez mais incapazes de colocar ou até de imaginar possível; é no entanto um problema absolutamente fundamental... que nós, filósofos católicos, temos de encarar de frente e com um olhar sem tibieza" (ibid.).

76. Fernández, Ramón – *Religion et Philosophie*, em *Nouvelle Revue française*, t. XX, 1º de maio de 1932, pp. 901-9.

Propenso a pensar com Bréhier e comigo mesmo (sic) que uma filosofia religiosa não é possível, contra J. Maritain e M. Blondel, que afirmam que sim. O artigo seguinte indagará se é possível tirar uma religião da filosofia.

77. Souriau, M. – *Qu'est-ce qu'une philosophie chrétienne?* Em *Rev. de mét. et de mor.*, t. 39, 1932, pp. 353-85.

78. Solages, Br. de – *Le problème de la philosophie chrétienne*, em *La vie intellectuelle*, 1933, pp. 9-20.

79. Marc, A. – *La philosophie chrétienne et la théologie*, em *La vie intellectuelle*, 1933, pp. 21-7.

80. Maritain, J. – *De la notion de philosophie chrétienne*, em *Revue néo-scolastique de philosophie*, t. XXXIV, maio de 1932, pp. 153-86.
– *De la philosophie chrétienne*. Paris, Desclée de Brower, 1933.

Retoma, com importantes acréscimos, o texto da comunicação feita em março de 1931 à Sociedade Francesa de Filosofia. Permitam-me dizer que essa exposição da questão define, muito melhor do que eu poderia fazer, os elementos de uma solução doutrinal da mesma. Não só não creio que o ponto de vista histórico exclua o ponto de vista doutrinal, mas ele o requer e, em certo sentido, o implica. Para que a revelação possa esclarecer a razão, ambas têm de estabelecer relações reais no tema em que colaboram. Aceito portanto inteiramente, como caracterizando minha posição, em suas vantagens e seus limites, o juízo de J. Maritain: "Esse reconhecimento de noções objetivas antes ignoradas ou deixadas na dúvida, de verdades que a razão por si só é 'fisicamente' capaz mas 'moralmente' incapaz de reunir em sua pureza, não é a única característica, nem a mais vital, da filosofia cristã; mas é a mais manifesta e a primeira a se considerar" (p. 159). De fato, eu disse que a noção de filosofia cristã só tem sentido do ponto de vista da história. Será necessário recordar que se trata de história da filosofia? Se a história tem qualidade para atestar a existência de uma filosofia cristã, é que a filosofia cristã é possível, e que o é, como eu disse, intrinsecamente, isto é, ao mesmo tempo do ponto de vista filosófico e do ponto de vista cristão. É o que J. Maritain acaba de demonstrar. O que é mais "vital" e verdadeiramente primeiro é esse trabalho da revelação e da graça na alma do filósofo, pois sem ele não haveria filosofia cristã historicamente observável. A simpática clarividência de Maritain discerniu muito bem que eu não podia ter tomado minha fórmula num sentido que lhe faria negar as condições de possibilidade do seu objeto. Quero portanto, por minha vez, ir ao encontro dele. Tomemos um sistema de filosofia dado; perguntemos se ele é "cristão" e, se for, por que características podemos reconhecer que o é. Para o observador, é uma filosofia, logo uma obra da razão; seu autor é cristão, mas seu cristianismo, por mais eficaz que tenha sido a sua influência sobre a filosofia do autor, é essencialmente distinto dela. Portanto o único meio de que dispomos para descobrir essa ação interna é comparar os dados que nos são observáveis de fora: a filosofia sem a revelação e a filosofia com a revelação. Foi o que procurei fazer, e como somente a história pode fazê-lo, eu disse que somente a história podia dar um sentido à noção de filosofia cristã. A conclusão vale e só vale em função das premissas. Mas se essa fórmula, ou as fórmulas análogas que pude utilizar vierem a criar confusão por causa da sua precisão mesma, disponho-me a mudá-las. Direi portanto que a filosofia cristã só é uma realidade objetivamente observável para a história e que sua existência só é positivamente demonstrável pela história, mas que, estando a sua existência assim estabelecida, sua noção pode ser analisada em si, e deve sê-lo, como acaba de fazer J. Maritain. Estou portanto inteiramente de acordo com ele. Minha posição, ao contrário, deve ser considerada equivocada, se for correto dizer com É. Bréhier que a filosofia cristã não é uma realidade historicamente observável, ou com M. Blondel que o caráter cristão de uma filosofia (supondo-se que ele seja possível) nada deve à influência da revelação.

Dentre as resenhas críticas de que foram objeto o livro de M. Blondel, *Le problème de la philosophie catholique*, e a primeira edição de *L'Esprit de la philosophie médiévale*, citarei, na ordem de recebimento: J. Huby, *Sagesse chrétienne et philosophie*, em *Études*, 1932, pp. 513-33 – X., *Une philosophie chrétienne est-elle rationellement concevable? Est-elle historiquement réalisée? État actuel de ce débat*, em *Revue des études historiques*, 1932, pp. 389-93. – Enr. Castelli, *Réflexions critiques sur le problème de la philosophie chrétienne*, Études philosophiques, Marselha, 1932. – J. Guiraud, *La notion de philosophie chrétienne. Le problème de la philosophie catholique*, em *La Croix*, 12-13 de junho de 1932. – Ét. Borne, *Le problème de la philosophie catholique*, em *Bulletin Joseph Lotte*, junho de 1932, pp. 428-30. – Carlos M. Cervetti, *É. Gilson y la noción de la filosofía cristiana*, em *Criterio*, maio e junho de 1932, Buenos Aires. – Phil. Böhner, O.F.M, *Zum Problem der christlichen Philosophie*, em *Kölnische Volkszeitung*, sexta-feira, 22 de abril de 1932. – Joh. Brinkmann, O.S.C, *Zum Problem der christlichen Philosophie*, em *Kölnische Volkszeitung*, terça-feira, 31 de maio de 1932 (objeções ao artigo precedente). – Ét. Borne, *L'esprit de la philosophie médiévale*, em *La Vie catholique*, 14 de maio de 1932. – F. Mourret, *Le problème de la philosophie catholique d'après le livre récent de M. Blondel et les controverses actuelles*, em *La vie catholique*, 23 de julho de 1932. – M. de Gandillac, *L'esprit de la philosophie médiévale*, em *Revue universelle*, setembro de 1932. – R. Jolivet, *La philosophie chrétienne et la pensée contem-*

poraine, Paris, Téqui, 1932, volume em que o problema é estudado por si e globalmente. – *La philosophie chrétienne*, Journées d'étude de la Société Thomiste, II (Juvisy, 11 de setembro de 1933), Paris, Éditions du Cerf, Bibliografia pp. 165-9. Cf. F. van Steenberghen, *La deuxième journée d'études de la Société thomiste et la notion de philosophie chrétienne*, em *Revue néo-scolastique de philosophie*, t. 35, 1933, pp. 539-54. – Sertillanges, A. D., *De la philosophie chrétienne*, em *Vie intellectuelle*, t. XXIV, 1933, pp. 9-20. – B. Romeyer, S.J., *Autour du problème de la philosophie chrétienne. Essai critique et positif*, em *Archives de Philosophie*, t. X, cahier 4, 1934, pp. 1-64. – Simon, Y., *Philosophie chrétienne. Notes complémentaires*, em *Revue Carmélitaine*, 1934, pp. 107-19. – Noel, L., *La notion de philosophie chrétienne*, em *Revue néo-scolastique de philosophie*, t. 37, 1934, pp. 337-45. – Bartolomei, T. M., *Esiste una "filosofia cristiana"?...*, em *Rivista di filosofia neo-scolastica*, t. XXVI, 1934, pp. 14-52. – Jansen, B. *Christliche Philosophie*, em *Stimmen der Zeit*, t. CXXVIII, 1934, pp. 229-38. – Derisi, Oct. Nic., *Concepto de la filosofia cristiana*, Buenos Aires, Gotelli, 1935. – Masnovo, Am., *Filosofia cristiana*, em *Indirizzi e conquiste della filosofia neo-scolastica italiana*, Milão, 1934, pp. 21-7. – Baudoux, Bern., *Quaestio de philosophia christiana*, em *Antonianum*, t. XI, 1936, pp. 487-552 (o melhor estudo de conjunto sobre a questão; bibliografia, pp. 488-91).

ÍNDICE DOS NOMES PRÓPRIOS

Abelardo, P., 10, 414, 426-7, 431-2, 656.
Adão, 478, 555.
Agostinho, pseudo, 354.
Agostinho, santo, 9, 11, 16, 19-20, 32, 36-7, 39, 41, 46-8, 50-1, 71-3, 83-5, 91, 94, 98-9, 112, 124-5, 137, 140, 148-72, 177-94, 210-6, 230, 245, 247, 249, 283, 286-7, 292-3, 297, 299-301, 304-5, 308, 310, 312, 314-6, 337, 346, 353-4, 371-76, 378, 381, 384-6, 395, 397-401, 407-11, 422-3, 428, 434, 437-40, 451-4, 455-63, 465-8, 473, 477-9, 481-3, 488, 496, 510, 514, 524-5, 531, 537-8, 541, 542, 554-5, 561, 567, 572-3, 575-6.
Alberto Magno, 241, 243, 261, 269, 343, 448-9, 455, 467, 501, 506, 543.
Alcher de Clairvaux, 121.
Alexandre de Afrodísia, 336.
Alexandre de Hales, 72, 95, 163, 243, 543.
Al-Farabi, 241.
Alfaric, P., 37, 149.
Algazel, 544.
Ambrósio, santo, 34, 74, 403.
Ambrósio Vítor, 538, 541, 555.
Amônio Sacas, 497, 513.
Amós (Am), 206.
Anaxágoras, 150, 189.
André, pe, 543.
Andrian, L., 576.
Anselmo, santo, 9-11, 18, 40-1, 43, 50-1, 79-80, 83, 115, 166, 299, 308, 312-3, 374-5, 384, 387-8, 400, 509, 527, 554, 565, 574.
Archambault, G., 29-30.
Aristides, 96.
Aristipo, 566.
Aristóteles, 6, 9, 12-3, 19, 35, 40, 47, 52, 55-7, 64-7, 69, 77, 79, 87-9, 92-7, 99, 101-5, 107-8, 111-2, 114, 127-8, 142, 150-1, 162, 190-1, 196, 208-9, 217, 228-9, 239-46, 251-2, 255-61, 263-4, 266, 268, 272, 295-6, 299, 301, 308, 317-8, 324, 336, 339, 344-5, 352, 354, 367, 369-71, 374, 382-3, 394, 397-8, 403-4, 413, 416, 423, 433, 435, 446,

450-2, 456-7, 459, 479,
486-7, 495, 497, 501, 502,
504, 506, 508, 510, 512, 515,
518-9, 539-40, 543-4, 548,
553, 555, 557, 560, 564, 566,
570-1, 577.
Arnim, H. v., 378.
Arnóbio, 38.
Atenágoras, 30, 50, 59, 70, 210, 256, 422.
Averróis, 19, 108, 240, 336-7, 488, 501-2, 543-4.
Avicebron (Ibn Gebirol), 246.
Avicena, 90, 95, 108, 189, 241-3, 317, 331, 342, 447, 488, 502, 544.

Babbit, Irving, 476.
Bacon, Francis, 321.
Bacon, Roger, 50, 136-7, 141, 190, 318, 449, 460, 489, 493.
Balzac, J.-L. Guez de, 302, 482, 540.
Barth, H., 281.
Barth, K., 281.
Bartholomeus de Barberiis, 262.
Bartolomei, T. M., 581.
Baruque (Br), 206.
Baruzi, J., 21.
Basílio, são, 538, 542.
Baudoux, B., 581.
Baudry, J., 64, 576.
Beda, o Venerável, 163.
Beethoven, 119.
Bergson, H., 88.
Berkeley, 19.
Bernardin de Saint-Pierre, 106, 141.
Bernardo de Chartres, 520.
Bernardo de Clairvaux, são, 8, 46-7, 132, 146-7, 160, 173, 278, 282, 285-9, 291, 345-6, 349-51, 357-8, 364-6, 373, 381, 385, 517, 542.
Bernardo de Clairvaux, pseudo, 290, 521-35.
Bernardo Silvestre, 455.
Beuzart, P., 149.
Blanc, Louis, 556.
Blondel, Maurice, 561, 573, 578, 580.
Boaventura, são, 9, 46, 50, 67, 70, 72, 74, 77, 81, 84, 87, 92, 95, 98, 121, 123, 134, 137, 140, 148, 161, 166, 184, 186, 188, 199, 214, 216, 218-21, 230, 241, 243, 246, 262, 267, 269-70, 273-4, 280, 282, 284, 291, 300-1, 306, 318-9, 324, 372, 374, 382, 384, 401, 403, 414-5, 417, 425, 429, 452, 455, 465, 477-8, 481-2, 486-7, 490, 502, 516, 519, 569, 571, 574.
Boécio, 270, 274, 377-80, 451-2, 454-5, 459.
Boehmer, H., 173.
Böhner, Phil., 580.
Borne, Ét., 580.
Bos, Charles du, 576.
Bossuet, J.-B., 46, 288, 482-3.
Bouchitté, 9.
Boyer, Ch., 212.
Branis, C. J., 546-7.
Bréhier, É., 6, 13, 15, 40, 63, 93, 149-50, 562, 572, 575-6, 578.
Brentano, F., 209, 556, 561.
Brinkmann, J., 580.
Brochard, V., 254, 396, 442-3.
Brücker, J., 543, 553.
Bruno, são, 146.

ÍNDICE DOS NOMES PRÓPRIOS

Brunschvicg, L., 278, 288, 302, 351, 478, 575.
Bruyne, E. de, 575.
Buhle, 553.
Burnet, E., 446.

Caird, E., 560.
Caird, J., 560.
Calvino, J., 168, 391.
Carlos Magno, 486-7, 489.
Carreras y Artau, 376.
Carton, R., 449.
Castelli, E., 580.
Cerveti, C.-M., 580.
Charlier, H., 572.
Charron, P., 278.
Chenu, M.-D., 8, 10, 45, 467, 539, 573.
Chevalier, J., 65, 95, 127, 209, 256, 446, 565, 569.
Choisnard, P., 448.
Chrétien de Troyes, 486.
Christ, prof., 546.
Ciboule, R., 303.
Cícero, 39, 141, 394-5, 399, 436, 439, 457.
Cirilo de Alexandria, são, 67.
Claudel, P., 441.
Clemente, 96.
Clemente de Alexandria, 31.
Coffrey, P., 564.
Cohortatio ad Graecos, 97.
Collin, R., 144.
Combes, A., 303.
Comte, A., 23, 46, 338, 476, 478, 483, 500.
Condorcet, 53-4, 147, 483.
Constantino, 210.
Copérnico, 321.
Corte, M. de, 576.
Cousin, V., 545, 556.

Dalbiez, R., 143.
Daniel, 173.
Dante, 102, 181, 521.
David de Dinant, 131.
Dechamps, cardeal, 563.
Decharme, P., 55-6.
De Corte, M., 576.
Degérando, J.-M., 553.
Della Volpe, G., 131.
Del Prado, N., 112, 558, 564.
Deman, Th., 430.
Demócrito, 208, 512.
Dionísio, o Areopagita, 72, 74, 126, 158, 198, 291, 300, 334, 351, 395, 399, 403, 440.
Dionísio, o Tirano, 151.
Derisi, O. N., 581.
Descartes, R., 17-9, 23, 32, 73, 79, 82-3, 88, 98, 106, 122, 145, 244, 282, 301, 311, 320, 392, 441, 495, 500, 506, 520, 540, 545, 554.
Descoqs, P., 112.
Diels, H., 55.
Diès, A., 61, 64, 202-4, 572.
Domingos, são, 12.
Doms, H., 467.
Dourif, abade, 497.
Duhem, P., 449, 493.
Duns Scot, J., 50, 69-70, 76-8, 81, 98, 109-10, 121-2, 127-8, 148, 158, 163-4, 170, 184, 192, 200, 216-21, 225-6, 230, 260-4, 280, 284, 301, 304, 310, 316-8, 323, 326-7, 329-33, 338-40, 372, 375-81, 392, 401, 411, 425, 429, 447, 459-60, 464, 496, 506-9, 519, 539, 542-3.
Durantel, J., 125.
Duret, G., 572.

Eckhart, 131.
Egger, V., 446.
Ehrle, Fr., 558.
Elias, 294.
Elser, K., 561.
Empédocles, 55, 150, 209.
Efrém de Nisíbis, são, 67, 281, 368, 542.
Epicteto, 512.
Epicuro, 512, 566.
Erasmo, 33-5, 508, 538.
Ercilla, U. de, 64.
Ernst, J., 438.
Espinosa, 79, 500, 503.
Eusébio, 62, 204.
Ezequiel, 422.

Fabre, J., 538.
Faye, de, 78.
Fénelon, 61, 77, 83.
Ferchi, 261.
Fernández, Ramón, 578.
Ferrari, J. A., 392, 460, 542.
Festugière, A.-M., 396, 405.
Feuerbach, L., 7, 550, 573.
Fichte, 504.
Filolau, 55.
Fílon, o Judeu (Fílon de Alexandria), 31, 149-50, 188.
Filopon, J., 245.
Focillon, H., 449, 496.
Forest, A., 90, 105, 108, 246, 261, 269, 554, 574.
Forge, Louis de la, 506.
Foucher, L., 552.
Francisco de Assis, são, 12, 40, 173, 230.
Francisco de Sales, são, 300.
Fulgêncio, 346.

Gandillac, M. de, 580.

Gardeil, A., 283, 300.
Garin, P., 392.
Gaunilon, 84.
Gebhart, E., 460.
Geyer, B., 238.
Gibieuf, 392.
Gilson, Ét., 18, 46, 48, 124, 233, 241, 244, 246, 261, 264, 415, 490, 507, 567, 575, 580.
Gioberti, 509, 510.
Glorieux, P., 267.
Goethe, 28.
González, Z., 558.
Goudin, A., 544.
Gouhier, H., 20, 42, 194, 445, 506, 509, 541, 575.
Gregório IX, 506-8.
Gregório de Nazianzo, são, 67, 75.
Gregório de Nissa, são, 67, 177, 238, 280, 292-3, 368.
Grison, abade, 446.
Grosseteste, R., ver Roberto Grosseteste.
Grou, 203.
Guéroult, M., 23.
Guignebert, Ch., 567.
Guigues Le Chartreux, 348, 366, 523.
Guilherme de Auvergne, 89, 120.
Guilherme de Auxerre, 72.
Guilherme de Saint-Thierry, 345, 358-9, 364-5, 534.
Guiraud, J. 580.
Guizot, 556.
Gussetius, J., 506.
Guyot, abade, 544.

Hamelin, O., 18, 65, 261, 450.
Hardy, G., 483.

ÍNDICE DOS NOMES PRÓPRIOS

Harnack, Ad., 15, 561, 563.
Havet, E., 556.
Hegel, 79, 484, 550, 558, 573.
Henrique de Gand, 324, 429.
Heráclito, 34, 317, 319.
Herbert de Cherbury, 565.
Hermas, Pastor de, 96.
Hermes Trismegisto, 455-6.
Hermias, 38.
Hieronymus de Montefortino, ver Duns Scot.
Hilário de Poitiers, são, 68, 542.
Hocedez, E., 184, 429.
Homero, 413, 538.
Honorius Augustodunensis (Honório de Autun), 477.
Huby, J., 580.
Hugo de Saint-Victor, 121, 134, 288, 375, 382, 384, 477.
Humbert, A., 539.
Hume, D., 19, 116, 118, 480.
Hipólito, 40.

Irineu, santo, 30, 93, 149, 210, 367-8, 548
Isaac Israeli, 312
Isaías, 176
Isidoro de Sevilha, 269.

Jacquinot, abade, 555.
Jaeger, 57.
James, W., 109.
Jansen, B., 192, 310, 581.
Jansênio, 168.
Javelli, C., 539-40,
Jeremias, 421, 427.
Jerônimo, são, 73, 166, 368, 372, 422, 428-9, 538, 542.
Jesus Cristo, 21, 25-8, 34-7, 96, 146, 207, 219, 231-2, 294, 302, 337, 461, 466, 469, 472, 474, 487, 489, 530, 538, 542, 566.
João, são, 16, 22, 33, 39, 87, 91, 140, 154, 177, 185, 351, 400, 461-2, 520, 545.
João Crisóstomo, são, 177, 368, 542.
João Damasceno, são, 72, 75, 368, 372, 412.
João de Jandun, 501.
João de Salisbury, 6, 487.
Joaquim de Flora, 487.
Joergensen, J., 173.
Jolivet, R., 61, 93, 96, 150, 152, 172, 214, 576, 580.
Josué, 354.
Jovy, E., 288.
Jowett, 92.
Jules d'Albi, 569.
Juliano de Eclana, 165, 167, 337, 384, 437, 453, 537.
Justino, são, 15, 29, 31-4, 38, 41, 59, 233, 422, 542, 548.

Kant, I., 17, 21, 48, 79, 115, 273, 320-1, 417-8, 441-2, 476, 500.
Kleugten, 13.
Koch, J., 546.
Kors, J. B., 171.
Koyré, A., 80.
Kraus, J., 264.
Kroll, J., 455.

Laberthonnière, L., 110, 563.
Lacordaire, M.-D., 554.
Lactâncio, 38-9, 41, 210.
Lagrange, M.-J., 57-8, 63, 91.
Lamartine, 556.
Landgraf, A., 467.
Langevin, P., 144.

Langlois, Ch.-V., 137.
Lanson, G., 483.
Leão XIII, 32, 557.
Lecerf, A., 506.
Leibniz, 21, 23, 79, 88, 98, 105, 114, 147, 184, 464, 476, 500, 549, 554.
Lessing, 23.
Lestienne, H., 464.
Lods, A., 58, 68, 91.
Loisy, A., 563.
Longpré, E., 262.
Lottin, O., 367, 430.
Lucas, são, 205, 354, 440.
Lucrécio, 208.
Lutero, M., 168, 172, 372, 391, 506, 515-6, 543, 561.

Mabillon, 366.
Maomé, 544.
Maimônides, 49, 105, 487.
Maine de Biran, 42, 118, 145.
Malaquias, 87.
Malebranche, 20, 23, 42, 61, 79-80, 83, 98, 116, 122, 176, 184, 187, 192, 194, 215, 300-1, 446, 476, 500, 503, 506, 509, 538, 554.
Mandonnet, pe, 8, 10, 49, 105, 209, 241, 449, 452, 456, 459, 492, 569-71.
Manés, 39, 165, 514.
Marc, A., 579.
Marcel, G., 510, 578.
Marco Aurélio, 512.
Marcos, são, 59, 205, 354.
Maritain, J., 45, 71, 95, 102, 180, 209, 565, 468-9, 579.
Marston, R., 192, 297, 299, 305, 401.
Martha, J., 436.

Martin, A., ver Ambrósio Vítor.
Martin, J., 150.
Masnovo, A., 581.
Massuet, 366.
Mateus, são, 205-6, 208, 286, 354, 421-2, 432, 557.
Mateus de Aquasparta, 186, 192-3, 297, 299-300, 306-10, 314.
Matter, M., 553.
Matthews, W. R., 567.
Máximo, o Confessor, 532.
Meerseman, P. G., 449, 456.
Meunier, M., 69.
Minúcio Félix, 40, 210.
Moisés (Êxodo 3, 14), 62, 67-8, 71, 73, 77, 82, 85, 87, 102, 126, 128, 274, 294, 565.
Molenkamp, G., 550.
Molière, 119.
Molina, 391.
Monnot, P., 575.
Montague, W. P., 22.
Montaigne, 278, 284.
More, P. E., 64, 92, 566.
Mourret, F., 580.
Mugnier, R., 64, 102.
Murray, G., 58, 69, 111.

Naville, E., 42, 145.
Nemésio, 238.
Newman, card., 135, 566.
Nicolas, A., 552.
Nicolas d'Autrecourt, 51.
Nock, A. D., 69.
Noel, L., 581.
Numênio, 62.

Ockham, Guilherme de, 51, 310, 509, 539.
Olgiati, fr., 123.

ÍNDICE DOS NOMES PRÓPRIOS

Olivi, P.-J., 184, 192, 297, 299, 310.
Orígenes, 78, 91, 368.
Orósio, P., 482.
Ovídio, 345, 359, 516.
Ozanam, A. F., 553.

Paris, G., 471.
Parmênides, 60.
Pascal, B., 20-1, 145, 147, 232, 279, 284, 288, 301-2, 351-2, 478, 482, 566.
Pascal, G. de, 558.
Paulo, são, 22, 26-7, 32-3, 35-6, 99, 146, 164, 178, 197, 207, 210, 228, 232, 316, 326, 333, 383, 385, 432, 434, 469, 526, 543, 555, 561.
Peckham, J., 12, 184, 192, 401.
Pedro Damião, são, 8, 146, 463, 506.
Pedro Lombardo, 297, 374, 382, 384, 400, 403, 426, 429, 458.
Pelágio, 165, 466, 514.
Pelster, 455.
Perraut d'Arlancourt, 40.
Pérsio, 446.
Petau, J., 392.
Pfleiderer, O., 561, 565.
Pichon R., 210.
Pieper, J., 313.
Pierre de la Celle, 366.
Pineau, J.-B., 34.
Pio IX, 552.
Plantefol, L., 142.
Platão, 6, 9, 35, 38, 40, 48, 52, 55, 57-64, 69, 74, 79, 85-6, 92-7, 108-9, 111, 114, 125, 142, 150, 162, 172, 179, 202-4, 206, 209, 214, 216, 220, 228, 233-7, 239, 241, 243, 245, 249-51, 254-5, 257, 272, 284, 295, 301, 308-10, 317, 324, 342, 344, 354, 383, 406-7, 446, 487, 496-7, 502-3, 512, 518, 540, 553, 564-5, 572.
Plessis, J. du, 483.
Plotino, 37, 39, 63, 94, 111-2, 150-3, 188, 213-4, 235, 302, 305, 495, 497, 560, 573.
Plutarco, 55, 150.
Pomponace, 565.
Porfírio, 94, 172, 426, 537.
Proclo, 94.
Puech, A., 59, 234.

Quinet, E., 552.

Raimundo Lúlio, 134.
Ramus, P., 543.
Ravaisson, F., 102.
Raymond Sebond, 565.
Rembrandt, 134.
Renaudet, A., 539.
Renouvier, Ch., 253.
Renz, O., 428.
Reymond, A., 142.
Ricardo de Middleton, 429.
Ricardo de São Vítor, 270, 282, 286, 288, 294-6, 303.
Rimaud, J., 572, 575.
Ritter, H., 21, 111, 230, 274, 546, 551.
Rivaud, A., 93.
Roberto de Melun, 375.
Roberto Grosseteste, 136-7, 314, 324, 449.
Robin, L., 65-6, 202.
Roland-Gosselin, M.-D., 57, 89, 243.
Rolfes, E., 209, 560.

Romeyer, Bl., 581.
Ross, W. D., 79, 208, 255, 259-60.
Rouët de Journel, 67, 73-5, 91, 97, 281-2, 368.
Rousselot, P., 34, 360, 521-2.
Rückert, L. J., 545.
Rufino, 368.

Sabrié, J.-B., 279.
Sacy, M. de, 278.
Salimbene, fr., 460.
Salomão, 207.
Salústio (o filósofo), 69, 151.
Salviano, 482.
Sanseverino, G., 544-5.
Scheler, M., 6, 566.
Schelling, 483.
Schmaus, M., 283.
Schmidt, P. W., 91.
Schopenhauer, A., 443, 504.
Scotus Erigena, J., 10, 158, 292, 298, 538.
Sêneca, 38, 512.
Sertillanges, A.-D., 397, 435, 442-3, 577, 581.
Shakespeare, 119.
Sharp, D. E., 184, 261.
Shorey, P., 64.
Sierp, C., 13.
Sigério de Brabante, 10, 105, 209, 241, 569.
Silvestre de Ferrara, 49.
Simão de Tournai, 269.
Simon, Yves, 581.
Simonin, H.-D., 360.
Sócrates, 33-4, 38, 278-9, 284, 302, 403.
Solages, Br. de, 579.
Souriau, M. 578.
Souter, A., 467.

Spalatin, G., 516.
Spizelius, T., 542.
Steenberghen, F. van, 581.
Stirling, J. H., 558.
Stöckl, A., 559.
Suárez, fr., 112, 539.
Synave, P., 49-50.

Taciano, 32, 38, 233.
Talamo, S., 557.
Tauler, 297.
Taylor, A. E., 59, 64, 92, 125, 202-3, 236, 446.
Tennemann, 553.
Teologia de Aristóteles, 241.
Teófilo de Antióquia, 31, 93, 97, 163-4, 210, 542.
Tertuliano, 27, 172, 234, 368, 548.
Théry, G., 131, 297.
Thierry, A., 556.
Thierry de Vrieberg, 137.
Thiers, 556.
Thomassin, L., 542.
Tomás de Aquino, são, 8, 10, 12-3, 17-9, 34, 48-51, 66, 68, 76-8, 84, 87, 89-90, 94, 97-8, 100-5, 108-9, 111-2, 116, 120-3, 125-8, 130, 135-6, 140, 148, 153-4, 157-61, 163-71, 176-80, 182, 189-200, 214-26, 235, 241, 188-91, 252, 261, 263-75, 275, 280, 284, 291, 298, 300, 304, 310, 312-6, 320, 323-7, 332-41, 344, 359-65, 367, 370, 372, 380-2, 384, 389-2, 394-405, 408, 410-2, 414-5, 422-5, 428-31, 438-40, 444, 447-50, 452-3, 459-60, 464, 468, 470,

ÍNDICE DOS NOMES PRÓPRIOS

475-7, 486, 491-2, 496, 501-3, 506-9, 516, 518-9, 524, 535, 540, 543, 549, 554-5, 558, 560, 564-72, 574-7.
Tomás de York, 261.
Toussaint, C., 27.
Trullard, J., 552.

Ventura de Raulica, J., 554, 558.
Vicente de Beauvais, 487.
Vicente Ferrer, são, 543.
Vignaux, P., 51.
Virgílio, 538.
Vital du Four, 291.
Voltaire, 147, 480.

Webb, C. C. J., 565.
Wiclef, 391.
Williams, W. W., 289, 346, 517, 523, 525.
Wilmart, A., 366.
Witelo, 137.
Wittmann, M., 367, 378, 380.
Wulf, M. de, 9, 564.
Wust, P., 577.

Xenófanes, 55.
Xenofonte, 279.

Zeller, E., 208, 556.
Zeltner, H., 577.
Zigliara, T. M., 558.